Immanuel Wallerstein
DAS MODERNE WELTSYSTEM II
DER MERKANTILISMUS

Immanuel Wallerstein

Das moderne Weltsystem II – der Merkantilismus

Europa zwischen 1600 und 1750

Aus dem Englischen von Gerald Hödl

EDITION WELTGESCHICHTE
PROMEDIA

Herausgegeben von:
Peter Feldbauer
Andrea Komlosy
Erich Landsteiner
Jean-Paul Lehners
Matthias Middell
Hans-Heinrich Nolte

Edition Weltgeschichte. Band 1
Hrsg. von Peter Feldbauer, Andrea Komlosy, Erich Landsteiner, Jean-Paul Lehners, Matthias Middell und Hans-Heinrich Nolte.

Titel der englischen Originalausgabe: The Modern World System II. Mercantilism and the Consolidation of the European World-Economy, 1600-1750.

Die Deutsche Bibliothek – CIP Einheitsaufnahme
Wallerstein, Immanuel:
Das moderne Weltsystem / Immanuel Wallerstein. [Übers. aus dem Engl. von Gerald Hödl].- Wien: Promedia
(Edition Weltgeschichte)
Einheitssacht.: The modern world system <dt.>

2. Der Merkantilismus: Europa zwischen 1600 und 1750. - 1998
ISBN 3-85371-138-3

Übersetzung: Gerald Hödl
Lektorat: Hannes Hofbauer
Umschlaggestaltung: Scheubmayr & Berthold Ges.b.R. unter Verwendung eines Stiches von J. Mulder: Schiffswerft und Stapelplatz in Amsterdam um 1700.
Grafische Gestaltung: Peter Redl
Druck: WB-Druck
Printed in Austria
ISBN 3–85371–138–3

Für Fernand Braudel

Edition WELTGESCHICHTE

Globalgeschichte – Weltsystemanalyse – Lokalgeschichte

Herausgegeben von Peter Feldbauer (Wien), Andrea Komlosy (Wien), Erich Landsteiner (Wien), Jean-Paul Lehners (Luxemburg), Matthias Middell (Leipzig) und Hans-Heinrich Nolte (Hannover) im Promedia Verlag, Wien.

Die *alte* Weltgeschichte mit ihrem eurozentrischen Weltbild lief auf die Universalisierung von Leitideen wie Freiheit, Fortschritt und Entwicklung hinaus und konnte daher weltgeschichtliche Prozesse nur als Vorgeschichte der Realisierung dieser Ideen im Sinne einer Europäisierung bzw. Verwestlichung der Welt denken. Sie wird den realen Prozessen weltwirtschaftlicher und weltgesellschaftlicher Integration und Desintegration sowie deren konkreten Erscheinungsformen in den einzelnen Weltregionen immer weniger gerecht. Im Rahmen des seit den 1980er Jahren vermehrt diskutierten Konzeptes einer *neuen* Weltgeschichte im Sinne einer *global history* wird nicht nur die Überwindung des eurozentrischen Blicks angestrebt, sondern auch den Manifestationen von Globalisierungsprozessen sowohl auf Mikro- als auch auf Makroebene nachgegangen. Welche Triebkräfte bestimmen sie, wie wirken sie auf spezifische Kulturen, soziale Systeme und Regionen?

Die Publikationen der Edition WELTGESCHICHTE sind daher Themen gewidmet, die im Spannungsfeld globaler und lokaler Interaktionen angesiedelt sind. Sie beinhalten:

* Makrostudien zu globalen historischen Prozessen
* Mikrostudien zu den Wirkungen von Globalisierungsprozessen auf lokaler und regionaler Ebene
* Interkulturelle Vergleiche.

Die Reihe, die Monographien, Sammelbände sowie Übersetzungen wegweisender Arbeiten ins Deutsche enthalten wird, ist einer historisch-sozialwissenschaftlichen Herangehensweise verpflichtet. Dies schließt Fragen der Methodologie und der Historiographiegeschichte mit ein. Der zeitliche Bogen reicht von der frühen Neuzeit bis in die unmittelbare Zeitgeschichte. Die AutorInnen sind in verschiedenen Sparten der Geschichtswissenschaften oder in anderen Sozial-, Wirtschafts- und Kulturwissenschaften tätig, ohne die Weltgeschichte angesichts der sämtliche Lebensbereiche erfassenden Globalisierungs- und Fragmentierungsprozesse nicht betrieben werden kann.

Die HerausgeberInnen — Wien, im August 1998

Vorwort

Es freut mich sehr, daß der zweite Band von „Das moderne Weltsystem" nun auf deutsch vorliegt. Die Periode zwischen 1600 und 1750, die ich hier behandle, stellt meiner Ansicht nach jenen Zeitpunkt dar, zu dem „Mitteleuropa" als geopolitische Realität in Erscheinung zu treten beginnt. Wichtig ist dabei, diese neue kulturelle Realität in den größeren Kontext der kapitalistischen Weltwirtschaft zu rücken, innerhalb derer sie entstand, und sie – zumindest für die damalige Zeit – als Ausdruck des semiperipheren Status der in diesem Zusammenhang bedeutendsten Staaten zu begreifen. Für die deutschsprachigen Gebiete Europas ist dieses Phänomen natürlich von besonderem Interesse.

Bei dem Gesamtprojekt, das mehrere Bände umfaßt, geht es darum, die lokale Ebene aus der Perspektive des Weltsystems zu betrachten und zu zeigen, daß beide Bereiche nicht autonom vom jeweils anderen existieren können, sondern vielmehr ein Ensemble einander überlappender gesellschaftlicher Erscheinungen darstellen.

Jene Geschichte, die damals begann, setzt sich selbstverständlich bis heute fort, wenn auch in völlig veränderten Formen. Doch damit werde ich mich in künftigen Bänden auseinanderzusetzen haben.

Immanuel Wallerstein
Binghamton, im August 1998

Folgende Personen haben ein oder mehrere Kapitel des Manuskripts gelesen und mir ihre ausführlichen Kommentare und/oder Einwände zuteil werden lassen: Perry Anderson, Sven-Erik Åström, Nicole Bousquet, Stuart Bruchey, Aldo de Maddalena, Emiliano Fernández de Pinedo, André Gunder Frank, Walter Goldfrank, Terence K. Hopkins, Hermann Kellenbenz, E. H. Kossmann, Witold Kula (und Mitarbeiter), Hans Medick, Birgitta Odén und C. H. Wilson. Ich danke ihnen allen.

Der Autor

Immanuel Wallerstein, geboren 1930 in New York, ist Professor für Soziologie an der State University of New York in Binghamton und Direktor des Fernand Braudel Center for the Study of Economies, Historical Systems and Civilizations am Maison des Sciences de l'Homme in Paris. Neben den Bänden über das moderne Weltsystem veröffentlichte er zuletzt in deutscher Sprache: „Rasse, Klasse, Nation. Ambivalente Identitäten" (gemeinsam mit Etienne Balibar) und „Die Sozialwissenschaft ‚kaputtdenken'. Die Grenzen der Paradigmen des 19. Jahrhunderts". Seine Bücher wurden bislang in mehr als 20 Sprachen übersetzt.

Der Übersetzer

Gerald Hödl, geboren 1965 in Graz, studierte Geschichte und Germanistik. Er lebt als Historiker in Wien; zuletzt arbeitete er als Lektor an der Universität Nottingham in England.

Inhaltsverzeichnis

Einleitung:

Krise des 17. Jahrhunderts?

Den Arbeiten von Historikern, die sich in der Zwischenkriegszeit mit der Preisentwicklung in Europa auseinandersetzten[1] und der Theorie der säkularen Wirtschaftszyklen François Simiands[2] (Entwicklungen, die sich im Zeitrahmen von etwa 250 Jahren vollziehen) mit ihren zwei Phasen (A und B) verdanken wir ein allgemeines Bild der Geschichte Europas in der Frühen Neuzeit, das anscheinend noch immer weithin akzeptiert ist: Das 16. Jahrhundert (Phase A) gilt als eine Periode der Expansion, das 17. Jahrhundert (Phase B) als eine der Kontraktion, der Depression oder der »Krise«. Heftige Auseinandersetzungen werden um die zeitliche Eingrenzung dieser Phasen, um das Wesen der Veränderungen (selbst wenn wir die Diskussion auf ökonomische Fragen beschränken), um regionale Unterschiede und insbesondere um Ursachen und Folgen der Entwicklungen geführt. An der Grundannahme ändert dies jedoch nichts.

Im Jahre 1953 schrieb Roland Mousnier einen dicken Band über diese zwei Jahrhunderte (der es seither auf vier jeweils überarbeitete Ausgaben gebracht hat), wobei der Abschnitt über das 17. Jahrhundert, verstanden als Zeitraum zwischen 1598 und 1715, in dramatisch tremolierendem Ton anhebt:

> Das 17. Jahrhundert ist eine Krisenepoche, die den Menschen in seiner Gesamtheit traf, in seinem gesamten Tun – ökonomisch, sozial, politisch, religiös, wissenschaftlich, künstlerisch – und in seinem gesamten Sein, auf der elementarsten Stufe seiner Lebenskräfte, seiner Gefühle und seines Willens. Die Krise mag wohl ein dauerhafter Zustand gewesen sein, aber doch mit heftigen Schwankungen.[3]

Ein Jahr, nachdem diese Zeilen geschrieben worden waren, veröffentlichte E. J. Hobsbawm einen Aufsatz in der Zeitschrift *Past and Present*, der eine wichtige wissenschaftliche Debatte auslöste. Seine Hauptthese bestand darin, daß »die europäische Wirtschaft während des 17. Jahrhunderts eine ›allgemeine Krise‹ durchmachte, die letzte Phase des Übergangs von einer feudalen zu einer kapitalistischen Ökonomie,.«[4]

Derselbe Grundtenor findet sich in Wilhelm Abels und B. H. Slicher van Baths bedeutenden Untersuchungen zur europäischen Landwirtschaft. Für Abel »wiesen die Preise in Europa während der zweiten Hälfte des 17. und der ersten Hälfte des 18. Jahrhunderts eine primär fallende Tendenz auf.«[5]

---

1 Siehe dazu die Bibliographie im Anhang des Aufsatzes von Braudel/Spooner (1967, S. 605–615).

2 Vgl. Simiand (1932b).

3 Mousnier (1967, S. 161).

4 Hobsbawm (1965, S. 5).

5 Abel (1973, S. 221). Die erste deutsche Ausgabe von Abels Untersuchung erschien 1935, die zweite, überarbeitet und erweitert, im Jahr 1966. Abel schreibt, daß das »Grundgerüst beibehalten wurde«, daß

Zugegebenermaßen zögert Slicher van Bath, das Wort *Krise* zu verwenden, und behauptet stattdessen, daß der Zeitraum zwischen 1650 und 1750 »weit eher eine ungewöhnlich lange Depression« war[6] – aber ist das um soviel weniger? Jedenfalls stimmt er mit Abels Behauptung überein, daß die Periode eine »Umkehrung des säkularen Trends«[7] bedeutete. Der wissenschaftliche Konsens ließe sich sogar noch weiter ausdehnen, wenn man sich einer noch zurückhaltenderen Terminologie bediente. Pierre Vilar spricht vom »relativen Rückfall (*recul*) des 17. Jahrhunderts«[8], und Pierre Chaunu definiert den Unterschied zwischen den Perioden A und B nicht als »Wachstum [versus] Niedergang (*décroissance*)«, sondern vielmehr als »Wachstum [versus] geringeres Wachstum.«[9] Am zurückhaltendsten in puncto Krisendiagnose erweist sich René Baehrel – aber sogar er akzeptiert den Begriff der Krise, allerdings nur für die kurze Zeitspanne zwischen 1690 und 1730.[10] Je schwächer die Begriffe und je kürzer die Zeitspanne, desto mehr stellt sich die Frage, ob überhaupt noch Substantielles übrigbleibt. Gleich zu Beginn seines Aufsatzes über diese Periode äußert Ivo Schöffer seine Zweifel:

> Zuweilen scheint es so, als ob das 17. Jahrhundert, eingeklemmt zwischen dem 16. und 18. Jahrhundert, keine spezifischen Merkmale besäße. Auf der einen Seite Renaissance und Reformation, auf der anderen Seite Aufklärung und Revolution, und für das Jahrhundert dazwischen bleiben lediglich vage Begriffe wie »Übergang« und »Veränderung«.[11]

Vielleicht liegt dies lediglich daran, wie Jean Meuvret 1944 meinte, daß »wir viel weniger Informationen« über jene Zeitspanne besitzen, deren

---

aber »die Depression des 14./15. Jahrhunderts und jene des 16./17. Jahrhunderts als Perioden der Stagnation interpretiert und soweit wie möglich unterteilt werden« (1973, S. 6). Vermutlich nimmt Abel an, daß es zwischen den beiden Depressionen einen Aufschwung gab.

6 Slicher van Bath (1963a, S. 206). Zwei neuere Untersuchungen (Cipolla 1974, S. 12; Davis, 1973b, S. 108) zögern ebenfalls, das Wort *Krise* zu verwenden. Allerdings merkt Cipolla an: »In jeder Vereinfachung steckt ein Körnchen Wahrheit.«

7 Diese Formulierung taucht in der Überschrift von Teil II, Kapitel V auf (Abel 1973, S. 206). Pierre Chaunu drückt sich im Titel eines Aufsatzes über das 17. Jahrhundert ähnlich aus: »Die Umkehrung der Grundtendenz bei Preisen und Aktivitäten [...]« (1962b).

8 Vilar (1974, S. 46) wählt bei seiner Periodisierung die Zeitspanne zwischen 1598 und 1630 als Anfangs- und jene zwischen 1680 und 1725 als Endpunkt.

9 Chaunu (1962b, S. 224). Das kommt Simiands ursprünglicher Beschreibung der Phase B sehr nahe: »nicht das Gegenteil von dem, was sich in Phase A ereignete, sondern ... eine abgeschwächte Zunahme oder Stabilisierung und keine Fortsetzung des Wachstums« (1932b, S. 649).

10 Baehrel (1961, S. 29). Er merkt wie Chaunu an, daß es sich bei der Phase B nicht unbedingt um einen Niedergang handelt, sondern möglicherweise bloß um eine niedrigere Wachstumsrate (1961, S. 51). Andere Autoren teilen die Auffassung, daß es besonders schwere Zeiten waren. Le Roy Ladurie legt sich dabei auf »die letzten zwei oder drei Jahrzehnte des [17.] Jahrhunderts« fest (1973, S. 431). Jacquart datiert die entsprechende Periode auf die Jahre zwischen 1680 und 1710 (1978a, S. 385). Morineau hingegen entdeckt für die Zeit zwischen 1660 und 1700 »eine große Zahl positiver (*de bon allant*) Indikatoren« (1978f, S. 523).

11 Schöffer (1966, S. 82). Vage Begriffe kann man immer als dramatische Redefiguren des Historikers abtun. »Es sagt viel über die Vorliebe des Historikers für Veränderungen, daß beinahe jede historische Periode irgendwann als ›Übergangszeit‹ kategorisiert worden ist.« (Supple 1959, S. 135).

Anfangs- und Endpunkt jeweils durch ein deutliches Ansteigen der Preise markiert wird.[12] Aber sollen wir deshalb auf eine Charakterisierung dieser Periode verzichten und sie stattdessen in der Komplexität unklarer und manchmal verwirrender Daten verschwinden lassen? Oder sollen wir uns Schöffer anschließen: »Vielleicht ist es eine Konvention wider besseres Wissen, aber wir müssen dem 17. Jahrhundert einfach einen eigenständigen Platz einräumen. Es ist ein notwendiger Bestandteil unserer Vorstellungswelt.«[13]

Eine solche Entscheidung könnten wir getrost den Launen der wissenschaftlichen Mode überlassen, ginge es nicht bei diesen terminologischen Streitigkeiten letztlich um wichtige theoretische Probleme. Zunächst stellt sich die Frage, ob es so etwas wie »säkulare Trends« der Ökonomie überhaupt gibt,[14] und wenn ja, in welchem Verhältnis sie zu Politik und Kultur stehen. Wenn solche säkularen Trends existieren, entspricht dann jedes Phasen-Paar (vom Mittelalter bis zur Gegenwart) jeweils einer anderen Wirtschaftsform, wie Gaston Imbert behauptet?[15] Oder sind sie, wie Slicher van Bath meint, alle Teil einer langen Periode »indirekter landwirtschaftlicher Konsumtion«, die sich ungefähr von 1150 bis 1850 erstreckt?[16] Oder gibt es irgendwo dazwischen einen entscheidenden Bruch? Wenn es tatsächlich einen solchen gibt, stehen wir zudem vor der Frage, wann er sich ereignet hat.

Zu diesem letzten Problem existieren mehrere bekannte Positionen. Eine davon sieht den fundamentalen Umschwung, den entscheidenden Bruch Ende des 18. Jahrhunderts in der Industriellen Revolution. Für Carlo Cipolla bedeuten sowohl dieses »Ereignis« als auch die Agrarische Revolution im achten Jahrtausend vor Christus »tiefe Zäsuren in der Kontinuität des historischen Prozesses.«[17] Zum gleichen Schluß, wenn auch in anderer Form,

---

12 Meuvret (1944, S. 110). Mit einer ähnlichen Klage beginnt Murdo MacLeods Buch über Spanisch-Zentralamerika: »Das 17. Jahrhundert wurde vor einiger Zeit als ›Lateinamerikas vergessenes Jahrhundert‹ charakterisiert« (1973, S. XI) – eine Anspielung auf Leslie Boyd Simpsons Aufsatz »Mexico's Forgotten Century« (1953). In dieselbe Richtung zielt J. V. Polišensky mit seiner Feststellung, daß »sozial-, wirtschaftsgeschichtlich und marxistisch orientierte Historiker sich hauptsächlich mit dem ›revolutionäreren‹ 16. bzw. 18. Jahrhundert beschäftigten und das 17. vernachlässigten« (1971, S. 2). William Bouwsma bezeichnet das 17. Jahrhundert »im historiographischen Sinn ... als unterentwickeltes Grenzland zwischen zwei überentwickelten Regionen« (1970, S. 1).

13 Schöffer (1966, S. 83).

14 François Crouzet spricht 1971 von »überholten Konzepten wie Simiands A- und B-Phasen« (1971, S. 147). Eine ähnliche Attacke, diesmal von links, kommt von Gilles Postel-Vinay: »A- und B-Phasen ... haben sich als sichere Methode erwiesen, die wirklichen Probleme bei der Analyse der Grundrente zu ignorieren« (1974, S. 78).

15 In seinem Buch über lange Wellen (1959) unterscheidet G. Imbert vier säkulare Trends, die jeweils einer Wirtschaftsform entsprechen:
1250 – mittelalterliche Ökonomie
1507/1510 – merkantilistische Ökonomie
1733/43 – kapitalistische Ökonomie
1896 – geplante Ökonomie

16 Slicher van Bath (1963a, Teil III).

17 Cipolla (1964, S. 31).

kommt D. C. Coleman, wenn er schreibt, daß die Entwicklung der europäischen Ökonomie zwischen 1500 und 1750 stärker von Kontinuität als von Veränderung geprägt sei: »Soweit wir dies feststellen können, erweist sich die Technologie der Zeit zwischen 1500 und 1750 eher als statisch denn als dynamisch.«[18] Was dic Datierung der Zäsur betrifft, gelangt eine ganze marxistische Denkrichtung zu den gleichen Ergebnissen. Dabei wird etwa von Balibar betont, daß die Zeit von 1500 bis 1750 die Periode des »Übergangs zum Kapitalismus« darstelle und die Periode des eigentlichen Kapitalismus erst 1750 beginne.[19] Ähnlich wie Balibar unterscheidet G. N. Clark zwischen dem »Frühkapitalismus« des Spätmittelalters und dem »voll ent-

---

18 Coleman (1959, S. 506). Bei diesem Aufsatz handelt es sich um eine Rezension des dritten Bands der »History of Technology«, der Coleman als Beweis für seine These dient. Siehe auch Le Roy Ladurie (1977) über »Geschichte im Stillstand« zwischen 1300 und 1320 sowie 1720 und 1730.

19 Viele Marxisten setzen diese Periodisierung stillschweigend voraus. Etienne Balibar hingegen trifft bewußt die theoretische Unterscheidung zwischen einer »Übergangsperiode« und einer, in der eine Produktionsweise vorherrscht bzw. »bestimmend« ist (1968, S. 217–226).
Ganz prägnant wurde diese Frage der Periodisierung im Rahmen einer innermarxistischen Debatte behandelt, die 1940/41 in der Zeitschrift »Labour Monthly« erschien. In der Auseinandersetzung ging es um einen der frühesten Texte von Christopher Hill über die englische Revolution. Peter Field kritisiert Hills Einschätzung, wonach England vor 1640 »noch im wesentlichen feudal« gewesen sei. In Fields Augen habe Marx klargestellt, daß das England des 16. Jahrhunderts »zweifelsohne bürgerlich, das heißt kapitalistisch,« war, – und »Marx hat recht: Die Gesellschaft des 16. Jahrhunderts ist eine bürgerliche Gesellschaft.« Königin Elisabeth sei tatsächlich »die prominenteste Kapitalistin inmitten einer kapitalistischen, bürgerlichen Gesellschaft gewesen – einem Leopold von Belgien durchaus vergleichbar« (Field 1940a, S. 558). Douglas Garman erwidert, daß Field wohl »das Ei für das Huhn hält« und daß, hätte sich die bürgerliche Revolution bereits vor 1640 vollzogen, »man sich nur fragen kann: Wann?« (Garman 1940, S. 652.) In seiner Antwort meint Field, daß Herr Garman »den Unterschied zwischen Empfängnis und Geburt außer acht läßt« und daß die »Entstehung der bürgerlichen Gesellschaft mit den Rosenkriegen – dem Massenselbstmord der Feudalherren, den das Bürgertum zur Festigung seiner Postion nutzte – ihren Anfang nahm und sich in Bauernaufständen, in der Konfiszierung des kirchlichen Grundbesitzes, in der ›Pilgrimage of Grace‹ [und] in der Erhebung der Earls im Norden fortsetzte« (Field 1940b, S. 654 f.).
Hier nun greift Dona Torr in die Auseinandersetzung ein, und zwar mit einer sehr prägnanten Theoretisierung historischer Stadien. Fields Irrtum, meint sie, bestehe in der Annahme, daß die Gesellschaft direkt vom Feudalismus in den Kapitalismus übergehe. Dabei übersehe man »jene Zwischenstufen der einfachen Warenproduktion, die für die kapitalistische Entwicklung wesentlich sind.« Sie schreibt, daß die »endgültige Form der kapitalistischen Gesellschaft« sich erst mit der Industriellen Revolution herausbilde, 400 Jahre nach dem »Zusammenbruch« der englischen Grundherrschaft (*manorial economy*) im 14. Jahrhundert (Torr 1941, S. 90).
Maurice Dobb, der sich mit derselben Frage wie Dona Torr auseinandersetzt, nimmt eine Zwischenposition ein. So stimmt er mit Torr etwa darin nicht überein, den Kapitalismus mit der Industriellen Revolution einsetzen zu lassen. Wenn man das tut, schreibt er, »wie kann man dann die Auseinandersetzungen des 17. Jahrhunderts als bürgerlich-demokratische Revolution begreifen, wenn sich die kapitalistische Produktion erst 150 Jahre später entfaltete?« Und wenn man überdies behaupte, »die Zeit der Tudors und Stuarts sei im Gegensatz zum späteren ›Industriekapitalismus‹ eine Epoche des ›Handelskapitalismus‹ gewesen, so weicht man dem Problem aus.« Dobbs Lösung besteht darin, daß sich zu jener Zeit »die Produktions*verhältnisse* [geändert haben könnten], auch wenn die *Produktivkräfte* ihre mittelalterliche Form beibehielten.« Daher könne man das England des 16. Jahrhunderts mit Recht als ein Land charakterisieren, dessen »Produktionsweise sich *bereits auf dem Weg der Transformation* in eine kapitalistische befand« (Dobb 1941, S. 92). Obwohl Dobb mit dieser Formulierung jener plumpen Falle entkommt, in die Torrs Variante geradewegs führt, weicht er letztlich nur unwesentlich von ihrem Konzept ab, wie seine eigenen Arbeiten in der Folge zeigen.
Einige Jahre später veröffentlichte Hill einen Artikel über Marx' und Engels' Ansichten zur englischen Revolution. Er behauptet, das »Marxsche Konzept der bürgerlichen Revolution« bestehe darin, daß »der Feudalstaat von jenem Bürgertum zu Fall gebracht wird, das sich in seinem Rahmen herausbildete und anschließend einen neuen Staat als Instrument seiner Herrschaft etabliert.« Hill zählt einige Beispiele für

falteten Kapitalismus« des 19. Jahrhunderts. Dabei reiche das Stadium des Frühkapitalismus »von Machiavelli bis Burke, von Columbus bis Warren Hastings, von den Fuggern bis zum Niedergang Amsterdams, von Giotto bis Tiepolo. Es endet kurz vor Adam Smith, James Watt, den Rothschilds, Napoleon und Robert Owen.«[20]

Eine andere Denkrichtung identifiziert nicht die Industrielle Revolution als jene Zäsur, sondern die europäische Expansion, die Schaffung eines Weltmarkts und die Entstehung des Kapitalismus – also Entwicklungen, die sich im großen und ganzen während des langen 16. Jahrhunderts vollzogen. Für Simiand etwa markiert das 16. Jahrhundert den Beginn der langen Wellen.[21] Paul Sweezy attackiert die von Balibar vertretene marxistische Tradition und behauptet, daß für Marx »die Periode der eigentlichen Manufaktur« (von etwa 1500 bis 1750) und »die Periode der modernen Industrie« keineswegs »zwei unterschiedliche Gesellschaftssysteme, sondern vielmehr zwei Phasen des Kapitalismus« darstellten.[22] Somit sei die Zäsur auf das 16. Jahrhundert zu datieren. Fernand Braudel teilt im wesentlichen diese Auffassung, auch wenn er davon ausgeht, daß sich diese Periode über einen längeren Zeitraum erstreckt habe:

> Aus ökonomischer Perspektive ist es eigentlich klar, daß das 13. bis 17. Jahrhundert innerhalb der europäischen und der Weltgeschichte mehr oder weniger eine einzige Epoche bilden, wodurch so etwas wie ein ökonomisches Ancien Régime nachhaltig in Frage gestellt ist.[23]

Eine dritte Gruppe schließlich setzt die Zäsur zwischen jener Epoche an, die durch Industrielle Revolution und Französische Revolution gekennzeichnet ist, und jenem Zeitraum, der mit dem langen 16. Jahrhundert zu Ende geht, und betrachtet damit die Mitte des 17. Jahrhunderts als Wendepunkt in Richtung Modernität. Hobsbawm scheint sich in diesem Lager zu befinden, und Pierre Chaunu entwickelt daraus praktisch die Grundthese seines Überblicks über das »barocke Europa«. In der Einleitung seines Buches wendet er sich ausdrücklich gegen die Blindheit mancher Wissenschaftler gegenüber dem Umstand, daß die »geistigen Ursprünge der Französischen Revolution« bei Spinoza zu finden seien und daß die »zahlenmäßige und räumliche Expansion« des 16. Jahrhunderts kein wirklich tiefgreifender Wandel gewe-

---

das Gelingen bzw. Fehlschlagen dieses Prozesses auf: die deutsche Reformation (»erster Angriff des bürgerlichen Geistes auf die alte Ordnung«); der Aufstand in den Niederlanden (»erste erfolgreiche bürgerliche Revolution auf nationaler Ebene«); die englische Revolution 1640; die Französische Revolution 1789; und die russischen Revolutionen 1905 sowie im Februar 1917 (1948, S. 135). Der Aufsatz beschäftigt sich primär mit politischen Phänomenen, speziell mit politischer Macht, und verzichtet auf eine unmittelbare Darstellung der Ökonomie. Somit gelingt es ihm aber auch nicht, Fields Position ernsthaft in Frage zu stellen.

20 G. N. Clark (1960, S. 10 f.).

21 Simiand (1932a, S. 3).

22 Sweezy (1972a, S. 129).

23 Braudel (1974, S. 6).

sen sei, sondern lediglich das »Endresultat einer Umwälzung, die im 12. Jahrhundert begonnen hatte.« Für Chaunu »fanden die wichtigsten qualitativen Veränderungen im 17. Jahrhundert statt«, vor allem die »Mathematisierung der Welt.«[24] Als Beweis dafür, daß Marxisten zu allen diesen Fragen unterschiedlichste Positionen einnehmen, ließe sich das sowjetische Akademiemitglied E. M. Zhukov anführen. Er favorisiert die dritte Datierungsvariante, wobei er auf einer Tagung von Historikern 1960 in Stockholm betonte:

> Nach herkömmlicher Auffassung der sowjetischen Geschichtswissenschaft wird das Ende des Mittelalters auf die Mitte des 17. Jahrhunderts datiert. Zu diesem Zeitpunkt hatte sich der Feudalismus in Ansätzen ökonomisch überlebt und war bereits zu einem Hindernis für die Entwicklung der Produktivkräfte geworden.[25]

Als Epochengrenze bieten sich also drei ungefähre Zeitpunkte an: 1500, 1650 und 1800. Damit korrelieren drei (oder mehr) Geschichtstheorien: Mit der Datierung auf 1800 wird der Industrialismus als entscheidende Veränderung betrachtet; mit dem Jahr 1650 rückt entweder die Entstehung der ersten »kapitalistischen« Staaten (Großbritannien und die Niederlande*) oder die Formulierung der mutmaßlich zentralen Ideen der Neuzeit (Descartes, Leibniz, Spinoza, Newton und Locke) in den Mittelpunkt; und mit dem Jahr 1500 wird die Schaffung eines kapitalistischen *Welt*systems in Abgrenzung zu anderen Wirtschaftssystemen hervorgehoben. Daraus folgt, daß die Antwort auf die Frage »Krise des 17. Jahrhunderts?« von jenen Annahmen abhängig ist, die jemand in bezug auf die neuzeitliche Welt hat. Der Begriff *Krise* sollte dabei nicht zu einem bloßen Synonym für *zyklische Veränderung* verkommen, sondern jenen Phasen dramatischer Spannung vorbehalten bleiben, die über eine bloße Konjunktur hinausgehen und einen Wendepunkt in Strukturen langer Dauer (*longue durée*) markieren.

Der Begriff Krise würde dann jene seltenen historischen Momente beschreiben, in denen sich die üblichen Ausgleichsmechanismen innerhalb eines Gesellschaftssystems aus der Sicht so vieler Akteure als so unwirksam erweisen, daß eine tiefgreifende Neuordnung (und nicht eine bloße Umverteilung von Vorteilen innerhalb des Systems) einsetzt, die schließlich rückblickend als unvermeidlich angesehen wird. Natürlich war die jeweilige Krise nicht absolut unvermeidlich, aber die Alternative bestand in einem Zusammenbruch des alten Systems. Dieser hätte derartige Dimensionen gehabt, daß er vielen gesellschaftlichen Akteuren (wenn nicht den meisten) sogar als noch unangenehmer oder traumatischer erschien als jene strukturelle Umwälzung, die sich dann tatsächlich vollzog. Wenn es das ist, was wir

---

24 Chaunu (1966a, S. 20 f.).

25 Zhukov (1960, S. 85). Zhukov erwähnt ausdrücklich, daß einige Marxisten die Französische Revolution als jenen Wendepunkt bestimmen, und sagt, daß die Russen dem nicht beipflichten.

* Anm. d. Übers.: Wenn nicht ausdrücklich anders gekennzeichnet, so handelt es sich, wenn im vorliegenden Text von den Niederlanden die Rede ist, nicht um die südlichen (Spanischen bzw. Österreichischen) Niederlande, sondern um die nördlichen (Vereinigten) Niederlande.

mit dem Begriff Krise meinen, dann gewinnt die Frage »Krise des 17. Jahrhunderts?« große intellektuelle Bedeutung. Aus dieser Perspektive heißt das konkret: Wann und wie erfolgte der welthistorische »Übergang vom Feudalismus zum Kapitalismus«? Die Antwort darauf erfordert eine Definition des Kapitalismus als Gesellschaftssystem, als Produktionsweise und zweifellos auch als Zivilisation. Mit der Wahl der Datierung entscheiden wir uns zugleich für ein spezifisches Spektrum von Ähnlichkeiten und Unterschieden.

Die Grundthese dieses Buchs besteht darin, daß sich das moderne Weltsystem als kapitalistische Weltwirtschaft konstituierte, die ihren Ursprung im Europa des langen 16. Jahrhunderts hatte und die *Transformation* einer bestimmten redistributiven oder tributären Produktionsweise – jener des feudalen Europa, Braudels »ökonomisches Ancien Régime« – in ein qualitativ anderes Gesellschaftssystem bedeutete. Seit jener Zeit hat die kapitalistische Weltwirtschaft a) im Zuge ihrer geographischen Ausdehnung den gesamten Erdball erfaßt; b) sich durch ein zyklisches Muster von Expansion und Kontraktion (Simiands Phasen A und B) sowie die räumliche Verlagerung ökonomischer Funktionen ausgezeichnet (den Aufstieg und Fall hegemonialer Mächte, das Auf und Ab bestimmter zentraler, peripherer oder semiperipherer Zonen); und c) einen säkularen Transformationsprozeß durchlaufen, der technologischen Fortschritt, Industrialisierung, Proletarisierung und die Entstehung eines organisierten politischen Widerstands gegen das System selbst umfaßt – eine Transformation, die sich auch heute noch vollzieht.

Aus einer solchen Perspektive erweist sich das 17. Jahrhundert, verstanden als Zeitraum etwa zwischen 1600 und 1750, in erster Linie als Beispiel für das zyklische Muster von Expansion und Kontraktion. Was die Gesamtausdehnung des Weltsystems betrifft, änderten sich die Grenzen, die ungefähr um 1500 gezogen worden waren, bis zum Jahr 1750 nur unwesentlich, und innerhalb des säkularen Transformationsprozesses läßt sich für den Zeitraum von 1600 bis 1750 ebenfalls kein qualitativer Sprung beobachten. Wir gehen daher davon aus, daß zwischen dem langen 16. und 17. Jahrhundert im wesentlichen *Kontinuität* bestand, abgesehen von dem einen großen Unterschied zwischen Expansion (A) und Kontraktion (B), zwischen Wachstum und geringerem Wachstum. Aber welche Beweise können wir vorlegen, die diese Interpretation der Wirklichkeit unterstützen? Auf einer Ebene ist die Antwort ganz einfach: Wir werden versuchen, die empirischen Unterschiede zwischen Expansion und Kontraktion festzustellen, eine Erklärung für dieses zyklische Muster anzubieten und die Konsequenzen bezüglich Klassenformation, politischer Kämpfe und jener kulturellen Wahrnehmungsweisen zu umreißen, die sich mit der Wende des ökonomischen Geschicks auseinandersetzten. Von dieser empirischen Beschreibung ausgehend, werden wir genauer auf die Theorie kapitalistischer Entwicklung als Teil einer umfassenderen Theorie sozialhistorischen Wandels eingehen.

Wir meinen, daß zwar die Grenzen der Weltwirtschaft im Zeitraum von 1500 bis 1750 im wesentlichen unverändert blieben, daß es aber Unterschiede zwischen den Perioden 1450 (oder 1500) bis 1650 und 1600 bis 1750 (die zeitliche Überschneidung ist beabsichtigt) gab – hinsichtlich der Verteilung von Ressourcen, ökonomischen Funktionen sowie von Reichtum und Armut einerseits, der geographischen Lage von Lohnarbeit und industriellem Unternehmertum andererseits. Es ist allerdings nicht leicht, diese Behauptung zu untermauern. Ein überzeugender Beweis würde die Erstellung mehrerer völlig neuer Serien ökonomischer Parameter erfordern, was in sich schwierig und praktisch gesehen vielleicht unmöglich wäre. Wir könnten eine Folge von synchronen Karten brauchen, die in Intervallen von 25 Jahren den Umfang, den Wert und die Richtung des Handels mit Luxus- und Gebrauchsgütern darstellen, sowie »kumulative« Karten für die Zeiträume 1500–1650 und 1600–1750. Wenn unsere Vermutungen stimmen, dann sollten derartige Karten zeigen, daß der europäische Handel, der in erster Linie ein Handel mit Gebrauchs- und nicht mit Luxusgütern war, sich innerhalb von Grenzen vollzog, die zwischen Osteuropa auf der einen Seite, Rußland und dem vom Osmanischen Reich beherrschten Balkan auf der anderen Seite sowie zwischen dem christlich und dem moslemisch kontrollierten Mittelmeer verliefen; diese Grenzen schließen Amerika ein, nicht aber Afrika und Asien.

Die Karten sollten vor allem für die Perioden 1500–1650 und 1600–1750 keine wesentlich veränderten Grundmuster bezüglich der Außengrenzen zeigen, sieht man von der Eingliederung der Karibik ab – wie wir noch sehen werden. Andererseits sollten wir für diese beiden Zeitabschnitte *innerhalb* der Grenzen der europäischen Weltwirtschaft bestimmte wesentliche Veränderungen hinsichtlich ökonomischer, politischer und kultureller Grundmuster finden. Die geographische Lage und Konzentration der industriellen* Produktion sollten sich verändert haben (oder zumindest in Veränderung begriffen sein), gleiches sollte für die Terms of Trade zwischen Industrie und Landwirtschaft, für den prozentuellen Anteil der Lohnarbeit in den verschiedenen Zonen und die Reallöhne der Lohnarbeiter gelten. Manche Staatsapparate sollten stärker, andere schwächer geworden sein, die Zuwachsraten in der landwirtschaftlichen und industriellen Produktion sowie jene der Bevölkerung sollten variieren. Die zentralen, semiperipheren und peripheren Gebiete sollten sich etwas verschoben haben, vor allem aber sollte sich der relative Anteil am globalen Surplus, den sich die einzelnen Regionen aneignen, verändert haben.

Noch bevor wir, ausgehend von unserer Theorie der kapitalistischen Entwicklung, die voraussichtlichen Entwicklungsrichtungen spezifizieren,

---

* Anm. d. Übers.: In der englischen Sprache wird zwischen Gewerbe und Industrie nicht unterschieden, beide Begriffe fallen im Wort *industry* zusammen – entsprechend schwierig gestaltet sich eine befriedigende Übertragung ins Deutsche. Da der Autor des vorliegenden Buches dem traditionellen Konzept der Industriellen Revolution und der damit verbundenen Unterscheidung in eine vorindustrielle (gewerbliche) und eine industrielle Produktion mit großer Skepsis gegenübersteht (vgl. Immanuel Wallerstein: The Modern World-System III [San Diego 1989], S. 28 ff.), wurde der Übersetzungsvariante *Industrie* bzw. *industriell* in der Regel der Vorzug gegeben.

sollte es dem Leser klar sein, daß die hierfür benötigten quantitativen Daten knapp (im besten Fall), unvollständig und verstreut sind. Vor allem fehlen *Gesamt*daten in bezug auf die Weltökonomie, die eine Überprüfung vergleichender Aussagen gestatten würden. Träumt man gar davon, gesicherte Aussagen über Veränderungen innerhalb der Gesellschaftsstruktur treffen zu können, ist die Lage noch schlimmer. Für die Perioden 1500–1650 sowie 1600–1750 sollten wir auf veränderte Muster der Klassenformation ebenso stoßen wie auf veränderte ethnisch-nationale Trennlinien, und zwar weniger innerhalb der Grenzen einzelner Staaten als vielmehr innerhalb der Weltwirtschaft als ganzer – und in diesem Bereich ist unsere Datenbasis sogar noch schmäler. Derzeit können wir nur die verstreuten Daten analysieren, skizzieren, was schlechter und was besser fundiert ist, die auf diesen Daten aufbauenden Erklärungsmodelle inspizieren, einen theoretischen Zugang vorschlagen und eine ungefähre Vorstellung von den empirischen Lücken und theoretischen Rätseln entwickeln. Mit dieser Grundhaltung wollen wir uns nun dem nähern, was die Geschichtsschreibung mit der »Krise«, dem »relativen Rückfall« oder dem »geringeren Wachstum« des 17. Jahrhunderts gemeint hat.

Kapitel 1:

Die Phase B

Das Steigen und Fallen der Getreidepreise (im Verhältnis zu anderen Waren sowie zu den Löhnen) hält Slicher van Bath im nachkarolingischen Europa für das grundlegende Unterscheidungsmerkmal zwischen Perioden *landwirtschaftlicher* Expansion und Kontraktion. Es ging also darum, ob die Terms of Trade für Getreide günstig oder ungünstig waren. Eine Kontraktion, das heißt *ungünstige Terms of Trade*, bei Getreide stellt Slicher van Bath für die Zeit zwischen 1600 (oder 1650) und 1750 fest.[1] Es ist wichtig, diese seine Definition von Kontraktion hervorzuheben, denn seiner Meinung nach ist der relative Rückgang des Weizenpreises weit bedeutsamer als der absolute.[2] Parallel zur Veränderung der Terms of Trade (vorläufig wollen wir keinen kausalen Zusammenhang herstellen) tritt etwa um 1650 im »großen Ost-West-Getreidehandel« anscheinend deswegen eine Wende ein, so K. Glamann, weil »Süd- und Westeuropa in bezug auf Getreide offenbar zunehmend autark geworden waren.«[3] Diese Autarkie sei dem Umstand zuzuschreiben, »daß während der zweiten Hälfte des 17. Jahrhunderts die Nahrungsmittelproduktion in Westeuropa zunahm, während die Bevölkerungszahl generell stagnierte.«[4] Ein Überangebot dürfte schließlich die Folge gewesen sein. Glamann stellt jedoch auch fest, daß zur selben Zeit »Europa mit Pfeffer überschwemmt wurde.«[5]

Aber wie kann man von einem Überangebot ausgehen, wenn doch das Hauptproblem dieser Zeit vermutlich ein Zuwenig an Nahrung war? Schöffer

---

1 Slicher van Bath (1965a, S. 38), der in einem späteren Aufsatz ergänzt: »Keinesfalls schließt dies Prosperität in anderen Bereichen des Wirtschaftslebens aus, wie die florierenden Brauereien, Brennereien, die Textilerzeugung und Tabakverarbeitung jener Zeit beweisen« (1977, S. 53).

2 »Der wichtigste Punkt ist die langfristige Veränderung der Preisrelation zwischen Getreide und tierischen Produkten wie Butter, Käse und Wolle. Große Bedeutung hat auch das Verhältnis zwischen den Preisen für Weizen und jenen für gewerblich weiterzuverarbeitende Produkte wie Flachs, Raps, Tabak etc.; ebenso zwischen Weizen und Wein, zwischen Weizen und gewerblichen Gütern wie etwa Textilien und Ziegeln und schließlich zwischen dem Weizenpreis und dem Pachtzins« (Slicher van Bath 1965b, S. 144). In diesem Zusammenhang sei auf Perry Anderson hingewiesen, der Dubys fehlende Bereitschaft, die europäische Ökonomie des Spätmittelalters mit dem Begriff Krise zu belegen, heftig kritisiert. In einigen Bereichen sieht Duby Anzeichen dafür, daß der wirtschaftliche Fortschritt ungebrochen anhält; Anderson merkt dazu an: »Das bedeutet, die Begriffe Krise und Rückentwicklung zu verwechseln« (1974b, S. 197).

3 Glamann (1974, S. 464).

4 Glamann (1974, S. 465). Vgl. dazu auch Slicher van Bath (1963a, S. 208). Bezüglich des späteren allgemeinen Rückgangs der Getreideproduktion siehe Jacquart (1978a, S. 352, 360). Jacquart weist darauf hin (S. 378), daß nur drei Ursachen zu diesem generellen Produktionsrückgang geführt haben können – veränderte Produktionskosten, veränderte Ernteerträge und ein veränderter Marktwert der Produkte. Die erste Ursache verwirft er als nicht plausibel, womit nur noch die beiden anderen Erklärungen bleiben. Für die primäre hält er schließlich die gesunkenen Erträge. Man beachte jedoch in diesem Zusammenhang Slicher van Baths Kritik an der Auffassung, das Klima biete eine stichhaltige Erklärung für den Ernterückgang. »Wenn alle anderen Faktoren konstant geblieben wären, *ceteris paribus*, hätten die Getreidepreise während dieser Periode tendenziell steigen müssen. Tatsächlich wiesen sie in den meisten Ländern eine fallende Tendenz auf. Daraus folgt, daß Veränderungen eingetreten sein müssen, die sich auf die Nachfrage auswirkten« (1977, S. 63).

5 Glamann (1974, S. 485).

spricht von »permanenten – manchmal latenten – strukturellen Phänomenen«, die in Europa »von den Katastrophen des 14. Jahrhunderts bis weit in das 18. Jahrhundert hinein« existiert hätten, vor allem »das anhaltende Spannungsverhältnis zwischen Nahrungsmittelproduktion und -distribution auf der einen Seite und dem Nahrungsmittelbedarf der Bevölkerung auf der anderen.« Es entstand »eine Situation, in der Unterernährung endemisch, Hunger oft epidemisch war.«[6] Domenico Sella meint, daß das allgemeine Wohlergehen in der Frühen Neuzeit davon abhing, »ob die Nahrungsmittelversorgung mit dem Bevölkerungswachstum Schritt hielt«[7] , andere wieder sprechen davon, daß die Produktion schneller zunahm als die Bevölkerung. Es handelt sich jedenfalls eindeutig um eine Anomalie, für die allerdings nur dann eine befriedigende Erklärung gefunden werden kann, wenn wir vom Ablauf der Ereignisse eine klarere Vorstellung gewinnen. Sehen wir uns also zunächst an, was sich sonst noch ereignete.

In der Agrarwirtschaft des 17. Jahrhunderts zeigten sich gewisse Veränderungen: Die Kultivierung von neuem Land nahm zumindest ab und kam wahrscheinlich sogar ganz zum Stillstand – wenn sich dieser Prozeß nicht überhaupt umkehrte. Im Unterschied zum 16. und 18. Jahrhundert, in denen »Land erfunden« wurde (so Chaunus geglückte Metapher), war das 17. Jahrhundert eine Zeit der »Konsolidierung«, aber einer, die »nichts eintrug«[8]. Zusätzlich dazu, daß die landwirtschaftliche Fläche nicht mehr vergrößert wurde, fielen auch noch zwischen 1600 und 1699 in ganz Europa die durchschnittlichen Ernteerträge bei Getreide – bei Gerste und Hafer stärker als bei Weizen und Roggen, in Mittel-, Nord- und Osteuropa krasser als in Westeuropa.[9] De Maddalena bezeichnet diese Ertragsrückgänge als »bemerkenswertes Phänomen.«[10] Eine zweite wesentliche Veränderung in der Landwirtschaft betraf die Auswahl der Nutzpflanzen: Erstens reduzierte sich die Anbaufläche für Getreide – in den kühleren Gebieten zugunsten von Weideflächen, in den wärmeren zugunsten von Weingärten;[11] zweitens wurden auf Kosten des Getreideanbaus arbeitsintensiver Gemüsebau sowie der Anbau

6 Schöffer (1966, S. 90).

7 Sella (1974, S. 366).

8 Chaunu (1966a, S. 272). Vgl. dazu auch Slicher van Bath (1963b, S. 18). Verlassene Dörfer findet man während des 17. Jahrhunderts nicht nur in vom Krieg verwüsteten Gebieten wie Böhmen, den deutschen Ländern, Polen und Burgund, sondern auch abseits der Hauptkriegsschauplätze, etwa in Italien (Campagna und Toskana) und Spanien (Salamanca). Vgl. Slicher van Bath (1977, S. 68).

9 Vgl. Slicher van Bath (1963b, S. 17); siehe auch Jacquart (1978a, S. 363–368).

10 De Maddalena (1974a, S. 343). Slicher van Bath vertritt den Standpunkt, daß zwischen Ernteerträgen und Getreidepreisen ein direkter Zusammenhang besteht. »Die verstärkte Verwendung von Dünger, der allerdings gekauft werden mußte, führte zu höheren Erträgen, hing aber davon ab, ob die Getreideproduktion finanziell lukrativ war.« (1965a, S. 32). Offensichtlich glaubt er nicht, daß sie lukrativ war, denn er behauptet: »Daß in den meisten europäischen Ländern, für die entsprechende Daten verfügbar sind, die Getreideerträge zwischen 1600 und 1750 geringfügig fielen, ist wahrscheinlich auf die gesunkene Quantität und Qualität der Düngemittel zurückzuführen« (1977, S. 95).

11 Vgl. Romano (1962, S. 512 f.). Siehe auch Slicher van Bath (1965a, S. 33 f.), der eine Liste von Regionen präsentiert, in denen zwischen 1650 und 1750 der Ackerbau zugunsten von Weidewirtschaft

von Futterpflanzen und für den Markt produzierter Pflanzen (Flachs, Hanf, Hopfen, Raps sowie Färberpflanzen wie Krapp und Waid) ausgeweitet;[12] und drittens kam es zu einem Wechsel von teuren Getreidearten (Roggen und Weizen) zu billigen (Gerste, Hafer und Buchweizen)[13] sowie zu einem geringeren Zukauf von Dünger (sowohl Humus als auch Mergel) für die Getreideproduktion.[14]

Neben diesen Veränderungen gab es auch etliche, die die gesellschaftliche Organisation der landwirtschaftlichen Produktion betrafen. De Maddalena spricht für das 17. Jahrhundert von einer allgemeinen »Deklassierung des Bauernstands«[15], als »die Grundherren unter Hinweis auf eine ›*urgens et improvisa necessitas*‹ immer mehr Höfe konfiszierten, die bis dahin Eigentum von Bauern gewesen waren.«[16] Er erwähnt auch die »Enteignung – besser gesagt die Usurpierung – eines Drittels des Gemeindeeigentums (daher der Begriff ›triage‹)«, wodurch jenes Gebiet verkleinert wurde, auf dem die Bauern Weide- und Holzrechte besaßen.[17] Auch Slicher van Bath meint, daß die Landbevölkerung im großen und ganzen stärker zu leiden hatte als die Stadtbevölkerung, aber er unterscheidet zwischen Kleinbauern und Häuslern auf der einen Seite und Tagelöhnern sowie dem Gesinde auf der anderen. Dabei hätten es die ersten beiden »verhältnismäßig schlechter gehabt« als jene beiden Gruppen, die Löhne erhielten.[18] Meuvret hat dafür eine sehr einfache Erklärung:

> Auf jeden Landbesitzer oder -pächter (*laboureur*), der sich über seinen schmalen Gewinn angesichts des Weizenpreises beklagt, kommen soundso viele Landarbeiter (*manoeuvriers*) und Handwerker, die sich über den niedrigeren Preis freuen, auch wenn sie nur selten Weizen kaufen müssen.[19]

Ganz allgemein meint Slicher van Bath, daß die ungünstige finanzielle Lage der Hofbesitzer und -pächter (*fermiers-propriétaires*) mit einer Reduktion der Pachtverhältnisse (*fermages*) und vor allem der Zahl der kleinen

---

aufgegeben wurde: Kastilien, Schwerin, Vorarlberg, Allgäu, Pays d'Enhaut, Emmental, Savoyen, Jura, Gruyère, Pays d'Hervé, Burgund, Thiérarche, Pays d'Auge, Bessin, Cotentin, Mittelengland, Irland. Neue Weinbaugebiete entstanden zwischen 1630 und 1771 in Landes, im Périgord, in Sète, Montpellier, im Elsaß, in Katalonien, im Waadtland, in Hallwil sowie im Kanton Zürich.

12 Slicher van Bath (1965a, S. 33, 39) führt Veränderungen an der Mosel, im Harz, in Erfurt und den Niederlanden an.

13 Slicher van Bath (1965a, S. 39).

14 Slicher van Bath (1965a, S. 15, 39).

15 De Maddalena (1974a, S. 288); vgl. Jacquart (1978a, S. 346; 1978b, S. 427 f.; 1978c, S. 462).

16 De Maddalena (1974a, S. 292); vgl. Jacquart (1978b, S. 391 f.).

17 De Maddalena (1974a, S. 294).

18 Slicher van Bath (1965b, S. 147). Eine ähnliche Betonung legt Jacquart auf den relativen Niedergang der »Mittelbauern«, die er als jene definiert, die »eine kleine Familienwirtschaft besitzen oder bewirtschaften«, und deren »Proletarisierung« während der Krise er konstatiert (1978c, S. 466).

19 Meuvret (1944, S. 116).

Pächter (*petits fermiers*) einherging.[20] Parallel zu diesem doppelten Rückgang nahm die Größe der landwirtschaftlichen Einheiten (*exploitation agricole*) generell zu.[21] Dennoch gab es trotz dieser größeren Einheiten und der Verteuerung der Arbeitskraft im 17. Jahrhundert weniger Verbesserungen bei den landwirtschaftlichen Geräten als im 16. Jahrhundert. Lediglich bei den Werkzeugen, die in der Milchwirtschaft verwendet wurden, gab es eine größere Zahl von Innovationen, etwa ein verbessertes Butterfaß.[22]

Wie die Landwirtschaft, so soll auch der gewerblich-industrielle Sektor im 17. Jahrhundert seine »Beschleunigungskraft« verloren haben, wenn auch etwas später. Unklar ist, was das in bezug auf die europäische Gesamtproduktion bedeutete.[23] Sella meint, daß die Schwankungen relativ gering waren, da das Bevölkerungswachstum im 16. Jahrhundert mit dem Sinken der Reallöhne zusammenfiel und somit die Situation »im wesentlichen gleichblieb«. Als jedoch die Pro-Kopf-Einkommen ab 1650 wieder anstiegen, sei die wachsende individuelle Nachfrage »vielleicht zum Teil durch die [weltweit] sinkenden Bevölkerungszahlen neutralisiert worden.«[24] Hobsbawm bringt die Unbestimmtheit solcher Analysen schonungslos auf den Punkt: »Was passierte mit der Produktion? Wir wissen es einfach nicht.«[25]

Eine *Standort*verlagerung der industriellen Produktion scheint hingegen gesichertes Wissen zu sein. Für Slicher van Bath ist es »wohlbekannt, daß sich in Zeiten einer landwirtschaftlichen Kontraktion – am Ende des Mittelalters und am Ende des 17. Jahrhunderts – eine ländliche Industrie entwickelt, vor allem die Textilproduktion.«[26] Dies angeblich deshalb, weil die unterbeschäftigten Arbeitskräfte auf dem Land billig und deswegen für die gewerblich-industrielle Produktion interessant waren. Da in diesem Wirtschaftszweig der Anteil des konstanten Kapitals zumindest bis zur Mitte des 18. Jahrhunderts gering war, geht Romano davon aus, daß »es infolgedessen außerordentlich einfach war, ein Unternehmen aufzulösen und das Kapital wieder abzuziehen«[27] . Dies galt vielleicht für die Textilproduktion, aber für die anderen zwei der drei Hauptindustrien jener Zeit (gemäß Romanos eigener Auflistung) – Bergbau und Schiffbau – ist diese Argumentation kaum

---

20 Slicher van Bath (1965a, S. 38).

21 Slicher van Bath (1965a, S. 37 f.).

22 Slicher van Bath (1965a, S. 15, 34, 39).

23 Romano (1962, S. 520). Als er einige Zeit später die Kernaussagen dieses Aufsatzes rekapituliert, schreibt Romano: »Der erste, wesentlichste, ja der entscheidende Zusammenbruch – jener der Landwirtschaft nämlich – ereignet sich am Ende des 16. Jahrhunderts; der Zusammenbruch von Handel und Gewerbe tritt erst später ein, und zwar zwischen 1619 und 1622, wobei für Handel und ›Industrie‹ *nach* der kurzen Krise dieser Jahre eine längere Krisenperiode beginnt.« (1974, S. 196)

24 Sella (1974, S. 366 f.).

25 Hobsbawm (1965, S. 9).

26 Slicher van Bath (1965a, S. 37). Dabei listet er folgende Gebiete auf: Irland, Schottland, Maine (Frankreich), Flandern, Twente, Westfalen, die Umgebung von Münster, Sachsen und Schlesien.

27 Romano (1962, S. 520).

aufrechtzuerhalten.[28] In Verbindung mit der Verlagerung der Textilproduktion auf das Land entstanden die wenigen neuen Wirtschaftszweige, die von Bedeutung waren: Brauereien, Brennereien und Leimsiedereien, die alle auf der Verarbeitung von Getreide basierten.[29]

Offensichtlich entsprachen den fallenden Getreidepreisen steigende Reallöhne. »Als in der zweiten Hälfte des 17. Jahrhunderts ... die Preise für Nahrungsmittel tendenziell fielen, blieben die Lohnraten stabil oder fielen zumindest nicht im selben Ausmaß.«[30] Im langen 16. Jahrhundert passierte genau das Gegenteil.[31] Dieses Phänomen läßt sich teilweise auf die relative Unbeweglichkeit der Löhne zurückführen, mehr noch allerdings darauf, »daß es in ganz Europa zwischen 1625 und 1750 deutlich an Arbeitskräften mangelte.«[32] Wenn dem aber so ist, wie verträgt es sich mit dem Umstand, daß man das 17. Jahrhundert bisher als Periode relativ hoher Arbeitslosigkeit bzw. Unterbeschäftigung betrachtete? Glamann bemerkt:

> Die Lohnarbeiter haben vielleicht von einer gewissen Steigerung ihrer Reallöhne profitiert. Dies jedoch nur unter der Voraussetzung, daß sie überhaupt Arbeit hatten – wovon man in einer Zeit wirtschaftlicher Turbulenzen keineswegs ausgehen kann. Im 17. Jahrhundert vertraten jedenfalls viele Verfasser ökonomischer Schriften den Standpunkt, daß massenhafte Unterbeschäftigung ein dominierendes Merkmal ihrer Gesellschaft darstellte.[33]

Das Verhältnis der nominellen Preise zu den Preisen auf Gold- oder Silberbasis (*bullion*) erschwert für diesen Zeitraum jede Erörterung dieses Themas (egal, ob es sich um den Preis von Getreide oder von Lohnarbeit handelt).[34] Generell herrscht Übereinstimmung, daß, wie Mousnier bemerkt, »in vielen Ländern der Rückgang größer ist, als es zunächst den Anschein hat – dann nämlich, wenn man den Preis in Beziehung zur entsprechenden Edelmetallmenge setzt, statt lediglich die in Verrechnungsgeld berechneten nominellen Preise zu betrachten.«[35] Wenn wir uns daher die Edelmetalläquivalente der Preise ansehen, stoßen wir, in Vilars Worten, auf »eine gesicherte

---

28 Romano (1962, S. 500).

29 Slicher van Bath (1965a, S. 39).

30 Sella (1974, S. 366); vgl. auch Vigo (1974, S. 390).

31 Vgl. dazu meine Ausführungen in Wallerstein (1974, S. 77–84).

32 Abel (1973, S. 225).

33 Glamann (1974, S. 431). In eine ähnliche Richtung zielt Léons Feststellung: »Im 17. Jahrhundert stand dem Ansteigen der Reallöhne die Krise der Landwirtschaft entgegen, die abrupte und heftige Preisschübe bei Getreide, damit eine dramatische Steigerung der Lebenshaltungskosten und auch tiefe Einbrüche in der gewerblichen Produktion auslöste, was zu langer und massiver Arbeitslosigkeit führte. Für den größeren Teil der Arbeitenden bedeutete das eine Katastrophe« (1970e, S. 674).

34 Vgl. meine kurzen Ausführungen in Wallerstein (1974, S. 271).

35 Mousnier (1967, S. 167). Ein überzeugendes Argument für die Verwendung einer Gold- bzw. Silbereinheit liefert Le Roy Ladurie, René Baehrels pointierte Frage (1961) zitierend: »Die einzig richtige Einheit für den Geldwert kann es nicht geben. Warum sollte es ausgerechnet ein Gramm Silber sein?« Darauf Le Roy Ladurie: »Völlig richtig. Aber umso weniger sollte es der *livre tournois* sein, wodurch zur Relativität des Metallwerts noch die Instabilität des Verrechnungsgeldes hinzukäme. ... Ich kann das Iridium-Meter

Tatsache: Etwa um 1660 sackten die in Silber ausgedrückten Preise international ab, erreichten 1680 ihren ersten Tiefpunkt und etwa 1720/21 zweifellos ihren zweiten.«[36] Der Rückgang der auf Metallbasis ermittelten Preise hängt mit dem Rückgang der im Umlauf befindlichen Edelmetallmenge zusammen.

Geoffrey Parker faßt die allgemeine Situation zusammen:

> Alles in allem kann man von der Annahme ausgehen, daß die europäischen Edelmetallvorräte zwischen 1500 und 1580 langsam wuchsen; daß sie zwischen 1580 und 1620 rasch zunahmen; und daß sie *wahrscheinlich seit den zwanziger Jahren des 17. Jahrhunderts abnahmen*, als der Silberbergbau in Europa zusammenbrach und die Lieferungen amerikanischen Silbers stark zurückgingen, bis dann ab 1700 Gold aus Brasilien hereinströmte.
> Zweifellos war es sehr wichtig, daß die in Europa verfügbare Geldmenge wuchs. Der europäische Handel des Jahres 1700 hätte mit den knappen finanziellen Ressourcen des Jahres 1500 eindeutig nicht das Auslangen gefunden. Eine äußerst wichtige Frage jedoch bleibt: Reichte dies aus? Konnte die Nettozunahme des europäischen Geldbestands, so bedeutend sie auch war, mit dem rasant steigenden Bedarf an Zahlungsmitteln Schritt halten? Mehrere Anzeichen sprechen dafür, daß dem nicht so war, *vor allem nach 1600*.[37]

Zusätzlich zur Geldknappheit entstand ein entsprechender Kreditengpaß, sodaß, wie Spooner feststellt, zumindest in den fünf Jahrzehnten zwischen 1630 und 1680 die verfügbare Gesamtmenge an »Silber, Kupfer, Gold und Kredit kaum ausreicht. Das daraus resultierende flaue und prekäre Finanzleben ist gleichzeitig Spiegelbild und Konsequenz des generell stagnierenden materiellen Lebens.«[38] Das erklärt auch die Unmengen von Falschgeld, jener »grassierenden Seuche des 17. Jahrhunderts.«[39]

Was bedeuteten nun diese Preisverschiebungen für die *Menge* der weltweit gehandelten Güter? Wie im Fall der industriellen Produktion in Europa verfügen wir allerdings auch hier kaum über umfassende Daten. In einem Modell der (als solche bezeichneten) interkontinentalen Handelsbeziehungen unterteilt Frédéric Mauro die Welt in fünf Kontinente: Europa, Afrika, das klimatisch gemäßigte Amerika, das tropische Amerika sowie Asien. Für unsere Zwecke sind diese geographischen Kategorien nur bedingt brauchbar – zum einen, weil Afrika und Asien außerhalb der Weltwirtschaft liegen, während Amerika zur Peripherie gehört, und zum anderen, weil Mauro europäisches Zentrum und

---

angesichts der Relativität des Universums kritisieren. Soll ich es aber deshalb durch ein Gummi-Meter ersetzen, das genauso relativ, zusätzlich aber auch noch unangenehm elastisch ist?« (1964, S. 83).

36 Vilar (1974, S. 246); aber Vilar fügt hinzu: »Mit Ausnahme von Frankreich ist ein Ansteigen der Kurve zwischen 1683 und 1689 sowie zwischen 1701 und 1710 kaum zu übersehen.«

37 Parker (1974a, S. 529 f., Hervorhebungen I. W.)

38 Spooner (1956, S. 8).

39 Spooner (1956, S. 35 f.).

40 Vgl. Mauro (1961a, vor allem S. 16 f.). Eine Kritik an Mauros Ansatz, Europa als eine Kategorie zu begreifen, findet sich bei Mata und Valério (1978, vor allem S. 118–120).

europäische Peripherie ein und derselben Kategorie zuordnet und auf diese Art wesentliche Daten einbüßt.[40] Trotzdem lohnt es sich, einen Blick auf seine Schätzungen in Tabelle 1 zu werfen. Die Anordnung wurde von mir verändert, um größere Klarheit zu erreichen. Unter der Voraussetzung, daß die in der Tabelle aufgelisteten Vergleichsergebnisse korrekt sind, stellen wir fest, daß der Handel von und nach Europa sowie der weltweite Handel eine parallele Entwicklung aufweisen – auch im 17. Jahrhundert, das sich als Stabilitätsperiode zwischen die vorhergehende und die nachfolgende Expansionsphase schiebt.

Tabelle 1:
Umfang des Interkontinentalhandels von fünf Regionen
(Exporte und Importe)
sowie weltweit im Vergleich zum vorhergegangenen Jahrhundert
(bearbeitete Fassung nach Mauro, 1961a).

Region	16. Jahrhundert	17. Jahrhundert	18. Jahrhundert
Europa	steigend	gleichbleibend	steigend
Afrika	gleichbleibend	steigend	steigend
Amerika/gemäßigte Zone	(praktisch null)	steigend	steigend
Amerika/tropische Zone	steigend	gleichbleibend	gleichbleibend
Asien	steigend	fallend	fallend
Weltweit	steigend	gleichbleibend	steigend

Wenden wir uns nun der letzten wichtigen Variablen zu: der Bevölkerung. Dabei stellt sich heraus, daß die Schätzungen der Demographen im allgemeinen nur geringfügig voneinander abweichen. Für Reinhard und Armengaud war das 17. Jahrhundert gekennzeichnet durch »Stagnation, wenn nicht sogar ... einen leichten Rückgang (recul)«, aber *nicht* durch eine »katastrophale [Krise] wie im 14. Jahrhundert«;[41] und Roger Mols schreibt, daß »es im 17. Jahrhundert trotz der fürchterlichen Krisen, von denen es erschüttert wurde, zu einem leichten Bevölkerungszuwachs kam.«[42] Leichter Rückgang, leichter Zuwachs – unterm Strich eine ausgeglichene Bilanz.

Wenn wir diese Grundmuster der europäischen Ökonomie zwischen 1600 und 1750 (Phase B) betrachten und sie mit dem Zeitraum von 1450 (oder 1500) bis 1650 (Phase A) und natürlich mit der Zeit nach 1750 vergleichen, entsteht das Bild eines ökonomischen Plateaus, einer Zeit des Atemholens, der Unruhe, des Umbaus. Aber war es eine »Krise« vergleichbar jener »Krise des Feudalismus« zwischen 1300 und 1450?[43] Den Anschein hat es nicht, denn obwohl »ihre Hauptsymptome die gleichen waren, erwies sich die

41 Reinhard und Armengaud (1961, S. 114).

42 Mols (1974, S. 39); J. de Vries errechnet eine Indexziffer von 106 für das Jahr 1700 (und 123 für das Jahr 1750), ausgehend von 100 für das Jahr 1600; Osteuropa ist allerdings in seinen Berechnungen nicht enthalten, was die Indexziffer zweifellos noch weiter reduzieren würde (1976, S. 5, Tabelle I).

43 Vgl. dazu meine Überlegungen in Wallerstein (1974, Kapitel 1).

Depression [von 1650 bis 1750] als weitaus milder als der folgenschwere wirtschaftliche Niedergang des Spätmittelalters.«[44] Sollte das stimmen, bedarf es einer Erklärung – und unsere besteht darin, daß es sich bei der Kontraktion zwischen 1600 und 1750 im Unterschied zu jener zwischen 1300 und 1450 *nicht* um eine »Krise« handelte, weil der Tiefpunkt bereits überwunden und die Krise des Feudalismus im wesentlichen bewältigt worden war. Die Kontraktion des 17. Jahrhunderts trat *innerhalb* einer funktionierenden und sich entwickelnden kapitalistischen Weltwirtschaft auf. Es war die erste von vielen globalen Kontraktionen oder Depressionen, die dieses System heimsuchen sollten. Aber das System war bereits in den Interessen jener Schichten, die innerhalb der Weltwirtschaft politisch bestimmend waren, ausreichend verankert, und diese Schichten richteten ihre Energien grosso modo und als Kollektiv nicht darauf, das System zu beseitigen, sondern Wege zu finden, wie es sogar – oder vielleicht gerade – in einer Zeit wirtschaftlicher Kontraktion zu ihrem Vorteil funktionieren könnte.

Im 17. Jahrhundert waren die Schichten, die den Kapitalismus trugen, ein buntes Gemisch und noch kaum eine kohärente Klasse, geschweige denn eine, die sich ihrer selbst bewußt war und zur Herrschaft berufen fühlte – um sowohl Profite als auch Politik zu machen; ersteres verstanden diese Schichten allerdings bereits zu diesem Zeitpunkt ausgezeichnet, trotz widrigster Umstände. Jeannin stellt dies am Beispiel der Danziger Kaufleute fest, nachdem er ihre äußerst komplexen Berechnungen erläutert, die sie um 1600 anstellen mußten: Wie sie »kalkulierten, zeigt, daß die Kaufleute die Profitmechanismen verstanden. So wie sie ihre Transaktionen durchführten, kann man ihnen tatsächlich bescheinigen, daß sie das Konzept der ›Terms of Trade‹ in seiner konkretesten Bedeutung begriffen haben.«[45] Betrachten wir die Profite, die aus den Veränderungen der Terms of Trade gezogen werden konnten, so führt uns dies zur zentralen Erklärung für das ökonomische Verhalten jener Zeit. Wie es Vilar vorschlägt, sollten wir uns weniger auf das Auf und Ab der Preise konzentrieren als auf die »Ungleichheit der Preisbewegungen«.[46]

Diese Ungleichheiten betrafen sowohl die zeitliche Abfolge als auch die geographische Lage, und ihre Bedeutung lag nicht nur in den erzielbaren Profiten, sondern auch in ihren Auswirkungen auf das System als ganzes. Nach Auffassung Topolskis handelte es sich bei der Kontraktion nicht um eine »allgemeine Wirtschaftskrise im Sinne von Stagnation, Flaute oder Rezession, hervorgerufen durch ein Nachlassen ökonomischer Aktivität«; vielmehr sei die Zeit von einem »wachsenden Ungleichgewicht«[47] innerhalb

---

44 Slicher van Bath (1963a, S. 206).

45 Jeannin (1974, S. 495).

46 Vilar (1961, S. 114).

47 Topolski (1974a, S. 140). Ralph Davis sagt mehr oder weniger das gleiche: »Weit auffälliger als der allgemeine wirtschaftliche Niedergang war die Art und Weise, wie Entwicklungslinien voneinander

des Gesamtsystems geprägt gewesen. Zwischen wachsendem Ungleichgewicht und Kontraktion sollte kein Gegensatz konstruiert werden. Während einer Kontraktionsperiode ist dieses Ungleichgewicht sogar ein zentraler Mechanismus des Kapitalismus, einer jener Faktoren, die eine Konzentration und erweiterte Akkumulation des Kapitals erlauben. Vilar liefert eine gute Erklärung dafür: »In jeder allgemeinen Konjunktur reagieren die einzelnen Länder jeweils unterschiedlich – daher die Ungleichheiten der Entwicklung, die schließlich Geschichte machen.«[48]

Wenden wir uns nun dem zu, was Sella die »dramatischen Verschiebungen in der geographischen Verteilung ökonomischer Aktivität«[49] nennt, aber nicht in Form jener konventionellen wissenschaftlichen Verzagtheit, wonach wir »Generalisierungen vermeiden«[50] müssen. Erinnern wir uns stattdessen an Fernand Braudels Einmahnung von Präzision – »... denn es gibt nicht eine einzige Konjunktur. Vielmehr müssen wir uns eine Serie von einander überlappenden Geschichtssträngen vorstellen, die sich simultan entwikkeln.«[51] Bezüglich der geographischen Hauptunterteilung herrscht allgemeine Übereinstimmung, wenn es auch im Detail viel wissenschaftliche Haarspalterei gibt. Hobsbawm weist im Rahmen seiner Überlegungen zur »allgemeinen Krise« auf »die relativ geringe Anfälligkeit jener Staaten [hin], die eine ›bürgerliche Revolution‹ durchgemacht hatten«[52], womit er die Vereinigten Niederlande und England meint. In einer anderen Untersuchung hingegen unterteilt er die »europäische Ökonomie« in vier Zonen, von denen drei in gewisser Hinsicht wirtschaftlich zurückgefallen sein sollen (er unternimmt allerdings keinen Versuch, sie relativ zueinander einzustufen). Bei

---

abwichen« (1973b, S. 108). Man vergleiche auch die Ablehnung des Begriffs »Stagnation« bei Topolski und Ruggiero Romano: »Was ist das 17. Jahrhundert? ... Auch wenn Definitionen im Überfluß vorhanden sind, kann man sie leicht auf eine einzige reduzieren: Es ist das Jahrhundert der ›wirtschaftlichen Stagnation‹. Auch wenn es sich lediglich um einen subjektiven Eindruck handelt, so bin ich dennoch fest davon überzeugt, daß diese simple These nur auf einem Faktum aufbaut: auf der Geschichte der Preisentwicklung. ... Aber ist das ein gutes Kriterium? Ich glaube nicht« (1962, S. 481 f.).

48 Vilar (1974, S. 52). Aus diesem Grund kann ich Morineaus Versuch nicht akzeptieren, das gesamte Konzept einer Phase B im 17. Jahrhundert zu widerlegen. Er schreibt: »Verzögertes Wachstum? Das ist der Titel dieses [Sammel]Bands. Er ist voll von Postulaten und einer Vielzahl vager Annahmen. Er impliziert einen Rostowschen Wachstumsbegriff, ein optimistisches Bild des 16. Jahrhunderts, ein durchgehend pessimistisches des 17. Jahrhunderts. ... Einem Holländer oder Engländer erscheint der geographische Aufstieg Europas nach 1598 ziemlich augenfällig, weit augenfälliger jedenfalls als einem Spanier oder Portugiesen. Es ging darum, daß die Karten neu verteilt wurden« (1978g, S. 575). Wenn man jedoch keinen durchgehend pessimistischen Blickwinkel hat, wenn man *annimmt*, daß eine Phase B *genau* diese Neuverteilung der Karten zur Folge hat, und wenn man eine zu Rostow konträre Wachstumstheorie vertritt, dann berührt einen die Heftigkeit der Einwände in geringerem Maße.

49 Sella (1974, S. 390).

50 De Maddalena (1974a, S. 274).

51 Braudel (1973, II, S. 892). Daß sich Prozesse überschneiden, erklärt meiner Ansicht nach die Gewißheit, mit der Pierre Chaunu feststellen kann: »Eine Abwärtstendenz vollzieht sich normalerweise nicht in einer einzigen Bewegung, sondern in zwei, drei, vier Momenten – jenen Momenten, die eine zyklische Krise ausmachen. ... Wenn man einen Spielraum von zwei bis drei Jahren einkalkuliert, erweist sich die zeitliche Abfolge dieser Krisen in ganz Europa mehr oder weniger als gleich. Aber die relative Bedeutung dieser Krisen unterschied sich von Ort zu Ort« (1962b, S. 231).

52 Hobsbawm (1965, S. 13).

diesen Zonen handelt es sich um »die alten ›entwickelten‹ Ökonomien des Mittelalters – am Mittelmeer und in Südwestdeutschland«; die »überseeischen Kolonien«; das »Hinterland der Ostsee«; und schließlich die »neuen ›entwickelten‹ Gebiete«. In dieser vierten Zone, die durch eine »komplexere« ökonomische Situation gekennzeichnet ist, finden wir nicht nur Holland und England, sondern auch Frankreich.[53]

Vielschichtiger ist Romanos Geographie:

> In England und den Niederlanden hatte die Krise im wesentlichen emanzipatorische Auswirkungen; in Frankreich setzte sie zwar keine Energien frei, bereitete aber zweifellos jenen Boden, der später Früchte tragen sollte; im übrigen Europa bedeutete sie ausschließlich Involution. Diesem Teil Europas muß unter dem Stichwort Involution zweifellos auch Italien zugezählt werden.[54]

Die Geographie Romanos wird von Cipolla um eine Nuance bereichert: »Für Spanien, Italien und Deutschland erwies sich das 17. als schwarzes Jahrhundert und für Frankreich zumindest als graues. Für Holland hingegen war es *das* goldene Zeitalter, und für England wenn schon nicht ein goldenes, dann wenigstens ein silbernes.«[55] Geringfügig davon unterscheidet sich die geographische Schichtung, die Topolski skizziert. Er unterscheidet zwischen Zonen großer Dynamik (England und die Vereinigten Niederlande), Zonen verlangsamter Entwicklung (Frankreich, Skandinavien, Deutschland, Böhmen und die anderen Staaten in Ost- und Mitteleuropa mit Ausnahme von Polen) und Zonen der Stagnation oder Regression (Spanien, Portugal, Italien und Polen).[56] Insgesamt scheint zwischen den verschiedenen geographischen Zuordnungen eine grundsätzliche Übereinstimmung zu bestehen, auch wenn sie sich im Detail voneinander unterscheiden.

Sehen wir uns nun die zeitlichen Unterteilungen an – dort herrscht größere Verwirrung: Zeitangaben in bezug auf die Kontraktion sind von Land zu Land verschieden, und auch die Preise (nominell und auf Silberbasis) variieren; selbst wenn es sich um spezifische Länder und spezifische Arten von Preisen handelt, scheinen die Analysen zu divergieren. Braudel und Spooner kommen zu einem sehr einfachen Schluß, nachdem sie das Datenmaterial zur Preisentwicklung untersucht haben: »Das Ende des 16. Jahrhunderts ist ebenso schwer zu bestimmen wie sein Anfang.«[57] Bei den auf Edelmetallbasis ermittelten Preisen diagnostizieren sie eine Umkehrung des langfristigen Aufwärtstrends, und zwar »im Süden zwischen 1590 und 1600, im Norden zwischen 1620 und 1630, vielleicht sogar 1650.« Ein ganz anderes Muster

---

53 Hobsbawm (1958, S. 63).

54 Romano (1974, S. 194).

55 Cipolla (1974, S. 12). Schöffer spricht von einer fehlenden Bereitschaft holländischer Historiker, sich an der Diskussion über das Konzept einer allgemeinen europäischen Krise zu beteiligen: »Wie läßt sich diese allgemeine Krise mit Hollands goldenem Zeitalter in Einklang bringen?« (1966, S. 86).

56 So wiedergegeben von Geremek in einer Rezension (1963).

57 Braudel/Spooner (1967, S. 404).

sehen sie in der Entwicklung der Nominalpreise, die sich in drei aufeinanderfolgenden Schüben vollzog: einer etwa zwischen 1620 und 1630; einer um die Mitte des 17. Jahrhunderts in so unterschiedlichen Städten wie Siena, Exeter, Ragusa, Neapel, Amsterdam, Gdańsk/Danzig und Paris; und einer im Jahr 1678 in Kastilien, was »eine krasse Abweichung« darstellt. »Nur in England«, schreiben sie, »folgten die Nominalpreise unmittelbar den Silberäquivalenten, in Holland folgten sie ihnen sehr eng.« (Interessanterweise stoßen wir erneut auf diese zwei Länder.) In allen anderen Ländern zeigt sich ein Abstand, der 10 bis beachtliche 75 Jahre (in Kastilien) betragen kann. »In diesen Ländern ... führte andauernde Inflation dazu, daß die Nominalpreise nicht sanken.«[58]

Hier haben wir einen wertvollen Anhaltspunkt, dem wir folgen können. Kann Inflation eine jener Formen sein, die der relative Rückgang annimmt, wenn die Weltökonomie schrumpft? Kann man sagen, daß das Ausmaß der nominellen Inflation, besonders wenn man es in Relation zu den Edelmetalläquivalenten setzt, ein Maß für relativen Niedergang ist? Diese Frage sollten wir im Hinterkopf behalten, wenn wir die verschiedenen Datierungen genauer betrachten (bei denen geographische Kriterien allerdings oft nicht klar sind). In Spanien setzte die Depression laut Slicher van Bath um etwa 1600 ein, in Italien und Teilen Mitteleuropas im Jahr 1619, in Frankreich und Teilen Deutschlands 1630, in England und den Vereinigten Niederlanden 1650. In Mitteleuropa wurde der Tiefpunkt zwischen 1640 und 1680 erreicht, in den Vereinigten Niederlanden zwischen 1720 und 1740. Die Depression endete in England und Frankreich 1730, in Deutschland 1750 und in den Vereinigten Niederlanden 1755. »Die ökonomisch höherentwickelten Länder wie England und Holland vermochten länger Widerstand zu leisten. Die Rohstoffproduzenten – im 17. Jahrhundert waren das die Getreideanbaugebiete im Ostseeraum – erwiesen sich als beinahe völlig wehrlos.«[59]

Von den in Silberäquivalenten ausgedrückten Preisen ausgehend identifiziert Vilar zwei Grundmuster – eines in Spanien und Portugal, wo der Niedergang früher einsetzte (zwischen 1600 und 1610) und auch früher endete (zwischen 1680 und 1690), und das andere in Nordeuropa, wo der Anfang in die Zeit zwischen 1650 und 1660 fiel und der Endpunkt zwischen 1730 und 1735 lag. In diesem Modell scheint Frankreich als geteiltes Land auf, wo der Midi, »angekoppelt an die Konjunktur Marseilles und damit des Mittelmeers, Spanien näher war als die Region um Beauvais.«[60] Dieselben zwei Muster stellt auch Chaunu fest: einen »frühen Trend im Mittelmeerraum und in Hispano-Amerika sowie einen verspäteten im Norden und entlang der

---

58 Braudel/Spooner (1967, S. 405).

59 Slicher van Bath (1965b, S. 136). Eine ähnliche Datierung der Depression im Ostseeraum finden wir bei Mączak/Samsonowicz (1965, S. 82); sie setzen dafür die Zeit zwischen den zwanziger Jahren des 17. Jahrhunderts und den sechziger Jahren des 18. Jahrhunderts an.

60 Vilar (1974, S. 303). Auf diese Weise versucht Vilar die an sich abweichenden Feststellungen Baehrels (1961) in Einklang mit allgemeinen Thesen über Frankreich zu bringen.

Ostsee, mit dem ziemlich paradoxerweise auch Brasilien und der Bereich des Indischen Ozeans verknüpft sind.«[61]

Abel hingegen wartet mit einer etwas anderen Einteilung auf, die auf den über 25 Jahre berechneten Durchschnittspreisen für Getreide (auf Silberbasis) beruht. Diese weisen gemäß Abels Resümee »während der zweiten Hälfte des 17. und der ersten Hälfte des 18. Jahrhunderts« im großen und ganzen eine Abwärtstendenz auf.[62] Dies gelte, so meint er, für England, die Spanischen Niederlande, Frankreich, Norditalien, die Vereinigten Niederlande, Dänemark und Polen, aber nicht für Deutschland und Österreich, deren »Preiskurven vom letzten Viertel des 17. Jahrhunderts an nach oben zeigen.«[63] Sieht man sich Abels Diagramm jedoch näher an, ergibt sich ein weit komplexeres Bild, an dem zweierlei auffällt: Zum einen scheint demnach der größte Abstand zwischen den verschiedenen Preisen im Jahr 1650 zu bestehen, als sie in Polen besonders hoch und in Deutschland besonders niedrig sind. Zum anderen treten während dieser Periode die größten Preisschwankungen in Polen auf, angefangen von den im internationalen Vergleich höchsten Preisen im Jahr 1650 bis zu den ringsum niedrigsten im Jahr 1725. (Deutschland weicht vom Durchschnitt viel weniger stark ab.) Dieser auffallende Umschwung in Polen sollte nicht übersehen werden, wenn man nach einem allgemeinen Erklärungsmodell sucht. Vorläufig aber wollen wir uns mit Deutschland beschäftigen, da sich mittlerweile eine umfangreiche Literatur der Frage widmet, welchen Anteil der Dreißigjährige Krieg am »Niedergang« Deutschlands hatte.

In einem Überblick über die einschlägige Literatur (Stand von 1962) beschrieb Theodore Rabb zwei Denkschulen, wobei die eine vom »verheerenden Krieg« ausgehe, die andere vom »vorher erfolgenden Niedergang« (und den Dreißigjährigen Krieg lediglich als Todesstoß ansehe).[64] Als Musterbeispiel für die erstgenannte Richtung kann Friedrich Lütge gelten. In seinen Augen erlebte die deutsche Wirtschaft zwischen 1560 und 1620 eine Blütezeit, war sie doch am Überseehandel beteiligt und wies eine ebenso umfangreiche wie profitable gewerblich-industrielle Produktion auf. Da sich dies nach 1620 änderte, erscheint ihm der Dreißigjährige Krieg als der entscheidende Faktor.[65] Slicher van Baths Antwort darauf ist charakteristisch: »Der Dreißigjährige Krieg kann nicht verantwortlich sein, denn der Niedergang setzte in Deutschland bereits in der zweiten Hälfte des 16. Jahrhunderts ein.«[66]

Mehrere Versuche wurden seither unternommen, diesen Streit zu schlichten. Carsten beispielsweise betrachtet die These eines Vorkriegsniedergangs durchaus mit Skepsis:

---

61 Chaunu (1962b, S. 251 f.).

62 Abel (1973, S. 221).

63 Abel (1973, S. 222, 223, Abbildung 37).

64 Rabb (1962b, S. 40).

65 Vgl. Lütge (1958, S. 26–28).

66 Slicher van Bath (1963b, S. 18); vgl. die gleiche Argumentation bei Abel (1967, S. 261).

Selbst wenn wir nachweisen könnten, daß die Mehrheit der deutschen Städte bereits vor 1618 verfielen, würde dies nicht automatisch einen allgemeinen Niedergang implizieren, könnten sich doch wirtschaftliche Aktivitäten auf das Land verlagert haben. Tatsächlich war dies in Nordostdeutschland der Fall, wo das 16. Jahrhundert eine Zeit des Friedens und der Prosperität, wachsender Getreideexporte und rasch steigender Getreidepreise war.[67]

Der Niedergang von Städten muß demnach nicht unbedingt als negatives ökonomisches Zeichen aufgefaßt werden. Natürlich nicht! Er ist ein Zeichen von Peripherisierung.[68] Darüberhinaus stellt Carsten fest, daß in Oberbayern, einer Region, mit der er sich eingehend beschäftigt hat, die Periode vor 1608 »eine Zeit langsam wachsender Prosperität« war. Er rät daher zur Vorsicht, solange es keine »detaillierteren Untersuchungen und Forschungsarbeiten« gibt.[69] Während Carstens Mittlerrolle darauf beruht, daß er den allgemeinen Wissensmangel betont, ist es bei Rabb gerade unser kollektives Wissen, das »sowohl eindeutige Prosperität als auch eindeutigen Niedergang innerhalb Deutschlands [vor dem Dreißigjährigen Krieg] zeigt, oft nebeneinander.« Auch er gelangt zu eher vorsichtigen Schlußfolgerungen.

> Daß im Niedergang begriffene Regionen eindeutig in der Minderheit waren, ... läßt nur den Schluß zu, daß die Schwierigkeiten vor 1618 nicht größer waren, sondern vielmehr ungleich verteilt. ... Im besten Fall löste der Dreißigjährige Krieg einen allgemeinen Niedergang aus, den es bis dahin nicht gegeben hatte; im schlimmsten Fall trat Ruin an die Stelle von Prosperität.[70]

In einer dritten Variante findet sich eine vermittelnde Position auch bei Kamen. Zwar räumt er ein, daß »der Krieg ohne jeden Zweifel für die meisten deutschsprachigen Länder eine Katastrophe bedeutete«, behauptet aber, daß »es sich bis zu einem gewissen Grad um eine künstliche Kontroverse handelt«, da es »kein einheitliches ökonomisches oder politisches Gebilde namens Deutschland« gegeben habe und es »oft unrealistisch [war], zwischen dem Niedergang vor und jenem während des Kriegs zu unterscheiden.«[71]

Alle diese »ökonomischen« Unterteilungen auf nationaler Basis können nur bedingt erfassen, in welchem Ausmaß der Dreißigjährige Krieg selbst sowohl politische Konsequenz als auch Symptom der allgemeinen ökonomischen Kontraktion in ganz Europa war. Einen bedeutenden Versuch, diesen

---

67 Carsten (1956, S. 241).

68 Carsten selbst weiß das sehr genau, auch wenn er sich einer anderen Begrifflichkeit bedient. Er spricht vom »Aufstieg des Landadels und seiner direkten Handelsbeziehungen zu ausländischen Kaufleuten, die für viele kleinere Städte das Ende bedeuteten« (1956, S. 241).

69 Carsten (1956, S. 241).

70 Rabb (1962b, S. 51).

71 Kamen (1968, S. 44, 45, 48).

Krieg in einem gesamteuropäischen Kontext zu betrachten, unternahm J. V. Polišensky, nach dessen Worten der Krieg

> als Beispiel dafür gesehen werden muß, wie zwei Kulturkreise in einem ideologischen Konflikt aufeinandertreffen. Das eine Weltbild hat das Erbe des Humanismus angetreten, ist protestantisch gefärbt und nimmt sich die Vereinigten Niederlande zum Vorbild, das andere ist katholisch-humanistisch und dem spanischen Beispiel gefolgt – der Zusammenstoß dieser beiden Ideologien wird zum Ausgangspunkt für die Entwicklung der politischen Fronten und Machtbündnisse.[72]

Dieser gesamteuropäische Krieg könnte demnach als erster Weltkrieg der kapitalistischen Weltwirtschaft betrachtet werden. Polišensky vertritt auch diese These, allerdings recht behutsam.

> Eine Voraussetzung für die Ausweitung des Konflikts bestand darin, daß im Europa des frühen 17. Jahrhunderts wenn schon kein einheitliches Wirtschaftsgefüge, dann zumindest eine Rahmenstruktur für Austauschbeziehungen sowie die ersten Anzeichen eines Weltmarkts existierten. Dessen Schwerpunkt umfaßte das gesamte Gebiet zwischen Ostsee, Atlantik und Mittelmeer.[73]

Für Polišensky steht Vajnshtejns These »außer Streit«, daß »der Dreißigjährige Krieg eng mit der Geschichte der holländischen Revolution und den Befreiungsbestrebungen gegenüber Spanien zusammenhängt.« Darauf basiert auch Polišenskys Kernaussage, der er hinzufügt: »Wir müssen exakt begreifen, warum eine interne Revolution unter Führung der Bourgeoisie ihren Feinden in ganz Europa schließlich als Schreckgespenst erschien.«[74] Seiner Meinung nach spielte der »Faktor Holland« nicht nur eine Schlüsselrolle in der Ausweitung des Konflikts, Hollands Sieg auf gesamteuropäischer Ebene sei auch das wesentlichste Resultat gewesen. Er merkt an, daß der Krieg genau zu jenem Zeitpunkt ein Ende fand, als die Holländer die Nase vorn hatten:

> 1645 kontrollierte die holländische Flotte erstmals den Sund sowie die Ostsee-Handelsrouten. Das Kaufmanns-Patriziat der Provinz Holland und der Stadt

---

72 Polišensky (1971, S. 9). In ähnlicher Weise stellt Parker eine Analogie zum Ersten Weltkrieg her (1976a, S. 72); aber man beachte Polišenskys nächsten Satz, in dem er vor Fehlinterpretationen warnt: »Es wäre eine krasse Vereinfachung zu behaupten, daß der Krieg eine Konfrontation zwischen den Repräsentanten des Kapitalismus und der Bourgeoisie auf der einen Seite und jenen des ›Ancien régime‹ und des Feudaladels auf der anderen Seite darstellte.«

73 Polišensky (1971, S. 258). Daraus ergab sich, daß »der Krieg als Katalysator fungierte, der bestimmte sozioökonomische Veränderungen beschleunigte, die allerdings bereits vor seinem Ausbruch eingesetzt hatten.« (S. 259.) Der Krieg war *kein* Wendepunkt. »Der Dreißigjährige Krieg verstärkte eine *bereits bestehende* ungleiche Wirtschaftsentwicklung. Weder veränderte er die Grundrichtung der Handelswege noch die Intensität der Handelsbeziehungen (S. 260, Hervorhebungen I. W.). Hroch analysiert den Dreißigjährigen Krieg auch als Ergebnis des Widerspruchs zwischen »den sich entwikkelnden Produktivkräften und den unveränderten Produktionsverhältnissen,« was wiederum auf die Entwicklung der Warenproduktion für einen »europaweiten Markt« (1963, S. 542) zurückzuführen sei. Dennoch betrachtet er den Konflikt als einen »innerhalb der Feudalklasse« (S. 541).

74 Polišensky (1971, S. 264).

Amsterdam konnten nun keinen Sinn mehr darin sehen, einen Krieg mit Spanien fortzusetzen, aus dem schließlich nur Frankreich als Sieger hervorgehen hätte können. ...
Der Separatfrieden [zwischen den Vereinigten Niederlanden und Spanien im Januar 1648] bedeutete gleichzeitig einen Triumph der Republik über Spanien sowie einen Triumph Hollands über den Prinzen von Oranien und den Rest der Niederlande. Genausogut kann er als glatter Sieg Amsterdams über alle anderen holländischen Interessen betrachtet werden, und als Ergebnis des Kriegs wurden die Privilegien genau jener städtischen Oligarchie bestätigt, die Moritz von Oranien dreißig Jahre zuvor gedemütigt hatte.[75]

An dieser Stelle taucht eine zentrale Frage auf, und zwar, wie es zu erklären ist, daß der holländische Unabhängigkeitskrieg, die Niederländische Revolution, sich nicht schon vor 1621 als Großbrand über ganz Europa ausbreitete – jenem Jahr, in dem die »holländische Phase des Kriegs« (1621 bis 1625), wie Polišensky sagt,[76] beginnt. Gibt es etwa einen Zusammenhang mit Romanos Krise zwischen 1619 und 1622?[77] Es ist mehr als wahrscheinlich, daß dies der Fall ist. Die Kontraktion in ganz Europa, die sich in der schweren Krise jener Jahre[78] ausdrückte, bedeutete nämlich, daß politische Kontrolle einen höheren Gewinn versprach; und militärische Zerstörungen erschienen den Beteiligten weniger kostspielig als die potentiellen Verluste, die sich während einer Kontraktionsphase aus einer schwachen geschäftlichen Position ergeben konnten. So gesehen setzten die Vereinigten Niederlande viel aufs Spiel und gewannen – vor allem deshalb, weil für einen großen Teil der Kriegskosten (was Zerstörungen betraf) schließlich Deutschland und, nicht zu vergessen, Böhmen aufzukommen hatten.[79] Insofern hat Kamen völlig recht, wenn er die Kontroverse bezüglich Deutschland als »künstlich« ansieht. Es stellt sich nicht die Frage, ob Deutschland einen ökonomischen Niedergang erlebt hätte oder nicht, wenn der Dreißigjährige Krieg nicht dazwischengekommen wäre – das ist eine hypothetische Überlegung ohne große Bedeutung. Der Krieg war eine Reaktion auf die Trendumkehr in der Weltwirtschaft und wurde so eine der Formen, in denen ökonomische Funktionen neu verteilt und ökonomische Disparitäten verstärkt wurden.

Faßt man die verschiedenen Einzeluntersuchungen und Gesamtdarstellungen zusammen, ergibt sich folgendes Bild: Anscheinend ging ungefähr zwischen 1600 und 1650 (ebenso wie zwischen ca. 1300 und 1350) eine Periode ökonomischer Expansion zu Ende. Beschreibungen dieser Expansion, die in erster Linie von der Preisentwicklung ausgehen (wie dies die

---

75 Polišensky (1971, S. 236 f.).

76 So lautet die Überschrift von Kapitel 5 bei Polišensky (1971).

77 Vgl. Romano (1962).

78 Vgl. dazu meine Erörterungen in Wallerstein (1974, S. 269–273).

79 »Das Ausmaß der [wirtschaftlichen] Tragödie [Böhmens] ist offensichtlich« (Polišensky 1971, S. 294). Das gleiche gilt für die Schweiz; vgl. die Debatte bei Kamen (1968, S. 60).

Preishistoriker der Zwischenkriegszeit taten), sind zwar nicht falsch, aber insofern äußerst irreführend, als Preise per definitionem relativ sind. Aussagekraft hat ein Preis lediglich im Kontext des gesamten Preisgefüges der jeweiligen Zeit und des jeweiligen Marktes. Es kommt niemals zu einem generellen Steigen oder Fallen der Preise; *einige* Preise steigen, was zugleich bedeutet, daß andere fallen. In den zu Ende gehenden Expansionsschüben ging es nicht bloß um so ätherische Größen wie Nominalpreise, sondern um konkrete materielle Produkte. Der erste und wahrscheinlich wichtigste dieser Expansionsschübe vollzog sich in der Getreideproduktion, was sich sowohl im Hektarertrag als auch in der Gesamtanbaufläche für Getreide widerspiegelte. Daß letztere expandierte, war einerseits auf die Neugewinnung (*bonification*) von Kulturland zurückzuführen, andererseits auf den Wandel in der Bodennutzung, weg von Weide und Weinanbau hin zu Getreideanbau. Natürlich erfolgten diese verschiedenen Expansionsschritte deshalb, weil die Terms of Trade für Getreide im Verhältnis zu anderen Produkten gewinnträchtiger waren.

Zu expansiven Entwicklungen kam es in zumindest vier weiteren sehr konkreten Bereichen: a) bei der Bevölkerung, deren zahlenmäßige Entwicklung in jener Zeit eng an die Nahrungsmittelversorgung gekoppelt war; b) bei der *städtischen* »Industrie«, deren Verflechtungen mit den anderen Wirtschaftssektoren relativ stark monetarisiert waren, die ein hohes Maß an Lohnarbeit mit sich brachte und sich daher meist parallel zu relativ niedrigen oder zumindest sinkenden Reallöhnen entwickelte; c) bei der Geldmenge in mehrfacher Form (Edelmetall, Papier, Kredit); d) bei der Zahl der Unternehmer (sowohl auf dem Land als auch in der Stadt), die *gerade noch* rentabel arbeiteten. All diese Entwicklungen bedeuten Zuwächse in Gestalt volkswirtschaftlicher Meßgrößen, und sie verlaufen in den vielen Sektoren einer Ökonomie niemals einheitlich. Mißt man sie innerhalb der Grenzen politischer Einheiten statt innerhalb der Grenzen globaler Märkte, wird lediglich ein Ausschnitt des Gesamtbilds sichtbar, dessen ökonomische Bedeutung im Dunkeln bleibt; und politische Konsequenzen bleiben solange unerklärlich, bis man das größere Ganze berücksichtigt.

Diese expansiven Entwicklungen gingen ungefähr zwischen 1300 und 1350 sowie zwischen 1600 und 1650 aus weitgehend ähnlichen Gründen zu Ende. Was sich allerdings ganz außerordentlich unterschied, waren die systemischen Reaktionen auf das Ende der Expansionsphase. In quantitativer Hinsicht ist der Unterschied relativ einfach festzustellen. In der Zeit zwischen 1300 und 1450 kam es zu einem *Fallen* der verschiedenen Meßgrößen, das ungefähr dem vorhergegangenen Anstieg entsprach, während der Zeitraum zwischen 1600 und 1750 eine *Stabilisierung* derselben mit sich brachte. Die Kurve für die Jahre von 1450 bis 1750 ähnelt eher einer Stufe als jener Bergspitze, deren Form sie zwischen 1150 und 1450 annimmt. Das ist allerdings lediglich die äußere Hülle für den strukturellen Unterschied: Die Rezession von 1300 bis 1450 führte zur Krise einer sozialen Ordnung, jener des europäischen Feudalismus, während die Rezession zwischen 1600 und 1750 in Schöffers Worten »eine Periode der Stabilisierung und Organisierung«[80] einleitete; sie markierte das »Ende mühelosen Wachstums und den Beginn produktiver Schwierigkeiten.«[81] Stabilisierung und produktive Schwierigkeiten in bezug worauf? Die einzige plausible Antwort lautet: in bezug auf die kapitalistische Weltwirtschaft als System.

Halten wir einige jener Phänomene fest, die die Kontraktion zwischen 1600 und 1750 charakterisierten und sich hinsichtlich des Gesamtsystems als konstruktiv erwiesen. Erstens (und man kann es kaum zu stark herausstreichen) kam es innerhalb dieses Zeitraums zu einer *Stärkung* der staatlichen Strukturen, zumindest in den Staaten des Zentrums und den aufstrebenden Staaten der Semiperipherie, um so die Kontraktion zu bewältigen. Die durchaus vergleichbare Kontraktion zwischen 1300 und 1450 führte hingegen direkt in einen blutigen Vernichtungskrieg innerhalb des grundbesitzenden Adels, geradezu eine Götterdämmerung des feudalen Europa. Nicht daß Kriege und Zerstörung im 17. Jahrhundert unbekannt gewesen wären – ganz im Gegenteil; sie hatten jedoch nicht zur Folge, daß die herrschenden Schichten ausbluteten. Die Art der Kriegsführung hatte sich geändert: Sehr häufig wurden nunmehr Söldner eingesetzt, vor allem aber vollzogen sich die Kämpfe des 17. Jahrhunderts weit eher zwischen Staaten als zwischen einzelnen Baronen und konnten so das Anwachsen von Wirtschaftspotentialen unterstützen. Elliott drückt es in seinen Überlegungen zur sogenannten Krise folgendermaßen aus: »Im 16. und 17. Jahrhundert veränderte sich die Lebensweise in Europa ganz beträchtlich, aber diese Veränderungen erfolgten innerhalb einer anpassungsfähigen staatlichen Struktur auf aristokratischer und monarchischer Grundlage.«[82] Und gerade diese Anpassungsfähigkeit verhindert, daß sich Kontraktionen zu Krisen entwickeln.

Zweitens fanden sich ständig irgendwo Zeichen reger Wirtschaftstätigkeit, die für sich betrachtet auf allgemeine Prosperität hinzudeuten schienen. Auf die augenfälligsten Beispiele sei hier nicht weiters eingegangen: Hollands goldenes Zeitalter, der Aufschwung in Deutschland Ende des 17. Jahrhunderts, kontinuierliche Fortschritte in der englischen Agrartechnologie, kurz gesagt »die Anhäufung einer Unzahl kleinerer Verbesserungen während dieses dunklen und schwierigen 17. Jahrhunderts.«[83] Zu diesen seltener registrierten Phänomenen zählt auch, daß die Kultivierung neuen Bodens eigentlich nie aufhörte, wie Romano in Erinnerung ruft:

> Neugewinnung von Kulturland (*bonifiche*)? Diese setzte sich noch im 17. Jahrhundert fort; sie wurde bloß nicht mit Geld abgegolten, sondern vielmehr auf der Basis von Frondiensten, unrechtmäßigen Forderungen (*soprusi*) etc. So gesehen

---

80 Schöffer (1966, S. 106).

81 Chaunu (1967, S. 263).

82 Elliott (1969, S. 55).

83 Chaunu (1967, S. 265).

kann man mit Recht sagen, daß »die landwirtschaftliche Produktion im Unterschied zu anderen Bereichen im 17. Jahrhundert kaum zurückging.«[84]

Es sollte uns nicht weiter überraschen, daß es anscheinend vielen Unternehmern im 17. Jahrhundert »an sicheren und produktiven Investitionsmöglichkeiten fehlte«[85]; das gehört schließlich zum Wesen einer Kontraktion. Wenn Chaunu für das 17. Jahrhundert sagt, daß »der Profit den Rückzug antritt, während ... die siegreiche Grundrente triumphiert«[86], führt er uns damit in die Irre. Tatsächlich beschreibt er die Verschiebung *in Richtung* landwirtschaftlicher Investitionen, die sich in den Staaten des *Zentrums* der kapitalistischen Weltwirtschaft vollzog.

Hobsbawm entdeckt in der Geschichte des Kapitalismus ein Paradoxon:

> Wir sind daher mit dem Paradoxon konfrontiert, daß sich der Kapitalismus nur in einer Ökonomie entwickeln kann, die bereits im wesentlichen kapitalistisch ist. Denn dort, wo dies nicht der Fall ist, werden die kapitalistischen Kräfte dazu neigen, sich an die herrschende ökonomische und soziale Struktur anzupassen, und somit ihr revolutionäres Potential nicht ausreichend entfalten.[87]

Aber ist es wirklich ein Paradoxon, daß eine überwiegend *industrielle* kapitalistische Weltökonomie sich nur aus einer bereits bestehenden kapitalistischen Weltwirtschaft herausbilden kann (und genau das war der Fall)? Die Art und Weise, in der sich die kapitalistische Weltwirtschaft in der Zeit zwischen 1600 und 1750 behaupten und stabilisieren konnte, erwies sich zwischen 1300 und 1450 als unmöglich (und zwar genau deshalb, weil die Expansion zwischen 1150 und 1300 die Fesseln der europäischen Feudalstruktur noch nicht gesprengt hatte). Und aus diesem Grund konnte das 17. Jahrhundert der Kraftanstrengung der sogenannten Industriellen Revolution den Weg bereiten – ökonomisch, politisch, intellektuell und gesellschaftlich.[88]

Man darf zum Beispiel nicht übersehen, daß es im Spätmittelalter nichts gab, was jener Umwälzung der Moralvorstellungen vergleichbar gewesen wäre, die vom 16. bis zum 18. Jahrhundert die kontinuierliche Ausbreitung einer asketischen Sexualmoral mit sich brachte – mit allem, was dadurch familiären Strukturen aufgebürdet wurde, um sie für eine kapitalistische Welt

---

84 Romano (1962, S. 512); das Zitat im Zitat stammt von Bulferetti (1953, S. 44, Anm. 77).

85 Minchinton (1974, S. 160).

86 Chaunu (1967, S. 264). Spooner weist darauf hin, daß für die Handelsvermögen jener Zeit Grund und Boden nur eine unter mehreren Anlagemöglichkeiten darstellte. Daneben führt er den Dreißigjährigen Krieg, die Staaten, die großen Handelsgesellschaften und neue Technologien an (1970, S. 100–103).

87 Hobsbawm (1960, S. 104).

88 Chaunu bringt die Leistung dieser Epoche im Vergleich zur vorhergehenden auf den Punkt: »Mit einer Reihe technischer Hilfsmittel, deren avancierteste auf das 13. Jahrhundert zurückgingen, knüpften die Europäer des 16. Jahrhunderts das Netz der ersten globalen Ökonomie. Darin liegt allerdings nichts Paradoxes, sondern eher in dem Umstand, daß das barocke Europa zwischen 1550 und 1750 dieses Wunder am Leben erhalten konnte – vor der Revolution des Transportwesens Mitte des 18. Jahrhunderts« (1966a, 277 f.).

zuzurichten. Wie üblich wird Chaunu von seiner idealistischen Vorstellungswelt ein wenig davongetragen; aber mit seiner Argumentation liegt er eigentlich nicht weit daneben:

> Was Moralvorstellungen betrifft, handelt es sich beim 17. Jahrhundert um das große, vielleicht sogar das einzige revolutionäre Jahrhundert und in bezug auf traditionelle Kultur um das Jahrhundert des Bildersturms par excellence! Paradoxerweise schuf es so eine der Voraussetzungen für die malthusianische Wende.[89]

Erneut stellt sich die Frage: Worin besteht das Paradoxon? Natürlich kann man auch darüber spekulieren, ob die Industrielle Revolution nicht schon während des 17. Jahrhunderts im Gang war. Charles Wilson ist verwegen genug, dies zu tun:

> Gab es einen eindeutigen Unterschied zwischen der ökonomischen Entwicklung der später einsetzenden sogenannten Industriellen Revolution und jener im Holland des 17. Jahrhunderts? Die meisten Historiker würden diese Frage wahrscheinlich bejahen. Aber können wir wirklich so sicher sein? ... Wie der Ausbau der Transportwege im 19. Jahrhundert, so war auch der holländische Schiffbau eine Schlüsselindustrie, um einen modernen Begriff zu verwenden.[90]

Man darf nicht vergessen, daß sich in der Zeit zwischen 1600 und 1750 eine zentrale Entwicklungstendenz der Weltökonomie *fortsetzte* und *verstärkte*: die kontinuierliche Angleichung der Preise in den drei wesentlichen Preiszonen Europas, wie dies Braudel und Spooner in ihrer Untersuchung nachweisen.

> Unverkennbar schließt sich im frühen 18. Jahrhundert die Kluft zwischen [den höchsten und den niedrigsten Preisen]. Dies zeigt, wie weit die Annäherung der Preise in ganz Europa bereits gegangen war. ... Indem der Handelskapitalismus ... bestehende Preisunterschiede übermäßig ausbeutete, trug er zu deren Nivellierung, zur Schaffung neuer Kommunikationswege sowie in weiterer Folge dazu bei, daß Interessen neu ausgerichtet wurden und man anderswo nach günstigeren Bedingungen suchte.[91]

Und genau das ist der springende Punkt. Zwischen dem 16. und dem 18. Jahrhundert vollzog sich eine kapitalistische Entwicklung, die schließlich jene industrielle Kraftanstrengung ermöglichte – und die Nivellierung der Preise spielte dabei eine wesentliche Rolle.

Meiner Ansicht nach gibt es noch einen zentralen Unterschied zwischen dem Zeitraum von 1450 bis 1750, als eine kapitalistische Weltwirtschaft etabliert und historische Alternativen zunehmend eliminiert wurden, und jenem

---

89 Chaunu (1966a, S. 209).

90 Wilson (1973, S. 331).

91 Braudel/Spooner (1967, S. 395). Achilles spricht davon, daß der Amsterdamer Weizenpreis »zum Maßstab für ganz Europa« wurde (1959, S. 52).

zwischen 1150 und 1450, als – so könnte man zumindest behaupten – ein ähnlicher Versuch unternommen wurde, aber fehlschlug, weil die inneren Widersprüche der feudalen Ökonomie deren politischen Rahmen noch nicht sprengten. Dieser zentrale Unterschied zeigt sich darin, wie die Einkommen innerhalb der Gesamtwirtschaft verteilt waren.

Die Kernaussage in Wilhelm Abels Buch über Massenarmut im vorindustriellen Deutschland läuft darauf hinaus, daß die von Friedrich Engels in *Die Lage der arbeitenden Klasse in England* aufgestellte These, wonach sich die Lebensbedingungen der Arbeiter im Zuge der Industrialisierung verschlechtert hätten, völlig falsch sei. Laut Abel, der dabei die Arbeit von Bruno Hildebrand zitiert, »war die Armut [in Deutschland] gerade dort am größten, wo es keine Industrie gab.«[92] Tatsächlich habe sich schon vor der Industrialisierung Massenarmut herausgebildet, sagt Abel und geht dabei bis ins 16. Jahrhundert zurück.

> Den stärksten Rückgang [der Reallöhne] brachte das 16. Jahrhundert. Der folgende Anstieg der (Real-)Löhne brach in Deutschland bald nach dem Dreißigjährigen Krieg, in anderen Ländern erst im beginnenden 18. Jahrhundert ab. Doch auch die Löhne, die für Deutschland (Leipzig) aus der ersten Hälfte des 18. Jahrhunderts gebracht werden, lagen noch höher als die Löhne der zweiten Hälfte des 16. Jahrhunderts (und weit niedriger als die Löhne des 15. Jahrhunderts). Das Zeitalter des Pauperismus (1791–1850) beschließt diese Reihe mit einem erneuten Abfall, der am geringsten in dem früh industrialisierten England war.[93]

Abel versucht in seinem Buch darzulegen, daß die Industrielle Revolution für die Arbeiterklasse eine Hebung des Lebensstandards bedeutete. Diese Frage geht jedoch über unseren unmittelbaren Kontext hinaus (Abel bezieht sich dabei auf die Zeit zwischen 1791 und 1850, was es als zweifelhaft erscheinen läßt, ob dies für die Weltwirtschaft als Ganzes gelten kann). Für uns relevant ist auf jeden Fall seine These, daß in der Zeit zwischen 1450 und 1800 das Einkommen der unteren Schichten allgemein sank. Diese These findet man auch in anderen Arbeiten bestätigt. Minchinton etwa zog den Zeitraum zwischen 1500 und 1750 heran, um schließlich einige wenige Generalisierungen in bezug auf die »Nachfragestruktur« in Europa zu riskieren: »Es war besser, im Jahr 1750 reich zu sein als im Jahr 1500«, schreibt er, und »die Kluft zwischen Arm und Reich wurde noch tiefer.«[94] Mit Blick auf die Preisdaten gelangten Braudel und Spooner zu ähnlichen Schlußfolgerungen:

> Beginnend im späten 15. Jahrhundert bis weit ins 18. Jahrhundert hinein kam es in Europa zu einem fortschreitenden Absinken des Lebensstandards. Es wäre

92 Abel (1972, S. 7).

93 Abel (1972, S. 63). Abel illustriert dieses Phänomen mit Hilfe eines Diagramms, das den Reallohn eines Maurers (gemessen in Kilogramm Brotweizen) in England, Straßburg, Wien und Leipzig zeigt.

94 Minchinton (1974, S. 168).

interessant, die Verhältnisse davor, im 14. und 15. Jahrhundert, genauer zu untersuchen – soweit dies möglich ist. Ganz generell gesagt, waren die Verhältnisse damals besser. War dies tatsächlich das goldene Zeitalter der Arbeit, wie von so vielen hervorragenden Historikern behauptet, bevor dann die von uns erwähnten Rückschläge einsetzten, wiederholt und unbarmherzig?[95]

Eine Tabelle, die ich auf Basis der Daten Slicher van Baths erstellt habe, zeigt die Entwicklung des Reallohns eines englischen Zimmermanns zwischen 1251 und 1850.[96] Der Reallohn *steigt von 1251 bis 1450 kontinuierlich an*, konkret auf das Doppelte, und *sinkt danach mehr oder weniger kontinuierlich ab*, um schließlich wieder an den Ausgangspunkt zurückzukehren (wobei zwischen 1601 und 1650 ein außergewöhnlich niedriges Niveau erreicht wird). Um dies interpretieren zu können, müssen wir erneut einen Blick auf die sogenannte Krise des Feudalismus werfen. Perry Anderson stellte zu Recht fest, daß »eine der wichtigsten Errungenschaften der Mediävistik der letzten Jahrzehnte darin bestand, daß sie sich der Dynamik der feudalen Produktionsweise voll bewußt wurde.« Jene Krise beruht also demnach nicht auf einem Scheitern, sondern auf einem Erfolg, und zwar »dem ebenso bemerkenswerten wie allgemeinen ökonomischen und sozialen Fortschritt, den [der Feudalismus] darstellte.«[97] Dennoch befand sich das System im 13. Jahrhundert, nach drei- bis vierhundert Jahren ständiger Expansion, in einer Krise.

Ich habe bereits an anderer Stelle ausgeführt[98], warum ich dies für das Resultat eines Zusammentreffens von zyklischem Konjunkturabschwung, klimatischen Veränderungen und der säkularen Verschärfung der Grundwidersprüche innerhalb der Feudalstruktur halte. Andersons spätere und ziemlich detaillierte Analyse dieser historischen Konstellation mißt dem Umstand zentrale Bedeutung bei, daß »jener Hauptmotor (die Kultivierung von neuem Land), der drei Jahrhunderte lang die gesamte feudale Ökonomie angetrieben hatte, die objektiven Grenzen sowohl des Bodens als auch der Gesellschaftsstruktur schließlich überdehnte.«[99] Während Anderson jene Aspekte in den Mittelpunkt rückt, die man als sozioökonomische Erschöpfung des Systems umschreiben könnte, kritisiert er die »empirisch fragwürdige und theoretisch reduktionistische« Erklärung von Dobb und Kosminsky, wonach die Krise

---

95 Braudel/Spooner (1967, S. 429). Vgl. dazu auch Teuteberg über die »Depekoration« Europas (zunehmend fleischlose Ernährung) in der Zeit zwischen dem Spätmittelalter und 1800 (1975, S. 64 f.).

96 Vgl. Wallerstein (1974, S. 80, Tabelle 1). M. Baulart weist nach Angaben Le Roy Laduries für den Zeitraum zwischen dem 15. und dem 18. Jahrhundert nach, daß ein Pariser Arbeiter in den Jahren zwischen 1440 und 1498 am meisten verdiente (1973, S. 434). Fanfani behauptet, daß im 16. Jahrhundert die Reallöhne in Italien um 50 % zurückgingen (1959, S. 345).

97 P. Anderson (1974b, S. 182).

98 Vgl. Wallerstein (1974, S. 21–37).

99 P. Anderson (1974b, S. 197), für den die Krise nicht auf die Landwirtschaft beschränkt war: »Zur selben Zeit stieß nun auch die städtische Ökonomie auf ernste Entwicklungshindernisse. ... Die Geldknappheit war allgemein und zog Bankwesen und Handel unweigerlich in Mitleidenschaft.« Anderson erklärt diese Knappheit mit einer »technologischen Barriere« im Bergbau (1974b, S. 199).

auf »eine lineare Steigerung der Ausbeutung durch den Adel« zurückzuführen sei, denn »mit dem allgemeinen Trend der Rentenbeziehungen in dieser Epoche ist dies nicht in Einklang zu bringen.«[100]

Es lohnt sich, ein wenig Zeit darauf zu verwenden, die Verwirrung zu klären. Sogar in Andersons eigenem Buch finden sich empirische Belege für die Hypothese einer linearen Steigerung, wenn er beispielsweise anmerkt, daß im Europa des Mittelalters die durchschnittliche Größe einer Bauernstelle »von vielleicht 40 Hektar im 9. Jahrhundert auf etwa 8 bis 12 Hektar im 13. Jahrhundert«[101] sank. Außerdem konstatiert er, daß die Schicht des Kleinadels und der zwischen Hochadel und Bauernschaft stehenden Ministerialen »das gesamte Mittelalter hindurch tendenziell an gesellschaftlicher und ökonomischer Bedeutung gewann.«[102] Dies bedeutete vermutlich, daß ein höherer Prozentsatz des wirtschaftlichen Surplus für nichtproduktiv Beschäftigte aufgewendet wurde und daß deshalb die Ausbeutung durch den Adel linear zunahm. In diesem Fall wäre es die Kombination aus stetiger sozioökonomischer Erschöpfung und gesteigerter Ausbeutung (führte nicht erstere zu letzterer, teils um auf diesem Weg die Einkünfte der herrschenden Schichten auszubalancieren?), die – wie erwähnt noch verstärkt durch andere Faktoren – jene berühmte Krise der Feudalrente auslöste, die daraus resultierte, daß »die Schere zwischen den Preisen in der Stadt und jenen auf dem Land immer größer wurde.«[103]

Eine Konsequenz dieser »Schere« war die allgemeine Veränderung in den Rentenbeziehungen, die genau in der Phase des Wirtschaftsabschwungs eintrat. Anderson schreibt:

> Keine Rede davon, daß die allgemeine Krise der feudalen Produktionsweise die Lage der unmittelbaren Produzenten verschlechterte, vielmehr führte sie zu einer Besserung der Lage und zu einer Emanzipation der Produzenten. Tatsächlich erwies sich die Krise als Wendepunkt für die Auflösung des Untertänigkeitsverhältnisses im Westen.[104]

---

100 P. Anderson (1974b, S. 198). Ich selbst laufe insofern Gefahr, diesem Lager zugerechnet zu werden, als ich mich Hiltons Version dieser Hypothese angeschlossen habe; vgl. Wallerstein (1974, S. 23 f.).

101 P. Anderson (1974b, S. 186), der in einer persönlichen Mitteilung die Auffassung äußerte, daß dies auf Erbteilungen und nicht auf verschärfte Ausbeutung zurückzuführen sein könnte.

102 P. Anderson (1974b, S. 185) meint auch in diesem Punkt, daß dies von einer Steigerung der Gesamtproduktion herrühren könne und nicht von einer Verschärfung der Ausbeutung. Aber man beachte Herlihys sorgfältige empirische Studie über das ländliche Pistoia im 13. Jahrhundert. Er widerlegt eine malthusianische Interpretation des Bevölkerungsrückgangs im 14. Jahrhundert und betont in diesem Zusammenhang, daß die Bauern im 13. Jahrhundert »Pachtzins in enormer Höhe entrichteten«; um zu Kapital zu gelangen, hatten sie Rententitel auf ihr Land an Investoren verkauft, und nach 1250 »schoß im Gefolge der Münzverschlechterung und eines rasanten Preisanstiegs bei Weizen auch der Wert der Renten nach oben, wobei der Höhepunkt in den achtziger Jahren des 13. Jahrhunderts erreicht war.« Außerdem »trugen die ländlichen Gebiete von Pistoia eine Steuerlast, die um das Sechsfache über jener der Stadt selbst lag« (1965, S. 238, 240, 242).

103 P. Anderson (1974b, S. 200–209), der die Auswirkungen bewundernswert klar und prägnant beschreibt.

104 P. Anderson (1974b, S. 204).

Hier entsteht nun der Eindruck, daß auf die ökonomische »Schere« die Reaktion der Feudalherren folgte und auf die wiederum ein relativ erfolgreicher Widerstand seitens der Bauern, der mit der Auflösung des Untertänigkeitsverhältnisses endete. »Spätestens im Jahr 1450 war der in Fronarbeit bewirtschaftete Grundbesitz in Frankreich, England, Westdeutschland, Norditalien und im größten Teil Spaniens zu einem Anachronismus geworden.«[105] Mir stellt sich die Abfoge ein wenig anders dar: Die sozioökonomische Krise schwächte den Adel derart, daß die Bauern von 1250 bis 1450 oder 1500 ihren Anteil am Surplus kontinuierlich vergrößern konnten. Und dies galt für *ganz* Europa – für West und Ost.[106] Weit eher als der vorangegangene »Erschöpfungs«zustand war es dieser steigende Lebensstandard der unteren Schichten, der durch seine Tendenz in Richtung relativer Nivellierung der Einkommen für die oberen Schichten die wirkliche Krise und jenes Dilemma repräsentierte, dem sie sich stellen mußten.

Ohne drastischen gesellschaftlichen Wandel gab es keinen Ausweg. Wie ich bereits ausgeführt habe, bestand dieser Ausweg in der Schaffung eines kapitalistischen Weltsystems, einer *neuen* Form der Surplus-Aneignung.[107] Die Reaktion der Feudalherren bestand genau darin, die feudale Form durch die kapitalistische zu ersetzen. Die herrschenden Schichten unternahmen damit eine große soziopolitische Anstrengung, um ihre kollektiven Privilegien zu erhalten, auch wenn sie dabei eine grundlegende Neuordnung der Wirtschaft und die damit verbundenen Bedrohungen der tradierten sozialen Schichtung in Kauf nehmen mußten. Es war klar, daß einige Familien im Zuge solcher Veränderungen unter die Räder geraten würden – aber eben nur einige.[108] Außerdem wurde dadurch das Prinzip sozialer Schichtung nicht bloß erhalten; es sollte auch gestärkt werden.

Zeigt nicht der Befund, daß der Lebensstandard der europäischen Unterschichten von 1500 bis zumindest 1800 *sank*, obwohl dieser Zeitraum sowohl Expansion (Phase A) als auch Kontraktion (Phase B) umfaßte, wie erfolgreich diese Strategie (wenn man sie als solche bezeichnen kann) der ökonomischen Transformation war? Man sollte beachten, daß der empirische Beweis für den Einkommensrückgang *nicht* von einem Kritiker des Kapitalismus geführt wurde, sondern von Abel, der Engels *korrigierte*. (Abels

---

105 P. Anderson (1974b, S. 209).

106 Obwohl die zwischen West- und Osteuropa *divergierenden* Entwicklungswege in den beiden Büchern Perry Andersons ein Hauptthema darstellen, konzediert selbst er, daß die »relativen Auswirkungen [der Krise des Feudalismus] wenn überhaupt, dann [in Osteuropa] sogar größer gewesen sein könnten« als in Westeuropa. Natürlich behauptet er in weiterer Folge, daß die Krise in den beiden Regionen unterschiedliche Ursachen hatte (1974b, S. 246–248). Die Realität der Krise indessen unterschied sich ebensowenig wie die positiven Konsequenzen für die Bauernschaft.

107 Vgl. Wallerstein (1974, S. 37 f.).

108 Perry Anderson selbst schildert eine der Möglichkeiten, wie das Risiko oder zumindest die Geschwindigkeit des Elitenaustauschs verringert werden konnte. Anderson nennt es *vincolismo* und bezieht sich dabei auf verschiedene juristische Instrumentarien, deren Einführung im späten 17. sowie im 18. Jahrhundert den Zweck hatte, ausgedehnte Ländereien im Familienbesitz zu erhalten und »vor den desintegrierenden Kräften und Launen des kapitalistischen Marktes« zu schützen (1974a, S. 56).

Irrglaube, daß dieser Rückgang nach 1800 gestoppt worden sei, zeigt lediglich, daß er seine Berechnungen für die Jahre nach 1800 aus welchen Gründen auch immer auf der falschen Analyseebene ansiedelt – die adäquate wäre die kapitalistische Weltökonomie als ganze gewesen, deren Außengrenzen genau zu diesem Zeitpunkt ausgedehnt wurden.)

Wenden wir uns nun wieder unserer Interpretation der Kontraktion zwischen 1600 und 1750 zu. Betrachtet man den Zeitraum von 1450 bis 1750 als einen einzigen langen »Übergang« vom Kapitalismus zum Feudalismus, so läuft man Gefahr, den Begriff des Übergangs zu hypostasieren, denn auf diese Art werden die Epochen des »reinen« Feudalismus und des »reinen« Kapitalismus beständig eingeschränkt, und früher oder später ist der Nullpunkt erreicht und alles nur noch Übergang. Schön und gut – alles ist Übergang; aber sobald wir ein partitives Merkmal zu einem universalen erweitern, bringen wir lediglich das Problem terminologisch zum Verschwinden. Noch immer möchten wir wissen, *wann*, *wie* und *warum* es zu wesentlichen Veränderungen innerhalb der Sozialstruktur kam. Die ideologische Selbstcharakterisierung von Systemen entspricht niemals der Wahrheit. Es ist immer einfach, vermeintliche Beispiele »nichtkapitalistischen« Verhaltens in einer kapitalistischen Welt zu finden – in ganz Europa in den Jahren 1650 und 1750, aber auch in den Jahren 1850 und 1950. Die Mischung aus solch »nichtkapitalistischen« Verhaltensweisen, Betrieben, Staaten und »kapitalistischem« Verhalten, »kapitalistischen« Betrieben oder (terminologisch besonders verunglückt) »kapitalistischen« Staaten innerhalb einer kapitalistischen Weltökonomie stellt weder eine Anomalie noch ein Übergangsphänomen dar. Diese Mischung macht das Wesen des kapitalistischen Systems als Produktionsweise aus und ist dafür verantwortlich, welche Auswirkungen die kapitalistische Weltökonomie im Lauf der Geschichte auf jene Zivilisationen hatte, mit denen sie koexistierte.

Ich habe gesagt, daß der Kapitalismus eine Möglichkeit darstellte, die Krise des Feudalismus zu lösen. Aber Lösungen sind zunächst lediglich Optionen, die schließlich eine Mehrheit finden, indem sie den Widerstand jener Individuen und Gruppen überwinden, die bei jeder der zur Wahl stehenden Lösungen verlieren würden. Da es viele und vielfältige Verlierer gibt, werden seltsame Allianzen geschlossen, und der Vorgang zieht sich in die Länge und wird unübersichtlich. Vielleicht läßt man sich auch auf andere »Lösungen« ein. Karl V. versuchte die Universalmonarchie wiederherzustellen, blieb jedoch ohne Erfolg.[109] Die Unterschichten hätten den zyklischen Abschwung zwischen 1600 und 1750 dazu benützen können, das System schwerstens zu ramponieren und dabei eine substantielle Umverteilung des nun weitaus größeren absoluten Surplus zu erreichen. Dies scheiterte jedoch daran, daß die Länder, die nunmehr das Zentrum der kapitalistischen Weltökonomie bildeten, über mächtige Staatsapparate verfügten. Auf komplizier-

109 Vgl. Wallerstein (1974, S. 165–181); vgl. auch Yates (1975).

te Arten suchten diese einen Ausgleich zwischen antagonistischen Kräften herzustellen, langfristig hingen allerdings ihr Bestand und ihre Ausweitung davon ab, in welchem Maß es ihnen gelang, die Interessen jener Schichten durchzusetzen, die innerhalb der Weltökonomie als Ganzem wirtschaftlich tonangebend waren. Für Anderson »war der Absolutismus im wesentlichen ... *ein umgruppierter und revitalisierter feudaler Herrschaftsapparat*, dazu bestimmt, die bäuerlichen Massen auf ihre angestammte gesellschaftliche Position zurückzuzwingen – im Widerspruch und im Gegensatz zu den Fortschritten, die sie im Zuge der weitverbreiteten Umwandlung von Feudalrenten erzielt hatten.«[110]

Andersons gesamter Feststellung wäre zuzustimmen, wenn er auf das Adjektiv *feudal* verzichtet hätte. Jene Umgruppierung brachte es meiner Ansicht nach gerade mit sich, daß feudalistische durch kapitalistische Herrschaft ersetzt wurde, egal wie die öffentliche Spachregelung lautete. Sogar Anderson selbst räumt ein, daß es ein »offensichtliches Paradoxon des Absolutismus« gebe: Während der Absolutismus laut Anderson »das Eigentum des Adels und seine Privilegien« schützte, »vermochte [er] *gleichzeitig* die grundlegenden Interessen des sich herausbildenden Handels- und Manufakturkapitals abzusichern.« Anderson erklärt dieses Paradoxon damit, daß das »Handels- und Maschinenkapital« in der Zeit vor der »Maschinenindustrie« (also vor etwa 1800) keinen »Massen«markt benötigte und daher einen »radikalen Bruch mit der feudalen Agrarordnung« vermeiden konnte.[111] Das stimmt; es stimmt aber auch noch im 20. Jahrhundert, wenn man die kapitalistische Weltökonomie als Ganzes betrachtet. Das heißt, der »notwendige« Massenmarkt umfaßt noch immer weniger als die gesamte Weltbevölkerung.

Aus dem bisher Gesagten wird klar, warum nicht alle absoluten Monarchien starke Staaten waren und nicht alle starken Staaten absolute Monarchien. Als entscheidend erweist sich die Stärke des Staates und nicht, wie absolut die Regierungsform war. Natürlich müssen wir diese Form analysieren und werden dabei entdecken, daß die *stärksten* Staaten im 17. Jahrhundert jene waren, die *ökonomisch* dominierten: Die führende Position nahmen die Vereinigten Niederlande ein, dann kam England und erst an dritter Stelle Frankreich. Während die englische Revolution den Staat stärkte, deutete die Feststellung Ludwigs XIV., *l'Etat c'est moi*, auf die relative Schwäche des französischen Staates hin.

Die Kontraktion im 17. Jahrhundert stellte keine Krise des Systems dar. Ganz im Gegenteil, es war eine Phase seiner Konsolidierung. Schöffer erfaßt den Kern der Sache, wenn er darauf hinweist, daß der Rückgang der Silberimporte aus Lateinamerika auch eine positive Seite hatte. Seiner Ansicht nach führte dies dazu, daß »der Preis*durchschnitt* [im 17. Jahr-

110 P. Anderson (1974a, S. 18), der dieselbe These noch anders formuliert: »Die Herrschaft des absolutistischen Staates war nichts anderes als die des Feudaladels im Zeitalter des Übergangs zum Kapitalismus« (1974a, S. 42).

111 P. Anderson (1974a, S. 40).

hundert] im großen und ganzen auf dem gleichen Niveau verharrte«, was sich »als stabilisierender Faktor für eine Ökonomie [erwies], die von einer extremen Inflation schwer in Mitleidenschaft gezogen worden war.«[112]

Das lange 16. Jahrhundert war nicht nur eine Zeit der Inflation. Strukturell gesehen war es eine revolutionäre Epoche, nicht zuletzt deswegen, weil sich große Teile der Bevölkerung für neue und radikale Ideen aufgeschlossen zeigten. Die Ideen des Humanismus und der Reformation wühlten die Menschen auf und drohten außer Kontrolle zu geraten. Das 17. Jahrhundert war eine Zeit der Beruhigung und der Abkühlung. Wie der Absolutismus, so war auch der Klassizismus keine Beschreibung der Wirklichkeit, sondern ein Programm – ein Programm, die politische und kulturelle Initiative wieder den herrschenden Schichten zu überantworten, um so jenen fundamentalen gesellschaftlichen Wandel besser bewältigen zu können, den die Entstehung der kapitalistischen Weltökonomie mit sich brachte. Die intellektuelle Grundtendenz des 17. Jahrhunderts charakterisiert William Bouwsma als

> die allgegenwärtige *Wiederbelebung* des systematisierenden Denkens, die auf einer positiven Einschätzung des menschlichen Intellekts beruhte (ganz anders als die Sichtweise, die der säkularisierenden Bewegung zugrundelag) und konsequent alle Bereiche der menschlichen Erfahrung auf eine universale und damit abstrakte Grundwahrheit bezog.[113]

Politisch wie kulturell befand sich das 17. Jahrhundert hinsichtlich Form und innerer Struktur auf der Suche nach Stabilität, und diese Suche fiel zeitlich mit der Verlangsamung der weltwirtschaftlichen Entwicklung zusammen. Ohne eine solche Phase wäre der nächste qualitative Sprung nicht möglich gewesen. Deshalb wird aus dem 17. Jahrhundert noch lange keine »Krisenzeit«, sondern lediglich ein erforderlicher Tempowechsel, keine Katastrophe, sondern ein wesentliches Element, das den Interessen jener Gruppen diente, die vom kapitalistischen System am stärksten profitierten.[114] Gerade weil der Zeitraum von 1600 bis 1750 eine so wichtige Rolle bei der *Konsolidierung* der europäischen Weltwirtschaft spielte, lohnt sich eine sorgfältige Analyse. Dies ermöglicht uns dann, jene Mechanismen zu verstehen, mit deren Hilfe die kapitalistischen Schichten den periodisch wiederkehrenden Kontraktionsphasen der Weltökonomie begegnen.

---

112 Schöffer (1966, S. 97).

113 Bouwsma (1970, S. 10, Hervorhebung I. W.). Bouwsma erklärt dieses Interesse an der »systematischen Rationalität des Universums« in weiterer Folge mit den »materiellen Grundlagen jener Epoche: der anhaltenden Depression in diesem Jahrhundert, den gesellschaftlichen Verwerfungen, den Kriegen und Revolutionen.« (S. 14)

114 Rabb spricht vom »enormen Horizont, dem riesigen Tableau« jener intellektuellen Systeme, die zwischen 1610 und 1660 geschaffen wurden (Bacon, Descartes, Spinoza, Hobbes) und in denen er nichts anderes als eine Krisenreaktion erblickt. »Sobald die europäische Kultur nicht mehr um diesen hohen Anspruch kreiste, wie dies seit den sechziger Jahren des 17. Jahrhunderts der Fall war, ließ sich daraus wieder ablesen, daß die Unsicherheiten und damit die ›Krise‹ überwunden waren.« (1975, S. 58 f.)

Kapitel 2:

Die Weltwirtschaft unter niederländischer Hegemonie

»Im Norden war ein Phänomen wie Rubens .... undenkbar.«
– Pieter Geyl[1]

Um 1600 befand sich das Zentrum der europäischen Weltwirtschaft eindeutig in Nordwesteuropa, das heißt in Holland und Zeeland, in London und den umliegenden Counties, in East Anglia sowie in Nord- und Westfrankreich.[2] Diese Regionen des Zentrums lagen innerhalb von politischen Einheiten, die sich in Größe, Aufbau und herrschender Politik recht deutlich voneinander unterschieden und in den folgenden 150 Jahren erheblich veränderten; in ökonomischer Hinsicht überwogen allerdings die Gemeinsamkeiten. Wie im vorigen Kapitel festgestellt, stand der Zeitraum von 1600 bis 1750 im Zeichen der Konsolidierung, zugleich verlangsamte sich die Entwicklungsgeschwindigkeit der Weltökonomie. Insgesamt gesehen traf dies zu; aber das Kennzeichen eines kapitalistischen Wirtschaftssystems besteht gerade darin, daß sich die maßgebliche Gesamttendenz aus auffallend unterschiedlichen Trends der Teilbereiche zusammensetzt. Stagnation und Konsolidierung erzwingen schwierige ökonomische Entscheidungen, und damit werden politische (und kulturelle) Verwerfungen gefördert. Nirgendwo traf dies stärker zu als in jenen Ländern, die im 17. Jahrhundert das Zentrum repräsentierten: Innerhalb der Unternehmerschichten kam es dort zu einem heftigen Überlebenskampf, mußten doch einige eliminiert werden, um den anderen ausreichende Profite zu garantieren.

In Geschichtsbüchern werden die Jahre von 1600 bis 1750 als das Zeitalter des *Merkantilismus* bezeichnet. Ich möchte mich hier nicht damit auseinandersetzen, welch unterschiedliche Bedeutungen diesem Begriff zugeschrieben werden und wie sein »Wesen« definiert wird.[3] Die Merkantilismus-Diskussion dreht sich zum größten Teil um den Wahrheitsgehalt von Thesen, die von Theoretikern im 17. Jahrhundert vorgebracht wurden. Es ist offensichtlich, daß ihre Grundideen einerseits die Realität widerspiegelten und

---

1 Geyl (1961, S. 37 f.).

2 J. R. Jones hebt diese speziellen Regionen hervor, um auf dieser Grundlage Großbritannien und die Vereinigten Niederlande zu vergleichen (vgl. 1966, S. 40).

3 Ein guter Überblick über diese Diskussion findet sich bei Coleman (1969). Allerdings kann ich mich Colemans Auffassung nicht anschließen, wonach zwar der Merkantilismus eine »falsche Fährte der Geschichtsschreibung« darstelle, sofern er eine bestimmte Politik bezeichne, sich aber zur Beschreibung ökonomischer Theorien durchaus eigne (1957, S. 24). Ich hätte das genaue Gegenteil erwartet, nämlich daß die Theorien aufgrund ihres Rechtfertigungscharakters inkonsistent seien, daß aber Länder in bestimmten Situationen dazu tendieren, politische Maßnahmen zu ergreifen, die man als merkantilistisch bezeichnet.

andererseits auf sie einwirken sollten. Das gilt für alle Theorien. Aber im Moment interessiert uns, wie die Staaten jener Zeit konkret agierten, ungeachtet der ideologischen Rechtfertigung. Diese Praktiken sind keineswegs auf diese Zeit beschränkt, sondern wurden, auch wenn sich die ideologischen Rechtfertigungen voneinander unterschieden, von *einigen* Staaten zu beinahe jedem Zeitpunkt in der Geschichte der kapitalistischen Weltökonomie angewandt. Eine Unzahl von Erklärungen versucht die Substanz des Merkantilismus im 17. Jahrhundert zu erfassen; zwei Aspekte sind dabei praktisch unbestritten: Merkantilismus implizierte ökonomischen Nationalismus auf der Ebene staatlicher Politik und legte sein Hauptaugenmerk auf die Warenzirkulation, egal ob dies den Fluß von Edelmetall betraf oder die Erstellung von Handelsbilanzen (bilateral oder multilateral). Die ganze Diskussion dreht sich darum – und zwar sowohl zwischen damaligen Zeitgenossen als auch zwischen heutigen Analytikern –, wie sich das Verhältnis von »Profit und Macht« tatsächlich gestaltete.

Wenn man den Standpunkt vertritt, ökonomischer Nationalismus sei die staatliche Politik der Schwächeren gegenüber den Stärkeren sowie zwischen Konkurrenten im allgemeinen, so übernimmt man damit lediglich eine konventionelle Auffassung. Wodurch sich das vorliegende Buch möglicherweise ein wenig unterscheidet, ist die These, daß Erfolg unter den Bedingungen merkantilistischer Konkurrenz in erster Linie von der Effizienz der Produktion abhing und daß das *mittel*fristige Ziel merkantilistischer Regierungspolitik stets darin bestand, die Gesamteffizienz im Bereich der Produktion zu erhöhen. Am Anfang unserer Geschichte müssen die Vereinigten Niederlande stehen, denn dieses »Sand- und Schlammloch, das die Eiszeit zurückgelassen hatte«[4], war mit seinem fragilen und anscheinend ineffizienten Staatsapparat während des 17. Jahrhunderts zumindest phasenweise die Hegemonialmacht innerhalb der kapitalistischen Weltökonomie. Seit dem gescheiterten Versuch Karls V., die Weltwirtschaft in ein Weltreich umzuwandeln, waren die Vereinigten Niederlande (oder sollten wir sagen Holland?) die ersten, die diesen hegemonialen Status erlangten. Hegemonie ist ein seltener Zustand; bis heute konnten sich lediglich Holland, Großbritannien, Schottland) und die USA als Hegemonialmächte innerhalb der kapitalistischen Weltökonomie etablieren, und jeder dieser Staaten jeweils nur für eine relativ kurze Zeitspanne. Am meisten überrascht dabei Holland, war es doch am allerwenigsten der militärische Gigant seiner Epoche.

Hegemonie bedeutet mehr als bloß die Zugehörigkeit zum Zentrum. Man könnte sie als jene Situation definieren, in der die Produkte eines bestimmten dem Zentrum zuzurechnenden Staates so rationell erzeugt werden, daß sie selbst in anderen Staaten des Zentrums im großen und ganzen konkurrenzfähig sind und so der betreffende Zentrums-Staat zum Hauptnutznießer eines

4 Van Veen (1950, S. 11). Eine gute Kurzbeschreibung der geologischen Verhältnisse in den Niederlanden (bevor sie durch menschliche Einwirkung verändert wurden) findet sich bei Schöffer (1973, S. 9–13).

möglichst freien Weltmarkts wird. Um diese Überlegenheit auf dem Produktionssektor ausnützen zu können, muß ein solcher Staat natürlich stark genug sein, um die Errichtung interner und externer politischer Barrieren, die den freien Fluß der Produktionsfaktoren hemmen könnten, zu verhindern oder zu minimieren. Um ihre einmal erlangten Vorteile abzusichern, erscheint es den ökonomisch dominierenden Kräften nützlich, bestimmte intellektuelle und kulturelle Schübe, Bewegungen und Ideologien zu fördern. Wie wir noch sehen werden, besteht das Problem der Hegemonie darin, daß sie vergänglich ist. Sobald ein Staat eine wirklich hegemoniale Position errungen hat, beginnt auch schon sein Abstieg; er verliert die hegemoniale Position nicht, weil er schwächer wird (dies wäre höchstens über einen langen Zeitraum hinweg möglich), sondern weil andere aufholen. An der Spitze zu stehen bedeutet zugleich die Gewißheit, daß einem die Zukunft nicht gehört – so sehr dies auch für die Gegenwart der Fall ist; dessenungeachtet ist es ein angenehmer Zustand. Hegemonie scheint ein wunderbar einfaches Muster aufzuweisen: Eine deutlich überlegene Produktionseffizienz im landwirtschaftlich-industriellen Bereich führt zu einer Vorherrschaft innerhalb der kommerziellen Distributionssphären, wobei sich entsprechende Profite aus dem Umstand ergeben, sowohl der Umschlagplatz eines großen Teils dieses Welthandels zu sein als auch die »unsichtbaren Dienstleistungen« (Transport, Kommunikation und Versicherung) zu kontrollieren. Eine Vorherrschaft im Handel wiederum führt zur Kontrolle der Finanzbereiche Bankwesen (Wechselgeschäfte, Einlagen und Kredit) und Investitionen (Direkt- und Portfolio-Investitionen).

Diese sektorale Überlegenheit stellte sich nacheinander ein, allerdings mit zeitlichen Überschneidungen. In derselben Reihenfolge (vom Produktions- über den Handels- zum Finanzsektor) scheint der Vorsprung auch wieder *verlorenzugehen*, ebenfalls größtenteils nacheinander. Daraus folgt, daß eine bestimmte Zentrums-Macht wahrscheinlich nur für ganz kurze Zeit ihre Überlegenheit *gegenüber allen anderen Zentrums-Mächten zugleich* im Produktions-, Handels- und Finanzbereich ausspielen kann. Diesen kurzen Höhepunkt bezeichnen wir als Hegemonie. Im Falle Hollands (bzw. der Vereinigten Niederlande) fiel dieser Moment wahrscheinlich in den Zeitraum zwischen 1625 und 1675. Produktionseffizienz wurde in Holland zunächst in der historisch ältesten Form der Nahrungsmittelgewinnung erreicht, dem Sammeln. Im konkreten Fall handelte es sich um das Sammeln von Fisch, speziell (aber nicht ausschließlich) von Salzhering, der »holländischen Goldmine«.[5] Die Ursprünge dieser Leistungsfähigkeit gehen auf die

5 Vgl. Wilson (1941, S. 3). Andrews stößt auf diesen Ausdruck bereits in einer Proklamation der Generalstände vom 19. Juli 1624 (1915, S. 541). Im Jahre 1639 schrieb Meynert Semeyns: »Die Holländer fangen mehr Heringe und verarbeiten sie besser, als dies je einer anderen Nation gelingen wird; und Gott machte Holland mit Hilfe des Herings zu einem Börsen- und Warenumschlagplatz für ganz Europa. Der Hering hält den holländischen Handel in Schwung, und der holländische Handel bringt die Welt in Schwung« (*Corte beschryvinge over de Haring vischerye in Hollandt*, zitiert bei Beaujon [1884, S. 60 f.]).

Wende vom 14. zum 15. Jahrhundert zurück, nämlich auf die Erfindung der *haringbuis* oder Büse.[6] Das beachtliche Verhältnis von Länge zu Breite bei diesem Fischerboot ermöglichte eine »größere Manövrierfähigkeit, Seetüchtigkeit und Geschwindigkeit, ohne daß viel Frachtraum verlorenging.«[7] Die Büse wies zwei bedeutende Vorteile auf: Ihre Bauweise ermöglichte den Einsatz eines großen Schleppnetzes für den Heringsfang (erstmals erwähnt im Jahre 1516 in Hoorn, Westfriesland)[8], und ihre weiträumigeren Decks gestatteten, den Fisch bereits an Bord zu pökeln. Die neue Technologie des Pökelns war im 13. Jahrhundert entwickelt worden und bedeutete, daß der Fisch sofort ausgenommen, eingesalzen und damit haltbar gemacht werden konnte.[9] Durch die Einführung dieses »Fabriksschiffs«[10] wurde es möglich, die niederländische Küste weit hinter sich zu lassen und sechs bis acht Wochen auf See zu bleiben. Die Büsen luden ihre Fracht auf *ventjagers* um, schnelle Schiffe, die mit dem Produkt an die Küste zurückkehrten.[11]

Die Niederländer dominierten nicht nur die Heringsfischerei in der Nordsee (die sogenannte Große Fischerei)[12], sondern auch den Kabeljaufang um Island sowie den Walfang vor Spitzbergen[13]. Wale waren eigentlich nicht als Nahrung begehrt, sondern als Ausgangsprodukt für die industrielle Weiterverarbeitung. Sie lieferten Tran, den man für die Seifenherstellung und als Lampenbrennstoff benutzte, sowie Fischbein, das bei Kleidungsstücken Verwendung fand.[14] Die Bedeutung der Fischerei lag nicht nur in solchen *forward linkages*, sondern auch in *backward linkages* wie etwa der Erzeu-

---

Der hugenottisch-niederländische Rechtsgelehrte Luzac schrieb im Jahre 1778, der Fischfang sei »die Wiege des [niederländischen] Handels« gewesen (Bd 1, S. 19).

6 Vgl. H. P. H. Jansen (1978, S. 13). Genauere Angaben zum ersten Auftauchen des Bootes – 1415 in Hoorn – macht R. W. Unger (1978, S. 30).

7 R. W. Unger (1978, S. 30). Anfangs lag dieses Verhältnis bei 2,5:1. 1570 belief es sich auf 4,5:1 – »deutlich höher als selbst jenes der avanciertesten Segelschiffe.« Allerdings war diesem Verhältnis eine technische Grenze gesetzt: »Das Netz durfte keinem allzu starken Zug ausgesetzt sein.«

8 Vgl. R. W. Unger (1978, S. 29 f.).

9 Vgl. Schöffer (1973, S. 72 f.). Zwischen 24 und 48 Stunden dauerte es, bis der nicht gepökelte Fisch verdorben war. Vgl. Michell (1977, S. 142).

10 Michell (1977, S. 148) merkt an, daß dieses Schiff »jenen entsprach, die in der Fischerei erst unlängst wieder eingeführt wurden.« Die an Bord befindlichen Arbeiter zerfielen in drei Gruppen: diejenigen, die die Eingeweide entfernten, diejenigen, die die Fische einsalzten, und schließlich die Fischer.

11 Vgl. Parry (1967, S. 167–173).

12 Auf diese Art konnten sie drei Fangsaisonen für Hering ausnützen: eine im Juni und Juli um die Orkney- und Shetland-Inseln sowie Nordschottland; eine im August, von Dunbar in Schottland bis Yorkshire; und eine von September bis November vor Yarmouth – vgl. Michell (1977, S. 139). Hering war bekannt als das »Fleisch der Armen«. In Holland und Westfriesland »wurden die ersten Heringe der Saison auf schnellstem Wege ins Landesinnere gebracht. Die Karren fuhren um die Wette, um auf dem Markt die ersten zu sein« (Michell 1977, S. 180).

13 Vgl. Parry (1967, S. 167–173).

14 Michell weist darauf hin und meint: »In der Entwicklung des Walfangs dürfte sich daher eher die Industrie- als die Bevölkerungsgeschichte Europas widerspiegeln. Es ist interessant, daß es den Engländern auf dem Höhepunkt ihrer kommerziellen Vormachtstellung nicht gelang, bei Walprodukten Selbstversorgung zu erreichen (geschweige denn einen Überschuß zu erzielen), während die Niederländer trotz allgemeinen wirtschaftlichen Niedergangs ihre Position behaupten konnten.« (1977, S. 171)

gung von Netzen. So entstand eine Situation, die in einem Punkt »europaweit einzigartig« war: beim Anteil der Bevölkerung, der »zumindest am Rande mit Fischfang zu tun hatte.«[15] Im 17. Jahrhundert »verbitterte«[16] es die Engländer, daß die Niederländer vor der englischen Küste fischen und den Fisch zu konkurrenzfähigen Preisen in englischen Häfen verkaufen konnten, um von dieser günstigen Situation ausgehend ihre *moedernegotie* (Muttergeschäft) im Ostseeraum aufzubauen. Im England jener Jahre war man sich dessen sehr bewußt. Am 8. Juli 1661 schrieb Sir George Downing an Clarendon: »Der Heringshandel [der Niederländer] hat den Salzhandel im Gefolge, und Herings- und Salzhandel sind die Ursache dafür, daß dieses Land in gewisser Weise den gesamten Ostseehandel kontrolliert. Denn schließlich besitzen sie auch diese Güter von großem Umfang, mit denen sie ihre Schiffe auf dem Weg dahin beladen können.«[17] Da gerade die Kontrolle über den Ostseehandel einer jener Faktoren war, die zur Leistungsfähigkeit des niederländischen Schiffbaus beitrugen, kamen die Niederländer für einige Zeit in den Genuß des Spiraleffekts: der zirkulären Verstärkung von Vorteilen.

Auch wenn Sir George Downing diese Auffassung vertrat – der Hering vermag nicht alles zu erklären. Die gleiche Überlegenheit demonstrierten die Niederländer in der Landwirtschaft, dem wesentlichsten Produktionszweig jener Zeit. Sowohl die breiten Folgewirkungen[18] als auch das Ausmaß der Anstrengungen machten dies zu einer ungeheuren Leistung, denn die Niederlande waren geologisch gesehen für den Getreideanbau[19] und die meisten anderen Bewirtschaftungsformen völlig ungeeignet. Auf zweierlei Art wurde jedoch aus Schwäche Stärke. Erstens führte die Praxis, Wasser aus dem Land herauszupumpen, um neuen Boden zu gewinnen, zur Erfindung der Windmühlen und zu einer Blüte der Ingenieurskunst, sodaß Holland in vieler Hinsicht zum »Zentrum des hölzernen Maschinenzeitalters«[20] wurde. Die Trockenlegung von Land reichte bis ins Jahr 1250 zurück, aber ihren Höhepunkt erreichte sie mit einem plötzlichen quantitativen Sprung in den Jahren 1600 bis 1625; dieses hohe Niveau wurde im großen und ganzen zwischen 1625 und 1675 beibehalten.[21] Daher der deplazierte Spott in Andrew Marvells *Character of Holland*: »So herrscht der Trockenleger über die Ertrun-

---

15 Michell (1977, S. 180).

16 Wilson (1968, S. 64). Wie Cunningham 1887 festhielt, bestand die Reaktion in der »bewußten Nachahmung der Niederländer« – so lautete auch die Überschrift des 2. Kapitels von Buch V der ersten Auflage von *The Growth of English Industry and Commerce* (zitiert bei Clark 1960, S. 15).

17 Zitiert bei Wilson (1957a, S. 3).

18 »Wie ist es möglich, jene Beziehung zu übersehen, die zwischen der bemerkenswerten Entwicklung der niederländischen Landwirtschaft und der überragenden Bedeutung der Niederlande bestand, die diese im Wirtschaftsleben des 17. Jahrhunderts hatten?« (De Maddalena 1974a, S. 313.) Ja, wie eigentlich?

19 Vgl. E. L. Jones (1967, S. 47).

20 Van Veen (1950, S. 145).

21 Vgl. dazu die Tabelle von Van Veen (1950, S. 65). Slicher van Bath stellt einen eindeutigen Zusammenhang zwischen Agrarpreisen und dem Anlegen von Poldern her. »Ganz deutlich fällt auf, daß

kenen.« Vielleicht sogar als noch bedeutsamer erwies sich das zweite Ergebnis ungünstiger natürlicher Bedingungen: Die Niederländer waren gezwungen, zu intensiverer landwirtschaftlicher Nutzung überzugehen – erstmals um etwa 1300, als vorangegangene Notzeiten und niedrige Preise Neuerungen nach sich zogen, und später zwischen 1620 und 1750, als die intensive Landwirtschaft beträchtlich ausgeweitet wurde.[22]

Da der Boden für den Ackerbau besonders schlecht war,[23] konnte die Produktion am einfachsten dadurch gesteigert werden, daß man sie auf Gewerbepflanzen wie Flachs, Hanf, Hopfen, Garten- und Obstbau sowie auf die sehr wichtige Färbemittelerzeugung umstellte, wobei die Niederländer im 16. und 17. Jahrhundert »beim Anbau [von Färbepflanzen] weltweit führend waren und nur auf geringe Konkurrenz stießen.«[24] So wie im Garten- und Ackerbau kam es auch in der Viehwirtschaft zu einem markanten Aufschwung.[25] Ein wesentlicher Faktor, der auch zum Teil die erwähnte Spezialisierung auf Gewerbepflanzen ermöglichte, waren die äußerst umfangreichen Getreideimporte. De Vries schätzt, daß Mitte des 17. Jahrhunderts etwa die Hälfte der Einwohner der Provinzen Holland, Utrecht, Friesland und Groningen über Getreideimporte versorgt wurden.[26] Den zweiten wesentlichen Faktor stellten Verbesserungen in der Landwirtschaftstech-

---

die große Zeit des Deichbaus nach 1664 zu Ende ging – also genau zu jener Zeit, als die Getreidepreise fielen und sich die allgemeine wirtschaftliche Lage verschlechterte« (1977, S. 69; auch S. 70, Tabelle 4).

22 Vgl. Davis (1973b, S. 112–115), Slicher van Bath (1960, S. 153) und Wilson (1977a, S. 23 f.). Für Slicher van Bath beruhte die Intensivierung auf der »Notwendigkeit, einer dichten und dabei wachsenden Bevölkerung in einer Zeit relativ niedriger Getreidepreise ein Auskommen zu sichern.« Aber warum taten andere nicht das Gleiche? Davis bietet die These an, daß England und Frankreich deshalb mit den Fortschritten der Niederlande nicht mithalten konnten, weil zu jenem Zeitpunkt, als im 15. und 16. Jahrhundert die niederländischen Verbesserungen des 13. und 14. Jahrhunderts in jene Länder durchsickerten, Europa in seiner Expansionsphase und daher für Intensivierungsmethoden weniger empfänglich war. Dies vor allem deswegen, weil die Bauern zwischen 1450 und 1650 über außerordentlich viel bebautes Land und gute Weidefläche verfügten und damit jene Klasse repräsentierten, die Neuerungen gegenüber am unzugänglichsten war. Er meint, daß die Engländer und Franzosen im 17. Jahrhundert nicht dieselbe Ausgangsposition hatten wie die Niederländer.

23 Ungeeignet war das Land mit Ausnahme »einiger weniger begünstigter Bezirke, wo der Boden relativ hoch lag und trocken war, etwa das Hinterland der Dünenküste in Holland, Teile der südlich der Maas gelegenen Inseln und die lehmigen Böden entlang der friesischen Küste« (J. de Vries 1974, S. 71).

24 Gibbs (1957, S. 693).

25 J. de Vries (1974, S. 136–144).

26 J. de Vries (1974, S. 172). Vor allem ging es dabei um Profitmaximierung: »Es ließe sich die Schlußfolgerung ziehen, daß durch das Wachstum des Handels Getreide billiger wurde (in den nördlichen Niederlanden konnte es nur zu hohen Kosten produziert werden). Wenn dies zutrifft, bedeuteten die relativ niedrigeren Getreidepreise für die Wirtschaft der Region große Einsparungen (nicht zuletzt angesichts der damaligen ökonomischen Bedeutung von Getreide), wodurch Geldmittel für andere Zwecke verfügbar wurden« (S. 182). Vgl. dazu auch van der Wee, demzufolge der Produktivitätsanstieg in den nördlichen Niederlanden zwischen 1500 und 1670 »in erster Linie auf eine ausgeprägte Spezialisierung zurückzuführen war: Aus dem Ostseeraum wurde Getreide en masse importiert, sodaß sich die Küstengebiete auf Molkereiprodukte, Gemüse und Gewerbepflanzen für die rasch wachsende, wohlhabende Stadtbevölkerung konzentrieren konnten (1978, S. 15).
Eine gewisse Skepsis hinsichtlich der Bedeutung des Ostsee-Getreidehandels klingt bei Glamann durch, der auf den Handel mit dem Hinterland verweist, dieses jedoch als Rhein, Flandern, Nordfrankreich und England (*sic!*) bestimmt (1977, S. 231 f.).

nik dar – das Verschwinden von Brachland[27] und der damit verbundene Anbau von Futterpflanzen, der Anbau in Form von Beeten und Reihen, die Verwendung einfacher und billiger Werkzeuge sowie hohe Erträge durch starke Düngung und eine ebenso arbeitsintensive wie sorgfältige Bewirtschaftung kleiner Flächen.[28] Außerdem wurde es durch die Aussaat von Gräsern sowie systematische Düngung möglich, daß Herden vergrößert und die Milchproduktion gesteigert wurden.[29] Diese intensive Landwirtschaft wiederum ermöglichte eine zunehmende Urbanisierung und Industrialisierung, von der sie ihrerseits wesentliche Impulse erhielt. »Bis zur Mitte des 17. Jahrhunderts hatten die meisten Städte gewissen Personen die Berechtigung erteilt, [gewerbliche] Abfälle [wie etwa Asche] an Bauern zu verkaufen und zu liefern.«[30] Es ist nicht weiters verwunderlich, daß Romano die Zeit von etwa 1590 bis 1670 – vor dem Hintergrund der europäischen Landwirtschaft im 16. Jahrhundert – als das »Jahrhundert der niederländischen Landwirtschaft« bezeichnet.[31] Die Kluft vergrößerte sich, da die Niederlande immer effizienter produzierten, während die Landwirtschaftstechnik im Großteil des übrigen Europa stagnierte.

Die Vereinigten Niederlande waren zu jener Zeit nicht nur im Bereich der Agrarproduktion führend, sondern auch im Bereich der industriellen Produktion. Um zu erklären, warum es in Holland zu keiner Industrialisierung kam, wurde schon so viel Papier bedruckt, daß wir gerne die Tatsache übersehen, daß dies sehr wohl der Fall war. Es zeichnet Charles Wilson aus, daß er in seinen umfangreichen Arbeiten über die Niederlande konsequent auf diesem Punkt beharrte.[32] Industrieller Fortschritt läßt sich vor allem in der Textilproduktion, dem traditionellen Leitsektor, feststellen. In den 1560er Jahren begannen die nördlichen Niederlande von jenem Flüchtlingsstrom zu profitieren, den der niederländische Aufstand in Richtung Norden ausgelöst hatte. Das Zentrum der Textilproduktion lag in Leiden,[33] von wo die »neuen Stoffe«

---

27 Slicher van Bath (1955, S. 181).

28 Slicher van Bath (1960, S. 132, 147 f.; 1955, S. 176–178).

29 J. de Vries (1974, S. 142–144).

30 J. de Vries (1974, S. 150).

31 Romano (1962, S. 519).

32 Vgl. zum Beispiel Wilsons knappe Darstellung: »Manchmal wird unterstellt, die Wirtschaft [der niederländischen Republik] habe ausschließlich auf Handel beruht und der Sprung in eine Phase des Industrialismus sei ihr irgendwie nicht gelungen. ... Was die Verhältnisse im 17. Jahrhundert betrifft, handelt es sich dabei um eine Übertreibung. ... Ein großer Teil der technischen Fertigkeiten ... war planmäßig auf jene wirtschaftlich hochprofitablen Verfahren gerichtet, die bei der Weiterverarbeitung von Rohmaterialien oder Halbfabrikaten sowie in der Finalproduktion angewendet wurden; Lagerhäuser und Märkte wurden dadurch von einem Mehr an Waren passiert.« (1968, S. 30)
Von Zeitgenossen wurde dies klar erkannt. J. -J. Becher, Wirtschaftsberater Kaiser Leopolds I. in Wien und einer derjenigen, die für eine Förderung der Manufakturproduktion eintraten, schrieb im Jahre 1673: »Sie [die Holländer] verarbeiten Seyden und wächst keine im Landt, sie holen frembder Leuthe Flachs und Hanff, machen Spitzen und schöne Leinwand darvon und bringen ihnen solche wider, sie verarbeiten frembde Woll in ein Tuch und bringens wider, anderer Länder Häut gerben sie und verkauffen ihnen das Leder wider, wer thut es ihnen wol in der Truckerey und Buchhandel bevor?« (1673, S. 173).

33 Ab dem Jahr 1350 war Leiden ein wichtiger Produktionsstandort für Textilien. Vgl. H. P. H. Jansen

(Boi, Serge, Kamelott, Barchent etc.), für die schließlich England berühmt werden sollte, ihren Ausgang nahmen. Hundert Jahre währte der Aufschwung der industriellen Produktion, um zwischen 1660 und 1670 seinen Höhepunkt zu erreichen. (Ein für das Jahr 1664 errechneter Indexwert liegt bei 545, für 1584 bei 100 und für 1795 bei 108.)[34] Es kam nicht nur zu einer quantitativen Ausweitung der Produktion, vielmehr war es so, daß Leidens Hauptrivale in der Textilproduktion, die »neuen Stoffe« aus East Anglia, bis in die sechziger Jahre des 17. Jahrhunderts »hart zu kämpfen hatten.«[35] In seinem Versuch, die Ursachen der starken Position Hollands im Ostseehandel des 17. Jahrhunderts zu bewerten, nennt Åström die leistungsfähige Textilproduktion als *ersten* Grund und als *zweiten* den Umstand, daß die Niederländer als Zwischenhändler für *englisches* Tuch (sowie Salz aus Südeuropa) fungierten[36] – zunächst also ein Produktions- und dann erst ein Handelsvorteil, der auf ersteren folgte und durch ihn begünstigt wurde.

Ganz deutlich zeigt sich dieser Vorsprung in der Geschichte des Alderman Cockayne-Projekts, mit dessen Hilfe England jene Konstellation umkehren wollte, in der ungefärbtes und unbehandeltes englisches Tuch zur Appretur nach Holland gebracht wurde. Im Jahr 1614 untersagte Jakob I. den Export von »weißen« Tuchen, woraufhin die Niederländer als Vergeltung ein Importverbot für Fertigwaren erließen. Darauf antwortete Jakob I. wiederum mit einem Exportverbot für Wolle. Es war, wie Supple schreibt, ein »gigantisches Hasardspiel«[37] – und ein entsetzlicher Fehlschlag. Innerhalb von drei Jahren gingen die englischen Exporte um ein Drittel zurück, und 1617 kam

---

(1978, S. 11). Jansen geht davon aus, daß das holländische Gewerbe zwischen 1350 und 1400 entscheidend Auftrieb erhielt; da die Pest hier weniger stark gewütet und die Entvölkerung daher geringere Ausmaße hatte, war Holland »besser in der Lage, es mit den umliegenden Regionen aufzunehmen, die von Bevölkerungsverlusten und gelegentlich feindseligen Zünften geprägt waren« (S. 17).

34 Faber u.a. (1974, S. 7).

35 Wilson (1965, S. 55). Glamann betrachtet die Situation eher aus dem Blickwinkel einer Arbeitsteilung: »Sieht man sich den Zeitraum von 1620 bis 1700 an, so stellt sich heraus, daß in England Streichgarne im Niedergang begriffen waren und Kammgarnstoffe Hochkonjunktur hatten, während es in Leiden gerade umgekehrt war. Die Leidener Wollwaren aus Streichgarn, die sogenannten *lakens*, hielten sich im Wettbewerb mit den englischen Erzeugnissen ausgezeichnet, während England im Bereich der Kammgarne führend war« (1974, S. 505). Man beachte jedoch, daß Wilson vom Zeitraum zwischen etwa 1570 und 1670 spricht.
Das Ende des Waffenstillstands 1621, wodurch spanisch kontrollierte Gebiete als Exportmärkte ausschieden, bedeutete nach Auffassung Israels für die Produktion billiger, leichter Stoffe in den Niederlanden einen eindeutigen Rückschlag. »Leiden schaffte es, seine Verluste dadurch wettzumachen, daß es die Produktion traditioneller Stoffe, der berühmten *lakens*, ausweitete, die den Anforderungen der nordeuropäischen Märkte besser entsprachen. Doch obwohl der Gesamtwert der in Leiden erzeugten Textilien zwischen 1621 und 1648 zweifellos zunahm (traditionelle Stoffe kosteten mehr als die neuen), hatte der Abstieg eigentlich bereits begonnen, zumindest was die Menge des produzierten Stoffes sowie die dazu benötigte Arbeitskraft betraf« (1977, S. 61). Deyon datiert diesen Umschwung auf die Jahre nach 1650 und führt ihn auf die Wettbewerbsnachteile zurück, die Leiden aufgrund seiner hohen Lebenshaltungskosten und seines hohen Lohnniveaus gegenüber seinen Konkurrenten Tilburg, Verviers und Bois-le-Duc aufwies. Leiden »gab die arbeitsintensivsten Produktionszweige auf ... [und] konzentrierte sich erneut auf Luxuswaren, dicke Stoffe, Kamelott gemischt mit Ziegen- und Kamelhaar« (1978d, S. 267).

36 Åström (1963, S. 61). Als dritter Faktor werden »Produkte aus den Kolonien« angeführt.

37 Supple (1959, S. 34).

für das Projekt das Aus. Viel stand auf dem Spiel. Nach Wilsons Berechnungen wurden 47% der Wertschöpfung beim Färben generiert, und das erfolgte in Holland.[38] Angesichts der enormen Überlegenheit, die Holland zu jener Zeit bei der Erzeugung von Farbstoffen und damit bei den Färbekosten besaß, wird es klar, warum England dieses Hasardspiel nicht gewinnen konnte. In der ersten Hälfte des 17. Jahrhunderts kamen im Versuch Englands, die Vereinigten Niederlande im Tuchgeschäft wie auch beim Fischfang zu konkurrenzieren, »unerfüllte merkantilistische Hoffnungen« zum Ausdruck.[39]

Der zweite bedeutende Industriezweig der Frühen Neuzeit war der Schiffbau, und auch in diesem Bereich ist die führende Stellung der Vereinigten Niederlande allgemein bekannt.[40] Weniger zur Kenntnis genommen wird hingegen der Umstand (auch wenn er im Rahmen einer präzisen Analyse unerläßlich ist), daß die niederländische Schiffbauindustrie »moderne Dimensionen und eine starke Tendenz in Richtung standardisierter, repetitiver Methoden aufwies.«[41] Sie war durch einen hohen Mechanisierungsgrad und die Verwendung zahlreicher arbeitssparender Vorrichtungen gekennzeichnet (windbetriebene Sägewerke, mechanisch angetriebene Förderbänder hin zu den Sägen, Flaschenzüge, große Kräne, um schwere Holzbalken zu bewegen), die allesamt die Produktivität erhöhten.[42] Auffallend ist die Verzahnung mit einem industriell-kaufmännischen Komplex. In Amsterdam gab es eine Reihe von Zulieferbetrieben: Seilereien, Zwiebackbäckereien, Schiffsausrüster sowie Erzeuger von nautischen Instrumenten und Seekarten.[43] Für den Schiffbau selbst war Holz in großen Mengen erforderlich. Für ein einziges Kriegsschiff benötigte man schätzungsweise 2000 Eichenstämme, die jeweils zumindest hundert Jahre alt sein mußten, um die nötige Festigkeit zu besitzen; 2000 Eichen erforderten eine Waldfläche von ca. 20 Hektar.[44] Dieses Holz stammte zu einem wesentlichen Teil aus dem Ostseeraum, und einer der Hauptgründe, warum die Niederländer diesen Geschäftsbereich an sich reißen konnten, war die Leistungsfähigkeit ihrer Textilpro-

38 Wilson (1965, S. 71). Wilson führt aus, daß »die größten Gewinnspannen« mit »der raffinierten Technologie des Färbens und Appretierens von Tuch [zu erzielen waren], mit deren Hilfe [dann wiederum] die Märkte kontrolliert werden konnten« (1968, S. 29).

39 Wilson (1957a, S. 40).

40 Vgl. Kellenbenz (1977a, S. 531).

41 Wilson (1973, S. 329). Vgl. dazu auch Michell: »Die wirkliche Leistung der Niederländer bestand nicht darin, daß sie große Schiffe bauten, sondern daß ihre Produkte von gleichbleibender Qualität waren.« (1977, S. 152)

42 Vgl. R. W. Unger (1978, S. 7) sowie Kindleberger (1975, S. 618).

43 Vgl. van Klaveren (1969a, S. 183).

44 Vgl. Naish (1957, S. 493); vgl. auch Sella (1974, S. 392–394). Daß der niederländische Schiffbau zu geringeren Kosten produzierte als der englische, schreibt Barbour dem Umstand zu, daß die Engländer Holz und andere Materialien nicht billig importieren konnten – wobei die Materialkosten im Schiffbau das Achtfache der Arbeitskosten betrugen. Der Vorteil der Niederländer waren »billiger Einkauf, niedrige Frachtkosten und niedrige Zölle« (1954, S. 238).

duktion. In der Folge erreichte man natürlich im Schiffbau eine beachtliche Effizienz, und wir werden noch sehen, daß die dominierende Stellung der Niederlande im Welthandel großteils darauf beruhte. Da neben dem Schiffbau auch noch andere holländische Wirtschaftszweige »vollständig [von Gütern] abhingen«, die auf dem Seeweg angeliefert wurden, müssen die Schiffe »als echter *Produktions*faktor betrachtet werden.«[45] Schiffbau war also Produktion von Produktionsmitteln.

Neben der Textilerzeugung und dem Schiffbau gab es auch noch andere bedeutende Produktionszweige. Zumindest bis 1660 war Holland im Bereich der Zuckerraffination führend.[46] In den Brennereien setzte kurz nach 1600 ein »gewaltiger Boom« ein, der das gesamte 17. Jahrhundert hindurch anhielt. Weitere Sektoren waren: Papiererzeugung; Sägewerke; Buchproduktion; eine Ziegel- und Kalkerzeugung, die um das Jahr 1500 herum expandiert war und im 18. Jahrhundert noch immer »einigermaßen prosperierte«; Geschirrproduktion; Tabak- und Pfeifenmanufakturen; sehr große, exportorientierte Gerbereien, speziell im 17. Jahrhundert; Brauereien, die ihre beste Zeit an der Wende vom 17. zum 18. Jahrhundert erlebten; Öl- und Seifenerzeugung, die in der Mitte des 17. Jahrhunderts am stärksten prosperierte; natürlich eine chemische Produktion, die vor allem die Versorgung mit Farbstoffen zu gewährleisten hatte;[47] und nicht zu vergessen die Rüstungsindustrie. Im Gefolge des niederländischen Unabhängigkeitskrieges und des Dreißigjährigen Kriegs förderte die Regierung den Import von Rohstoffen für die Rüstungsproduktion, was zu einer kontinuierlichen Expansion dieses Wirtschaftssektors führte. Ende des 16. Jahrhunderts existierte bereits ein umfangreicher Exporthandel, und mit Beginn des 17. Jahrhunderts zeigte sich eine Verschiebung innerhalb der Produktionsstruktur von den Handwerkszünften in Richtung Manufaktur und Verlagssystem.[48]

Es ist nicht so, daß sich die Vereinigten Niederlande in den hundert Jahren zwischen 1575 und 1675 in allen Wirtschaftssparten hervorgetan hätten oder ohne ernsthafte Konkurrenz dagestanden wären. Behauptungen wie jene von North und Thomas, daß die Niederlande »als erstes Land selbsttragendes Wachstum erreichten«[49], sind lediglich deshalb gerechtfertigt, weil kein anderes Land einen derart kohärenten, in sich verzahnten landwirtschaftlich-

---

45 Wilson (1977a, S. 39).

46 Im Jahr 1661 befanden sich in Amsterdam 60 Raffinerien. Bis zur Navigationsakte der Engländer im Jahr 1660 sowie ähnlichen, von Colbert verfügten Restriktionen wurde dort der Großteil des Zuckers aus den englischen und französischen Kolonien raffiniert.

47 Vgl. Faber u.a. (1974, S. 4–10); Deyon (1978d, S. 289); Supple (1977, S. 429). Bezüglich Buchproduktion vgl. Hazard (1964, 112), der darauf hinweist, daß sich noch im Jahr 1699 von den zehn wichtigsten Zentren der Buchdruckerei fünf in Holland befanden und es allein in Amsterdam 400 Buchdrucker gab.

48 Vgl. Klein (1966, S. 195–197) und Barbour (1963, S. 35–41).

49 North/Thomas (1973, S. 145). Ausgehend von der Situation im 20. Jahrhundert schreiben Stephen Hymer und Stephen Resnick: »Eine wesentliche Veränderung, die sich im Verlauf des Entwicklungsprozesses vollzieht, ist nicht die Substitution von freier Zeit oder Nichtstun durch Arbeit, sondern vielmehr

industriellen Produktionskomplex aufwies – und das alles trotz der ökonomischen Erschwernisse, die ein achtzigjähriger Unabhängigkeitskrieg mit sich brachte.[50] Niemand schenkte im 17. Jahrhundert den Vorgängen in den Niederlanden größere Aufmerksamkeit als die Engländer. Im Jahre 1673 veröffentlichte der englische Botschafter, Sir William Temple, seine Betrachtungen über die Vereinigten Niederlande, in denen es hieß:

> Für den wahren Ursprung und Grund allen Geschäftslebens erachte ich es, wenn große Menschenmassen sich auf wenig Land drängen, wodurch die lebensnotwendigen Dinge teuer und alle Besitzenden zu Sparsamkeit veranlaßt werden; all jene jedoch, die nichts besitzen, sind zu Fleiß und Anstrengung gezwungen. Die harte Arbeit obliegt kräftigen Konstitutionen; all jene, die das nicht sind, machen ihren Mangel durch irgendeine Form von Erfindungsgabe und Geschicklichkeit wett. Diese Gebräuche entstehen zunächst aus einer Zwangslage, mit der Zeit entwickeln sie sich dann in einem Land zur Gewohnheit.[51]

Sir William wünschte sich, daß man dasselbe von den Engländern hätte sagen können.

Die in den Vereinigten Niederlanden existierende Dynamik findet sich durch Zahlen bestätigt, die sich auf Bevölkerungsbewegungen und Urbanisierung beziehen. Allgemein bekannt ist jene große Migrationswelle im späten 16. Jahrhundert, die vor allem Handwerker und Bürger aus den südlichen in die nördlichen Niederlande führte, speziell von Antwerpen[52] nach Amsterdam und Leiden[53] . Die Bevölkerung der Vereinigten Niederlande setzte sich im Jahr 1622 zu 60% aus Städtern zusammen, und von diesen lebten drei Viertel in Städten mit mehr als 10.000 Einwohnern.[54] In Amsterdam vervierfachte sich die Bevölkerung – von 50.000 im Jahr 1600 auf 200.000 im Jahr 1650[55] –, und indem diese Stadt Flamen, Wallonen, Deutsche, portugiesische und deutsche Juden sowie französische Hugenotten in »echte Holländer« verwandelte, fungierte sie als veritabler »Schmelztiegel«.[56] Die meisten Autoren konzentrieren sich auf die Migration der Händ-

---

der Wechsel von unterlegenen Methoden der Eigenproduktion zu überlegenen Methoden auf der Basis von Spezialisierung und Austausch« (1969, S. 503). Ist das nicht eine gute Zusammenfassung dessen, was zu jener Zeit in den Vereinigten Niederlanden vor sich ging?

50 Parker versucht die positiven und negativen ökonomischen Effekte abzuschätzen, die der niederländische Aufstand hatte. Er gelangt dabei zu dem Schluß, daß die damit verbundenen Einbußen größer waren als die Gewinne, wenn auch nicht um viel (1974b, S. 11–15). Andererseits meint Wilson: »Die grundlegende ökonomische Stärke der nördlichen Niederlande war mit dem Waffenstillstand von 1609 auf ihrem Höhepunkt angelangt, nach 40 Jahren Krieg« (1968, S. 22). Die zwei Einschätzungen sind nicht unbedingt widersprüchlich, sofern man davon ausgeht, daß Wilson die *relative* Position der Niederlande innerhalb des Weltsystems gemeint hat.

51 London, 1673, S. 187; zitiert nach Furniss (1957, S. 102).

52 Vgl. Van Houtte (1962, S. 707–712), der die Etappen des Niedergangs von Antwerpen analysiert.

53 Vgl. die beeindruckende Karte von Mols (1974, S. 63). Vgl. auch Jeannin (1969, S. 71).

54 Vgl. Helleiner (1967, S. 46).

55 Kossmann (1970, S. 366).

56 Verlinden (1964, S. 329). Bezüglich der Anziehungskraft, die Holland auf Angehörige der westfä-

ler- und Handwerkerschicht. Mindestens ebenso wichtig ist es, das Anwachsen eines riesigen städtischen Proletariats (besonders, aber nicht nur in Leiden) zu beachten, das die Elendsviertel bevölkerte; viele der beschäftigten Arbeitskräfte waren Frauen und Kinder. Ganz treffend meint Jeannin, daß »die Spannungen und Konflikte durchaus an die modernen erinnern.«[57] Natürlich ist das so, handelte es sich doch bereits damals um Industriekapitalismus. Zusammenfassend läßt sich sagen, daß die nördlichen Niederlande mit Ende des 16. Jahrhunderts eindeutig den Weg der Effizienzsteigerung in der Produktion eingeschlagen hatten, auf deren Grundlage die Vereinigten Niederlande eine Blütezeit erlebten und um etwa 1600 zum wichtigsten (wenn auch nicht zum einzigen) Produktionszentrum der europäischen Weltwirtschaft aufstiegen. Im landwirtschaftlichen Bereich spezialisierten sie sich auf Produkte, die besondere Kenntnisse erforderten und hohe Profite abwarfen[58], und im industriellen Bereich übernahm Holland eine dominierende Führungsposition in der Textilerzeugung sowie im Schiffbau und spielte auch in anderen Produktionszweigen eine bedeutende, manchmal beherrschende Rolle. Erst auf der Grundlage dieser Produktionseffizienz war es den Vereinigten Niederlanden möglich, ihr Handelsnetz aufzubauen und sich als das »Lagerhaus der Welt«[59] zu etablieren. Dieser etwas bekannteren Geschichte wollen wir uns nun zuwenden.

Das globale Transportwesen wurde im 17. Jahrhundert von der niederländischen Frachtschiffahrt dominiert. Von 1500 bis 1700 wuchs sie auf das Zehnfache an. Im Jahre 1670 etwa verfügten die Niederländer über dreimal soviel Schiffsraum wie die Engländer und über mehr als England, Frankreich, Portugal, Spanien und die deutschen Staaten zusammengenommen. Noch höher lag der Prozentsatz bei jenen Schiffen, die in den Niederlanden *gebaut* worden waren. Tatsächlich erreichte die niederländische Frachtschiffahrt erst in der zweiten Hälfte des 17. Jahrhunderts ihren Höhepunkt, nachdem die Holländer den englischen Bürgerkrieg dazu genutzt hatten, eine »unbestrittene Vormachtstellung im weltweiten Transportwesen« zu etablieren. Während alle niederländischen Textilien auf niederländischen Schiffen

---

lischen Unterschichten ausübte, die dort ihr Glück machen wollten, vgl. Beutin (1939, S. 131 f.); für ganz Nordwestdeutschland vgl. Kuske (1956, S. 255).

57 Jeannin (1969, S. 75). Als Reaktion auf diese Konflikte zeigen sich sogar in der Stadtplanung Ähnlichkeiten zum 20. Jahrhundert. Zwischen 1585 und 1622 wurden die drei großen Kanäle von Amsterdam gebaut: Heerengracht, Keisergracht und Prinsengracht. Danach wurden jene Produktionszweige aus dem Stadtzentrum verbannt, die die Umwelt verschmutzten – Brauereien, Metallverarbeitung, Färbereien, Glaserzeugung, Seifenherstellung, Zuckerraffinerien. »Sie wurden auf Jordaan beschränkt, ein Arbeiterviertel im Westen, außerhalb der Stadt, wo Spekulanten für die Einwanderer kleine, niedrige Häuser errichtet hatten und das Fürsorgeamt (*prévoyance*) der Regenten mehrere Wohlfahrtseinrichtungen etabliert hatte. Es handelte sich dabei um das erste Beispiel systematischer Raumplanung, in hohem Grade segregierend und bourgeois« (Deyon 1978e, S. 299).

58 Selbst beim Getreide, das nur eine untergeordnete Rolle spielte, vollzog sich im 17. Jahrhundert eine Verschiebung von Gerste zu Weizen, »einer Getreideart mit höheren Produktionsanforderungen« (J. de Fries 1974, S. 148).

59 Dieser zeitgenössische Ausdruck findet sich bei Clark (1960, S. 14).

transportiert wurden, mußten sich englische Schiffe trotz aller Monopole und privilegierten Handelsgesellschaften den Transport englischer Textilien mit niederländischen Schiffen teilen, ja sie hatten sogar einen geringeren Anteil.[60] Noch im Jahr 1728 sprach Daniel Defoe von den Holländern als »den Fuhrherren der Welt, den Mittelsmännern des Handels, den Faktoren und Maklern Europas.«[61] Besonders beeindruckt an den Niederländern im 17. Jahrhundert der Umstand, daß sie sich »überallhin ausbreiten«[62] – nach Süd- und Südostasien, in den Mittelmeerraum, nach Afrika und in die Karibik, während sie weiterhin am Ostseehandel (auch Ostlandhandel genannt) festhielten; sie erhöhten ihren Anteil am nordwesteuropäischen Warenaustausch und brachten gleichzeitig den Handel auf den europäischen Flüssen unter ihre Kontrolle.

Die Geschichte des Ostindienhandels, d.h. des Handels mit Süd- und Südostasien, ist natürlich die Geschichte der *Vereenigde Oost-Indische Compagnie* (VOC). Sie war der Prototyp einer kapitalistischen Handelsgesellschaft: zum Teil Spekulationsgeschäft, zum Teil langfristige Kapitalanlage, zum Teil Kolonisatorin.[63] In Amsterdam hatte sie nüchterne Direktoren sitzen, De Heeren Zeventien (die siebzehn Herren), und in Batavia schwer kontrollierbare Gouverneure, allen voran Jan Pieterszoon Coen.[64] In gewisser Hinsicht gerieten die Niederländer eher durch Zufall in den Ostindienhandel. Als Antwerpen 1585 an die Spanier fiel, wurde die europäische Gewürzbörse nach Amsterdam verlegt. Aber da Spanien im Jahr 1580 Portugal annektiert hatte und Lissabon der europäische Eingangshafen für Gewürze war, versuchten die Niederländer die Spanier zu umgehen.[65] So wurde Cornelis de Houtman 1592 in offizieller Mission nach Süd- und Südostasien gesandt, 1598 segelten bereits die ersten Handelsflotten und 1602 wurde die VOC von den Vereinigten Niederlanden privilegiert – teilweise um ruinösen Wettbewerb innerhalb der Niederlande in Grenzen zu halten, teilweise um für kleinere Investoren eine sichere Anlagemöglichkeit zu schaffen, teilweise um eine ökonomische und politische Waffe gegen Spanien aufzubauen und teilweise einfach deshalb, um eine größere Menge von Gewürzen nach Europa zu bringen.[66]

---

60 Das Zitat stammt von Lipson (1956, Bd 2, S. liii). Vgl. dazu auch auch Lipson (1956, Bd 3, S. 10 f.), Parry (1967, S. 176, 210), Glamann (1974, S. 452) und Minchinton (1974, S. 164). Bowman meint, daß beispielsweise im Jahr 1650 von den weltweit 20.000 im Frachtverkehr eingesetzten Schiffen 15.000–16.000 unter niederländischer Flagge fuhren (1936, S. 338).

61 Aus *A Man of the English Commerce*, S. 192; zitiert nach Wilson (1941, S. 4).

62 Coornaert (1967, S. 244).

63 Eine Beschreibung der rechtlichen Struktur der VOC findet sich bei Rabe (1962, S. 351–366).

64 Entgegen der Behauptung Werner Sombarts und trotz der äußeren Ähnlichkeit der Namen ist Coen nicht gleich Cohen – und er war *kein* Jude. Bezüglich der Mutmaßungen, warum Coens Vater den Familiennamen von van Twisk auf Coen änderte, siehe Masselman (1963, S. 229 f.).

65 Sie pflegten Spanien-Portugal nicht nur dadurch zu umgehen, daß sie einen Bogen um Lissabon, sondern auch dadurch, daß sie einen um Indien machten und ins Ursprungsland der Waren, Indonesien, fuhren. Siehe Parry (1967, S. 195).

66 Siehe Masselman (1963 passim, vor allem aber S. 62–66 und S. 141–179). Morineau hebt den

Tatsächlich war es ein günstiger Zeitpunkt, in den Gewürzhandel zur See einzusteigen, denn die gravierendsten Blockaden des Landwegs über die Levante erfolgten nicht zwischen 1450 und 1500, wie oft behauptet wird, sondern vielmehr zwischen 1590 und 1630.[67] Die Gelegenheit war somit äußerst günstig, und die Niederländer ergriffen sie beim Schopf. Die Hauptschiffahrtsrouten im Indischen Ozean verlagerten sich von der nördlichen Hälfte (Rotes Meer und Persischer Golf) in die südliche (die sogenannte Kap-Route). Der Grund, warum die Niederländer diese Gelegenheit nutzen konnten, bestand darin, daß sie über die entsprechende Technologie verfügten. Oder wie Parry es formuliert: »Das Rah- triumphierte über das Lateinsegel, der Passat über den Monsun«[68]. Aber sobald die Niederländer in diesen Handelsgeschäften Fuß gefaßt hatten, sahen sie sich mit dem Grundproblem konfrontiert, das aus Handelsbeziehungen mit einer externen Zone erwächst. Da es um einen Handel mit Luxusgütern ging, waren die Profite hoch und die Konkurrenz heftig, aber eben weil es sich um Luxusartikel und nicht um Güter des täglichen Bedarfs handelte, war der Absatzmarkt naturgemäß klein, und eine Übersättigung lag durchaus im Bereich des Möglichen – Skylla und Charybdis.[69] Diesem Dilemma konnte nur auf zwei Arten begegnet werden: Entweder man gliederte Süd- und Südostasien als periphere Zone in die kapitalistische Weltökonomie ein und veränderte damit das Wesen der Handelsbeziehungen, oder man nahm Zuflucht zu einem »regulierten« Warenaustausch, wie er im Fernhandel zwischen Weltreichen seit jeher üblich war. Und tatsächlich ging es in der Auseinandersetzung, die zwischen Coen und De Heeren Zeventien entbrannte, genau darum, welchen Weg man einschlagen sollte. Coen, der »Verfechter eines energischen Auftretens in Asien«[70], drängte auf die erste Option, seine Vorgesetzten in Amsterdam auf die zweite.

Für eine Peripherisierung Süd- und Südostasiens hielt Coen eine Kolonisierungspolitik im doppelten Sinn für erforderlich: Einerseits sollten durch die Etablierung politischer Kontrolle der relativ große Spielraum asiatischer

---

Umstand hervor, daß in Europa Gewürze knapp und die Preise dementsprechend hoch waren (1978c, S. 133).

67 Siehe Duncan (1975, S. 512); ferner Glamann (1974, S. 477), der anmerkt: »Der Sieg des ›atlantischen‹ Pfeffers [über den ›mediterranen‹] erwies sich als so überzeugend, daß er sogar in die Levante weiterexportiert wurde.« Bezüglich der vorangegangenen Periode siehe die Ausführungen bei Wallerstein (1974, S. 215 f., 325).

68 Parry (1967, S. 199).

69 Die Metapher findet sich bei Glamann (1974, 483), der die beschränkte Nachfrage nach Gewürzen in Europa herausstreicht. Das entsprechende Problem auf der anderen Seite der Dyade wird von Rich erwähnt: »[Der] Gewürzhandel wurde dadurch beeinflußt, daß die Gewürzinseln abgesehen von Feuerwaffen nur sehr wenige europäische Produkte haben wollten. ... Hier waren die Niederlande mit demselben Problem konfrontiert, dem auch ihre Pelzhändler in Nordamerika noch begegnen sollten. Sobald die Inselbewohner ihre unmittelbaren Interessen befriedigt hatten, verloren sie jedes Interesse am Handel« (1967, S. 368). Eine ähnliche Feststellung trifft Meilink-Roelofsz: »In Asien bestand fast keine Nachfrage nach europäischen Produkten« (1968, S. 66).

70 Morineau (1978e, S. 170).

Herrscher eingeengt und das Produktionssystem neu organisiert werden; und andererseits sollte eine weiße Siedlerklasse exportiert werden, um sowohl an der Überwachung der Produktion von *cash-crops* mitzuwirken als auch einen sicheren Kernmarkt für europäische Produkte (abgesehen von Gold und Silber) zu gewährleisten. Coen meinte, daß eine solche Politik mit reguliertem Handel nicht zu vereinbaren sei und verlangte die Durchsetzung des Marktprinzips. Aufgrund der Begrifflichkeit, die in diesen Diskussionen verwendet wurde, ist oft etwas irreführend davon die Rede, daß es sich hier um den Gegensatz zwischen Freihandel und Monopolismus handle.[71] Aber Coen hatte in Wirklichkeit nichts dagegen, daß die VOC *innerhalb des Markts* (und von Zeit zu Zeit unter wohlkalkulierter Zuhilfenahme von roher Gewalt) ein Monopol etablierte; und genauso waren sich De Heeren Zeventien ihrer begrenzten Fähigkeit bewußt, den Zugang zu ihrem regulierten Handel über so große Entfernungen zu beschränken.[72] Es ging darum, was für kapitalistische Unternehmer auf kurze Sicht am sinnvollsten war – Profit durch Ausbeutung oder Profit durch Spekulation. Kurzfristig behielten diejenigen die Oberhand, die der Spekulation den Vorzug gaben.[73] Wie wir aber bei früherer Gelegenheit gezeigt haben,[74] bilden langfristig einzig die im

---

71 Siehe die keineswegs untypische Erörterung bei Masselman (1963, S. 433–442).

72 Coen schrieb in einem Brief an *De Heeren Zeventien*: »Nichts auf der Welt gibt einem eine bessere Rechtsposition, als wenn sie um Macht und Gewalt ergänzt wird.« Zit. nach Boxer (1965, S. 98 f.). Tatsächlich repräsentierte die VOC nach Geyls Einschätzung »in der indischen Welt die Macht des Schwerts« (1961, S. 188). In bezug auf *De Heeren Zeventien* merkt Boxer an, daß sie drei Kategorien von Handelsbeziehungen »ausdrücklich anerkannten«: mit (einigen wenigen) Gebieten, die sie territorial kontrollierten; mit Gebieten, in denen sie über Monopolverträge verfügten; mit »Freihandels«-Gebieten. Wie Boxer feststellt, war dabei die letzte Kategorie »beinahe immer die wichtigste« (1965, S. 94). Parry weist darauf hin, daß die Niederländer mit Ausnahme des »Langstreckenhandels« der regen Konkurrenz durch chinesische, malaiische, arabische und nicht-holländische europäische Händler ausgesetzt waren (1967, S. 197).
Einer der Gründe, warum die Engländer mit den Holländern zwar im Handel mit Süd- und Südostasien, nicht aber im Ostseehandel konkurrieren konnten, bestand in der Eigenart des Luxushandels im Gegensatz zum Massenhandel. Bei letzterem spielten die Kosten der Schiffsproduktion eine größere Rolle, weshalb ihn die Engländer zu jener Zeit als »verlorenes Geschäft« abschrieben. In Süd- und Südostasien (wie auch im Mittelmeer) waren die transportierten Waren im Verhältnis zu ihrem Wert gewöhnlich von geringem Gewicht und geringer Größe, und so erwies sich die Bewaffnung der Schiffe als wichtiger als ihre Geschwindigkeit und Leistungsfähigkeit. Der komparative Vorteil der Niederländer war auf diesem Sektor wesentlich geringer (Barbour 1954, S. 230 f.). R. W. Unger spricht sogar davon, daß die Engländer über einen »komparativen Vorteil in gefährlichen Handelsunternehmungen« verfügten – und nicht nur im Fernen Osten –, weil sie sich »robuster und gut bewaffneter Handelsschiffe« bedienten (1978, S. 110). Mit der Kaperei waren im Mittelmeer derart große Profite zu machen daß sie im frühen 17. Jahrhundert einen »gewaltigen ... Geschäftszweig [darstellte], der teilweise von reichen Kaufleuten in großem Rahmen und nach kommerziellen Prinzipien organisiert wurde« (Davis 1961, S. 127). Im Jahr 1618 etwa waren die Geschwader der Korsaren stärker als die aller Mittelmeermächte zusammengenommen.

73 Wie Glamann feststellt: »Daß Pfeffer beliebig geteilt werden konnte, machte ihn in Verbindung mit seiner Haltbarkeit ... zu einem hervorragenden Spekulationsobjekt. Er konnte lange aufbewahrt werden – man weiß von Fällen, in denen Pfeffer mehr als dreißig Jahre gelagert wurde, was natürlich seine Qualität beeinträchtigte. Aber durch Beimischung von frischem Pfeffer konnte sie wieder verbessert werden« (1974, S. 475). Klein hingegen meint, daß ganz allgemein »der Erfolg des niederländischen Warenhandels im 17. Jahrhundert teilweise der geschickten Spekulation reicher Kaufleute zuzuschreiben war, die mit ihren Warenlagern die Marktlage ausnützen konnten« (1970, S. 33).

74 Siehe Wallerstein (1974).

Produktionsbereich erzielten Profite eine solide Grundlage, um die führende Position innerhalb der kapitalistischen Weltökonomie zu behalten. Der Bereich des Indischen Ozeans wurde von den Zentrums-Mächten (nicht nur von den Niederlanden, sondern auch von Großbritannien und Frankreich) schließlich im 18. Jahrhundert peripherisiert, wobei dies erst nach 1750 tiefe Spuren hinterließ.[75]

War die Strategie der VOC im 17. Jahrhundert »kurzsichtig«[76], wie Masselman behauptet? Meiner Ansicht nach nicht, denn man muß sich die Alternativen vor Augen halten. Gab es anderswo größere Profitmöglichkeiten, speziell in einer Periode, in der die Weltökonomie insgesamt relativ stagnierte? Die Antwort lautet zweifellos Ja: im Handel mit Osteuropa, in Nordwesteuropa selbst, in Amerika – und alles in günstigerer Reichweite. Warum sollte man sich also überhaupt um Süd- und Südostasien kümmern? Es stellt sich die Frage, ob sich nicht hinter der über die Jahrhunderte insgesamt negativen Bilanz der VOC eine *inner*holländische Einkommensumschichtung und Kapitalkonzentration verbarg, die in gigantischem Ausmaß von den Klein- hin zu den Großanlegern verlief.[77] Wenn dem so war,

---

75 Coornaert weist auf das Zögern der Europäer im 17. Jahrhundert hin, »Niederlassungen auf dem Festland« zu errichten. Erst gegen Ende dieses Zeitraums und während des 18. Jahrhunderts »nahmen das niederländische, englische und französische Weltreich Gestalt an« (1967, S. 265). In ähnlichem Sinn spricht Schöffer davon, daß »die einheimische Bevölkerung zunächst vom Einfluß der Kompanie kaum berührt wurde.« Bis ins 19. (!) Jahrhundert, meint Schöffer, bedeutete die niederländische Präsenz in erster Linie, daß in Küstenregionen niederländische Kaufleute und Verwaltungsbeamte arabische und chinesische Händler ersetzten (1973, S. 75). Dies ähnelt natürlich im Grunde jener Rolle, die die Portugiesen im 16. Jahrhundert in Asien spielten (vgl. Wallerstein 1974, Kapitel 6). Vgl. dazu auch Pach, der diese Auffassung teilt (1973, S. 60 f.). Es stimmt zwar, daß nach 1680 in begrenztem Umfang holländische »Kaffee-Sergeanten« eingesetzt wurden, denen die einheimischen Bauern in entlegenen Gebieten unterstellt waren, aber eben nur in begrenztem Maße. Siehe Rich (1967, S. 370).
Gaastra konstatiert für das 18. Jahrhundert eine Veränderung der Handelsmuster, etwa den vermehrten Abfluß von Edelmetallen, aber auch eine Verschiebung bei den Importen in Richtung Textilien, Tee und Kolonialwaren (1976, S. 18 f.). Paradoxerweise erklärt sich der zunehmende Edelmetallabfluß aus dem Bedeutungsverlust der Holländer im *inner*asiatischen Handel. Tatsächlich ist dies ebenso ein Zeichen der Peripherisierung wie der wachsende Abfluß von Edelmetallen, die nun vermehrt als Zahlungsmittel benötigt wurden und weniger als luxuriöser Zierat.

76 Masselman (1963, S. 460). Er argumentiert, daß mit Monopolen eine Art von Ausplünderung verbunden war, die schließlich den Handel umbrachte: »Nachdem die während des Mittelalters berühmten Fürstentümer Ternate, Tidore, Matjan und Batjan der zwei Hauptquellen ihres früheren Wohlstands (Gewürzanbau und freie Schiffahrt) beraubt worden waren, blieb ihnen kaum mehr als das Existenzminimum. Das war die Strafe dafür, über ein wertvolles Produkt zu verfügen, das sich eine entschlossene Gruppe europäischer Unternehmer aneignen wollte ... Gegen Ende des 17. Jahrhunderts hatte die Armut der Einheimischen derartige Ausmaße angenommen, daß sie sich den Kauf [von Baumwollstoffen] nicht mehr leisten konnten und damit begannen, ihre eigenen zu weben« (S. 461).

77 Masselman führt an, daß beim Verkauf von Gewürzen ein Profit erzielt wurde, der das Zweieinhalb- bis Dreifache ihrer Gestehungskosten betrug; die jährliche Dividende belief sich im 17. Jahrhundert auf durchschnittlich 18,7 Prozent. Dessenungeachtet hatte die Kompanie nach 90 Jahren Schulden in Höhe von 4 Millionen Gulden angehäuft. Laut Masselman »unterstreicht dies die Tatsache, daß die Aufrechterhaltung des Monopols die Bruttogewinne beinahe zur Gänze aufzehrte« (1963, 466). Aus der Gesamtperspektive der Kompanie stimmt das – aber trifft es auch für die Großanleger innerhalb der Kompanie zu? In einem faszinierenden Aufsatz über die sogenannte passive Handelsbilanz gegenüber weit entfernten Ländern stellt Morineau (1975) die Formel »eins ist gleich zwei« auf; das bedeutet, daß die Kaufleute auf der Rückfahrt einfach die Preise verdoppelten und daher das Edelmetall nicht in dem Ausmaß abfloß, wie es den Anschein hatte. Tatsächlich bedeutete dies einen innereuropäischen Einkommenstransfer.

könnte die VOC als eine Art Börse fungiert haben, die all jenen, die über einen gewissen Informationsvorsprung verfügten (wie etwa De Heeren Zeventien), von Nutzen war. Aber in diesem Fall hat die Geschichte der VOC – zumindest bis zum Ende des 18. Jahrhunderts – mehr mit finanziellen als mit kaufmännischen und Verteilungsaspekten zu tun. Nichtsdestoweniger ist sie ein gutes Beispiel dafür, wie eine dominierende Position in einem Bereich mit Dominanz in dem anderen verbunden ist.

Der Ostindienhandel mag im Rahmen der kommerziellen Expansion Hollands im 17. Jahrhundert der spektakulärste Geschäftszweig gewesen sein, aber weder war er der wichtigste, noch vermag er die holländische Hegemonie zu erklären. Zur selben Zeit, als die niederländischen Händler auf dem Indischen Ozean auftauchten, begannen sie auch das Mittelmeer zu befahren. Die Wende scheint kurz nach dem Waffenstillstand zwischen den Niederlanden und Spanien im Jahr 1609 eingetreten zu sein.[78] Zwei Handelsbereiche sollte man dabei jedoch unterscheiden. Zunächst war da der Handel mit dem christlichen Mittelmeerraum im allgemeinen und Norditalien im speziellen, wo es um die Versorgung mit Getreide ging. Daran bestand seit jeher Mangel, der aber nun durch schlechte Ernten in Italien, Epidemien sowie politische Blockaden im östlichen Mittelmeer zunahm, während gleichzeitig die Venezianer aus der Schiffahrt verdrängt wurden und das norditalienische Gewerbe unter billigen Tuchimporten litt, obwohl diese Region früher selbst Textilien exportiert hatte.[79] Im Mittelmeerhandel waren im späten 16. und frühen 17. Jahrhundert neben den Niederländern auch Engländer, Franzosen und die Hanse aktiv. Vor allem aufgrund ihrer Überlegenheit in »technischen Aspekten der Schiffskonstruktion und der Geschäftsorganisation«[80] hatten schließlich die Niederländer den größten Anteil am Frachtverkehr in der Hand. So sicherte ihnen diese Überlegenheit einen zweifachen Vorteil: Sie waren dadurch in der Lage, sich im Zuge des

78 Siehe Parry (1967, S. 189) und Israel (1977, S. 37). Romano datiert den Wendepunkt eher auf die Jahre 1611/12, wobei er darauf hinweist, daß im Jahr 1611 erstmals ein Konsul für Syrien, Palästina, Zypern und Ägypten ernannt wurde (1962, S. 489–491). Parry betrachtet das Jahr 1612 als jenen Zeitpunkt, zu dem der niederländische Handel »auf eine einwandfreie rechtliche Grundlage gestellt« wurde, nachdem die Türken den Holländern eine eigene Kapitulation gewährt hatten. Romano erwähnt, daß deren Tonnage 1612 größer war als jene der VOC.

79 Siehe Rapp (1975). Vgl. dazu auch Parry (1967, S. 188), nach dessen Angaben von 219 Schiffen, die 1593 in Livorno anlegten, 73 Getreide transportierten. Auf die Frage, was Norditalien für diese Importe austauschte, muß die Antwort lauten: das akkumulierte Kapital früherer Epochen. So bedeutete damals die Einfuhr von Getreide für Venedig etwas völlig anderes als für Amsterdam. Für Amsterdam hieß dies, keine Energien in der Getreideproduktion verschwenden zu müssen, wo sich doch Textilproduktion, Schiffbau und andere Formen der Landwirtschaft als profitabler erwiesen und man dadurch die Vorteile des ungleichen Tauschs genießen konnte. Für Venedig bedeutete es im wesentlichen, laufend Kapital durch Konsumtion aufzuzehren – eine sehr brauchbare Definition von »Niedergang«.

80 Parry (1967, S. 189) und Davis (1975, S. 10 u. 14). Im Zuge seiner Überlegungen, warum Venedig im Mittelmeer durch Holland (und England) abgelöst werden konnte, betont Rapp, daß die nördlichen Staaten keine neuen Geschäftspraktiken einführten, durch die ihr Erfolg erklärbar wäre. Sie konnten lediglich mit ihrem Wettbewerbsvorsprung im Bereich der gewerblichen Produktion aufwarten – und damit Venedig den »Niedergang« *auferlegen* (vgl. 1975, S. 499–501).

Ostseehandels Getreide zu beschaffen und es dann (zusammen mit anderen Produkten) aus Nordeuropa in den Mittelmeerraum zu transportieren.

Nachdem sie den Handel mit Norditalien zum überwiegenden Teil an sich gezogen hatten, »blieben die Holländer, um auch noch einen wesentlichen Teil [eines zweiten Handelssektors, nämlich] des ›Luxushandels‹ unter Kontrolle zu bringen, wobei ihre Transaktionen von ebenso wirkungsvollen wie skrupellosen Gewalttaten flankiert wurden.«[81] Hier gab es eine direkte Wachablöse, denn der Handel mit Luxusgütern war im Mittelmeerraum nichts Neues. Die Holländer übernahmen im wesentlichen die traditionelle Rolle Venedigs im Levantehandel. Die Levante war in jener Epoche bereit, mehr Sachgüter (im Unterschied zur Luxusware Edelmetall) aus Nordwesteuropa zu importieren als Süd- und Südostasien, aber in der Zeit zwischen 1600 und 1750 führte sie wahrscheinlich mehr Luxusartikel aus als die Region des Indischen Ozeans. Diese exportierte im Verlauf dieser Periode immer größere Mengen von Tee, Kaffee, Baumwollstoffen und anderen Produkten, die schließlich eher zu Massengütern wurden. Gehörte die Levante also damals noch immer zur externen Zone? Schwer zu sagen; der Übergang in Richtung Peripheriestatus hatte zwar begonnen, aber es sollte wohl noch bis ins späte 18. Jahrhundert dauern, bis er gänzlich vollzogen war.

Noch weiter ins Zentrum des holländischen Handelsnetzes bringt uns der Atlantikhandel – sowohl mit der westlichen Hemisphäre als auch mit ihrem Anhängsel Westafrika. Viel Aufhebens wurde um den Unterschied zwischen den zwei großen niederländischen Kompanien gemacht, der VOC und der »viel späteren und weniger erfolgreichen« Westindischen Kompanie.[82] Zunächst einmal unterschied sich ihre soziale Basis: Die VOC (die Ostindische Kompanie) wurde von Amsterdamer Kaufleuten kontrolliert – Remonstranten und Verfechter des Friedens.[83] Die Westindische Kompanie jedoch entsprang den Anstrengungen ihrer Gegner, der »Partei« aus Anhängern des Hauses Oranien, Calvinisten, Bewohnern Zeelands und Immigranten aus den südlichen Niederlanden, die im Norden eine neue Heimat gefunden hatten – sie waren Gomaristen und unterstützten Kolonisierung und Krieg.[84] Als die Westindische Kompanie am 3. Juni 1621 gegründet wurde, nur wenige

---

81 Parry (1967, S. 189).

82 Wilson (1968, S. 206), der die Unterschiede zwischen der VOC und der Westindischen Kompanie erörtert (Kap. 12, S. 206–229).

83 Man sollte jedoch nicht vergessen, daß die Amsterdamer Politik zwar »traditionell friedliebend« war, aber »wenn wie in den Jahren 1645, 1657 und 1668 Geschäftsinteressen bedroht waren oder wie 1672 die Existenz der Republik (und damit ihr Handel), verharrte die mächtige Stadt nicht länger im Zustand der Passivität, sondern trat für eine energische und harte Vorgangsweise ein« (Franken 1968, S. 6 f.).

84 Siehe Chaunu (1959, S. 1200–1202). Laut Goslinga wurde die Westindische Kompanie »als Hochburg des Calvinismus und des Gegen-Remonstrantismus angesehen«, und der Stadtrat von Amsterdam beklagte sich 1629 darüber, »daß die Bewohner des Nordens zugunsten der Brabanter, d.h. der Flüchtlinge aus dem Süden, benachteiligt wurden« (1971, S. 287).

Wochen nach dem Ende des Waffenstillstands, war auch das Amsterdamer Kapital mit von der Partie; und aus der Idee einer »missionierenden, kolonisierenden Gesellschaft« wurde eine »Kaperorganisation«.[85] Die Auseinandersetzung zwischen den unterschiedlichen Interessen erfolgte innerhalb der Westindischen Kompanie, und zwar im wesentlichen zwischen den ökonomisch schwächeren Zeeländern, die auf das Kapermonopol der Kompanie bauten, und den Amsterdamer Kaufleuten, die bereit waren, die Kaperungen durch holländische Unternehmer generell zu reduzieren.[86]

So war die Westindische Kompanie ein »kriegslüsternes Gemisch aus Handel und Religion« und folglich, so erfahren wir, »eine trostlose Geschichte von Chaos und drohendem Bankrott.«[87] Das ist zweifellos richtig; aber tatsächlich war es so, daß diese angeblich politische Kraftanstrengung die Grundlagen für eine zentrale Säule des kapitalistischen Handels im 17. und 18. Jahrhundert schuf: den sogenannten Dreieckshandel, der Europa mit Baumwolle, Zucker und Tabak versorgte (natürlich allesamt unter Verwendung afrikanischer Sklaven produziert) sowie mit jenem Silber, das Europa dazu verwendete, sich in Süd- und Südostasien Gewürze und Tee zu beschaffen.[88] Bei der Schaffung dieser Struktur erwiesen sich die Niederländer als Pioniere, und wenn die Profite weitgehend den Engländern und Franzosen zufielen, dann deshalb, weil sich die anfänglichen »gesellschaftlichen Investitionen« als umfangreich und zeitraubend erwiesen und, buchhalterisch ausgedrückt, von den Niederländern getragen werden mußten. Der Profit konnte erst nach dem Ende der niederländischen Hegemonie in den siebziger Jahren des 17. Jahrhunderts eingefahren werden, und zwar von den in der Folge rationeller produzierenden Engländern (und bis zu einem gewissen Grad von den Franzosen).

In den 25 Jahren nach der Gründung der Westindischen Kompanie 1621 ging es den Niederländern darum, im Atlantik zu expandieren. Sie gründeten Neu-Amsterdam (das spätere New York), entrissen den Portugiesen (bzw. den Spaniern) den Nordosten Brasiliens, eroberten in einem zweiten Anlauf das westafrikanische Elmina und anschließend Luanda in Angola. Im ersten englisch-niederländischen Krieg (1652–1654) jedoch konnten die Portugie-

---

85 Goslinga (1971, S. 39).

86 Siehe Wansink (1971, S. 146) und Goslinga (1971, S. 109).

87 Wilson (1968, S. 210). J. R. Jones bezeichnet die Niederländisch-Westindische Kompanie als »aggressive und halb seeräuberische Gruppierung« und macht ihr Verhalten zu einem wesentlichen Teil für die drei englisch-niederländischen Kriege verantwortlich (1968, S. 44 f.). Niederländische Historiker betonen auch ihren politischen Charakter. Van Hoboken schreibt: »Letztendlich wurden die Geschicke der [Niederländisch-Westindischen] Kompanie, ihr Aufstieg und Niedergang, in großem Maße von politischen Faktoren bestimmt« (1960, S. 42). Goslinga betont, daß sich die beiden Kompanien in ihrem Streben nach Profit lediglich in ihren Methoden unterschieden: »Im Osten versuchte man Gewinne über den Handel zu erzielen, notfalls mit Hilfe von Gewalt, im Westen hingegen stammte der Profit aus der Kaperei« (1971, S. 91).

88 Spooner streicht heraus, daß die Niederländer in Süd- und Südostasien gegenüber den Engländern nicht zuletzt deswegen im Vorteil waren, weil sie über (das begehrtere) Silber verfügten, während die Engländer lediglich Gold anzubieten hatten (1956, S. 68).

sen (nun wieder frei von spanischer Herrschaft) Brasilien zurückerobern, und im zweiten englisch-niederländischen Krieg verloren die Holländer Neu-Amsterdam sowie einige westafrikanische Forts. Was war also die Bilanz jener kurzen Periode, die gleichzeitig die Phase der holländischen Welthegemonie darstellte? Erstens hielten die Holländer in Amerika die Spanier in Schach und schufen dadurch einen »maritimen Schild«[89], in dessen Schutz die Engländer (und Schotten) sowie die Franzosen ihre Siedlerkolonien errichteten. Zweitens wurde in Amerika, und zwar in Brasilien, der Zuckerrohranbau eingeführt, der nach der Vertreibung der Holländer nach Barbados verlagert wurde, der ersten großen Plantagenkolonie Englands in der Karibik. Drittens betrieben die Holländer zum ersten Mal einen nennenswerten Sklavenhandel, um die erforderlichen Arbeitskräfte für die Zuckerplantagen bereitzustellen. Nachdem sie die Plantagen verloren hatten, versuchten sie noch ihre Position als Sklavenhändler zu behaupten – aber mit dem Ende der holländischen Vorherrschaft 1675 mußten sie zugunsten der neugegründeten Royal African Company das Feld räumen.[90]

Das atlantische Zeitalter der Niederlande trug zweifellos ganz erheblich zum Wachstum der europäischen Weltwirtschaft bei – aber was brachte es den Niederländern? Sicherlich nicht soviel wie der Ostseehandel, der bereits im 16. Jahrhundert, als holländische Schiffe etwa 60% der Gesamtmenge transportierten, die *moedernegotie* (Muttergeschäft) darstellte. Trotz ernsthafter Bemühungen der Engländer, Einbrüche in diesen Markt zu erzielen, vermochten die Holländer ihre Vorherrschaft auch im 17. Jahrhundert, zumindest bis 1660, zu behaupten.[91] Hier haben wir also den Beweis für die Überlegenheit der Holländer auf dem Gebiet des Handels. Auf einem Hauptschauplatz, wo eine beherrschende Rolle im Frachtverkehr sowohl von den Engländern als auch den Holländern und sogar den Franzosen (von den nördlichen Ländern ganz zu schweigen) als ebenso bedeutsam wie einträglich angesehen wurde, dort waren es die Holländer, die den Löwenanteil abtransportierten.[92] Im Zuge ihrer Untersuchungen, wie sich die heraufziehende Stagnation der Weltwirtschaft auf die englisch-holländische Konkurrenz im Ostseeraum auswirkte, führen sowohl Supple als auch Hinton die Überlegenheit der Holländer auf zwei Faktoren zurück: niedrige Frachtkosten und den Umstand, daß sie über ausreichende Silberbestände für den Export verfügten.[93] Laut Morineau beruhte diese Überlegenheit außerdem

89 Parry (1967, S. 204). Sluiter (1948) teilt im wesentlichen diese Auffassung. Siehe die Erörterung der Hintergründe in Wallerstein (1974, S. 342, Anm. 197).

90 Siehe Emmer (1972) und Rich (1967, S. 333).

91 Siehe W. S. Unger (1959, S. 206). Die relative Dominanz erhöhte sich sogar zwischen 1600 und 1660, und dementsprechend stieg der Profit von 100% auf 200–300%. Siehe Bogucka (1973, S. 439).

92 Während englische Schiffe ausschließlich englische Waren transportierten, verkehrten holländische Schiffe zwischen der Ostsee und allen westlichen Staaten bis hinunter nach Spanien. Siehe Dunsdorfs (1947, S. 20).

93 Supple (1959, S. 83) und Hinton (1959, S. 19). Hinton fügt einen weiteren Faktor hinzu: »unsaubere

auf ihrer Bereitschaft, mehr Getreide aufzukaufen als die *Eastland Company*.[94] Und vielleicht spielte es auch eine Rolle, daß die Holländer Fisch zu einem derart niedrigen Preis verkauften, daß es auf Dumping hinauslief.[95]

Der hohe Grad an Effizienz im Frachtwesen und im Textilbereich ermöglichte es, von den Spaniern und anderen jenes Silber zu erwerben, das die Holländer dann vorteilhafterweise für den Export zur Verfügung hatten. Aber warum war es ein Vorteil, im Ostseehandel über Silber zu verfügen? Der Grund dafür lag darin, daß die ökonomische Kontraktion in Verbindung mit dem Dreißigjährigen Krieg zu jenem Phänomen führte, das in England »rising of the moneys« (in Deutschland Kipper- und Wipperzeit) hieß und den Wertverlust von Scheidemünzen im Verhältnis zu Silber mit sich brachte. Im Jahr 1600 hatte der *Rijksdaalder*, eine gängige Silbermünze mit gleichbleibendem Silbergehalt, einen Wert von 37 Groschen, im Jahr 1630 von 90 Groschen, wobei der größte Sprung (von 45 auf 75 Groschen) zwischen 1618 und 1621 erfolgte. Zu diesen Veränderungen kam es, indem der Silbergehalt des Groschens gesenkt und gleichzeitig eine Veränderung seines Werts gegenüber dem *Rijksdaalder* bekanntgegeben wurde.[96] Es stellt sich die Frage, warum sich dies auf die Holländer anders auswirkte als auf die Engländer. Beide konnten nun wahrscheinlich im Ostseeraum Produkte zu (in Silber ausgedrückt) niedrigeren Kosten erwerben. Doch dazu mußte man über Bargeld verfügen, was bei den Holländern, nicht aber bei den Engländern der Fall war. Außerdem kam es in Zeiten einer allgemeinen Depression im Handel weniger darauf an, billig importieren zu können, als vielmehr billiger.

Das Grundproblem lag für die Engländer darin, daß niederländische Kaufleute Waren aus dem Ostseeraum in *England* billiger verkaufen konnten als englische Kaufleute.[97] Eine mögliche Lösung sahen die von England aus operierenden Ostlandkaufleute darin, die Genehmigung zu erhalten, so wie die Niederländer Getreide aus dem Ostsee- in den Mittelmeerraum weiterexportieren zu dürfen. Sie scheiterten jedoch am heftigen Widerstand der englischen Weizenhändler, die die mangelnde internationale Konkurrenzfähigkeit des englischen Getreides befürchteten und jenes Exportverbot erfolgreich verteidigten, das dann in Kraft trat, wenn der Preis eine recht niedrig angesetzte Marke überschritten hatte.[98] Die Folge war, daß die Engländer im

---

Geschäftspraktiken« der Holländer. Das mag eine gewisse Rolle gespielt haben, wir sind hier aber auch vielleicht einfach mit einer Sichtweise konfrontiert, die damals von den Engländern zur Rationalisierung des holländischen Erfolgs entwickelt wurde.

94 Morineau (1978d, S. 144 f.). »Getreide war quantitativ gesehen bei weitem das wichtigste Handelsgut der Holländer im Ostseeraum« (Faber 1966, S. 115).

95 Siehe Michell (1977, S. 177).

96 Siehe Hinton (1959, S. 14–16).

97 Siehe Supple (1959, S. 86). Wilson meint, daß die Kipper- und Wipperzeit die englischen Kaufleute lediglich vor ein »kurzfristiges und lösbares Problem« stellte; das »größere« Problem sei die Konkurrenz durch die Holländer gewesen (1965, S. 55).

98 Siehe Hinton (1959, S. 29–30).

Mittelmeerraum nicht jenes Silber erwerben konnten, mit dessen Hilfe sie von den niedrigen Preisen im Ostseeraum profitieren hätten können, was ihnen wiederum den Ankauf von Produkten gestattet hätte, um damit mehr Silber zu erwerben und so weiter. Aufgrund ihrer beherrschenden Position im Ostsee- und damit im Mittelmeerhandel zogen daher die Niederländer einen größeren Nutzen aus der Abwertung im Ostseeraum als die Engländer; außerdem konnten sie dadurch »einen Vorstoß in die Handelsgeschäfte englischer Kaufleute in England selbst«[99] unternehmen.

Den letzten Mosaikstein stellt der Handel flußaufwärts dar, der bis zur Revolte der Niederlande in den Händen Antwerpens lag. Als die Niederländer die Schelde sperrten, verlagerte sich der Handel nach Amsterdam. Danach hätte er auf zwei Arten erneut nach Antwerpen zurückkehren können: durch die Ausdehnung der Vereinigten Niederlande und damit die Eingliederung Antwerpens oder durch Frieden und Freihandel. Die erste Variante kam nie zustande. Smit vermutet, daß dieses Scheitern ungeachtet der proklamierten Ziele der Vereinigten Niederlande (und der tatsächlichen Absichten von Calvinisten und Oraniern) den mangelnden Anstrengungen zuzuschreiben war: »Holland wollte keine Restitution der südlichen Provinzen und das damit verbundene Risiko, daß der Handel in ein befreites Antwerpen zurückfließen könnte.«[100] Als schließlich 1648 Frieden geschlossen wurde, enthielt der Vertrag einen Passus, wonach der gesamte Handelsverkehr auf der Scheldemündung Richtung Antwerpen Prohibitivzöllen unterliegen sollte.[101] Eine derartige politische Kraftanstrengung war auf die allgemeine Bedeutung des Stapelhandels zurückzuführen. Dabei hätte man annehmen können, daß Amsterdam im Jahr 1648 den Wiederaufstieg Antwerpens nicht mehr fürchten mußte. Es gab allerdings ein für die Produktion ganz wesentliches Material, bei dem man kein Risiko eingehen konnte: Torf. Ursprünglich für den Antwerpener und Brabanter Markt abgebaut, kam es zwischen 1570 und 1580 zu einer Neuausrichtung auf das Gebiet zwischen Ij und Maas, also in Holland selbst. Die Verwendung von Torf trug entscheidend zur Leistungsfähigkeit der städtischen Industrien in Holland bei, und »seine Auswirkungen auf die Ökonomie können mit denen der Kohle im Europa des 19. Jahrhunderts verglichen werden.«[102] Außerdem führte der Handel auf den Flüssen dazu, daß Dung aus den Städten in die Gegenrichtung

---

99 Hinton (1959, S. 9–10).

100 Smit (1968, S. 21).

101 Siehe Schöffer (1973, S. 89), der meint, daß »dies Flanderns ewigen Groll gegenüber dem Norden begründen sollte.« Vgl. dazu auch Boxer (1965, S. 92). Während des 17. und 18. Jahrhunderts blieb die Schelde gesperrt. Bezüglich der zahlreichen Verhandlungen über dieses Problem vgl. Huber (1909, S. 641–646). Die Beschränkungen wurden schließlich im Haager Vertrag vom 16. Mai 1795 aufgehoben.

102 J. de Vries (1974, S. 204) und Kuske (1956, S. 232–233). De Zeeuw weist darauf hin, daß die Verfügbarkeit von Torf insofern ein geologischer Zufall war, als er »in unmittelbarer Nähe, teilweise sogar knapp unterhalb des Grundwasserspiegels« lagerte, wobei dies durch »das Ansteigen des Meeresspiegels im Holozän« verursacht wurde (1978, S. 5). Mit dem Torf hatten die Holländer »ein billiges Brennmaterial« in der Hand, konnten damit »Produktionszweige betreiben, die auf *thermischen* Prozessen

verschifft wurde und so zu den »einmalig hohen Erträgen des niederländischen Getreideanbaus«[103] beitrug.

Das verbesserte Kanalnetz ermöglichte seit den achtziger Jahren des 16. Jahrhunderts regelmäßige Verbindungen zwischen den holländischen Städten selbst sowie mit den anderen Provinzen und auch Brabant – wobei alles auf Holland ausgerichtet war. Einen weiteren technologischen Fortschritt bedeutete die 1632 in Angriff genommene Errichtung des ersten *trekvaart*, eines geraden Kanals mit Treidelweg, der für Passagierboote geeignet war, aber einen hohen Kapitalaufwand erforderte.[104] Holländische Schiffbauer konstruierten Fahrzeuge, die auf den Wasserläufen und Seen Frachtgüter äußerst schnell verteilen und einsammeln konnten.[105] In Summe ergab dies das leistungsfähigste Binnentransportnetz in Europa. Eine Verkehrsspitze wurde zwischen 1660 und 1670 erreicht. Fügt man die einzelnen Teile zusammen, so läßt sich daraus schließen, daß die längsten Handelsrouten – Süd- und Südostasien, die Levante, ja selbst der christliche Mittelmeerraum und der Atlantikhandel – natürlich wichtig, aber letztlich zweitrangig waren. Entscheidend dafür, daß die Niederländer zwischen den zwanziger Jahren des 17. Jahrhunderts (vielleicht schon seit dem letzten Jahrzehnt des 16. Jahrhunderts) und den sechziger Jahren des 17. Jahrhunderts den Handel der europäischen Weltwirtschaft dominierten, »blieb der traditionelle Warenaustausch zwischen Nord- und Westeuropa«.[106] Die Vorherrschaft der Niederländer im Handel beruhte nicht zuletzt auf der von ihnen bereits früher erreichten Effizienz in Landwirtschaft und Industrie. Diese ließ sich vor allem über Fracht-, Versicherungs- sowie allgemeine Unkosten in die Leistungsfähigkeit des Handelssektors umsetzen.

Warum waren die Frachtsätze der Niederländer so niedrig? Der bedeutendste Faktor waren die geringen Kosten im Schiffbau. Parry listet sechs Kostenvorteile auf: Fertigkeiten der niederländischen Schiffbauer, Sparsamkeit im Materialverbrauch, arbeitssparende Geräte, standardisierte Großproduktion, Materialeinkauf in großen Mengen, billiger Transport der Baumaterialien auf niederländischen Schiffen. Daraus ergaben sich Gesamtproduktionskosten, die noch Mitte des 17. Jahrhunderts um 40 bis 50% niedriger lagen als jene in England, dem schärfsten Konkurrenten.[107] Von den genannten Vorteilen können die ersten drei dem technologischen Vorsprung

---

beruhten«, und waren somit »in der Lage, Waren zu erzeugen, die auf dem internationalen Markt äußerst konkurrenzfähig waren« (S. 23). Daß die Konkurrenzfähigkeit der Holländer auf dem Weltmarkt abnahm, hing unmittelbar mit späteren Entwicklungen zusammen: Erstens verteuerte sich Torf dadurch, daß leicht zugängliche Abbaugebiete erschöpft waren und man ihn in weiter entfernten Gebieten abbauen mußte, was nebenbei einen tieferen Aushub und die Verlängerung von Zubringerkanälen erforderte; und zweitens nahmen die Transportschwierigkeiten durch die Verschlammung von Häfen und Flüssen zu (vgl. S. 25).

103 Wilson (1977a, S. 24).

104 Siehe J. de Vries (1974, S. 202–209 sowie 1978).

105 Siehe R. W. Unger (1978, S. 52).

106 Wilson (1957a, S. 2).

107 Siehe Parry (1967, S. 211).

der Niederländer zugeschrieben werden und die anderen drei jenem positiven Gesamteffekt, der aus der führenden Stellung in den ersten drei Bereichen resultierte. Die Bauweise niederländischer Schiffe war nicht nur kostengünstiger, man konnte auf ihnen auch mit kleineren Besatzungen das Auslangen finden – normalerweise 18 Mann statt der 26 bis 30, die auf Schiffen anderer Länder eingesetzt wurden.[108] Dadurch konnten die Niederländer für eine gute Verpflegung ihrer Schiffsmannschaften sorgen, wahrscheinlich für eine bessere als andere Schiffseigner;[109] so erreichten sie vermutlich eine höhere Produktivität bei insgesamt niedrigeren Lohnkosten. Die höhere Produktivität zeigte sich sowohl im Hafen als auch auf See. Die »größere Robustheit und Geschwindigkeit« niederländischer Schiffe hing mit »regelmäßiger Instandhaltung«[110] genauso zusammen wie mit ihrer Bauart. Überdies brachte der Umstand, daß niederländische Schiffe »sauberer, billigerer und sicherer«[111] waren, einen Spiraleffekt mit sich: Niedrigere Frachtgebühren führten zur Kontrolle über den Ostseehandel, dies zu billigerem Holz und damit zu niedrigeren Kosten im Schiffbau, was wiederum zu niedrigeren Frachtgebühren führte. Sauberere, billigere und sicherere Schiffe bedeuteten auch eine Zunahme im Gesamtschiffsverkehr, was niedrigere Versicherungsprämien ermöglichte – zum Teil eine Folge der Größenordnung, zum Teil das Ergebnis einer effizienteren Finanzstruktur,[112] auf die wir in Kürze eingehen werden. Niedrigere Versicherungsgebühren haben ebenfalls kumulative Folgen: Sie führen zu niedrigeren Frachtsätzen, was den Geschäftsumfang erhöht und das administrative Know-how verbessert, was wiederum zu niedrigeren Versicherungsgebühren führt.

Wenn auch »die Schiffahrt die Grundlage des [niederländischen] Handels darstellte«[113], so wurden doch die größten Profite auf dem riesigen Stapelplatz Amsterdam bei der Lagerung und beim Verkauf der Waren[114] erzielt. Diesen Erfolg verdankte Amsterdam der überlegenen Organisationsform des

---

108 Wilson (1941, S. 6).

109 Morineau äußert diesbezüglich eine gewisse Skepsis und behauptet, daß Matrosen auf südfranzösischen Schiffen genauso gut verpflegt wurden (1970b, S. 118). Eine Erörterung der hohen Kalorienversorgung in der niederländischen Schiffahrt des 17. Jahrhunderts findet sich bei Morineau (1970a, S. 114). Nichtsdestoweniger hebt Boxer die geringen Löhne der niederländischen Matrosen als einen jener Faktoren hervor, aus denen sich die niedrigen Frachtsätze erklären lassen (1965, S. 66–67).

110 R. W. Unger (1978, S. 4; vgl. auch S. 183, Anm. 7).

111 Wilson (1957a, S. 42).

112 Zumindest kann man sagen, daß im 17. Jahrhundert in Amsterdam »Versicherungsgeschäfte weniger amateurhaft abgewickelt wurden als anderswo« (Barbour 1929, S. 580). Barbour berichtet, daß englische Schiffe im 17. Jahrhundert ihre Versicherung gewöhnlich in Holland abschlossen – und das »trotz Prämiensätzen, die normalerweise höher lagen als jene in London« (S. 581). Auf den ersten Blick ist das rätselhaft und kann nur daran liegen (wenn Barbours Angaben empirisch korrekt sind), daß die nominellen Tarifsätze von den tatsächlichen abwichen. Das ließe sich mit der größeren Effizienz der niederländischen Geschäftsorganisation erklären, die generell eine wichtige Variable darstellt – wie wir bald sehen werden. Jedenfalls schreibt Barbour später über die allgemeine Attraktivität der niederländischen Seeversicherung für Europa (vgl. 1963, S. 33–35).

113 Wilson (1967, S. 518).

114 Wilson (1941, S. 10). Dies sei darauf zurückzuführen, behaupten North und Thomas, weil der

holländischen Handels. Die »größte Besonderheit« der Niederlande im 17. Jahrhundert sei laut Heckscher ihre Fähigkeit gewesen, im Vergleich zu anderen Nationen »im Handel mit *weniger* und *einfacheren* Organisationen das Auslangen zu finden«[115]. Aber was bedeutete das konkret? Erstens bedeutete es das Zusammenlegen von Ersparnissen im Zuge eines Teilhabersystems[116], was natürlich keine Novität darstellte; aber die Niederländer weiteten es in einem Maße aus, daß es neben der kleinen Schicht einer Handelsaristokratie auch zahlreiche kleinere Kaufleute umfaßte.[117] Zweitens bedeutete es die Schaffung eines Systems von Ausgleichslagern (buffer stocks), das nicht nur das Risiko für den Kaufmann erheblich verminderte (vor allem aufgrund seiner monopolistischen Struktur), sondern auch die Abhängigkeit des Stapelmarkts von Versorgungs- (und Kosten)schwankungen, während es den Kaufleuten gleichzeitig die Möglichkeit eröffnete, aus den Verkäufen Spekulationsgewinne zu erzielen.[118] Drittens bedeutete es ein Netz von Kommissionären, die für den Produzenten einen Abnehmer ausfindig machten, Waren auf Kommission erwarben und auf den Rechnungsbetrag, den der Käufer an den Produzenten zahlte, eine Provision erhielten.[119] So entwickelte sich der niederländische Wiederausfuhrhandel im Gefolge des niederländischen Frachtverkehrs, der seinerseits der industriellen Lei-

---

»Transaktionsbereich ... jenen Sektor darstellte, wo zu jener Zeit große Produktivitätsgewinne möglich waren« (1973, S. 135).

115 Heckscher (1935, Bd. 1, S. 352).

116 Nach Ansicht Sellas waren es diese Seehandelsgesellschaften, die *reederij*, »die zwischen 1500 und 1700 jene spektakuläre Vergrößerung der niederländischen Handelsflotte auf das Zehnfache ermöglichten« (1974, S. 411).

117 Glamann meint, daß »ganz normale Kaufleute« in einem »gewaltigen Ausmaß« an der »Expansion des niederländischen Handels im 17. Jahrhundert« beteiligt waren, und verweist insbesondere auf ihre Rolle im Getreide-, Salz-, Herings-, Holz- und Ziegelhandel (1974, S. 519). Kleinen Investoren kam die Seefahrt auch deshalb besonders gelegen, weil der Boden knapp war. In bezug auf England schreibt Scammel: »Angesichts des Umstands, daß im 16. und frühen 17. Jahrhundert ein heftiger Wettlauf um Grund und Boden entbrannte, war möglicherweise – *analog zu den Entwicklungen in Holland* – ein Schiff (oder eher ein Boot) für kleine, unbedeutende Kapitalbesitzer die einzige Anlagemöglichkeit« (1972, S. 404; Hervorhebung I. W.).

118 Klein ist der Auffassung, daß dieses System im 17. Jahrhundert »wesentlich zum Wachstum der niederländischen Wirtschaft beitrug«. Er behauptet, daß erst die Durchsetzung monopolistischer Praktiken – »horizontale oder vertikale Preisabsprachen, Exklusivkonzessionen im In- oder Ausland« – das »gewagte Unternehmen« ermöglichte, die erforderlichen Ausgleichslager aufzubauen; sonst hätte nämlich »der erfolgreiche Kaufmann ein leichtes Ziel für profitgierige Konkurrenten geboten« (1966, S. 188–189). Diese Monopole waren effektiv. Glamann merkt in bezug auf Getreide an, »daß man ohne Übertreibung sagen kann, daß die berühmte Getreidebörse der holländischen Metropole im 17. und 18. Jahrhundert die europäischen Getreidepreise [festsetzte]« (1974, S. 457). Anschauungsmaterial dafür, wie die Preise in Lüttich zwischen 1630 und 1738 von jenen in Amsterdam abhingen, findet sich bei Ruwet (1957, S. 101).

119 Im 18. Jahrhundert veränderte sich das Kommissionssystem dahingehend, daß der Kommissionär drei Viertel des voraussichtlichen (niedrig angesetzten) Preises bezahlte, aber für den Zeitraum bis zum Verkauf der Waren einen geringen Zinssatz auf diese Vorauszahlung erhielt. Wilson hält das für einen »gefährlichen Weg«. So wie Kommissionäre vom eigentlichen Kommissionsgeschäft zu Frachtgeschäften übergingen und Akzeptkredite anboten, gingen sie von Bank- zu Spekulations- und Hasardgeschäften über. »In dem Maße, wie der Kommissionshandel an Unmittelbarkeit verlor, wuchsen die Unsicherheitsfaktoren und das Betrugspotential« (1941, S. 12).

stungsfähigkeit der Niederlande zu verdanken war.[120] Einmal mehr der Spiraleffekt: Die Stärke des niederländischen Wiederausfuhrhandels »lief tendenziell auf den Ruin [des englischen Frachtverkehrs] hinaus«[121]. Stapelplatz zu sein brachte natürlich ein hohes und stabiles Beschäftigungsniveau[122] mit sich, was vor allem im 17. Jahrhundert die Binnennachfrage nach niederländischen Produkten förderte.

Wir haben argumentiert, daß die Niederlande zunächst im Produktions-, dann im Distributions- und schließlich im Finanzbereich einen Vorsprung hatten. Während der erste Teil dieser Abfolge umstritten ist, so besteht beim zweiten allgemeiner Konsens. Oft wird dies allerdings so dargestellt, als handle es sich um etwas Anrüchiges: die Verwandlung des asketischen (Handels)Unternehmers in einen ehrlosen, prunksüchtigen Rentier, der Verrat der protestantischen Ethik in Zion selbst, die Erklärung dafür, warum Holland aus dem Paradies vertrieben wurde. In den vergangenen Jahren gab es gegen diesen Unsinn eine heilsame Gegenbewegung, aber ich möchte darüber hinaus gehen. Die Hinwendung zum Finanzsektor ist *kein* Zeichen des Niedergangs, geschweige denn von Dekadenz; in Wirklichkeit ist es ein Zeichen kapitalistischer Stärke, daß die Amsterdamer Börse als »Wall Street des 17. Jahrhunderts«[123] gelten kann. Worauf war diese Stärke zurückzuführen? Sie entwickelte sich in drei aufeinanderfolgenden Stufen: 1) Die produktive und kommerzielle Stärke innerhalb der Weltwirtschaft schuf die Basis für eine solide öffentliche Finanzwirtschaft. 2) In Verbindung mit einem weltumspannenden Handelsnetz ermöglichte dieses solide öffentliche Finanzwesen, daß das geographische Zentrum des internationalen Zahlungssystems sowie des Geldmarkts in Amsterdam lag – speziell angesichts der verlangsamten Weltkonjunktur und der damit verbundenen Geldwertschwankungen. 3) Die Stärke in Produktion und Handel, zusammen mit der Kontrolle über den internationalen Geldmarkt, erlaubte es den Niederlanden, Kapital zu *exportieren*. Dadurch konnten sie von Produktionserträgen leben,

---

120 »Tatsächlich erweist es sich als schwierig, zwischen Handels- und Industriekapital zu unterscheiden«, meint Davis in bezug auf die Niederlande im 17. und 18. Jahrhundert (1973b, S. 232); aber wie Supple anmerkt, war es »bei Handelsunternehmern eine völlig normale und vorhersehbare Praxis, in Produktionsbetriebe zu investieren und diese auch zu leiten« (1977, S. 424).

121 Die Formulierung stammt von Hinton, der den niederländischen Stapelhandel als »den wichtigsten Einzelfaktor« betrachtet, »der die Gestalt der englischen Wirtschaftspolitik im 17. Jahrhundert bestimmte« (1959, S. 10–11).

122 Glamann spricht davon, daß sich der Getreidehandel wie »Wellen auf einem Teich« ausbreitete. Nicht nur wurde das Getreide verladen und ausgeladen, sondern das System der Ausgleichslager führte auch dazu, daß Lagerhäuser gebaut wurden, von denen etwa drei Viertel als Getreidespeicher dienten. Zusätzliche Beschäftigung kam dadurch zustande, daß das Getreide regelmäßig gewendet werden mußte, um »Keimung und Selbstentzündung zu verhindern« (1974, S. 461). Briggs weist darauf hin, daß in Amsterdam neben den Erfordernissen des Frachtwesens und der Lagerhaltung im Jahr 1610 ein »bemerkenswertes und ehrgeiziges Programm [begonnen wurde], das in Form einer konzentrischen Stadterweiterung ... das Wohngebiet vervierfachte« (1957, S. 294).

123 Goubert (1970c, S. 27).

die weit über das hinausgingen, was sie selbst erzeugten, und das auch nach der großen Zeit der niederländischen Produktion.

Daß die Vereinigten Niederlande »stets liquid«[124] und damit im 17. Jahrhundert angesichts »der schrecklichen Serie von Insolvenzen«[125] die große Ausnahme waren, ist sowohl Ursache als auch Wirkung ihrer allgemeinen wirtschaftlichen Hegemonie. Wirkung insofern, als die kommerzielle Überlegenheit im Schiffsfrachtverkehr und bei der Seeversicherung allein schon genügte, um einen Zahlungsbilanzüberschuß zu erzielen;[126] und Ursache, weil a) die niederländische Regierung im Ruf gesunder Staatsfinanzen stand und daher zu günstigeren Konditionen Geld aufnehmen konnte[127], b) die besondere Bonität des niederländischen Staates »zu einem wesentlichen Teil für seinen militärischen Erfolg«[128] verantwortlich war und c) die Vereinigten Niederlande daher als sicherer Ort für Finanzeinlagen wahrscheinlich Geldmengen anzogen, die eine Überbewertung der Währung sicherstellten. Diesen Vorteil konnten die Vereinigten Niederlande dazu nutzen, allfällige Leistungsbilanzdefizite durch Geldzuflüsse auszugleichen.[129] Solide Finanzen sind jedoch nur eine Vorbedingung für jenes Maß an kapitalistischem Vertrauen, das für eine effektive Abwicklung von Finanztransaktionen unerläßlich ist. Solide Finanzen erlauben umfangreiche Kreditgeschäfte zu niedrigen Zinssätzen und ermöglichen, daß der Profit hohen Gesamteinnahmen entspringt, die sich aus den geringen Umsätzen pro Finanztransaktion zusammensetzen.

1609, im Jahr des Waffenstillstands, wurde *De Wisselbank van Amsterdam* gegründet. Sie wurde rasch zum Hauptzentrum des europäischen Depositen- und Wechselgeschäfts, bot sie doch »Sicherheit und Komfort, wie sie im Bankwesen des 17. Jahrhunderts selten waren.« Im Lauf des Jahrhunderts stiegen die Einlagen von weniger als 1 Million Gulden auf mehr als 16 Millionen[130] , und die Bank wurde zum Zufluchtsort von Kapitalbesitzern, die um die Sicherheit ihres Vermögens fürchteten.[131] Sobald die Einlagen von

---

124 Carsten (1961, S. 13). Man vergleiche das mit dem französischen Budget, das während des gesamten Zeitraums zwischen 1610 und der Französischen Revolution lediglich für die zehn Jahre von 1662 bis 1671 Überschüsse aufwies. Siehe Parker (1974a, S. 575).

125 Homer (1963, S. 98).

126 Siehe Vilar (1974, S. 249).

127 Siehe Parker (1974a, S. 573). Jener Staat, dem es in dieser Hinsicht »eine Zeitlang« noch besser ging, war Genua.

128 Homer (1963, S. 124) – »genoß man Kredit, konnte man deutsche Söldner für die Verteidigung zu Lande anwerben« (S. 125).

129 So die vorsichtige Vermutung von Grantham (1975, S. 65). Ein anderes Motiv bietet Van der Wee an: »Im 17. Jahrhundert kam es zu einer absichtlichen Überbewertung von Silber durch die Niederländische Republik, um den großen Edelmetallmarkt von Amsterdam mit jenem weißen Metall zu versorgen, das für den Export in den Ostseeraum und den Fernen Osten so dringend benötigt wurde« (1977, S. 297).

130 Barbour (1963, S. 44–45).

131 Siehe Barbour (1963, S. 46), der anmerkt, daß in beiden politischen Krisen, von denen England in

Gold- und Silberbarren sowie gemünztem Geld ein bestimmtes Maß überschritten hatten, besaß Amsterdam »sozusagen den Schlüssel zum internationalen Zahlungssystem Europas«[132]. Angesichts der mit Devisen gefüllten Tresore konnte Amsterdam ein System von Wechseln aufbauen, das multilaterale Zahlungen anwachsen ließ. Natürlich dauerte es einige Zeit, bis Vertrauen und Umsätze ein entsprechendes Niveau erreicht hatten, aber spätestens im Jahr 1660 fungierte Amsterdam als unumstrittenes Zentrum des multilateralen Zahlungssystems, und dies sollte es zumindest bis 1710 auch bleiben.[133] Was Ausfuhrbeschränkungen für Edelmetalle betraf, erwiesen sich die Vereinigten Niederlande im Zeitalter des Merkantilismus als große Ausnahme: Der Abfluß von Edelmetall aus den Vereinigten Niederlanden konnte ebenso ungehindert erfolgen wie der Zufluß. Genau das war der Grund, warum so viel davon ins Land strömte,[134] und zugleich war eine solche Politik natürlich nur unter der Bedingung eines solchen Zustroms möglich. So wies auch dieses Phänomen einen spiralförmigen Verlauf auf, wobei jeder Schritt die Wahrscheinlichkeit des nächsten erhöhte, bis schließlich ein Höhepunkt erreicht war.

Eine solide Geschäftsgebarung bei den Einlagen sowie im Wechselverkehr ermöglichte es der *Wisselbank* ab 1683, Kredite zu vergeben. Zunächst gab es für Einleger »Vorschüsse« und später »Akzeptkredite« – Transaktionen also, die nicht mehr an die Funktionen Amsterdams als Stapelplatz gebunden waren und in der Hauptsache Kredite auf Geschäfte in entfernten Handelszentren darstellten.[135] Die Niederländer führten ein Kreditsystem ein, das auf genau

---

diesem Jahrhundert erfaßt wurde, Einzelpersonen Kapitalien in die Niederlande transferierten. Ähnliches erwähnt Castillo, und zwar das »kuriose Ereignis«, als 1649 vier Schiffe, beladen mit Gold im Wert von mehr als drei Millionen Dukaten (*en barras y piñas*), in Amsterdam anlegten. Er schreibt, daß es sich wahrscheinlich um das Vermögen von Marranen handelte, die aufgrund des Staatsbankrotts im Jahr 1648 aus Spanien Geld abzogen. »Wenn wesentliche Interessen auf dem Spiel stehen, versteht es der Kapitalismus, sich über Ideologien und Grenzen hinwegzusetzen.« (1964, S. 314.) De Roover meint, daß »Genua in der zweiten Hälfte des 17. Jahrhunderts als Welthandelszentrum für Edelmetalle von Amsterdam abgelöst wurde« (1974b, S. 227).

132 Glamann (1974, S. 510).

133 Parker (1974a, S. 550–551). Aus seiner Karte geht der klare Vorsprung hervor, den Amsterdam um 1700 als Zentrum derartiger Wechselgeschäfte gegenüber London besaß. Vilar geht davon aus, daß dies bis 1763 der Fall war (1974, S. 257). Vgl. dazu auch Homer (1963, S. 174) und Glamann (1977, S. 261). Wie umfassend das Vertrauen war (und damit die Umsätze), wird dadurch illustriert, daß Amsterdam bis zum Jahr 1763 das einzige Finanzzentrum war, wo sich Kaufleute Wechsel aus Rußland auszahlen lassen oder diese akzeptieren konnten. Siehe Knoppers (1977a, S. 13–14).

134 Siehe Deyon (1969, S. 38). Vgl. dazu auch Vilar: »Für die Niederländer waren Edelmetalle eine Ware wie jede andere, deren ›Export-Import‹ profitabel war« (1974, S. 251). Morineau weist jedoch darauf hin, daß im Rahmen dieses Systems eigentlich nur sehr wenig Edelmetall exportiert werden mußte, zumindest in die peripheren Zonen der Weltökonomie wie etwa den Ostseeraum – im Unterschied zu den externen Zonen wie Süd- und Südostasien sowie der Levante. »Letzten Endes müssen wir uns tatsächlich wieder der *ökonomischen* [im Gegensatz zur finanziellen] Funktionsweise der niederländischen *Ökonomie* zuwenden, und zwar sowohl im Inneren als auch nach außen« (1972, S. 4).

135 Siehe Van Dillen (1974b, S. 179–185) und Klein (1970, S. 39–40). Vgl. dazu auch Barbour (1963, S. 53), bei der es heißt: »Die für das 17. Jahrhundert ungewöhnliche Freiheit, Münzmetalle auszuführen, trug zur Stabilisierung der Wechselkurse in Amsterdam bei und stimulierte so den Umlauf von Wechselbriefen, nunmehr als begebbare Papiere, deren Diskontierung und Verkauf sich in der City als blühendes

bestimmbaren Bankeinlagen beruhte und »ungewöhnlich stabil« war. Denn die »Kosten dafür, Wechsel mit Ladungen von Edelmetallen in jeder gewünschten Währung abzulösen, lagen deutlich niedriger«[136] – war doch die *Wisselbank* genau jener Ort, wo solche Edelmetalle lagerten. Aufgrund der Stabilität der niederländischen Währung waren schließlich auch die Handelsmünzen aus Silber und Gold (*negotiepenningen*) von derart »verbürgter Qualität«, daß sie zur bevorzugten Münzsorte im Welthandel wurden und damit sogar den spanischen *reales de ocho* zusetzten.[137] Die Umsätze wiederum führten zu niedrigen Zinsen und garantierten diese auch, wodurch weitere Geldströme angezogen wurden. In Holland sank der Zinssatz im Verlauf des 17. Jahrhunderts um mehr als die Hälfte, wodurch auch die Zinssätze in England, Frankreich und selbst in Schweden nach unten gedrückt wurden. Aber sie erreichten dort niemals ein so niedriges Niveau, daß sie mit den Holländern erfolgreich konkurrieren hätten können.[138] Niedrige Zinssätze wiederum führen uns zum Thema Investitionen, jener anderen Quelle finanzieller Gewinne. Da Amsterdam sowohl der wichtigste Geldmarkt als auch der wichtigste Handelsplatz Europas war, konnte es die Kosten merklich senken, die mit dem Auftreiben der erforderlichen Gelder sowie der Vermittlung und Abwicklung von Kreditgeschäften verbunden waren. Auf diese Weise wurden Investitionen generell gefördert.[139] Und da es sich bei den Vereinigten Niederlanden um die technologisch am weitesten fortgeschrittene Gesellschaft jener Zeit handelte, konnten sie ihre Technologien auch exportieren – ein weiterer Aspekt, der zur Sicherstellung von Finanzzuflüssen beitrug.[140]

Geschäft entpuppten.« Die zentrale Position Amsterdams im Wechselgeschäft erleichterte nicht nur den Handel im allgemeinen, sondern eröffnete damit auch äußerst profitable Banktransaktionen. Bogucka weist darauf hin, daß die Übermittlung großer Summen durch niederländische Bankiers an Danziger Kaufleute, die in Form von Wechseln erfolgte, »nicht nur ein Mittel des Geldtransfers darstellte, sondern auch zu Spekulationsgeschäften, Arbitrage genannt, führten, die davon unabhängig waren und bei denen ... in der ersten Hälfte des 17. Jahrhunderts binnen weniger Wochen Profite von bis zu 6,5 bis 8%, manchmal von 10 bis 12% des investierten Kapitals erzielt werden konnten. In Holland selbst erreichten die Zinssätze zur selben Zeit kaum 3 bis 4%« (1972, S. 10).

136 Van der Wee (1977, S. 342).

137 Van der Wee (1977, S. 340).

138 Siehe Klein (1970, S. 38) und Homer (1963, S. 137 und 179). Homer vergleicht niederländische, englische und französische Zinssätze für die erste und zweite Hälfte des 17. Jahrhunderts anhand dreier Kreditformen: »Rentenpapiere, Hypothekenbriefe, andere langfristige Schulden; kurzfristige Geschäftskredite; und kurzfristige Einlagen. In fünf dieser sechs Kategorien erweist sich nach den Angaben Homers der niederländische Zinssatz als der niedrigste; in einer wird er vom englischen Satz geringfügig unterboten. Der Ursprung der niedrigen Zinsen ist nach Ansicht von Ringrose in jener »enormen Konzentration flüssigen Kapitals für militärische Zwecke« zu suchen, die sich in den Niederlanden zwischen 1566 und 1648 herausbildete (1973, S. 291).

139 Siehe North und Thomas (1973, S. 139 und 142) sowie Reed (1973, S. 182–183). Siehe Klein (1969, S. 14) bezüglich Investitionen in Ausgleichslager. Ein Überblick über niederländische Kredite und Geldanlagen im Ausland findet sich bei Barbour (1963, S. 104–129). Bezüglich jener Gelder, die im 18. Jahrhundert in den wachsenden Schulden der europäischen Staaten angelegt wurden, siehe Wilson (1977a, S. 27): Das Geld floß »vor allem nach England, wo die Entscheidungen der niederländischen Anleger eine derart bedeutende Rolle spielten, daß ihnen von mehreren Schatzmeistern (*First Lords of the Treasury*) hintereinander große Aufmerksamkeit geschenkt wurde.«

140 Bereits 1628 traf Cornelius Vermuyden mit Karl I. eine Vereinbarung, Hatfield Chase trockenzu-

Daß die Investitionen im In- und Ausland zunahmen, erwies sich für niederländische Kapitalisten als profitabel und kam der Zahlungsbilanz des Staates zugute – aber nützte es der Wirtschaft als ganzer? In den letzten Jahren kam es zu einer merkwürdigen Debatte mit merkantilistischen Untertönen, die darauf hinauslief, daß der »Niedergang« der Niederlande in mancher Hinsicht darauf zurückzuführen war, daß Investitionen außerhalb der Vereinigten Niederlande getätigt wurden, besonders in England. Dabei wird allerdings übersehen, daß es den Investoren nicht darum geht, den Staat zu unterstützen, sondern ihre Profite zu maximieren.[141] Wir werden darauf zurückkommen, wenn wir uns mit dem Aufstieg des englischen Finanzsektors auseinandersetzen. Vorläufig wollen wir es bei einer Feststellung Van Dillens bewenden lassen, der daran erinnert, daß die Generierung von Kapital »von großer Bedeutung ... für die politische und wirtschaftliche Stellung der Republik war. Man braucht nur an die Gewinnung von Verbündeten mittels Hilfszahlungen zu denken«[142], eine Form staatlicher Investitionen, die jene von privater Seite unterstützten. Tatsächlich können wir diese Geschichte der niederländischen Hegemonie nicht abschließen, ohne uns direkt der Rolle des Staates zuzuwenden. Im 17. Jahrhundert, als die merkantilistische Ideologie dominierte, schienen die Vereinigten Niederlande die große Ausnahme zu sein. Daraus zogen viele den eigenartigen Schluß, der niederländische Staat sei schwach gewesen. Genau das Gegenteil scheint mir der Fall zu sein: Im 17. Jahrhundert war der niederländische Staat als *einziger* in Europa nach innen wie nach außen stark genug, um auf eine merkantilistische Politik weitestgehend verzichten zu können.

Werfen wir zunächst einen kurzen Blick auf das Wesen dieser Ideologie und ihrer Praxis und sehen uns dann die Stärke der Vereinigten Niederlande nach innen und außen an. In früheren Geschichtsperioden hatte Amsterdam natürlich ganz energisch eine protektionistische Linie verfolgt,[143] die von den kleineren Städten selbst im 17. Jahrhundert nicht gänzlich aufgegeben wurde.[144] Darüberhinaus gab es viele, die den Mangel an protektionistischen Maßnahmen auf gesamtstaatlicher Ebene kritisierten. Als der landwirtschaftlich-industrielle Bereich im Lauf des Jahrhunderts seine Überlegenheit ein-

---

legen. Siehe Cunningham (1897, S. 209–210). Dickens spricht von der »technischen Kolonisierung Englands« durch die Niederländer im 17. Jahrhundert (1976, S. 8). Vgl. dazu auch Wilson bezüglich des Technologieexports in den Bereichen Dränage, Schiffbau und Agrartechnik (1968, S. 77–91). Bezüglich Dränierung und Neugewinnung von Land vgl. den Artikel von L. E. Harris. Erst Ende des 17. Jahrhunderts »war die Dränierung der [englischen] Fens ... nicht länger Domäne der Niederländer« (1957, S. 322).

141 »Von nun an war das Vaterland dort, wo der beste Zins für das Kapital gezahlt wurde«, schreibt Marx (1981, S. 80 f.), der Hollands Auslandsinvestitionen als Folge des Verlusts seiner merkantilen Übermacht betrachtet.

142 Van Dillen (1974a, S. 207).

143 Siehe Glamann (1974, S. 457).

144 »Die kleineren Städte schützten und subventionierten die Industrie. Der Schiffbau ist dafür ein hervorragendes Beispiel. Eine Form der Unterstützung bestand darin, daß Anlagen für den Schiffbau errichtet wurden. Eine Reihe anderer Formen finden sich in den Zunftordnungen der Schiffszimmerleute« (R. W. Unger, 1978, S. 114).

büßte, drängten seine Vertreter auf neue Zölle – wenn auch mit beschränktem Erfolg.[145] Und genausowenig scheuten sich die Generalstaaten, in ihren Auseinandersetzungen mit England und Frankreich, Zölle als Vergeltungsmaßnahme einzusetzen.[146] Abgesehen von den Schutzzöllen war die Rolle des Staates eindeutig: Er schuf die Voraussetzungen für den Erfolg der privaten Unternehmen. Sobald die Niederlande autonom regiert wurden, »bereitete das Fischereiwesen der Regierung größte Sorgen.«[147] Zum Zweck der Qualitätskontrolle versammelte Wilhelm von Oranien 1575 die Vertreter der fünf Fischereihäfen und richtete mit Hilfe mehrerer Gesetze zwischen 1580 und 1582 ein Kollegium ein, das die Heringsindustrie überwachen sollte.[148] Wichtiger noch war die Schaffung der Niederländischen Ostindischen Kompanie, die zu einem wesentlichen Teil eine Reaktion auf die Anarchie des freien Weltmarkts für Kolonialwaren und das damit einhergehende Preisdumping darstellte. Die zentrale Bedeutung der beiden Maßnahmen bestand für Stols darin, daß »der Staat in Handel und Wirtschaft intervenierte« und die Gründung der beiden Kompanien »beinahe als Verstaatlichung avant la lettre bezeichnet werden könnte« – als eine Form, den bis dahin internationalen Handel in einem nationalen Monopol zusammenzufassen.[149]

Der niederländische Staat verteidigte die Interessen seiner Unternehmer und kümmerte sich dabei wenig um ideologische Konsistenz. Ihren ideologischen Ausdruck fand die niederländische Hegemonie im Grundsatz des *mare liberum*, der am stringentesten von Grotius in seinem 1609 (im Jahr des Waffenstillstands) veröffentlichten Buch formuliert wurde. Doch wie Sir George Downing an Lord Clarendon am 20. November 1663 voll Bitterkeit schrieb: »In den britischen Gewässern gilt *mare liberum*, aber vor der afrikanischen Küste und in Ostindien *mare clausum*.«[150] All das kommt wenig überraschend.[151] Die Vereinigten Niederlande dominierten, und »do-

---

145 Trotzdem mußte man diesen Interessen entgegenkommen. Im Jahr 1681, einer Zeit wirtschaftlicher Schwierigkeiten, wurde zwischen den Getreidekaufleuten von Amsterdam und den Agrarproduzenten Zeelands ein Kompromiß erzielt. Erstere erreichten die Aufhebung von Ausfuhr-(und Wiederausfuhr-)Zöllen, letztere hingegen eine Anhebung der Einfuhrzölle. Siehe Jeannin (1969, S. 74), der mich auf zwei Aufsätze Van Dillens (1917 und 1923) hinwies, die die Details der Kontroverse und des politischen Kompromisses enthalten. Man beachte auch, daß es »während des 17. und 18. Jahrhunderts zeitweise verboten war, Material für den Schiffbau wie Seile und Masten zu exportieren« (R. W. Unger 1978, S. 115).

146 Siehe Deyon (1969, S. 38).

147 Beaujon (1884, S. 30).

148 Michell (1977, S. 148).

149 Stols (1976, S. 39).

150 Zit. in Geyl (1964, S. 85). Siehe Meilink-Roelofsz (1968, S. 71). Vgl. dazu auch Goslinga zur Lage in der Karibik: »Das niederländische Kolonialreich, das in der ersten Hälfte des 17. Jahrhunderts entstand, begann mit einem »Besen am Mast«, das heißt mit dem Prinzip der Freiheit der Meere. Sobald jedoch die See gesäubert war – sobald also die spanische Seestreitmacht keine ernste Gefahr mehr für die Niederländer darstellte –, verloren diese ihr Interesse an den hohen Prinzipien, die ihr größter Philosoph aufgestellt hatte, und übernahmen, ohne auch nur zu zögern, die iberische Position eines *mare clausum* [gegenüber den Engländern]« (1971, xiv).

151 Heckscher überrascht es trotzdem: »Es entsteht nun die paradoxe Situation, daß die Niederlande

minierenden Ökonomien kommt der Liberalismus sehr gelegen«;[152] aber sobald sich ein Widerspruch auftut zwischen dem Liberalismus und der Möglichkeit, die Dominanz aufrechtzuerhalten, ist es um ersteren meist auch schon geschehen. Daher kann der »liberale«, dezentralisierte Aufbau des niederländischen Staates eher als Zeichen der Stärke und nicht der Schwäche betrachtet werden. Aber dezentralisierte Strukturen sind nicht immer ein Zeichen der Stärke. In einem peripheren Gebiet wie Polen zeigten der Aufstieg der Provinz-Landtage und die kleinen »Königreiche« der Magnaten lediglich das Ausmaß der Peripherisierung an. Bei einer *Hegemonialmacht* hingegen deutet eine solche Struktur auf die Stärke *gegenüber anderen Zentrums-Mächten* hin, bei denen es gerade darum geht, ihre Verwaltung stärker zu zentralisieren, um so vielleicht die ökonomische Überlegenheit der Hegemonialmacht brechen zu können.

Wie waren die Vereinigten Niederlande aufgebaut? In den Jahren zwischen der Union von Utrecht 1579 und dem Untergang des dezentralisierten Staates 1795 (Errichtung der Batavischen Republik) kam es zu Veränderungen im Detail, die sich aber in der Realität nicht allzu sehr bemerkbar machten. Bereits im Jahr 1576 waren sieben ›Staaten‹ (oder Provinzialstände) – jene von Geldern, Holland, Zeeland, Utrecht, Friesland, Overijssel und Groningen– übereingekommen, sogenannte Generalstaaten mit Delegierten zu beschicken. Dort hatte jeder Provinzialstand eine Stimme, wobei Entscheidungen einvernehmlich getroffen werden mußten. Zusätzlich gab es ein recht schwaches Exekutivorgan, den sogenannten Staatsrat. Die zentrale militärische Einheit, die Flotte, unterstand fünf verschiedenen Admiralitätskollegien. Auch die wichtigste Provinz, Holland, verfügte über einen schwerfälligen Herrschaftsapparat: Die zentrale gesetzgebende Versammlung, die Staaten von Holland, setzten sich aus achtzehn Repräsentanten der verschiedenen Städte sowie einem Vertreter des gesamten Adels zusammen. In den Vereinigten Niederlanden gab es keinen Monarchen. Am nächsten kam dem das Amt des Statthalters, das jedoch nur auf Provinzebene existierte. Gewöhnlich hatten die Prinzen von Oranien diese Funktion in mehreren (aber nicht in allen) Provinzen gleichzeitig inne, selbstverständlich nicht in den

---

zwar das Vorbild aller Merkantilisten waren, zugleich aber von merkantilistischen Tendenzen weniger erfaßt waren als die meisten anderen Länder. Dies läßt sich nur damit erklären, daß die Niederlande idealisiert wurden« (1935, Bd. 1, S. 359). Die einzige Erklärung ist dies natürlich für jemand, der die ideologischen Scheuklappen des Wirtschaftsliberalismus trägt und lieber in festgelegten statt in relationalen Merkmalskategorien denkt. Man vergleiche Heckschers Sichtweise mit jener von Schmoller: »Bei Licht besehen, erweist sich der heroische Kampf der Niederländer für religiöse Freiheit und gegen das spanische Joch als hundertjähriger Krieg zur Eroberung der südostasiatischen Kolonien und als ebenso lange Kaperunternehmung gegen die spanischen Silberflotten und den spanisch-amerikanischen Handel. Jene Niederländer, die aufgrund ihrer anfänglich niedrigen Zölle von naiven Befürwortern des Freihandels heutzutage so gepriesen werden, waren, auch wenn dies in der Natur der Sache liegt, von Anfang an die unerbittlichsten und kriegerischsten Monopolisten, die die Welt je gesehen hat« (1897, S. 65).

152 Deyon (1969, S. 40). Glamann bezeichnet den Liberalismus als »passive Haltung« des Staates, und »da ja staatliche Politik im Wirtschaftsprozeß gewissermaßen niemals neutral ist«, sei es klar, daß »diese passive Haltung mit dem Wachstum des Handelsplatzes Amsterdam perfekt harmonierte« (1977, S. 273 f.).

zwei Perioden, in denen dieses Amt nicht existierte. Nur unter größten Schwierigkeiten ließe sich eine Struktur denken, deren effizientes bzw. deren bloßes Funktionieren noch unwahrscheinlicher wäre.

Tatsächlich funktionierte alles relativ gut, wenn auch nicht friktions- und gewaltfrei. (Nur wenige Einzelereignisse jener Zeit reichten an die Vorfälle 1672 in Den Haag heran, als Johan de Witt gelyncht wurde – ein Jahr, das in der niederländischen Geschichte auch als »Jahr des Unheils« bezeichnet wird.) Und dennoch: Vergleicht man die internen Konflikte der Vereinigten Provinzen mit jenen von England und Frankreich, so wird jeder ernsthafte Betrachter zu dem Schluß gelangen, daß es in den Niederlanden weniger stürmisch zuging; die inneren Gegensätze der herrschenden Schichten entzweiten die Gesellschaft weit weniger, und die Unterschichten waren weniger rebellisch. Zur Erklärung ist zunächst einmal festzuhalten, daß sich hinter der formalen Herrschaftsstruktur eine faktische verbarg (und das nicht einmal besonders gründlich). So kam Holland für beinahe 60% der Regierungskosten auf, und davon steuerte Amsterdam die Hälfte bei. Das oberste Regierungsamt der Staaten von Holland hatte der *Landsadvocaat* inne, später in Ratspensionär umbenannt und von Ausländern als Großpensionär bezeichnet. Er fungierte schließlich de facto als Regierungschef der gesamten Vereinigten Niederlande und in den Zeiten ohne Statthalter als Staatsoberhaupt.[153]

Daß dieser Amtsträger über derartige Macht verfügte, ist auf mehrere Faktoren zurückzuführen: 1) auf den Umstand, daß sich die Generalstaaten wie auch die Staaten von Holland im selben Gebäude in Den Haag versammelten; 2) auf die Kontinuität, die sich aus der an sich unüblichen Praxis ergab, daß der Großpensionär seinen Sitz in den Generalstaaten jahrelang behielt; 3) auf Hollands Stellung als ökonomisches und kulturelles Zentrum der Niederlande; und 4) darauf, daß Amsterdam jene Getreideimporte kontrollierte, von denen beinahe die Hälfte der Bevölkerung abhängig war.[154] Etwaige Zweifel an der dominierenden Stellung Amsterdams, die noch zu Beginn des 17. Jahrhunderts bestanden haben mögen, verschwanden während der ersten Periode ohne Statthalter (1650–1672) endgültig. In diesen Jahren wurde das Übergewicht Hollands zum »Zement, der den Staat zusammenhielt«, und die Außenpolitik »wurde den Handelsinteressen unterworfen«,[155] wie es sich für eine Hegemonialmacht geziemt. Amsterdam gab die Melodie vor, und speziell in dieser Zeit »mußten die anderen nach seiner

---

153 Siehe Kossmann (1970, S. 362–365), van Hoboken (1960, S. 46), Renier (1944, S. 52), Burke (1974, S. 44) und Wansink (1971). »Paradoxerweise wurde die Föderationsregierung von Holland nachhaltig unterstützt. Dies lief aber in der Praxis darauf hinaus, daß Holland die Republik in einer komplizierten halbzentralistischen Form weitgehend beherrschen konnte« (Schöffer 1973, S. 92).

154 »Amsterdams Macht war in jenen Jahren am größten, als es im Land an Getreide fehlte«, beispielsweise in den Jahren 1628–1630 (Van Dillen 1964, S. 145).

155 Franken (1968, S. 2 und 4). Vgl. dazu auch Burke (1974, S. 42 f.), Carter (1975a, S. 1) sowie Riemersma (1950, S. 39). Bezüglich der Grenzen, die den Möglichkeiten Amsterdams (und Hollands) gesetzt waren, die Politik zu bestimmen, vgl. Rowen (1974).

Pfeife tanzen.«[156] Warum sollte man sich Gedanken über die Zentralisierung des Staates machen, wenn man auch so das Gewünschte erreichte? Zweifellos wurde die »soziale Diktatur der oberen Mittelschicht«[157], wie Renier und nach ihm Wilson sie bezeichneten, von Zeit zu Zeit von inneren Gegensätzen erschüttert – Gegenremonstranten versus Remonstranten, Oranier gegen Loevesteiner; vielleicht wurde sie auch von einem langsamen Prozeß der »Aristokratisierung« untergraben,[158] obwohl die Interessen der herrschenden Schicht von den in gesellschaftlichen Fragen konservativeren Adeligen niemals wirklich bedroht wurden. Wie Kossmann richtig feststellt: »Die Prinzen von Oranien waren selten willens und niemals in der Lage, die holländische Plutokratie zu beseitigen.«[159]

Auch von unten drohte dieser Schicht keine ernstliche Gefahr, zahlten ihre Mitglieder doch für den sozialen Frieden einen gewissen Preis. Die Wohlfahrtseinrichtungen der Niederlande und speziell Amsterdams erregten die »uneingeschränkte Bewunderung« ausländischer Besucher. Möglicherweise wußten diese nicht, daß das Geld zu einem wesentlichen Teil aus dem konfiszierten Besitz der römisch-katholischen Kirche stammte.[160] Wobei dies keine Rolle spielt – im 17. und 18. Jahrhundert beschlagnahmten auch andere Länder Kirchenbesitz, und dies ohne »so großzügig für die Armen gesorgt«[161] zu haben. Hinsichtlich der sozialen Realität des niederländischen Wohlfahrtsstaats sollten wir uns dennoch keinen Illusionen hingeben. Die Gesamtgewinne des niederländischen Kapitalismus »kamen der Mehrheit der Bevölkerung kaum zugute.« Reallöhne, die zunächst vielleicht sogar noch ein wenig gestiegen waren, sanken im Lauf des Jahrhunderts.[162] Der nationale Wohlstand ging Hand in Hand mit »größerer Armut in weiten Teilen der Arbeiterschaft«, und etwa die Hälfte der Einwohner Amsterdams lebten in »erbärmlichen Hinterhäusern und Kellerwohnungen.«[163]

Wie war es dann möglich, daß dennoch relativer sozialer Frieden herrschte? Ein wesentlicher Faktor bestand darin, daß in etlichen Fällen die sinken-

---

156 Boxer (1965, S. 90). Diese Melodie erwies sich für Amsterdam als äußerst profitabel. Aalbers merkt an, daß nach 1650 »der Mittelmeer- und Ostseehandel mehr und mehr in Amsterdam gebündelt wurde, bis ihn die Stadt schließlich monopolisierte« (1977, S. 86).

157 Renier (1944, S. 16–24) und Wilson (1968, S. 47). Boxer stimmt Renier in diesem Punkt ausdrücklich zu (1965, S. 11).

158 Siehe die Diskussion bei Roorda (1964, S. 119 sowie 1967, S. 196 f.). Van Dijk und Roorda warnen davor, dieses Phänomen überzubetonen. »Es kann bis zum Ende des 18. Jahrhunderts keine Rede davon sein, daß eine permanente Aristokratisierung keine soziale Mobilität zuließ« (1976, S. 101 f.).

159 Kossmann (1970, S. 365). Ähnlich die Feststellung Haleys, daß zwar die Auseinandersetzung der Oranier mit der »Plutokratie« Unterstützung in den Reihen der städtischen Unterschicht fand und daher »alle Voraussetzungen für Bürgerkrieg und soziale Revolution« erfüllte, die Oranier aber schließlich doch davor zurückschreckten. »Schlußendlich gehörten sie selbst der Aristokratie an und waren Stützen der bestehenden Gesellschaftsordnung« (1972, S. 83).

160 Boxer (1965, S. 55).

161 Wilson (1968, S. 53).

162 Klein (1969, S. 9); vgl. auch J. de Vries (1978, S. 303).

163 Boxer (1965, S. 54 f.).

den Realeinkommen durch Fürsorgeleistungen ausgeglichen wurden, die *höher waren als in den übrigen Staaten des Zentrums.*[164] Ein zweiter Faktor war der Ruf, den sich Amsterdam mit seiner Wohlfahrtspflege erworben hatte und der es »für die Arbeitslosen und Unterbeschäftigten der Nachbarländer zu einem Anziehungspunkt werden ließ.« In einer späteren Epoche sollte New York dieselbe Erfahrung machen. Sobald sich der Glaube etabliert hatte, daß »die Straßen von Amsterdam mit Gold gepflastert waren«[165], wanderten Arbeiter von überallher zu – gerade genug, um die Arbeitsmarktsituation für die in der Stadt des Lichts ansässigen Arbeiter zu verschlechtern; gerade genug, damit all jene, für die ein paar zusätzliche Krümel abfielen, dieselben zu schätzen lernten; und gerade genug, damit jeder Zuwanderer nur noch seinen individuellen Aufstieg verfolgte. Eine solche Konstellation erforderte von seiten der Herrschenden Macht, Prosperität, ein wenig Großzügigkeit sowie eine Spur soziale Mobilität – kurz: die typische Gesellschafts- und Sozialpolitik einer Hegemonialmacht.

Der Stärke im Inneren entsprach die Stärke nach außen. In der ersten Hälfte des 17. Jahrhunderts beherrschte die niederländische Flotte die Meere – soweit dies einer Flotte überhaupt möglich ist.[166] Zuvor war Spanien die dominierende Seemacht gewesen. Die Niederlande hatten England dabei unterstützt, der »Unbesiegbarkeit« Spaniens 1588 ein Ende zu bereiten; dennoch war die spanische Marine im Jahr 1600 immer noch stärker als die niederländische und englische zusammengenommen.[167] Dies änderte sich jedoch durch eine Serie gewonnener Seeschlachten. Der an früherer Stelle erwähnte »maritime Schild« in der Karibik wurde 1634 errichtet, als die Niederländer Curaçao eroberten. Im Jahr 1645 kontrollierte die niederländische Flotte zum ersten Mal den Sund.[168] So kam es, wie der große Theoretiker des Seekriegs, Admiral Mahan, schrieb, daß »die Vereinigten Niederlande Ansehen und Macht ihrem Reichtum und ihren Flotten verdankten.«[169] Diese

---

164 Siehe Klein (1969, S. 9).

165 Boxer (1965, S. 58).

166 Der mittlerweile verstorbene Stein Rokkan wies mich in einem privaten Gespräch auf einen wesentlichen Faktor hin, der die europäische Weltökonomie davor bewahrte, sich in ein Weltreich zu verwandeln: Sie wurde eher um die Meere herum errichtet als um das Land, und Meere sind naturgemäß schwieriger zu erobern als Landmassen. Die alleinige Verantwortung für diese interessante Anregung liegt bei ihm. Siehe diesbezüglich auch Perry Andersons Einschätzung jener Optionen, zwischen denen die Engländer zu wählen hatten: »Obwohl beim Aufbau und Unterhalt der Marine pro Einheit höhere Kosten anfielen, lagen sie doch insgesamt weit unter jenen für ein stehendes Heer. ... Doch die Erträge sollten sich in den folgenden Jahrhunderten als weitaus höher erweisen« (1974a, S. 135).

167 Siehe Cooper (1970, S. 227). 1659 waren bereits sowohl die niederländische als auch die englische Flotte (und bald danach auch die französische) stärker als die spanische, und dies im Atlantik ebenso wie im Mittelmeer.

168 Polišensky (1971, S. 236).

169 Mahan (1889, S. 97). Franken meint darüber hinaus, daß *kein anderer* Weg zur Macht offenstand: »Auch steht fest, daß die Finanzreserven nicht ausreichten, um neben einer schlagkräftigen Marine (zum Schutz der Küste und der langen Handelsrouten) auch noch eine Armee zu alimentieren, die allerdings langfristig für eine aktive Territorialpolitik unverzichtbar gewesen wäre« (1968, S. 6). Dennoch darf man die niederländische Armee nicht außer acht lassen. In den Jahren des Waffenstillstands, 1609–1621,

Macht geriet freilich zwischen 1651 und 1678, dem Höhepunkt der niederländischen Hegemonie, unter Druck, und zur Zeit der Kriege an der Wende zum 18. Jahrhundert waren die Niederlande verglichen mit Frankreich und England zu einer zweitrangigen Militärmacht geworden. Doch gerade darin bestand die Konsequenz der wirtschaftlichen Hegemonie der Niederlande. Mitte des 17. Jahrhunderts schien deren wirtschaftlicher Vorsprung so unerreichbar, daß sowohl Engländer als auch Franzosen zu dem Schluß kamen, daß »die Niederländer gewaltsam aus dem Weg geräumt werden müßten«[170]. Selbst rein ökonomisch kann natürlich innerhalb eines kapitalistischen Systems keine Hegemonie von Dauer sein; aber es ist den Engländern und Franzosen nicht zu verdenken, daß sie es so eilig hatten. Unserer Auffassung nach stellte der Staat für die niederländische Bourgeoisie ein wesentliches Instrument dar, um damit jene ökonomische Hegemonie auszubauen, die sie ursprünglich in der Produktionssphäre errungen und dann auf den Handels- und Finanzsektor ausgeweitet hatte. Bei konkurrierenden Mächten des Zentrums und der Semiperipherie erwies sich dann der Staat als genauso wesentliches Instrument, um diese Hegemonie im weiteren Verlauf wieder zu Fall zu bringen.

Doch wie verhält es sich mit dem kulturellen Bereich? Gab es keinen Raum für Ideen, Werte, für Wissenschaft, Kunst, Religion, Sprache, Leidenschaft und Farbe? Doch, natürlich. Denn Kulturen sind die Formen, in die Menschen ihre politisch-ökonomischen Interessen und Triebe kleiden – um sie auszudrücken, zu verstecken, räumlich und zeitlich auszudehnen und die Erinnerung an sie wachzuhalten. Unsere Kultur ist unser Leben, unser innerstes Wesen, aber auch unser äußerstes, unsere persönliche wie kollektive Identität. Warum sollte da nicht auch Hegemonie ihren kulturellen Ausdruck finden? Nicht in allen Fällen würde sie sich als kulturelle Vorherrschaft äußern. Zwar kommt es oft dazu, daß Zentrums-Mächte periphere Gebiete dominieren und den betroffenen Menschen in bezug auf deren eigene Kultur ein Gefühl der Minderwertigkeit einflößen; es ist aber unwahrscheinlich, daß dies einer Hegemonialmacht auch gegenüber anderen Zentrums-Mächten gelingt. Im besten Fall kann dabei die Kultur einer Hegemonialmacht Modellcharakter erlangen,[171] vor allem in technologischer Hinsicht, doch ist die Kultur genau jener Ort, wo Hegemonie auf Widerstand stößt, wo

»ermöglichte den Niederlanden ihr wachsender Reichtum, neben der weltweit größten Kriegsflotte das einzige stehende Heer in Europa aufzubauen, dessen Stärke zumindest einigermaßen an jene des spanischen heranreichte« (Israel 1977, S. 38). Dies war ein Resultat der Reformen Moritz' von Oranien, die unter anderem einen planmäßigeren Einsatz der Soldaten, kleinere Kampfeinheiten und Neuerungen in der Belagerungstechnik beinhalteten. Roberts weist darauf hin, daß diese Reformen auf zwei Voraussetzungen beruhten: »Die erste bestand darin, daß niederländische Armeen gut und vor allem pünktlich bezahlt werden sollten. ... Die zweite Bedingung war ein effizientes System von Ausbildung und Drill.« In den Augen von Zeitgenossen schienen die niederländischen Reformen »die Kriegskunst zu verwandeln« (1958, S. 185 und 187).

170 Andrews (1915, S. 542).

171 »Wie skeptisch die Regenten dies in ihrer noblen Zurückhaltung auch betrachten mochten, Tatsache blieb, daß die Vereinigten Niederlande 1621 eine Großmacht waren, das beeindruckende Modell einer

die historischen Werte bestehender »Zivilisationen« beschworen und gegen die zeitweilige Übermacht des Markts ins Treffen geführt werden. Dies trifft auf das 17. Jahrhundert ebenso zu wie auf die Gegenwart.

Andererseits erleben Hegemonialmächte in der Regel eine kulturelle Blüte, und ihren Kritikern sind oft lediglich die Trauben zu sauer. Zunächst stehen Hegemonialmächte vor der materiellen Notwendigkeit – haben zugleich aber auch die materiellen Mittel –, wissenschaftlich innovativ zu sein, und eine solche Produktivität überträgt sich auf die Kunst. Zu dieser kulturellen Eruption trägt eine liberale Politik zum zweiten deshalb bei, weil die damit einhergehende Politik der offenen Tür oft Gelehrte und Künstler aus anderen Ländern anzieht. Drittens bringt Wohlstand einen luxuriösen, auf kulturellen Artefakten basierenden Lebensstil hervor, auch wenn damit die Grundlage des Wohlstands selbst untergraben wird. Ein zentrales Anliegen war den Niederländern offensichtlich die angewandte Naturwissenschaft. Für die Leistungsfähigkeit ihres landwirtschaftlichen und industriellen Sektors erwiesen sich gerade die technologischen Fortschritte vorangegangener Jahrhunderte als zentraler Faktor. Im 17. Jahrhundert wurde dann diese Technologie von den Niederländern eifrig exportiert, und wir haben bereits erwähnt, daß dieser Technologietransfer Finanzzuflüsse mit sich brachte. Natürlich machten sich damit auch kulturelle Einflüsse bemerkbar. In ganz Europa – in England, Frankreich, Italien, Dänemark, Preußen, Polen – entstanden sogenannte *hollandries*, Dörfer, in denen mit Deichbau und Entwässerung beschäftigte niederländische Zuwanderer lebten.[172] Parallel zum Export ihrer landwirtschaftlichen Fertigkeiten arbeiteten die Niederländer mit großer Energie an technologischen Verbesserungen im Schiffahrtsbereich, um speziell durch eine bessere Navigationstechnik Kosten zu reduzieren.[173]

In seiner Beschreibung, wie erfahrene niederländische Handwerker zwischen 1669 und 1750 von englischen Herrschern ermuntert wurden, nach England auszuwandern, nennt Clark als eine der Emigrationsursachen die heftige berufliche Konkurrenz, der die Niederländer in ihrer Heimat ausgesetzt waren. Im Vergleich dazu nahmen sich »die besseren Möglichkeiten eines rückständigen Landes« wie England äußerst vorteilhaft aus. Denn für das 17. Jahrhundert galt: »Wie obskur auch immer die Beschäftigung war, verlangte sie Erfindungsgabe, ... so stellte es keine Überraschung dar, dort einen Niederländer anzutreffen.«[174] Bei näherer Betrachtung sind wir auch

---

Zivilisation, deren bloße Existenz sie in ganz Europa zum Ideal Zehntausender denkender Menschen werden ließ.« (Polišensky 1971, S. 162).

172 Siehe die Karte bei Van Veen (1950, S. 56).

173 Wilson weist darauf hin, daß diese Aufgabe Fortschritte in mehreren Technologiebereichen gleichzeitig erforderte und damit die Bündelung »der Fähigkeiten von Mathematikern, Kupferstechern, Druckern, Kartographen, Instrumentenmachern und Linsenschleifern« (1968, S. 92).

174 Clark (1960, S. 16). Unter den Einwohnern von Städten wie Norwich und Colchester, die sich auf die neuen Stoffe spezialisierten, war laut Glamann ein Drittel bis die Hälfte »niederländischer Herkunft«

nicht überrascht, »spezielle Verbindungen« zu Schottland zu entdecken.[175] Bestehende Beziehungen im Handelsbereich wurden durch religiöse Affinitäten verstärkt, was unter anderem zur Folge hatte, daß Generationen von Schotten ihre Universitätsausbildung in den Niederlanden absolvierten. Dabei handelt es sich um ein weiteres Glied in jener Kette, an deren Ende die schottische Aufklärung des späten 18. Jahrhunderts stand, die ihrerseits wesentlich zu jener Woge der Industrialisierung in Großbritannien beitrug. Geistige Freiheit stellt keine Voraussetzung für wissenschaftlichen Fortschritt dar, sie ist aber sicher eine Form, ihn zu fördern, und entspricht von ihrem Wesen her Hegemonialmächten. Dabei kommt es jedoch zu jenem eigenartigen Paradoxon, daß mit intellektuellem Liberalismus stets eine gewisse Gefahr verbunden ist, und dies ganz besonders nach innen. Möglicherweise haben politische Kompromisse zwischen Fraktionen der herrschenden Schicht in seiner Logik keinen Platz, vielleicht werden auch die Unterschichten durch liberale Parolen zur Rebellion ermuntert. So haben es Hegemonialmächte an sich, eine Kultur der Freiheit zu fördern, aber sie gleichzeitig einzuschränken, ihre (vor allem innenpolitischen) Grenzen mit unantastbaren ideologischen Marksteinen abzustecken, um zugunsten der herrschenden Interessen die politischen und wirtschaftlichen Früchte zu ernten und den Sturm zu vermeiden.

Sehen wir uns an, was dies im Fall der Vereinigten Niederlande bedeutete. Zum einen war Holland »ein Zufluchtsort für Philosophen«[176] – einschließlich der drei philosophischen Lichtgestalten des 17. Jahrhunderts, Descartes, Spinoza und Locke. In Holland fand Descartes jene Ruhe und innere Sicherheit, die ihm in Frankreich gefehlt hatten. Durch seine Exkommunikation wurde Spinoza aus der *Jodenbreestraat*, dem Viertel der sephardischen Juden, in die gastlicheren Wohnbezirke der holländischen Bürger getrieben. Locke suchte Schutz vor dem Zorn Jakobs II., und zwar bis zu jener glücklicheren Zeit, als ein Holländer auf dem englischen Thron saß. Natürlich gab es noch viele andere verfolgte Intellektuelle, die die Existenz Amsterdams und Rotterdams zu schätzen wußten, etwa Comenius, Jurieu und Bayle.[177] Exilland waren die Niederlande natürlich für die französischen Hugenotten; aber liberal, wie die Niederländer waren, hießen sie sowohl Hugenotten als auch Jansenisten willkommen, daneben noch Puritaner, Royalisten, Whigs und selbst polnische Sozinianer. Sie alle profitierten von Hollands Geschäftsmaxime: »Verbiete so wenig wie möglich, achte beim Input nicht auf seine Herkunft.«[178] Diese Haltung bedeutete auch mehr als

(1977, S. 253). Zwar ist Wilsons Bemerkung zweifellos richtig, daß »wirtschaftliche Neuerungen stets kurzlebig und leicht nachzuahmen sind« (1968, S. 39); aber es geht darum, wer die Neuerungen einführt.

175 Wilson (1968, S. 178).

176 Wilson (1968, S. 165–177).

177 Bezüglich der unterschiedlichen Reaktionen Jurieus und Bayles auf ihr Exil siehe E. Labrousse (1967).

178 Jeannin (1969, S. 103).

bloß eine zweckfreie Wertschätzung der Hochkultur durch die Niederländer; es war ein gutes Geschäft, und zwar für alle Beteiligten. Einerseits wurden Intellektuelle von Hollands »hohen Gehältern und guten Arbeitsbedingungen« angezogen[179] – der Brain-Drain stellt also keine neue Erfindung dar.[180] Daß die diversen nationalen Oppositionen der europäischen Weltwirtschaft die Freiheit hatten, in Holland[181] alles drucken zu können, ließ andererseits die Regenten »die ökonomischen Vorteile erkennen, die mit dem Verkauf von Büchern und Pamphleten verbunden waren«[182]. So wurde die »gottgesandte Artikulationsmöglichkeit«[183] der einen zum Geschäftsprofit der anderen.

Allerdings gab es auch eine Kehrseite der Medaille. Gerade als die Vereinigten Niederlande in den Rang einer Weltmacht aufzusteigen begannen, brach im Jahr 1592 die erste Kontroverse um den Arminianismus aus. In der Blütezeit der protestantischen Theologie, als die Luft von Gnade und Erlösung erfüllt war, war es Jacobus Arminius, der den stacheligsten Zweig der calvinistischen Logik anfaßte – die Paralogik[184] oder Psycho-Logik der Prädestination, die Doktrin von der unwiderruflichen Verdammnis. Arminius wies die von seinem Hauptkontrahenten, Franciscus Gomarus, vertretene Ansicht zurück, daß Gnade Erlösung bedeute. Stattdessen nahm er an, daß die Gnade eine unverzichtbare Voraussetzung der Erlösung sei, ihr notwendiges Mittel. Aus heutiger, verengter Perspektive mag diese Unterscheidung lächerlich erscheinen, sie führte aber in Holland zur größten theologischen Auseinandersetzung des 17. Jahrhunderts (und wahrscheinlich trifft dies sogar auf das christliche Europa als Ganzes zu).[185] Obwohl die Arminianer

---

179 Jeannin (1969, S. 102).

180 Die teilweise Laissez-faire-Politik der Niederländischen Republik [etwa die unbeschränkte Einwanderung] ... brachten dem neuen ›Staat‹ entscheidende Zuwächse an gewerblichen, kaufmännischen und finanztechnischen Kenntnissen, ein Netz persönlicher Geschäftsverbindungen und eine gewaltige Zunahme an Kapital und Schiffen. ... Ohne all das wäre die Entwicklung der Niederlande langsamer und bescheidener ausgefallen« (Wilson 1977a, S. 18).

181 Im 18. Jahrhundert war Holland laut Beutin der einzige Ort in Europa mit einer »relativ freien Presse« (1939, S. 110).

182 Haley (1972, S. 124).

183 Wilson (1968, S. 163). Wie es Vilar ausdrückt: »Der Geist bürgerlicher Freiheit drückte die damalige Überlegenheit Hollands im Handel aus« (1974, S. 251). Es würde sehr weit weg führen, die Beziehung zwischen jener wunderbaren Periode niederländischer Kunst, der »Bürgerlichkeit« und dem »Naturalismus« des Stils und den herrschenden Verhältnissen zu erörtern. Es mag genügen, sich einen krassen Aspekt vor Augen zu halten, der von Wilson hervorgehoben wird: »Was den Beruf [des Malers] am Leben erhielt, war weniger die Aussicht auf hohe Einkünfte als vielmehr die stetige Nachfrage« (1968, S. 124).

184 Der Ausdruck findet sich bei Chaunu. Siehe seine Auseinandersetzung mit »Dordrecht, der größten Affäre des Jahrhunderts« (1966a, S. 470–474).

185 Meiner Ansicht nach trifft Chaunus Feststellung völlig zu, daß diese Auseinandersetzung zumindest im 17. Jahrhundert eine tiefgreifendere Rolle spielte als jene zwischen Katholiken und Protestanten. Chaunu erinnert daran, daß der Kontroverse zwischen Arminianern und Gomaristen jene zwischen Molinisten und Jansenisten innerhalb der katholischen Kirche entsprach. Er hat auch darin recht, den Arminianismus als »Vorläufer der im 19. Jahrhundert auftretenden Häresie des Liberalismus« zu bezeichnen (1962a, S. 119).

in Holland zunächst große Unterstützung von Politikern und aus Wirtschaftskreisen zu genießen schienen, mußten sie die Auseinandersetzung fürs erste verloren geben, als die Gegenremonstranten (Gomaristen) auf der Synode von Dordrecht 1619 den Sieg über die Remonstranten (Arminianer) davontrugen und diese von allen staatlichen Ämtern ausgeschlossen wurden. Auf lange Sicht erwiesen sich die Arminianer natürlich nicht als die wirklichen Verlierer.

Worum ging es eigentlich? Folgt man dem niederländischen Historiker G. J. Renier, lief die arminianische Auffassung darauf hinaus, daß ein Individuum sich der Gnade widersetzen oder sie verlieren konnte, womit »von den Remonstranten ein Stück menschlicher Freiheit und Würde bewahrt wurde. Sie erwiesen sich als die wahren Nachfahren der Humanisten.« Möglicherweise – die Frage ist aber doch, wer den Humanismus unterstützte.[186] Die Arminianer waren zweifellos eine gesellschaftliche Minderheit, verfügten allerdings aufgrund ihrer Verbindungen zum Kaufmanns-Patriziat über eine starke politische Basis.[187] Auf der anderen Seite standen die orthodoxen, puritanischen Prädikanten, die aus bescheidenen Verhältnissen stammten und nicht nur vom Kleinbürgertum in den Konsistorien und den fanatisierten Massen in den Städten unterstützt wurden, sondern auch von Prinz Moritz und den Anhängern der Oranier.[188] Von den Gomaristen wurden die Arminianer der Nachgiebigkeit gegenüber dem Katholizismus bezichtigt, was ihnen vielleicht von seiten der Katholiken stillschweigende Unterstützung eintrug; aber Katholiken waren unterdrückt, gehörten den »untersten

186 Renier (1944, S. 46). Siehe Peter Geyl, der die Sichtweise des Amsterdamer Literaten und Arminianers Samuel Coster folgendermaßen wiedergibt: »Mit Hilfe einer Parabel – die Welt als wildes Pferd, das von der Obrigkeit geritten, von der Peitsche des Gesetzes und den Zügeln der Religion gebändigt wird; legt man die Zügel in die Hände eines weltlichen Reiters, nämlich der Kirche, so wird das Pferd durchgehen – entwirft Coster in archetypischer Form die remonstrantische Auffassung vom Verhältnis zwischen Kirche und Staat. Diese Theorie fand in ganz Europa Anklang in gebildeten Kreisen. Deren Angst vor der Unvernunft und den religösen Exzessen der Masse arbeitete dem absoluten Machtanspruch seitens der weltlichen Amtsträger (hier [in Holland] der Staaten, sonst überall der Monarchen) in die Hände« (1961, S. 70).

187 Auch wenn sich diese Feststellung auf den Zeitpunkt der ursprünglichen Kontroverse bezieht, blieben die sozialen Trennlinien während des gesamten Jahrhunderts konstant. Jeannin schreibt: »1672 wurden in Amsterdam Beschwerden laut, daß die Arminianer – ein Ausdruck, der mittlerweile eher politisch als religiös konnotiert war – innerhalb des Magistrats in der Mehrheit waren, während sie nur 5 % der Bevölkerung ausmachten« (1969, S. 111). Aber wie schwerwiegend waren diese Beschwerden? Roorda hält fest, daß es in der Zeit der niederländischen Hegemonie infolge der langsamen »Aristokratisierung« des Klerus zu einem Kompromiß gekommen war. »Die Kirche war der Welt ausgesetzt und paßte sich den weltlichen Mächten an. ... Zugleich wurden die Regenten kirchenfreundlicher. ... Die hitzigsten Konflikte zwischen Kirche und Staat gehörten [im Jahr 1672] der Vergangenheit an« (1967, S. 201).

188 Chaunu beschreibt die gesellschaftliche Bruchlinie folgendermaßen: »Ein sozialer Gegensatz: auf der einen Seite die Regenten von Holland, aus denen sich die Partei der Arminianer zusammensetzte; auf der anderen Seite stellten der Landadel aus dem Osten, die Mittelschichten sowie eine Minderheit des nicht eingesessenen Großbürgertums die Kader der gomaristischen Partei. Die sechs Provinzen außer Holland, vor allem die von Landwirtschaft dominierten: Gomaristen; die frisch Konvertierten von jenseits der Grenzen des Jahres 1590: Gomaristen. Das Bürgertum der holländischen Küstenstädte (mit der bezeichnenden Ausnahme Amsterdams), das noch nicht so lange protestantisch war wie der hinter den Dünen gelegene Teil Hollands: Arminianer« (1966a, S. 128 f.).

Schichten der Gesellschaft«[189] an und stellten daher keinen nennenswerten Machtfaktor dar.

Gesellschaftliche Gruppen solcherart den zwei Lagern zuzuordnen erscheint zwar recht grobschlächtig, aber nicht unzutreffend. Was erfahren wir dabei über Sinn und Zweck der Auseinandersetzung? Zunächst gilt es zu verstehen, warum sich die Debatte gegen die Arminianer richtete. 1602 brach die zweite Kontroverse um den Arminianismus aus und erreichte 1608 ihren Höhepunkt. Obwohl sich weder an den Hauptpersonen noch an den theologischen Streitfragen etwas geändert hatte, sorgte diese zweite Auseinandersetzung für wesentlich größere Aufregung. Was sich geändert hatte, war die *politische* Situation. Zwischen der Kriegs- und der Waffenstillstandspartei war jene offene Frage umstritten, die dann im Waffenstillstand von 1609 ihre vorläufige Antwort finden sollte. Die Kriegspartei umfaßte folgende Gruppen: die Oranier, die auf diese Art ihren heroischen Statthalter weiter stärken sowie ihren Ruhm vergrößern wollten; die protestantischen Proselytenmacher, die noch immer auf die Angliederung der südlichen Niederlande und die Austilgung des Katholizismus hofften; und Teile der unteren Volksschichten, die sich durch Xenophobie und mögliche Vorteile daraus angezogen fühlten. Die Waffenstillstandspartei wurde vom holländischen *Landsadvocaat* Johan van Oldenbarnevelt angeführt, der für all jene sprach, die die Möglichkeiten einer hegemonialen Position vor Augen hatten. Deren Sichtweise sollte einige Jahrzehnte später in einem Brief William Bareels zusammengefaßt werden, den dieser am 18. Dezember 1654 an Oldenbarnevelts geistigen Nachfolger, Jacob de Witt, richtete: »Friede in unserer Zeit und Friede in allen Ländern scheint mir für die unabhängige Republik die beste nur mögliche Maxime, der beste nur mögliche Segenswunsch zu sein, erstreckt sich doch auch unser Handel in alle Länder.«[190]

Am 30. Oktober 1608, als die politische Auseinandersetzung um den Waffenstillstand ihren »Siedepunkt«[191] erreicht hatte, unterbreitete Arminius seine *Dissertatio de vero sensu*. Die zwei Konflikte verschmolzen unauflöslich miteinander. Oldenbarnevelt bekam seinen Waffenstillstand, aber Gomarus sollte in Dordrecht seine Synode bekommen. Wurde das eine mit dem anderen bezahlt? Boxers Feststellung ist zweifellos richtig, daß die Schicht der Regenten die calvinistischen Eiferer davon abhalten konnte, »den Profit der Frömmigkeit zu opfern«. Da die Haltung der Regenten in Fragen religiöser Toleranz »im wesentlichen von Nützlichkeitserwägungen und Eigeninteresse bestimmt«[192]

---

189 Roorda (1967, S. 204). Renier nimmt geheime katholische Sympathien trotz äußerlicher »Indifferenz« an (1944, S. 49). In einem persönlichen Gespräch äußerte E. H. Kossmann Zweifel, ob die Katholiken im frühen 17. Jahrhundert den untersten Gesellschaftsschichten zuzurechnen seien, zumal viele Patrizier noch immer katholisch waren.

190 Zit. nach Franken (1968, S. 5).

191 Bangs (1970, S. 481), dessen Artikel eine hervorragende Analyse der Wechselwirkung zwischen theologischen, ökonomischen und politischen Phänomenen darstellt. Vgl. dazu auch Geyl (1961, S. 13 f.).

192 Boxer (1965, S. 131).

war, mag es nicht als allzu hoher Preis erschienen sein, zur rechten Zeit ein paar Arminianer den Wölfen zum Fraß vorzuwerfen – und wenn dies auch nicht auf Oldenbarnevelt zutraf (der 1619, im Jahr der Synode von Dordrecht, hingerichtet wurde), so doch zumindest auf andere Vertreter seiner Klasse.[193] Dieser dramatische Handlungsverlauf stellt innerhalb des modernen Weltsystems ein vertrautes Szenario dar. Kulturelle Toleranz hatte ihre Grenzen, vor allem nach innen. Sie durfte nicht der Subversion den Weg bereiten, ja, man ließ es nicht einmal zu, daß sie einen grundlegenden Bruch innerhalb der herrschenden Schichten heraufbeschwor. Descartes und Locke hieß man willkommen, aber Grotius wurde zu lebenslanger Haft verurteilt. Spinoza befand sich in der inneren Emigration; er durfte zwar leben und schreiben, aber seine Hauptwerke wurden verboten. Als er starb, befanden sich im Leichenzug »sechs Kutschen und eine große Zahl wohlhabender Bürger.«[194] Nicht nur liberal, sondern auch großzügig.

Im Jahr 1618 stellte ein Venezianer fest, Amsterdam sei »das Spiegelbild der Jugendjahre Venedigs«[195]. 1672 war eine Lebensspanne um. Am Ende von Hegemonie steht »Niedergang«, aber da dieser Vorgang auch lange nach Überschreiten des Höhepunkts kaum wahrgenommen wird, erweist er sich als weniger schmerzhaft, als man annehmen möchte. In späteren Jahrhunderten kann man darüber diskutieren, wann der Niedergang einsetzte. Damals jedoch wurde Holland sowohl von Engländern und Franzosen als auch von den Niederländern als unumstrittener Mittelpunkt betrachtet, und zumindest bis 1763, wenn nicht gar bis zur Französischen Revolution, erwies es sich in materieller (und zweifellos auch in moralischer) Hinsicht als sehr befriedigend, niederländischer Bürger zu sein. Niedergang läßt sich nur im Verhältnis zu Aufstieg bestimmen, und zwar dem Aufstieg anderer innerhalb des Analyserahmens der Gewinnmaximierung. Wenn wir uns eingehender mit den Grenzen von Hegemonie auseinandersetzen wollen, müssen wir also die ausschließlich auf Holland fixierte Darstellung abschließen und uns einer systematischen Erörterung der Parallelentwicklungen in und der Wechsel-

---

193 Haley stimmt damit überein: »[Die Regenten] hatten eine Neigung zu toleranten Ansichten und gleichzeitig eine starke Abneigung dagegen, einfach der weltliche Arm einer intoleranten Kirche zu werden. Aber in der Hauptsache ging es ihnen darum, im Interesse von Frieden und Eintracht jeglichen Konflikt zu ersticken« (1972, S. 104). Umgekehrt zeigte sich der Statthalter, ein Oranier, nur in beschränktem Maße bereit, den einfachen Leuten wirklich Schutz vor »aristokratischen Übergriffen« zu gewähren, womit »die Maßnahmen des Statthalters nur selten jene Erwartungen erfüllten, die die kleinbürgerlichen Anhänger des Hauses Oranien in ihn setzten« (1967, S. 189).

Zu jener Zeit begann der Waffenstillstand auch in den Augen der Waffenstillstandspartei an Attraktivität zu verlieren. 1621 nannte Philipp III. drei Bedingungen für eine Verlängerung der Waffenruhe: Glaubensfreiheit für Katholiken, Öffnung der Schelde sowie Räumung Südostasiens und der Karibik. Somit stimmten die Interessen der Oranier mit jenen der Amsterdamer Kaufleute wieder überein (vgl. Geyl, 1961, S. 84). Was die Spanier in den noch folgenden 26 Kriegsjahren gewannen, waren die *katholischen* südlichen Niederlande; aber die *wirtschaftlichen* Interessen Hollands behielten die Oberhand (vgl. Parker 1972, S. 263). Auf *längere* Sicht erreichten die *Prädikanten* also nicht, was sie wollten.

194 Haley (1972, S. 128).

195 Visconti (1958, S. 301).

beziehungen zwischen den Vereinigten Niederlanden, England und Frankreich zuwenden.

Die Situation begann sich in der Mitte des 17. Jahrhunderts zu verändern. Der Dreißigjährige Krieg ging zu Ende, ebenso der spanisch-niederländische Konflikt. Schließlich begannen auch die Vereinigten Niederlande den Druck der ökonomischen Kontraktion zu spüren, der bereits seit 30 bis 50 Jahren auf den anderen Ländern lastete. Der englische Bürgerkrieg war zu Ende – noch nicht ausgestanden, aber zu Ende. Frankreich war gerade dabei, hundert Jahre heftiger interner Auseinandersetzungen hinter sich zu bringen. Die Kämpfe zwischen Reformatoren und Gegenreformatoren, zwischen den »puritanischen« und den »protoliberalen« (oder »toleranten«) Versionen des Christentums waren im öffentlichen Bereich eingedämmt und verlagerten sich weitgehend in den privaten. Die Staaten konnten wieder Atem holen, und die Herrscher konnten beginnen, sich auf den Aufbau der staatlichen Verwaltung zu konzentrieren.[196]

In gewissem Sinne verlassen wir eine Epoche, wo die Bruchlinien primär *inner*staatlich verliefen, wo sich nach dem Frieden von Cateau-Cambrésis in Europa Kriege und Politik nach innen richteten, und erreichen eine Epoche, wo die Bruchlinien wieder primär *zwischen*staatlich auftraten. Diese Periode erstreckt sich von 1651, dem Beginn des ersten englisch-holländischen Kriegs, bis 1763, dem Ende des Siebenjährigen Kriegs. Die Unterscheidung in zwischenstaatliche und innerstaatliche Konfliktzonen ist bis zu einem gewissen Grad willkürlich und unscharf, aber vielleicht trägt sie dazu bei, die Grundtendenz einer Epoche zu betonen. Klassenkämpfe sind in einer kapitalistischen Weltökonomie komplexe Vorgänge und können je nach Situation viele Formen annehmen. Jene Phase, in der sich die Vorherrschaft einer Hegemonialmacht herausbildet, scheint die innerstaatliche Variante zu begünstigen, da hier jene, die ihre Klasseninteressen im Rahmen des Marktes durchsetzen wollen, die *internen*, aus früheren Epochen stammenden Hemmnisse zu beseitigen suchen. Jene Phase, in der sich der Niedergang einer Hegemonie vollzieht, scheint die zwischenstaatliche Form zu begünstigen, da hier jene, die ihre Klasseninteressen im Rahmen des Marktes durchsetzen wollen, bestrebt sind, die *zwischenstaatlichen* politischen Beschränkungen aus früheren Epochen zu beseitigen.[197]

Mitte des 17. Jahrhunderts bestand kein Zweifel, daß sowohl England als auch Frankreich daran interessiert waren, gewisse Vorteile der Niederlande gewaltsam zu eliminieren und sich ihre eigenen zu verschaffen. Da keines der beiden Länder eine deutliche Marktüberlegenheit aufwies, da die Nie-

---

196 E. Barker läßt seine Geschichte der modernen Verwaltung »etwas willkürlich und doch mit einigem Recht« (1966, S. 1) im Jahr 1660 beginnen.

197 Ähnlich der Kommentar von P. Anderson: »Denn wenn das 17. Jahrhundert, was das Verhältnis zwischen Klasse und Staat innerhalb des Gesamtsystems betrifft, die heiße Zeit des Aufruhrs und der Unordnung darstellt, so ist im Vergleich dazu das 18. Jahrhundert der milde Abend ihrer Ruhe und Versöhnung.« (1974a, S. 55)

derlande noch immer sehr stark waren und da aufsteigende Mächte der Semiperipherie wie Preußen, Schweden und Österreich das Fehlen eines militärisch dominierenden Staates auszunützen suchten, dauerte es mehr als hundert Jahre, bis die Situation geklärt war. Bis 1763 hatte sich die Überlegenheit Englands gegenüber Frankreich (und den Niederlanden) eindeutig erwiesen, und die Briten konnten darangehen, zur nächsten Hegemonialmacht zu werden. 1763 stand auch fest, daß sich Preußen innerhalb der Semiperipherie an die Spitze des Feldes gesetzt hatte, wodurch der weitere Kurs der mitteleuropäischen Politik entscheidend beeinflußt wurde. Die Kontraktion und Reorganisation der Peripherie war beendet und die Weltwirtschaft für weitere geographische und ökonomische Expansion bereit.

Kapitel 3:

Auseinandersetzungen im Zentrum – Phase I: 1651–1689

Wenn einmal der Handel auf dem Spiel steht,
so ist die letzte Bastion erreicht; man muß
sie verteidigen, oder man geht unter.

William Pitt d.Ä.[1]

Im Jahr 1651 wurde die niederländische Hegemonie zum ersten Mal wirklich in Frage gestellt. Warum erst so spät? Zweifellos nicht deshalb, weil England und Frankreich dies vorher nicht angestrebt hätten. Vielmehr lag es daran, daß sie mit internen Problemen viel zu sehr beschäftigt waren, um »in einer entschlossenen Kraftanstrengung die Hegemonie Hollands zu brechen«[2].

Die zweite Hälfte des 17. Jahrhunderts war eine Phase, in der die Bevölkerung nicht zunahm – teilweise ging sie zurück, teilweise blieb sie stabil. Am Ende des Jahrhunderts begannen die Kurven wieder nach oben zu zeigen.[3] Erklären läßt sich dies zweifellos durch die Kette von Verwüstungen während des Dreißigjährigen Kriegs, durch die ökologischen Belastungen, die in einigen Gebieten zu lokalen Engpässen (und damit auch Epidemien) führten, sowie durch eine Überproduktion von Getreide innerhalb der Weltökonomie *als ganzer*, was zu einem Fallen der *Weltmarkt*preise führte.[4] Am aussagekräftigsten sind jedoch die regionalen Schwankungen, wobei es auffällt, daß zu Beginn des 17. Jahrhunderts die Gebiete mit der höchsten Bevölkerungsdichte vor allem entlang des alten »Rückgrats« von Europa (von Flandern bis Norditalien) und im neuen Zentrum der europäischen Weltwirtschaft lagen (im Westen der Vereinigten Niederlande, in Südost-England sowie Nordost- und Westfrankreich).[5] Die wichtigste Folge des

---

1 Zit. nach Plumb (1950, S. 71).

2 Geyl (1961, S. 161 f.), bei dem es heißt: »Richelieus Lebenswerk, Hugenotten und Adel zur Räson zu bringen und die französischen Kräfte gegen die Habsburger zu konzentrieren, ... ließ ihm keinen Bewegungsspielraum – auch wenn er zeitweise durchaus von Unmut erfüllt gewesen sein mochte.«

3 Siehe Chaunus Diagramm, das verschiedene regionale Kurven nebeneinander stellt (1966a, S. 181).

4 Pentland legt überzeugend dar, daß in der kausalen Abfolge günstige wirtschaftliche Aussichten einer Bevölkerungszunahme im allgemeinen vorausgehen, und nicht umgekehrt. Diese Abfolge trifft jedoch nur auf den Beginn einer säkularen Aufwärtstendenz zu. Zu anderen Zeitpunkten »führt Bevölkerungswachstum für sich allein und ohne andere unterstützende Faktoren zu völliger Stagnation und Not« (1972, S. 179). In seiner Darstellung des Bevölkerungswachstums im England des 18. Jahrhunderts stellt er beispielsweise den üblichen Erklärungsansatz auf den Kopf und behauptet, daß die Bevölkerungszahl »in der ersten Jahrhunderthälfte deswegen stagnierte, *weil* es ein Übermaß an Nahrung und damit eine Depression in der Landwirtschaft gab; und später unter anderem deswegen anstieg, weil die Agrarpreise höher waren und es der ländlichen Bevölkerung besser ging« (1972, S. 180). Vgl. dazu auch Van der Woude (1972), der mit einer ähnlichen Hypothese aufwartet.

5 Ganz besonders deutlich geht dies aus Chaunus Karte hervor, auf der die Bevölkerungsdichte im Jahr 1620 dargestellt wird (1966a, Abbildung 23).

Dreißigjährigen Kriegs, des niederländischen Unabhängigkeitskriegs und der Epidemien des frühen 17. Jahrhunderts bestand darin, daß die Bevölkerung dieses alten »Rückgrats« ebenso drastisch dezimiert wurde wie jene von Nord- und Zentralspanien (bis dahin ein Gebiet mit durchschnittlicher Bevölkerungsdichte).[6]

Im Vergleich dazu kam es in den neuen Zentrums-Staaten nur zu einem geringen Rückgang. In den Vereinigten Niederlanden war die Situation zwischen 1650 und 1680 widersprüchlich, danach stabil, bis schließlich etwa um 1750 ein Aufschwung einsetzte.[7] In Nordfrankreich »blieben größere Katastrophen aus«[8], und für England ergibt sich ein »verschwommenes«[9] und »noch wenig fundiertes« Bild, wobei es dort zu einem »bescheidenen« Bevölkerungszuwachs gekommen sein könnte.[10]

Da die Zugehörigkeit zum Zentrum vor Bevölkerungsrückgang bewahrte, ist es durchaus verständlich, daß im 17. Jahrhundert die »optimistische« Bevölkerungstheorie die Oberhand behielt. Diese beruhte auf dem Glauben, daß Bevölkerungsreichtum zu nationaler Stärke führe, während ein spärlich besiedeltes Land »zwangsläufig arm und schwach«[11] sei. Die Staaten des Zentrums waren primär damit beschäftigt, wie sie den eigenen Staat gegenüber den anderen stärken könnten. Es war die Depression des Jahres 1622, die Thomas Mun veranlaßte, *England's Treasure by Foreign Trade* [Englands Reichtum durch Außenhandel][12] zu schreiben, einen Klassiker des Merkantilismus. Natürlich stellte der Merkantilismus in England kein neuartiges Phänomen dar. Grampp datiert seine Anfänge auf das Jahr 1500[13], und Unwin beschreibt eine umfangreiche protektionistische Strömung unter

---

6 Siehe Reinhard und Armengaud (1961, S. 141 f. sowie 144–146), die sich mit der deutschen (inklusive tschechischen) »Katastrophe« und dem »langsamen, aber kontinuierlichen Rückgang« in Südeuropa im 17. Jahrhundert auseinandersetzen. Chaunu weist darauf hin, daß Hunger außerdem zu verstärkter Migration führt, was wiederum die Gefährlichkeit von Epidemien erhöht. »Jede Nahrungsmittelknappheit schuf damit *mutatis mutandis* von neuem jene Bedingungen, wie sie durch die *Conquista* in Amerika geschaffen worden waren.« (1966a, S. 233.)

7 Siehe Van der Woude und Mentink (1966, S. 1189).

8 Le Roy Ladurie (1975a, S. 360).

9 Slicher van Bath (1965b, S. 145).

10 Reinhard und Armengaud (1961, S. 147); *Londons* Bevölkerung nahm jedoch kontinuierlich zu, und zwar von 200.000 im Jahr 1600 über 400.000 im Jahr 1650 auf 575.000 im Jahr 1700. In Paris gab es lediglich einen Anstieg von 400.000 im Jahr 1600 auf 500.000 im Jahr 1700. Vgl. dazu Wrigley (1967, S. 44).

11 Hutchison (1967, S. 94), der diese Ideen (Kap. 5) sowie deren Ursprung und Verbreitung (Kap. 3) erörtert. Er widmet sich auch dem gleichzeitig einsetzenden Aufstieg der »politischen Arithmetik«, Vorfahrin der modernen Demographie. Hinsichtlich des Zusammenhangs zwischen Zentrums-Zugehörigkeit und Bevölkerungsdichte muß allerdings ein genereller Vorbehalt gelten: Wie Habakkuk feststellt, »leitet sich unser Wissen über die Bevölkerungsentwicklung teilweise von wirtschaftlichen Indikatoren (etwa der Entwicklung von Löhnen, Preisen und Mieten) her, zu deren Erklärung dann die Bevölkerungsentwicklung herangezogen wird.« (1965, S. 148 f.)

12 Früher einmal galt die Datierung dieses Pamphlets, das erst viel später öffentlich verbreitet wurde, als fraglich, während nun die zwanziger Jahre des 17. Jahrhunderts als gesichert erscheinen (vgl. Gould 1955a,b; Supple 1954).

13 Grampp (1952, S. 465).

Jakob I. .[14] Aber als es für England und Frankreich darauf ankam, wurde die merkantilistische Politik mit »mehr Nachdruck und Kohärenz«[15] durchgesetzt. Das Alderman Cockayne-Projekt jedoch erwies sich, wie an anderer Stelle geschildert, als voreilig. Welche Veränderungen waren also bis Mitte des Jahrhunderts eingetreten, die den Erfolg merkantilistischer Politik ermöglichten? Wodurch wurde dieser Erfolg genaugenommen *unerläßlich*?[16]

Die heiße Phase der Auseinandersetzungen im Zentrum wurde mit der englischen Navigationsakte von 1651 eröffnet. Warum so plötzlich? Im Jahr 1648 ging der Dreißigjährige Krieg zu Ende, und die niederländische Unabhängigkeit wurde von den Spaniern endgültig anerkannt. 1649 proklamierte man in England den *Commonwealth*, und in den Vereinigten Niederlanden begann 1651 die Zeit ohne Statthalter. Was den großen Religionskonflikt in Europa betraf, waren sowohl Reformation als auch Gegenreformation (mit Ausnahme der Vertreibung der französischen Hugenotten) mehr oder weniger an ihre Grenzen gestoßen. Daher herrschte Frieden – und dennoch gab es Kriege, oder besser gesagt einen langen »kalten Krieg«, dessen gelegentliche Kampfhandlungen die »gehässige Handelsrivalität« zwischen den Zentrums-Mächten akzentuierten.[17] Für England bedeutete das Ende der verschiedenen Kriege auf dem Kontinent keinen Vorteil, ganz im Gegenteil. Die englische Handelsschiffahrt hatte nämlich von der Neutralität Englands profitiert, und »der Frieden bedeutete eine Rückkehr der Handelsaktivitäten auf den niederländischen Stapelplatz.«[18] Dazu kam, daß aufgrund der kriegsbedingten Unsicherheit die spanischen *asientistas* nach 1632 ihr Gold und Silber auf englischen Schiffen nach Flandern transportieren ließen. Der für England äußerst positive Nebeneffekt bestand darin, daß zwei Drittel des Edelmetalls vereinbarungsgemäß in Dover entladen und vor dem Weitertransport in der Londoner Münze geprägt wurden. Die erheblichen Staatseinnahmen,

---

14 Unwin (1904, S. 172–195). Diese Bewegung stieß auf breiten Widerstand, dessen genauer Ursprung Gegenstand einer lebhaften Auseinandersetzung geworden ist, die sich dabei auf die Freihandelsdebatte im englischen Parlament von 1604 bezieht. Vgl. Rabb (1964 und 1968), Ashton (1967 und 1969) sowie Croft (1975).

15 Deyon (1969, S. 31). Hinton erinnert daran, daß die Merkantilisten zwar »nicht an Fortschritt glaubten, ... [daß aber] ihr Gegenkonzept des Verfalls einen ebenso mächtigen Handlungsantrieb darstellte« (1955, S. 286).

16 Vgl. Deyon (1969, S. 43), bei dem es heißt: »In der schwierigen Zeit zwischen 1650 und 1750, als der Wettbewerb durch stagnierende Nachfrage und Preise verschärft wurde, hatte das Florieren der Unternehmen einen rigorosen Zollprotektionismus *zur Voraussetzung* – und damit auch eine politische Macht, die dem Druck ausländischer Diplomaten und Kaufleute standhalten konnte.« [Hervorhebung I. W.]

17 Diese moderne Terminologie verwendet Franken in bezug auf die niederländisch-britischen Beziehungen (1968, S. 8). Die Gehässigkeit wird auch von Wilson betont: »In der Zeit zwischen der nachlassenden Bedrohung durch die Spanier und der späteren Herausbildung einer französischen Hegemonie gestatteten sich die Engländer den Luxus eines zeitlich begrenzten, aber heimtückischen Kriegszugs gegen die Niederländer« (1965, S. 41).

18 H. Taylor (1972, S. 260), der weiter ausführt, daß das »Zusammentreffen der Krise nach 1648 mit der Navigationsakte von 1651 zu unmittelbar ist, um rein zufällig zu sein.«

die sich daraus ergaben, waren Karl I. ebenso von Nutzen wie später dem *Long Parliament* .[19]

Die Niederlande schlossen nach dem Ende des Dreißigjährigen Kriegs 1650 den Ablösungsvertrag mit Dänemark, der es den Niederländern gegen einen jährlichen Fixbetrag erlaubte, auf ihren eigenen Schiffen den Sundzoll selbst einzuheben – dies sparte Geld und, was »mindestens ebenso wichtig« war, Zeit.[20] Am 7. April 1652 errichtete Jan van Riebeeck den ersten niederländischen Stützpunkt am Kap der Guten Hoffnung, der von da an die Route nach Süd- und Südostasien beherrschte. Generell erreichte die wirtschaftliche Blüte der Niederlande einen neuen Höhepunkt, während im Vergleich dazu »die Position Englands so schlecht war wie nie zuvor.«[21] 1649 befanden sich die Kornpreise auf dem höchsten Stand des Jahrhunderts. Frankreich verbot Importe aus England. Die Kaufleute trugen die Kosten des Bürgerkriegs, und zwar sowohl innerhalb (über Steuern) als auch außerhalb Englands (ein diplomatischer Apparat fehlte und die Aktivitäten der Kriegsflotte konzentrierten sich auf die Küstengewässer). In dieser Situation nun sollte das erzprotestantische Regime des *Commonwealth* das historische, eng ineinander verwobene Muster aus Protestantismus und Patriotismus durchbrechen.[22] Tatsächlich erblickt Lichtheim in Cromwell denjenigen, dem »der entscheidende Durchbruch« in der Geschichte der britischen Übersee-Expansion gelang. So wie er die Außenpolitik säkularisierte, »nationalisierte« er die Puritaner.[23]

Da die Niederlande de facto eine hegemoniale Stellung innehatten, gab es nur zwei Möglichkeiten, um den englischen Handel auszuweiten: entweder staatliche Unterstützung für englische Kaufleute oder staatliche Beschränkungen für ausländische. Aus Furcht, die Niederländer gegen sich aufzubringen, entschieden sich die Engländer für die erste Variante, und zwar in Form regulierter Handelsgesellschaften.[24] Dies kam zwar diesen Gesellschaften zugute, nicht aber der englischen Bourgeoisie als ganzer. Gegen die Einwände der regulierten Gesellschaften,[25] aber in Übereinstimmung mit »dem Voranschreiten der Wirtschaftskräfte insgesamt«[26] ging England direkt ge-

---

19 Vgl. Kepler (1972); vgl. dazu auch H. Taylor, der den »neuen dynamischen Zweig« des englischen Handels in den dreißiger Jahren des 17. Jahrhunderts genau darin erblickte, daß dieser gegenüber den Spaniern in Flandern als Lieferant fungierte (1972, S. 240).

20 Hinton (1959, S. 85).

21 J. R. Jones (1966, S. 21).

22 Vgl. die Ausführungen bei C. Hill (1969, S. 42); vgl. dazu auch Roberts' Argumentation, daß Cromwell den englischen Handel protestantischen Rücksichten *keineswegs* unterordnet habe und daß seine Politik im Ostseeraum, »selbst wenn religiöse Erwägungen sie beeinflußten, auch aus völlig nichtreligiöser Sicht richtig war« (1961, S. 405).

23 Lichtheim (1974, S. 24).

24 Vgl. Hinton (1959, S. 63).

25 Vgl. Hinton (1959, S. 165); siehe auch M. P. Ashley (1934, S. 19 f. u. 163) bezüglich der unterschiedlichen Positionen, die einzelne Gruppen englischer Kaufleute einnahmen.

26 Wilson (1965, S. 184).

gen die Niederlande vor, indem es 1651 Importbeschränkungen verfügte. Die Navigationsakte von 1651 legte fest, daß Waren nur auf englischen Schiffen oder auf jenen des Erzeugerlandes (definiert als Land des *first port*, also des ursprünglichen Ausfuhrhafens) nach England eingeführt werden durften. Dies war genau darauf abgestimmt, »das Transportgeschäft und den Wiederausfuhrhandel der Niederländer lahmzulegen.«[27] Müssen wir uns also bei der Interpretation der Akte zwischen der Auffassung Adam Smiths, der darin die Eigeninteressen von Kaufleuten am Werk sieht, und jener von Schmoller entscheiden, für den sie einen Aspekt des staatlichen Formationsprozesses darstellt?[28] Ganz und gar nicht! Zu diesem Zeitpunkt bestand nämlich das Interesse von Kaufleuten (einigen zumindest) und gewerblich-industriellen Produzenten gerade darin, den Staat in einer Weise zu stärken, die es ermöglichte, nicht nur den Ostseehandel, sondern auch den gerade expandierenden und letzten Endes bedeutsameren Transatlantikhandel an sich zu reißen.[29]

Es ist schwer vorstellbar, wie ein militärisches Kräftemessen hätte vermieden werden können – zu groß war für die Niederländer die Provokation, selbst wenn die Engländer davon ausgingen, daß es sich lediglich um defensive Maßnahmen handelte. Zu Beginn des Jahres 1651 wiesen die Niederlande ein Vertragsangebot zurück, und die Beziehungen zu England verschlechterten sich rapid.[30] Der Krieg begann im Jahr 1652 und nahm bald eine Wendung zuungunsten der Niederlande, größtenteils aufgrund des überraschend schlechten Zustands ihrer Flotte.[31] In gewissem Sinne führte

27 Harper (1939b, S. 49). Gut illustriert wird dies durch einen der Nebeneffekte dieses neuen englischen Vorstoßes: 1597 erließen die Generalstaaten einen neuen Schutzbrief zugunsten »der in diesen Landen ansässigen portugiesischen Nation«. Damit waren neben Neuchristen indirekt auch bekennende Juden gemeint, wobei das Hauptmotiv darin bestand, die »vom Prinzen von Oranien und seinen Gefährten absolut überschätzten« finanziellen Mittel der Juden ins Land zu bringen (1973, S. 20; S. 3–73 passim). Kurz nach Inkrafttreten der Navigationsakte im Jahr 1651 nahm Cromwell – letztendlich erfolgreiche – Verhandlungen mit den sephardischen Juden von Amsterdam auf. Dabei ging es um ihre Rückkehr nach England, nachdem sie 1290 unter Edward I. vertrieben worden waren. Eine solche Rückkehrerlaubnis bedeutete aus Sicht der jüdischen Unternehmer, daß auf diesem Weg »die Beeinträchtigungen durch die Navigationsakte umgangen werden konnten.« Aus Cromwells Sicht hingegen war diese Rückkehrerlaubnis ein »untergeordnetes Element einer umfassenderen Politik, den Überseehandel auszuweiten: Die Niederlassung jüdischer Kaufleute in London zu gestatten, stärkte England gegenüber dem Handelskonkurrenten Holland« (Endelman 1979, S. 15 u. 17).

28 Vgl. die Darstellung dieser zwei Interpretationen bei Farnell (1964, S. 439 f.).

29 Davis (1962, S. 297).

30 Vgl. Geyl (1964, S. 25–28). Hinton streicht heraus, daß die Niederlande im Grunde eine Wirtschaftsgemeinschaft wollten (von der sie profitiert hätten), während England eine (seinerseits vorteilhafte) politische Union bevorzugte (1959, S. 88). Es läßt sich nachvollziehen, wie die Beteiligten, die von derart konträren Positionen ausgingen, von Gesprächen über eine etwaige Einheit in kürzester Zeit zur »Entfesselung von Haß« übergehen konnten (P. de Vries 1950, S. 46). Die politische Debatte war von einem Vorschlag vorweggenommen worden, doch eine Vereinigung der Niederländischen und der Englischen Ostindischen Kompanie in Betracht zu ziehen. Dies wurde zwischen 1610 und 1618 lanciert und schlug deshalb fehl, weil die Forderungen der Niederländer von den Engländern als maßlos angesehen wurden; vgl. Dermigny (1970b, S. 453).

31 Admiral Mahan erklärte dies damit, daß »die niederländische Regierung in ihrer Abneigung gegen Ausgaben, in ihrer unmilitärischen Haltung und aufgrund ihres leichten Siegs über die verrottete

ein Krieg zum nächsten, denn die englischen Chauvinisten warteten nur darauf, »den Niederländern einen weiteren Schlag«[32] zu versetzen. Ihre Stunde sollte noch kommen – Jahre später und diesmal als ziemlich unverhohlene Aggression. Wenn »Cromwell sich gegen die Niederländer verteidigen wollte, so wollte Karl II. sie zu seinen Untergebenen machen.«[33] Aber zur Zeit Karls II. hatten die Niederländer aus den Erfahrungen gelernt und ihre Flotte verbessert, während die Moral der Engländer aufgrund einer unfähigen Verwaltung und der Pest in London schlecht war. So kam es zu einer Pattsituation und schließlich zum Frieden.

Der Vertrag von Breda 1667 erwies sich in mancher Hinsicht als niederländischer Sieg, zumindest aber als Kompromiß. Die »kostspielige Verantwortlichkeit« für Neu-Amsterdam wurde von den Niederlanden gegen Surinam sowie das südostasiatische Pulo-Run getauscht.[34] England erklärte sich bereit, Waren aus dem natürlichen Hinterland der Vereinigten Provinzen (etwa deutsches Leinen, das in Holland behandelt und gestapelt wurde) als niederländisch zu betrachten. Da diese Güter den Hauptteil der niederländischen Exporte nach England ausmachten, wurden so die Ziele der Navigationsakte teilweise durchkreuzt.[35] Dennoch stellt Breda in Wilsons Augen »einen echten Wendepunkt in den englisch-niederländischen Beziehungen« dar, und Carter sieht darin den »Einbruch der niederländischen Konjunktur«.[36] Offensichtlich muß unter der politischen Oberfläche etwas passiert sein, was über den unmittelbaren Vorteil hinausging, den England durch die Erwerbung Neu-Amsterdams erlangte (konnte es doch dadurch ein bedeutendes Schmuggelloch der Niederländer stopfen, das die eigenen merkantilistischen Beschränkungen unterminierte).[37] War es nicht in Wirklichkeit so, daß der Haß der Engländer auf die Niederländer Hand in Hand ging mit einer

---

spanische Marine ihre eigene Flotte zu einer bloßen Ansammlung bewaffneter Kauffahrteischiffe verkommen ließ. Zur Zeit Cromwells war die Lage am schlimmsten« (1889, S. 126). Jüngste Untersuchungen bestätigen dieses Urteil. Wilson meint in diesem Zusammenhang etwa, daß »die niederländische Marine während der langen Periode des Landkriegs im Dreißigjährigen Krieg relativ vernachlässigt worden war« (1975a, S. 65). Bezüglich einer kurzen Darstellung des Kriegs selbst, siehe Wilson (1968, S. 190–194), der abschließend schreibt, daß der »Krieg nichtsdestoweniger die ernsten Schwächen einer niederländischen Wirtschaft bloßlegte, die sich auf der Grundlage von wirtschaftlicher Leistungsfähigkeit, Frieden und geschäftlicher Normalität entwickelt hatte.«

32 Wilson (1968, S. 194).

33 Hinton (1959, S. 145). Haley stimmt darin zu, daß alle drei englisch-niederländischen Kriege »den Niederländern ungelegen kamen«. Seiner Ansicht nach »ist der Zeitpunkt der ersten beiden im wesentlichen darauf zurückzuführen, daß von Konkurrenzneid bestimmte englische Geschäftsinteressen jeweils für kurze Augenblicke in der Lage waren, die Regierung zum Angriff auf die Niederländer zu drängen, um so deren Handels- und Flottenstärke gewaltsam zu brechen« (1972, S. 177). Diese Sichtweise erscheint deswegen plausibel, weil »eine von Admiral Blakes drei Hauptdirektiven zu Beginn des Krieges im Jahr 1652 dahingehend lautete, die vor der schottischen Küste sich sammelnde niederländische Fischereiflotte zu zerstören« (Michell 1977, S. 179).

34 Vgl. Carter (1975a, S. 6).

35 Vgl. Wilson (1941, S. 6).

36 Wilson (1957a, S. 154); vgl. dazu auch Farnie (1962, S. 206) und Carter (1975a, S. 6).

37 Vgl. Wilson (1968, S. 213 f.); vgl. auch Williamson (1929, S. 252).

»zögernden Bewunderung für die wirtschaftlichen Fähigkeiten der Niederländer«[38] und dem »Wunsch, ihnen nachzueifern?«[39] Und kam es in England nicht zu wichtigen Veränderungen im Bereich der landwirtschaftlich-industriellen Leistungsfähigkeit, die den Rückschlag von Breda zu einem letzten Endes unbedeutenden Ereignis werden ließen und die Niederländer zu Englands Juniorpartner machten?

Daß sich schließlich Frankreich an den kriegerischen Auseinandersetzungen beteiligte, war zweifellos eine Folge dieser Verschiebung, erleichterte sie aber auch. Die Invasion der Spanischen Niederlande durch Frankreich 1667 war ein »entscheidendes Ereignis«[40], das den Vertragsabschluß von Breda beschleunigte und rasch zur Gründung der Tripelallianz zwischen England, den Vereinigten Niederlanden und Schweden (zu diesem Zeitpunkt die vierte bedeutende Militärmacht in Europa) führte. Ludwig XIV. war gezwungen, einen Rückzieher zu machen, und die Niederländer »konnten sich 1668 mit einigem Recht rühmen, der Schiedsrichter Europas zu sein und fünf Könige gebändigt zu haben.« Kein Wunder also, daß für Ludwig die »Niederlande zur fixen Idee«[41] wurden.

Im Jahr 1672 spitzte sich die Lage zu. Die Niederländer fanden sich in zwei separate Kriege gegen England und Frankreich verwickelt. Der dritte englisch-niederländische (See-)Krieg blieb ohne eindeutiges Ergebnis, auch wenn sich die Engländer in der symbolischen Frage des Saluts durchsetzten.[42] Im Vergleich dazu schien der französische Feldzug extrem erfolgreich zu verlaufen, zumindest zu Beginn. 1672, im »Jahr des Unheils«, hatten die Franzosen beinahe ganz Holland erobert. Im Verlauf der politischen Unruhen, die daraufhin ausbrachen, wurde Johan de Witt ermordet und das Regierungssystem der Niederländischen Republik beseitigt. Für die Franzosen verwandelte sich allerdings der nahe Sieg in einen Fehlschlag (weshalb das Jahr 1672 von den Niederländern zusätzlich auch als »Jahr des Wunders« bezeichnet wird). Weit davon entfernt, das niederländische Handelssystem zu übernehmen, mußten die Franzosen im Vertrag von Nijmegen, der diesen langen und letztlich ergebnislosen Krieg beendete, die im Jahr 1664 eingeführten Zölle zurücknehmen.[43]

---

38 Wilson schreibt diese Einstellung Sir George Downing zu, dem »Architekten« des englischen Merkantilsystems (1965, S. 168).

39 Hinton (1959, S. 106).

40 J. R. Jones (1966, S. 75).

41 Goubert (1970b, S. 112); vgl. dazu auch J. R. Jones (1966, S. 60-61). Bezüglich der niederländischen Bestrebungen, »den Status quo aufrechtzuerhalten«, siehe Franken (1968, S. 7).

42 Bereits seit einiger Zeit hatte England verlangt, daß seinen Schiffen auf See von anderen Schiffen Salut zu entbieten sei. Diese ständige Forderung wurde 1672 nachdrücklich erneuert. Für Niederländer, Skandinavier, Franzosen und Hanse lief dies, wie J. R. Jones meint, »auf die Errichtung einer von Zeitgenossen als solcher bezeichneten Vereinigten Monarchie zur See hinaus«, und man sah darin eine Parallele zu Ludwig XIV. und seinen Ansprüchen zu Lande (1968, S. 48).

43 Vgl. Wilson (1968, S. 202--204).

Die wirkliche Bedeutung des Jahres 1672 liegt darin, daß die Niederlande bis dahin (beginnend im Jahr 1651) sowohl von England als auch von Frankreich als Hauptrivale betrachtet wurden. Nun richteten sich deren Aggressionen vorwiegend gegeneinander, und die Niederlande wurden trotz ihrer weiterhin bestehenden wirtschaftlichen Stärke plötzlich zu einem zweitrangigen Faktor.[44] In gewisser Hinsicht hing dies damit zusammen, daß die Kosten der Kriegsführung ständig stiegen. Auch wenn sich die Waffentechnologie im Verlauf der Frühen Neuzeit im Grunde kaum veränderte, so verloren doch die Kavallerie[45] sowie die von den Niederländern hervorragend beherrschte Belagerungstechnik[46] stetig an Bedeutung. Ende des 17. Jahrhunderts stellte sich heraus, daß die demographischen Konsequenzen aus der Teilung des burgundischen Staates am Militär nicht spurlos vorübergegangen waren. Trotz ihres Reichtums erwiesen sich die Vereinigten Niederlande als »zu klein, um für unbegrenzte Zeit jene unerträgliche Belastung zu tragen, die die Verteidigung zu Lande und zur See für sie bedeutete.«[47] Die englische Kriegsmarine übertraf schließlich die niederländische im wesentlichen deshalb, weil England »über größere Ressourcen verfügte«[48]. Natürlich traf dies auch auf Frankreich zu, nur setzte es seine Ressourcen nicht zur See, sondern auf dem Land ein, und auf lange Sicht warfen seine militärischen Investitionen einen geringeren Ertrag ab.[49]

---

44 Bis dahin hatte Ludwig XIV. England als »schwaches, profranzösisches Land« betrachtet – eine Einschätzung, die nach Goubert »1661 zulässig war; daß Ludwig sie im Jahr 1670 äußerte, erwies sich jedoch als verhängnisvoll« (1970a, S. 72 f.). Ähnlich schreibt auch Rule, daß Ludwig »die englische Stärke unterschätzte«. Teilweise ist es zweifellos auf diesen Umstand zurückzuführen, daß der Krieg gegen Holland »französische Staatsmänner in Erstaunen versetzte« (1969, S. 59).
Was England betraf, so verschob sich die Perspektive im Verlauf der politischen Debatte. C. Hill führt aus, daß im Jahr 1674 »Whigs und Finanzwelt diejenigen waren, die in Frankreich den Hauptkonkurrenten im Welthandel und um die Weltmacht erblickten« (1969, S. 163). Die Tories waren etwas skeptischer, und erst nach 1689 sollte England seine Rolle als Großmacht bereitwillig akzeptieren. Bis dahin, glaubt Horn, waren Englands Auftritte auf dem Kontinent in dieser Rolle »für gewöhnlich unfreiwillig, kurzlebig und erfolglos« (1967, S. 2). Bezüglich des Adjektivs unfreiwillig bin ich mir nicht sicher, aber die beiden anderen scheinen nur zu wahr zu sein. Als grundlegender Indikator wird von Horn angeführt, daß England erst nach 1689 vom Subsidienempfänger zum Subsidienzahler wurde – ein Status, den die Niederlande und Frankreich bereits erreicht hatten.

45 Vgl. A. R. Hall (1957a, S. 347 u. 349). Daß es zu keinen signifikanten Veränderungen im Bereich der Waffentechnologie kam, sollte uns nicht über die »beträchtlichen Verbesserungen in der Organisationsstruktur der Streitkräfte und deren beträchtliche Vergrößerung« hinwegsehen lassen. Bezüglich Veränderungen im Heeresaufbau – im Gegensatz zur Bewaffnung – siehe Finer (1975, S. 99–102). Vorbehalte hinsichtlich des tatsächlichen Ausmaßes einer etwaigen Umwälzung im Militärwesen finden sich bei Parker (1976b). Der Niedergang der Kavallerie setzte laut Hall in der zweiten Hälfte des 17. Jahrhunderts ein. Barnett macht darauf aufmerksam, daß zwei Erfindungen zwischen 1660 und 1714 zur »größeren Schlagkraft der Infanterie« beitrugen: das Bajonett und die Steinschloßmuskete (1974, S. 129).

46 Seit der Zeit des Prinzen Moritz von Nassau genossen die Niederländer einen besonders guten Ruf im Bereich der Belagerungstechnik, wo sie ihre vielfältigen Kenntnisse im Pionierwesen, im Minieren und Konterminieren, in der Ballistik, bei Sprengstoffen etc. anwenden konnten.« (Wilson 1968, S. 100)

47 Wilson (1970, S. 125).

48 Fischer/Lundgreen (1975, S. 541).

49 Für Goubert stellt das Jahr 1672 insofern »den großen Wendepunkt in der Regierungszeit« Ludwigs XIV. dar, als der französisch-holländische Krieg den Sieg von Louvois über Colbert und das Ende der finanziellen Stabilität markierte. »[Bis zum Jahr] 1673 war dem König das Geld ausgegangen,

Die wachsende militärische Stärke Englands und Frankreichs gründete sich auf wichtige Veränderungen innerhalb der ökonomischen Basis. Wenn man sich mit dem relativen Leistungsstand beschäftigt, den die Zentrums-Mächte zwischen 1650 und 1750 im Bereich der landwirtschaftlichen und industriellen Produktion aufwiesen, und besonders auf den Vergleich zwischen England/Großbritannien und Frankreich eingehen will, stellt sich unter anderem ein Problem: Beinahe die gesamte Forschung machte an den nationalen Grenzen halt. Solche Arbeiten enthalten häufig vergleichende Feststellungen, die allerdings recht oft eher Vorurteile darstellen als nüchterne Bewertungen. Auf der ganzen Welt (auch in Frankreich) neigen die Wissenschaftler nur zu oft dazu, Unterschiede aus dem 19. Jahrhundert auf die vorangegangene Periode zu projizieren, und unternehmen daraufhin beharrliche Anstrengungen, Fakten zu erläutern, die sie noch nicht empirisch verifiziert haben. Ich habe den starken Verdacht, daß sich die tatsächliche landwirtschaftliche und industrielle Leistungsfähigkeit Englands von jener Frankreichs in dem uns interessierenden Zeitraum weit weniger unterschied, als wir gemeinhin annehmen. Die geringfügigen Unterschiede, die sich 1763 zeigten, wurden dann *politisch* zu jenen markanten Unterschieden ausgeweitet, die sich hundert Jahre später auftaten und sich bis dahin ökonomisch verfestigt hatten.

Wir werden nun versuchen, die erste Hälfte dieser Behauptung in groben Zügen darzulegen.

Eines der Grundprobleme derartiger Vergleiche besteht darin, welche Gebiete man eigentlich miteinander vergleichen soll. Frankreich als politische Einheit war flächen- und einwohnermäßig etwa viermal so groß wie England (hatte daher ungefähr die gleiche Bevölkerungsdichte). Nimmt man Schottland und Wales dazu und verwendet Großbritannien als Vergleichsgröße, so ergibt sich dadurch eine knappe Verdoppelung der Fläche sowie eine Verringerung der Bevölkerungsdichte. Berücksichtigt man lediglich die französischen *cinq grosses fermes*, die ein einheitliches Zollgebiet darstellten, so kommt man auf annähernd die gleiche Fläche wie Großbritannien. Könnten wir die Daten fein säuberlich durch diese verschiedenen Einheiten dividieren (was nicht der Fall ist), würden sich die Ergebnisse aufgrund unserer jeweiligen Entscheidung verändern. Die politischen Außengrenzen erweisen sich als recht bedeutungsvoll, wenn es gilt, militärische Optionen abzuschätzen und Gebiete zu bezeichnen, innerhalb derer die Regierungspo-

---

und das von Colbert errichtete Gebäude begann an allen Ecken und Enden zu zerfallen« (1970a, S. 140). Selbstverständlich gelangte Admiral Mahan zur selben Einschätzung: »Unter allen Großmächten hatte allein [Frankreich] die freie Wahl [zwischen Land und See]. 1672 entschied es sich eindeutig dafür, seine Landfläche auszudehnen. Warum war Frankreich [im Jahr 1715] ein unglückliches, erschöpftes Land, während England blühte und gedieh? Warum wurden Friedensbedingungen von England diktiert und von Frankreich akzeptiert? Der Grund dafür lag offensichtlich darin, daß sie sich in Reichtum und Ansehen voneinander unterschieden.« Mahan zitiert Campbell (*The Lives of Admirals*) in bezug auf die englischen Erfolge im Seekrieg und -handel: »So groß waren die Früchte, die das Anwachsen unserer Stärke zur See und die Art, wie sie eingesetzt wurde, trugen.« Der Kommentar von Mahan: »Es ist überflüssig, dem noch etwas hinzuzufügen.« (1889, S. 226 f. u. 229)

litik das Wirtschaftsleben beeinflussen konnte – wenn auch die Zentralregierung in jeder der drei zum Zentrum gehörenden Mächte jeweils unterschiedlichen Beschränkungen ausgesetzt war, die von der jeweiligen ebenfalls unterschiedlichen Verfassungsstruktur abhingen (von der innenpolitischen Lage ganz zu schweigen).

Im Frankreich des 17. Jahrhunderts, schreibt Jacquart, war die Landwirtschaft »die wichtigste Quelle des Reichtums, und zwar bei weitem.«[50] Trifft das nicht genauso auf England zu? In der Phase wirtschaftlicher Stagnation wurde in England ein Teil des Ackerlands für die Viehzucht verwendet, in Frankreich hingegen für den Weinanbau. In beiden Fällen kehrte man damit zu jener Nutzung zurück, wie sie vor dem Konjunkturaufschwung im 16. Jahrhundert bestanden hatte. Daß die beiden Länder unterschiedlich reagierten, ist primär auf Klima und Bodenbeschaffenheit zurückzuführen. Im Vergleich zur Landwirtschaft in England, Holland und einigen anderen Gebieten Europas zeichnet Goubert für das 17. Jahrhundert ein düsteres Bild der französischen Agrarsituation. Nach Ansicht Le Roy Laduries hingegen setzt der Aufschwung der französischen Landwirtschaft (zumindest ganz im Norden, wo sich der beste Ackerboden befindet) exakt zur selben Zeit ein wie in England: im Jahr 1690. Eine dritte Position nimmt Imbert mit der Feststellung ein, daß die französische Getreideproduktion nur leicht, die Weinproduktion hingegen viel stärker zugelegt habe.[51]

Hundert Jahre lang, von 1650 bis 1750, fielen in allen drei Staaten des Zentrums die Getreidepreise. Die Preise für andere landwirtschaftliche Produkte gingen ebenfalls zurück, aber nicht immer im gleichen Ausmaß.[52] In allen drei Ländern bestand die Reaktion darin, daß man sich entweder anderen Unternehmungen zuwandte oder durch größere Effizienz und organisatorische Umstrukturierung die Produktionskosten senkte, um so die Höhe der Erträge zu halten. Lange Zeit waren die Niederländer auf dem Gebiet der landwirtschaftlichen Diversifizierung führend gewesen, doch nun wollten es ihnen die anderen gleichtun.[53] Die »wichtigste Neuerung« in England sieht Fussell darin, daß Rüben und Klee in den Fruchtwechsel aufgenommen wurden; nach Ansicht von Jones »betraf die entscheidende Neuerung die Versorgung mit Viehfutter«; Wilson hebt die Bedeutung des Urbarmachens hervor, d.h. die »Gewinnung von neuem Land aus altem Öd- und Heideland«, wohingegen für Habakkuk weniger der Einsatz neuer Techniken von Bedeutung war als »die Verbreitung der besten bereits

50 Jacquart (1973, S. 172).

51 Vgl. Goubert (1970f, S. 150), Le Roy Ladurie (1975a, S. 416) und J. Imbert (1965, S. 339).

52 Bezüglich der Vereinigten Niederlande vgl. van der Woude (1975, S. 240), für England siehe Thirsk (1970, S. 149) und für Frankreich Goubert (1970g, S. 334 u. 338–340).

53 »Ganz zu Beginn des 17. Jahrhunderts wurden sich englische Zeitgenossen dessen bewußt, daß ihnen die Niederländer in vielen Bereichen der gesellschaftlichen Organisation weit voraus waren. In Abhandlungen begann man auf niederländische Gepflogenheiten hinzuweisen, die die Engländer nachahmen sollten, oder auf niederländische Vorteile, die ihnen die Engländer streitig machen sollten« (Clark 1960, S. 14).

existierenden«[54]. Unabhängig davon, welche der hervorgehobenen Aspekte nun zutreffen, fallen doch zwei Hauptpunkte ins Auge: In erster Linie ermöglichten die »Verbesserungen« die Bebauung von Flächen, die bis dahin nur geringe Erträge gebracht hatten oder völlig ungenutzt gewesen waren.[55] Zudem stellten sie eine unmittelbare Reaktion auf die Schwäche des Getreidemarkts dar, denn wenn sie das Niveau ihrer Erlöse halten wollten, mußten sich die Landwirte einen größeren Anteil dieses relativ stagnierenden Marktes[56] sichern oder sich auf andere Produkte verlegen.

Zur Geschichte der Fortschritte, die die englische Landwirtschaft zu jener Zeit machte, existiert eine äußerst umfangreiche und derart überzeugende Literatur, daß wir dadurch möglicherweise das Wesentliche aus den Augen verlieren. De Vries erinnert daran, daß die landwirtschaftlichen Verbesserungen zumindest im 17. Jahrhundert »hauptsächlich dazu dienten, [England] auf ein Niveau zu bringen, das die Niederlande und Norditalien bereits erreicht hatten – und nicht dazu, sie in einer Staubwolke hinter sich zu lassen.«[57] Angesichts der vorsichtigen Haltung französischer Wissenschaftler[58] erscheint es etwas verwegen, wenn Roehl kategorisch feststellt:

> In Frankreich wurden moderne [landwirtschaftliche] Techniken *so früh eingeführt wie anderswo auch*. Besonders die Gegend westlich von Paris in Richtung Ärmelkanal und nördlich in Richtung Flandern weist von der Struktur und vom Klima her große Ähnlichkeiten zu den besten Agrargebieten Englands auf. Daher kommt die Feststellung nicht weiters überraschend, daß die »Agrarrevolution« (die sich in Frankreich ebenso ungleichmäßig vollzog wie in England) in gleichgearteten landwirtschaftlichen Regionen der beiden Länder begann und für lange Zeit weitgehend auf diese beschränkt blieb.[59]

Was wissen wir über den Produktivitätszuwachs? England, die Niederlande und Frankreich werden von Slicher van Bath *alle* seiner Phase C (durch-

---

54 Vgl. Fussell (1959, S. 613 f.), E. L. Jones (1967, S. 7), Wilson (1965, S. 33) und Habakkuk (1965d, S. 328). »In England ... wurden die neuen Futterpflanzen etwa ab 1630 integriert, um gemischte Bewirtschaftungsformen zu schaffen« (Jones/Woolf 1969, S. 7).

55 Vgl. Chambers (1960, S. 21) und Darby (1973, S. 330–344).

56 Vgl. E. L. Jones (1965, S. 14), der sich selbst widerspricht, wenn er sagt (S. 1), daß zwischen 1660 und 1750 die »Veränderung der [englischen Agrar-]Techniken in keinem Verhältnis zur relativ begrenzten Erweiterung des Marktes stand.« Was ist ein richtiges Verhältnis? Und wann? Oft ist es angesichts *expandierender* Märkte am profitabelsten, die bestehenden Techniken beizubehalten, statt die Kosten für Verbesserungen tragen zu müssen.

57 J. de Vries (1975, S. 82).

58 Beispielsweise spricht Le Roy Ladurie von einem »Geniestreich« Englands, die für kleine Wirtschaftseinheiten entwickelten Methoden aus Flandern auf eine großräumige Landwirtschaft zu übertragen. Er schreibt, daß in Frankreich, in der Gegend zwischen Somme und Loire, ein ähnlicher Versuch auf *open fields* nur teilweise und recht spät zum Erfolg führte. (1975a, S. 416 f.)

59 Roehl (1976, S. 262, Hervorhebung I. W.). Im einzelnen heißt es dort: »Neue Nutzpflanzen, vor allem aus Nordamerika, wurden in die Fruchtfolge aufgenommen: Kartoffeln, Klee und andere Futterpflanzen, Mais, Zuckerrüben. Ihre Funktion bestand darin, gleichzeitig den Boden zu ‚reinigen' und ihm eine Erholungsphase zu verschaffen, ohne ihn deshalb brachliegen zu lassen. Ein weiterer Effekt war die Stallfütterung von Vieh und die daraus resultierende Ausdehnung des Ackerlands.« Roehl beruft sich dabei auf Bloch (1966, S. 213–219), merkt aber an, daß Morineau (1968) eine entgegengesetzte Ansicht vertritt.

schnittliche Ertragsziffer bei Getreide 6,3–7,0) zugeordnet, die in den beiden erstgenannten Ländern von 1500 bis 1699 dauert, in Frankreich von 1500 bis 1820 – der Anfangspunkt ist also identisch, der Endpunkt nicht. Nach Slicher van Baths Berechnungen rücken England und die Niederlande nach 1750 in seine Phase D (Durchschnittsertrag über 10,0) vor (womit er uns im unklaren läßt, was seiner Meinung nach zwischen 1700 und 1750 geschah).[60] In Hoskins' Augen kam es in England zwischen 1680 und dem Ende des 18. Jahrhunderts zu keinem erkennbaren Ansteigen der Erträge; Wrigley schätzt, daß die Pro-Kopf-Erträge zwischen 1650 und 1750 um 10% zunahmen; Fisher hingegen schreibt, daß in den letzten Regierungsjahren Karls II., also vermutlich um 1680, »der Strom landwirtschaftlicher Erzeugnisse derartig anschwellen sollte, daß er den Menschen die Schrecken des Überflusses einflößte.«[61] Was Schottland betrifft, so bestand »eines der auffallendsten Merkmale des 17. Jahrhunderts«[62] in der Ausrichtung der Landwirtschaft (Ackerbau und Weidewirtschaft) auf den Markt. In Frankreich blieben die Getreideerträge, gemessen an der Relation zwischen Aussaat und Ernte oder der Produktion pro Hektar,[63] zwischen dem 15. Jahrhundert und 1840 konstant – nicht aber in bezug auf Arbeitstag oder Arbeitsjahr, die sich beide verlängerten.[64]

Wenn man jedoch die Getreideproduktion isoliert betrachtet, so geht dies deshalb am Kern der Sache vorbei, weil »der entscheidende Punkt der landwirtschaftlichen Verbesserungen die *Kombination* aus Viehzucht und Ackerbau war.«[65] Genau das wurde durch die neuen Futterpflanzen (Futtergras, Luzerne, Klee) möglich, genau das übernahmen die Engländer von den Niederländern,[66] und genau das erlaubte es, den Faktor Raum durch Arbeitskraft zu ersetzen, und ermöglichte damit eine intensive, nicht-nomadisierende Weidewirtschaft.[67] Während in England dieser Prozeß ablief, kam es in Frankreich im Bereich der Weinproduktion zu ähnlichen Erfolgen. Etwas asketisch mutet Chaunus Bemerkung an, daß im 17. Jahrhundert der Okzi-

---

60 Slicher van Bath (1963b, S. 16).

61 Hoskins (1968, S. 27), Wrigley (1967, S. 57) und F. J. Fisher (1961, S. 4).

62 Smout/Fenton (1965, S. 78). Sie gehen allerdings davon aus, daß Neuerungen (Kalken saurer Böden) sowie die Kultivierung neuer Böden aufgrund der »Schwäche der Zentralregierung« und preisbedingt rückläufiger Einnahmen ab 1650 an Schwungkraft verloren (S. 56–87). Dies unterscheidet sich von dem, was vermutlich in England geschah, und läßt sich wohl folgendermaßen erklären: Obwohl Schottland politisch gesehen einer Zentrums-Macht angehörte (und dies bis 1707 gar nur partiell), so war es *ökonomisch* gesehen ein Teil der Peripherie. Wenn wir also die Auswirkungen der Kontraktion betrachten, können wir möglicherweise größere Ähnlichkeiten zwischen schottischen und polnischen Erzeugern feststellen als zwischen schottischen und englischen.

63 Vgl. Morineau (1968, S. 326). Le Roy Ladurie schränkt ein, daß dies nur »für die Welt der Bauern« zutreffe (1973, S. 425).

64 Le Roy Ladurie (1968, S. 83), der sich jedoch dabei lediglich auf das Languedoc bezieht.

65 Wilson (1965, S. 143).

66 Vgl. Fussell (1968, S. 33 f.).

67 Vgl. Meuvret (1968, S. 17).

dent den Orient »in Richtung auf die künstlichen Paradiese« einzuholen begann.[68]

Betrachtet man die europäische Weltwirtschaft zwischen 1650 und 1750 als Ganzes, stellt man fest, daß sich die Getreideproduktion markant von der Peripherie ins Zentrum verlagerte. Wir werden uns ausführlich damit auseinandersetzen, wenn wir auf die Entwicklungen in der osteuropäischen Periperie eingehen. Da aber ein großer Teil der Südhälfte Frankreichs eigentlich eine semiperiphere oder gar periphere Stellung einnahm, trat dort dasselbe Phänomen auf.

Vielleicht können wir uns den Vorgang folgendermaßen vorstellen: Obwohl England und Nordfrankreich damals als Gebiete im Zentrum ihren Anteil an der weltweiten Getreideproduktion jeweils deutlich erhöhen konnten, wurde der neu erzielte Überschuß im Fall Englands über die Landesgrenzen hinweg exportiert,[69] während er im Fall Frankreichs innerhalb der Landesgrenzen »exportiert« wurde.[70] Sollte diese Analyse in groben Zügen

---

68 Chaunu (1966a, S. 310).

69 Der deutliche Anstieg der Getreideexporte begann um 1700, was laut Bairoch darauf hindeutet, daß die Entwicklung möglicherweise »ein Vierteljahrhundert früher« einsetzte (1973, S. 459). Dieser Zeitpunkt stimmt mit jenem überein, der Änderungen in der Regierungspolitik markiert. Mit dem Gesetz von 1673 wurden Exportprämien für Getreide eingeführt – Exporte wurden also nicht nur erlaubt, sondern sogar gefördert; vgl. Lipson (1956, Bd. 2, S. LXX–LXXII u. 451 f.). Es ist durchaus wahrscheinlich, daß auch die Vereinigten Niederlande ihren Anteil an der Weltgetreideproduktion steigern konnten; aber da das Ausgangsniveau niedrig war, fiel dies weniger ins Auge. Siehe beispielsweise Frankens Antwort auf E. L. Jones' Behauptung, daß die Zunahme der Getreideproduktion in einer Zeit niedriger Preise ein »ausschließlich auf England beschränktes Phänomen« darstellte (1967, S. 159). Unsinn, sagt Jansen: In Limburg und anderswo sei dasselbe geschehen (1971). Franken macht den Druck, den die Städte ausgeübt hätten, für die Produktionsausweitung verantwortlich und meint, daß diese zu einer Erschöpfung der Böden geführt habe (1971, S. 165). Speziell angesichts der ökologischen Faktoren stellt sich jedoch die Frage, warum das Getreide nicht aus größerer Entfernung importiert wurde. Die Frage der Profitmöglichkeiten darf in der Erklärung nicht ausgeblendet bleiben.

70 »Der Großteil der landwirtschaftlichen Produktion«, so Jacquart, »wurde in Frankreich während des 17. Jahrhunderts im Inland konsumiert oder vor Ort weiterverarbeitet«. Obwohl andere Agrarprodukte durchaus exportiert wurden, »blieb der Handel mit Getreide normalerweise verboten, außer die Ernte war gut.« Zur selben Zeit, als England seine Exportprämien für Getreide einführte, gab der *Conseil du Roi* strenge gegen den Export gerichtete Erlässe heraus – zwischen 1675 und 1683 mehr als dreißig (1974, S. 181 f.). Usher gelangte in seiner klassischen Darstellung des Getreidehandels zu einer anderen Einschätzung (1913, S. 273 u. 294). »Das einzige originelle Element in Colberts Umgang mit dem Getreidehandel« habe darin bestanden, daß er ihn auch als *Frei*handel betrachtete. Dabei habe er sich vom Prinzip leiten lassen: »Verbote in Zeiten der Not, Freigabe in Zeiten des Überflusses.« Usher weist darauf hin, daß es um eine Freigabe in *zweifacher* Hinsicht ging: beim Export und im Handel zwischen den Provinzen. Was geschah nun zwischen 1675 und 1683 unter den Bedingungen relativer Freiheit im innerfranzösischen Handel?
Man sollte diesbezüglich vielleicht beachten, daß die Getreideproduktion in Basse-Provence und im Languedoc noch bis etwa 1680 zunahm. Dafür gibt es unterschiedliche Erklärungen, die Konsequenz bestand jedoch darin, daß so die Stagnation anderer Regionen zum Teil kompensiert wurde. Die »Anomalie« dieser anhaltenden Expansion in einem Gebiet, das nicht zum Zentrum gehörte, beruhte laut Chaunu auf »dem Stellenwert zuvor nicht bebauten Bodens (*l'inculţ*)«. Dies habe bedeutet, daß hier »eine Grenze später erreicht wurde« als anderswo (1963b, S. 354). Vgl. dazu auch Goubert (1970c, S. 49–54). Nach Ansicht Le Roy Laduries stellten die Jahre 1655 bis 1675 für das Languedoc lediglich einen »kurzzeitigen Aufschwung« dar (1974a, S. 149).
Natürlich gab es auch in England »internen« Export, vor allem nach London (vgl. Everitt 1968, S. 64). Es geht jedoch darum zu erkennen, daß Entwicklungen im Produktionsbereich nur beschränkt am Außenhandel gemessen werden können – ein Punkt, der von Morineau betont wird (1965, S. 171). In

stimmen, lassen sich spätere Unterschiede zwischen England und Frankreich nicht aus dem unterschiedlichen Produktivitätsniveau erklären, den die Landwirtschaft der beiden Länder im 17. Jahrhundert aufwies. Möglicherweise können diese Unterschiede eher in der verschiedenartigen Organisation der Agrarproduktion geortet werden. Will man sinnvoll vergleichen, wie sich die Bodenbesitzverhältnisse während dieser Periode in England und Frankreich entwickelten, so darf man nicht vergessen, daß es in beiden Ländern zwei Hauptformen der Landnutzung gab, daß sie aber nur eine davon gemeinsam hatten – die Getreideproduktion. Die andere Form war in England die Viehzucht, die sich besser für Kosteneinsparungen auf Grundlage vergrößerter Produktionseinheiten (*economies of scale*) eignete als die Weinerzeugung, die zweite Hauptform in Frankreich; darüberhinaus erforderte die Viehzucht ein höheres Investitionskapital. Diese einfache ökonomische Tatsache trägt vielleicht mehr zur Erklärung der unterschiedlichen Entwicklung der Bodenbesitzverhältnisse bei als Gesetze, Traditionen, Mentalitäten, die vordem bestehende Klassenstruktur oder das vermutete Erbe »feudaler« Rechte.

Sowohl in England als auch in Frankreich waren Rechtsprechung, Politik und das Auf und Ab des Marktes auf so komplexe Weise miteinander verflochten, daß sich daraus in bezug auf Grund und Boden ein wahres Kaleidoskop von Rechtsverhältnissen ergab. Man kann dieser Komplexität Herr werden, indem man ausgehend von der primären Einkommensquelle vier Hauptkategorien entwickelt: Grundbesitzer (in der Regel Großgrundbesitzer), meist Adelige, die von Produzenten einen Pachtzins erhielten; wohlhabende Produzenten, recht oft »Pächter«, die über mittlere bis große Einheiten verfügten und Tagelöhner beschäftigten; nicht-wohlhabende Produzenten auf kleinen Einheiten, gelegentlich als Eigentümer und oft vor der Notwendigkeit stehend, ihre Einkommen durch anderweitige Beschäftigung aufzubessern; und schließlich Tagelöhner ohne (oder beinahe ohne) Land. Die zweite und häufig auch die dritte Kategorie werden für gewöhnlich durch wunderbar zweideutige Begriffe wie *peasant* (Kleinbauer) oder *yeoman farmer* (Freibauer) bezeichnet. Wenn Autoren vom Verschwinden der Freibauern in England und dem Überleben der Kleinbauern in Frankreich schreiben, scheint die dritte Kategorie gemeint zu sein. Was geschah in England und Frankreich tatsächlich im 17. Jahrhundert? Am deutlichsten läßt sich dies erkennen, wenn wir die Kategorien eine nach der anderen in Augenschein nehmen.

Eines der Grundmerkmale des modernen Kapitalismus besteht im langsamen, aber stetigen Wachstum des Großgrundbesitzes, einem fortschreitenden Konzentrationsprozeß.[71] Eine zentrale Methode war dabei

---

bezug auf ihre geographische Ausdehnung bilden die Vereinigten Niederlande, England und Frankreich eine aufsteigende Reihe. Je kleiner das Land, desto größer der Anteil des Außenhandels am gesamten Handelsvolumen – unter der Voraussetzung, daß andere Faktoren gleich sind.

71 Vgl. dazu F. M. L. Thompson (1966, S. 512), Goubert (1970e, S. 102), Le Roy Ladurie (1975b,

die Einhegung von Gemeindeland, die in diesem Zeitraum allem Anschein nach nicht wesentlich abnahm.[72] Um in schwierigen Zeiten derartige Güter aufzubauen, brauchte es Geld und Energie. In zunehmendem Maße gelangte Grund und Boden durch Verkauf in nicht-adelige Hände; in Frankreich ist dieser Umstand allerdings rückblickend schwerer festzustellen, ermöglichte doch einem Nicht-Adeligen derselbe Reichtum, mit dessen Hilfe er Land kaufen konnte, auch den Kauf eines Adelstitels (was deutlich einfacher war als in England). Diese großen Besitzungen setzten sich zuweilen aus einzelnen Stücken zusammen, und so erwies sich die Eigentumskonzentration zum Teil lediglich als »Buchhaltungszentralisierung«.[73] Es lag in der Natur der Sache, daß eine solche Buchhaltungszentralisierung immer häufigere Absenzen des Grundherren nach sich zog. Außerdem war mit dem Verfall der Getreidepreise ein immer geringerer Nutzen aus direkter Bewirtschaftung zu ziehen, während die Vorteile einer Verpachtung zunahmen.[74] Die stetige Entwicklung des Staates ließ für immer mehr dieser Grundherren das Leben in der Hauptstadt attraktiv erscheinen. Gleichgültig, weshalb sie weggingen (um ein Leben als Höfling zu führen oder am Geldmarkt mitzumischen), – ihre physische Distanz zur landwirtschaftlichen Produktion nahm auf jeden Fall zu.[75]

Um große Besitzungen zusammenzuhalten, mußte sich der einzelne als fähiger Unternehmer erweisen. Für solche Talente gab es ein weites Betätigungsfeld, aber zugleich suchten sich Familien vor der Unfähigkeit einzelner Erben zu schützen. In England führte dies zu einer neuen juristischen Form, dem *strict settlement* (strikte Regelung)[76], das ebenso gute Dienste leistete wie die niedrigeren Zinsen, die eine allfällige

---

S. 1412) und Jacquart (1968, S. 66), der betont, daß es in Frankreich nur nördlich der Loire zu einer Ausweitung großer Güter kam.

72 Hoskins spricht von »einem ungeheuren Ausmaß bislang unbekannter Einhegungen« englischen Gemeindelands im 17. Jahrhundert (1955, S. 220). Vgl. dazu auch Darby (1973, S. 321). Die Grundherren eigneten sich im Frankreich des 17. Jahrhunderts die großen Ebenen in einem Umfang an, daß es für einen Bauern schon »ein Segen des Himmels« war, auch nur ein winziges Stück Weideland zu besitzen (Goubert 1970e, S. 102). Bloch weiß von weitverbreiteten Einhegungen in West- und Zentralfrankreich bis zum Jahr 1700 zu berichten (1930, S. 332).

73 Meuvret (1960, S. 346). Tapié meint, daß in Frankreich im 17. Jahrhundert so mancher große Grundherr »zu einer Art kapitalistischem Unternehmer geworden war, dessen verstreuter Besitz in den Händen von Verwaltern oder Pächtern lag« (1959, S. 138).

74 Roebuck (1973, S. 15). Slicher van Bath schreibt, daß sich allerdings nach 1665 »die Situation des Verpächters verschlechterte« (197, S. 107).

75 Zu diesem Phänomen gibt es für Frankreich umfangreiche Untersuchungen; in England kam es jedoch zum selben Vorgang – vgl. Roebuck (1973, S. 11–14). Die Anstellung hauptberuflicher Gutsverwaltungs-Spezialisten trug zur Distanz bei; vgl. Mingay (1963, S. 59).

76 Das *strict settlement* war ein Mechanismus, das den Gutserben gesetzlichen Beschränkungen im Hinblick auf Verkauf oder Verpfändung seines Besitzes unterwarf (vgl. Habakkuk, 1967b, S. 2 f.). Durch dieses System waren neureiche Familien gezwungen, sich zwecks Grunderwerb an die untere Gentry, *freeholder* (Freibauern) und *copyholder* zu halten, was zum Konzentrationsprozeß weiter beitrug; vgl. dazu Mingay (1968, S. 28).

Verschuldung erträglicher machten und gleichzeitig durch die mit dem *strict settlement* verbundene beschränkte Kreditaufnahme ihrerseits begünstigt wurden.[77] In Frankreich war ein Familienerbe durch die obligatorische Besitzteilung einem zusätzlichen Problem ausgesetzt. Die französischen Gutsbesitzer waren allerdings nicht weniger raffiniert als die englischen und bedienten sich des legalen Hintertürchens der *rentes constituées*, die auf Erben übertragen werden konnten, während dies bei den *rentes foncières* nicht der Fall war. Um das Familienerbe zu erhalten, war man eher bereit, niedrige Zinssätze in Kauf zu nehmen und auf die Rückzahlung des Kapitals zu verzichten. Der Ämterkauf stellte eine wesentliche Spielart einer solchen Investition dar.[78]

Die nächsten beiden Kategorien, die der wohlhabenden und der nichtwohlhabenden Produzenten, erweisen sich als äußerst verworren, korrelierte doch die Unterscheidung in Besitzer und Pächter (bzw. Grundholder) in keiner Weise mit allzu großen Unterschieden in Wirtschaftskraft, sozialer Stellung oder politischer Einstellung. Dies vor allem deshalb, weil zwar einige der Produzenten Besitzer, die meisten aber Pächter waren und einige De-jure-Pächter de facto Besitzer.[79] Sieht man von den Großgrundbesitzern ab, war es in wirtschaftlich schwierigen Zeiten möglicherweise besser, Pächter und nicht Besitzer zu sein.[80] Die Entwicklung dieser beiden Kategorien sollte als zweistufiger Prozeß gesehen werden. In der ersten Hälfte des 17. Jahrhunderts, als die Gewinne aus der Weizenproduktion bereits fielen, setzte sich das Ansteigen der Renten fort und jenes der Steuern hatte begonnen.[81] Dadurch waren kleinere Getreideproduzenten sicherlich einem beträchtlichen Druck ausgesetzt. Viele unabhängige Er-

---

77 Vgl. Mingay (1960, S. 375 f.) und Habakkuk (1960, S. 160–165).

78 Einen Gesamtüberblick über dieses sehr komplexe System gibt Giesey (1975). Laut Goubert war der Zinssatz bei *rentes constituées*, verglichen mit anderen Einkommensquellen im Frankreich des 17. Jahrhunderts, eigentlich nicht niedrig.

79 Meuvret behauptet, daß ein *censive*, ein dem englischen *copyhold* ähnliches, unkündbares Nutzungsrecht, »echtes Eigentum« darstellte, dessen Inhaber es »verpachten, tauschen, verkaufen oder teilen« konnte, solange er – »was eine Art Steuersystem darstellte« – Abgaben an den Grundherren leistete (1960, S. 343). Goubert weist indes darauf hin, daß es sich um eine sehr kostspielige Steuer handeln konnte, und das nur um Besitzrechte auszuüben (1970f, S. 130). Ein ähnlicher Hinweis findet sich bei Kerridge in bezug auf England, wenn er meint, daß ein *copyholder* auf Lebenszeit, wenn schon nicht vor dem Gesetz, so doch in bezug auf Grund und Boden ein *freeholder* sei (1969, S. 60).

80 Völlig zu Recht macht etwa Mingay darauf aufmerksam, daß der Begriff *yeoman*, wie ihn Adam Smith benutzte, »lediglich den sozialen Status bezeichnete«. Ein *yeoman* hatte demnach einen höheren Status als ein *husbandman* und einen niedrigeren als größere Landwirte; dennoch konnte er gleichermaßen *freeholder*, *copyholder* oder *leaseholder* sein (1963, S. 88). Slicher van Bath stimmt zu, daß es generell nicht immer von Vorteil war, Eigentümer zu sein. »Die dichtbesiedelten und fruchtbareren Gegenden wurden von Pächtern bewirtschaftet, denen es besser ging als den Ärmeren aus der Gruppe derjenigen, die ihren eigenen Boden bearbeiteten. Grundbesitz und Reichtum gingen keineswegs immer Hand in Hand.« (1977, S. 109.)

81 Für Frankreich scheint das Jahr 1660 der Wendepunkt zu sein. Damit endet die Zeit von »Unbeweglichkeit und Katastrophen«, wie Jacquart (1975) ein Kapitel über das ländliche Frankreich zwischen 1560 und 1660 betitelt hat. Le Roy Ladurie behauptet hingegen, daß die Grundrente bis 1675 anstieg (1973, S. 430).

zeuger mußten ihre Unabhängigkeit aufgeben;[82] das gleiche galt für *kleinere* Pachtbauern.[83]

Als Konsequenz daraus kam es anscheinend in der anschließenden Stagnationsperiode auf Kosten der nicht-wohlhabenden Bauern (egal ob Besitzer oder Pächter) zum Aufstieg der wohlhabenden Pachtbauern, die Getreide anbauten. Dies galt gleichermaßen für England[84] wie für Nordfrankreich[85]. Bis zu einem gewissen Grad traf es auch auf den zweiten wichtigen Landwirtschaftszweig dieser Gebiete zu, die Milchwirtschaft.[86] Einer der Gründe für den Aufstieg der Pachtbauern bestand genau darin, daß die großen Güter sich als kapitalistische Strukturen ausweiteten, die zur Überwachung der unmittelbaren Produzenten (egal ob Tagelöhner oder Subpächter) Mittelsmänner benötigten.[87] Diese zu finden war nicht einfach, und in Zeiten

---

82 Nach 1650 »mußte der unabhängige Bauer (*laboureur*), der auf seine Geschäftsbücher ebenso stolz war wie auf seine paar Morgen Land (*arpents*) und seine relative Selbständigkeit, das Handtuch werfen. Dort, wo man in großem Maßstab produzierte (*grande culture*), wurde sein Land irgendeiner großen Pachteinheit (*quelque grosse ferme*) angegliedert. Wenn er Glück hatte, konnte er seinen alten Besitz wieder pachten« (Jacquart, 1975, S. 264). Vgl. dazu auch Dupâquier (1973, S. 171) und C.-E. Labrousse (1970, S. 703).

83 Lawrence Stone schreibt: »Im *frühen* 17. Jahrhundert wuchs der Pachtzins rascher als die Preise, und die Gewinne flossen an den Grundeigentümer zurück und nicht an den Pächter« (1972, S. 68, Hervorhebung I. W.). Offensichtlich meint er in erster Linie den *kleinen* Pächter, denn Stone macht diesen Umstand, zusammen mit spekulativen Aufkäufen, dafür verantwortlich, daß die folgende Periode durch eine dreiteilige Struktur gekennzeichnet war: Grundeigentümer, *wohlhabender Pachtbauer* und *Tagelöhner* ohne Land. Habakkuk scheint dies eher zu bestätigen, wenn er den Niedergang der Kleinbauern zu einem ganz wesentlichen Teil aus der Gesamtgröße des Vermögens erklärt. In dieser Zeit, als alle unter Druck standen, verfügte ein reicher Grundeigentümer über »eine [Kapital-]Reserve, der er sich bedienen konnte, wann immer in der näheren Umgebung das Hab und Gut der Bauern zum Verkauf stand« (1965a, S. 660). Habakkuk grenzt diesen Zeitraum von 1660–1740 exakt von der Periode zwischen 1540 und 1660 ab, als *große* Güter häufiger verkauft wurden. Bezüglich der Situation im England des 17. Jahrhunderts und dem dortigen Niedergang der kleinen Landbesitzer aufgrund von Kapitalmangel vgl. Thirsk (1970, S. 157).
Jacquart erwähnt die Bankrotte kleiner Produzenten nach 1675, und zwar gleichgültig ob *laboureur* (unabhängig) oder *fermier* (Pächter) (1975, S. 210 f.). In einem anderen Text weist er darauf hin, daß in Nordfrankreich zwischen 1680 und 1700 eine »beträchtliche Zahl von Händler-*laboureur*-Dynastien« verschwanden (1978c, S. 467).

84 Für die Zeit zwischen 1660 und 1750 spricht Mingay von einem »dramatischen« Niedergang kleiner *owner-occupiers* (1968, S. 14 f. u. 31). Zur gleichen Zeit sei die Gruppe der »finanzkräftigen *squires*, eine Schicht, die zwischen den kleinen *owner-occupiers* und den Großgrundbesitzern lag, stabil geblieben. Nach Lavrovsky vollzog sich dieser Niedergang der kleinen Grundeigentümer und der bäuerlichen Landwirtschaft »im 18. Jahrhundert und folgte damit auf die bürgerliche Revolution des 17. Jahrhunderts« (1960, S. 354).

85 Auf Dorfebene setzte sich die dominierende soziale Gruppe laut Dupâquier aus großen Pachtbauern (*gros fermiers*), mittelgroßen »Eigentümern« (*grands laboureurs*) sowie Händlern zusammen (1973, S. 169). Im frühen 17. Jahrhundert pflegte der Herzog von Sully mit Vorliebe zu sagen, daß »*labourage* und Weidewirtschaft die beiden Brüste seien, mit denen Frankreich gesäugt wird, seine wahren Minen und Schätze Perus« (zit. in Larraz 1943, S. 201). Meuvret weist darauf hin, daß Versorgungskrisen nach 1660 »in den reichen Getreideanbaugebieten« besonders gravierende Auswirkungen hatten (1971b, S. 122).

86 Fussell beschreibt das Phänomen der »Pachtmolkereien«, das im 17. Jahrhundert in verschiedenen Teilen Westeuropas zu beobachten war (1968, S. 31 f.).

87 Vgl. Meuvret bezüglich der ökonomischen Funktion von *fermiers généraux* und *amodiateurs* (1960, S. 347–349). Le Roy Ladurie berichtet, daß es sich bei 39% des gesamten französischen Grundbesitzes (aber wieviel in Nordfrankreich?) um »Großgrundbesitz« handelte (1975a, S. 421).

niedriger Getreidepreise war es ihnen daher möglich, von den Grundherren bessere Bedingungen eingeräumt zu bekommen: etwa eine Senkung des realen Pachtzinses[88] oder eine stärkere Beteiligung des Grundherren an den mit Meliorationen verbundenen Kosten.[89]

Allgemeine Übereinstimmung herrscht dahingehend, daß es zwischen 1660 und 1750 in England zum Verschwinden der Bauern bzw. *yeomen* (Freibauern) oder *owner-occupiers* kam. Aber konnten sie in Frankreich überleben? Wir haben angedeutet, daß die Antwort bei einer sehr generalisierenden Betrachtung für Nordfrankreich negativ ausfällt (oder zumindest so negativ wie für England), für Südfrankreich hingegen positiv. Welche Belege existieren eigentlich hinsichtlich der Situation in Frankreich? Beginnen wir bei der Terminologie. Dem Begriff *yeoman* kommt das französische *laboureur* am nächsten, das allerdings nicht auf Landbesitz, sondern auf einen bestimmten Vermögensbestand verwies. Mit dem Wort *laboureur*, meint Goubert, »wird [in Nord- und Ostfrankreich] gewöhnlich jemand bezeichnet, der als Ackergerät eine sogenannte große nördliche charrue besaß«[90]. Nun muß man allerdings eine *charrue* von einer *araire* unterscheiden, obwohl beide häufig als Pflug übersetzt werden.[91] Im Frankreich des 17. und 18. Jahrhunderts stellte die *charrue* im Vergleich zur *araire* das weitaus schwerere Gerät dar, konnte tiefer pflügen und enthielt mehr Eisenteile. Daher benötigte man Pferde oder Ochsen, um sie zu ziehen. Bei einem *laboureur* handelte es sich somit um »jemanden, der ziemlich viel Land besaß bzw. darüber verfügte und unter den Dorfbewohnern durch die Bedeutung seiner Geräte und die Zahl der von ihm beschäftigten Personen eine herausragende Position einnahm.«

Bewegen wir uns weiter Richtung Süden, wo es nur eine araire, aber keine *charrue* gibt, finden wir anstelle von *laboureurs* kleinere und schwächere Landwirte, *métayers* und *closiers* genannt.[92] Nach den Berechnungen Dupâquiers und Jacquarts ging der Anteil der *petits laboureurs* (als *haricotiers*

---

88 In schlechten Zeiten wurden von den Grundherren ausstehender Pachtzins abgeschrieben und Grundsteuern wieder selbst übernommen, um solcherart um geeignete Pächter konkurrieren zu können. Vgl. dazu E. L. Jones (1965, S. 8).

89 Vgl. Mingay (1960, S. 378 f.). Die Initiative zu solchen Meliorationen ging anscheinend größtenteils von den Pachtbauern aus und allgemein von jener Gruppe, die über mittelgroße Einheiten verfügte (vgl. Habakkuk 1965d, S. 327 u. 330 sowie Mingay 1963, S. 166); zu jener Zeit konnten allerdings die Grundherren gezwungen werden, einen größeren Anteil an den Kosten zu tragen.

90 Goubert (1973, S. 135).

91 Vgl. etwa Quencez (1968, S. 118 f.), der in seinem technischen Fachwörterbuch *charrue* als »Pflug« (»plow«) und *araire* als »primitiven Pflug« (»primitive plow, scratch plow«) übersetzt. An sich treten dieselben Schwierigkeiten im Deutschen (*Pflug* und *Hakenpflug*) ebenso auf wie im Italienischen (*aratro* und *aratro di legno*), im Spanischen (*arado de labor profunda* und *arado* oder *arado primitivo*) sowie im Niederländischen (*ploeg* und *primitive ploeg*).
Haudricourt und Delamarre (1955) widmen ein ganzes Buch von 507 Seiten nicht nur den Unterschieden zwischen *charrue* und *araire*, wie sie sich auf der ganzen Welt und in allen Epochen manifestiert haben, sondern auch den enormen Fehleinschätzungen, zu denen es aufgrund sprachlicher Verwirrung und falscher Übersetzungen kam.

92 Goubert (1973, S. 135 f.).

oder *sossons* bezeichnet) an der Gesamtbevölkerung im Vexin français von 9,9% auf 3,0% zurück, während der Anteil der wohlhabenderen *fermiers laboureurs* sich lediglich von 10,2% auf 8,4% verschob. Im Gegensatz dazu stellen wir in den Weinanbaugebieten fest, daß »kleinbäuerliches Eigentum eindeutig überwiegt« und eine fünfmal größere Bedeutung hatte als in den nördlichen, durch großflächige Bewirtschaftung gekennzeichneten Regionen.[93] Als diese *petits laboureurs* unter Druck gerieten, fanden sich viele auf der anderen Seite wieder und fristeten fortan hauptsächlich als *manœuvres* (Tagelöhner) ihr Leben. Ich stimme Le Roy Laduries Mahnung zu, diese Unterscheidung selbst für das 16. Jahrhunderte nicht überzubetonen, verlief doch die tatsächliche Trennlinie zwischen den beiden genannten Gruppen auf der einen Seite und den *gros fermiers*, den großen Pachtbauern, auf der anderen.[94] Das gilt auch für England. Diese Trennung trat jedoch in England während der Stagnationsphase gesellschaftlich und politisch klarer hervor, während die Situation in jenen Landgebieten Frankreichs, wo kein Getreide angebaut wurde, weniger eindeutig war.

Was ist dann von der Argumentation Brenners (und er ist nicht der einzige) zu halten, daß »das Überwiegen von Kleineigentum im frühneuzeitlichen Frankreich dafür sorgte, daß die Landwirtschaft auf lange Zeit hinaus rückständig blieb«? Wir haben unsere Skepsis gegenüber beiden Annahmen bereits angedeutet – sowohl was das Überwiegen von Kleineigentum (stimmt für Nordfrankreich nicht) als auch die relative Rückständigkeit der französischen Landwirtschaft gegenüber der englischen betrifft (für Nordfrankreich zumindest bis 1750 eher zweifelhaft). Laut Brenner konnte es in England deshalb zu Fortschritten in der Landwirtschaft kommen, weil »die Grundherren in der Lage waren, Land aufzukaufen, zusammenzulegen und einzuhegen, um auf diese Art große Farmen zu schaffen und sie kapitalistischen Pächtern zu übertragen, die sich kapitalistische Investitionen leisten konnten.«[95]

Jacquart beschreibt die Veränderungen in Nordfrankreich, als die alten Familien im »zweiten« 16. Jahrhundert damit begannen, ihre Ländereien zu verkaufen. In diesem Zusammenhang schreibt er:

---

93 Dupâquier/Jacquart (1973, S. 171). Einen *haricotier* definieren sie als »*laboureur* mit einem schwachen Pferd«, einen *sosson* als einen »Bauern, der lediglich ein Pferdegespann besitzt«. Nach Jacquarts Schätzung konnten drei Viertel der französischen Bauern ihre Grundbedürfnisse nicht befriedigen. Gleichzeitig sieht er für das gesamte 17. Jahrhunderts ein kontinuierliches Wachstum mittelgroßer Anwesen, wobei mittelgroß eine Mindestgröße von 30 Hektar bedeutet (1966, S. 22–26). Die Weingärten des Südens, die sich in bäuerlichem Besitz befanden, charakterisiert G. Durand als »den Ort extrem harter Arbeit und grenzenloser Armut«, wobei die Profite vor allem in die Taschen der Händler und – via Besteuerung – in jene der staatlichen Bürokratie flossen (1977, S. 133).

94 Le Roy Ladurie (1975b, S. 1405–1407).

95 Brenner (1976, S. 43 u. 63). Croot und Parker sind skeptisch: »Weit davon entfernt, der wirtschaftlichen Entwicklung im Weg zu stehen, trieben die Bauern sie vielleicht sogar voran, indem sie neue Methoden anwandten, neue Kulturpflanzen anbauten oder einfach nur den Grundherren vor Augen führten, welche Erträge eine gute Bewirtschaftung abwerfen konnte.« (1978, S. 39.)

Von Bedeutung war, ... wie sich die neuen Herren über Grund und Boden (*maîtres du sol*) verhielten. Selbst wenn sie bestrebt waren, ihre bürgerliche Herkunft in Vergessenheit geraten zu lassen, hatten sie doch etwas vom Profitdenken ihrer handeltreibenden Vorfahren bewahrt. Sie begriffen, welche Schlüsselrolle den Rücklagen aus den grundherrlichen Einkünften zukam, welche Vorteile die zentrale Organisation von Großgrundbesitz bot und daß Forstgebiete und Wiesen für höhere Einkünfte sorgten. Über Generationen hinweg gingen sie ganz systematisch vor, erwarben Ländereien, meliorierten und erschlossen (*mettre en valeur*) sie.[96]

Parallel dazu entwickelten sich, wie Jacquart festhält, mittelgroße (15–50 Hektar), marktorientierte landwirtschaftliche Betriebe, die den Inbegriff *bescheidener bürgerlicher* Investitionen darstellten, »machbar und gewinnträchtig«. Diese Zunahme beim Großgrundbesitz sowie bei Einheiten mittlerer Größe brachte eine »langsam fortschreitende Enteignung der Bauern« mit sich, die schließlich eine »echte Verarmung der ländlichen Massen« zur Folge hatte. Unterscheidet sich das tatsächlich von England?

Brenner räumt ein, daß der Wunsch der französischen Grundherren, »Bauernstellen zusammenzulegen«, möglicherweise ebenso groß war wie der ihrer englischen Standesgenossen. Aber leider konnten sie das nicht! Denn während es den englischen Grundherren vom Gesetz her gestattet war, »Pachtgebühren und Pauschalzahlungen auf ein untragbares Niveau anzuheben und so die Kleinpächter zu vertreiben«, dürften die französischen stattdessen gezwungen gewesen sein, »zahllose kleine Bauernstellen aufzu*kaufen*, bis eine arrondierte Wirtschaftseinheit erreicht war.« Das, so der nahegelegte Schluß, habe für die protokapitalistischen französischen Grundherren eine unzumutbare Belastung dargestellt. Wir haben jedoch gesehen, daß das Aufkaufen von Land alles andere als unwahrscheinlich war und *sowohl in England als auch in* Frankreich zu den wichtigsten Methoden dieses Konzentrationsprozesses zählte. Implizit gibt Brenner das auch zu, wenn er in bezug auf Frankreich sagt, daß »während der gesamten Frühen Neuzeit tatsächlich viele Bauern in eine tiefe Verschuldung getrieben wurden und schließlich gezwungen waren, ihren Besitz zu verkaufen.«[97] Wenn das stimmt – wer kaufte dann diese Bauerngüter? Abschließend schreibt Brenner, daß sich Ende des 17. Jahrhunderts in Frankreich »noch immer etwa 40–50 Prozent des bebauten Bodens in bäuerlichem Besitz befanden«, in England hingegen »nicht mehr als 25–30 Prozent«. Wie hoch lag jedoch der Prozentsatz in *Nord*frankreich?

---

96 Jacquart (1975, S. 273–275).

97 Brenner (1975, S. 72 f.). Die englischen Grundherren eigneten sich jedenfalls sehr viel durch Kauf an; vgl. T. S. Ashton (1969, S. 36). Croot und Parker meinen: »So wie Professor Brenner den Beitrag der englischen Bauern ignoriert und ihre Unabhängigkeit herunterspielt, übertreibt er die Unabhängigkeit der französischen Bauernschaft« (1978, S. 41). Auch Jacquart behauptet, daß die Methoden, wie Großgrundbesitzer Bauerngüter an sich brachten, in England und auf dem Kontinent gleich waren (vgl. 1978b, S. 409).

Unsere These besteht darin, daß sich England und Nordfrankreich zwischen 1650 und 1750 in bezug auf die Struktur des Grundbesitzes und die landwirtschaftliche Produktivität nur relativ geringfügig voneinander unterschieden. Betrachtet man die kapitalistische Weltwirtschaft als ganze, wiesen die beiden Regionen mehr Ähnlichkeiten als Unterschiede auf. *Beide* erhöhten ihren Anteil an der weltweiten Getreideproduktion, um in Zeiten der Stagnation die bisherige Höhe des Gesamtprofits beizubehalten; dadurch konnten sie Hollands Nettovorsprung zum Teil beträchtlich verkleinern.

Was den industriellen Sektor betrifft, so lag dessen Schutz im 17. Jahrhundert sowohl der englischen als auch der französischen Regierung ganz besonders am Herzen. Diesen Schutz betrachtet Lipson neben den Navigationsgesetzen und den Getreideschutzzöllen (*Corn Laws*) als eine der drei Säulen des englischen Merkantilismus – das »Zeitalter des Merkantilismus«, schreibt er, war das »Zeitalter des Unternehmertums«.[98] In Frankreich stellt der »Colbertismus« eines der herausragenden Phänomene des Jahrhunderts dar, auch wenn bereits zu Zeiten Richelieus protektionistische Intervention eine bedeutende Rolle spielte.[99]

Protektionistische (oder vielleicht besser gesagt Förderungs-)Maßnahmen zugunsten von Industrie und Gewerbe konzentrierten sich vor allem auf den Textilbereich. Werfen wir zunächst einen Blick auf die Ergebnisse und erst dann auf die Erklärungen. Der größte Teil der Textilproduktion lag in Frankreich ganz im Norden, ein kleinerer Teil im Midi.[100] In Lyon erlebte die traditionelle Seidenerzeugung im 17. Jahrhundert einen »bemerkenswerten Aufschwung«.[101] Weniger gut war es um Woll- und Baumwollstoffe bestellt. Dieser Sektor befand sich zwischen 1625 und 1635 auf seinem Höhepunkt, nach dem daraufhin einsetzenden Niedergang stagnierte er unter Colbert (und trotz Colbert?) »auf niedrigerem Niveau«[102], bis er sich schließlich wieder erholte und zwischen 1680 und 1705[103] zum Teil umstrukturiert wurde (als Folge Colberts?). Diese Umstrukturierung brachte eine merkliche »Ruralisierung« der Industrie mit sich.[104] In England setzte die Krise im Textil-

---

98 Lipson (1956, Bd. 2, S. LXXXIX u. CXLIV). Welche Bedeutung hatte der Patentschutz, eine zentrale Maßnahme der englischen Regierung im 17. Jahrhundert? Die Auffassungen gehen dabei weit auseinander: North meint, der Patentschutz sein von »größter Wichtigkeit« gewesen und habe Innovationen gefördert (1973, S. 228); Clark hingegen hält es für »zweifelhaft«, daß man damit eine sehr große Zahl von Erfindern ermutigen konnte, da doch so viele von ihnen um ihre Honorare betrogen wurden (1936, S. 152).

99 Nach dem Zusammenbruch der Tuchproduktion in Reims, Amiens und Beauvais wurde mit dem Zolltarif vom 15. Juni 1644 der Zoll auf niederländisches und englisches Tuch verdoppelt. Vgl. Deyon (1969, S. 77; 1966, S. 54).

100 Vgl. die Karte für die Jahre 1703–1705 bei Léon (1970b, S. 236).

101 Deyon (1966, S. 60).

102 Goubert (1970g, S. 336).

103 »Ohne Vorbehalt läßt sich behaupten, daß der [in der *sayetterie* von Amiens] zwischen 1680 und 1705 kurzfristig erzielte Fortschritt dem stürmischen Wachstum in der ersten Hälfte des 18. Jahrhunderts den Weg bereitete, ja es eigentlich erst auslöste.« (Deyon 1963, S. 955)

104 Vgl. Deyon (1963, S. 952) und Kellenbenz (1965, S. 389 f.).

bereich früher ein und wurde vielleicht auch früher überwunden, und zwar mit dem Aufstieg der »neuen Stoffe«. Zwischen 1660 und 1700 nahm die Tuchproduktion zu, die Exporte verdoppelten sich, und die Produktpalette wurde immer vielfältiger.[105] Auch hier verlagerte sich die Textilproduktion aufs Land, vielleicht »frühzeitiger und radikaler als auf dem europäischen Festland.«[106]

Verglichen mit England und selbst mit Frankreich schlitterte die niederländische Textilerzeugung in der zweiten Hälfte des 17. Jahrhunderts in die Krise. Ein Hauptproblem bestand darin, daß sie in den Städten angesiedelt und daher mit hohen Lohnkosten konfrontiert war.[107] Infolgedessen kam es mit Ausnahme der Kamelotte (*greinen*) bei allen Arten von Kammgarnstoffen zu einem Rückgang, nicht aber bei Streichgarnen. Hier sowie im Fall der Kamelotte gelang es den Niederländern, jenen Vorsprung zu bewahren, den ihnen der privilegierte Zugang zu den notwendigen Rohstoffen verschaffte: Wolle aus Spanien und das Ausgangsmaterial für Kamelott aus der Türkei. Daneben besaßen sie weiterhin den Vorteil, Färbetechniken auf Basis von Indigo und Cochenille zu beherrschen. Bei den Kamelotten und Streichgarnen handelte es sich um hochpreisige und hochwertige Waren, die aber *nicht* für breite Käuferschichten gedacht waren. Daß sich die Zielrichtung solchermaßen verschoben hatte, resultierte aus einer »allgemein schwächeren Position«[108], und so wird eigentlich recht verständlich, daß sich das niederländische Kapital in der zweiten Hälfte des 17. Jahrhunderts vom industriellen Sektor hin zu Handelsunternehmen verlagerte, die eine höhere Rendite abwarfen.[109]

In den anderen Industrien verlief die Entwicklung weniger ereignisreich. Immerhin erlebte der englische Schiffbau »etwa ab 1670 einen mehr oder weniger steilen« Aufstieg[110], und zwar genau zu jenem Zeitpunkt, als das Produktionsvolumen des niederländischen Schiffbaus zurückging.[111] Wirklich ganz zentrale Beachtung muß allerdings dem Umstand gewidmet werden, daß in der Weltökonomie insgesamt die Nachfrage stagnierte. Selbst in

---

105 Vgl. Wilson (1965, S. 185).

106 So die Ansicht Deyons (1972, S. 31); Kellenbenz' Überblick (1965) scheint jedoch nicht darauf hinzudeuten.

107 Vgl. Glamann (1974, S. 506) sowie Wilson (1977a, S. 26 f.).

108 Wilson (1960a, S. 221).

109 Vgl. Smit (1975, S. 62).

110 Hinton (1959, S. 101).

111 Vgl. Romano (1962, S. 519), der den Rückgang der niederländischen Produktion auf die Jahre 1671–1701 datiert; vgl. auch Faber u.a. (1965, S. 108). R. W. Unger hält fest, daß die führende Stellung der Niederländer im Bereich der Schiffskonstruktion in den dreißiger Jahren des 17. Jahrhunderts bereits sehr löchrig geworden und vierzig Jahre später endgültig dahingeschmolzen war. Im 18. Jahrhundert erfolgte eine Verkleinerung der Schiffswerften, oder sie verschwanden ganz. Zur Erklärung bietet Unger eine ganze Reihe von Faktoren an: Frankreichs Protektionismus; Kriege, die in den Niederlanden zu einem Ansteigen der Steuerlast und der Staatsverschuldung führten; ein schrumpfender Binnenmarkt; der allgemeine Rückgang der Freibeuterei; die höhere Lebensdauer von Schiffen (1978, S. 109 f.).

jenen Sektoren, wo sie wuchs, konnte die Nachfrage mit den landwirtschaftlichen und industriellen Fortschritten der Vereinigten Niederlande und ihrer merkantilistischen Rivalen, England und Frankreich, nicht Schritt halten. Diesen beiden Staaten ging es in erster Linie darum, für ihre Arbeiter Beschäftigungsmöglichkeiten zu *finden*, in den Vereinigten Niederlanden ging es um deren *Erhaltung*.[112] Solange der Merkantilist solche Beschäftigungsmöglichkeiten schaffen konnte, meint Pares, war es ihm »gleichgültig, als wie produktiv sich diese Arbeitskräfte erwiesen.«[113]

Daß Zentrums-Mächte Anstrengungen unternehmen, wechselseitig Arbeitslosigkeit zu exportieren, ist ein Phänomen, das die kapitalistische Weltökonomie in ihren Stagnationsphasen immer wieder begleitet. In der Zeit zwischen 1660 und 1763 wurde dies noch dadurch verschärft, daß sowohl England als auch Frankreich zusätzlich mit »Armut als Dauerproblem« konfrontiert waren. Davon war ein Viertel bis die Hälfte der Bevölkerung betroffen, d.h. nicht nur die Armen im eigentlichen Sinn, sondern auch die große (und wachsende) Zahl von Gelegenheitsarbeitern. In England, schreibt Wilson, gab es »ein Heer von Arbeitern, die teilweise oder völlig von einem großen, aber unsicheren exportorientierten Produktionssektor abhängig waren.«[114] Dasselbe galt für Frankreich, wobei dem Export hier vielleicht weniger Bedeutung zukam. Es stellte sich also die Frage, wie ein möglichst hoher Beschäftigungsgrad erreicht werden konnte. In diesem Zusammenhang entwickelte sich eine heftige Kontroverse um die Rolle der Löhne. Einerseits heißt es (und hieß es auch schon damals), daß den Niederlanden ein Nachteil aus jenen hohen Löhnen erwuchs, die »als einzige dem anderswo massiv spürbaren Kaufkraftschwund widerstanden.«[115] Dies ist möglicherweise darauf zurückzuführen, daß die gewerblich-industrielle Produktion in den Städten konzentriert war und die Arbeiter daher über eine gewisse organisatorische Stärke verfügten. Dadurch wurde die Regierung zu Wohlfahrtsmaßnahmen veranlaßt, eine mögliche Erklärung für die hohen Steuern. Hohe Löhne und hohe Steuern wiederum verringerten vermutlich die Konkurrenzfähigkeit niederländischer Produkte, womit sich der relative Niedergang erklären läßt.

In Wirklichkeit dürften jedoch die englischen und französischen Löhne

---

112 Mit Bezug auf England im 17. Jahrhundert heißt es bei Supple: »Was die Regierung betraf, so trug das Problem der chronischen Arbeitslosigkeit am stärksten zur Instabilität bei« (1959, S. 234). Ausgehend vom frühen 18. Jahrhundert meint D. George: »Es gibt den Glauben, daß unregelmäßige Beschäftigungsschwankungen ein modernes Gebrechen darstellen. Das entspricht allerdings ganz und gar nicht der Wahrheit« (1953, S. 53).

113 Pares (1937, S. 120). Furniss schreibt, daß Handelsverbindungen nicht nur danach beurteilt wurden, wie sie sich auf die Handelsbilanz auswirkten, sondern auch danach, »wie weit man sich bei dem fraglichen Handelsgeschäft darauf verlassen konnte, daß es dem inländischen Arbeiter Beschäftigungsmöglichkeiten bot.« (1957, S. 52.)

114 Wilson (1969a, S. 125).

115 J. de Vries (1974, S. 183). Für 1690 schätzt Romein, daß die Löhne in den Niederlanden um 16% höher lagen als in England (zit. nach Wilson 1969b, S. 118).

im Steigen gewesen sein. In Frankreich deutet einiges darauf hin, und zwar sowohl für die Landwirtschaft als auch für die Industrie.[116] Um uns allerdings ein genaues Bild davon machen zu können, was wirklich geschah, müßten wir mehr über die Arbeitsproduktivität und den Prozentsatz der in Geld ausgezahlten Löhne wissen. Im 17. Jahrhundert war laut Hill »die englische Faulheit im Ausland sprichwörtlich.«[117] Als Maßstab galten vermutlich die Niederländer. Von Lipson erfahren wir, daß Handwerker in diesen härteren Zeiten oft gezwungen waren, entweder einen Teil ihres Lohns zu einem ungünstigen Umrechnungskurs in Naturalien zu akzeptieren oder verspätete Lohnzahlungen in Kauf zu nehmen, und zwar in Form von Schuldscheinen, die der Arbeiter dadurch zu Geld zu machen suchte, daß er sie unter ihrem Nennwert verkaufte.[118] Als besonders interessant erscheint die zweite Variante, würde sie doch bedeuten, daß steigende Löhne zwar dem Arbeitgeber reale Kosten verursachten, aber nicht dem Arbeiter zugute kamen, sondern irgendeinem kleinen Bankier.

Wir kommen damit auch schon zu den Widersprüchen, denen die merkantilistischen Zentrums-Mächte in ihrem Kampf gegen die hegemoniale Zentrums-Macht im Verlauf einer Kontraktionsperiode ausgesetzt waren. Zum einen mußten sie sich auf der Kostenseite als konkurrenzfähig erweisen, zum anderen mußten sie Absatzmöglichkeiten für ihre Produkte finden. Der Druck, bei den Kosten konkurrenzfähig zu sein, schlug in Form der Arbeitsdisziplin auch auf die Arbeiter durch. Furniss beschreibt am Beispiel England, wie derartige Auffassungen rund um das Konzept einer »Verpflichtung zur Arbeit« um sich griffen (dem angeblichen Gegenstück zum »Recht auf Arbeit«).[119] Thompson spricht vom Bild des Uhrwerks, das sich während des 17. Jahrhunderts verbreitete, »bis es bei Newton ... das gesamte Universum einschloß.«[120] Im selben Zeitraum wurden laut Nef die Arbeiter in den schottischen Kohlengruben und Salinen als Folge der Frühindustrialisierung »zu Sklaven degradiert«.[121] Wir sind es so sehr gewohnt, den Aufstieg des

---

116 Jacquart spricht davon, daß in der Zeit nach der Fronde der Mangel an Landarbeitern die Löhne von Tagelöhnern auf dem Land hinaufgetrieben habe (1973, S. 178); vgl. dazu auch Goubert (1970d, S. 64). Was die Industrie betrifft, so sei im Zeitraum zwischen 1665 und 1688 trotz Rezession »der Lohnsatz (bei den Stückkosten und beim Tageslohn) anscheinend stabil geblieben, und zwar sowohl in der Stadt als auch auf dem Land« (Goubert 1970g, S. 348). Dies bedeutet einen relativen Anstieg. Vgl. dazu auch C. E. Labrousse (1970, S. 370). Léon weist darauf hin, daß »die Zünfte zwischen 1660 und 1750 einen richtiggehenden Massenansturm erlebten«, was sowohl die Zuwachsraten in den Städten erklärt als auch die zunehmende Verlagerung der industriellen Produktion in ländliche Gebiete, wo »gefügige Arbeiter im Übermaß vorhanden und an niedrige Einkommen gewöhnt waren« (1970b, S. 251).

117 C. Hill (1969, S. 98).

118 Lipson (1956, Bd. 3, S. 278).

119 Vgl. Furniss (1957, S. 76–78). Derselbe Druck existierte in Frankreich; vgl. Martin Saint-Léon (1976, S. 13 u. 501–504).

120 E. P. Thompson (1967, S. 57), der auf den gleichzeitigen Aufstieg der englischen Uhrenerzeugung hinweist (S. 64).

121 Nef (1968, S. 233). In bezug auf die »Zechensklaverei« meint Duckham: »Tatsächlich ›versklavt‹ wurden die Kohlenarbeiter durch keine einzige gesetzliche Bestimmung. Aber nichts in der schottischen

Kapitalismus speziell im Zentrum mit dem Aufstieg der freien Lohnarbeit zu verbinden, daß uns das Wort *Sklaverei* überrascht, ja sprachlos macht. Das gleiche geschah in den königlichen Manufakturen Frankreichs, wo die Arbeiter an ihren Arbeitsstätten praktisch gefangengehalten wurden, zugleich aber relativ hohe Löhne erhielten.

Versuchen wir nun, den Konnex zu jener Auseinandersetzung herzustellen, die um die Frage der hohen Löhne geführt wurde. Während die Mehrheit der Merkantilisten, wie die meisten kapitalistischen Unternehmer, für *niedrige* Löhne eintrat, um sich auf diesem Weg einen Vorteil im Kostenwettbewerb zu verschaffen, war dies bei ihren scharfsinnigsten Vertretern nicht der Fall. Die Überlegenheit der Niederlande erklärte Josiah Child 1668 in seinem *Discourse Concerning Trade* folgendermaßen: »Wann immer Löhne hoch sind, so ist dies auf der ganzen Welt ein untrüglicher Beweis für den Reichtum des betreffenden Landes; und wo immer Löhne für Arbeiter niedrig sind, so beweist das die Armut dieses Ortes.«[122] Somit nahm Josiah Child die These Arghiri Emmanuels[123] um 300 Jahre vorweg. Wenn Child auch sicherlich nicht alle überzeugte, so spiegelten seine Auffassungen doch strukturelle Zwänge wider.

In einer Zeit weltwirtschaftlicher Stagnation *ergänzen einander* strengere Arbeitsdisziplin und höhere Löhne, und ungeachtet der tatsächlichen Produktivität pro Stück führt die Kombination der beiden Tendenzen zu mehr Beschäftigung. Es kommt also zu einer Verbindung aus einerseits Arbeitsdisziplin (sogar unter Einschluß von Formen, die an Sklaverei grenzen) als einer Möglichkeit, die Produktion zu steigern (bestand nicht darin das eigentliche Interesse, und zwar sowohl in den schottischen Kohlenbergwerken als auch in der Pariser Gobelin-Manufaktur?), und andererseits höheren Löhnen, um damit *erfahrene* Arbeitskräfte anzuziehen (siehe wiederum die Gobelin-Manufaktur), den Binnenmarkt zu erweitern und auf diese Art eine größere Nachfrage zu schaffen. Ein System, in dem »Lohn«zuwächse nicht dem Arbeiter, sondern dem kleinen Bankier zuflossen, hätte die Nachfrage möglicherweise genauso (vielleicht sogar noch stärker) vergrößert wie ein System, in dem die Arbeiter wirklich gut bezahlt wurden. Wären jedoch die

---

Sozialgeschichte jener Zeit liegt klarer zutage, als daß die meisten Grubenherren ihre Bergleute *im wahrsten Sinn des Wortes* als Leibeigene betrachteten und daß praktisch alle Grubenarbeiter diesen Status akzeptierten« (1970, S. 243). Das hinderte sie allerdings nicht daran, sich von Zeit zu Zeit an Streikaktionen zu beteiligen. Möglich war dies deshalb, weil »es an erfahrenen Hauern mangelte« (Hughes 1952, S. 253).
Rusche und Kirchheimer weisen darauf hin, daß genau zu dieser Zeit und ausgerechnet in Holland, England und Frankreich Korrekturanstalten entstanden, die in erster Linie als »Manufakturen [dienten], in denen aufgrund der billigen Arbeitskräfte Waren zu besonders niedrigen Preisen produziert wurden« (1939, S. 50; siehe auch S. 24–52 passim). Außerdem wurde in dieser Epoche die Bestrafungsform der Galeerensklaverei erfunden – »die zweckmäßigste Art, Arbeitskräfte für Aufgaben zu rekrutieren, für die sich selbst bei schlechtester Wirtschaftslage keine freien Arbeiter finden würden« (S. 57 f.).

122 Zit. nach Wilson (1969a, S. 122). Siehe auch Heckscher (1935, Bd. 2, S. 169), Lipson (1956, Bd. 3, S. 273 f.), Coats (1958, S. 35 u. 46) sowie Wiles (1968, S. 115 u. 118).

123 Emmanuel (1972).

Lohnkosten zu früh und zu stark angestiegen (unabhängig davon, wem sie zugute kamen), so hätte man mit den Niederlanden wohl nicht konkurrieren können. Es galt also, ein Gleichgewicht herzustellen.

Wir können nun abschätzen, mit welchem Erfolg sich England und Frankreich in der zweiten Hälfte des 17. Jahrhunderts um die Förderung von Landwirtschaft und Industrie bemühten. Traditionellerweise stellt die liberale Geschichtsschreibung dem Whig-dominierten England, das den zukunftsträchtigen Weg der privat kontrollierten Massenerzeugung einschlug, das bürokratische Frankreich Colberts gegenüber, das sich mit der Luxuswarenproduktion begnügte. Infolgedessen habe sich England in Richtung Fortschritt, Liberalismus und parlamentarischer Herrschaft entwickelt, während man in Frankreich Adelsherrschaft, »Feudalismus« und Verschwendung verstärkte – kurz: das *Ancien Régime*. Wie in so vielen anderen Debatten, die um diesen Zeitabschnitt geführt werden, finden die skizzierten Vorurteile im 20. Jahrhundert bei Heckscher ihre klassische Formulierung:

> In England fehlte nicht nur fast jedes Gegenstück zu den *établissements* der französischen Luxuswarenindustrie, die sich in der Hand des [französischen] Staates befanden. Auch – und dies war weit bedeutsamer – die in Frankreich ebenso zahlreichen wie ausgedehnten privaten *manufactures royales*, die mit allen möglichen Privilegien ausgestattet waren, gab es in England nicht. ...
> *Dieser Unterschied ist entscheidend.* Wenn nämlich – wie dies in der vorangegangenen Periode der Fall war – die nun einsetzenden technischen Umwälzungen hauptsächlich auf größerer manueller Geschicklichkeit, verfeinertem Geschmack und künstlerischem Gestaltungsvermögen beruht hätten, d.h. wenn sie sich in jenem technischen Bereich vollzogen hätten, dessen Produktion von Königshaus, Hof, Adel und anderen wohlhabenden Erzeugern bestimmt wurde, dann hätte Frankreich alle Aussichten gehabt, zum führenden Industriestaat nördlich der Alpen zu werden. Aber es kam anders. »Industrialismus« oder »Kapitalismus« bedeutete Massenproduktion für Massenkonsum, und hier spielte die Luxuswarenindustrie eine völlig untergeordnete Rolle. Die Führungsrolle fiel somit England zu.[124]

Im Zusammenhang mit Heckschers Deutung stellt sich zunächst die Frage, ob die Fakten überhaupt stimmen. Pierre Léon zum Beispiel bezweifelt die Richtigkeit dieses Erklärungsmodells, auch wenn er zustimmt, daß Colbert einige Bereiche der Luxuswarenerzeugung förderte.

> In Wirklichkeit zielte die Hauptstoßrichtung auf die Produktion von Massengütern: Woll- und Leinenstoffe (Elbeuf, Sedan, Languedoc); Stahl als Grundlage für die Rüstungsindustrie (Valenciennes, Cambrai); Papiererzeugung. Mehr als 400 Industriegründungen (*fondations*), darunter 300 im Textilbereich, wurden durch diese Bemühungen geschaffen. Zweifellos war [Colbert] nicht der Schöpfer jener »industriellen Basis«, die bereits seit Jahrhunderten existiert hatte, aber er versuchte, sie zu stärken und zu bündeln. ... Es besteht kein Zweifel daran, daß

124 Heckscher (1935, Bd. 1, S. 221, Hervorhebungen I. W.)

die königlichen Manufakturen ... als erste die »Form« der zukünftigen Fabrik antizipierten.[125]

Was die lähmende Wirkung des Colbertismus auf das kapitalistische Unternehmertum betrifft, darf man nicht vergessen, daß er – etwa in Form von Ämterkauf und Söldnerwesen – einen Schritt in Richtung 19. Jahrhundert bedeutete, und nicht einen Schritt zurück. Zwei positive Effekte des Colbertismus, der ja eigentlich mit Richelieu begonnen hatte, sind nach Auffassung John Nefs anzuerkennen:

> Erstens erhielten in diesem System wirtschaftliche Abenteurer mehr Freiheit, als dies vor der Zeit Richelieus normalerweise der Fall war. ... Zweitens ging das merkantile Regulierungssystem ... eigentlich in die Richtung, den Kaufleuten politische Anerkennung zuteil werden zu lassen – jenen Status also, dessen Notwendigkeit Eon [ein Geistlicher, dessen Schriften zur Zeit Colberts einigen Einfluß hatten] so eindringlich betont hatte.[126]

Aber wenn der Unterschied zwischen den merkantilistischen Anstrengungen Englands und Frankreichs im 17. Jahrhundert kleiner ist, als dies oft behauptet wird, warum spricht dann Goubert (wie so viele andere) vom »umfassenden Scheitern Colberts«?[127] Warum soll der Haupteffekt des Colbertschen Zollsystems lediglich darin bestanden haben, den Aufwärtstrend der englischen Tucherzeugung »eine Zeitlang aufzuhalten«?[128] Wenn die Rahmenbedingungen ungünstig waren, wie dies von Deyon unterstellt wird[129], so galt dies für England und Frankreich gleichermaßen. Bei Wilson findet sich der Hinweis, daß Frankreich nicht merkantilistisch *genug* war, daß der französische Merkantilismus im Unterschied zum englischen »selbst unter Colbert relativ inkohärent und unausgegoren bleiben sollte«, fehlte es doch in Frankreich an »jener Kombination aus expandierendem Handelskapital und Regierungseinfluß, wie sie in London in der Achse Westminster–City zum Ausdruck kam.«[130] Dieser Hinweis stellt uns vor die Frage, auf welche Weise Interessengruppen im Rahmen der beiden merkantilistischen Zentrums-Staaten ihre wirtschaftlichen Ziele verfolgten – wobei man sich

---

125 Léon (1970a, S. 113). Außerdem wurden von staatlicher Seite zwischen 1660 und 1789 lediglich zwei Millionen Franc pro Jahr in den industriell-gewerblichen Sektor investiert, »tatsächlich eine lächerliche Zahl«, betrugen doch die Erträge aus diesem Sektor im Durchschnitt 100 Millionen Franc (Léon 1970b, S. 225).

126 Nef (1968, S. 215).

127 Goubert (1970g, S. 354–356), der daran erinnert, daß Colbert im Vertrag von Nijmegen (1678) auf Druck der Niederlande und Englands hinsichtlich seiner Hochzollpolitik Konzessionen machen mußte. Meuvret behauptet, daß das Scheitern der Handelskompanien größere Bedeutung hatte als der Fehlschlag bei den Zöllen und bei Fouquets Steuer von 50 Sous pro Tonne ausländischer Schiffsfracht, dem Gegenstück zu den englischen Navigationsgesetzen (1971a, S. 32). Vgl. dazu auch Deyon (1966, S. 55).

128 Priestly (1951, S. 47).

129 Bei Colberts Bemühungen »stand von Anfang an fest, daß es sich um ein schwieriges Unternehmen handelte« (Deyon 1963, S. 951).

130 Wilson (1965, S. 65).

stets vor Augen halten muß, daß Frankreich viermal so groß war wie England und innerhalb seiner Grenzen riesige Gebiete lagen, die nicht zum Zentrum gehörten.[131]

Um hier einen angemessenen Vergleich ziehen zu können, müssen wir – ausgehend von einigen Gesamteinschätzungen – zunächst die kommerzielle und finanzielle Szenerie betrachten. Im allgemeinen wird die Periode zwischen 1660 und 1700 als Englands »Handelsrevolution« angesehen[132], jene Zeit also, in der England erstmals »ein eigenständiges Welthandelszentrum«[133] wurde. In bezug auf diesen Zeitraum werden für gewöhnlich die erfolgreichen Aspekte der Navigationsgesetze hervorgehoben, die sich darin äußerten, daß England seinen Anteil am Welthandel gegenüber den Niederlanden ausbauen konnte.[134] Aber was war mit Frankreich? Laut Crouzet »gibt es in Frankreich nichts, was dem raschen und anhaltenden Wachstum des englischen Außenhandels während des 17. Jahrhunderts [besonders nach 1660] entsprochen hätte«[135]. Hingegen präsentiert Delumeau, der den gesamten Zeitraum zwischen 1590 und 1690 unter die Lupe nimmt, ein ganz anderes Bild. Es zeigt eine deutliche Stärkung des französischen Außenhandels: »... der Fortschritt ... war langsam, ungleichmäßig, von Rückschlägen geplagt, aber er war entscheidend.«[136] Zustimmung kommt von Richet, der ein »absolutes Wachstum« ortet, das »weit über die Küstengebiete hinaus« wirksam war und es nicht nur den Textilproduzenten ermöglichte, »zwischen 1680 und 1690 ein Niveau zu erreichen, das sie nicht einmal in den besten Jahren des vorangegangenen Jahrhunderts gekannt hatten.«[137]

Wodurch lassen sich die Versäumnisse (wenn es solche überhaupt gab) der französischen Handelsgesellschaften erklären und wodurch die im Vergleich zu ihren englischen und niederländischen Kollegen geringere Investi-

131 Während es heißt, daß Frankreich in mancher Hinsicht zu groß war, wurde den Niederlanden das umgekehrte Problem attestiert. »Wären die Niederlande zur Gänze vereint worden, wären die weiteren Stufen der Wirtschaftsentwicklung, wie sie sich dann in Großbritannien herausbilden sollten, vielleicht schon früher eingetreten. Mit belgischem Stahl, belgischer Kohle und der so wichtigen Wasserkraft, die in den Ardennen verfügbar war, hätten die unentbehrlichen Grundlagen einer industriellen Revolution geschaffen werden können – doch all das fehlte den Holländern.« (Plumb 1965, S. XXV.)

132 Vgl. Davis (1954, S. 161 u. 163), der jedoch anmerkt, daß »die einzige Phase, in der gute Geschäfte möglich waren, zwischen dem Ende der Depression 1677 und der Revolution von 1688 lag.«

133 Wilson (1965, S. XII). Klein meint jedoch, daß »der Amsterdamer Stapelmarkt bereits um das Jahr 1670 herum als zentraler Welthandelsplatz nur noch von geringer Bedeutung war« (1966, S. 208 f.).

134 Nach Auffassung Harpers wirkten sich die Gesetze »tatsächlich dahingehend aus, daß die Niederländer daran gehindert wurden, als Frachtführer zwischen anderen Ländern zu fungieren« (1939b, S. 300). Åström bezeichnet die Veränderungen im Ostseehandel zwischen 1633 und 1685 als »substantiell« (1960, S. 7), auch wenn es häufig so war, daß die holländischen Einbußen sowohl für Schiffseigner aus England als auch für jene aus dem Ostseeraum einen Zugewinn bedeuteten. Franken zitiert die Stadtväter von Amsterdam, die 1684 darauf aufmerksam machten, daß England »allein schon mit seinen landwirtschaftlichen und gewerblichen Produkten über größere Handelsreserven« verfüge als Amsterdam, dessen Handel vergleichsweise »künstlich« sei (1968, S. 10).

135 Crouzet (1972, S. 62).

136 Delumeau (1966, S. 105).

137 Richet (1972, S. 205).

tionsneigung der französischen Kapitalisten? Erklärungen, die »das französische Temperament und seine Schwächen«[138] ins Treffen führen oder damit argumentieren, daß die Nachkommen französischer Kaufleute sich aus dem Geschäftsleben zurückzogen[139], kann ich als Antworten nicht sehr ernst nehmen. Selbst wenn dies tatsächlich stärker zugetroffen hätte als anderswo (was zu bezweifeln ist), warum sollte es überhaupt so gewesen sein? Jedenfalls hätte man immer noch die Investitionsmuster der Väter der erwähnten Nachkommen zu erklären. Aber vielleicht werden die Dinge klarer, wenn wir die einzelnen Sektoren des Welthandels genauer in Augenschein nehmen.

Beginnen wollen wir mit der Gesamttonnage und dem Wert des englischen Seefrachtverkehrs, gegliedert nach geographischen Bereichen, wie wir dies in Tabelle 2 berechnet finden. (Leider sind mir entsprechende Berechnungen für Frankreich unbekannt.)

Tabelle 2
Englischer Auslandsfrachtverkehr im Jahr 1700

Gebiet	Tonnage	Wert in Millionen Pfund	Mill. Pfund / 1000 Tonnen
Süd- und Südostasien	5.000	0,9	0,180
Mittelmeerraum, Spanien und Portugal	71.000	1,5 1,7	0,046
Karibik	43.000	1,3	0,030
Nordamerika	33.000	0,7	0,021
Nordeuropa	218.000	0,9	0,004
Angrenzendes Europa	224.000	5,1	0,023
Insgesamt	594.000	12,1	

(Diese Tabelle basiert auf jener von Wilson [1965, S. 162], diese wiederum auf der Arbeit von Ralph Davis.)

Drei Aspekte stechen aus dieser Tabelle besonders heraus. Umliegende europäische Regionen, die großteils den beiden anderen Zentrums-Mächten zuzurechnen sind, waren für mehr als ein Drittel der Tonnage sowie beinahe die Hälfte des Werts verantwortlich. Der Ostseehandel trug ein weiteres gutes Drittel der Tonnage, aber nur einen sehr geringen Teil des Werts bei, was gut für die Seefrächter, aber nicht allzu interessant für die Händler war. Der Anteil des Ostindienhandels an Gesamtfracht und -wert war jeweils sehr gering, aber der Wert pro Tonne war bei weitem der höchste (während er im Ostseehandel mit Abstand der niedrigste war), und ein hoher Warenwert pro Tonne bedeutet eine hohe Gewinnspanne pro Schiff. Was den Handel mit Asien betrifft, so weisen diese Fakten darauf hin, daß er zwar vielleicht für

138 Meuvret (1971a, S. 33).

139 Kulischer (1931, S. 16 f.).

die *East India Company* von Bedeutung war, aber *noch nicht* von allzu großer Bedeutung für die Weltwirtschaft als Ganzes. Vielleicht erklärt sich daraus die Widerstandsfähigkeit der *East India Company* gegen Angriffe, die sie dadurch auf sich zog, daß sie mit ihrer passiven Handelsbilanz gegen die merkantilistische Logik verstieß.[140] Der Schaden, den ein solcher Handel tatsächlich anrichtete, war begrenzt. Im Gegenzug erwartete man natürlich seitens der englischen Regierung von der *East India Company*, sie solle »sich in Asien alleine durchschlagen.«[141]

Die Importe waren im Steigen begriffen: 861.000 Stück Kaliko im Jahr 1700 (von denen zwei Drittel weiterexportiert wurden) gegenüber 240.000 Stück im Jahr 1600.[142] Aber noch immer stellte Asien für europäische Waren einen derart beschränkten Exportmarkt dar, daß »jedesmal, wenn zu viele Waren auf Lager gehalten wurden, Nachfrage und Preise drastisch fielen.«[143] Zu einer Zeit, als es den merkantilistischen Mächten in erster Linie um Absatzmöglichkeiten zu tun war, stellte der Ostindienhandel keine Lösung dar. Um diesen Handel wirklich »nutzbringend« werden zu lassen, hätte Indien peripherisiert werden müssen, und bis zum Aufschwung, der 1750 einsetzte, hielten dies die Engländer (und noch weniger die Franzosen) für nicht der Mühe wert. Tatsächlich begannen die Briten genau um das Jahr 1750 herum mit der politischen Eroberung und ökonomischen Peripherisierung Indiens.[144] Der Mittelmeerhandel nahm in vieler Hinsicht eine Zwischenstellung ein – etwa in den Fragen, ob es sich beim Mittelmeer eher um eine periphere oder um eine externe Zone handelte,[145] welche quantitative

140 Bezüglich der »erbitterten« Debatten über den Ostindienhandel im 17. Jahrhundert siehe P. J. Thomas (1963, S. 6). In puncto Rentabilität vgl. Glamann, der dazu ausführt, daß »im Vergleich zu jenen Erträgen, die von den Niederländern im innereuropäischen Fracht- und Handelsverkehr erzielt wurden, die Profite aus dem niederländisch-asiatischen Handel bescheiden ausfielen« (1958, S. 11); vgl. dazu auch Morineau (1978e, S. 175).

141 Bassett (1968, S. 85).

142 Wilson (1965, S. 170). Asiatische Stoffe erfreuten sich zu jener Zeit wegen ihres geringen Gewichts, ihrer Eleganz und feinen Struktur besonderer Wertschätzung. P. O. Thomas erinnert daran, daß es 1727 im *Atlas Maritime* hieß, daß »Indien und China in der Lage waren, mit ihren Erzeugnissen die gesamte Welt zu bekleiden« (1963, S. 31).

143 Chaudhuri (1968, S. 486), der noch hinzufügt, daß sich um 1700 »die Terms of Trade für europäische Waren anscheinend verschlechterten.«

144 Mukherjee datiert den Umschwung auf das vierte Jahrzehnt des 18. Jahrhunderts, als sich die englisch-französische Rivalität durch den Zerfall des Mogulreichs zu »einer ernsten Auseinandersetzung [entwickelte], in der es darum ging, die Kontrolle über Indien zu erlangen und einer Handelsgesellschaft auf Kosten anderer die größten ›Handels‹vorteile zu verschaffen« (1974, S. 110).

145 In seiner Analyse des englischen Handels vertritt Davis die Peripherisierungsvariante (1961, S. 125 u. 137). So sei etwa Italien bis zum Jahr 1700 »eines jener Länder [geworden], die ihre landwirtschaftlichen Erzeugnisse gegen gewerbliche Produkte aus England tauschten.« Den Levantehandel beschreibt Davis als »Austausch englischer Fertigwaren gegen ausländische Rohstoffe« und meint, daß »sich der Handel eigentlich auf den Tausch feiner Wollstoffe gegen Rohseide beschränkte«. Was die Beurteilung der italienischen Situation betrifft, so stimme ich zu, möchte mich aber in bezug auf die Levante des Urteils enthalten. Issawi (1974) beschreibt, wie das Osmanische Reich zwischen 1600 und 1914 immer stärker in die Weltwirtschaft integriert wurde. Unklar ist jedoch, wann eine entscheidende Veränderung eintrat. Er scheint davon auszugehen, daß das 18. Jahrhundert einen Wendepunkt darstellte.

Bedeutung der Handel hatte[146] und als wie ausschlaggebend er sich im Rahmen der englisch-französischen Rivalität erwies.[147]

Wenn wir von der englisch-niederländischen Rivalität und dem auf Kosten Hollands erfolgten Aufstieg Englands sprechen, denken wir vor allem an zweierlei: den englischen Binnenmarkt, auf dem die Niederländer eine bedeutende Rolle gespielt hatten, und die Ostsee-Schiffahrt, Hollands *moedernegotie* (Muttergeschäft). Wenn man sich auf die Schiffsflagge konzentriert, kann die Zusammensetzung des Frachtguts aus dem Blick geraten – und diese änderte sich im Verlauf des 17. Jahrhunderts grundlegend. Im langen 16. Jahrhundert lief der Ostseehandel letztlich darauf hinaus, daß Getreide westwärts (zentrale Bedeutung kam dabei Gdańsk/Danzig zu) und Textilien ostwärts verschifft wurden. Mit der Stagnation im 17. Jahrhundert endete auch dieser Handel, aber erst in in den mittleren Jahrzehnten des Jahrhunderts, die einen regelrechten »Zerfall des Ostseeraums«[148] erlebten. Der Zusammenbruch der Weltmarktpreise für Getreide führte dazu, daß sich die polnischen und ostelbischen Getreideanbaugebiete von den internationalen Märkten zurückzogen, was im Rückgang der Exporte seinen Ausdruck fand. Umgekehrt bedeutete dies, daß in genau diesen Getreideanbaugebieten der Absatzmarkt für Tuch schrumpfte, und zwar deshalb, weil zum einen weniger harte Währung verfügbar war (man denke an die Kipper- und Wipperzeit) und zum anderen in Osteuropa wieder eine lokale Handwerksproduktion entstand, mit deren Hilfe die Grundherren jene Verluste ein wenig wettzumachen versuchten, die ihnen durch den Zusammenbruch der Getreidemärkte entstanden waren.[149]

---

146 Rapp schreibt, daß sich der Aufstieg Englands im 17. Jahrhundert »auf die Eroberung der südlichen Märkte gründete, genauer gesagt auf die Ausschaltung der mediterranen Rivalen in Handel und Industrie« (1975, S. 522 f.). Dies erscheint mir als ziemlich übertrieben, auch wenn es England (und den Vereinigten Niederlanden) unmittelbar zugute kam, daß der Handel mit dem *christlichen* Mittelmeerraum im *frühen* 17. Jahrhundert expandierte. Tatsache ist jedoch, daß der Mittelmeerhandel nach 1660 zwar in absoluten Zahlen weiterhin wuchs, aber sein Anteil am Gesamthandelsvolumen immer kleiner wurde. Machte in Frankreich der Levantehandel gegen Ende des 16. Jahrhunderts noch die Hälfte des gesamten Außenhandels aus, so ging dieser Anteil bis in die achtziger Jahre des 18. Jahrhunderts auf ein Zwanzigstel zurück. In England erwies sich der Rückgang als noch drastischer: von einem Höchstwert von 10% Mitte des 17. Jahrhunderts auf 1% am Ende des 18. Jahrhunderts. Die Levante verlor auch noch ihre Bedeutung als Bezugsquelle für Rohbaumwolle und als Absatzmarkt für Textilien, als andere Bezugsquellen und Märkte erschlossen wurden. Vgl. Issawi (1974, S. 114 f.).

147 Parry meint, das 18. Jahrhundert sollte dann noch »jenes kaum denkbare Paradoxon, ein englisches Mittelmeer«, hervorbringen (1967, S. 191). Laut Léon und Carrière machte der Mittelmeerhandel in der Zeit zwischen 1661 und 1789 30% des französischen Gesamthandelsvolumens aus (1970, S. 194). Issawi schreibt, daß zwischen 1780 und 1790 50–60% des osmanischen Handels mit Frankreich abgewickelt wurden (1974, S. 114). Der französische Handel nahm in den Barbareskenstaaten (Tunesien usw.) eine dominierende Stellung ein (Léon/Carrière 1970, S. 193).

148 Åström (1963, S. 29).

149 Ein weiterer Faktor wird von Åström ins Treffen geführt: Im Ostseeraum setzte sich jene soziale Gruppe, die eher feinen Wollstoff (als Seide und Samt) kaufte, aus dem niederen Adel, dem Klerus, den Beamten und Bürgern zusammen, und deren Nachfrage blieb einigermaßen konstant. »Somit waren die großen Konsumtionsschwankungen bei Stoff lediglich auf eine Gruppe von Kleidungsträgern zurückzuführen, und zwar auf das Militär. Kriegsvorbereitungen kurbelten die Nachfrage an, eine Demobilisierung drosselte sie« (1963, S. 71). Die »Windstille im Norden« nach dem Ende des Dreißigjährigen Kriegs wird somit für die starken Rückgänge im Tuchankauf verantwortlich gemacht.

Der Produktivitätsvorsprung englischer Textilien gegenüber niederländischen und lokal produzierten war nicht so groß, als daß sie im Ostseeraum bestehen hätten können. Dort hatte die gesunkene Nachfrage »bis an die Grenze der totalen Preisdrückerei [geführt].«[150] Die *Eastland Company* hatte genau deswegen entscheidende Unterstützung von seiten der Krone erhalten, weil sie gefärbtes und appretiertes Tuch exportierte und damit Beschäftigungsmöglichkeiten schuf.[151] Als sich ihr Schwerpunkt vom Export auf den Import verlagerte, war damit ihre privilegierte Stellung dem Untergang geweiht, insbesondere weil sich England mehr und mehr auf die Wiederausfuhr und seine Rolle als Stapelplatz konzentrierte. Aber was sollte importiert werden? Der traditionelle Getreideexport war zusammengebrochen. Da jedoch die Ursache dafür, die Stagnation der Weltwirtschaft, zu einer heftigen Handelsrivalität zwischen den drei Zentrums-Mächten führte und diese wiederum häufig in Kriege (besonders Seekriege) ausartete, ergab sich ein doppelter Bedarf, der im Ostseeraum gedeckt werden konnte: einer nach Schiffsausrüstung und einer nach Eisen.

Natürlich war Schiffsausrüstung schon seit langer Zeit aus dem Ostseegebiet importiert worden, aber »vor 1650 war es niemals zu akuten Versorgungsproblemen gekommen.«[152] Nun war es soweit, und zwar aus drei Gründen: Der Schiffbau expandierte ebenso wie der Hausbau (besonders nach dem großen Feuer von London), und die Bautätigkeit der Vergangenheit hatte einen derartigen Raubbau am englischen (und bis zum Ende des Jahrhunderts am irischen) Waldbestand bedeutet, daß die Knappheit »die Ausmaße einer nationalen Krise annahm.«[153] Hier gelangen wir zu einem entscheidenden Unterschied zwischen England und Frankreich: Da Frankreich flächenmäßig größer war, verfügte es über bedeutend größere Waldbestände und schien in dieser Beziehung noch zu Zeiten Colberts einen komfortablen Vorsprung gegenüber England zu besitzen.[154] Nun war freilich

---

Ich frage mich, ob das als Erklärung genügt. Zunächst glaube ich nicht, daß die nichtmilitärische Nachfrage ganz so konstant war. Åström selbst merkt an, daß die Engländer damals für ihre Tuchexportkrise drei Faktoren verantwortlich machten: »die niederländische Konkurrenz, die wachsende Tuchproduktion in Nord- und Osteuropa sowie den Kaufkraftrückgang des polnischen Markts« (1963, S. 69). Die zweite und dritte Erklärung berührten exakt die Unbeständigkeit der nichtmilitärischen Nachfrage. Der erste Faktor bezieht sich auf den Dreißigjährigen Krieg, und zwar nicht auf militärischen Bedarf, sondern auf den Umstand, daß niederländische Schiffe zwischen 1623 und 1649 kriegsbedingt »aus dem englischen Handel [in der Ostsee] verschwunden waren« (Hinton 1959, S. 37).

150 Hinton (1959, S. 45).

151 Vgl. Hinton (1959, S. 59).

152 Hinton (1959, S. 99).

153 Wilson (1965, S. 80). Darby schreibt, daß bis zur Zeit der »Restauration im Jahr 1660 die Waldflächen stark verkleinert worden waren« (1975, S. 328). Eine politische Konsequenz bestand darin, daß sich die beunruhigte Admiralität an die *Royal Society* wandte. 1664 verfaßte John Evelyn einen Bericht, in dem er an den Landadel appellierte, Bäume zu pflanzen. Der Empfehlung wurde weithin Folge geleistet und trug schließlich Früchte in Form eines größeren Binnenbestands. Klar ist, daß »die während dieser Jahre gepflanzten Bäume rechtzeitig Hiebreife erreichten, um damit in den Kriegen des 18. Jahrhunderts die britische Marine versorgen zu können« (Darby 1973, S. 329).

154 Vgl. Bamford (1956, S. 206 f.).

das französische Holz für den Schiffbau nur schlecht geeignet, während aus Nordeuropa stammende Masten von höchster Qualität waren – aber immerhin verfügte Frankreich über eigenes Holz. In Frankreich stellte sich die Frage, ob der Qualitätsunterschied bei den Masten groß genug war, um den zusätzlichen, mit der anderweitigen Beschaffung von Holz verbundenen Aufwand an Zeit, Geld und politisch-militärischen Ressourcen zu rechtfertigen. Die Antwort fiel anscheinend im wesentlichen negativ aus.[155] Die Engländer befanden sich nicht in der glücklichen Lage, eine solche Wahl zu haben: Sie *mußten* sich das Holz von auswärts verschaffen. Daher unternahmen sie große Anstrengungen im Ostseeraum und in Nordamerika *größere* Anstrengungen als die Franzosen.

Daß England über geringere Holzreserven verfügte, hatte zwei ebenso weitreichende wie bedeutsame Nebeneffekte. Erstens wurde der Ostseehandel weiter Richtung Osten vorangetrieben, von Gdańsk/Danzig nach Königsberg, dann nach Riga, dann nach Narva, bis er schließlich über die Häfen von Stockholm und Viborg Rußland und Finnland einzuschließen begann.[156] Die zweite, tiefgreifendere Konsequenz bestand darin, daß England veranlaßt wurde, seine Kohlevorkommen zu erschließen. Laut einer vorsichtigen Schätzung neueren Datums stieg die Kohleförderung im Lauf des Jahrhunderts insgesamt um 60%, zwischen dem Tiefststand von 1650 und dem Höchststand von 1680 gar um 370%.[157] Die Tendenz, beim Heizen und Kochen Holz durch Kohle zu ersetzen, wurde erstmals durch die Initiative von Jakob I. Mode, setzte sich aber erst so richtig durch, als es im Gefolge der englisch-niederländischen Kriege zu Importengpässen kam. Später erst

155 »Französische Unternehmer wurden oft für ihr Widerstreben kritisiert, Kapital und Schiffe im Rahmen von Seefahrtsunternehmungen aufs Spiel zu setzen, die Richtung Norden gingen. Dies scheint allerdings auf einer realistischen Einschätzung der eigenen Grenzen und jener Risiken beruht zu haben, die mit der ernstzunehmenden Konkurrenz durch die Niederländer verbunden waren.« (Bamford 1954, S. 219.) Bamford meint, daß dieses Widerstreben, sich Masten aus dem Norden zu sichern, außer mit den Kosten auch mit der Angst zusammenhing, »durch die damit verbundene Abhängigkeit in Kriegszeiten ein schwerwiegendes strategisches Handicap zu tragen« (1956, S. 113). Der französische Ostseehandel machte zu jener Zeit lediglich 7% des Gesamtvolumens des französischen Handels aus (vgl. Léon/Carrière 1970, S. 194). Über die französischen Anstrengungen in Nordamerika sagt Bamford: »Bäume für Schiffsmasten waren in Kanada reichlich vorhanden und billig, um sie aber zu verwerten, mußte man ortsansässige Arbeitskräfte einsetzen, und deren Löhne waren bekanntermaßen hoch« (1956, S. 120). Ganz wesentlich ist es, zu erkennen, daß die anfängliche Abneigung der Franzosen (im Gegensatz zum *Bedürfnis* der Engländer), Holzbestände in Nordamerika aufzuspüren, sich wiederum selbst verstärkte. Eines der Argumente, warum die Franzosen 1731 die gesamte Einfuhr nordamerikanischer Masten stoppten, war laut Bamford deren schlechte Qualität. Aber Bamford führt weiter aus, daß diese schlechte Qualität der Masten in Wirklichkeit darauf zurückzuführen war, daß man sie in der Nähe des Sankt-Lorenz-Stroms anstatt weiter landeinwärts schlägerte und sie vor der Verschiffung etwa zwei Jahre lang auf dem Boden liegen ließ. »Hätten es die Franzosen auf sich genommen, statt die Einfuhren zu beenden, die wirtschaftliche Erschließung Kanadas voranzutreiben, so wären die Resultate für sie sicherlich genauso ergiebig gewesen, wie dies spätere Einschläge in Kanada für Großbritannien waren.« (1956, S. 127 f.)

156 Vgl. Åström (1963, S. 41–44). Das galt nicht nur für die Suche nach Holz, sondern auch nach Flachs, Hanf, Pech, Teer und Pottasche.

157 Langton (1972, S. 51). Er weist darauf hin, daß diese Zahl im Vergleich zu Nef, der von einer Steigerung um das Fünfzehnfache ausgeht, durchaus vorsichtig angesetzt sei, und gelangt daher zu dem Schluß, daß »sich keine eindeutige ›Revolution‹ vollzog.« Jedem das Seine, und jedem seine eigene Quantität, die er für eine Revolution als notwendig erachtet!

begannen sich Fabrikanten auf die Suche nach Herstellungsverfahren zu machen, die den Einsatz von Kohle gestatteten. 1738 schrieb ein französischer Beobachter, Kohle sei »die Seele der englischen Produktion.«[158]

Das zweite neue Importgut aus dem Ostseeraum neben Schiffsausrüstung war Eisen. Zu Beginn des 17. Jahrhunderts machte Eisen 2% der englischen Importe aus der Ostseeregion aus, am Ende des Jahrhunderts 28%.[159] Eisen, das hieß Schweden; Eisen, das war ein industrielles Erzeugnis und entstand bei der Umwandlung von Erz. Warum spielte Schweden zu jener Zeit bei der Eisenproduktion eine derart wichtige Rolle? Man muß sich vor Augen halten, daß bei der Eisenschmelze vor Ende des 18. Jahrhunderts Holzkohle die entscheidende Energiequelle darstellte. Da sowohl das Metall als auch die Energie hohe Transportkosten verursachten, sollten im günstigsten Fall beide Materialien am selben Ort vorhanden sein. (Eisen war an sich häufiger und reichlicher vorhanden als Wald.) In Schweden verband sich die gute *Qualität* des Minerals mit der großen *Quantität* der Holzkohle.[160] Auch in England und Frankreich gab es bedeutende Verhüttungsbetriebe, wobei die französischen vor allem aufgrund der »geringeren Brennstoffknappheit« wahrscheinlich größer waren. Somit wurde England zu einem wichtigen Importeur von schwedischem Eisen, um damit seine eigene Produktion zu ergänzen, während Frankreich »dieses Metall weder importierte noch exportierte.«[161] Das heißt, Frankreich produzierte, was es benötigte, und »benötigte« daher den Ostseehandel nicht. Beim Aufstieg Schwedens, dem innerhalb der Weltwirtschaft der Status einer semiperipheren Macht zukam, spielte das Eisen eine wesentliche Rolle. Mit diesem Teil der Geschichte werden wir uns später auseinandersetzen. Wir möchten vorerst lediglich herausarbeiten, wie sich die entsprechenden Dimensionen und Ressourcen Englands und Frankreichs auf ihre Außenhandelsstruktur auswirkten. In beiden Ländern wuchs die gewerblich-industrielle Produktion; man benötigte immer mehr Eisen[162], und dieses Mehr an Eisen erforderte wiederum ein Mehr an Brenn-

158 Zit. nach Minchinton (1974, S. 151). Bezüglich des Holzmangels und des Aufstiegs der Kohle in England siehe Wilson (1965, S. 80–85), der eine typische Warnung anschließt: »Daß Holz als Brennstoff so erfolgreich durch Kohle ersetzt wurde und die Fördermenge des Kohlebergbaus dermaßen wuchs, darf nicht als Deus ex machina angesehen werden, mit dem sich jegliche Entwicklung der britischen Industrie außerhalb des Textilsektors erklären ließe.« Trotzdem fügt er hinzu: »Wahrscheinlich handelte es sich im Rahmen der Ökonomie des frühen 17. Jahrhunderts um jenen Faktor, der einen Aufschwung am stärksten begünstigte.«

159 Åström (1963, S. 32).

160 Heckscher (1932, S. 139) meint, daß Schweden »seine privilegierte Position eher der Quantität [der Holzkohle] als der Qualität [des Minerals] verdankte.«

161 Léon betont, daß es in Frankreich im Verlauf des 18. Jahrhunderts immer stärker an Roheisen mangelte. Bereits im Jahr 1685 habe Frankreich 8,5 Millionen Pfund (1787: 42 Millionen) aus Deutschland, Rußland, Spanien und besonders aus England und Schweden eingeführt. Léon spricht davon, daß sich im 18. Jahrhundert die Klagen »über die drohende Entwaldung und die steigenden Brennstoffkosten« häuften, und erwähnt in diesem Zusammenhang Bauernrevolten in der Franche-Comté (1731) gegen die Metallurgen, die die Wälder zerstörten (1970b, S. 231 f.).

162 Flinn attackiert die traditionelle Auffassung, wonach die Eisenproduktion in England zwischen 1660 und 1760 ein stagnierender Wirtschaftszweig gewesen sei. Vielmehr habe sich im steigenden Import eine wachsende Nachfrage sowohl im Mutterland als auch in den Kolonien ausgedrückt (1958, S. 145).

stoff. Der Grund, warum sich England dem Brennstoff Kohle und dem Import von Eisen früher zuwandte als Frankreich[163], liegt eher in den unterschiedlichen Umweltbedingungen als dem unterschiedlichen Industrialisierungsgrad.

Die auffallendsten und wesentlichsten Unterschiede zwischen England und Frankreich entwickelten sich wohl im Rahmen des Atlantikhandels. Der englische Transatlantikhandel war quantitativ gesehen weitaus bedeutender als der französische. Außerdem baute England in diesem Zeitraum Siedlerkolonien in der westlichen Hemisphäre auf, während die französische Siedlungstätigkeit relativ schleppend und erfolglos verlief. Tatsächlich bestand zwischen den beiden Phänomenen ein Zusammenhang. Bis zum Jahr 1700 hatte sich England zu jenem Land entwickelt, das »am stärksten im atlantischen Raum engagiert« war.[164] Was war der Grund dafür? Wir haben bereits erörtert, wie die Niederlande den europäischen Handel beherrschten. Es schien ihnen vernünftiger zu sein, sich lieber weiterhin auf ihre Stärken zu konzentrieren, als neue und schwierige Betätigungsfelder zu erschließen. Doch warum wandten sich die Franzosen nicht gemeinsam mit den Engländern dem Atlantikhandel zu? Oder besser gesagt, warum konnten die Engländer besonders zwischen 1660 und 1700 so deutlich größere Erfolge verzeichnen als die Franzosen? Die Fakten scheinen eine klare Sprache zu sprechen. Im 17. Jahrhundert wurden auf der westlichen Halbkugel 28 neue, separate Kolonien gegründet: 3 niederländische, 8 französische und 17 englische, wobei es die englischen um 1700 auf 350.000 bis 400.000 Untertanen (inklusive Sklaven) brachten – gegenüber 70.000 in den französischen Kolonien. In den blühenden Kolonien der Karibik lebten doppelt so viele Engländer wie Franzosen.[165] Das französische Kanada sowie Louisiana konnten es in bezug auf Bevölkerungszahl und Produktionserträge nicht im entferntesten mit den britischen Ansiedlungen in Nordamerika aufnehmen. Zwischen 1600 und 1700 wurde von England ein bedeutender europäischer *Wiederausfuhr*handel aufgebaut, ein enormer, neuer, profitabler Stapelhandel.[166] Tatsächlich bestand eines der wichtigsten Ergebnisse der Navigationsgesetze darin, daß englische Transportunternehmer den Handel mit den eigenen Kolonien erfolgreich monopolisieren konnten, dazu kamen noch großflächige Erfolge beim Schmuggelhandel in Spanisch-Amerika.[167]

Bairoch zeigt, daß die britische Stahlproduktion zwischen 1660 und 1760 konstant blieb, während die Importe um 130% zunahmen. Seiner Meinung nach lag der Hauptverwendungszweck im landwirtschaftlichen Bereich (1966, S. 8–10).

163 Durch die gleichlaufende wirtschaftliche Expansion sah sich Frankreich schließlich um das Jahr 1735 herum gezwungen, in das »Kohlezeitalter« einzutreten (Léon 1970b, S. 232).

164 K. G. Davies (1974, S. 314).

165 K. G. Davies (1974, S. 40, 80 u. 85). Natürlich hängt die Zahl dieser separaten Kolonisierungseinheiten davon ab, wie man eine solche Einheit definiert. Bei Davies finden sich eine Liste wie auch eine Begründung.

166 Vgl. Davis (1954, S. 131) und Wilson (1965, S. 161).

167 Parry (1967, S. 206).

Selbstverständlich transportierten die Franzosen genau wie die Engländer Tabak und Zucker über den Atlantik, nur war die Gesamtmenge geringer, und die Importe wurden zum größten Teil vom französischen Binnenmarkt aufgenommen, womit weniger für den Weiterexport blieb. Verglichen mit den Engländern verfügten die Franzosen in Amerika über weniger Produzenten – Siedler, *indentured servants* (vertragsgebundene Dienstleute) und Sklaven –, die daher auch weniger produzierten.[168] Die Frage, warum sie über weniger Produzenten verfügten, ist nicht leicht zu beantworten. Was die Emigration religiöser Minderheiten betraf, so wissen wir, daß sich die Haltung der beiden Länder doch ein wenig unterschied. In der Praxis wurde eine solche Emigration von der britischen Regierung ermutigt (oder zumindest nicht behindert), während Ludwig XIV. den Hugenotten untersagte, sich in Amerika anzusiedeln. Er äußerte in diesem Zusammenhang, er habe »sein Reich nicht katholisch gemacht, um seine Kolonien Häretikern auszuliefern.«[169]

Es hat den Anschein, als würden wir uns jenen Argumentationsmustern anschließen, mit denen die Unterschiede zwischen den beiden Ländern üblicherweise erklärt werden: England sei ein Rechtsstaat und relativ liberal gewesen, Frankreich dagegen absolutistisch und autoritär. Ein merkwürdiger Umstand kommt diesem Argument jedoch in die Quere. 1687–1688, also kurz nach der Aufhebung des Edikts von Nantes, *drohte* der französische König, Hugenotten, die man bei der Flucht über die Grenze (vermutlich in andere europäische Länder) erwischte, nach Mississippi, Kanada, Martinique oder anderswohin deportieren zu lassen. Zumindest laut Scoville erwies sich dies als wirkungsvolle Drohung, denn »die Aussicht, über den Atlantik verfrachtet zu werden, erschreckte Hugenotten und ›Neubekehrte‹ weit mehr als die Möglichkeit einer lebenslänglichen Galeerenstrafe.«[170] Anscheinend waren es nicht religiöse Überlegungen, die Frankreich davon abhielten, mehr Siedler zu entsenden. Vielleicht hatten die Franzosen an Siedlerkolonien einfach kein so großes Interesse wie die Engländer.

Doch wodurch entsteht eigentlich ein solches Interesse? Mit der Beantwortung dieser Frage wären wir wohl beim Kern der Sache angelangt. Auf dem amerikanischen Kontinent erfüllten Kolonien einen doppelten Zweck: Erstens lieferten sie sogenannte tropische Produkte – Zucker, Baumwolle, Tabak –, die ein Klima benötigten, wie es im größten Teil Europas fehlte. Der karibische Großraum (unter Einschluß Brasiliens und des südlichen Teils Nordamerikas) war von den Umweltbedingungen her geeignet, und aus

168 Die Engländer machten »vom Mittel zwangsverpflichteter Arbeitskräfte in höherem Maße Gebrauch.« Bis zum Jahr 1700 waren 250.000 Engländer, aber nur 20.000 Franzosen nach Nordamerika ausgewandert (K. G. Davies 1974, S. 80 u. 96). Besonders für die Zeit vor 1700 deutet Curtins Schätzung auf eine höhere Zahl von Sklaven in den britischen Kolonien hin (1969, Kap. 3).

169 Dehio (1962, S. 89). Den Hugenotten war es kein besonderes Anliegen, dorthin zu gehen. Wie Dehio sagt, konnten sie »auf der anderen Seite [des Atlantik] lediglich erwarten, im sozialen, politischen und kirchlichen Leben auf die gleichen autoritären Formen zu stoßen.«

170 Scoville (1960, S. 103).

diesem Grund wurden dort sowohl von Großbritannien als auch von Frankreich Kolonien erworben. In diesem Bereich zeigten sich nur relativ geringfügige Unterschiede, auch wenn Großbritannien vielleicht größere Erfolge aufzuweisen hatte als Frankreich. Daneben hatten Kolonien eine zweite, ganz andere Funktion, und zwar dienten sie als Märkte für verarbeitete Produkte und wiederausgeführte Waren. Die tropischen Kolonien erwiesen sich dabei als wenig aufnahmefähig, stützten sie sich doch eher auf Zwangsarbeit, um die Produktionskosten niedrig zu halten. Nur europäische Siedler mit einem relativ hohen Lebensstandard konnten es gemeinsam auf ein Nettoeinkommen bringen, das hoch genug war, um die erwähnte Funktion zu erfüllen.

England errichtete solche Kolonien, Frankreich nicht. Läßt sich dies damit erklären, daß Frankreich auf Absatzmärkte weniger angewiesen war oder sie woanders fand? Einmal mehr müssen wir auf den Faktor Größe zurückkommen: Hatte Frankreich nicht die Möglichkeit, einen größeren Teil seiner Produktion auf dem Binnenmarkt zu verkaufen?[171] England brauchte Europa als Absatzmarkt (lange Zeit auf dem Weg über die Vereinigten Niederlande)[172], und genauso vonnöten war die Errichtung der nordamerikanischen Kolonien.[173] Das alles ist aber relativ, denn England und Frankreich sahen sich mit demselben Problem, einer weltweiten Kontraktion, konfrontiert, und beide reagierten mit merkantilistischen Maßnahmen – zunächst gegen die Vereinigten Niederlande und dann gegeneinander. Aber in England drängte alles in Richtung Konzentration auf den Außenhandel, und schließlich entstand eine gewisse Eigendynamik: Aus der Notwendigkeit, Handel zu treiben, ergab sich ein Bedarf an Schiffen, dann an Schiffsausrüstung, dann an

---

171 »Es besteht kein Zweifel, daß [in Frankreich] der Binnenhandel den Außenhandel mengenmäßig bei weitem übertraf« (Léon/Carrière 1970, S. 165).
Tatsächlich erleben wir im 17. Jahrhundert, daß sich Handelshäfen landeinwärts orientierten – im Fall Marseilles, das »vom Mittelmeer abrückte«, bezeichnet Morineau dieses Phänomen als »Vernördlichung«. Er führt aus, daß Marseille im frühen 17. Jahrhundert einen »echten Aufschwung« erlebt habe, der »glänzender« gewesen sei »als der Aufschwung im 16. Jahrhundert« (1970b, S. 163 u. 169). Da doch Marseille gerade den einträglichen Gewürzhandel verloren hatte (der von den Holländern übernommen und in der Folge umdirigiert wurde), fragt man sich, wie das möglich war. Morineaus Antwort: Marseille fungierte als Importhafen für Leder und vor allem für Rohseide und versorgte die Seidenmanufakturen von Lyon, die gerade zu dieser Zeit die bis dahin von Norditalien belieferten französischen Märkte eroberten. Um welche Märkte handelte es sich dabei? Um die vielfältige Nachfrage nach Luxusgütern bei Hof, die trotz der insgesamt rückläufigen Tendenz weiter zunahm. Dieser Absatzmarkt speiste sich aus drei Quellen: Neuausrichtung bereits bestehender Nachfrage, Anwachsen grundherrschaftlicher Einkünfte sowie jener Einkünfte, die Angehörigen des Hofs aus der zunehmenden Besteuerung zuflossen. »Auf diese Art wurde ein Handel mit Luxusgütern angekurbelt, der es durchaus mit dem Waffen- und dem Lederhandel (man darf nicht vergessen, daß das 17. ein gestiefeltes Jahrhundert war) aufnehmen konnte. Marseille ließ die Säfte seiner Entwicklung in die inneren Ressourcen Frankreichs fließen und konnte sich so den Auswirkungen der Edelmetallbaisse entziehen.« (1970, S. 168 f.)

172 Trotz Englands »spektakulärer Kolonialunternehmungen [im 17. Jahrhundert] blieb der Handel weitgehend auf Europa beschränkt« (Supple 1959, S. 7). Der Handel mit Holland ging jedoch zurück, als der Handel mit den Kolonien wuchs (Wilson 1965, S. 271 f.).

173 Vgl. F. J. Fisher (1950, S. 156). Zwischen 1650 und 1750 lagen laut Jeannin die zwei wichtigsten Absatzmärkte für verarbeitete Produkte aus Westeuropa in den einzelnen Staaten selbst sowie in Nordamerika (bei den Siedlern) (1964, S. 338 f.). Noch einmal: Im Vergleich zu England war Frankreich der größere Staat mit dem umfangreicheren Bedarf – und einem entsprechend geringeren Bedarf an einem Absatzmarkt in Nordamerika.

Produkten, um damit die Schiffsausrüstung zu kaufen, und schließlich an Käufern in den Kolonien, um so die wachsende Produktion abzusetzen. Die Mengen, um die es dabei ging, lassen vielleicht sogar verständlich werden, warum die Briten den Dreieckshandel aufbauten und nicht die Franzosen. Bedingt durch die größere Zahl von Schiffen schenkte man gewissen Phänomenen größere Aufmerksamkeit, etwa dem Umstand, daß der Handel in eine Richtung verlief und Schiffe nicht ausgelastet waren. Diesbezüglich bot der Dreieckshandel eine Lösung,[174] wodurch sich natürlich der Nutzen der Siedlerkolonien weiter erhöhte. Und schließlich führte der größere Umfang des britischen Atlantikhandels zu einem umfangreicheren Wiederausfuhrhandel, was wiederum in England eine bedeutende antimerkantilistische Lobby entstehen ließ.[175] Vielleicht erklären sich daraus die unterschiedlichen Entwicklungen im 18. Jahrhundert.

Oft wird behauptet, Englands ökonomischer Fortschritt sei zu einem wesentlichen Teil darauf zurückzuführen, daß es keine Wegezölle gab und zugleich das Binnentransportsystem verbessert wurde (Entfernung von Stauwehren, Uferbefestigungen, Vertiefung von Flußbetten, Bau von Schleusen, Durchstiche zur Verkürzung von Strecken).[176] Auch wenn in Frankreich die Wegezölle nur eine relativ geringe Kostensteigerung verursachten (und vergessen wir nicht, daß dies nur den Handel außerhalb der *cinq grosses fermes* betraf), erwies sich der Transport laut Léon und Carrière als kostspielige Angelegenheit. Abgesehen davon stehen die beiden vor einem Rätsel: »Für uns ist es schwierig, zu einer sehr komplizierten Frage mehr zu sagen.«[177]

Vielleicht wäre es angebracht, das Problem aus folgendem Blickwinkel zu betrachten: Die Transportkosten innerhalb Englands unterschieden sich möglicherweise nicht übermäßig von jenen innerhalb des nördlichen Zollgebiets von Frankreich. Da man von England aus den Seeweg nahm, von Frankreichs nördlichem Zollgebiet aus zumindest teilweise, wenn nicht überwiegend, den Landweg und da sich genau zu jener Zeit der See- gegenüber dem Landtransport deutlich verbilligte, verwandelte sich Englands Dilemma, innerhalb seiner Grenzen über keinen ausreichenden Markt zu verfügen, in einen Vorteil.[178] Vielleicht war Frankreich in wirtschaftlicher Hinsicht einfach *besser dran* als England und hatte von daher eine geringere Veranlassung, den Außenhandel zu fördern. In der langen Kontraktionsperiode mochte eine solche Förderung keine große Rolle spielen, aber möglicherweise war Großbritannien gerade dadurch besser gerüstet – wirtschaft-

174 Vgl. Davis (1956, S. 71).

175 Vgl. Wilson (1967, S. 513).

176 Vgl. T. S. Ashton (1969, S. 72–74).

177 Vgl. Léon/Carrière (1970, S. 178).

178 Vgl. die frühere Diskussion bei Wallerstein (1974, S. 264–266).

lich, politisch und militärisch –, um die erneute ökonomische Expansion Mitte des 18. Jahrhunderts zu seinem Vorteil zu nutzen.[179]

Wir müssen uns nun der Frage zuwenden, wie England und Frankreich der Schwierigkeiten Herr wurden, die mit der Finanzierung von Produktionsabläufen und Handelsverkehr verbunden waren. Dabei muß man sich mit drei komplizierten Problemen auseinandersetzen: mit der Rolle von Edelmetall im damaligen Handel (wahrscheinlich die Hauptsorge des Merkantilismus); mit der Verfügbarkeit von Edelmetall in dieser Epoche wie auch mit den Edelmetallflüssen; und schließlich mit den Auswirkungen, die die Staatsfinanzen auf das Funktionieren des Gesamtsystems hatten. Im Zeitraum zwischen 1500 und 1730 kam es, wie Geoffrey Parker meint, zu einer »finanziellen Revolution«, die den unverzichtbaren Auftakt zur Industriellen Revolution darstellte und hinsichtlich der privaten Finanzen zweierlei bedeutete: die Konzentration von Kreditmöglichkeiten in einigen wenigen Zentren und »im Zusammenhang damit die Entwicklung eines multilateralen Zahlungssystems auf internationaler Ebene.«[180] Hinter den verschwommenen Bedeutungen des Wortes *Entwicklung*, das ja einen langsamen Prozeß bezeichnet, verbirgt sich eine wichtige Kontroverse: In welchem Maß waren die Zahlungen tatsächlich multilateral? Oder vielleicht genauer: Ab wann hatte sich der multilaterale Zahlungsverkehr dermaßen ausgebreitet, daß sich Kaufleute wie auch Regierungen in ihren Kalkulationen darauf verlassen konnten?

Formuliert wurden die gegensätzlichen Standpunkte im Rahmen einer wohlbekannten Kontroverse, an deren Beginn Charles Wilson (völlig zu Recht) sein Unbehagen darüber äußerte, wie Eli Heckscher die merkantilistische Logik abtat. Da die Umstellung von einem bilateralen auf ein multilaterales Zahlungssystem erst im *18. Jahrhundert* stattgefunden habe, so

---

179 Vergessen wir nicht, daß während der langen Kontraktionsperiode selbst für England der Außenhandel nicht allein ausschlaggebend war. Reed argumentiert beispielsweise folgendermaßen: »Eine große Bedeutung bei der Senkung der Abwicklungskosten kommt dem Gesamtausmaß des Geschäftsverkehrs zu, unabhängig von der nationalen Herkunft der beteiligten Händler. Obwohl der [englische] Außenhandel [im 17. Jahrhundert] expandierte, lag sein Niveau niedriger als das des Binnenhandels und stieg allem Anschein nach auch nicht rascher an. Daher kann es sehr gut sein, daß der Binnenhandel die dominierende Rolle spielte.« (1973, S. 184.) Dem ist nur zuzustimmen. Man müßte jedoch noch herausfinden, ob in Frankreich, speziell angesichts seines weitaus größeren Territoriums, das Gesamtausmaß des Geschäftsverkehrs tatsächlich geringer war als in England.

Vielleicht sollten wir uns deshalb nicht den Umfang der Transaktionen *auf nationaler Ebene* ansehen, sondern auf bestimmten Märkten. Aufgrund der Größe und der daraus sich ergebenden geographischen Struktur Frankreichs konnte Paris natürlich niemals in gleicher Weise wie London administrative und ökonomische Funktionen miteinander verbinden. Das Wachstum Londons zwischen 1650 und 1750 – als Stadt und als Handelsplatz – wird in der Literatur ausführlich behandelt (vgl. Wrigley 1967, S. 63). Es könnte der Fall sein, daß in *London* die Geschäftsabwicklungskosten niedriger lagen als in Paris und anderen französischen Zentren. Sollten North und Thomas mit ihrer Annahme recht haben, daß der technologische Wandel zwischen 1500 und 1700 zu geringfügig war, um Produktivitätszuwächse zu erklären, und daß deren Ursache eigentlich nur in den »geringeren Kosten, sich des Marktes zu bedienen« (1973, S. 150) gelegen haben konnte, so ließe sich damit möglicherweise ein gewisser *Vorteil* Englands gegenüber Frankreich erklären, aber nicht mehr.

180 Parker (1974a, S. 532).

Wilson, sei das Augenmerk, das im *17. Jahrhundert* auf die Verfügbarkeit von Münzgeld gelegt wurde, durchaus rational gewesen.[181] Heckscher erwidert, daß »es bereits im Mittelalter – vielleicht sogar noch früher – multilateralen Handel und Arbitrage gab« und daß es sich bei den Mitteln, »mit denen ... dieser multilaterale Handel abgewickelt wurde«, um eine »untergeordnete Frage« handle.[182] Der Edelmetalltransfer sei nur ein Mittel gewesen, um eine multilaterale Verrechnung zu erreichen. Daneben seien noch Wechselbriefe im Umlauf gewesen, ohne deren »allgemeinen Gebrauch« der multilaterale Handel »nicht weiterbestehen konnte«. Wilsons Antwort darauf: Natürlich habe es multilateralen Handel und die Verwendung von Wechselbriefen *in beschränktem Umfang* gegeben, aber das Handelsvolumen war (besonders im Ostseeraum) vom »Bindeglied« Edelmetall oder Münzgeld abhängig, und ohne Edelmetall wäre der Handel »durch einen Rückfall in mehr oder weniger bilaterale Modalitäten eingeschränkt worden.«[183]

In seinen Anmerkungen zu dieser Debatte beschuldigte Jacob Price beide Seiten einer »unpräzisen Historizität« sowie einer Betrachtungsweise, der sich die gesamte merkantilistische Epoche als statisch darstellt. Wechselbriefe seien im Mittelalter nicht einfach deshalb aufgekommen, weil sie eine sichere und einfache Zahlungsmöglichkeit darstellten, »sondern teilweise auch deshalb, um damit die relative Geldknappheit wettzumachen«. Der weltweite Silberbestand stieg laut Price von der Mitte des 16. Jahrhunderts bis zum Jahr 1660 rapide an und ermöglichte damit eine Ausweitung des Handels, verringerte sich jedoch nach 1660. Dies führte sowohl zu einer verstärkten Verwendung von Wechselbriefen als auch zu einer Expansion des Warenverkehrs, um auf diesem Weg »ein Handelsgleichgewicht herzustellen«.[184] Damit macht Price das Angebot, sich auf halbem Weg zu treffen, und spricht die erste Hälfte des 17. Jahrhunderts Wilson, die zweite Hälfte Heckscher zu; der Unterschied erklärt sich für ihn aus der Menge des verfügbaren Edelmetalls. Price findet Unterstützung bei Sperling, der ihm darin zustimmt, daß das Jahr 1660 den entscheidenden Wendepunkt darstellte und daß ab diesem Zeitpunkt mit der Achse Amsterdam–London ein

181 Wilson (1949).

182 Heckscher (1950, S. 221 f.).

183 Wilson (1951, S. 232). Er beteuerte, daß es sich nicht um einen Scheinkonflikt handle: »Ich hoffe, die Übereinstimmung in dem Punkt, daß die Verwendung von Edelmetallen als internationalem Zahlungsmittel eine Form von multilateraler Verrechnung darstellt, engt das Konfliktfeld ein. Völlig beseitigt wird es dadurch jedoch nicht. Ich werde das Gefühl nicht los, daß sich die Auffassungen in bezug auf die übliche Struktur des internationalen Handels und Zahlungsverkehrs im Zeitalter des Merkantilismus weiterhin unterscheiden. Prof. Heckscher scheint mir von einer zu geringen *Rolle* des Edelmetalls und einer zu wichtigen *Rolle* des Wechselbriefs auszugehen. Bestand zwischen der Welt des Thomas Mun und jener des Alfred Marshall *tatsächlich* eine so große Ähnlichkeit, wie dies Prof. Heckscher unterstellt? Hat die Finanzierung des internationalen Handels keine Geschichte? Ich meine schon. Der Umfang der Edelmetallbewegungen unterschied sich deutlich von den geringen Mengen des 19. und frühen 20. Jahrhunderts.«

184 J. M. Price (1961a, S. 273 f.).

Zentrum für den internationalen Verrechnungsverkehr existierte. Dieses »expandierte, um den Anforderungen des wachsenden Welthandelssystems zu entsprechen«[185], und habe auf diese Weise die Industrielle Revolution möglich gemacht. Zu dieser Kontroverse steuert Rudolph Blitz den nützlichen Hinweis bei, daß es sich bei Edelmetall sowohl um eine Ware als auch um ein Zahlungsmittel handelt:

> Wenn ein Land ausschließlich Gold produziert und im Austausch gegen Konsum- und Investitionsgüter in die übrigen Teile der Welt exportiert, so ist es sinnvoller, diese Goldexporte als »Gold-Warenexporte« zu betrachten, und nicht als Gradmesser einer passiven Handelsbilanz.[186]

Diese Feststellung trifft völlig zu, und daher ist die Frage, warum in manche Kanäle mehr Edelmetall floß als in andere, genauso wichtig wie jene, wohin es floß. Wenn wir uns die verschiedenen Handelsgebiete nochmals ansehen, so stellen wir fest, daß es bei der Auseinandersetzung zwischen Wilson und Heckscher ursprünglich um den Ostseehandel ging, wobei Wilson behauptete, »die Ostsee war das Loch, in dem ein großer Teil des amerikanischen Silbers verschwand, nachdem es die Spanier im Gegenzug für niederländische Exporte an Amsterdam verpfändet hatten.«[187] Bei näherer Betrachtung erweist es sich jedoch als unrichtig, daß der Ostseehandel *als Ganzes* auf Silberexporte angewiesen war. Hinton sieht drei englische Handelsverbindungen, in denen um 1660 Silberexporte vonnöten waren, nämlich den süd(ost)asiatischen Raum, die Türkei und Norwegen – ein Erfordernis, das »für den Ostlandhandel nicht unbedingt galt«.[188] Åström setzt sich direkt mit Wilsons Feststellungen über den Ostseeraum auseinander und gelangt zu dem Schluß, daß Silbergeld zwar nach Norwegen und Rußland ausgeführt wurde, aber absolut nicht – oder zumindest in viel geringerem Ausmaß – in jene Gebiete, in denen hohe Handelsumsätze erzielt wurden, nämlich das Baltikum und das eigentliche Schweden.[189] Außerdem gebe es, betont Sperling, »reichlich Belege« dafür, daß im Ostseeraum Wechselbriefe verwendet wurden. Hroch und Glamann teilen die Auffassung, das Defizit im Ostseehandel könnte durch eine umgekehrte Handelsbilanz im Rahmen des Ost-

---

185 Sperling (1962, S. 468).

186 Blitz (1967, S. 41).

187 Wilson (1949, S. 154). Supple unterstützt in diesem Punkt Wilson gegen Heckscher (1959, S. 86) und zitiert ein Werk mit dem Titel *The Merchant's Map of Commerce*, das 1641 von Lewes Roberts verfaßt worden war: »Die Bewohner des Ostlands sind bekannt dafür, so wenig Gold und Silber zu besitzen, daß sie alle verachten, die Achtung davor haben; sie verkaufen ihre reichlichen Waren ... zu einem niedrigen Preis, besonders jene, welche man für die tägliche Verpflegung benötigt« (1951, S. 176).

188 Hinton (1959, S. 115).

189 Vgl. Åström (1963, S. 82). Auch Heckscher betont in bezug auf Schweden: »Es gibt, um es vorsichtig auszudrücken, nicht das geringste Anzeichen dafür, daß Silber kontinuierlich [nach Schweden] floß« (1950, S. 225). Attman hingegen schreibt (und hat den Handel mit Rußland im Auge), daß »zumindest bis Mitte des 17. Jahrhunderts jedes Land sein Handelsdefizit mit Edelmetallen begleichen mußte« (1973, S. 160).

West-Warenaustauschs auf dem Landweg kompensiert worden sein.[190] Wohin floß dann also das Edelmetall? Anscheinend nach Norwegen und Rußland, vielleicht auch in die Türkei und – dies ist am bedeutsamsten – nach Süd- und Südostasien sowie an einen weiteren Ort: nach Holland. Süd(ost)asien und Holland – ein seltsames Paar! In Form und Funktion unterschieden sich diese zwei Edelmetallströme allerdings recht deutlich voneinander.

Dales meint, Wilson habe recht (allerdings nicht in bezug auf den Ostseeraum); vor allem hinsichtlich des Handels zwischen Europa und dem »Orient« seien seine Ausführungen weiterhin gültig.[191] Chaudhuris Arbeit scheint wenig Zweifel daran zu lassen, daß zwischen 1600 und 1750 unaufhörlich Edelmetall von England nach Indien abfloß. Was bedeutete dies jedoch? Über das frühe 17. Jahrhundert sagt Chaudhuri:

> Da sich die Kompanie auf den asiatischen Märkten im lokalen Handel etabliert hatte, könnte man behaupten, daß die Ausfuhr von Edelmetallen zum Teil einem Kapitalexport gleichkam. Investierte man dieses Kapital in die asiatischen Faktoreien der Kompanie, so brachte es eine hohe Rendite ein, mit der die Einkäufe für Europa getätigt werden konnten – zumindest teilweise.[192]

Der anschließende Import war jedoch davon abhängig, daß einige Waren (vor allem Gewürze) in Asien billig eingekauft und in Europa teuer verkauft wurden. Was das Geld betrifft, so ortet Chaudhuri »die Grundursache für den Abfluß von Edelmetall darin, ... daß der Warenwert von Gold und Silber auf den zwei Kontinenten eine deutliche und große Disparität aufwies.«[193] Aber wie kam es zu dieser Disparität?

An jenem Punkt, wo sich Chaudhuri mit dem Zeitraum von 1660 bis 1720 auseinandersetzt,[194] äußert er die Ansicht, daß auch der Ostindienhandel »im Grunde genommen multilateral wurde.« Trotzdem geht aus den von ihm präsentierten Daten kein deutlicher Rückgang der Edelmetallexporte hervor – ganz im Gegenteil. Im allgemeinen, schreibt er, machten Edelmetalle

---

190 Sperling (1962, S. 461). Ein Teil des Silbers, das in den Ostseeraum ging, wurde von den Polen im Tausch gegen »orientalische Luxuswaren« in der Levante ausgegeben (Mączak, 1976b, S. 2; vgl. auch 1974, S. 507). Vgl. dazu auch Hroch (1971, S. 26) und Glamann (1977, S. 262).

191 Dales (1955, S. 142 f.).

192 Chaudhuri (1963, S. 26); vgl. auch Singh (1977, Kap. 7). Bezüglich des Abflusses aus Spanien in Richtung Philippinen siehe Chaunu (1960b, S. 268 f.), aus Holland in Richtung Süd- und Südostasien siehe Schöffer (1966) sowie van der Wee (1977, S. 310). Raychaudhuri bringt die niederländischen Einfuhren an die Koromandelküste folgendermaßen auf den Punkt: »Abgesehen von Gold- und Silberbarren sowie Münzgeld handelte es sich bei den Hauptimportgütern im wesentlichen um Luxusartikel« (1962, S. 197). Hollands Fähigkeit, den innerasiatischen Seehandel zwischen Indien, China und Japan an sich zu ziehen, »erlaubte es [dem Land], die Menge von Gold- und Silbermünzen zu reduzieren, die der Westen in den Orient abfließen ließ, um so die Zahlungsbilanz auszugleichen. Damit war es den Niederländern mit Hilfe des japanischen Silbers bis zum Jahr 1668 möglich, auf spanische Piaster teilweise zu verzichten, was ihnen gegenüber ihren englischen Konkurrenten einen gewissen Vorteil verschaffte« (Deyon, 1978b, S. 229).

193 Chaudhuri (1963, S. 27).

194 Chaudhuri (1968, S. 484 u. 495).

weiterhin 70–90% des jährlichen Gesamtexportwerts aus, was darauf hindeute, daß »sich jene ökonomischen Faktoren, die dem Handel zwischen Europa einerseits, Süd- und Südostasien andererseits zugrundelagen, im 17. und frühen 18. Jahrhundert nicht wesentlich veränderten.« Was Holland betrifft, so deuten Zahlen darauf hin, daß es zwischen 1672 und 1695 70–90% des von England ausgeführten ungemünzten und gemünzten Edelmetalls[195] und von 1699 bis 1719 noch immer Englands »größte Edelmetall-Transfers«[196] in Empfang nehmen konnte.

Auf einen Punkt ist noch hinzuweisen: Der Begriff Edelmetall (*bullion*) umfaßte zwar sowohl Silber als auch Gold, doch deren Wege wichen voneinander ab. Das Wertverhältnis zwischen Silber und Gold war schwankend – aber lassen sich irgendwelche Grundmuster feststellen? Auf ein sehr bedeutsames weist Herbert Lüthy hin, daß nämlich sowohl Gold als auch Silber zumindest zum größten Teil aus Gebieten kamen, die außerhalb des eigentlichen Europa lagen. Europa reexportierte dann sein weitgehend aus Amerika stammendes Silber nach Asien, und zwar »Silber auf beinahe völlig monometallistischer Basis«.[197] Dagegen spielte Gold in der europäischen Weltwirtschaft eine andere Rolle. Es »kam nach Europa und verblieb dort, vor allem als Manövriermasse für umfangreiche Verrechnungstransaktionen im geschäftlichen Bereich sowie für Zahlungen von staatlicher Seite.«[198]

Kehren wir nun zurück zum Unterschied zwischen Handelsbeziehungen innerhalb der kapitalistischen Weltökonomie und jenen, die zwischen einem konkreten Weltsystem und seiner externen Zone bestehen. Im vorliegenden

---

195 Vgl. Åström (1963, S. 82).

196 Chaudhuri (1968, S. 496).

197 Lüthy (1961, S. 34). Lüthy schreibt: »Silber auf *beinahe* völlig monometallistischer Basis, was eben nicht gleichbedeutend ist mit *völlig*.« Chaudhuri merkt an, daß der Handel mit dem östlichen Indien in der Zeit zwischen 1662 und 1680 auch das in Südostindien gefragte Gold umfaßte, einer Region, die damals im Handel eine besonders wichtige Stellung einnahm. Jedoch sei »im Jahr 1676 aus irgendeinem noch immer unklaren Grund der Goldpreis, gemessen in Silber, auf den indischen Edelmetallmärkten plötzlich eingebrochen« (1968, S. 488).
Ruiz Martín notiert, daß Silber auf den europäischen Finanzmärkten »von 1609 an ... bis ins 18. Jahrhundert« gegenüber Gold eine »Vorrangstellung« einnahm. Dies erkläre sich zum Teil aus der Nachfrage im Osten. »Im Rahmen ihrer diplomatischen Beziehungen zu Algeriern und Persern bekamen Niederländer und Engländer in unterschiedlichen Variationen immer wieder eine Bedingung zu hören, damit die Kapitulationen Geltung erlangten: Zahlt in kastilischen *Reales* [Silbermünzen]« (1970, S. 56). Im Zuge seiner Ausführungen zur »Silberkrise« zwischen ca. 1680 und 1703 wirft Sperling die Frage auf, warum im Frachtverkehr nach Süd- und Südostasien nicht Gold an die Stelle von Silber trat. »In den Osten floß Silber *nicht deswegen, weil der Handel* in einem elementaren Sinn *darauf angewiesen war*, sondern weil es sich rentierte. Zweitens ... hätte man zwar Gold verwenden können, aber da sich dadurch die Terms of Trade für die Europäer verschlechtert hätten, wären die Gewinne geringer ausgefallen.« (1962, S. 466 f., Hervorhebungen I. W.) Sperling merkt an, daß sich das Wertverhältnis zwischen Silber und Gold in Spanisch-Amerika auf 17:1, in Europa auf 15:1, in Indien auf 12:1 und in Japan auf 9:1 belief. Aber woher stammen diese Unterschiede, wenn nicht daher, daß der aus dem Edelmetall erzielbare Nutzen unterschiedlich eingeschätzt wurde?

198 Lüthy (1961, S. 35). Natürlich fand Silber innerhalb Europas Verwendung, aber eher für Tauschakte innerhalb des Marktes als für Clearingzwecke. Und Lüthy fügt noch eine aufschlußreiche linguistische Fußnote hinzu: »Wenn im Französischen Silber (*argent*) zu jenem Begriff wurde, mit dem man Geld bezeichnete, so wurde [das englische (Anm. d. Übers.)] *specie-point* als Goldpunkt (*point-or*) übersetzt.«

Fall handelt es sich bei jenem Weltsystem um die europäische Weltwirtschaft und bei der externen Zone primär um Süd- und Südostasien, dazu noch Norwegen, Rußland und vielleicht die Türkei. Um dem Handel Tauschakte zu erleichtern, sind *Zahlungsmittel* vonnöten (im Fall der europäischen Weltwirtschaft waren dies für den Alltagsgebrauch Silber und Kupfer, unter Zuhilfenahme von Gold). Offensichtlich erfüllt auch Papier (Wechselbriefe) diesen Zweck. Man kann annehmen, daß ein solcher Austausch im wesentlichen multilateral ist und vorwiegend mit Hilfe von Wechseln abgewickelt wird, wobei es im Zentrum der internationalen Finanzwelt (im 17. Jahrhundert war dies Amsterdam) im Zuge gelegentlicher Saldierungen zu Goldtransfers kam. Im Tauschverkehr zwischen zwei zueinander externen ökonomischen Zonen werden keine »Zahlungsmittel« verwendet, er ist relativ bilateral und beruht auf Waren, deren Wert konträr eingestuft wird – in unserem Fall wurde das europäische Silber zunächst gegen die Gewürze und später gegen die Kalikos Südost- und Südasiens ausgetauscht. Die nach Asien (und Rußland) geschafften Münzen und Edelmetalle wurden weitgehend »gehortet oder als Schmuck« verwendet;[199] und die »Zahlungsbilanz« (für den Fall, daß sich jemand weigert, Silber als Ware zu betrachten) war über lange Zeit hinweg *hartnäckig* passiv und weitgehend bilateral. Diese zwei Fakten sind genau der Beweis dafür, daß Süd- und Südostasien im Verhältnis zur europäischen Weltwirtschaft *extern* blieben. Andererseits belegt der Umstand, daß der Handel zwischen Westeuropa und dem Baltikum (sowie Schweden) in hohem Maß multilateral organisiert war (was auch Wechselbriefe einschloß), daß diese beiden Handelszonen Teil eines gemeinsamen ökonomischen Systems waren.

Die Produktion von Gold und Silber als Ware ließ Amerika insofern zu einer peripheren Region innerhalb der europäischen Weltwirtschaft werden, als diese Ware für das Funktionieren dieser Weltwirtschaft unentbehrlich war, und zwar solange sie als *Geld* verwendet wurde. Wäre das amerikanische Edelmetall *zur Gänze* nach Asien geflossen, so wäre Amerika lediglich eine weitere externe Zone und Europa bloß der Drehpunkt dreier Zonen (Amerika, Europa und Asien) gewesen, wobei es seine Luxuswaren aus Asien zum Preis der nach Amerika geschickten Güter bezogen hätte. Aber Amerika hatte kein Interesse daran, das Edelmetall zu tauschen, geschweige denn, danach zu graben. Daher bemächtigten sich die Europäer zunächst des Inka-Golds, bauten dann in Potosí und Mexiko Silber ab und waren auf der Suche nach immer neuen Lagerstätten (unter denen die brasilianischen Goldvorkommen bald die größte Bedeutung erlangen sollten). Sie entsandten Siedler, um das amerikanische Territorium politisch zu kontrollieren und die wirtschaftlichen Unternehmungen zu überwachen, und sie importierten auch Arbeitskräfte. Kurz, die Europäer verleibten Amerika ihrer Weltwirtschaft ein, und zwar in erster Linie deswegen, weil sie für ein expandierendes

199 Sperling (1962, S. 450).

kapitalistisches System eine solide Geldbasis benötigten, und in zweiter Linie, um die Überschüsse im Handel mit Asien zu verwenden. Daß England im Jahr 1663 Strafbestimmungen aufhob, mit denen die Ausfuhr von Edelmetall in den Ostseeraum sanktioniert wurde[200] – geschah dies nicht deshalb, weil dieses Gebiet zu jener Zeit fest in ein multilaterales Zahlungssystem eingebunden war?

War also die merkantilistische Besorgnis bezüglich des Edelmetallflusses in irgendeiner Form gerechtfertigt? Ja – und zwar deshalb, weil der Fluß von Edelmetallen als *Zahlungsmittel* einen jener Mechanismen darstellte, mit dessen Hilfe sich die Hegemonialmacht einen zusätzlichen Vorteil sicherte. Wenn die englischen (und in geringerem Maß die französischen) Merkantilisten wegen der Edelmetallflüsse beunruhigt waren, beunruhigten sie da nicht in Wirklichkeit die Geldflüsse *nach Holland* und die Warenflüsse durch Holland?[201] Wenn der Abfluß des Silbers nach Süd- und Südostasien das wirkliche Problem gewesen wäre, warum wurde dann nie ein ernsthafter Versuch unternommen, ihn einzudämmen? Die Edelmetallflüsse *im Inneren* der europäischen Weltwirtschaft wiederum hingen nicht nur von den Clearing-Mechanismen ab, sondern auch von der Kontrolle über die Erzeugung der Ware und vom verfügbaren Gesamtbestand. Die sogenannte Knappheit an Edelmetallen im 17. Jahrhundert muß unter diesen Aspekten gesehen werden.

Es wird behauptet, daß die Weltsilberproduktion im 17. Jahrhundert zurückging und die Goldproduktion stagnierte, während es bei den spanischen Edelmetallimporten aus Amerika zu einem massiven Absinken kam.[202] Im Rahmen einer Neueinschätzung der spanischen Edelmetallflüsse äußert Morineau eine gewisse Skepsis hinsichtlich der allgemein akzeptierten Fakten und der sogar noch zweifelhafteren Interpretationen, die sich auf diese Fakten stützen:

> Jedenfalls ... können wir das 17. Jahrhundert nicht länger unter dem Gesichtspunkt einer allgemeinen und verallgemeinerten Krise betrachten – und noch weniger unter dem Gesichtspunkt einer Gold- und Silberknappheit (entweder an der amerikanischen Quelle oder beim Eintreffen in Europa). Die wirklichen Probleme waren andere.[203]

Auch wenn er die üblichen Zahlen für übertrieben hält, bestreitet Morineau gar nicht, daß die Menge des in Spanien einlangenden Edelmetalls zurück-

200 Vgl. Wilson (1967, S. 509).

201 Nach Ansicht Supples lag das *wirkliche* Problem für die Regierungen darin, sich veränderten Edelmetallbewegungen (d.h. Liquiditätsschwierigkeiten) rasch wieder anzupassen. »Der ›Merkantilismus‹, wie man ihn üblicherweise begreift, erscheint unter diesem Blickwinkel weit eher als Verteidigungsmechanismus denn als aggressive, trügerische und kontraproduktive Jagd nach Edelmetallen. Aus Angst vor dem quantitativen und qualitativen Geldverlust war die Regierung völlig zu Recht bestrebt, die Abflüsse unter Kontrolle zu bringen, bevor sie dauerhafte Verwerfungen in der Ökonomie hervorrufen konnten.« (1959, S. 194.)

202 Siehe die zusammenfassende Darstellung bei Vilar (1974, S. 237–244).

203 Morineau (1969a, S. 346 f.; außerdem 1978b, S. 80–85).

ging. Er zweifelt jedoch, ob es sich dabei um das Ergebnis eines langfristigen Trends handelte, und behauptet vielmehr, daß eine Reihe zufälliger ökonomischer Faktoren dafür verantwortlich gewesen sei. Noch stärker sind seine Zweifel daran, daß sich (soweit er sie überhaupt als gegeben ansieht) die ökonomische Kontraktion der europäischen Weltwirtschaft durch Veränderungen in der Edelmetallzufuhr erklären läßt.

Es lohnt sich, beide Fragen zu diskutieren. Warum gingen die Edelmetallimporte zurück? Klarerweise konnte es nur daran liegen, daß entweder das Angebot oder die Nachfrage sank. Die verbreitetste Erklärung geht von einem geringer werdenden Angebot aus. An den leicht zugänglichen Edelmetallvorkommen war Raubbau betrieben worden, sie waren erschöpft. Der Abbau von Edelmetallen war nun mit größeren Kosten verbunden, und bis zur Entdeckung neuer Vorkommen sollte es noch eine Zeitlang dauern. Eine Argumentationslinie besteht darin, daß diese so wichtigen Bodenschätze durch die Expansionsphase des 16. Jahrhunderts auf einem gewissen Technologieniveau aufgebraucht waren und es infolgedessen zu Kapitalmangel und daher zu einer Depression kam. Etwa um das Jahr 1620, »als immer weniger Gold und Silber eintraf«, meint im Gegensatz dazu Morineau, war es der Mensch »in Verbindung ... mit den Naturkräften, der diese Entwicklung hervorrief.«[204] Für Morineau lag dies im Verantwortungsbereich der Menschen, »die vielleicht den Naturkräften folgten« – und nicht umgekehrt.

Wie jede andere Ware hat auch Edelmetall seinen Preis, und ein allgemeiner Preisauftrieb – in finanzieller Hinsicht das Hauptmerkmal des 16. Jahrhunderts – bedeutet oft eine Preissenkung bei Edelmetall. Aber Edelmetall ist so wie Geld nur *ein* Element innerhalb eines realen Tauschvorgangs.[205] Bei der Einfuhr von Edelmetall trat zu jener Zeit eine Verlangsamung ein. Wie Morineau sagt, handelte es sich dabei um den »Drake-Effekt, die ›moderne‹ Version des Damoklesschwerts.«[206] Wenn die Freibeuter auch relativ wenige Konvois abfingen, erzielten sie damit laut Morineau dennoch eine »heimtückischere, nachhaltigere, schädlichere« Wirkung: Sie verursachten Verzögerungen, die schließlich zu Bankrotten führten. Neben dem

---

204 Morineau (1969a, S. 311). Daß in den letzten beiden Jahrzehnten des 16. Jahrhunderts die Zahl der in Spanien eintreffenden Schiffe »anschwoll«, erklärt Morineau beispielsweise damit, daß der König mehr Edelmetall (das vermutlich ohnehin abgebaut wurde, aber den Atlantik ansonsten nicht überquert hätte) aus Amerika nach Spanien schaffen ließ und auf Kosten der Indianer und Spanier seinen Anteil vergrößerte (1969a, S. 334). Die Indianer wurden allerdings nicht in Gold und Silber entlohnt, und die spanischen Siedler hätten das Edelmetall wohl gerne für Einkäufe in Spanien verwendet, womit es sowieso seinen Weg über den Atlantik gefunden hätte. Deyons Skepsis ähnelt der von Morineau: »Niemand denkt im Traum daran, die Rolle unverhoffter Entdeckungen zu bestreiten, aber man muß doch hinsichtlich einer Interpretation Vorbehalte äußern, die das Schicksal Europas in den Tiefen amerikanischer Bergwerke begraben möchte.« (1967, S. 84.)

205 Unter Berufung auf historische Daten aus dieser Periode meint René Baehrel, daß Gold- und Silberbarren oder Geld ein »untergeordnetes Phänomen« darstellen (1953, S. 309). Ich würde es anders ausdrücken. Es handelt sich dabei um eine Ware wie Weizen oder Textilien, und wir müssen uns damit beschäftigen, in welchen Austauschrelationen (*terms of trade*) alle diese Waren zueinander standen.

206 Morineau (1969a, S. 331 f.), der noch hinzufügt, daß sich der Drake-Effekt »allen Stoßgebeten der Versicherungsgesellschaften entzog.« Bezüglich Drake-Effekt siehe auch Parry (1961, S. 127) und Lynch (1969, S. 190).

»Drake-Effekt« des späten 16. Jahrhunderts gab es auch noch Mitte des 17. Jahrhunderts den »Blake-Effekt«, dem »die *Carrera* zum Opfer fiel.«[207]

Diese militärischen Raubzüge hatten jedoch lediglich zur Folge, daß sich die Kosten für Edelmetall erhöhten. Wenn es im selben Umfang wie zuvor benötigt wurde, warum konnten dann diese Kosten nicht auf den Verbraucher überwälzt werden? Warum sandte man nicht mehr Schiffe aus? Man kann einfach nicht an den Realitäten der Kontraktion vorübergehen: Primär wurde sie nicht durch einen Rückgang der Edelmetallieferungen hervorgerufen, sondern durch eine abnehmende Nachfrage nach diesen Lieferungen. Im frühen 17. Jahrhundert kam der Hegemonialmacht ein abnehmendes Angebot durchaus zugute, zog doch Holland aufgrund seiner Überlegenheit in Produktion und Handel das vorhandene Edelmetall überproportional an.[208] Als sich das Angebot wirklich verknappte, wurden Gold und Silber zur Grundlage eines lukrativen Investitionssystems. Um die Jahrhundertmitte ließen niederländische Kaufleute jenes Edelmetall, das sie von ihren englischen Kunden erhielten, in London und begannen, es zu einem Zinssatz zwischen 5% und 7% zu verleihen. Auf diese Weise schufen sie einen Mechanismus, »der mit der Zeit das Kapital in seinen ›festen‹ Formen entlasten sollte.«[209]

Über einen Umweg sind wir nun bei unserem Thema angelangt: die Edelmetallbestände in der zweiten Hälfte des 17. Jahrhunderts und ihre Bedeutung im Rahmen der englisch-französischen Rivalität. Da die Produktionsrate bei Edelmetall niedriger lag als bei anderen Waren, nahm der Edelmetallmangel im Lauf des Jahrhunderts zu. Die Knappheit machte sich allmählich bemerkbar, was zu einer neuen Suche nach Gold und Silber führte.[210] Daß Frankreich sich in dieser Zeit des Mangels in einer schlechteren Lage befand als andere Staaten, wird von Lüthy bezweifelt, der daneben noch anmerkt, daß Frankreich in Friedensjahren eine äußerst positive Handelsbilanz aufwies. Betrachte man Frankreich sowohl als Staat wie auch als Geldumschlagplatz, schreibt er, so falle auf, daß sein Hunger nach Bargeld

---

207 Morineau (1969a, S. 346) nimmt damit Bezug auf den englischen Admiral Blake, der im Jahr 1656 acht spanische Galeonen vor Cádiz angriff, wobei er zwei versenkte und zwei kaperte.

208 »Mit Sicherheit«, schreibt Vilar, »waren die Kapitalbestände der Republik Holland ab Mitte des 17. Jahrhunderts mindestens ebenso groß wie jene des übrigen Europa zusammengenommen.« (1974, S. 241.)

209 Wilson (1949, S. 160). Stone merkt an, daß die Zinssätze in London zwischen 1620 und 1650 von 10% auf 5% fielen, und meint, sie hätten den in ganz Europa (mit Ausnahme Hollands) geltenden entsprochen. »Diese dramatische Senkung der Zinssätze war sowohl Ursache als auch Folge der Zunahme von verfügbarem Kapital sowie der Entwicklung von Einrichtungen, um es anzulegen – etwa Aktiengesellschaften sowie Depositengeschäfte mit Notaren und Goldschmieden« (1972, S. 69). Wenn es wirklich das in niederländischem Besitz befindliche Edelmetall war, das das Sinken der Zinssätze verursachte, läßt sich dieser Umstand nicht vielleicht besser durch die Verringerung des weltweit verfügbaren Kapitals erklären, ungeachtet der Zunahme an flüssigem Kapital, das über die Banken für Kredite zur Verfügung stand?

210 »Zunächst darf man nicht vergessen, daß in einer Zeit, in der die Preise für Konsumgüter insgesamt sehr niedrig liegen, Edelmetalle eine hohe Kaufkraft besitzen und somit ein Anreiz besteht, sie aufzuspüren.« (Vilar 1974, S. 247)

im Unterschied zu Holland oder England »von keiner Institution gelindert wurde, die dafür prompt und in ansehnlichen Mengen die anderen Zirkulationsmittel, Spareinlagen oder nicht zuletzt gehorteten Reichtum mobilisieren hätte können.«[211]

Wie üblich wirft uns eine solche Erklärung ein wenig zurück. Entlang des alten »Rückgrats« von Europa hatte sich schon seit langem ein Bankensystem entwickelt; Holland zog im 17. Jahrhundert nach – eine natürliche Folge seiner Vormachtstellung. Warum war England im späten 17. Jahrhundert besser imstande als Frankreich, diesen Weg zu beschreiten? Ich habe darauf keine klare Antwort, möchte aber mit zwei separaten Beobachtungen aufwarten. Erstens: Innerhalb der europäischen Weltwirtschaft gestaltete sich die gesellschaftliche Verwendung der drei Währungsmetalle (eigentlich bis heute) in etwa folgendermaßen – Gold für den internationalen Verrechnungsverkehr sowie Staatsangelegenheiten (und auch zur Hortung), Silber für größere Transaktionen im Binnenhandel und Kupfer für die Bedürfnisse der Haushalte und des Kleinhandels. Da die französische Produktion, wie bereits erläutert, zum größten Teil auf dem französischen Markt und die englische (wie auch die niederländische) Produktion stärker auf Exportmärkten abgesetzt wurde, entwickelten sich die beiden Rivalen in Richtung »De-facto-Monometallismus« – Silber in Frankreich und Gold in England.[212]

Die zweite Beobachtung betrifft die Rolle von Kupfergeld oder, besser gesagt, seine Vervielfachung, »den Alptraum des Jahrhunderts«[213]. Das Ausmaß der Gold- und Silberzirkulation (im Gegensatz zur Hortung) verhielt sich laut Spooner umgekehrt proportional zur Zirkulation von Kupfergeld und Kredit. Weltwirtschaftlich betrachtet, entwickelten sich die beiden Letztgenannten Hand in Hand.[214] Aber schlossen sie sich nicht auf Ebene der nationalen Politik gegenseitig aus? Während des gesamten 17. Jahrhunderts versuchte der französische Staat die Abwertung des *Livre tournois* um jeden Preis zu vermeiden,[215] war mit diesem Vorhaben aber nur in der Zeit Colberts relativ erfolgreich.[216] Handelt es sich hier nicht um ein weiteres Beispiel dafür, welche Rolle die räumliche Größe eines Staates innerhalb der Weltwirtschaft spielen kann? Der französische Staat, der sich wirtschaftlich nach innen, politisch aber nach außen orientierte, war auf Silber ausgerichtet. Mit

211 Lüthy (1959, S. 95), der sich fragt, ob es sich bei der These von der Geldknappheit um den richtigen Ansatz handelt, und stattdessen eher mangelnde Liquidität ins Spiel bringt. Er weist darauf hin, daß das Wort *reserrement* (Kontraktion) zu jener Zeit sowohl das Horten von als auch den Mangel an Geld bezeichnete.

212 Lüthy (1959, S. 97). Das hatte bleibende Folgen. Vilar weist darauf hin, daß in der ersten Hälfte des 18. Jahrhunderts »England seinen Geldumlauf auf die Beziehungen zu Brasilien und Portugal gründete, und damit auf Gold. Frankreich war ganz auf seine Beziehungen zu Spanien und in die Karibik ausgerichtet und setzte somit auf Silber als Grundlage seiner Währung.« (1974, S. 324.)

213 Vilar (1974, S. 287).

214 Vgl. Spooner (1956, S. 3 f.).

215 Vgl. Pillorget (1966, S. 129).

216 Vgl. Lüthy (1959, S. 98).

Ausnahme jener einen Phase, als (unter Colbert) das wirtschaftspolitische Ruder herumgerissen wurde, erwies sich der französische Staat in Zeiten des Silbermangels als unfähig, der Plage des um sich greifenden Kupfergelds Herr zu werden. Der englische Staat, der sich wirtschaftlich (gezwungenermaßen) nach außen, politisch aber nach innen orientierte, war auf Gold ausgerichtet. Daher stand er einem auf Goldbasis arbeitenden internationalen Bankennetz offen und war in der Lage, statt Kupfergeld Wechsel einsetzen.

Welcher war also der »starke« Staat? Normalerweise bestehen diesbezüglich keine Zweifel. War nicht Ludwig XIV. die Verkörperung des absoluten Herrschers? Und geriet Frankreich nicht deshalb in Bedrängnis, weil Staat und Adel gemeinsam bürgerliches Unternehmertum abwürgten? Mir stellt sich die Lage allerdings ganz anders dar. 1651, zu Beginn des uns beschäftigenden Zeitraums, waren die Vereinigten Niederlande der »starke« Staat; 1689, am Ende, waren sowohl England als auch Frankreich »stärker« als die Vereinigten Niederlande und befanden sich dabei ungefähr auf derselben Stufe. Im 18. Jahrhundert wurde dann Frankreich von Großbritannien an Stärke übertroffen, und es war nicht die Stärke des französischen Staates, sondern seine Schwäche, die im Jahr 1789 die Revolutionäre antreiben sollte. Natürlich geht es bei dieser Debatte darum, was man unter der Stärke eines Staates versteht.

In einer kapitalistischen Weltwirtschaft erwarten die Eigentümer-Produzenten vom Staat, daß er für sie zwei zentrale Funktionen erfüllt: Er soll ihnen dabei helfen, Marktvorteile zu erringen oder zu bewahren, indem er – zu Kosten, die niedriger zu liegen haben als der Profitzuwachs – die »Freiheit« dieses Marktes einschränkt oder ausdehnt. Dabei spielt es keine Rolle, ob es sich um ein aktives Eingreifen oder einen Rückzug des Staates handelt. Darin besteht das Interesse eines Eigentümers gegenüber den anderen. Außerdem wollen sich die Eigentümer-Produzenten mit staatlicher Unterstützung einen größeren Anteil am Surplus sichern, als ihnen dies sonst möglich wäre – auch in diesem Fall zu Kosten, die niedriger liegen sollen als die daraus sich ergebende Profitsteigerung, und ohne Präferenz dahingehend, ob der Staat eine aktive oder eine passive Rolle spielen soll. Daher ist der starke Staat für den Eigentümer-Produzenten nicht unbedingt derjenige mit dem umfangreichsten Staatsapparat oder den despotischsten Entscheidungsprozessen. Recht häufig ist das genaue Gegenteil der Fall.

Es versteht sich von selbst, daß die Stärke eines Staates davon abhängig ist, welche ökonomische Rolle die Eigentümer-Produzenten dieses Staates innerhalb der Weltwirtschaft spielen. Wenn jedoch diese Feststellungen mehr sein sollen als bloße Tautologien, benötigen wir einige unabhängige *politische* Meßgrößen, um diese Stärke zu erfassen. Wir schlagen fünf mögliche Meßgrößen vor: wie weit unterstützt staatliche Politik die Eigentümer-Produzenten direkt dabei, sich auf dem Weltmarkt zu behaupten (Merkantilismus); wie weit können Staaten die Konkurrenzfähigkeit anderer Staaten beeinflussen (militärische Macht); wie weit können Staaten die

Mittel aufbringen, um diese kompetitiven und militärischen Aufgaben zu erfüllen, ohne daß dabei die Kosten die Profite übersteigen (Staatsfinanzen); wie weit gelingt es Staaten, Verwaltungen aufzubauen, die die rasche Umsetzung taktischer Entscheidungen ermöglichen (eine effektive Bürokratie); und wie weit drückt sich im politischen System ein Interessensausgleich zwischen den Eigentümer-Produzenten aus, so daß ein solcher Staat dank eines funktionierenden »hegemonialen Blocks« (um einen Ausdruck Gramscis zu gebrauchen) auf einer stabilen Grundlage steht. Dieses letzte Element, die politische Konstellation im Klassenkampf, ist der Schlüssel zu den anderen.

Da keine dieser Meßgrößen die Produktionseffizienz erfaßt, sind sie alle politischer und nicht ökonomischer Natur. Letztlich sind natürlich politische und ökonomische Meßgrößen wechselseitig miteinander verschränkt, da Produktionseffizienz die Stärkung des Staates ermöglicht und diese wiederum durch Mittel, die außerhalb des Marktes liegen, die Effizienz weiter erhöht. Staaten, in denen die *leistungsfähigsten* Produzenten angesiedelt sind, stehen in geringerem Maß vor der Notwendigkeit, aktiv auf dem Weltmarkt zu intervenieren, als jene Staaten mit mäßig effizienten Produzenten. Da die Leistungsfähigkeit in der Produktion mit der Fähigkeit des Staatsapparates, auf dem Weltmarkt zu intervenieren, in Zusammenhang steht, können Staaten mit den ineffizientesten Produzenten auf keinen Fall »stark« sein. Das Verhältnis zwischen der Rolle des Staates auf dem Weltmarkt (der selbstverständlich den Binnenmarkt einschließt) und der ökonomischen Rolle »seiner« Eigentümer-Produzenten läßt sich in Form einer *Kurve* darstellen. In mäßig starken Staaten ist der Staat am »aktivsten«. Die Rhetorik der Stärke (»l'Etat, c'est moi«) tritt oft an die Stelle der Realität.

Der liberalen Geschichtsauffassung erscheint die Neuzeit als ein einziges langes Streben nach dem schwachen Staat, das mit dem Fortschritt der menschlichen Freiheit gleichgesetzt wird. Es fehlt nur ganz wenig, und diese Sichtweise würde von ihren theoretischen Prämissen her beim Anarchismus landen. Da viele marxistische Historiker die englische Revolution ebenfalls aus diesem Blickwinkel betrachtet haben, unterliegen sie der gleichen Täuschung.[217] Bei der Geschichte des neuzeitlichen Staates handelt es sich meiner Ansicht nach eher um Bestrebungen, ausreichend *starke* Strukturen zu schaffen, um im Rahmen der Weltwirtschaft die Interessen einer Gruppe von Eigentümer-Produzenten gegen andere Gruppen von Eigentümer-Produzenten (und natürlich auch gegen die Arbeiter) zu verteidigen.

Militärische Stärke trägt entscheidend dazu bei, in diesem Bereich Wirkung zu erzielen. Mit Recht kritisiert J. H. Plumb jene niederländischen Historiker, die die Ausweitung der niederländischen Macht zwischen 1580

---

217 Genau diesen Vorwurf erhebt Ashton gegen Christopher Hill: »Das 17. Jahrhundert ist für ihn – wie für die Liberalen –, tatsächlich jene große, heroische Epoche, in der sich der moderne Liberalismus herausbildete« (1965, S. 581).

und 1640 angesichts des Fehlens eines zentralisierten Staatsapparat für ein »Wunder« halten. Er bemerkt ganz richtig:

> Das Wunder liegt darin begründet, daß die Niederländer trotz der heftigen Rivalität zwischen dem Staat und den Städten sowie dem beständigen Hindernis fest verankerter Rechte und Privilegien in der Lage waren, große Flotten und Armeen aufzustellen und hauptsächlich aus Steuermitteln zu finanzieren. Und dies wurde weitgehend durch das Engagement der calvinistischen Oligarchien erreicht, die hinsichtlich ihrer Bestimmung als Klasse und als Nation ausgeprägte und praktikable Vorstellungen hatten.[218]

Ein Wunder wäre es nur dann gewesen, wenn man im Absolutismus den besten Weg hin zu einem starken Staat sieht, und nicht einen Notbehelf. Eine selbstsichere bürgerliche Klasse, die sich ihrer Situation bewußt ist, kann sich auf notwendige kollektive Anpassungen einigen, zu deren Durchsetzung man anderswo auf einen starken König angewiesen ist. Zugleich entgeht ein solches Bürgertum den Gefahren, die in dieser zweiten Variante stecken, nämlich der möglichen Selbsttäuschung eines starken Königs, daß die Wiedererrichtung der »Universalmonarchie« innerhalb der kapitalistischen Weltökonomie möglich wäre. Ludwig XIV. und später Napoleon wurden von Burckhardt genau dieser Sünde, der Nachahmung Karls V., beschuldigt.[219] Diese Verrücktheit entstand aus Schwäche heraus.

Wir haben uns bereits damit beschäftigt, warum die drei Zentrums-Mächte als Folge der wirtschaftlichen Schwierigkeiten im 17. Jahrhundert gegeneinander vorgingen und wie die Vereinigten Niederlande, sobald England und Frankreich mit allem Nachdruck darangingen, ihre militärischen Strukturen zu verstärken, von England zur See und von Frankreich zu Land besiegt wurden. Die Niederländer waren mit zwei Problemen konfrontiert: Sie versuchten sich keinen Vorsprung zu verschaffen, sondern *verteidigten* ihren bestehenden, und das hieß zumindest für einen beträchtlichen Teil der Regentenschicht, daß die Kosten dafür, militärisch gerüstet zu sein, oft horrender erschienen als die Verluste, die aus mangelhaften Kriegsvorbereitungen entstehen konnten.[220] Das ist das ewige Dilemma, vor dem die Reichen angesichts von Versicherungspolizzen stehen. Im militärischen

218 Plumb (1965, S. XXII). Ähnlich argumentiert auch J. R. Jones, nämlich daß vor 1640 die Ohnmacht der Engländer »gegenüber den Niederländern entscheidend war« (1968, S. 41).

219 Vgl. Burckhardt (1965), bei dem es heißt: »Die *Vergrößerung* der Macht und des Besitzes wird von ihm [Ludwig XIV.] schon um ihrer *Erhaltung* willen betrieben, dann aber als ein zugestandenes persönliches Pathos ausgeübt.« (S. 247)

220 Wilson macht für den hohen Steuersatz in den Niederlanden die Verteidigungsausgaben verantwortlich. In bezug auf die Zeit nach der Unabhängigkeit meint er: »Zu seiner eigenen Verteidigung zu kämpfen mag zwar befriedigender sein, als einem dynastischen Herrscher Gefolgschaft leisten zu müssen. Die Kosten waren dadurch nicht geringer« (1968, S. 235). Smit merkt an, daß die Kosten der Kriegsführung so sehr stiegen, daß sie »die Belastungsgrenze der Steuer- bzw. der Bevölkerungsgrundlage des Landes überschritten.« Um mit seinen Rivalen Schritt halten zu können, hätten die Niederländer »atemberaubende Summen« ausgeben müssen, und das »in einem Land, das ohnehin schon die höchste Steuerlast zu tragen hatte« (1975, S. 62).

Bereich ist es jedoch so, daß man laufen muß, um zumindest nicht zurückzufallen. Und was noch schlimmer war: Gerade in diesem Zeitraum wurden die Militärverbände deutlich vergrößert.[221] Die Versorgung dieser vergrößerten Armeen stellte ein schwerwiegendes Problem dar, da »das zahlenmäßige Anwachsen der Armeen die Fortschritte bei den Produktionsmitteln bei weitem übertraf.«[222] Es wurde also immer schwieriger für die Vereinigten Niederlande, England und Frankreich Paroli zu bieten, und das zu einem Zeitpunkt, als die Moral der Niederländer möglicherweise im Sinken begriffen war.

Wir haben weiter oben Überlegungen angestellt, was Frankreich dazu trieb, sein Augenmerk auf das Festland zu richten, während England und die Niederlande sich der See zuwandten. Doch ganz abgesehen davon trug Frankreichs rein demographische Überlegenheit dazu bei, eine solche militärische Orientierung zu unterstützen, zumal die absolute Heeresgröße in ganz Europa zunahm. Aus dieser ausschließlich militärischen Logik erklärt sich auch, warum die Aussöhnung zwischen England und den Niederlanden auf Kosten Frankreichs unvermeidlich war.[223] Der Schock des Jahres 1672 veranlaßte die Niederländer dazu, fortan in Frankreich den Hauptfeind zu sehen,[224] und der Umstand, daß Wilhelm III. 1688 den englischen Thron bestieg, versöhnte die Amsterdamer Kaufleute mit ihrem Status als Juniorpartner Englands.[225]

Trotz der scheinbaren militärischen Stärke Frankreichs meint Tapié, daß Frankreich im Jahr 1679 seinen Höhepunkt erreicht habe,[226] und Bourde wirft Ludwig XIV. vor, an einer südlichen Festlandachse festgehalten zu haben, statt sich um eine nördliche, maritime zu bemühen, und spricht in diesem Zusammenhang vom »Versagen Ludwigs XIV.«.[227] Wir müssen uns also nichtmilitärischen Faktoren zuwenden – der Frage des Merkantilismus und seiner Launen –, wenn wir die von Frankreich schließlich erlittene[228] militärische Niederlage erklären wollen.

---

221 Finer schreibt, daß »die markanten Zuwächse allesamt nach Ende des Dreißigjährigen Kriegs 1648 zu verzeichnen waren« (1975, S. 101).

222 Perjés (1970, S. 3). Glamann weist darauf hin, daß in der britischen Kriegsmarine am Ende des 17. Jahrhunderts 20.000 Mann zur See fuhren – »eine Zahl, die dem damaligen Bevölkerungsstand von Städten wie Bristol und Norwich entsprach« (1977, S. 200).

223 Carswell argumentiert, daß etwa um 1685 die Stärke der englischen und der niederländischen Militärmacht »relativ ausgeglichen« war und beide im Kriegsfall auf eine »gesonderte Mobilisierungsanstrengung« angewiesen waren, während Frankreich über ein »großes Berufsheer« verfügte (1969, S. 24).

224 Vgl. Carter (1975a, S. 12 u. 33).

225 Hinsichtlich des noch 1683 virulenten Widerstands der Amsterdamer Kaufleute und ihres Gesinnungswandels im Jahr 1688 siehe Smit (1968, S. 33). Bezüglich der »feindlichen Symbiose« zwischen England und Frankreich und ihrer Entwicklung zu einer englisch dominierten Partnerschaft siehe Hobsbawm (1960, S. 112). Daß es eine Weile dauerte, bis Ludwig XIV. in England seinen neuen »Hauptrivalen« erblickte, ist bei Bourde nachzulesen (1960, S. 54).

226 Tapié (1960, S. 12).

227 Bourde (1960, S. 63).

228 Vgl. Hobsbawm, bei dem es heißt: »Was an Frankreich im späten 17. Jahrhundert beeindruckt, ist

Von der Zeit Heinrichs IV. bis zu jener Ludwigs XIV. stellte, wie Mousnier schreibt, der Colbertismus (dessen Ziel ja »primär politisch«[229] war) ein ständiges Merkmal französischer Politik dar. Wie könnte das bloß gemeint sein? Vermutlich wird die Stärkung des Staates von Mousnier als Selbstzweck angesehen, als Ziel, das ein Herrscher tatsächlich verfolgen kann. Und zweifellos kann er das – aber es wäre eine Abweichung von der Norm und zudem zweifelhaft, ob er damit wirklich Erfolg hätte. Bei den französichen Königen war letzteres eindeutig nicht der Fall. Tatsächlich war sowohl im England der Restaurationszeit als auch im colbertistischen Frankreich der Staat bestrebt, die eigenen produzierenden Klassen gegen ausländische Konkurrenten gezielt und aktiv zu unterstützen, die Handelsmarine auszubauen und einen tragfähigen Modus zu erarbeiten, wie das Sozialprodukt zwischen dem Staat und den Eigentümer-Produzenten aufzuteilen sei. Léon und Carrière merken an, daß unter Colbert die Anzahl großer Schiffe zunahm, meinen aber, dies sei nicht ihm allein zuzuschreiben, sondern eigentlich »dem Einfluß der Kriege«.[230] Delumeau weist auf die allgemein verbesserte Wirtschaftslage unter Colbert hin, hält dies jedoch weniger für Colberts Verdienst, sondern macht die nach der Niederlage der Fronde eingetretene »politische Stabilisierung« dafür verantwortlich.[231] Kurz, diese Autoren vertreten die Auffassung, daß der vorsätzlichen Politik einer kleinen Gruppe keine entscheidende Bedeutung zukam und daß wir uns mit den zugrundeliegenden Zwängen beschäftigen sollten. Dem ist zuzustimmen. Man könnte dann allerdings für England die gleiche Diagnose stellen, auch dort wurde der Schiffbau durch Kriege vorangetrieben, und auch dort klang die politische Gewalt nach 1660 ab.

Für Wilson gab es zwischen England und Frankreich einen *Unterschied*, und er drückt ihn in Form einer Metapher aus: »Zwischen dem englischen ›Merkantilismus‹ einerseits und dem Colbertismus und seinen Ablegern andererseits bestand der gleiche Unterschied wie zwischen einem Maß- und einem Konfektionsanzug.«[232] Sehen wir uns diese Metapher an, denn sie könnte auf das staatliche Finanzsystem sowie die Verwaltung im allgemeinen anwendbar sein. Durch die »Institutionalisierung des Kriegs«[233] im 17. Jahrhundert waren die Staatsausgaben der Zentrums-Mächte außeror-

---

nicht der Colbertismus, sondern sein relatives Versagen; nicht die Reform der Monarchie, sondern daß es ihr, *trotz ungleich größerer Ressourcen*, nicht gelingt, mit ihren seefahrenden Rivalen wirtschaftlich *– und deshalb letztlich auch militärisch –* mitzuhalten, und daß sie diesen Konkurrenten *infolgedessen* unterliegt.« (1960, S. 111, Hervorhebungen I. W.)

229 Mousnier (1967, S. 269).

230 Léon/Carrière (1970, S. 190).

231 Delumeau (1966, S. 94).

232 Wilson (1965, S. 57). Ist es das, was Hinton meint, wenn er davon spricht, daß sich das englische Merkantilsystem durch Flexibilität auszeichnete? Vgl. Wilson (1959, S. 71–83) und Harper (1939b) bezüglich der großen Bedeutung, die Verwaltungsentscheidungen bei der Interpretation der Navigationsgesetze zukommt.

233 Der Ausdruck stammt von Minchinton (1974, S. 111). Vgl. dazu auch Parker (1974a, S. 561).

dentlich gestiegen. Für die niederländische Republik war es schließlich zuviel. Aber wie war es um England und Frankreich bestellt? Die wachsenden Beträge mußten von irgendwoher kommen, und dieses Irgendwoher mußten die begüterten Schichten sein. Das hatte einen einfachen Grund: Da der Kapitalismus als System für den Arbeiter bereits gestiegene Abgaben auf seinen Produktionsertrag mit sich brachte, bedeutete jede weitere Steigerung in diesem Bereich für die wohlhabenden Schichten in Wirklichkeit eine Schmälerung ihres Profits – entweder weil sie dadurch höhere Löhne zahlen müßten oder für ihr Land nicht mehr den gleichen Pachtzins erhalten würden.[234] Dem Staat stellte sich ein doppeltes Problem: das Geld zu beschaffen und es gut anzulegen. Das bedeutete nicht, es redlich, sondern gewinnbringend anzulegen. Gemessen wurde dies daran, wie weit die Gewinnsteigerungen der nationalen Bourgeoisie auf dem Weltmarkt jene indirekten Kosten übertrafen, die der Bourgeoisie aus derartigen Staatsausgaben erwuchsen. Der englische und der französische Staat standen vor dem gleichen Problem, und für die Zeit der englischen Restauration und des Colbertismus läßt sich nicht eindeutig feststellen, daß einer der beiden damit deutlich besser umgehen konnte.

Nicht nur war es notwendig, Geld zu beschaffen – es mußte schnell beschafft werden, und das hieß: Man mußte es irgendwo borgen. Darin lag noch immer die Stärke der Vereinigten Niederlande, deren »öffentlicher Kredit ... deshalb so gut war, weil sich die Regierung in der Hand der wichtigsten Kapitalanleger befand.«[235] Sowohl England als auch Frankreich suchten in jener Zeit Mittel und Wege, um des dringenden Kreditbedarfs Herr zu werden.

Über Colbert schreibt Febvre, er sei »ein Alchimist [gewesen], der für seinen König Gold entdecken mußte. Und der sich auf die Suche machte und nie mehr davon abließ.«[236] Colbert glaubte jedoch, daß der Staat in Form der Steuerpachten bereits zuviel Geld aufnahm. Um die Gesamteinnahmen zu erhöhen, beschnitt er die Kompetenzen der Steuerpächter (tatsächlich landete dadurch ein größerer Teil des bäuerlichen Steueraufkommens in der Staatskasse) und hielt gleichzeitig die »unproduktiven« Staatsausgaben unter Kontrolle (wodurch ein geringerer Teil der Steuererträge einfach wieder an dieselben begüterten Schichten verteilt wurde), um Geld für merkantilistische Ziele zur Verfügung zu haben.[237]

234 Dieser Aspekt der Beziehung zwischen staatlichen Finanzen und privatem Profit zeigt sich in seinen vielfältigen Auswirkungen. So weist etwa De Maddalena darauf hin, daß die neuen bürgerlichen Grundeigentümer in Frankreich und im Westen Deutschlands die Besitzkonzentration »behutsam« vorantrieben, »da die Aneignung von Bauernwirtschaften zugleich hieß, deren Steuerlasten übernehmen zu müssen« (1974a, S. 293). Deshalb kann Jacquart den Staat auch als »den eigentlichen Profiteur des 17. Jahrhunderts« bezeichnen (1978b, S. 406).

235 Parker (1974a, S. 572).

236 Febvre (1933, S. 270).

237 Bezüglich Colberts Gegnerschaft zu den *traitants* siehe Marsin (1970, S. 269). Lüthy bemerkt jedoch, daß es sich bei *fermiers* und *traitants* [Steuerpächter; Anm. d. Übers.] um ein notwendiges Übel

Colbert war einigermaßen erfolgreich, wahrscheinlich verdoppelten sich durch ihn die königlichen Einkünfte.[238] Der Staat Ludwigs XIV. war in dieser Zeit möglicherweise der einzige, der größere militärische Anstrengungen ohne übermäßige Schwierigkeiten finanzieren konnte.[239] Dennoch war Colberts Anzug, wenn man so will, in seiner Schlichtheit und Offensichtlichkeit Konfektionsware: direktere Besteuerung und Ausgleichen des Budgets (das heißt, eine dirigistischere Umverteilung). Seine Methoden waren nicht populär, und konnten, da Frankreich weiterhin auf kostspielige militärische Expansion auf dem Kontinent ausgerichtet war, nicht durchgehalten werden.

Der englische Anzug hingegen war maßgeschneidert und entwickelte neue Mechanismen langfristiger staatlicher Kreditaufnahme. Dies war mit einer weniger sichtbaren Besteuerung verbunden, verlangte aber den vermögenden Schichten auf lange Sicht um nichts weniger ab. Diese Vorgangsweise stieß auf geringeren Widerstand und sollte sich im 18. Jahrhundert für die Staatseinnahmen als ergiebiger erweisen. Diese wiederum wurden zu einem größeren Teil gut angelegt. Noch zur Zeit des Protektorats erwies sich England in der Art und Weise seiner Kreditaufnahme als »relativ rückständig«[240] (und zwar nicht nur verglichen mit den Vereinigten Niederlanden, sondern auch mit Frankreich), doch schon in der Restaurationsperiode wurde der Grundstein für die sogenannte, sich ab 1689 entfaltende Finanzielle Revolution gelegt. Zwar fanden die Experimente von Sir George Downing aus dem Jahr 1665, in denen einzelne Kleinanleger dazu aufgefordert wurden, Geld direkt an die Regierung zu verleihen, bereits im Jahr 1672 ein Ende, aber sie stellten einen wichtigen Präzedenzfall für den Aufstieg der *Treasury* als jenem Ressort dar, das die Finanzen verwaltete, und sie stellten eine Vorbereitung auf spätere Methoden dar.[241]

Von der, wie man sagen könnte, direkteren Vorgangsweise der Franzosen wurden vielfältige Aspekte der Verwaltung berührt. Aber noch einmal: Leistungsfähige Verwaltung heißt nicht unbedingt absolutistische Verwaltung. Swarts Behauptung, wonach die niederländische Regierung ineffektiv gewesen sei, ein »antiquiertes, halbmittelalterliches Flickwerk«, das weiteren wirtschaftlichen Fortschritt verhindert habe, stößt bei Smit (und auch bei

---

gehandelt habe, konnten sie doch dem Staat seine Einnahmen vorstrecken (1959, S. 109). Die merkantilistischen Bestrebungen waren nicht ausschließlich auf den gewerblichen-industriellen Bereich beschränkt. Vgl. Le Roy Ladurie: »Der Staat nahm gegenüber den großen ›grundherrschaftlichen‹ Ländereien, die in Richtung Kapitalismus wiesen, dieselbe Gönnerrolle ein wie ansonsten gegenüber Colbertschen Manufakturen.« (1974b, S. 16.) Dessert und Journet beschreiben die von ihnen als solche bezeichnete »Colbert-Lobby«, die aus jenen *financiers* bestand, die zwischen 1663 und 1687 die *Ferme générale* innehatten. Das bedeutete, daß sie das Steueraufkommen des Landes zugunsten ihrer Industrie- und Handelsunternehmungen abschöpfen konnten. Insofern lief der Colbertismus darauf hinaus, Mittel von den kleinen, unproduktiven *traitants* und *fermiers* hin zu großen »Machern« umzuschichten.

238 Vgl. Rule (1969, S. 32) und Goubert (1970f, S. 123).

239 »Colbert machte seine Arbeit gut, und auch wenn die Franzosen sicherlich teuer dafür bezahlten, so wohl deshalb, weil sie dazu in der Lage waren.« (Goubert 1970f, S. 124)

240 M. P. Ashley (1934, S. 97).

241 Vgl. Roseveare (1969, S. 61; 1976).

mir) auf völlige Ablehnung:[242] »Daß die niederländische Regierung im 17. Jahrhundert, verglichen mit den zentralisierten Monarchien, gut funktionierte, ist gerade auf ihre Dezentralisierung zurückzuführen.« In der »Aristokratisierung« der niederländischen Bürger, die einige ihrer Parteigänger dazu veranlaßte, für die niederländische *Republik* absolutistische politische Konzepte zu empfehlen, und Kritik laut werden ließ, die Regenten hätten ihr Interesse am Überseehandel verloren, in dieser »Aristokratisierung« ist in Wirklichkeit ein Hinweis darauf zu sehen, daß die Leistungsfähigkeit der Verwaltung *abnahm*.[243]

Auf welche Art die Franzosen den Staat stärkten, ist wohlbekannt: Zentralisierung und Vereinheitlichung. In der Tat wird dies mittlerweile als der klassische Weg betrachtet. Zentralisierung bedeutete natürlich nicht nur die bloße Etablierung einer Zentralverwaltung als solcher – handelte es sich doch dabei um die Errungenschaft einer früheren Epoche –, sie bedeutete auch, daß mit dem System der *intendants* ein direktes Autoritätsverhältnis zwischen der Zentrale und dem Amtsträger vor Ort geschaffen wurde. Diese neue Art der *Lokal*verwaltung war »die eigentliche absolutistische Revolution«[244]. Man kann es zwar als Revolution bezeichnen, aber Colbert führte den einheitlichen Zolltarif lediglich in den *cinq grosses fermes* ein. Für Heckscher ist dies »der Beweis, daß er niemals an eine allgemeine Vereinheitlichung dachte.«[245] Ein hartes Urteil. Mehr Gerechtigkeit läßt ihm meiner Ansicht nach Meuvret widerfahren, wenn er schreibt: »Wahrscheinlich war es besser, daß es sich bei Colbert nur um einen fleißigen und hartnäckigen Administrator handelte und nicht um einen kühnen und originellen Neuerer. Weder die damalige Situation noch die damalige Mentalität ließen radikale Veränderungen zu.«[246] Wie schwierig sich Colberts Kampf um die Bürokratisierung des Staates gestaltete, läßt sich zum Beispiel daran erkennen, daß seine Absicht, eine Reserveeinheit von Marinesoldaten zu schaffen, die in Friedenszeiten in der Handelsflotte dienen konnten, sowohl bei den *gens de mer* als auch beim Marineoffizierskorps auf Widerstand stieß.[247] Im selben Zeitraum, in den siebziger und achtziger Jahren des 17. Jahrhunderts, »wurde der [englische] Regierungsapparat trotz der wilden politischen Konflikte in

242 Swart (1975, S. 45) und Smit (1975, S. 63).

243 Vgl. Roorda (1964, S. 126 f.). Hinsichtlich absolutistischer politischer Konzepte in der niederländischen Republik siehe Kossmann (1976, S. 13–17) und Bouwsma (1970, S. 9).

244 E. Barker (1966, S. 7).

245 Heckscher (1935, Bd. 1, S. 104).

246 Meuvret (1971a, S. 29). Außerdem ist es absurd, dies im Vergleich zu Großbritannien, dessen einheitliches Zollgebiet nur geringfügig größer war als die *cinq grosses fermes*, als negativ zu bewerten. Großbritanniens Vereinheitlichung »sollte nicht überbewertet werden«, meint Crouzet (1972, S. 78).

247 Vgl. Asher (1960, S. 48). Daß Colbert mit seinem Rekrutierungssystem für die Flotte scheiterte, obwohl es weitaus gerechter war als das System der Zwangsaushebungen, führt Asher darauf zurück, daß die absolute Monarchie nicht stark genug war (vgl. S. 91–95).

seinem Kern sowohl stärker als auch leistungsfähiger«[248], allerdings mit weit weniger Trara und daher weit weniger Widerstand.

Warum neigten Franzosen und Engländer in ihrer durchaus gleichartigen Suche nach dem starken Staat zu anscheinend so unterschiedlichen Stilen? Warum war der englische Weg erfolgreicher? Die Antwort darauf findet sich in den *geringfügigen* Abweichungen, durch die sich die Klassenstruktur der beiden Länder voneinander unterschied. Zunächst gilt es festzuhalten, welche Gemeinsamkeiten es zwischen England und Frankreich gab. Beide Länder waren innerhalb der europäischen Weltwirtschaft jener Zeit prosperierende Zentren der landwirtschaftlichen und industriellen Produktion. In beiden Ländern hatte sich der Feudaladel größtenteils in kapitalistische Landwirte verwandelt und spielte in nichtagrarischen Unternehmungen eine bedeutende Rolle. In beiden Ländern kam auch Nichtadeligen als kapitalistischen Unternehmern in Landwirtschaft, Handel und Industrie eine große Bedeutung zu, und der wirtschaftliche Erfolg dieser Bourgeois wurde früher oder später mit sozialen Aufstiegsmöglichkeiten belohnt. Da man die Grenze zwischen Adel und Nichtadel in Frankreich niedriger ansetzte als in England, galten Personen mit einem relativ hohen sozialen Status in Frankreich als Adelige (*nobles de robe*), während dies in England bei der Gentry nicht der Fall war – in Wirklichkeit waren aber gesellschaftliche Stellung und Funktion durchaus vergleichbar. Da der französische Staat historisch *schwächer* war als der englische (eher aufgrund seiner Größe und der zentrifugalen wirtschaftlichen Kräfte, die daraus resultierten, als aus anderen Gründen), wurden die Mitglieder der *noblesse de robe* als staatliche Amtsträger, die Angehörigen der Gentry hingegen häufiger als lokale Amtsträger in die politische Struktur integriert. Aber in beiden Fällen bedeuteten ihre neuen Funktionen eine echte, wenn auch begrenzte, Mitwirkung am Regierungssystem.

Außerdem wurde in beiden Ländern innerhalb der herrschenden Schichten ein fundamentaler politischer Konflikt ausgetragen, der vom 16. Jahrhundert zumindest bis ins 18., vielleicht bis ins 19. Jahrhundert andauerte. Die Auseinandersetzung entbrannte zwischen jenen, die im Rahmen der aus dem Feudalismus herübergeretteten Rechtsstruktur einen hohen sozialen Rang einnahmen, und den mehr oder weniger erfolgreichen Kapitalisten. Um diesen Konflikt wirklich zu verstehen, muß man sich vor Augen halten, daß die Mehrheit der Angehörigen beider Gruppen jederzeit sowohl einen traditionsgemäßen Status als auch große Leistungen auf dem Gebiet der Wirtschaft vorzuweisen hatten, und daher lag es an ihnen, ob sie sich, je nach ihren unmittelbaren Interessen, als Adelige oder als Kapitalisten begriffen. Wenn man zusätzlich jenen konstanten historischen Prozeß in Rechnung stellt, in dessen Verlauf wirtschaftlicher Erfolg mittels »Aristokratisierung«

248 Plumb (1967, S. 13).

in sozialen Status umgesetzt wurde, so mußte es ganz einfach viele Ambiguitäten geben. Man muß jedoch sagen, daß die damaligen Zeitgenossen mit diesen Ambiguitäten besser umgingen und die Realitäten der Kämpfe besser verstanden als spätere Gelehrte im Rückblick.[249]

Ich wiederhole es noch einmal: In allen diesen Bereichen bestand während des gesamten Zeitraums von etwa 1500 bis 1800 zwischen England und Frankreich kein wesentlicher Unterschied. R. H. Tawney wird folgendes Bonmot zugeschrieben: »Eine bürgerliche Revolution? Natürlich war es eine bürgerliche Revolution. Der Haken daran ist, daß das Bürgertum auf beiden Seiten war.«[250] Doch dies galt für die *Glorious Revolution* 1688/89 genauso wie für die Revolution von 1640; und genauso traf es auf die Fronde zu, ja selbst auf die Französische Revolution 1789. Das ändert nichts an ihrem »revolutionären« Charakter, bedeutet aber, daß wir uns von jener ahistorischen Auffassung verabschieden müssen, daß es sich bei Bürgertum und Adel, speziell in diesem Zeitraum, um zwei Gruppen handelte, die sich grundlegend voneinander unterschieden. Vielmehr stellten sie zwei Gesellschaftsgruppen dar, die sich stark überschnitten und deren Umrisse sich ein wenig veränderten, je nachdem, ob man die herrschende Schicht über den gesellschaftlichen Rang oder die gesellschaftliche Klasse definierte. Es war von großer Bedeutung, welcher Definition man sich bediente. Die sozialen und politischen Kämpfe waren durchaus real, aber sie fanden *innerhalb* der herrschenden Schichten statt.[251]

Nachdem wir die Ähnlichkeiten zwischen England und Frankreich herausgestrichen haben, müssen wir dem Umstand Beachtung schenken, daß es in einzelnen Punkten Unterschiede gab. Deren Analyse ist notwendig, um zu verstehen, warum die Entwicklungswege der beiden Länder im *19.* Jahrhundert auseinanderliefen. Denn es waren die *kleinen* Unterschiede der vorangegangenen Periode, die es England nach 1763 ermöglichten, hinsichtlich wirtschaftlicher Produktivität und Dominanz seinen Rivalen deutlich hinter sich zu lassen.

---

249 Beispielsweise schreibt James Harrington in *Commonwealth of Oceana* (1656): »Adel [*nobility*], unter welchem Ausdruck ... ich ebenso die *Gentry* verstehen werde, so wie es die Franzosen mit ihrer Bezeichnung *noblesse* tun« (zit. nach Wilson 1965, S. 109). Es wäre jedoch ungerecht zu unterstellen, keiner der späteren Wissenschaftler hätte dies erkannt. So meint etwa Habakkuk, englischer Adel plus Gentry seien »eine einzige, wenn auch nicht sehr homogene soziale Schicht« gewesen (1967, S. 2). Siehe auch die Behauptung von C.-E. Labrousse, wonach durch den Begriff besitzende Klasse (*la classe propriétaire*), die sich aus der nichtabgabenpflichtigen, nichtbäuerlichen Welt des Adels, des Klerus sowie des wohlhabenden (*bonne*) Bürgertums zusammensetzt, »die drei Stände vermengt werden. Deren Existenz wird dadurch aber nicht in Abrede gestellt. Klasse und Stand bilden hier keinen Gegensatz.« (1970, S. 474)

250 Zit. nach C. Hill (1975a, S. 281).

251 »Die wirkliche Trennlinie innerhalb der englischen Grundbesitzergesellschaft verlief nicht zwischen alten grundbesitzenden Familien und neu hinzugekommenen, sondern zwischen jenen Eigentümern, deren Besitz und deren Geschäftsinteressen äußerst begrenzt waren und die das Gefühl hatten, daß die Welt aus den Fugen geraten war und daß man über ihre Unzufriedenheit hinwegsah, sowie jenen, die mehr Unternehmungsgeist hatten, sich in einer glücklicheren Lage befanden und in der wirtschaftlichen Expansion und sozialen Durchlässigkeit nur Vorteile erblickten.« (Mingay 1963, S. 107)

In einem Buch, in dem es um den Begriff der politischen Stabilität geht, entwirft Theodore Rabb ein Bild des frühneuzeitlichen Europa, das von einer ab 1500 zutage tretenden politischen Instabilität geprägt ist: Das »Gleichgewicht« zwischen König und Adeligen sowie zwischen Zentralregierung und Region erwies sich bis Mitte des 17. Jahrhunderts als »schwankend«, »bis dann die Gesellschaft für mehr als hundert Jahre davon abkam, sich von den Problemen spalten zu lassen.« Rabb schreibt, daß es zwar ab der Jahrhundertmitte zu »Nachbeben« gekommen sei, aber niemand »das eigentliche Organisationsmodell der Politik ... grundlegend in Frage stellte. *Das* war die entscheidende Veränderung.«[252] Ist das eine brauchbare Beschreibung der politischen Realität? Und wenn ja, was würde sie in bezug auf die Auseinandersetzung zwischen England und Frankreich bedeuten? Wir stellen sofort fest, daß Rabbs Daten annähernd den langfristigen wirtschaftlichen Tendenzen entsprechen. Auf den ersten Blick scheint es sich um die klassische Webersche Korrelation zu handeln: Wirtschaftsexpansion und politische Instabilität, Stagnation und politische Stabilität.

Rabb hat, so glaube ich, nicht unrecht – vorausgesetzt, wir gelangen zu einer genaueren Definition, über welche Art von Stabilität wir sprechen und wie der zeitliche Verlauf aussieht. Meiner Ansicht nach wurde es dem Bürgertum durch die wirtschaftliche Expansion im 16. Jahrhundert möglich, eindeutig als gesellschaftliche Klasse hervorzutreten, wobei deren Verhältnis zur dominanten Statusgruppe ungeklärt blieb. Solange die Expansionsraten weiterhin hoch waren, bestand keine Notwendigkeit, die Lage zu klären. Sobald aber die ökonomischen Grenzen der Expansion sichtbar wurden, stand die Auseinandersetzung um das Recht, den Staatsapparat zu kontrollieren, auf der Tagesordnung. Die *anhaltenden* wirtschaftlichen Schwierigkeiten erzwangen jedoch einen De-facto-Kompromiß zwischen den zwei Fraktionen, um zu vermeiden, daß der Konflikt außer Kontrolle geriet und die Unterschichten (sowohl in der Stadt als auch auf dem Land) nicht nur energisch, sondern auch autonom und direkt aufbegehrten. Daher folgte nun, wie Rabb meint, eine Periode relativer Stabilität, in der die *internen* Auseinandersetzungen der herrschenden Schichten zugedeckt oder institutionell eingedämmt wurden.

Es ist nicht meine Absicht, an dieser Stelle die komplexe Geschichte der politischen Kämpfe zu analysieren, die England und Frankreich Mitte des 17. Jahrhunderts erschütterten. Sehen wir uns dennoch rasch in groben Zügen an, wie sich die Lage am Ende dieser Konflikte darstellte. In beiden Ländern wurde die Monarchie in Frage gestellt, drastischer sicherlich in England. In Frankreich wurde schließlich die Fronde niedergeschlagen, in England die Monarchie wiederhergestellt. Natürlich gab es in der Verfassung einen wesentlichen Unterschied, was die Rolle des Parlaments betraf: In England wurde es aufgewertet und in Frankreich beseitigt. In England wurde

252 Rabb (1975, S. 71).

der »Regierungs-Absolutismus eines Königs« durch die »gesetzgeberische Allmacht eines Parlaments«[253] ersetzt. Aber was *beinhaltete* der gesellschaftliche Kompromiß? Das Ergebnis der englischen Revolution wird auf bemerkenswert unterschiedliche Art zusammengefaßt. Zwei Beispiele mögen genügen: »Das England des Jahres 1660, am Ende der Revolution, unterschied sich kaum von jenem des Jahres 1640, an ihrem Beginn«, schreibt Stone.[254] Hill sagt: »Im Jahr 1660 wurde nicht der alte Zustand, sondern nur dessen Dekoration wiederhergestellt.«[255]

Keines der beiden Resümees trifft meiner Ansicht nach ins Schwarze. 1660 unterschied sich tatsächlich von 1640, aber im Gegensatz zu den meisten anderen bin ich der Auffassung, daß nicht der Unterschied im *politischen*, sondern der im *gesellschaftlichen* Bereich von Bedeutung war. Der offene gesellschaftliche Kampf fand ein Ende. Das Bürgertum als soziale *Klasse* erlangte sein *droit de cité* (Bürgerrecht), aber die führende Stellung innerhalb dieser Klasse befand sich in Wirklichkeit fest in der Hand der alten Familien. Eine Politik des wirtschaftlichen Nationalismus, die früheren Royalisten wie Rundköpfen gleichermaßen von Nutzen sein konnte, diente als Grundlage des gesellschaftlichen Kompromisses. »Nichts kennzeichnete diese Bestrebungen während der Restaurationszeit besser als die Regierungskomitees und Vorstände der Handelsgesellschaften. Dort saßen Prinzen und Kaufleute Seite an Seite und trafen Absprachen, von denen man sich einen gemeinsamen Vorteil versprach.«[256] Nichts zeigt den Kompromißcharakter dieser Lösung besser als jene nebelhaften Verwicklungen, von denen die Frage der Rückgabe konfiszierter Ländereien umgeben war. Karl II. ließ diese heiße Kartoffel fallen, und zwar in Richtung Parlament, dieses wiederum weiter in Richtung eines Komitees, und im wesentlichen aus der Welt geschafft wurde das Problem schließlich durch private Vereinbarungen.[257]

Daß das vorindustrielle England als »Gesellschaft mit ungewöhnlich

253 E. Barker (1966, S. 31). Im Jahr 1688 fand diese Entwicklung ihre Fortsetzung. Was wie der Triumph des Parlaments über die Monarchen aussah, sollte im 18. Jahrhundert in Wirklichkeit darauf hinauslaufen, daß »die stärker werdende Exekutive ... jene Unterwerfung der Legislative erreichte, die von den Stuarts zwar oft versucht, aber nie durchgesetzt wurde« (Plumb 1967, S. 65).

254 Stone (1972, S. 49). Ähnlich meint auch Zagorin, daß daraus »kein großer gesellschaftlicher Wandel resultierte« (1959, S. 400).

255 C. Hill (1969, S. 135). Abgesehen von den unbestrittenen Veränderungen in den politischen Strukturen verweist Hill auch noch auf die Abschaffung des Feudalbesitzes sowie auf das Ende aller Bemühungen von seiten der Regierung, die Einhegungen einzudämmen. Er schreibt: »Für den Handel, die Kolonial- und Außenpolitik ging in England das Mittelalter in den Jahren 1650/51 zu Ende, als die republikanische Regierung ihre Aufmerksamkeit nach außen richten konnte.« (S. 155.) Hills Auffassung des Mittelalters erinnert an den Zapfen eines Fasses. Es hat den Anschein, als ließe es sich mit Hilfe unterschiedlicher Zapfhähne zu unterschiedlichen, präzisen Zeitpunkten abdrehen: »Im gewerblichen Bereich und im Binnenhandel ... endete das Mittelalter im Jahr 1641, als die Zentralregierung ihre Kontrolle über die Vergabe von Monopolen und die Verwaltung der Armenfürsorge verlor.« (S. 169.) »Im Finanzwesen endete das Mittelalter 1643 mit der Einführung zweier neuer, moderner Steuern, nämlich der Verbrauchs- und der Grundsteuer« (S. 180).

256 Wilson (1957a, S. 153).

257 Vgl. Thirsk (1954).

großer Mobilität« gilt, ist nach Meinung von Lawrence Stone – vielleicht mit Ausnahme der Zeit zwischen 1540 und 1640 – »weitgehend eine Illusion«[258]. Stellte nicht der Kompromiß des Jahres 1660 ein Abkommen dar, um der beunruhigenden Mobilität des 16. Jahrhunderts Einhalt zu gebieten, sie zu *stabilisieren*, den Stand der Dinge mehr oder weniger zu konservieren?[259] Bestand nicht der große gesellschaftliche Umschwung im England des Jahres 1660 genau in der Übereinkunft der herrschenden Schichten, wonach es keinen weiteren inner*gesellschaftlichen* Wandel geben und der englische Staat (ob König oder Parlament, spielte keine große Rolle) sich darauf konzentrieren sollte, die ökonomische Entwicklung auf Kosten der übrigen Weltwirtschaft voranzutreiben?[260] Und wurde das nicht durch die *Glorious Revolution* 1688/89 bestätigt?[261] Drohten nicht einige Gruppen in den achtziger Jahren des 17. Jahrhunderts aufgrund vieler kleinerer Ursachen, jene Fragen erneut aufzuwerfen, die die Restauration geklärt hatte? Diese Gruppen wurden völlig aufgerieben.

Während die marxistischen Whigs ihr Augenmerk auf die englische Revolution von 1640/49 richteten, weil sie darin den Zeitpunkt des großen Triumphs über den »Feudalismus« erblickten, so wurde von den liberalen Whigs stets die *Glorious Revolution* bevorzugt. Wie Trevelyan sagt: »Die Leitidee des *Revolutionary Settlement* bestand in der gesetzlich verankerten persönlichen Freiheit, und zwar sowohl im religiösen als auch im politischen Bereich. Die konservativste Revolution der Geschichte war zugleich die liberalste.«[262] Überrascht Trevelyan der Hinweis, daß die Revolution aristokratischer Natur war? Keineswegs, meint er: »Sie war das Werk der gesamten Nation, eines Zusammenschlusses aller Klassen« – man müsse lediglich einen zusätzlichen Faktor berücksichtigen:

> In einer noch immer vorwiegend agrarisch geprägten Gesellschaft, wo die Grundeigentümer aufgrund der wirtschaftlichen und sozialen Struktur die natürlichen und anerkannten Führer der ländlichen Regionen waren, stellten sich Adelige und Landjunker (*squires*) wie die Tories Danby und Seymour oder die Whigs Devonshire und Shrewsbury an die Spitze des spontanen Widerstands gegen die Regierung.

Hinter der Rhetorik vom Zusammenschluß aller Klassen liegt die Realität

---

258 Stone (1966, S. 51).

259 Nach 1660 »errichtete man zur Unterbindung gesellschaftlicher Mobilität Barrieren, die alle Kennzeichen einer Konterrevolution trugen.« (Thirsk 1976, S. XX)

260 Supple meint, daß »gerade jene Aspekte des Marktgeschehens, durch die sich die Lage Großbritanniens von der anderer europäischer Länder unterschied, zu einem großen Teil von staatlichen Maßnahmen abhängig waren.« Dessenungeachtet fügt er noch hinzu, daß dieses staatliche Eingreifen indirekt gewesen sei. Ganz oben auf Supples Liste stehen, angesichts der innergesellschaftlichen Konflikte im 17. Jahrhundert, politische Stabilität und soziale Harmonie (1973, S. 314–316).

261 »Die Revolution [des Jahres 1688] demonstrierte die grundsätzliche Solidarität der besitzenden Klasse.« (Hill 1961a, S. 276)

262 Trevelyan (1963, S. 45).

jener »natürlichen und anerkannten Führer der ländlichen Regionen«. Die »Willkürherrschaft« eines Königs war damit sicherlich für immer ausgeschlossen. Im Grunde bedeutete das jedoch, wie Pinkham schreibt, daß

> die Vollmachten, die der König bis dahin ganz nach Belieben im Interesse welcher Gruppe auch immer einsetzen konnte (zuweilen sogar – horribile dictu – zugunsten des einfachen Volks), nun unter die Kontrolle des grundbesitzenden Adels gerieten, der ja das Parlament in der Hand hatte.[263]

Dieser Triumph des grundbesitzenden Adels stellte in Wirklichkeit den Triumph der kapitalistischen Klassen dar. Der politische Kompromiß sollte bis zur Mitte des 19. Jahrhunderts halten und England sehr zustatten kommen. Auf dieser Grundlage konnten sich Adeliger und Landjunker (*squire*) mit Kaufmann und Finanzier zusammentun, um, wenn es um die Ausbeutung der Reichtümer der europäischen Weltwirtschaft ging, ihre französischen Rivalen aus dem Feld zu schlagen.

Inwiefern lagen die Dinge in Frankreich anders? Noch einmal müssen wir auf die eigentümliche geographische Situation Frankreichs zurückkommen. England, und erst recht Großbritannien, hatte seine peripheren Regionen. Innerhalb eines zum Zentrum gehörenden Staates gelegen, fürchteten sie zwei Entwicklungen: die allmähliche Stärkung des englisch-britischen Staates, die sie politisch, und den Triumph kapitalistischer Elemente, der sie ökonomisch bedrohte. In Großbritannien fielen diese beiden Bedrohungen zusammen. So kommt es auch nicht weiters überraschend, daß die peripheren Gebiete der Revolution von 1640/49 im Schnitt feindlicher gegenüberstanden[264] oder daß »während der revolutionären Jahrzehnte die Vereinigung Englands abgeschlossen wurde.«[265] Wie bereits an anderer Stelle dargelegt, war die Situation in Frankreich eine ganz andere.[266] Geographisch stimmten dort die zentralistischen Kräfte mit jenen des kapitalistischen Unternehmertums nicht in dem Maße überein wie in England. So sahen sich die Kräfte des Zentrums einem doppelten, aber nicht unbedingt koordinierten Widerstand ausgesetzt, und zwar sowohl von seiten wirtschaftlich peripherer als auch wirtschaftlich zentraler, aber politisch peripherer Zonen. Der Konflikt innerhalb der herrschenden Schichten zog sich dadurch länger hin (von den Religionskriegen bis zur Fronde) und war politisch weitaus diffuser.

---

263 Pinkham (1963, S. 85). Vgl. dazu auch J. R. Jones: »Dessenungeachtet sollte Jakobs Versuch, die Schicht der Landbesitzer durch die städtischen Mittelschichten zu ersetzen, Historiker zögern lassen, bevor sie die Revolution pauschal als bürgerliche Revolution bezeichnen. Genaugenommen war das Gegenteil der Fall.« (1972, S. 15)

264 Siehe Trevor-Roper: »In Irland und Schottland wandte sich der König zunächst an die alten royalistischen Schichten, den weltlichen, toleranten ‚Amts-'Adel nebst Gentry, auf deren Unterstützung die väterliche Union beruht hatte ... Als sich aber diese Gruppen als unzureichend erwiesen, zog er sich in beiden Ländern auf die keltischen Randzonen zurück. Er wurde zum Anführer der ›Old Irish‹ gegen die englischen Siedler und der schottischen *Highlanders* gegen die saturierten *Lowlands*« (1967, S. 710). Die Verbindung mit den *Highlanders* setzte sich später in Gestalt der Jakobiten fort.

265 C. Hill (1969, S. 137).

266 Vgl. Wallerstein (1974, S. 293–297).

Während die Restaurationszeit in England, wenn man so will, ein Nachlassen der Spannungen mit sich brachte, da sich ein Kompromiß zwischen den zwei Gruppierungen abzeichnete, lief die entsprechende Periode in Frankreich, die colbertistische Ära Ludwigs XIV., auf eine Art Zwangswaffenstillstand hinaus. Der Waffenstillstand hing von der politischen Potenz der Monarchie ab, jene Kräfte in Schach zu halten, die noch immer ein riskantes Spiel spielten, oder anders ausgedrückt, deren Bereitschaft und Fähigkeit, sich auf ein gefährliches Spiel einzulassen, die ihrer englischen Pendants übertraf. Dies drückte sich auch in der politischen Struktur des Landes aus: Juristisch (und wirtschaftlich) gesehen, lagen der Westen, der Süden sowie die Grenzregionen im Nordosten alle außerhalb des »Zentrums«. Diese Gebiete mußten damals nicht nur ohne die vorteilhafte Zollunion mit dem Rest des Landes auskommen (obwohl diese sicherlich auch Nachteile mit sich gebracht hätte), sie unterlagen auch höheren Steuern.[267] Einen hohen sozialen Status konnten die nichtadeligen Bourgeois zwar individuell,[268] nicht aber kollektiv erreichen, was in ihren Reihen zu permanenter Unruhe und potentieller Widersetzlichkeit führte.[269]

Diese Widersprüche zeigten sich in der Hugenottenfrage. Vermutlich brachte das Edikt von Nantes die herrschenden Schichten einer Überwindung ihrer internen Spaltung einen Schritt näher. Warum wurde es im Jahr 1685 aufgehoben? In der einschlägigen Literatur findet diese Frage keine wirklich befriedigende Antwort. Die Hugenotten waren nicht sonderlich antiroyalistisch eingestellt.[270] Warum also sollte der König antihugenottisch eingestellt gewesen sein? Lüthy sieht darin die Reaktion eines »dem Staatskult huldigenden« Frankreich auf die in früheren Bürgerkriegen erlittenen Demütigungen.[271] Für Robert war es die Tat eines Königs, der auf eine günstige Gelegenheit wartete. Diese war mit dem glorreichen Frieden von Nijmegen gekommen: »Dieser große außenpolitische Erfolg ... ließ den König zu der Überzeugung gelangen, von nun an könne er beinahe alles in Angriff nehmen.«[272] Nach Ansicht Le Roy Laduries ließ sich auf diese Art die Kirche

---

267 Vgl. Pillorget (1975, S. 879). Natürlich mußten diese Gebiete oft auch wirtschaftliche Einbußen hinnehmen. Bezüglich der Auswirkungen auf das Baskenland siehe Goyhenetche (1975, S. 5–32).

268 Dies geht eindeutig aus einer Reihe von Studien hervor, die sich mit der Personalpolitik Ludwigs XIV. im Bereich der Staatsbürokratie auseinandersetzen. Egal ob Minister, Offiziere oder Richter, offensichtlich wurden wohlhabende und fachkundige Leute gezielt rekrutiert und mit der Erhöhung ihres sozialen Rangs belohnt. Vgl. Buche (1959, S. 18–22), Corvisier (1959, S. 45 f.) sowie Goubert (1959, S. 73).

269 »Trotzdem blieb das Bürgertum ... unzufrieden. Es besaß die so leidenschaftlich angestrebte Macht, zugleich aber auch wieder nicht. Wenn auch seit Colbert ein großer Teil der Minister auf eine mehr oder weniger weitläufige bürgerliche Abstammung zurückblicken konnte, so verleugneten sie ihre Herkunft und schlossen sich dem Adel an, sobald sie in den Regierungsräten saßen.« (Léon 1970d, S. 643)

270 Vgl. die Darstellung bei Adams (1974). Dies trifft in einem solchen Maße zu, daß heutzutage einige Protestanten behaupten, die Aufhebung des Edikts habe den französischen Protestantismus von seinem Royalismus und Konformismus befreit und eine Rückkehr zu seinen »ursprünglichen Eigenschaften« erzwungen. (Léonard 1940, S. 11)

271 Lüthy (1959, S. 12).

272 Robert (1967, S. 47).

zuletzt doch noch auf die Seite des Königs bringen. »Eine Hand wäscht die andere. Die Gemeindepfarrer, die noch zu Zeiten der Liga und der Fronde so konfliktfreudig waren, wurden danach trotz der jansenistischen Auseinandersetzungen zu Stützen der herrschenden Ordnung.«[273] Keine dieser Erklärungen erweist sich als ausreichend. Vielleicht war es wie ein sinnloser Abtausch beim Schach, wenn man hofft, durch eine Verringerung der Zahl der Figuren die eigene Position verbessern zu können. Bringt ein Abtausch keinen markanten Vorteil mit sich, so rückt einfach nur die Pattstellung näher. Der König war bestrebt, den Staat zu stärken, ein Vorhaben, das schwieriger durchzuführen war als in England. Die Aufhebung des Edikts von Nantes erwies sich diesbezüglich als nicht sehr förderlich, aber andererseits richtete es möglicherweise auch keinen Schaden an.

Die allgemeine Erklärung, die wir für die Stabilisierung in England und Frankreich ab Mitte des 17. Jahrhunderts anbieten, läßt sich durch ein weiteres Beweismittel untermauern. Diese Stabilisierung, die sich in beiden Ländern vollzog (wenn auch in England wirkungsvoller als in Frankreich), entsprang einem Kompromiß *innerhalb* der herrschenden Schichten. Wenn dem so ist, dann sollte sich innerhalb der Unterschichten eine Haltungsänderung feststellen lassen. Die Spaltung der herrschenden Klassen bot ihnen nämlich einen gewissen Spielraum, ein Kompromiß hingegen hätte ihn eingeschränkt. Einiges deutet auf diese zweite Variante hin. Die Häufigkeit von Bauernrevolten nahm ab, und wenn es welche gab, so waren sie tendenziell weniger radikal.[274] Da diese Zeit vermutlich von beträchtlichen wirtschaftlichen Schwierigkeiten geprägt war, so erklärt sich dieses Phänomen wohl weniger daraus, daß es an Anreizen fehlte, als vielmehr aus den politischen Schwierigkeiten, denen eine Rebellion begegnete.

Früher hatten sich Bauern im Rahmen eines Aufstandes mit einem Teil der herrschenden Schichten verbünden können. Im späten 17. Jahrhundert war dies nicht mehr möglich.[275] Wie bitter müssen die großen Kompromisse für die Bauern und die Arbeiter in der Stadt gewesen sein! Im Rückblick auf die englische Revolution äußerte ein Chartist im Jahre 1837: »Das Volk hatte nichts davon.«[276] Natürlich kam es zu Unruhen, speziell dort, wo man sie nur

273 Le Roy Ladurie (1971, S. 28), der England und Frankreich explizit miteinander vergleicht: »Die neue englische Monarchie schloß [1688] Frieden mit der früheren Opposition, genauso wie Ludwig XIV. mit dem Klerus, der zuvor die *Ligue* und die *Fronde* unterstützt hatte.« (1975c, S. 36)

274 Vgl. Jacquart (1975, S. 344 f.; 1978c, S. 492), Le Roy Ladurie (1974c, S. 8 f.) sowie C. S. L. Davies (1973, S. 125–127).

275 Bezüglich der »Fügsamkeit« der provençalischen Notabeln nach 1661 siehe Pillorget (1975, S. 863–866). Vgl. dazu auch Busquet u.a.: »[Diese Fügsamkeit] ist vielleicht der beste Beweis dafür, welcher Erfolg dem von der königlichen Regierung in Angriff genommenen Einigungswerk beschieden war.« (1972, S. 79)

276 Zit. bei C. Hill (1975b, S. 204). Hill pflichtet dem bei: »Was hatte die Masse von der Revolution? Verbrauchssteuern, Zwangseinquartierungen, Plünderungen, Militärdienst, aber weder sichere Pachtstellen noch die Abschaffung von Adelsrechten oder den Schutz gewerblicher Arbeitskräfte vor ihren Arbeitgebern.« Oder wie J. R. Jones meint: Die weniger Hochgestellten, die Militanten, die für die Revolution kämpften, sie »standen am Ende nicht als die Nutznießer da« (1972, S. 16). Dies galt für die

schwer unterdrücken konnte, in den Städten.[277] Sobald jedoch innerhalb der Bourgeoisie ein Kompromiß erzielt war, wandte sie sich der Eindämmung dieser Unruhen zu. Genau zu jener Zeit begann sich das Bild der *arbeitenden Klassen* mit jenem der *gefährlichen Klassen* zu verschränken, wodurch sich »im Bewußtsein der herrschenden Klassen« die gedankliche Verbindung »zwischen Armut und Verbrechen« herausbildete.[278]

Wenn einem der Sinn danach steht, kann man alte Weisheiten wiederholen, denen zufolge Handel und Absolutismus – könnte doch der Kaufmann »den Sonnenkönig in den Schatten stellen«[279] – unvereinbar seien. Der Sache näher kommt hingegen Schumpeter: »[Feudale] Fesseln behinderten [den Bourgeois] nicht nur, sie boten auch Schutz.«[280] Dies war in England ebenso der Fall wie in Frankreich,[281] aber aus den verschiedenen von uns skizzierten Gründen erwies sich die englische Vorgangsweise als etwas erfolgreicher.

---

unteren Schichten des englischen Landadels in den Jahren 1688/89 ebenso wie nach dem niederländischen Aufstand für die calvinistischen Kämpfer, die Wassergeusen, die Armen in den Städten und das Kleinbürgertum.

277 Vgl. Léon (1970e, S. 684).

278 Ebda., S. 686.

279 Grassby (1960, S. 38). Wie Supple zeigt, konnte keine Rede von Unvereinbarkeit sein, vielmehr wurde der Adel »bis zu einem gewissen Grad gezwungen, den Gesellschaftsunternehmen des 17. und 18. Jahrhunderts Kapital und Prestige« zur Verfügung zu stellen (1977, S. 450).

280 Schumpeter (1943, S. 135).

281 Supple führt Beispiele aus England und Frankreich an und schreibt in diesem Zusammenhang: »Adeliges Unternehmertum ... betätigte sich am stärksten im Bergbau und in der Schwerindustrie« (1977, S. 499). Bezüglich der Rolle, die der Adel in der französischen Manufakturproduktion spielte, siehe auch Deyon (1978d, S. 277).

Kapitel 4:

Peripherien in einer Periode langsamen Wachstums

Expansionsphasen der Weltwirtschaft lassen sich relativ einfach charakterisieren: In den meisten Regionen wie auch insgesamt kommt es zu einer Ausweitung der Produktion; Beschäftigung ist in hohem Maß vorhanden; die Bevölkerung nimmt zu. Die Zeit steht im Zeichen der Prosperität. Daß möglicherweise die Reallöhne vieler Menschen in Wirklichkeit sinken, ist angesichts des ständigen Ansteigens der Nominalpreise weniger augenfällig. Innerhalb der Gesellschaft gärt es ganz beträchtlich, aber diese Gärung speist sich aus Optimismus, ja Wagemut. Individueller Auf- oder Abstieg ist an der Tagesordnung. Fortschritt erscheint als Gabe Gottes.

Abschwungphasen erweisen sich als wesentlich komplexer. Besonders stark fällt zunächst ihre Unausgewogenheit ins Auge. Es gibt Wirtschaftsabschwung, Stagnation, Rückzug und schlechte Zeiten – aber nicht für alle. Gemessen am Gesamtwert oder der Pro-Kopf-Menge, bleibt die Gesamtproduktion (der Weltwirtschaft) möglicherweise stabil. Das ließe sich jedoch darauf zurückführen, daß in manchen Gebieten das Produktionsvolumen oder die Produktivitätsrate (oder beides) ansteigt, während es in anderen Gebieten zu einem entsprechenden Rückgang kommt. Die Reallöhne der Beschäftigten können ebenso zunehmen wie der Prozentsatz der Arbeitslosen.

In den peripheren Regionen der Weltwirtschaft könnte man ein besonders düsteres Bild erwarten, handelt es sich doch dabei um die politisch schwächsten Gebiete. Man kann davon ausgehen, daß die herrschenden Gruppen im Zentrum und in der Semiperipherie bestrebt sind, das jeweilige Produktions- und Beschäftigungsniveau auf Kosten der Peripherie beizubehalten. Dennoch fällt diese nicht völlig aus der Weltwirtschaft heraus, und zwar aus vielen Gründen: Zunächst einmal besteht von seiten der kapitalistischen Eliten der Wunsch, innerhalb der Weltwirtschaft zu verbleiben – und sie kämpfen auch darum. Zum zweiten müssen die Eliten im Zentrum den schließlich zu erwartenden zyklischen Aufschwung der Weltwirtschaft als ganzer im Auge behalten; dann nämlich benötigen sie die physischen Räume und Energien der Peripherie, das heißt das Land und die Menschen. Zum dritten benötigen die Staaten des Zentrums auch weiterhin, selbst in Zeiten des Konjunkturrückgangs, bestimmte Produkte der Peripherie – teilweise, weil diese aus ökologischen Gründen anderswo nicht hergestellt werden können, und teilweise, weil die Lohnkosten im Vergleich zum Zentrum niedriger liegen denn je.

Ganz besonders muß in diesem Zusammenhang betont werden, daß ein Abschwung nicht die Einstellung von Aktivitäten bedeutet, sondern lediglich ihre Verlangsamung. Der Weg zum Gewinn ist dabei mit einer Reihe von Hindernissen gepflastert, die, wenn man so will, die kapitalistische Spreu vom Weizen trennen. Die Starken überleben nicht nur, oft erleben sie eine regelrechte Blüte. In den Peripherien bewirkt daher ein Abschwung der Weltwirtschaft sowohl Rückbildung als auch Entwicklung; sowohl eine anscheinend abnehmende Monetarisierung des Wirtschaftslebens als auch die Entstehung neuer Unternehmen; sowohl Auflassung als auch Umstrukturierung oder Verlagerung; sowohl einen verringerten als auch einen höheren Spezialisierungsgrad innerhalb der Weltwirtschaft.

Um dieses scheinbare Paradoxon beurteilen zu können, müssen wir am Ausgangspunkt ansetzen. Wodurch wird eine säkulare Trendwende innerhalb der Weltwirtschaft verursacht? Ein kapitalistisches System ist mit dem Marktmechanismus verbunden. Da auf den Markt politische Regulierungsmaßnahmen ebenso einwirken wie kulturelle Beharrungskräfte und Neigungen, kann von einem freien Markt absolut nicht die Rede sein. Wenn hingegen jegliches Spiel der Marktkräfte fehlt, kann man nur schwer von einem kapitalistischen System sprechen.

Wie wir wissen, reagiert der Markt auf Schwankungen bei Angebot und Nachfrage. Zweifellos handelt es sich dabei nicht um irgendwelche mystischen Kräfte, die in unvorhersehbarer Weise auf der Agora zusammentreffen. Angebot und Nachfrage werden sowohl durch ihr wechselseitiges Verhältnis als auch institutionell geregelt; besteht jedoch über einen zu langen Zeitraum hinweg ein zu krasses Mißverhältnis, so wird der Markt zwangsläufig darauf reagieren. Eine Expansionsperiode führt mit der Zeit dazu, daß das Angebot die Nachfrage übersteigt, und zwar aus dem sehr einfachen Grund, daß das Angebot vom einzelnen Unternehmer bestimmt wird (der gute Gewinnaussichten hat, wenn er in einer Expansionsphase die Produktion erhöht), während die Nachfrage kollektiv geregelt wird (über die politische Maschinerie, die die Einkommensverteilung festlegt). Angesichts der bestehenden Verteilung im Weltmaßstab kommt es dazu, daß die konstant wachsende Produktion auf eine zu geringe Nachfrage trifft. Dieses Mißverhältnis kann auf zwei Arten beseitigt werden: Die Ausweitung der Produktion kann rückgängig gemacht, gestoppt oder wenigstens verlangsamt werden; und die Einkommensverteilung kann in einer Weise neu geordnet werden, daß die weltweite Nachfrage zunimmt und dadurch schließlich ein neuer Konjunkturaufschwung einsetzen kann.

Beide Phänomene treten tatsächlich und in der genannten Reihenfolge ein. Die Produktion stagniert, und später kommt es dann zu einer politischen Umverteilung der Einkommen. So sieht das gesellschaftliche Profil in Zeiten des Konjunkturrückgangs aus. Einige Spezifizierungen sind jedoch sofort vonnöten: In den alten Peripherien stagniert die Produktion in höherem Maße als anderswo, und im Zentrum sowie in der Semiperipherie (zumindest in einigen Teilen) erfolgt eine stärkere politische Umverteilung der Einkommen als in den Peripherien. Genau so spielte sich die lange Periode des Konjunkturrückgangs im 17. Jahrhundert ab, die Zeit zwischen 1600/1650 und 1750. Eine weitere Spezifizierung dieses Modells muß dahingehend vorgenommen werden, daß die tatsächliche Nachfrage zu gering war. Den Beginn der Abschwungphase haben wir auf die Zeit zwischen 1600 und 1650 datiert. Diese Unschärfe, die sich durch das gesamte Buch zieht, beruht nicht auf mangelhaften Kenntnissen. Vielmehr drückt sich darin aus, wie ein Konjunkturaufschwung normalerweise in einen Konjunkturabschwung umschlägt. Für gewöhnlich gibt es ein langes Stadium, in dessen Verlauf sich der Aufschwung fortsetzt, der Abschwung jedoch bereits eingesetzt hat und das daher beiden Perioden zuzurechnen ist.

Wir haben bereits an anderer Stelle dargelegt, daß diese Umkehrung der säkularen Trends anscheinend aus einer Folge von drei kommerziellen Druckwellen bestand: eine zwischen 1590 und 1600, eine zwischen 1620 und 1630 sowie eine zwischen 1650 und 1660.[1] Zur selben Zeit litt die europäische Weltwirtschaft unter mangelnder Geldstabilität: die Kipper- und Wipperzeit im Ostseeraum, in Spanien die inflationäre Entwicklung beim Kupfergeld, der plötzliche Rückgang der amerikanischen Edelmetallproduktion. In diesen Zeitraum fielen auch verschiedene Bevölkerungskatastrophen, die durch Kriege, Epidemien und Hungersnöte verursacht wurden. Das Zusammentreffen dieser Phänomene war kein Zufall. Was macht ein in der Peripherie angesiedelter Erzeuger von landwirtschaftlichen Exportprodukten, wenn er pötzlich mit einer ungünstigen Marktlage konfrontiert ist? Aus seiner Sicht gibt es zwei sinnvolle Reaktionen: Um auch weiterhin das gleiche Nettoeinkommen zu erzielen, kann er versuchen, das Exportvolumen zu erhöhen und/oder seine Produktionskosten zu senken. Kurzfristig hat der einzelne Unternehmer mit einer der beiden Varianten (oder beiden zusammen) oft durchaus Erfolg, aber mittelfristig verschlechtert sich dadurch in einer bestimmten peripheren Region die Gesamtsituation der Produzenten. Eine Ausweitung der landwirtschaftlichen Exportproduktion erhöht die weltweite Produktion noch weiter, und das auf einem Markt, wo die Nachfrage bereits ihre äußersten Grenzen erreicht hat. Eine Senkung der Produktionskosten hingegen, wenn sie, wie in der Peripherie am wahrscheinlichsten, durch gesteigerte Ausbeutung der menschlichen und natürlichen Ressourcen erzielt wird, untergräbt die zukünftigen Produktionsgrundlagen.

Wir werden zu zeigen versuchen, daß während des 16. Jahrhunderts in den wichtigsten Peripherien der Weltwirtschaft genau das geschah. Die schlechte Marktlage im letzten Jahrzehnt des 16. und in den zwanziger Jahren des 17. Jahrhunderts führte dazu, daß das Produktionsvolumen erhöht und/oder der Ausbeutungsgrad im Bereich der Ressourcen gesteigert wurde(n). Spätestens zwischen 1650 und 1660 erzwangen die Folgen dieser Vorgangsweise von den Erzeugern in der Peripherie die andere vernünftige Reaktion: sich teilweise aus der Produktion für den Markt zurückzuziehen, zumindest aus

1 Vgl. Wallerstein (1974, S. 269–271).

der Produktion für jenen Teil des Weltmarkts, in dem sie sich während des 16. Jahrhunderts etablieren konnten.[2] Wenden wir uns zunächst der osteuropäischen Peripherie zu. Deren Exportprodukte fielen während des 17. Jahrhunderts im Preis, ihre Ertragsfähigkeit ging ebenso zurück wie Gesamtwert und -menge der Exporte. Am deutlichsten zeigte sich dies an polnischem Getreide und ungarischem Vieh, doch sind dies nicht die einzigen Beispiele. Am bekanntesten ist die Geschichte der Preisentwicklung, denn eine Depression im 17. Jahrhundert wird zunächst einmal als Preissturz bei Agrargütern begriffen. Die polnischen Weizenpreise fielen ab etwa 1615–1620, erlebten dann einen vorübergehenden Anstieg, dem Mitte des 17. Jahrhunderts »ein scharfer Einbruch und ein langfristiges Fallen der Preise«[3] folgte. Der Anstieg der Preise für ungarisches Vieh schwächte sich seit Beginn des 17. Jahrhunderts ab, nur um dann »nach einem weiteren kurzen Boom in den zwanziger Jahren des 17. Jahrhunderts völlig zum Erliegen zu kommen.«[4] Bis zur Mitte des 17. Jahrhunderts war in Wien der Preis für ungarisches Vieh »erheblich«[5] gesunken. Auch für die böhmische Landwirtschaft waren die hundert Jahre ab 1650 »ein Jahrhundert der Stagnation«[6].

Die Exportpreise erlebten nicht nur einen absoluten, sondern möglicherweise auch einen relativen Rückgang, das heißt, die Terms of Trade gestalteten sich für die Exporteure in der Peripherie »zunehmend nachteiliger«.[7] Gleichzeitig, speziell im zweiten Viertel des 17. Jahrhunderts, kam es »bei Luxuswaren zu einer raschen Zunahme des Einfuhrvolumens«[8] – eine Art Henkersmahlzeit des Landadels in der Peripherie. Die Kombination von abnehmenden Exporten und (zumindest in der Übergangsperiode) zunehmenden Importen hatte ein dramatisches Umkippen der Handelsbilanz zur Folge. Der polnische Ostseehandel beispielsweise erzielte zwischen 1565 und 1585 noch einen Überschuß von 52%, der dann zwischen 1625 und 1646 auf 8% sank, bis dann in der zweiten Hälfte des 17. Jahrhunderts eine passive Handelsbilanz ausgewiesen wurde.[9] Mączak spricht davon, daß die passive Handelsbilanz Polens auf »das verhängnisvolle Jahrzehnt 1620–1630«[10]

---

2 Für Polen findet sich eine gute Beschreibung dieser Abfolge bei Wyczański (1967). Was den ersten Teil dieser Abfolge betrifft, so merkt Gould an, daß »Bauern in zahlreichen historischen Konstellationen auf einen Preisverfall damit reagierten, daß sie, um ihre Bruttoeinnahmen auf einem als erträglich angesehenen Niveau zu halten, die Produktion nicht drosselten, sondern *ausweiteten*.« (1962, S. 332)

3 Wyczański (1967, S. 68 f.).

4 Pach (1970b, S. 254).

5 Zimányi (1973, S. 327).

6 Matejek (1968, S. 210).

7 Topolski (1971, S. 62). Siehe Tabelle 3, in der Kula die Terms of Trade für verschiedene Bevölkerungsschichten gesondert angibt. Seine Bemerkungen zu Topolski finden sich in Kula (1970, S. 164 f., Anm. 164). Im großen und ganzen akzeptiert sogar Kula Topolskis Hypothese, wenn auch nur für die Zeit zwischen 1650 und 1700.

8 Bogucka (1972, S. 1).

9 Mączak/Bogucka, zit. bei Pach (1970b, S. 258). Vgl. auch Mączak (1970, S. 139, Tab. 16).

10 Mączak (1975, S. 3).

zurückzuführen sei. Verschärft wurden die Verschiebungen in der Handelsbilanz dadurch, daß die weitgehend ungeschützten polnischen Wirtschaftsbetriebe nicht in der Lage waren, den negativen Auswirkungen der inflationsbedingten monetären Instabilität erfolgreich zu begegnen. So verlangten niederländische Kaufleute von ihren Danziger Kollegen, einen Teil der ihnen zustehenden Zahlungen – neben den härteren Münzsorten wie Dukaten und Talern – in schlechtem Geld (beispielsweise Löwentalern) zu akzeptieren. Natürlich hätte die Verwendung dieses Geld von den politischen Machtträgern untersagt werden können, doch stießen derartige Schutzmaßnahmen bei den Danziger Kaufleuten selbst auf großen Widerstand. Sie »befürchteten schwerwiegende Störungen des Außenhandels«[11] und hielten einen derartigen Schutz nicht für unbedingt erforderlich, konnten sie doch diese ihnen von den Niederländern aufgehalste Belastung »dem mittleren Bürgertum, dem Adel und den Bauern aufbürden«[12].

Umfangreiche Berechnungen wurden hinsichtlich der Ernteerträge bei osteuropäischem Getreide angestellt. Übereinstimmung besteht darin, daß es im Lauf des 17. Jahrhunderts zu einem eindeutigen Rückgang kam – über das Ausmaß gehen die Meinungen auseinander. In der optimistischeren Variante wird lediglich von einem Stagnieren der Getreideernten ausgegangen (während gleichzeitig die Erträge in Nordwesteuropa anstiegen). In der weniger optimistischen Variante nimmt man einen markanten Abfall an.[13] Allgemein wird der Rückgang der Weizenerträge damit erklärt, daß sich »die Warenproduktion in der Hand von Grundherren befand, die sich dabei in stärkstem Maße auf Zwangsarbeit stützten«; die gleiche Begründung gibt Pach auch für den Rückgang der ungarischen Viehexporte.[14] Aber warum sollte diese dominierende Stellung der Grundherren zu sinkenden Ernteerträgen geführt haben? Zwei Ursachen werden angeführt: Erstens habe die zunehmende Verschärfung der Frondienste dazu geführt, daß »so mancher

11 Bogucka (1972, S. 4). Da sie an den Gewinnen der internationalen Spekulanten partizipierten, standen auch die lokalen Geldwechsler einer solchen Maßnahme ablehnend gegenüber (S. 5).

12 Bogucka (1972, S. 13).

13 In Polen, Ungarn, Böhmen und der Slowakei ortet Zytkowicz generell »niedrige Erträge in der Landwirtschaft«, doch seien sie zwischen 1655 und 1750 nicht auffallend niedriger gewesen als zwischen 1500 und 1655 (1971, S. 71). Für Slicher van Bath kam es während des 17. Jahrhunderts in Osteuropa zu »Stagnation oder gar Rückgang«. Für Böhmen, Mähren, die Slowakei, Polen, Lettland, Estland und Rußland zusammengenommen weist er nach, daß die Ertragsziffern zwischen den Perioden 1600–1649 und 1650–1699 von 4,3 auf 3,9 fielen (1969, S. 175 f.). Mączak (1976b, S. 23) bezweifelt die niedrigen Zahlen, die Zytkowicz für das 16. Jahrhundert annimmt. Er geht vielmehr von einem *Absinken* aus, das »bereits in der ersten Hälfte des 17. Jahrhunderts erkennbar« gewesen sei (1968, S. 77). Eine rückläufige Entwicklung weist auch Wyczański am Beispiel einer einzelnen Domäne (Korczyn) nach: von 4,8 im Jahr 1569 auf 4,1 im Jahr 1615, 4,4 im Jahr 1660 und schließlich 3,2 im Jahr 1765 (1960, S. 589). Topolski spricht davon, daß es zwischen dem Ende des 16. und dem Ende des 18. Jahrhunderts bei den Ertragsziffern zu einem Gesamtrückgang von etwa 5 auf 3–4 gekommen sei (1974a, S. 131). Am drastischsten drückt sich Szczygielski aus: Demnach hätten die polnischen Ernteerträge im 16. und 17. Jahrhundert zu den höchsten in Europa gezählt, während sie im 17. und 18. Jahrhundert unter den niedrigsten rangierten (1967, S. 86 f.).

14 Pach (1970b, S. 262).

Bauer die Haltung von Zugtieren einstellte und damit die Gruppe der Häusler vergrößerte« – und da bäuerliche Wirtschaften generell höhere Erträge erzielten als die Güter des Adels, sei der Gesamtertrag gesunken.[15] Zweitens habe man die Produktion gesteigert, »indem man die Grundprinzipien des Fruchtwechsels bei der Bebauung des Bodens aufgab«[16], was mit der Zeit zu dessen Erschöpfung führte. Die Menschen und den Boden auszupressen ermöglichte zwar, die Gesamtproduktion für 50 bis 60 Jahre auf einem bestimmten Niveau zu halten, doch zerstörte diese Methode ihre eigenen Grundlagen. Dies läßt sich daran erkennen, daß es trotz aller Anstrengungen, die Produktion zu steigern und die Kosten zu senken, zu einem Sinken der Gesamtexporte kam. Ende des 16. Jahrhunderts wurden von Danzig/Gdańsk aus jährlich 100.000 Lasten Weizen verschifft, im 17. Jahrhundert 30.000 und zu Beginn des 18. Jahrhunderts nur noch 10.000.[17] Abel konstatiert einen Bruch für das Jahr 1620,[18] Jeannin hingegen macht darauf aufmerksam, daß das Sundregister 1649 oder 1650 als ein »Rekordjahr« ausweist, das »1618 noch übertraf«, und schlägt vor, den Wendepunkt eher mit 1650 als mit 1620 anzusetzen.[19]

Ebenso verhielt es sich mit dem Viehexport. In Ungarn bildeten die Jahre 1550–1600 das »Goldene Zeitalter«[20], danach setzte ein Rückgang ein. Mit dem Beginn des Dreißigjährigen Kriegs erhöhten sich die Gefahren des Viehtriebs, wodurch der polnische Viehhandel in Richtung Schlesien, Sachsen und an den Rhein »seine Bedeutung einbüßte«.[21] In dieses Bild fügt sich auch der dänische Viehexport ein.[22] Pach argumentiert, daß der Rückgang des Viehhandels schwerer wog als jener des Weizenhandels und daher

---

15 Mączak (1968, S. 77), für den es »kaum einen Zweifel« daran gibt, daß »die Verringerung der auf den Markt gelangenden Überschüsse durch das Schrumpfen der landwirtschaftlichen Betriebe verursacht wurde« (S. 78).

16 Szczygielski (1967, S. 94) schreibt, dies habe auch für die Holzgewinnung gegolten: »Rücksichtslose Ausbeutung ließ während des 17. Jahrhunderts die Wälder veröden« (S. 97).

17 Lesnodorski (1963, S. 24).

18 Abel (1973, S. 251, Abb. 45). Vgl. dazu auch Slicher van Bath, der den Höchststand der Exporte auf das Jahr 1617 datiert (1977, S. 87).

19 Jeannin (1964, S. 320 u. 322). Seine Bestätigung findet dies am anderen Ende der Handelsabläufe. Mit Blick auf die schottischen Weizenimporte aus dem Ostseeraum stellen Smout und Fenton für die Mitte des 17. Jahrhunderts einen »eindeutigen« Bruch fest, das heißt einen drastischen Importrückgang. Sie erklären dies damit, daß Lieferanten »aus den Ostseegebieten teilweise durch englische und irische Lieferanten ersetzt wurden«, wobei sie hinzufügen, daß schottisches Getreide zwischen 1675 und 1685 »sogar *in Richtung* Ostsee verschifft« wurde. (1965, S. 76)

20 Makkai (1971, S. 483). Vgl. auch Prickler (1971, S. 143 f.). Dieselbe Bezeichnung wählt Wiese für den europäischen Viehhandel im allgemeinen, und zwar für die Zeit »vor Ausbruch des Dreißigjährigen Kriegs« (1974, S. 454).

21 Mączak (1972, S. 679). Er spricht von einem »katastrophalen Rückgang des Viehbestands einschließlich der Zugtiere (größtenteils Ochsen, dazu Pferde)«. Der Bestand nahm von etwa 77 Stück pro 100 Hektar Bauernland im Jahr 1549 auf 53 Stück im Jahr 1630 und danach gleichmäßig weiter ab (1976b, S. 23).

22 Bei Abel ist von einer »Abschwächung« der dänischen Viehexporte im 17. Jahrhundert die Rede (1973, S. 249). Vgl. dazu auch Glamann (1977, S. 236 f.).

Ungarn sogar noch stärker in Mitleidenschaft gezogen wurde als Polen. Denn während der Weizen an »das atlantische Zentrum des expandierenden internationalen Handels moderner Prägung« verkauft wurde, handelte es sich bei den Abnehmern des Viehs um jene süddeutschen Städte, die »ihrerseits der Verschiebung der internationalen Handelswege zum Opfer fielen.«[23] Das dritte osteuropäische Hauptexportprodukt war im 16. Jahrhundert Kupfer gewesen, doch auch hier kam es seit den zwanziger Jahren des 17. Jahrhunderts zu einem deutlichen Rückgang.[24] In allen diesen Fällen – Weizen, Vieh, Kupfer – liegt die Erklärung in der weltweiten Überproduktion. Was den Weizen betrifft, so konnte die Getreideproduktion in Süd- und Westeuropa einen, wenn auch nur geringfügigen, Zuwachs aufweisen, der aber laut Faber groß genug war, um »die verheerende Rezession des niederländischen Getreidehandels« in der zweiten Hälfte des 17. Jahrhunderts heraufzubeschwören.[25] Beim Vieh war es »die sinkende Nachfrage, die die Preise fallen ließ«[26], beim Kupfer in erster Linie das »Überangebot, als schwedisches Kupfer auf den Markt kam«.[27]

In jedem einzelnen Fall wurden die Rahmenbedingungen für den Exportsektor durch Krieg und Verwüstung im eigenen Land verschlechtert (nicht aber verursacht): speziell durch die schwedische Invasion Polens (1655–1660), durch die – mit Unterbrechungen – hundert Jahre anhaltenden Kampfhandlungen in Ungarn (vom »langen Türkenkrieg« der Jahre 1591–1606 bis zu Rákóczis Unabhängigkeitskrieg 1703–1711) sowie durch den dänisch-schwedischen Krieg (1643–1645).[28] Doch die kriegsbedingten Verwüstungen an sich, die eine Verringerung des Gesamtangebots zur Folge hatten, können nicht als Erklärung dienen. So erinnert auch Vera Zimányi an folgenden Umstand: »Im 16. Jahrhundert kam es in ganz Europa zu Kriegen, die nicht weniger verheerend waren. Aber in jener Periode hatte das lediglich die Funktion, die Produktion anzukurbeln, eine günstige Konjunkturlage zu schaffen etc. und in weiterer Folge die Preise zu erhöhen.«[29] Was hatte sich

23 Pach (1968, S. 316). Pachs Argumentation wird durch die Beobachtung Wieses unterstützt, daß in Deutschland zwischen 1640 und 1820 die Fleischpreise stets ungünstiger waren als die Roggenpreise (vgl. Wiese 1966, S. 105). Ungarisches und polnisches Vieh landete in süddeutschen Städten, dänisches Vieh zu einem großen Teil in Holland (vgl. Glamann 1977, S. 216 u. 233).

24 Vgl. Pach (1970b, S. 257).

25 Faber (1966, S. 131). Topolski erklärt den Rückgang der polnischen Getreideexporte im 17. Jahrhundert mit der sinkenden Produktivität und der damit einhergehenden Verringerung »quasi-komparativer« Vorteile (1974c, S. 435). Wir stellen hingegen den umgekehrten Zusammenhang her: Die anderswo erfolgende Steigerung der Weizenproduktion war demnach die indirekte Ursache für die sinkende Produktivität in Polen.

26 Zimányi (1973, S. 330).

27 Kellenbenz (1974, S. 262) sowie Vlachovic (1971, S. 626). Konkurrenz entstand auch durch japanisches und chilenisches Kupfer (Pach 1970b, S. 257).

28 Bezüglich der Auswirkungen, die die schwedische Invasion auf Polen hatte, siehe Baranowski u.a. (1966, S. 79) sowie Gieysztorowa (1958); für Ungarn siehe Makkai (1971, S. 493 f.) und Várkonyi (1970, S. 272); für Dänemark siehe Jørgensen (1963, S. 79).

29 Zimányi (1973, S. 309).

somit seit dem 16. Jahrhundert geändert? Innerhalb der europäischen Weltwirtschaft hatte sich jene Situation, daß die Nachfrage das Gesamtangebot überstieg, in ihr Gegenteil verkehrt. Im ersten Fall trug Zerstörung dazu bei, die Lage nachfrageseitig zu verschärfen. Im zweiten Fall diente Zerstörung als willkommener Vorwand, um die Gesamtproduktion zu reduzieren.

Wie verteilte sich eine solche Gesamtreduktion? Dies ist die Kernfrage, denn davon wurden die gesellschaftlichen Beziehungen in den peripheren Zonen bestimmt oder, besser gesagt, dadurch umstrukturiert. Wir haben bereits gesehen, daß sich auf den expandierenden kapitalistischen Gutswirtschaften in Osteuropa im Verlauf des 16. Jahrhunderts eine bestimmte Form der Arbeitsorganisation ausbreitete, und zwar die Zwangsarbeit zur Produktion von *cash-crops* (die sogenannte ›zweite Leibeigenschaft‹). Es gilt nun eine Erklärung dafür zu finden, warum sich in den rezessionsgeplagten Ausfuhrgebieten des 17. Jahrhunderts der Druck auf die Leibeigenen *noch weiter verstärkte.* Im 16. Jahrhundert erwies sich die Erzeugung von *cash-crops* auf dem herrschaftlichen Gut als ungefähr ebenso effizient wie auf der Parzelle des Bauern.[30] Dennoch war das 17. Jahrhundert in ganz Osteuropa durch eine erhebliche Konzentration des Grundbesitzes gekennzeichnet, das heißt, ein größerer Teil der gesamten bebauten Fläche und ein größerer Teil der für den Markt produzierten Agrargüter befand sich in Händen der Gutsherren und ein geringerer Teil in Händen von Bauern. Dies wird von Polen[31] ebenso berichtet wie von Böhmen[32] und

30 Soweit Zytkowicz' vorsichtige Schlußfolgerung, die er aus dem Vergleich zwischen der Produktivität von Bauerngütern und *folwarki* (Domänen) im Masowien des 17. Jahrhunderts zieht. »Der Hauptgrund für die Herausbildung dieses [grundherrschaftlichen] Systems bestand jedenfalls nicht darin, daß dadurch mehr Nahrung produziert wurde, sondern daß die feudale, grundbesitzende Klasse dadurch ihre Einkünfte steigern konnte.« (1968, S. 118.) Kirilly hingegen, der sich mit der Getreideproduktion in Ungarn auseinandersetzt, konstatiert für die erste Hälfte des 18. Jahrhunderts einen »Umschwung«: »Im Gegensatz zu früheren Jahrhunderten ist der Weizen des Grundherren fortan durch höhere Ernteerträge gekennzeichnet.« (1965, S. 621)

31 Nach den zerstörerischen Kriegen Mitte des 17. Jahrhunderts konnten laut Topolski die Gutswirtschaften ihre Produktion schließlich wieder auf den Vorkriegsstand bringen, während die bäuerlichen Parzellen lediglich 60–65% ihrer früheren Produktion erreichten (1967, S. 114). In der Region Gniezno (Gnesen) habe zu Beginn des 16. Jahrhunderts die Gesamtfläche der Gutswirtschaften 13% des bäuerlichen Bodens entsprochen, Mitte des 16. Jahrhunderts seien es dann 16%, Ende des 16. Jahrhunderts 20% und im 18. Jahrhundert schließlich 25% gewesen (Topolski 1970, S. 90). Für Rusiński ist die speziell in Zentral- und Südpolen feststellbare »Verringerung der durchschnittlichen Fläche der Bauernwirtschaften« ein Prozeß, der im 16. Jahrhundert einsetzte und sich im 17. verstärkte und zur Verarmung führte (1972, S. 112 f.). Die Mitte des 17. Jahrhunderts wurde aufgrund der Kriege von Rutkowski als Wendepunkt identifiziert: »Die Höfe der größeren Bauern (*laboureurs*) verschwanden und wurden durch kleinere ersetzt ... oder durch Parzellen, die von *closiers*, von *chaupnicy* (Häusler) und von Tagelöhnern/Pächtern (*komornicy*) bewirtschaftet wurden.« Er spricht vom »Prozeß der Proletarisierung der ländlichen Bevölkerung« und von der »absoluten Konzentration der Agrarproduktion« (1927b, S. 119 f.). Spätere polnische Historiker widersprachen zwar der Erklärung (Kriege), nicht aber dem Befund. Vgl. dazu die diversen von Gierowski zitierten Untersuchungen (1965, S. 244).

32 Špiesz datiert dies für Böhmen auf die Jahre ab 1620, meint aber, daß in Mähren das Verhältnis zwischen Dominikal- und Rustikalland praktisch unverändert blieb (1969, S. 43 f.). Für Böhmen stellt Lom zwischen 1650 und 1750 eine wachsende »Landkonzentration« und die prozentuelle Zunahme von Gutsherrschaften fest (1971, S. 9 f.). Mejdricka schreibt, daß die »stärkste Ausweitung großer, sich Fronarbeit bedienender Güter in der zweiten Hälfte des 17. Jahrhunderts festzustellen ist« (1971, S. 394).

Livland[33]. Im Fall Polen stellt Mączak dem 16. Jahrhundert speziell das 17. und 18. gegenüber und merkt dabei an, daß »die kleine Gruppe der wohlhabenden freien Bauern direkt der Habsucht der Landbesitzer zum Opfer fiel und ... völlig verschwand.«[34]

Fassen wir zusammen, was geschah: Die Ausweitung der bebauten Gesamtfläche, mit der man im 16. Jahrhundert auf die günstige Situation auf dem Weltmarkt reagierte, wurde beendet, ja teilweise sogar rückgängig gemacht. Aber ein immer größerer Teil des bebauten Bodens wurde vom Gutsherrn direkt bewirtschaftet. Konkret bedeutete dies, daß man der Herausforderung, die Marktproduktion auszudehnen, in Osteuropa während des 16. Jahrhunderts auf zwei Arten begegnete: Die großen Güter der Magnaten wurden auf der Grundlage von Zwangsarbeit bewirtschaftet, und daneben nahm die Bewirtschaftung durch reiche Bauern *einen gewissen* Aufschwung. »Im frühen 17. Jahrhundert war jedoch der Kampf entschieden, und zwar zugunsten der Gutsherren, die sich auf die Zwangsarbeit ihrer Leibeigenen stützten.«[35]

Die großen Güter befanden sich gegenüber den bäuerlichen Wirtschaften, ja auch gegenüber den mittelgroßen Gütern in mehrfacher Hinsicht im Vorteil. Die Unwägbarkeiten der Ernteerträge kam eher den größeren Einheiten zugute, da die Vielfältigkeit der in ihnen zusammengeschlossenen Gebiete eine Art innerer Versicherung gegen Ernteausfälle darstellte.[36] Zusätzlich zu diesem Beschaffungsvorteil gab es auch einen in Richtung Abnehmer. Hier stellten der direkte Marktzugang und der Umstand, daß man die Waren ohne Zwischenhändler zum Hafen transportieren konnte, »ein wirtschaftliches Privileg« dar, das nach Ansicht Kulas für die fortschreitende Landkonzentration verantwortlich war.[37] Kulas bemerkenswerte Tabelle verdeutlicht (vgl. Tab. 3), daß diese Vorteile umso größer wurden, je härter die Zeiten waren.

Kula berechnet, wie sich in Polen im Lauf der Jahre die Terms of Trade (d.h. der Marktwert der verkauften Produkte, gemessen an den eingekauften) für drei verschiedene gesellschaftliche Gruppen entwickelten. Zwar sollte

33 Obwohl Dunsdorfs darin vor allem eine Entwicklung des 18. und 19. Jahrhunderts sieht, »kann man auch für das 17. Jahrhundert eine Vergrößerung der gutsherrlichen Wirtschaften nachweisen« (1950, S. 115).

34 Mączak (1972, S. 673). Dworzaczek berichtet, daß in diesem Zeitraum auch die Güter des niederen Adels von den Magnaten schrittweise arrondiert wurden (vgl. 1977, S. 159). Rusiński hingegen spricht von der »Tendenz, daß reichere Bauern ihren ärmeren Nachbarn Land abkauften und in ihren Händen konzentrierten« (1972, S. 104). Bezüglich der Rolle der wohlhabenden Bauern vgl. auch Małowist (1972, S. 203 f.).

35 Pach (1970b, S. 261). In Polen gab es einige Gebiete, wo die Pachtform der Emphyteuse überlebte. In seiner Schilderung eines solchen Gebiets nahe der Stadt Elbląg/Elbing im früheren Deutschordensstaat meint Zytkowicz, diese Ausnahme erkläre sich aus »der Nähe zu entwickelten Märkten, der relativen Leichtigkeit, mit der die Überschußproduktion abgesetzt werden konnte, und auch dem billigen Transport zu den Märkten« (1974, S. 251).

36 Kula (1961, S. 138); vgl. auch Zytkowicz (1968, S. 109).

37 Kula (1970, S. 91).

Tabelle 3
Veränderungen der Terms of Trade für bestimmte gesellschaftliche Gruppen in Polen

	1550	1600	1650	1700	1750
Magnaten	100	276	385	333	855
Schlachta	100	80	144	152	145
Bauern	100	205	169	118	51
Magnaten		100	139	121	310
Schlachta		100	180	190	181
Bauern		100	82	58	25

Übernommen aus Kula (1970, S. 94) mit freundlicher Genehmigung.

man derart unsichere Daten nicht überinterpretieren,[38] aber die Verwendung von zwei unterschiedlichen Indexmarken, 1550 und 1600, läßt einige vorsichtige Vermutungen zu. Die Jahre der stärksten wirtschaftlichen Expansion (1550–1600) kamen den Magnaten, aber auch den Bauern zugute – anscheinend auf Kosten der Schlachta, dem niederen polnischen Adel. Sobald schlechte Zeiten anbrachen, traf dies die Bauern mit voller Wucht, während es sowohl mit den Schlachtschitzen als auch mit den Magnaten aufwärtsging. Nimmt man hingegen das Jahr 1600 als Ausgangspunkt, so zeigt sich eindeutig, daß die Mitglieder der Schlachta im Verhältnis zu den Magnaten eine Zeitlang besser abschnitt. Eindeutig ist auch, geht man vom Jahr 1550 aus, daß die Magnaten den Schlachtschitzen absolut gesehen stets weit voraus waren.

Wie läßt sich dies erklären? Meiner Ansicht nach handelt es sich um einen sehr einfachen Mechanismus. In schwierigen Zeiten stehen dem Produzenten zwei Wege offen, seinen Absatz zu maximieren: Senkung der Kosten und Ausschaltung von Konkurrenten. Die Magnaten (wie auch die Schlachtschitzen) versuchten durch eine Ausweitung der Fronarbeit (im Gegensatz zur Lohnarbeit) ihre Kosten zu senken.[39] Damit wurden nicht nur die Durch-

38 Kula erläutert, wie er zu diesen Zahlen gelangte, und räumt ein, daß »diese Ergebnisse sicherlich übertrieben sind« (1970, S. 94).

39 Natürlich war aber auch das Gegenteil der Fall. Wenn die Ernten zu gering ausfielen und die Preise hoch waren, bestand ein großer Bedarf an Fronarbeit. Mączak schreibt: »Ich vermute, daß zumindest auf manchen Gütern die Grundbesitzer ihre Hintersassen in schlechteren Jahren gewöhnlich stärker auspreßten (auch wenn sie jenen, die vor dem Nichts standen, Unterstützung zuteil werden ließen). ... Es zeigt sich [anhand der Untersuchung eines Gutes zwischen 1550 und 1695], daß in mageren Jahren – wenn die Preise hoch waren – die herzoglichen Verwalter den Hintersassen verhältnismäßig mehr Getreide abverlangten« (1975, S. 16). Ließe sich dieses Verhältnis nicht in Form einer Kurve darstellen? Wenn die Preise hoch waren, wurde mehr Fronarbeit benötigt, weil man mehr *Arbeitskräfte* benötigte. Mit Löhnen wären Bauern nicht zu ködern gewesen, da sie für einen Markt, auf dem hohe Preise zu erzielen waren, lieber ihre eigenen Produkte erzeugten. Wenn die Preise relativ niedrig waren, benötigte man mehr Fronarbeit, weil der Bedarf an Nicht-Lohnarbeit zunahm. Auf halbem Weg zwischen diesen beiden Extremen bestand der geringste Bedarf an Fronarbeit. Daß sich die Ursachen für Fronarbeit solcherart

schnittskosten gesenkt, sondern auch die Gesamtproduktion *gesteigert* – eine weitere Möglichkeit, die aus dem Verfall der Marktpreise entstandenen Verluste wettzumachen.[40] Und um sicherzustellen, daß die wachsende Produktion der gutsherrlichen Eigenwirtschaften auch abgesetzt werden konnte, kaufte der Gutsherr das Land der Bauern, ja selbst der Schlachtschitzen auf.[41] Viele von ihnen fanden sich aufgrund ihres faktischen Bankrotts zum Verkauf bereit. Selbst wenn die Grundherren auf dem neuen Land nicht produzieren ließen, so verhinderten sie damit zumindest eine Produktion, die eine Konkurrenz für ihre angestammten Ländereien bedeutet hätte. Dieser überaus verständliche Vorgang, Geld in Grund und Boden anzulegen (selbst wenn damit keine sofortigen Einnahmen aus der Exportproduktion beabsichtigt waren), wurde zweifellos durch die Finanzkrise des frühen 17. Jahrhunderts unterstützt. Sie trieb die Magnaten in eine »psychologisch nachvollziehbare Jagd nach Sachgütern, die man als Versicherung gegen die Unsicherheiten des Geldmarktes hortete.«[42] Als langfristige Wertanlage erschienen Sachgüter, inklusive Land, sicherer als Münzen.

Was geschah auf diesen zugekauften Ländereien, um sie als Konkurrenz zu eliminieren? Ohne Zweifel kam es dort zu einer »Verschiebung in Richtung Subsistenzproduktion«[43], also zu einer, wenn man so will, Rückbildung oder Involution (nicht aber zu einer Aufhebung der kapitalistischen Produktionsweise). Genau damit wurde eine vernünftige Anpassung an die Konjunkturlage vollzogen und fanden die kapitalistischen Unternehmer (Magnaten und Schlachtschitzen) einen Weg, angesichts eines flauen Marktes die Gewinne zu optimieren (bzw. die Verluste zu minimieren): durch eine umfassende Verringerung der Warenbestände sowie insgesamt eine stagnierende Produktion. Die Bauern hätten möglicherweise die Weltmarktschwankungen nicht zum Anlaß genommen, um ihre Anstrengungen zu verstärken oder zu verringern – aber Bauern waren keine Unternehmer, sondern gehörten einem Semiproletariat an, dessen Arbeits-Input weitgehend davon ab-

abwechselten, würde erklären, warum sie während des säkularen Wirtschaftsauf- und abschwungs als Methode beibehalten wurde.

40 Kula schreibt: »Es war keineswegs absurd, daß die Entscheidung, zu investieren [Materialien und Arbeit], nicht von einer Verbesserung der Marktsituation herrührte ..., sondern ganz im Gegenteil von ihrer Verschlechterung.« (1970, S. 35.) Er meint, es handle sich dabei um nichtkapitalistisches Verhalten; aber wählen nicht multinationale Konzerne in den Stagnationsperioden des 20. Jahrhunderts manchmal dieselbe Vorgangsweise?

41 Selbst wenn die Angehörigen der Schlachta nicht zum direkten Verkauf an die Magnaten gezwungen waren, so ließ deren allgemeiner Geldmangel »die Magnaten zu Bankiers der Landjunker [werden] und verlieh ihnen damit eine zusätzliche Macht, wie sie zwischen Bankier und Kunden häufig gegeben ist.« (Mączak 1968, S. 88)

42 Bogucka (1975, S. 147) nennt die Hortung von Juwelen, Gold- und Silberbesteck, Edelmetallen und Münzen. Dasselbe Motiv, nämlich Schutz vor akuter Inflation, hätte jedoch auch der Hortung von Land zugrunde gelegen, und in beiden Fällen ist Boguckas Schlußfolgerung gerechtfertigt: »Dieses Horten ... hatte für die Wirtschaft des Landes zweifellos nachteilige Folgen, da es beträchtliche Kapitalmengen auf viele Jahre hinaus band.« (S. 148)

43 Pach (1962, S. 234).

hing, wie die Unternehmer auf die Gegebenheiten des Weltmarkts reagierten.[44]

Rückbildung, das bedeutete keineswegs, daß die kapitalistische Produktion aufgegeben wurde. Dies zeigt sich am Überleben, ja am Aufblühen regionaler Märkte – im Gegensatz zum sinkenden Export in die Staaten des Zentrums. Špiesz weist darauf hin, daß die mitteleuropäischen Territorien bereits im 16. Jahrhundert für regionale Märkte produzierten und daß dies jene Unterschiede bedingt habe, die zu den nach Westeuropa exportierenden Staaten Osteuropas bestanden. Die Produktivverhältnisse in Mitteleuropa – Böhmen, Mähren, Slowakei, Niederschlesien, Niederlausitz, Österreich (ohne Tirol), Sachsen, Thüringen und Westungarn – bezeichnet er in Abgrenzung zur zweiten Leibeigenschaft als Wirtschaftsherrschaft.[45] Aber selbst in diesen Ländern verschlechterte sich im 17. Jahrhundert die Lage der Bauern. Anzumerken bleibt jedoch, daß im 17. Jahrhundert einige polnische Handelszentren wie Krakau/Kraków und Posen/Poznań, über die früher der transkontinentale Warenaustausch abgewickelt worden war, diese Funktion aufgrund der Folgen des Dreißigjährigen Krieges und der Kriege gegen Schweden zwar verloren, aber dennoch ab der zweiten Hälfte des 17. Jahrhunderts eine Blütezeit als regionale Handelszentren erlebten.[46] Die zunehmende Landkonzentration ging Hand in Hand mit einer zeitlichen Ausdehnung der Frondienste. Besaß der Gutsherr eine größere Eigenwirtschaft, so benötigte er offensichtlich mehr Arbeitskräfte; und wenn der Bauer weniger Land besaß, so konnte er mehr Zeit der Fronarbeit widmen – das heißt, vermutlich ackerte er auf seinem eigenen Boden noch immer genug, um sich ernähren zu können,[47] aber kaum noch, um für den Verkauf zu

---

44 Da man bei Bauern nicht annimmt, daß sie auf den Weltmarkt reagieren, argumentiert Kula, daß »sich die Methoden kapitalistischer Buchführung auf diese Art von ›Unternehmen‹ nicht anwenden lassen« (1970, S. 27). Ähnlich hat auch Achilles (1959, S. 51 f.) Zweifel, ob die landwirtschaftliche Produktion im 16. und 17. Jahrhundert tatsächlich auf die Preisentwicklung Rücksicht nahm. Eine genaue Unterscheidung zwischen dem großen Grundherren, bei dem es sich um einen kapitalistischen Unternehmer handelt, und dem semiproletarischen Bauern trifft keiner von beiden.

45 Špiesz (1969, S. 61). Zu diesem Schluß gelangt auch Mejdricka, daß sich nämlich Böhmen von Polen und Norddeutschland in der Dimension seines Absatzbereichs unterschied: »in den Ländern der böhmischen Krone war der Markt für Agrarprodukte und Rohstoffe auf den internen, interregionalen Austausch (sowie bis zu einem gewissen Grad auf den Austausch mit Nachbarländern) beschränkt.« (1971, S. 401).

46 Auf regionaler Ebene erwies sich der Handelsplatz Krakau/Kraków als »viel dauerhafter und stabiler« als auf transkontinentaler Ebene (Malecki 1970, S. 119; vgl. auch 1971, S. 151). »In der zweiten Hälfte des 17. Jahrhunderts ... erwachte der Handel in Posen/Poznań zu neuem Leben, nun jedoch mit rein regionaler Ausrichtung« (Grycz 1967, S. 55; vgl. auch 1971, S. 119).

47 »So arm Polen auch war,« erinnert uns Mączak, »so hatte es seinen Bewohnern doch auch wesentliche Vorteile zu bieten. Im Vergleich zu anderen Ländern in der Frühen Neuzeit erlebte Polen keine echte allgemeine Hungersnot« (1972, S. 678). Makkai behauptet, daß »die osteuropäischen Bauern besser ernährt waren als die französischen, deutschen und italienischen Lohnarbeiter, aber schlechter ernährt als die Arbeiter in den aufsteigenden westeuropäischen Staaten, wo die bürgerliche Revolution siegte.« (1974, S. 207.) In diesem Zusammenhang nennt er England und die Vereinigten Provinzen. Da er in bezug auf Frankreich als einzige Belegstelle Le Roy Ladurie anführt, kann es sein, daß seine Behauptungen zwar auf Südfrankreich zutrafen, daß aber Nordfrankreich unter die »aufsteigenden westeuropäischen Staaten« einzureihen wäre. Um die Terminologie des vorliegenden Buches zu verwen-

produzieren. Berichte über eine *Zunahme* der Frondienste im *17.* Jahrhundert gibt es für Polen,[48] Ostelbien,[49] Ungarn,[50] Böhmen,[51] Rumänien[52] und Dänemark[53].

Bezüglich der Produktionsverhältnisse stellt sich eine letzte Frage: Wenn sich eine *Steigerung* der Fronarbeit im 17. Jahrhundert als vernünftig erwies, warum wurde dann dieses hohe Niveau nicht bereits im 16. Jahrhundert erreicht? Eine Antwort könnte lauten, daß dies einfach eine gewisse Zeit dauerte. Eine andere Antwort wäre, daß ein *hohes* Maß an Fronarbeit aus den genannten Gründen in Zeiten einer rückläufigen Marktentwicklung sinnvoll war, daß dies aber auch negative Aspekte einschloß und sich daher ein

---

den, so läuft seine Argumentation darauf hinaus, daß die Landarbeiter in der Semiperipherie in einer schlechteren Lage waren als jene in der Peripherie. Dies wohl deshalb, weil letztere über mehr Land zur Subsistenzproduktion verfügten.

48 Vgl. Mączak (1972, S. 677) und Rutkowski (1927b, S. 122). Zientara schildert, daß im Bereich großer Eisenbergwerke während des 17. Jahrhunderts Fronarbeit eingeführt wurde (vgl. 1971, S. 284). Rutkowski meint, daß die Abgaben (*redevances*) im 18. Jahrhundert nicht so hoch waren wie im 16. (1927a, S. 89). Andererseits könnte Rutkowski auch einem durch die Maßeinheiten bedingten Irrtum unterliegen. Kula macht darauf aufmerksam, daß eine der Möglichkeiten, die bäuerlichen Abgaben zu erhöhen, darin bestand, die Maße zu vergrößern, mit denen der Weizen der Bauern gemessen wurde. In Krakau/Kraków entsprach im 16. Jahrhundert ein Scheffel (*korzec*) umgerechnet 26,26 Litern, im 18. Jahrhundert dann 43,7 Litern. In Warschau/Warszawa waren es im 16. Jahrhundert 52,5 Liter, im 19. Jahrhundert 64 (1962, S. 279).
Die polnischen Aristokraten erwiesen sich in der Handhabung kapitalistischer Mechanismen als durchaus raffiniert. Sie erkannten, daß eine solche Neufestlegung von Maßen ihnen zwar als Zinsempfänger, nicht aber als Verkäufer zugute kam. So sorgten sie dafür, daß »das im Großhandel, speziell bei Exporten, verwendete Maß, die *laszt,* relativ früh stabilisiert und vereinheitlicht wurde, während das bei Zinsleistungen verwendete Kleinhandelsmaß, der Scheffel, kontinuierlich hinaufging. Mit der Zeit war es einfach so, daß eine *laszt* immer weniger Scheffel beinhaltete.« Angemerkt sei, daß dies auch eine Möglichkeit war, angesichts fallender Preise das Profitniveau aufrechtzuerhalten.

49 Vgl. Lütge (1963, S. 123–127).

50 Vgl. Makkai (1963, S. 41). Er schreibt, daß dies vor allem auf die Weizenproduktion zutraf, da »in der Viehzucht und im Weinbau die Fronarbeit aus technischen Gründen keine so große Rolle spielen kann wie in der Weizenproduktion.« Im 17. Jahrhundert kam es jedoch zu einer *Steigerung* der ungarischen Getreideproduktion – vielleicht weil sie sich für den Einsatz von Fronarbeit eignete. Vgl. dazu Kirilly/Kiss (1968, S. 1235).

51 Małowist behauptet, daß »vor allem nach dem habsburgischen Sieg am Weißen Berg 1620 und den Verwüstungen Böhmens im Dreißigjährigen Krieg« die Frondienste verschärft wurden (1974, S. 344). Vgl. dazu auch Klíma (1957, S. 87), Kavke (1964, S. 58) sowie Wright (1966, S. 14).

52 Vgl. Stefanescu u.a. (1962, S. 56), die die Verschärfung der Frondienste auf das späte 17. Jahrhundert datieren.

53 Vgl. Nielsen (1933, S. 153) und auch Tonnesson (1971, Bd. I, S. 304 sowie Bd. II, S. 719 f.), der es für angemessen hält, »Dänemark als dem östlichen Typus entsprechend zu betrachten« (Bd. 2, S. 719). In bezug auf Norwegen, das zu jener Zeit ein Teil Dänemarks war, gibt es Probleme – die meisten norwegischen Bauern wurden im späten 17. Jahrhundert befreit; vgl. Johnsen (1939, S. 392 f.). Tonnesson führt dies darauf zurück, daß es für den dänischen König »angesichts der Schwäche des [norwegischen] Adels wichtig war, sich die Gefolgschaft der bäuerlichen Bevölkerungsmehrheit zu sichern, um so das Land gegen den schwedischen Nachbarn verteidigen zu können.« (1971, Bd. I, S. 311.) Wenn dem allerdings so war, dann hätte sich dieselbe Logik auch in den zu Polen gehörenden ukrainischen Gebieten durchsetzen müssen. Die Polen hätten bestrebt sein müssen, sich die Loyalität der ukrainischen Bauern gegen alle russischen Verführungskünste zu sichern – und wir wissen, daß dies absolut nicht der Fall war. Die unterschiedliche Vorgangsweise in der Ukraine und in Norwegen erklärt sich wahrscheinlich eher aus dem Umstand, daß es in Norwegen an landwirtschaftlichen Exportprodukten fehlte (und auch keine unmittelbare Aussicht darauf bestand).

mittleres Maß in Zeiten eines Konjunkturaufschwungs als geeigneter erwies. Ab einem bestimmten Punkt führte Fronarbeit nämlich zu Auszehrung und zu einem Absinken der Produktivität. Rusiński fragt sich: »Wann begann Fronarbeit in ökonomischer Hinsicht rückschrittliche Züge aufzuweisen? ... Aufgrund der jüngsten Untersuchungen läßt sich dieser Zeitpunkt mit äußerster Exaktheit bestimmen.« In Zentralpolen sei dies zwischen 1580 und 1620 der Fall gewesen, in Schlesien und Böhmen ein wenig später.[54] Dies führt uns geradewegs zu unserer Übergangsperiode (1600–1650) zurück. Wir können die Situation folgendermaßen zusammenfassen: Die Fronarbeit im 16. Jahrhundert stellte eine wirtschaftlich produktive Form der Arbeit dar, die in diesem Ausmaß aufgrund der günstigen Marktlage vom Bauern sowieso geleistet worden wäre. Der Grundherr eignete sich jedoch durch die Einführung der Fronarbeit einen Teil des bäuerlichen Surplus an. Als die Zeiten schwieriger wurden, beanspruchte der Grundherr ein größeres Stück der bäuerlichen Arbeitszeit. Zu diesem Zeitpunkt begann der Bauer Arbeit zu leisten, die er ansonsten vielleicht überhaupt nicht verausgabt hätte. Langfristig führte diese übermäßige Arbeitsleistung dazu, die Arbeitskraft des Bauern zu erschöpfen, und erwies sich so als kontraproduktiv. Nichtsdestoweniger war damit mittelfristig sichergestellt, daß die Einbußen, die durch die ungünstige Weltmarktsituation entstanden, zum Großteil vom Bauern und nicht vom Grundherrn getragen wurden.

Natürlich waren die Bauern über diesen Zustand nicht erfreut. »Je größer die Grundherrschaft, desto größer der Gegensatz zwischen Guts- und Bauernwirtschaft.«[55] Dies führte zur Flucht der Bauern und zu Sabotage. Wir landen damit bei einem weiteren scheinbaren Paradoxon: der gleichzeitigen Zunahme von Fron- und Lohnarbeit. Dieses Paradoxon aufzulösen ist nicht weiter schwierig, sofern wir uns daran erinnern, daß die Beziehung zwischen dem osteuropäischen Grundherrn und der ländlichen Arbeitskraft in Wirklichkeit *drei* Formen annehmen konnte: Fron, Lohn und Grundzins (*cens*). Im 14. und 15. Jahrhundert stellte in Osteuropa der Grundzins – und weder Fron noch Lohn – die gebräuchlichste Praxis dar. Im 16. Jahrhundert führte dann die Expansion der Weltwirtschaft dazu, daß anstelle von Pachtverhältnissen die Fronarbeit wieder eingeführt und ausgeweitet wurde. Tatsächlich waren die Bauern in jenen Gebieten, die den Exporthäfen am nächsten lagen (wie etwa Westpreußen, das nördliche Großpolen/Wielkopolska sowie Kujawien/Kujawy), besser imstande, sich im 16. Jahrhundert der Einführung der Fronarbeit zu widersetzen und durch die Erhaltung des Pachtsystems einen größeren Teil der auf dem Markt erzielten Gewinne selbst einzustekken.[56] Dies lag vermutlich daran, daß die geringe Entfernung zu den Häfen es relativ einfach für sie machte, ihre Produktion zu konkurrenzfähigen

54 Rusiński (1974, S. 40 f.).

55 Rusiński (1960, S. 420).

56 Vgl. Rusiński (1972, S. 112).

Kosten abzusetzen. Doch angesichts der schwierigeren Marktlage im 17. Jahrhundert konnten die verbliebenen osteuropäischen Pachtbauern dem Druck der Grundherren immer weniger entgegensetzen, und ein noch weitergehender Rückgang der Zinspacht setzte ein. An ihre Stelle traten nun *sowohl* Fron- *als auch* Lohnarbeit.[57]

Aus Sicht einer ländlichen Arbeitskraft war die Lohnarbeit einem auf Fronarbeit basierenden System nicht unbedingt vorzuziehen. Die Lohnarbeiter auf dem Eigengut waren zum Großteil entweder Dienstboten oder Tagelöhner, wobei sich letztere im Vergleich zu den frondienstpflichtigen Leibeigenen »in einem noch stärkeren Abhängigkeitsverhältnis befanden«.[58] Die Leibeigenen waren nicht nur dadurch besser abgesichert als die Tagelöhner, daß sie nicht weggeschickt werden konnten, sie verfügten auch über einen höheren sozialen Status und ein höheres Realeinkommen. Und – so merkwürdig dies auch erscheinen mag – sie hatten auch mehr Alternativen. Trotz der rechtlichen Beschränkungen, denen sie unterlagen, »konnten die Leibeigenen, deren Grundherr ihnen allzu hohe Abgaben auferlegen wollte« aufgrund der Schwäche der Staatsgewalt »ihren Grundherrn jederzeit wechseln«[59]. In diesem Konflikt zwischen Grundherrn und Bauern, bei dem es sich eigentlich um einen Klassenkonflikt zwischen Bourgeois und Proletarier handelte, war der Bauer also selbst in diesen harten Zeiten noch bis zu einem gewissen Grad in der Lage, seine Interessen zu verteidigen. Um Surplus abzuschöpfen, mußte der Grundherr/Bourgeois somit Mittel und Wege finden, die über die bloße Senkung der Reallöhne aufgrund juristischer Winkelzüge hinausgingen. Folgerichtig wandte er sich der industriellen Produktion zu, sodaß der Bauer fortan nicht nur als Untergebener, sondern auch als Konsument an ihn gebunden war.

Wenn aber doch die Bauern im 17. Jahrhundert verarmten – was konnten sie dann kaufen? Aufgrund der »grassierenden Armut, unter der bereits der Hauptteil der Bevölkerung zu leiden hatte«[60], waren Ende des 16. Jahrhunderts die städtischen Industrien am Verschwinden. Was also konnten die Grundherren erzeugen und die Bauern sich leisten? Einzelne schlichte Textilien, etwas Glas, gewisse Metallwaren und in mageren Jahren Getreide. Anscheinend zogen Handwerker aus den Städten auf die großen Gutswirtschaften, um in den dortigen Produktionsbetrieben

57 Ab Mitte des 17. Jahrhunderts, so Rutkowski, »begann die Lohnarbeit im System der grundherrschaftlichen Eigenwirtschaft neben der Fronarbeit eine wichtigere Rolle zu spielen« (1926, S. 473). Nach 1650, stimmt Kula zu, »standen aufgrund der (auch kriegsbedingt verstärkten) Mobilität der bäuerlichen Bevölkerung mehr Arbeitskräfte auf Entlohnungsbasis (*main-d'oeuvre de louage*) zur Verfügung« (1970, S. 152).

58 Rutkowski (1926, S. 503).

59 Rutkowski (1926, S. 486). Er meint, daß die »staatlichen Herrschaftsinstanzen jener Zeit nicht in der Lage waren, ein ›adscriptus glebae‹ ohne Wenn und Aber und ohne häufige Ausnahmen durchzusetzen« (S. 485). Auch Kula spricht von der »Ohnmacht des Adels angesichts des Ausmaßes bäuerlicher ›Desertionen‹« (1961, S. 145).

60 Małowist (1972, S. 215).

zu arbeiten.[61] Als am erfolgreichsten erwies sich fraglos jene Industrie, die den ständigen Gefährten der ins Elend abgleitenden Armen herstellte: Alkohol. Mit den neuen Fabriken in den englischen Städten gegen Ende des 18. Jahrhunderts assoziieren wir Gin, und an Whiskey denken wir bei der entwurzelten indigenen Bevölkerung im nordamerikanischen Westen während des 19. Jahrhunderts. Das Pendant dazu war für die pauperisierte Bauernschaft des 17. Jahrhunderts in Polen Wodka und Bier, in Ungarn Wein. Jene Einrichtung, die dabei eine zentrale Rolle spielte, wurde als *propinatio* bezeichnet, als »Einladung zum Trinken«. Tatsächlich handelte es sich dabei um das Monopol des Grundherrn auf Produktion und Verkauf von alkoholischen Getränken.[62] Im Zeitraum zwischen 1650 und 1750 wurde die *propinatio* für die Adeligen oft zur Haupteinnahmequelle.[63]

Das Ergebnis der Landkonzentration und der weitere Rückgang von Zinsgütern bedeuteten in Verbindung mit der *propinatio*, daß die osteuropäische Oberschicht diese Periode einigermaßen gut überstand – und das trotz der schlechten Weltmarktsituation für ihre landwirtschaftlichen Exportgüter und trotz der Kriegszerstörungen. Zweifellos erlebte diese Schicht keine solche Blütezeit wie die Amsterdamer Regentenschicht oder die nordfranzösischen Grundherren, aber daß die Nettoeinnahmen in der osteuropäischen Peripherie drastisch fielen, machte zuallererst den Unterschichten schwer zu schaffen.[64] Die städtischen Handwerker und die reicheren Bauern gingen zugrunde, die armen Bauern wurden noch ärmer. Während sich die sozialen Spaltungen vertieften, gab es auch einige, die gesellschaftlich aufstiegen, in der Regel Höflinge – allerdings nicht so sehr Höflinge des Königs (wie in

61 »Der geschlossene Kreislauf von Waren und Geld sicherte dem Gutsherrn aufgrund seiner monopolistischen Stellung erhebliche Gewinne. Auf seinen Gütern richtete er Werkstätten ein, um sowohl den Bedarf der Bauern als auch seinen eigenen decken zu können.« (Mączak 1972, S. 672.) Rostworowski weist darauf hin, daß es sich bei den Latifundien im Prinzip um Fürstentümer handelte, die eine merkantilistische Politik verfolgten: »Mit seinen eigenen Transportmitteln und seinen eigenen Zwischenhändlern konzentrierte ein Magnat die gesamten Ein- und Ausfuhren eines großen Agrargebiets in seinen Händen. Innerhalb dieses Gebiets gab es keinen Liberalismus, sondern vielmehr ein Zwangs- und Monopolsystem. ... Unter diesen Bedingungen konnten schließlich auf den Latifundien Manufakturen gegründet werden.« (1968, S. 307.) Die Kontrolle über die Bleibergwerke, berichtet Molenda, ging im 17. Jahrhundert von Krakauer Kaufleuten an Magnaten über, die aufgrund ihrer Steuerprivilegien die Schmelzhütten zu niedrigeren Kosten betreiben konnten (vgl. 1976, S. 169). Könnte es auch daran gelegen haben, daß sie einen direkteren Zugang zu Fronarbeit hatten?

62 Bezüglich Polen vgl. Szczygielski (1967, S. 97) und Kula (1970, S. 102 f.); für Ungarn siehe Pach (1962, S. 262 f.) sowie Makkai (1963, S. 41).

63 Zytkowicz (1972, S. 149); vgl. dazu auch Slicher van Bath (1977, S. 116). Leskiewicz zeigt, daß auf den königlichen Domänen in Polen mit alkoholischen Getränken im Jahr 1661 0,4% der Gesamteinnahmen erzielt wurden, ein Wert, der bis zum Jahr 1764 auf 37,5% stieg, während der Anteil der Agrarprodukte von 59,6% auf 38,2% fiel (1960, S. 414, Tabelle III).

64 Rostworowski meint in bezug auf die Situation um die Mitte des 18. Jahrhunderts, daß »die polnischen Magnaten gleich nach den englischen Adeligen als die reichsten Privatleute Europas galten« (1968, S. 291). Teilweise lag dies an den einträglichen Pfründen, die zur Zeit der sächsisch-polnischen Union vom Hof vergeben wurden, und vielleicht traf es nicht im selben Maße auf das 17. Jahrhundert zu. Dennoch ist es unwahrscheinlich, daß sie plötzlich aus dem Nichts heraus zu Reichtum gelangten.

Frankreich), sondern der zahlreichen grundbesitzenden Potentaten.[65] Dieses Phänomen wird als *Refeudalisierung* bezeichnet – zu Unrecht, wie Makkai ganz richtig betont und stattdessen den Terminus »Aufblähung des Adels« vorschlägt.[66]

Im vorangegangenen Kapitel haben wir den gesellschaftlichen Kompromiß skizziert, wie er in England und Frankreich zwischen den neuen Kapitalisten und den alten Aristokraten geschlossen wurde – zwei Gruppen, zwischen denen es zu weitaus größeren Überschneidungen kam, als es heutiger wie damaliger Auffassung entspricht. Da die zwei Gruppen jedoch keineswegs völlig deckungsgleich waren, kam es in der Expansionsphase der Weltwirtschaft zu beträchtlichen Friktionen. Der Konflikt verschärfte sich in der Übergangsperiode, in jener letzten Phase des allgemeinen Preisauftriebs, die mit der Abflachung der globalen wirtschaftlichen Expansion Hand in Hand ging. Aber in der Periode von 1650 bis 1750 waren die beiden Schichten angesichts der Zeitumstände (Konjunkturabschwung und Merkantilismus) gezwungen, sich zu einigen. Bis zum Ende des 17. Jahrhunderts hatte dies die Form neuer (im weitesten Sinn) Verfassungsvereinbarungen angenommen. Ereignete sich in Osteuropa Vergleichbares? Im Zentrum waren zwei Faktoren wirksam, die in der Peripherie fehlten: Erstens blieben innerhalb des Zentrums die Aussichten auf kapitalistische Profite vergleichsweise besser, was den Wermutstropfen gegenseitiger Zugeständnisse doch versüßt haben muß; irgendwie zahlte es sich aus. Zweitens profitierten die Oberschichten im Zentrum wenn nicht individuell, so doch gesamt gesehen von der Stärkung des Staatsapparates, der wiederum bei internen Auseinandersetzungen dieser Oberschichten als institutionelle Bremse fungieren konnte.

In der Peripherie gab es weder wirtschaftliche Kompensationen noch einen starken Staatsapparat. In Polen wurde die Monarchie immer schwächer. Ungarn war in drei Teile geteilt, von denen zunächst zwei, schließlich alle drei ausländischen Herrschern unterstanden. Die Länder der böhmischen Krone waren ebenfalls einer fremden Macht unterworfen. Mit Ausnahme

65 Małowist spricht von jungen Adeligen, die an den Höfen des weltlichen und geistlichen Adels lebten, seit der ersten Hälfte des 17. Jahrhunderts als »Verwalter der verschiedenen Besitzungen der Aristokratie« fungierten und »speziell in den von den großen Grundherren aufgestellten Privatarmeen« dienten (1976, S. 15). Mączak meint, Trevor-Ropers »Bemerkungen über die verschwenderischen Ausgaben der Königshöfe ließen sich auch auf die Höfe der polnischen Magnaten übertragen« (1975, S. 33, Anm. 16). Damit läßt sich zweifellos Rutkowskis Beobachtung erklären, wonach die Zahl der Adeligen, die in den wichtigsten Städten des Königreichs lebten, im 17. und 18. Jahrhundert »erheblich zunahm« (1927b, S. 153).

66 Makkai (1974, S. 198). Ähnlich meint auch Mączak, daß dies *keine* »Weiterführung mittelalterlicher Formen« darstellte. »Alte und neue Mitglieder der grundbesitzenden Oberschicht ... benötigten jetzt mehr *adelige* Gefolgsmänner als jemals zuvor« (1975, S. 10). Kowecki (1972, S. 6) weist darauf hin, daß im Vergleich zu Frankreich der polnische und ungarische Adel (wie auch der spanische) sehr umfangreich waren. Er nennt folgende Zahlen: 8–10% in Polen (16% der Polen im Sinn ethnischer Zugehörigkeit), 5% in Ungarn (ein größerer Anteil als das Bürgertum) und 0,7% in Frankreich (1,0%, wenn man den Klerus dazurechnet).

von Brandenburg-Preußen – ein Sonderfall, mit dem wir uns später auseinandersetzen werden – war das 17. Jahrhundert tatsächlich vom voranschreitenden Zusammenbruch der einheimischen Landesobrigkeit geprägt. Der polnische Staat, in dem als einzigem ein einheimischer Herrscher über das gesamte »nationale« (= vom polnischen Adel kontrollierte) Territorium gebot, wurde als Rzeczpospolita (abgeleitet vom lateinischen *res publica*), gewöhnlich auch als Adelsrepublik bezeichnet. Ausländische Staaten mischten sich jedoch regelmäßig in die Wahl des Königs ein, der dann auch häufig kein gebürtiger Pole war. In Ungarn gab es im 17. Jahrhundert drei Führer (Gábor Bethlen, Péter Zrínyi sowie Ferenc Rákóczi II.), die allesamt bestrebt waren, »einen ungarischen Staat zu errichten, der die Last der veränderten Verhältnisse in Europa zu tragen vermochte«[67]. Sie versuchten, ein starkes Heer aufzustellen und, als Voraussetzung dafür, Steuern einzuheben.[68] Und sie scheiterten am gemeinsamen Widerstand des ungarischen Adels und der habsburgischen Herrscher, die nach dem Mißerfolg des ungarischen Unabhängigkeitskriegs 1711 zu einem dauerhaften Übereinkommen gelangten, das beiden Seiten entgegenkam. »In Ungarn wurde dem Adel für weitere hundert Jahre Steuerfreiheit eingeräumt, der Kupferhandel gelangte in die Hände der Niederländer, während die Gewinne aus dem Zwischenhandel vom habsburgischen Staat in die Modernisierung der österreichischen Bergwerke investiert wurden.«[69]

In den Staaten des Zentrums konnten sich die neueren, aufstrebenden Schichten, egal ob Gentry oder *noblesse de robe*, darauf verlassen, daß der Staatsapparat in der Lage war, den alten Adel mit seinen Ansprüchen in Schach zu halten, speziell all jene, die sich auf dem Markt nicht behaupten konnten. In Osteuropa bestand diese Möglichkeit jedoch fast nicht. Dort versuchten diese Schichten, an die Stelle des starken Staates die »Adelsrepublik« zu setzen, d.h. die mit Hilfe rechtlicher und moralischer Druckmittel oktroyierte Gleichheit innerhalb der oberen 5–10% der Bevölkerung. Dies, obwohl *innerhalb* dieser Gruppe Auseinandersetzungen und Ungleichheit sozialer und wirtschaftlicher Natur in Wirklichkeit recht ausgeprägt waren[70] und durch die ökonomischen Schwierigkeiten jener Zeit noch verstärkt

---

67 Várkonyi (1970, S. 279).

68 Várkonyi zitiert in diesem Zusammenhang Zrínyi: »Neque quies gentium sine armis, neque arma sine stipendiis, neque stipendia sine tributis haberi queunt.« (1970, S. 281)

69 Eigentlich hatten sich die Niederländer und andere schon ein ganzes Jahrhundert lang, seit der Vertreibung der süddeutschen Kapitalisten, um dieses Geschäft bemüht. Várkonyi beschreibt die Rolle jener frühen westlichen »Touristen«, die auf ihren Reisen im 17. Jahrhundert »als Kundschafter des westlichen Kapitalismus« das Terrain sondierten (1970, S. 275).

70 Rutkowski beschreibt die Unterschiede zwischen dem hohen Adel – den Gutsherren (*panowie*) oder Magnaten (*magnaci*) –, dem mittleren Adel (*szlachta czastkowa*) und dem niederen Adel (*drobna szlachta*). Dessen Angehörige verfügten über keine Leibeigenen und bestellten ihre Ländereien selbst. Eigentlich waren es Bauern, und auch ihr Einkommen entsprach ungefähr jenem wohlhabender Bauern. Es gab sogar innerhalb des niederen Adels eine kleine Untergruppe, den sogenannten Zinsadel (*szlachta czynszowa*), der selbst kein Land besaß und es daher von den Gutsherren pachtete (1926, S. 498 f.).

wurden.[71] Die Bemühungen des mittleren Adels in Polen, Übergriffe der Magnaten gerichtlich ahnden zu lassen oder ein gesetzliches Abstellen der Mißstände zu erreichen, waren trotz allem vergebens. Die Magnaten bestachen die Gerichte und lösten den Sejm und die Provinzialversammlungen auf, sobald sie die Kontrolle über sie verloren.[72] In Ungarn riskierte der niedere Adel einen Krieg – und unterlag.

In Polen erhielt der Sarmaten-Mythos (ursprünglich als Nachweis dafür gedacht, daß die ethnisch heterogene Bevölkerung der polnisch-litauischen Union auf gemeinsame proto-slawische Vorfahren zurückging, die Sarmaten nämlich) eine neue Fassung: Nunmehr sollte er die Herkunft einer adeligen Erobererkaste erhellen, aus der die herrschende Klasse hervorgegangen war.[73] Auf diese Art »wurde die Schlachta – und nur sie – mit der polnischen Nation gleichgesetzt und andere gesellschaftliche Gruppen, die angeblich anderer Abstammung waren, aus der nationalen Gemeinschaft ausgeschlossen.«[74] Die Angehörigen der Schlachta, xenophobe Verteidiger des christlichen Glaubens, propagierten diese Auffassung mit großem Fanatismus und in extremen Ausprägungen[75]. Dabei machten sie sich zweifellos des »Grö-

---

71 Várkonyi (1970, S. 299). Diese Art von Fremdeinfluß, die wir heute als Imperialismus bezeichnen, stellte keine Einzelerscheinung dar. Mączak beschreibt einen derartigen Fall in Polen: Das Zentrum des polnischen Exporthandels war natürlich Danzig/Gdańsk, das einen weitgehend autonomen Status genoß. Gegenüber dem König »verhielt sich die Danziger Stadtregierung nicht anders als ein Magnat« (1976b, S. 12). Władisław IV., der nach dem Krieg gegen Schweden (1626–1629) unter »größtem Beifall« (Tazbir 1968a, S. 235) den Thron bestieg, war bestrebt, die Macht des Königs zu stärken. Mączak beschreibt, was dann passierte: »Unmittelbar nachdem Schweden und Polen 1635 den Friedensvertrag von Stuhmsdorf unterzeichnet hatten, versuchte der polnische König recht erfolgreich, sich einen Anteil an den [Danziger] Zolleinkünften zu sichern. Dänische Kriegsschiffe hinderten den König daran, weiterhin den starken Mann zu spielen, und die Zollhoheit der Stadt Danzig blieb unangetastet.« (1976b, S. 14)

72 Der traditionelle Unterschied zwischen Magnaten und Schlachtschitzen, der zwar stets existiert hatte, aber in den Tagen landwirtschaftlicher Prosperität und gesellschaftlicher Gleichheit in Vergessenheit geraten war, lebte im 17. Jahrhundert wieder auf. Die Herausbildung riesiger Güter in Litauen und in der Ukraine führte damals nicht nur zu einer übermäßigen Stärkung der Position dieser ›Latifundien‹-Besitzer, sondern ließ auch eine breite Schicht von Junkern entstehen, die bereit war, den Magnaten zu dienen, und ihnen dabei halfen, die alten, auf Gleichheit basierenden Institutionen zu zerstören.« (Boswell 1967, S. 159.) Die zahlenmäßige Aufblähung des Adels, die mit dem bereits erwähnten Phänomen des Klientelwesens zusammenhing, vervielfachte also die Zahl jener kleinen Adeligen, die von Magnaten abhängig waren und damit die Ansprüche des mittleren Adels und des alten niederen Adels auf Gleichheit mit den Magnaten in Frage stellten.
Eine ähnliche Konstellation wird für Ungarn berichtet. Zur Zeit des Friedens von Szátmar (1711) standen den ca. 200–300 Magnaten etwa 25.000 Angehörige des niederen Adels gegenüber; beide Gruppen verfügten in der Ständeversammlung über eine eigene Kammer. »Es war die Glanzzeit der Magnaten. Noch nie zuvor waren ihre Aussichten derart gut gewesen, und zwar weniger (nach dem Ende der Neuverteilung) in bezug darauf, Vermögen zu erwerben, sondern darauf, es zu behalten. ... Ein großer Teil [der in Magnatenbesitz befindlichen Latifundien] lag in Gebieten, die man von den Türken zurückerobert hatte und in denen man auf keine bestehenden Nutzungsrechte Rücksicht nehmen mußte. Ihre Eigentümer konnten sie als Dominikalland behandeln, frei von jeglicher Verpflichtung gegenüber dem Staat. Ihre Produktionskosten lagen daher extrem niedrig, niedrig genug, um ihnen Investitionen zu gestatten, die manchmal des Zehnfache des Investitionskapitals einspielten.« (Macartney 1967, S. 129)

73 Tazbir (1968b, S. 259).

74 Tazbir (1968b, S. 264). Die litauischen und ukrainischen Magnaten standen vor der Notwendigkeit, sich in bezug auf Sprache und Religion zu »polonisieren«; vgl. dazu Kersten (1977, S. 125 f.).

75 Im 17. Jahrhundert stellte Wojciech Debolecki die Behauptung auf, daß »die Polen die direkten

ßenwahn[s]«[76] und der »Mythomanie«[77] schuldig. Aber wenn keine Aussicht auf eine *Glorious Revolution* bestand, mußte man sich eben mit dem Sarmatismus behelfen, selbst wenn dies »kulturelle Stagnation und eine Verkümmerung schöpferischer intellektueller Betätigung«[78] bedeutete.

Der weltweite Konjunkturabschwung führte in den Staaten des Zentrums dazu, den Weg des Nationalismus (Merkantilismus) und des Verfassungskompromisses innerhalb der Oberschicht einzuschlagen, wodurch das Aufstandspotential der Unterschichten reduziert wurde. Im Gegensatz dazu bedeutete die Schwäche der osteuropäischen Staaten, daß sie weder die Vorteile einer merkantilistischen Taktik ins Auge fassen noch einen Kompromiß innerhalb der Oberschicht *absichern* konnten. Dies führte dazu, daß sich in der Peripherie der Klassenkampf verschärfte[79], daß Regionalismus zunahm, Nationalbewußtsein hingegen abnahm[80], daß man sich auf die Suche

---

Nachfahren Adams und Evas [waren], und daher hielt er sie für das älteste Volk, dazu bestimmt, über die Welt zu herrschen.« (Tazbir 1966, S. 20)

76 Tazbir (1968b, S. 265).

77 P. Anderson (1974a, S. 292).

78 Rostworowski (1968, S. 302). Nach den enormen materiellen und kulturellen Zerstörungen im Zuge der Eroberung durch die Schweden 1658 wurde Warschau/Warszawa als »sarmatische« Stadt wiederaufgebaut und »orientalisiert«, sein Bürgertum zugrunde gerichtet (vgl. Tomkiewicz 1967). Rostworowski äußert sich über Warschau sehr sarkastisch: »Für das kulturelle Leben erwies sich der Niedergang der Hauptstadt als besonders verhängnisvoll. Das Warschau zur Zeit der Sachsenkönige vermochte Kunst und Kultur nicht zu fördern, ja es war nicht einmal ein Mittelpunkt des gesellschaftlichen Lebens. ... Polen wurde zu einer einzigen, großen Provinz, und das kulturelle Leben trieb in seiner Beschränktheit träge dahin.« (1968, S. 302)
Als August III. 1733 im Rahmen der sächsisch-polnischen Union seine Residenz nach Dresden verlegte, blieb nichts mehr übrig. »Bis dahin hatte der Monarch trotz aller Beschränkungen seiner Macht den Grundpfeiler der politischen Struktur gebildet, und der Königshof war eine wichtige Institution innerhalb des kulturellen Lebens gewesen. Nachdem die ehrgeizigen Pläne Augusts II. gescheitert waren, wurde Polen aufgrund der polnisch-sächsischen Union dieses Element entzogen.« (Rostworowski 1968, S. 275)

79 »Eine der wichtigsten Konsequenzen der Finanzprobleme [im Polen des 17. Jahrhunderts] bestand ... im Wiederaufleben von Klassenhaß und Klassengegensatz zwischen verschiedenen Gruppen, was sich zu einem gnadenlosen Kampf zwischen verschiedenen Sektoren des Gemeinwesens entwickelte.« (Bogucka 1975, S. 152.) Vgl. auch Slicher van Bath: »In ganz Mittel- und Osteuropa kam es in jener Zeit zu einer Häufung von Bauernkriegen und revolten.« (1977, S.122)

80 Vgl. Tazbir: »Die Auffassung von der Nation als einer ethnischen Einheit wurde im 17. Jahrhundert durch das auf dem Sarmaten-Mythos basierende, ultrasubjektive Konzept der Adelsnation (*nation nobiliaire*) in den Hintergrund gedrängt. ... In den westlichen Gebieten (vor allem in Schlesien) äußerte sich die Gegenreformation nicht nur im beinahe ausschließlichen Gebrauch des Lateinischen, sondern auch in einer fortschreitenden und von der Kirche geförderten Germanisierung. ... Daß sich das Konzept einer sarmatischen Nation durchsetzte, begünstigte in den verschiedenen polnischen Landesteilen die Renaissance eines jeweils spezifischen Regionalismus. So kam es etwa in Masowien im 17. Jahrhundert zur Wiederentdeckung der eigenen Besonderheit.« (1966, S. 14 f. u. 20)
Rostworowski meint jedoch: »Trotz der Parese (oder gar der Atrophie) ihrer Zentralregierung entwickelte sich innerhalb der *Rzeczpospolita* selbst kein regionaler Partikularismus. Innerhalb der bäuerlichen Massen und der Bürger überwogen in diesem multinationalen Staat noch immer tiefe Scheidelinien, aber die ›Schlachta-Nation‹ wurde in ihrer Ideologie immer homogener. Die Polonisierung des ukrainischen Adels wurde abgeschlossen (seit 1697 wurde die ukrainische Sprache in Gerichtsakten nicht mehr verwendet). Die polnischen, litauischen und ukrainischen Schlachtschitzen, durch Tausende familiäre Beziehungen miteinander verbunden, verschmolzen zu einer einzigen großen Familie von Adelsbrüdern« (1968, S. 297). Es stellt sich jedoch die Frage, inwieweit die *Magnaten* diese Polentums-Ideologie als Gegenpol zum regionalen Partikularismus unterstützten.

nach Sündenböcken im Inneren machte[81] und daß die Bauernschaft heftigen Widerstand leistete[82].

Das gleiche galt mutatis mutandis für die alten peripheren Regionen in Südeuropa sowie für Amerika. Ein kurzer Überblick über den christlichen Mittelmeerraum zeigt, daß auch dort die gleichen Muster dominierten – in einem 17. Jahrhundert, das von »Stagnation im Geschäftsleben«[83] geprägt war. Bei Grundstoffen kam es zu einem Fallen der Preise. In Spanien gingen die Weizenpreise nach 1585 zurück und verharrten auch während des gesamten 17. Jahrhunderts auf niedrigem Niveau. Mit den Preisen für Wein, Reis und Öl verhielt es sich nicht anders.[84] In Sizilien nahmen die Seidenexporte ab, nach 1640 auch die Ausfuhr von Weizen und Wein. Aymard merkt jedoch an, daß der Exportrückgang dadurch wettgemacht wurde, daß die Bevölkerung weiterhin zunahm und damit auch der Binnenkonsum.[85] Das könnte allerdings bedeuten, daß die Pro-Kopf-Produktion von Getreide fiel – ein Phänomen, dem wir bereits in Osteuropa begegnet sind.

---

81 Die Masseneinwanderung von Juden nach Osteuropa erfolgte unter den Bedingungen des Wirtschaftsaufschwungs im 16. Jahrhundert. Seit im 17. Jahrhundert die Rezession einsetzte, stellten sie wie so oft ihre Verdienste als willkommene Sündenböcke unter Beweis. Vgl. Weinryb: »Eine große Zahl dieser Juden hatte sich ... während des 16. und 17. Jahrhunderts in der [polnischen] Ukraine niedergelassen. ... Eine beträchtliche Zahl dieser Juden ... erfüllte als Pächter von Dörfern oder ganzen Städten, als Pächter von Gasthöfen und als Einnehmer auf Adelsgütern und königlichen Domänen eine ökonomische Funktion. Das Pachten war mit der Ausübung einer gewissen Macht (einschließlich Rechtsprechung) über verschiedene Teile der Bevölkerung verbunden. Mit diesen Tätigkeiten und dieser Macht fiel ihnen sozusagen die Rolle der polnischen Gutsherren zu, sodaß sie gegenüber den (wie sie der Chronist Hanover bezeichnete) ›niedrigen‹ Ukrainern oft zu faktischen Oberherren wurden. Auf diese Art wurden Juden mit dem polnischen Adel identifiziert.« (1973, S. 185.) Weinryb berichtet, wie polnische Adelige die Juden nach den Verlusten in den Kriegen mit Schweden zu Sündenböcken machten und ihren Besitz, vor allem in Krakau/Kraków, konfiszierten (1973, S. 190 f.).
P. Anderson weist auf die ethnische Gliederung in großen Teilen Ost- und Südostpolens hin: Dem polnischen (oder assimilierten litauischen) Adel standen nicht-polnische Leibeigene gegenüber, die der orthodoxen Kirche angehörten und weißrussisch oder ukrainisch sprachen (und dazwischen befanden sich Juden, wie wir gerade bei Weinryb gesehen haben). Anderson erinnert daran, daß es sich dabei um eine klassische »koloniale« Konstellation handelt (1974a, S. 285). Und man sollte noch hinzufügen, daß koloniale Konstellationen in Krisenzeiten dazu angetan sind, Konflikte zwischen ethnischen Gruppen entstehen zu lassen.

82 Tazbir schildert, wie die Bauern darauf reagierten, daß die Zahl der Tage, an denen sie Frondienste leisten mußten, erhöht wurden: »Die Bauern antworteten mit Massenflucht, Arbeitsverweigerung und in einigen Landesteilen sogar mit bewaffnetem Widerstand. Neben dem Bauernaufstand von 1651 seien die Erhebungen auf den Krongütern im südwestlichen Teil der Woiwodschaft Krakau/Kraków (1669–1672), in Podolien, in Kurpie (an der Grenze zum Herzogtum Preußen) sowie auf dem Gut Suraz in Podlesien erwähnt.« (1968b, S. 258 f.) Außerdem blieb in der Ukraine die »Kosakenfrage« auf der Tagesordnung; vgl. Tazbir (1968a, S. 237–241).
Die ungarische *gentry-bourgeoisie* zog in ihrer Verzweiflung die Bauern in den Kampf gegen eine ausländische Macht mit herein. Rákóczi versuchte in seinem Kampf gegen den Hochadel und die Habsburger seine Schlagkraft dadurch zu stärken, daß er die Leibeigenen befreite und bewaffnete (Várkonyi 1970, S. 292). Man kann sich gut vorstellen, daß die Bauern ihre Waffen nicht gleich wieder aus der Hand gaben.

83 Braudel (1956, S. 196).

84 Bezüglich Valencia siehe Castillo (1969, S. 251 f.), bezüglich Andalusien und Kastilien siehe Ponsot (1969, S. 105). Wittman vergleicht den Niedergang der spanischen Landwirtschaft mit jenem der ungarischen (1965).

85 Aymard (1971b, S. 440).

Welche Erklärung gibt es dafür? Cancilo spricht von »intensiven Kolonisierungsanstrengungen« in Sizilien zwischen 1573 und 1653.[86] In Spanien äußerte laut DaSilva 1609/10 ein Schriftsteller seine Besorgnis darüber, daß sich die Schäden vervielfachten, daß der Dreijahresrhythmus beim Fruchtwechsel nicht mehr beachtet wurde und daß daher die Produzenten »die Felder erschöpften«[87]. Diese Situation, schreibt DaSilva, führte in den Jahren zwischen 1570 und 1630 dazu, daß man nach neuen Ländereien Ausschau hielt, die dann in ähnlicher Form ausgebeutet wurden. Diese »Aridifikation« des Bodens traf besonders die Kleinproduzenten[88] und führte zu einer weiteren Konzentration des Grundbesitzes. Während aufgrund dieser Erschöpfung des Bodens schließlich keine Exporte mehr möglich waren, hatte die Landkonzentration eine weitere *Monetarisierung* der Produktionsverhältnisse zur Folge, da »die Bauern (*contadini*) und Dorfbewohner nicht in der Lage [waren], durch die Bestellung des eigenen Bodens ihren Unterhalt zu sichern, und sich so der Binnenmarkt vergrößerte.«[89] Genau diese Ausweitung der *regionalen* Märkte angesichts eines schrumpfenden Welthandels haben wir auch in Osteuropa festgestellt. Die demographische Entwicklung folgte der ökonomischen auf dem Fuße. In Spanien nahm die Bevölkerung ab, was auf Pestepidemien in den letzten Jahren des 16. Jahrhunderts sowie die Vertreibung der Morisken zurückzuführen war; die Einwohnerzahl Valencias sank zwischen 1609 und 1638 um 35%. Aber bei dieser »gewaltigen demographischen Krise« handelte es sich weniger um die Vorgeschichte der Stagnationsperiode als vielmehr um deren Folge.[90]

Was Süditalien betrifft, so erlebte Neapel einen Bevölkerungsrückgang, Sizilien jedoch laut Aymard lediglich eine »Verlangsamung« des Bevölkerungszuwachses. Er fügt aber hinzu, daß sich hinter den Zahlen für Sizilien eine »eindeutige regionale Auseinanderentwicklung« verbirgt. Die Insel zerfiel in zwei Teile, wobei der Norden, der Nordosten und das Landesinnere stagnierten und ihren Nahrungsmittelbedarf nicht mehr selbst decken konnten.[91] Die Frage ist, ob es zusätzlich nicht auch einen versteckten Bevölkerungsrückgang gab. Im 17. Jahrhundert, berichtet Verlinden, kam die Sklaverei in Süditalien und Sizilien seltener vor als im 15. und 16. Jahrhundert, zur Zeit ihres Höchststandes. Dies deshalb, weil der Handel mit afrikanischen Sklaven (die früher von den Portugiesen in den Mittelmeerraum eingeführt worden waren) nach Amerika umgelenkt wurde und die Zufuhr

---

86 Cancilo (1969, S. 25).

87 DaSilva (1964b, S. 244).

88 Ebda., S. 248.

89 Ebda., S. 250.

90 Castillo (1969, S. 242, 247 u. 273). Im Bevölkerungsrückgang fanden auch jene Repressionsmaßnahmen ihren Niederschlag, die den Einwanderungsstrom aus Südfrankreich zum Versiegen brachten – vgl. Nadal/Giralt (1960, S. 83 f. u. 198).

91 Aymard (1968, S. 222; vgl. auch 1971b, S. 427). Bezüglich Neapel siehe Petraccone (1974, S. 40 f. u. 51).

von türkischen und anderen moslemischen Sklaven viel geringer war.[92] Bedeutet dies nicht einen Rückgang der Gesamtbevölkerung, der von den anderen Statistiken möglicherweise nicht erfaßt wird? Daß die Wirtschaft »zweifellos schrumpfte«, soll dafür verantwortlich gewesen sein, daß die *lokale* Produktion im Königreich Neapel von Aquila bis Salerno einen *Aufstieg* erlebte.[93] Das traf jedoch nicht nur auf Neapel, sondern auf ganz Italien sowie das Languedoc zu. Könnte sich darin nicht vielleicht »ein Unbehagen ausdrücken«, fragt Braudel, »eine diffuse Reaktion auf die Unzulänglichkeiten im Handelsverkehr«[94]? Die wirklichen Verlierer in dieser Phase wirtschaftlicher Regression waren die kleinen landwirtschaftlichen Erzeuger, der Druck auf sie führte schließlich zu heftigen Klassenkämpfen. Über den Bauernaufstand in Neapel 1647/48 schreibt Emilio Sereni, es habe sich dabei um »die Antwort der Landbevölkerung auf feudale Unterdrückung und feudale Übergriffe [gehandelt], die nun durch die geschäftlich motivierte Gier der neuen Barone noch verschärft wurden. ... Statt von ›Refeudalisierung‹ könnte man eigentlich eher von einer Kommerzialisierung des Lehens sprechen.«[95] Konjunkturrückgang, zunehmende Belastung von Boden und Arbeitskraft, Besitzkonzentration, fortschreitende Kommerzialisierung von Boden und Arbeit – all das spielte in Südeuropa ebenso zusammen wie in Osteuropa.

Wenden wir uns nun Spanisch-Amerika zu, wo die »Depression des 17. Jahrhunderts« lange Zeit Gegenstand einer wichtigen Auseinandersetzung war, und beginnen wir mit dem Aufstieg der Hacienda, die in dieser peripheren Zone der Weltwirtschaft die zentrale Institution im Bereich der Landwirtschaft darstellte. Wie soll man die Hacienda definieren, als was soll man sie begreifen? Wann entstand sie? Wir sind bereits im Zusammenhang mit dem 16. Jahrhundert einer wissenschaftlichen Debatte darüber begegnet, ob Bodenbesitzstrukturen als »feudal«[96] oder als »kapitalistisch« zu betrach-

---

92 Verlinden (1963, S. 37). Für Südspanien berichtet Larquié von einem ähnlichen Rückgang der Sklaverei in der zweiten Hälfte des 17. Jahrhunderts und von ihrem Verschwinden im 18. Jahrhundert. Er führt dies auf die schlechte Konjunkturlage zurück. »Schließlich kommt es zu einer Desorganisation der Handelsverbindungen, und die wirtschaftlichen Schwierigkeiten Spaniens ziehen die kaufkräftigen Gesellschaftsschichten in Mitleidenschaft. Nach und nach schrauben diese ihr Verlangen nach Luxus herunter« (1970, S. 55). Obwohl er in Sklaven einen Luxusartikel sieht, merkt er an, daß viele von ihnen »Kronsklaven« waren, die bei der Instandhaltung der Häfen, in den Bergwerken von Almadén und auf Galeeren eingesetzt wurden (vgl. S. 67). Dabei handelte es sich wohl kaum um eine Luxusverwendung. Ist es nicht vielmehr so, daß in Kontraktionsperioden in einer alten Peripherie die Sklaverei im Vergleich zur Fronarbeit eine *teure* Arbeitsform darstellt? (Diese Frage wird später noch im Zusammenhang mit der Sklaverei in der Karibik zu diskutieren sein.)

93 Aymard (1971a, S. 11).

94 Braudel (1956, S.194).

95 Sereni (1961, S. 195). Auf jeden Fall gab es zu jener Zeit in Süditalien keinen *adscriptus glebae*. »Refeudalisierung« bedeutete (wie in Osteuropa) den Verfall des (spanischen) Staates, bezogen auf die Macht der lokalen adeligen Grundbesitzer. Vgl. Villari (1962, S. 260; dazu 1963 und 1965); vgl. auch Vivanti 1974, S. 422).

96 Daß eine »feudale« Bodenbesitzverfassung nicht nur nur in Spanisch-Amerika, sondern auch in Brasilien, Französisch-Kanada und Niederländisch-Westindien eingeführt wurde, erklärt Charles Verlin-

ten seien. Man kann sich Frédéric Mauros Argumentation durchaus anschließen, der für Spanisch-Amerika im 16. und 18. Jahrhundert eine zumindest »wachsende Bedeutung der Spekulanten, Kaufleute, Bergwerksbesitzer, des städtischen Bürgertums und ... selbst der königlichen Beamten« konstatiert, während das 17. und 19. Jahrhundert den Triumph der »patriarchalischen Gesellschaft« bedeuteten.[97] In dieser Sichtweise erscheinen Kapitalismus und Feudalismus als konkurrierende Tendenzen, die an sehr lange A- und B-Zyklen der Weltwirtschaft gekoppelt sind. Somit erweist sich das 17. und nicht das 16. Jahrhundert als Kernpunkt der Debatte. Das Grundthema von François Chevaliers Arbeit ist der Triumph der autarken, »nichtkapitalistischen« Hacienda – ein Triumph, der angeblich auf die rückläufige Entwicklung der Weltwirtschaft zurückzuführen war:

> In den ersten Jahrzehnten des 17. Jahrhunderts brach der Silber-Boom in sich zusammen und begrub die ersten Regungen eines gerade im Entstehen begriffenen Kapitalismus unter sich. Grund und Boden wurde zur einzigen Einnahmequelle. ... Die größten Güter konnten sich selbst versorgen. Die große Zuckerraffinerie, die Plantage, die Getreide-Estancia und die Schmelzhütte mit ihren landwirtschaftlichen Nebenanlagen, sie alle konnten beinahe den gesamten Eigenbedarf selbst decken. ... Oft ist man veranlaßt, ans Mittelalter zu denken. ... Tatsächlich stellten [die Besitzer der Haciendas] eine Aristokratie dar, und einigen gelang es, einen Adelstitel zu erwerben. Der Staat der *marquéses* del Valle ist ein fernes Echo der Grafschaft Burgund.[98]

---

den mit den »fehlenden Mitteln der zentralen Metropole«, die »das Anfangsrisiko nicht übernehmen wollte« (1971, S. 347). Diese Situation veränderte sich aus seiner Sicht erst im Zuge europäischer Besiedlung. Daher habe trotz der »theoretischen« Abschaffung des Feudalismus in Spanisch-Amerika »das System der Grundherrschaft so lange fortbestanden, wie die Besiedlungsdichte nicht ausreichte, um eine zur Umgestaltung der gesamten öffentlichen Verwaltung ausreichende Steigerung der Staatseinnahmen zu ermöglichen.« (S. 348)

97 Mauro (1974, S. 249). Er führt dabei näher aus, daß »der einzige Einfluß, den eine langfristige Konjunkturlage auf eine geschlossene Ökonomie [wie Spanisch-Amerika] haben kann«, darin bestehe, »sie noch weiter abzuschließen ... oder zu öffnen« (S. 245). Da dieser »*einzige* Einfluß« in Wirklichkeit alles umfaßt, stellt sich doch die Frage, warum Mauro dieses Wort benutzt. Erwähnenswert ist eine weitere Unterscheidung, die er in bezug auf das 17. Jahrhundert trifft: Wenn – aufgrund des Stellenwerts der Zuckerproduktion – »wir [für Brasilien] im großen und ganzen die ›Kapitalismus‹-These unterstützen, neigen wir im Fall Spanisch-Amerika ganz offen der ›Feudalismus‹-These zu.« (S. 245.) Er zieht diese Unterscheidung auch zur Erklärung politischer Unterschiede im späten 18. Jahrhundert heran und meint in diesem Zusammenhang, daß vom »feudalistischen« Spanisch-Amerika (analog zu Frankreich) eine gewaltsamere politische Umwälzung zu erwarten war als vom »kapitalistischen« Brasilien (das England ähnelte). (Vgl. S. 251) Auch auf die Bodenbesitzverfassung wandte Mauro diese Unterscheidung an: »Bei der brasilianischen *sesmaria* handelte es sich nicht um eine bäuerliche Besitzform. Einem kapitalistischen Unternehmer wurde dabei [vom *donatário*] mit dem Ziel einer exportorientierten Landwirtschaft eine Konzession erteilt. ... Es bestand nicht die Absicht, eine geschlossene Ökonomie in der Art der karolingischen Grundherrschaft oder *auch nur* der mexikanischen Hacienda des 17. Jahrhunderts zu errichten.« (1971, S. 388.) Dieses *auch nur*, das im Original nicht kursiv gesetzt ist, deutet darauf hin, daß Mauro dennoch *einen gewissen* Unterschied zwischen der karolingischen Grundherrschaft und der mexikanischen Hacienda sieht.

98 Chevalier (1970, S. 309 ff.). Man beachte, daß sich Chevaliers beinahe lyrische Prosa auf die *größten* Güter bezieht. Was ist dann mit den weniger großen? Wie kamen sie zu Nahrungsmitteln? Ignoriert wird auch der Umstand, daß die Hacienda zwar autark gewesen sein mag, aber doch auch einen Überschuß produzierte, der dann irgendwo verkauft werden mußte. Was geschah aber dann mit den so erzielten Gewinnen?

Eine alternative Sichtweise auf die mexikanische Hacienda des 17. Jahrhunderts wird mit großem Nachdruck von André Gunder Frank vertreten:

> Daß das Latifundium im Mexiko des 17. Jahrhunderts wuchs, bedeutete nicht, daß sich die Wirtschaft depressionsbedingt in einer, wie sie mittlerweile bezeichnet wird, feudalen *hacienda* einbunkerte. Ganz im Gegenteil: Die *hacienda* blühte und gedieh zu jener Zeit (wie zu jeder anderen Zeit und an jedem anderen Ort in Lateinamerika), weil die sonstige wirtschaftliche Entwicklung, auf nationaler wie auf globaler Ebene, die Latifundien-Produktion hochprofitabel machte.[99]

Diese konträren Ansätze lassen sich besser einschätzen, wenn wir einige der fraglichen historischen Prozesse genauer unter die Lupe nehmen. Die erste Frage betrifft den zeitlichen Rahmen des Konjunkturrückgangs. Laut Lynch erreichte die mexikanische Silberproduktion ihren Höhepunkt zwischen 1590 und 1600, »danach war der Boom zu Ende«[100]. Für den Transatlantikhandel akzeptiert er jedoch Chaunus Auffassung, daß zwischen 1593 und 1622 bloß eine »Umkehrung des Haupttrends« erfolgte und die große Depression dann zwischen 1623 und 1650 eintrat.[101] Im Fall Zentralamerika wiederum bezeichnet MacLeod den Zeitraum zwischen etwa 1576 und 1635 als ein »halbes Jahrhundert des Übergangs« und datiert die Depression etwa auf die Jahre 1635 bis 1720.[102] In der mexikanischen Landwirtschaft dauerte die tiefe Krise laut Berthe von 1630 bis 1680.[103] Schließlich meint Mellafe mit Blick auf Spanisch-Amerika im allgemeinen und Chile im besonderen, daß »die *wirkliche* Krise nach 1650 beginnt«, und fügt hinzu: »Der Fall von Cartagena im Jahr 1595 war das erste Warnsignal jenes unbarmherzigen und zerstörerischen Kampfes, der zwei Jahrhunderte lang anhalten sollte.«[104]

---

99 Frank (1979a, S. 38). Siehe Piels kurze Kritik der Chevalier-Frank-Kontroverse (1975, S. 147 f.). P. J. Bakewell, der die Rolle der Silberbergwerke im Rahmen der mexikanischen Wirtschaft untersucht, steht im wesentlichen auf Franks Seite: »Der kapitalistische Charakter der Wirtschaft Neuspaniens war während des 17. Jahrhunderts in vieler Hinsicht offenkundig.« (1971, S. 225)

100 Lynch (1969, Bd. 2, S. 204). Eine ähnliche Datierung kritisiert Bakewell an Chevalier, der »davon ausgeht, daß der Niedergang des Bergbaus im ersten Jahrzehnt des 17. Jahrhunderts einsetzt – und damit zwanzig Jahre zu früh.« (1971, S. 117, Anm. 4)

101 Lynch (1969, Bd. 2, S. 184). Er meint weiter: »Die Jahre 1592–1622 bilden eine stabile Phase (natürlich auf hohem Niveau) zwischen wirtschaftlicher Expansion und Kontraktion und weisen dabei sowohl weiterhin Zeichen von Prosperität als auch gleichermaßen ausgeprägte Zeichen einer Stockung auf, die auf eine Umkehrung des bisherigen Trends hinweisen.« (S. 185.) Er bezeichnet Neuspanien für den Zeitraum zwischen 1620 und 1660 als »den kranken Mann der transatlantischen Wirtschaft« (S. 189). Vgl. dazu auch Chaunu (1959). Chaunu meint, daß »in völliger Übereinstimmung mit der Atlantik-Sevilla[-Konjunktur]« zur selben Zeit auch auf den Philippinen ein Konjunkturrückgang zu beobachten sei, wobei dort ein »enormer Bruch in den Jahren 1630–1640« erfolgt (1960b, S. 246 u. 250).

102 MacLeod (1973, S. 208). Er spricht davon, daß die Geldkrise zwischen 1655 und 1670 ihren Höhepunkt erreichte, als Münzverschlechterungen, -verrufungen und -neubewertungen »Exporte in Mitleidenschaft zogen, dem Binnenhandel den Garaus machten, ja sogar die öffentliche Sicherheit und das Vertrauen in das Regierungssystem schwächten« (S. 286).

103 Vgl. Berthe (1966, S. 103). Dies stimmt mit Chevaliers Ansicht überein, daß der erste Wirtschaftszyklus in der mexikanischen Silberproduktion etwa zwischen 1630 und 1640 zu Ende ging (1970, S. 4).

104 Mellafe (1959, S. 207 f., Hervorhebung I. W.)

Wie immer deuten wissenschaftliche Spitzfindigkeiten in Datierungsfragen auf die Komplexität einer Situation hin, in der anscheinend der Abschwung einsetzt, noch bevor die zyklische Aufwärtsbewegung ausläuft. Es scheint ziemlich klar zu sein, daß es in Spanisch-Amerika eine Phase der Zyklus-Überschneidung (bzw. des Übergangs) gab, die vielleicht schon zwischen 1570 und 1580, mit größerer Wahrscheinlichkeit aber zwischen 1590 und 1600 beginnt und irgendwo zwischen 1630 und 1650 endet. In einer solchen Periode wäre ein kritisches Absinken der Profite in den führenden Wirtschaftssektoren ebenso zu erwarten wie die daraus resultierenden Anstrengungen von Großeigentümern und investoren, durch kurzfristige Maßnahmen ihre Verluste wieder einzubringen – was in Wirklichkeit die Situation langfristig verschlimmert. Und genau das geschah auch. Silber, das Hauptexportprodukt Spanisch-Amerikas im 16. Jahrhundert, erreichte zwischen 1590 und 1630 einen Höchststand, danach weisen die Zahlen auf einen plötzlichen und steilen Abfall hin. Da der Schmuggelhandel zunahm, führen die offiziellen Handelsstatistiken möglicherweise in die Irre. Dennoch scheinen Beschreibungen aus den Bergbaugebieten zu belegen, daß in der Tat ein »realer Produktionsrückgang« eintrat.[105] Doch warum hätte es dazu kommen sollen? Manche führen als Ursache einen Mangel an Arbeitskräften ins Treffen. Aber trotz des Rückgangs der Gesamtbevölkerung und der etwas höheren Arbeitskosten schienen die Bergwerksbesitzer die benötigten Arbeitskräfte zu bekommen. In Mexiko griffen sie auf Lohnarbeit zurück, und in Potosí ließen sie einfach Zwangsarbeiter aus weiter entfernten Gebieten heranschaffen. Es geht darum, wie Davis nachweist, daß trotz verfügbarer Arbeitskräfte die Produktion abnahm: »Tatsächlich akzeptierten im 17. Jahrhundert viele Bergwerksbetriebe in Potosí anstelle der ihnen zustehenden *mita*, d.h. Zwangsarbeit, Geldleistungen von seiten der Indianer. Diese sicheren Einkünfte waren ihnen lieber als die aus dem Bergbau erzielbaren Profite.«[106]

War es dann also doch das fehlende Quecksilber? Zwischen den dreißiger und den sechziger Jahren des 17. Jahrhunderts trat eindeutig ein solcher Mangel auf. Bakewell bezeichnet die Schwierigkeiten bei der Quecksilberbeschaffung als den »größten Einzelfaktor«, der sich »in den Produktionsschwankungen [bei Silber] niederschlug«. Davis hingegen hält diese Schwierigkeiten nicht für »entscheidend«[107]. Die Frage ist, warum zwischen 1660 und 1670 mehr Quecksilber zur Verfügung stand als zwischen 1630 und 1640. Offensichtlich rentierte es sich in den sechziger Jahren, die zur Quecksilberbeschaffung nötigen Schritte zu setzen, nicht aber in den dreißiger Jahren. Rufen wir uns noch einmal in Erinnerung, daß zwar in jener

---

105 Bakewell (1976, S. 224) und Davis (1973b, S. 158). Davis spricht von einer »mehr als ausreichenden« Quellenlage.

106 Davis (1973b, S. 159).

107 Bakewell (1971, S. 188) und Davis (1973b, S. 159). Auch M. F. Lang (1968, S. 632) rückt den Quecksilbermangel an die erste Stelle.

Epoche die Edelmetallzufuhr bei der Preisbildung die wichtigste Rolle spielte, daß aber »auch Gold und Silber ihren Preis« hatten und »Geldsorten im allgemeinen, und ganz besonders in einem metallistischen System, eine Ware wie jede andere darstellten.«[108] Dem stimmt auch André Gunder Frank zu und interpretiert den Produktionsrückgang als langfristiges *Ergebnis* der Inflation:

> Bedeuteten denn feste Silberpreise nicht sinkende Erträge – selbst wenn die Gestehungskosten ebenso stabil geblieben wären? Daß in einer Inflation die Preise für Güter und Dienstleistungen stiegen, heißt mit anderen Worten, daß der Wert bzw. der Preis des Geldes sank. Und war es angesichts der Festlegung des Silberpreises nicht Geld, was die Bergwerksbesitzer in ihren Minen produzierten? Das heißt, sie waren sowohl mit einem Kostenzuwachs *als auch* mit einem Ertragsrückgang konfrontiert – Grund genug für jeden Kapitalisten, seine Produktion zurückzuschrauben und sein Geld nach Möglichkeit in irgendein anderes Unternehmen zu stecken.[109]

Der Rückgang der Edelmetallexporte, des führenden Sektors, traf wiederum die anderen *»export crops«*. In bezug auf die Indigo-Erzeugung in Zentralamerika meint MacLeod, der Stand der Schiffstechnologie habe im 17. Jahrhundert dazu geführt, daß die Profitrate bei Grundstoffen, die über den Atlantik transportiert wurden, deutlichen Schwankungen unterlag. »In guten Zeiten lief Indigo im Schlepptau von Gold und Silber mit. In schlechteren Zeiten war Europa zu weit entfernt, um kontinuierlich Gewinne erzielen zu können.«[110] Was hier über Indigo gesagt wird, läßt sich auch verallgemeinern.[111]

Zwei mächtige Gruppen wurden vom Fallen der Exportpreise direkt in Mitleidenschaft gezogen: jene Spanier, in deren Hand sich die Produktions-

---

108 Romano (1970, S. 131). Vgl. dazu auch Onody, der im Fall des brasilianischen Goldes die gleiche Argumentationslinie verfolgt. Er zitiert dabei ein Dokument des brasilianischen Finanzministeriums aus dem 19. Jahrhundert, in dem es heißt: »Unter den gegenwärtigen Bedingungen müssen wir unsere nationale Währung innerhalb des Kaiserreichs als echte Warensorte betrachten, als Teil unseres Küstenhandels oder unserer Kabotage.« (1971, S. 236, Anm. 2)

109 Frank (1979a, S. 54). Auch Davis stimmt dem zu: »Die steigenden Gestehungskosten konnten jedoch insgesamt aufgefangen werden. Der Silberbergbau wurde deshalb gedrosselt, weil der Wert des Silbers, gemessen an den Waren, die man dafür kaufen konnte, sank. ... [Der feste Silberpreis sowie die steigenden Preise für Importgüter] setzten den Weltmarktpreis für Silber so weit herab, daß sich eine Fortsetzung der Produktion bei gleichbleibenden oder steigenden realen Kosten nicht lohnte.« (1973b, S. 159.) Natürlich stellt sich dann die Frage, woran ein Steigen des Silberpreises scheiterte. Die Antwort gibt in diesem Punkt Romano: »Die amerikanischen Minen schränkten ihre Produktion ganz einfach deshalb ein, weil sich die europäische Wirtschaft in einer Stagnationsphase befand und [das Silber] nicht benötigte, oder zumindest in einem geringeren Maß.« (1972, S. 140.) Ein Rückgang der weltweiten Nachfrage (bzw. letztendlich einer weltweiten Überproduktion) und ein Rückgang der Profitrate sind die zwei Seiten ein und derselben Medaille. Die zwei Erklärungen für die Produktionsabnahme laufen auf dasselbe hinaus.

110 MacLeod (1973, S. 382). Obwohl es geringe Anforderungen an die Arbeitskräfte stellte und nicht die allerbesten Böden benötigte, trat bei Indigo während des gesamten 17. Jahrhunderts eine Stagnation ein (vgl. S. 202).

111 Vgl. Lopez' (1974) Ausführungen zum Preisverfall bei Mate – Paraguays einzigem Bindeglied zur Weltwirtschaft – im Verlauf des 17. Jahrhunderts.

betriebe befanden, und der Staat, der diese Spanier besteuerte. Bereits in der zweiten Hälfte des 16. Jahrhunderts war der Steuersatz beträchtlich nach oben geklettert.[112] Aber die wirtschaftlichen Schwierigkeiten, die nun auf Spanien und sein Weltreich hereinbrachen, trafen zeitlich mit einer Periode intensiver Kriegsführung zusammen (der Aufstand der Niederlande, gefolgt vom Dreißigjährigen Krieg). Angesichts der wachsenden Kluft zwischen gesunkenen Einnahmen und gestiegenen Ausgaben, suchte der spanische Staat zu Beginn des 17. Jahrhunderts sein Heil in der »hemmungslosen Prägung von Kupfergeld (*vellón*)«[113], und als auch das nicht ausreichte, versuchte er, aus dem Weltreich »die letzten Tropfen herauszuquetschen«[114]. So setzte der spanische Staat in Mexiko und Peru die Steuern hinauf und war auch bemüht, sie mit größerer Effizienz einzutreiben.[115] In Wirklichkeit erwies sich dies als kontraproduktiv. Als Philipp III. 1620 ein Achtel des privat verschifften Edelmetalls konfiszierte (und an seiner Stelle Kupfergeld bzw. *juros* anbot), wurden damit nicht nur Kaufleute auf äußerst dreiste Art um ihr Kapital gebracht, sondern (und dies war noch bedeusamer) sie nahmen in der Folge auch zunehmend davon Abstand, ihr Edelmetall überhaupt zurückzutransferieren (zweifellos ein weiterer Faktor beim Rückgang der Silberproduktion). Dies führte dazu, daß die Staatseinnahmen aus der *avería* fielen, jener wertabhängigen Steuer, mit der der Geleitschutz finanziert wurde. Um die Flotten erhalten zu können, mußte der Fiskus die *avería* noch weiter erhöhen, was, wie Lynch schreibt, »einen weiteren Anreiz zu Betrügereien« bot und den Staat zu einem »Parasiten« machte, der »auf Kosten der Kolonien und des Handels mit Amerika« lebte. Einen Ausgleich schuf die spanische Krone nicht zuletzt dadurch, daß sie Spaniern in größerem Umfang *mercedes* (Gunstbeweise) gewährte. Es war eine Abwärtsspirale: »Plünderei und Parasitismus ließen Betrug und Schmuggel zur alltäglichen Praxis werden«[116] – und dank der beiden letzteren schritt die Semiperipherisierung Spaniens noch weiter voran (wir kommen später darauf zurück).

112 José Larraz' Tabelle zeigt, daß der Preisindex kontinuierlich anstieg und es zwischen 1504 und 1596 zu einer Verdreifachung kam. Der Index für zwei besonders wichtige Steuern, die *alcabala* und die *millones*, weist zunächst langsamer nach oben, hat bis zum Jahr 1575 den Preisindex allerdings bereits erheblich überstiegen und erreicht im Jahr 1596 die Indexziffer 537 (vgl. 1943, S. 79).

113 E. J. Hamilton (1947, S. 12). Morineau schlägt vor, Charles Wilsons »keineswegs modische Frage« aufzugreifen: War Spaniens hoher Steuersatz, der »im 16. Jahrhundert der Preis für die langanhaltende und gleichwohl fragile Vormachtstellung war, ... im 17. Jahrhundert nicht die Ursache seines Elends und Verfalls?« (1978d, S. 158)

114 Lynch (1969, Bd. 2, S. 165).

115 Vgl. Israel (1974a, S. 40). Man sollte daher, schreibt Israel, die hohen Steuersätze nicht als »Gradmesser der Wirtschaftsleistung« Spanisch-Amerikas ansehen, sondern als »Gradmesser jener Last, die Spanien [seinen Kolonien] aufbürdete«. Der Steuerbedarf Spaniens traf die Produktion auch auf andere Art. So entsprang die akute Quecksilberknappheit, die nach 1630 in den mexikanischen Bergwerken auftrat, einer Entscheidung des Staates, die die Lieferungen um die Hälfte zurückgehen ließ. Laut Brading und Cross habe der König diese Entscheidung »vermutlich deshalb getroffen, weil das Vizekönigreich [Peru] den *quinto*, Mexiko hingegen lediglich den *diezmo* abführte« (1972, S. 574).

116 Lynch (1969, Bd. 2, S. 165–167).

Während ein Teil der Kreolen unter den Auswirkungen der wirtschaftlichen Schwierigkeiten litt und in einem öffentlichen Amt sein Heil suchte[117] (und auf diese Art den Parasitismus der Staatsbürokratie um ein Vielfaches vergrößerte), paßten sich andere den veränderten Gegebenheiten des Weltmarkts eigentlich recht gut an. Die Edelmetallproduktion, bis dahin das Hauptexportprodukt, ging zurück, die Getreideproduktion nahm zu. Und genau hier entstehen die Mißverständnisse: Da die Funktion amerikanischen Getreides (im Unterschied zum osteuropäischen) nicht darin bestand, aus der Peripherie ins Zentrum exportiert zu werden, nimmt man oft an, eine solche Produktion wäre nichtkapitalistisch. Ganz im Gegenteil, sagt Bazant: »Bei der Massenproduktion [von Weizen] handelte es sich zweifellos um eine Produktion für den Markt unter Einsatz von Kapital.« Zwar hätten die Peonen Tortillas gegessen und daher keinen Weizen konsumiert, aber »dennoch war ein beachtlicher Markt vorhanden: die weiße Stadtbevölkerung.«[118] Außerdem erforderte diese Produktion einen großen Kapitaleinsatz in Form von Mühlen, Tieren und Nahrungsmitteln für die Arbeiter.

Man könnte argumentieren, daß dies für Weizen, nicht aber für Mais galt. Doch auch hier spielte die Kommerzialisierung eine zentrale Rolle:

> Alle, die in den Bergwerken arbeiteten, waren auf Mais angewiesen – die Arbeiter (Indianer, Mulatten, Neger, Mestizen) ebenso wie die Maultiere und Pferde, die die Maschinen antrieben. Speziell um sie mit Lebensmitteln zu versorgen, wuchs um die Bergwerke herum seit Ende des 16. Jahrhunderts ein Gürtel von Haciendas, auf denen Ackerbau und Viehzucht betrieben wurde.[119]

Das soll nicht heißen, daß diese Haciendas wirtschaftlich nicht auch in Mitleidenschaft gezogen wurden. Erlebten die Bergbaugebiete schlechte Zeiten, so waren »schwierige Jahre, zuweilen Rezession«[120] die Folge. Verschärft wurde dies oft noch durch die Konkurrenz neu angelegter Haciendas. Man kann jedoch davon ausgehen, daß der Markt regional begrenzt war und daß es sich nicht rentierte, in einer weltwirtschaftlichen Kontraktionsperiode

---

117 Siehe MacLeod (1973, S. 311) bezüglich des Staatsdienstes, der sich vielen Kreolen und Spaniern als »einzig gangbarer Ausweg« zur Vermeidung eines »Statusverlust[s]« anbot.

118 Bazant (1950, S. 90), der noch hinzufügt, daß »ein Teil der Gesamtproduktion für den Export bestimmt war.«

119 Florescano (1969, S. 150). Vgl. dazu auch Bakewell: »Betrachtet man die Getreideversorgung von Zacatecas, so fällt vielleicht am stärksten ins Auge, wie weit sich die Fäden dieses Netzes spannten. ... In praktisch alle Richtungen führte der Heimweg der Karren und Maultiere, nach Saltillo im Norden und Puebla im Süden. Beladen waren sie mit jenem Silber, das als Bezahlung für das Getreide den Besitzer gewechselt hatte.« (1971, S. 64.) Dieser Beschreibung der Lage in Mexiko entspricht Lynchs Darstellung der peruanischen Situation: »Die größten Absatzmärkte für die Plantagenproduktion (Zucker, Wein und Baumwolle) bildeten die Bergbausiedlungen in Alto Perú. Auf die eine oder andere Art arbeitete ganz Peru für Potosí und profitierte von seinem Reichtum« (1969, Bd. 2, S. 217). Auch die Folgen des Erdbebens in Peru 1687 bestätigen diesen Zusammenhang: In Chile wurden die Erzeuger vom »Weizenfieber« befallen und wandten sich von Weidewirtschaft und vom Weinbau ab (Romano 1969, S. 280; vgl. auch Carmagnani 1973, S. 31–42 u. S. 265 f.).

120 Florescano (1969, S. 183).

diese Grenze zu überschreiten.[121] Hier liegt zweifellos der *konjunkturelle* Ursprung jener klassischen Darstellung, die den *strukturellen* Unterschied zwischen Haciendas (Produktion für kleine Absatzmärkte) und Zuckerplantagen (Produktion für große Absatzmärkte) herausarbeitet.[122] Innerhalb der regionalen Grenzen erwies sich die Hacienda-Produktion als durchaus profitabel. Man kann das zwar, wenn man will, als Autarkie bezeichnen. Mir erscheint es aber plausibler, daß es sich dabei, in Bakewells Worten, um »das Ergebnis eines Prozesses [handelte], in der Neuen Welt eine diversifizierte und nach heutigen Maßstäben kapitalistische Wirtschaft europäischen Typs aufzubauen und diese Wirtschaft dazu zu verwenden, die Reichtümer Mittelamerikas zum Wohle Mittelamerikas zu nutzen.«[123] Auf ein abstraktes Gebilde namens Mittelamerika konnten sich die erzielten Vorteile zwar nicht auswirken, sehr wohl aber auf eine konkrete gesellschaftliche Gruppe, nämlich die Landbesitzer Mittelamerikas.

Wollte man jedoch das Profitniveau halten, so war es angesichts des weltwirtschaftlichen Konjunkturrückgangs so wie in Osteuropa erforderlich, die Basisressourcen (Boden und Arbeit) intensiver zu nutzen. Über den jähen Rückgang der indianischen Bevölkerung in allen Teilen Spanisch-Amerikas weiß man mittlerweile recht gut Bescheid[124], welche Rolle Epidemien dabei spielten, ist eindeutig nachgewiesen[125]. Den spanischen Landbesitzern bot sich mit diesem Rückgang eine Chance, er stellte sie aber zugleich vor ein Dilemma. Daß die Zahl der indianischen Produzenten abnahm (sei es durch

121 »[Alle Belege] deuten darauf hin, daß es den großen Haciendas innerhalb relativ kurzer Zeit gelang, die regionalen Konsumbedürfnisse zu befriedigen. Doch sobald dieses Niveau erreicht war, verhinderten die regionale Gliederung der Märkte, die gewaltigen Entfernungen, die schlechten Straßen, die hohen Frachtkosten und die staatliche Wirtschaftspolitik, daß die Überschüsse der Hacienda über die regionalen Schranken hinaus exportiert werden konnten – und dies, obwohl ihre maximale Produktionskapazität noch nicht ausgeschöpft war. Es bestand dann die Notwendigkeit, die Produktion, wenn schon nicht zu reduzieren, so doch zumindest auf einem gleichbleibenden Niveau zu halten.« (Florescano 1969, S. 184)

122 Vgl. Wolf/Mintz (1957, S. 380).

123 Bakewell (1971, S. 235); vgl. dazu auch Mörner (1973, S. 191). Lynch geht sogar noch weiter und nennt diesen Prozeß »die erste Emanzipation Spanisch-Amerikas«. Er schreibt: »Man gerät leicht in Versuchung, die große Depression im Amerika-Handel dem Zusammenbruch der kolonialen Ökonomien zuzuschreiben. Allerdings handelte es sich dabei eher um die Folgen einer Veränderung als um die Folgen eines Zusammenbruchs. Wenn sich der Handel nicht mehr in dem Maße aus den Kolonien speisen konnte wie früher, so lag dies größtenteils daran, daß diese ihr Kapital in Form öffentlicher und privater Investitionen bei sich zu Hause einsetzten.« (1969, Bd. 2, S. 139.) Im Bestreben, jene Autoren (vgl. Romano 1970) zu widerlegen, die aufgrund rückläufiger Zahlen im transatlantischen Frachtverkehr davon ausgehen, daß wenig Edelmetall im Umlauf gewesen sei, stellt Piel die Argumentation noch weiter auf den Kopf: »Wenn sich der transozeanische Geldfluß verlangsamte – deutet das tatsächlich auf eine Verringerung der Bergwerksproduktion hin und nicht eher darauf, daß ein immer größerer Teil des Edelmetalls vor Ort einbehalten wurde?« (1975, S. 151)

124 Siehe zum Beispiel Cook/Borah (1971). Eine parallele Entwicklung trat auf den Philippinen ein, allerdings ging dort die Bevölkerung weniger stark zurück. Vgl. Phelan (1959, S. 194) und Chaunu (1960b, S. 74, Tabelle 1).

125 Zum Thema Pocken vgl. Crosby (1967). Die Andenregion scheint im 16. Jahrhundert von Sterbeziffern wie in Mittelamerika verschont geblieben zu sein und wurde im späten 17. Jahrhundert davon erreicht (vgl. Dobyns 1963, S. 514). Bezüglich Chile siehe Mellafe (1959, S. 226) und für Zentralamerika siehe MacLeod (1973, S. 204 f.).

ihren Tod, sei es durch Enteignung) führte in Verbindung mit dem Wachstum der spanischen und Mestizen-Bevölkerung dazu, daß sich ein regionaler Markt entwickelte, auf dem die Hacienda-Besitzer hohe Preise erzielen konnten. Andererseits wurden von diesen Besitzern Arbeiter benötigt. Und in der Auseinandersetzung darum, wem es möglich sein sollte, Kapital zu akkumulieren, erwies sich dies als der springende Punkt. Daß sich die Kapitalakkumulation weltweit verlangsamte, machte die kapitalistischen Sektoren in Spanisch-Amerika und jene in Spanien zu erbitterten Konkurrenten um einen kleiner gewordenen wirtschaftlichen Kuchen. Wir haben bereits erwähnt, daß der Staat die Steuern erhöhte, wodurch ein Teil des Surplus aus Amerika abgezogen wurde. Als äußerst schmerzhaft wurde von Neuspanien, der ehedem dynamischsten Region Amerikas, der Versuch der spanischen Krone empfunden, Mexikos direkte Verbindungen mit Peru und den Philippinen zu beschränken. Zweifellos wurde in großem Umfang geschmuggelt, aber ebenso zweifellos hatte die königliche Politik »schwerwiegende negative Folgen für Ciudad de México«[126].

Daß es über die Profite zu Spannungen kam, zeigte sich nicht nur in Konflikten, in denen es um die Kontrolle von Handelsrouten ging, sondern auch in solchen, die die Kontrolle des Arbeitskräftepotentials zum Inhalt hatten. Seit Mitte des 16. Jahrhunderts bestand das System des *repartimiento*, das von den großen landwirtschaftlichen Produzenten als durchaus enttäuschend angesehen wurde. Obwohl es auf entlohnte Zwangsarbeit hinauslief, waren die Arbeiter nur vorübergehend verfügbar und gingen regelmäßig zurück, um sich ihrer traditionellen Produktion zu widmen.[127] Der Nachschub von Arbeitskräften wurde über die spanische Bürokratie, speziell die *corregidores*, vermittelt, die dabei auf die feste Unterstützung der Mönche zählen konnte. Diese traten deshalb dafür ein, weil sie darin eine Möglichkeit sahen, die Indianer vor der spanischen Habgier zu schützen. Die Interessen der »Beschützer« lagen recht offen zutage, wie dies Israel am Beispiel Mexiko erläutert:

126 Israel (1974a, S. 39). Er verweist auf »die ebenso zahlreichen wie heftigen mexikanischen Proteste in den dreißiger und vierziger Jahren des 17. Jahrhunderts«. Für M. F. Lang ist es offensichtlich, »daß das Widerstreben des spanischen Staates, für eine regelmäßige Belieferung [der mexikanischen Bergwerke mit Quecksilber] aus Huancavelica zu sorgen, in erster Linie auf sein Bestreben zurückzuführen war, den Handel zwischen Neuspanien und Peru einzuschränken.« (1968, S. 639)

127 Vgl. die Definition des *repartimiento* bei Enrique Semo, wobei er einräumt, daß sie nicht unbedingt dem damaligen Sprachgebrauch entspricht, sondern eben von einem Analytiker aus dem 20. Jahrhundert stammt: »Meiner Ansicht nach handelt es sich beim *repartimiento* um ein System zeitlich beschränkter, turnusmäßiger Arbeit in den Wirtschaftsbetrieben der Spanier, das die Indianer innerhalb wie außerhalb einer *encomienda* erfaßte und einer Besitzerklasse zugute kam, die weit größer war als jene, die von den Vorteilen der *encomienda* profitiert hatte. Doch während im Rahmen der *encomienda* die Indianer von der spanischen Krone als Belohnung für geleistete Dienste vergeben wurden und vom jeweiligen Empfänger nach eigenem Ermessen eingesetzt werden konnten, war es bei den *repartimientos* häufiger der Fall, daß sie für klar definierte *wirtschaftliche* Zwecke und unter der Auflage, die Indianer nicht anderweitig zu verwenden, genehmigt wurden. Im neuen System wurden die Prioritäten in letzter Instanz vom Vizekönig festgelegt. ... Auf der Prioritätenskala rangierte unter den Bedarfszwecken der *encomenderos* auch die Silberproduktion.« (1973, S. 222)

> Die *corregidores* ... kamen dank ihrer vielfältigen Wucherpraktiken regelmäßig zu großen Vermögen – unter anderem dadurch, daß sie indianische Agrarprodukte zu minimalen Preisen aufkauften (um sie dann in den Städten mit großem Profit weiterzuverkaufen); daß sie Indianer zwangen, Waren zu völlig überhöhten Preisen zu kaufen; daß sie sich von den Spaniern gewisse Gefälligkeiten bezahlen ließen; und daß sie den *repartimiento* raffiniert zu handhaben wußten. ... Somit wurden von den Indianern praktisch zwei separate Ökonomien getragen, auf der einen Seite jene der spanischen Siedler und auf der anderen Seite jene der indianischen Bezirke, die hauptsächlich den Interessen der *corregidores*, der Mönche und der indianischen Hierarchie dienten.[128]

Dieser doppelte Druck, dem die Indianer ausgesetzt waren, trug sicherlich zu ihrem zahlenmäßigen Rückgang bei. Zusätzlich entstand daraus eine unerträgliche Belastung des politischen Systems, sobald die Wirtschaft in eine Krise schlitterte.[129]

In Neuspanien verfügte die Krone 1632 schließlich außerhalb der Bergwerke die Aussetzung der *zwangsweisen* Lohnarbeit. Da die Lage gespannt blieb, wurde dadurch lediglich die sich gerade herausbildende Strategie der spanischen Landbesitzer (nun *haciendados*) beschleunigt, permanente Arbeitskräfte anzulocken, die sogenannten *gañanes* oder *laboríos*. Die Reaktion der *corregidores* bestand zunächst darin, diese *gañanes* vom *repartimiento* nicht zu befreien. De facto bedeutete dies, daß ein Indianer von den *corregidores*, denen es darum ging, die Kreolen als Schicht zu schwächen, dazu gezwungen werden konnte, einen Kreolen zu verlassen und sich unter die Kontrolle eines anderen zu begeben. Als es die spanische Krone mit der anderen Taktik versuchte, nämlich jeglichen Zwang abzuschaffen, vergrößerte sich für die Indianer die Möglichkeit, überhaupt nicht zu arbeiten. An diesem Punkt angelangt, bauten die großen Agrarproduzenten ein System der Schuldknechtschaft auf, um auf diese Weise die Arbeitskräfte auf dem Land festzuhalten.[130] Durch Landenteignungen wurde diese Kontrolle sogar

128 Israel (1974a, S. 47). Man vergleiche dies mit der Situation in Zentralamerika, die von MacLeod folgendermaßen beschrieben wird: »In den Jahren zwischen 1630 und 1690 erlebte die *derrama* [außerordentliche Abgabe] ihre Blütezeit, als untergeordnete Regierungsbeamte, oft Kreolen, Indianer dazu zwangen, zu überhöhten Preisen Güter zu kaufen, die sie nicht wollten, oder Waren zum Nulltarif oder zu Hungerlöhnen zu erzeugen.« (1973, S. 384)

129 Israels gesamter Aufsatz schildert jene Konflikte innerhalb der herrschenden Schichten in Mexiko zwischen 1620 und 1664, bei denen es um die Kontrolle über die knappe Arbeitskraft ging.

130 Vgl. Zavala (1966, speziell S. 79), Godinho (1948) sowie Chevalier, bei dem es heißt: »Die Schuldknechtschaft nistete sich langsam, aber unwiderruflich auf immer mehr Haciendas ein. Ende des 17. Jahrhunderts war es üblich geworden, *gañanes* oder *laboríos* als Teil des Besitzes zu betrachten.« (1970, S. 285.) Vgl. auch Phelan: »Die Indianer mit Hilfe der Schuldknechtschaft an die Hacienda zu binden, hatte gegenüber anderen Arbeitsformen mehrere Vorteile. Negersklaven erforderten einen großen Kapitalaufwand. Die *repartimiento*-Arbeit war insofern ineffizient, als die Arbeitstrupps wöchentlich wechselten und die Zahl der verfügbaren Indianer kontinuierlich abnahm (1959, S. 191). In den Bergwerken versuchten die Eigentümer zunächst, ihre Arbeiter dadurch bei der Stange zu halten, daß sie ihnen zusätzlich zur Entlohnung das Recht einräumten, einen Teil der Erzförderung auf eigene Rechnung zu betreiben. In Mexiko wurde das als *pepena* bezeichnet, in Peru als *dobla*. Das Silber, das zusätzlich abgebaut wurde, durfte allerdings vom einzelnen Indianer nicht weiterverarbeitet werden, vielmehr mußte

noch weiter verstärkt.[131] So wurde aus der *encomienda* die Hacienda[132] und aus dem Zwangsarbeiter der in Schuldknechtschaft geratene *peón*. In bezug auf die Entlohnung (die auf Basis von Zeiteinheiten berechnet wird) könnte sich die Lage der Arbeiter sogar gebessert haben. Durch den Arbeitskräftemangel verfügten sie über eine gewisse Verhandlungsmacht;[133] aber wurde das höhere Lohnniveau nicht damit erkauft, daß sie insgesamt mehr Zeit zur Verfügung stellen mußten? Kam es in Wirklichkeit nicht zu einer Erhöhung der Arbeitsleistung und wahrscheinlich zu einer Verringerung der Lebenserwartung? Wurde hier – so wie in Osteuropa – nicht jenes Kapital, das die Arbeitskräfte selbst darstellten, völlig aufgebraucht, um das Produktionsniveau zu halten?

Der vermutliche Ablauf sah folgendermaßen aus: Ende des 16. Jahrhunderts führten Engpässe und hohe Preise bei Agrargütern zur Aneignung von Land und zu einer Produktionssteigerung. So schildert etwa Chevalier, wie groß die Bereitschaft von Viehzüchtern war, »viele Tiere wegzugeben, selbst wenn sie damit das Risiko eingingen, ihre Herden nachhaltig zu schwächen.«[134] Die Bergwerksbesitzer, Stadtbewohner und Beamten, kurz all jene, die den regionalen Markt für Agrargüter ausmachten, versuchten die Höhe

---

er es billig an den Bergwerksbesitzer verkaufen. In einigen Fällen wurde der Geldlohn de facto in Naturalleistungen umgewandelt. Auf jeden Fall aber setzten die Bergwerksbesitzer verstärkt auf Schuldenmechanismen, um so ein Abwandern der Arbeiter zu unterbinden; vgl. Romano (1970, S. 132 f.) und Bakewell (1971, S. 125 f.). Für Davis stellt das System der Schuldknechtschaft eine Reaktion der Unternehmer auf die *starke Position* der Arbeiter auf dem freien Markt dar, »als um die Wende vom 16. zum 17. Jahrhundert die Bevölkerungszahl ihren Tiefststand erreichte.« (1973b, S. 167)

131 »Die beste Methode, zu *gañanes* und *peónes* zu kommen, bestand darin, den indianischen Städten das Land wegzunehmen. ... [Die] Monopolisierung der unverzichtbaren Komplementärressource, nämlich Land, zählt zu den wichtigsten und verbreitetsten (wenn auch weitgehend unbeachteten) Gründen für das Wachstum und den Fortbestand der Latifundien-Wirtschaft und der damit verbundenen ineffizienten Ressourcen-Nutzung (aus gesamtgesellschaftlichem, nicht aus privatmonopolistischem Blickwinkel).« (Frank 1979a, S. 70 f.) Vgl. dazu auch McLeod bezüglich der Jahre 1580–1590: »Erstmals bemächtigten sich die Spanier [in Zentralamerika] der *tierras baldías* und *realengas*, herrenloses Land, dessen frühere indianische Besitzer mittlerweile tot oder in eigens geschaffenen Siedlungen »zusammengefaßt« waren. Nun begannen auch die ersten massiven Übergriffe auf indianisches Land.« (1973, S. 221)

132 Auf recht überzeugende Weise legt Lockhart folgende Punkte dar: Welche rechtlichen Zäsuren auch immer es gegeben haben mag, zwischen *encomienda* und Hacienda bestanden in jedem Fall große soziologische Kontinuitäten; »der *encomendero* und später der *hacendero* waren aus dem selben Stoff gemacht«; die vielgerühmte Autarkie der Hacienda läßt sich »sehr schwer von der Integration oder Diversifizierung eines kommerziellen Betriebs unterscheiden«; und, was am wichtigsten ist, am Leben der Arbeiter änderte sich nichts: »Zunächst arbeiteten die Dorfbewohner auf den *estancias* und später auf den Haciendas, weil sie durch die *encomienda* dazu verpflichtet wurden, dann aufgrund des *repartimiento*-Systems und schließlich aufgrund individueller Vereinbarungen. Aber es waren stets die gleichen Leute, und sie verrichteten stets die gleichen Arbeiten« (1969, S. 419 u. 425 f.). Vgl. dazu auch R. G. Keith (1971, S. 441) sowie Piel (1975, S. 161 u. 238).
Die rechtliche Basis der Hacienda wurde 1591 mit zwei *cédulas* der spanischen Krone geschaffen, mit denen diese das gesamte Land, auf das kein Besitztitel existierte, für sich beanspruchte. Um Besitztitel für diese Ländereien zu erwerben, die abschätzig als *baldíos* – Ödland oder aufgegebenes Land – bezeichnet wurden, mußten Grundbesitzer eine Gebühr zahlen, die *composición*; vgl. dazu E. M. Barrett (1973, S. 89 f.) sowie Lira/Muro (1976, S. 143). 1713 war die spanische Krone bereits in derartigen Geldnöten, daß sie sich sogar dazu bereitfand, *baldíos* an Indianer zu verkaufen – sofern sie das nötige Geld hatten; vgl. Piel (1975, S. 191).

133 Vgl. MacLeod, der davon spricht, daß »sich die Lebensbedingungen von einigen Angehörigen der unteren Schichten geringfügig verbesserten« (1973, S. 227).

der Erzeugerprofite dadurch in Grenzen zu halten, daß sie Preiskontrollmechanismen wie die *alhóndiga* anwandten. Dabei handelte es sich um einen städtischen Getreidespeicher mit fixen Preisen, die allerdings für die indianische Produktion nicht galten.[135] Die kleineren spanischen Agrarproduzenten hielten in der Mehrzahl dem Druck nicht stand und gingen unter. Das gleiche galt für Mestizen, von denen viele »auf eine erbärmliche bäuerliche Existenz zurückgeworfen wurden.«[136] Umgekehr wurden die großen Erzeuger noch größer; sie expandierten genau zum Zeitpunkt des Preisverfalls. Die Logik dieser scheinbaren Perversität wird von Mörner auf den Punkt gebracht:

> Da die Aufnahmefähigkeit des Marktes begrenzt war und die Preise nach reichlichen Ernten drastisch absanken, mußten Haciendas ihre Produktion oft zurückschrauben. Warum bemühten sie sich also zu expandieren? Indem sie ihre Nachbarn um Grund und Boden brachten, konnten die *hacendados* konkurrierende Produktionsbetriebe vernichten oder aus bislang autarken Kleinproduzenten Konsumenten von Hacienda-Erzeugnissen machen.[137]

Gerade bei der großen, angeblich autarken Hacienda handelte es sich um einen Mechanismus, der eine sehr feine Anpassung an die Marktkräfte gestattete. Je nach Rentabilitätslage konnte die Produktion eingeschränkt oder ausgeweitet und die Nutzung der Ressourcen gesteigert oder verringert werden. Auf diese Weise riß die Verbindung zwischen landwirtschaftlicher Produktion und Weltwirtschaft niemals ab. Darüberhinaus entwickelte sich auf den Haciendas eine neue Textilerzeugung. Ihr Entstehen entspricht in etwa dem, was man aus späteren Jahrhunderten als Importsubstitution kennt, die bekannte Folge weltweiter Kontraktionsprozesse. Bakewell geht davon aus, daß »der Handel vermutlich zu einem großen Teil deshalb zurückging, weil Neuspanien Importe aus Europa nicht länger benötigte.«[138] Er zieht daraus den Schluß, daß »die Wirtschaft Neuspaniens im frühen 17. Jahrhundert keineswegs einen Niedergang erlebte, sondern vielmehr auf eine gesündere Grundlage gestellt wurde.«[139] Das ist jedoch eine Verkennung der Situation. So etwas wie eine Wirtschaft Neuspaniens, die einer spanischen vergleichbar gewesen wäre, gab es nicht. Da sich die Marktlage veränderte

---

134 Chevalier (1970, S. 107).

135 Vgl. Bakewell (1971, S. 75). Er merkt jedoch an: »Wie effizient die *alhóndiga* im Bereich der Preisregulierung war, läßt sich nicht eruieren.« (S. 66.) Vgl. dazu auch Guthrie (1939, S. 105) sowie Chevalier (1970, S. 62–65).

136 MacLeod (1973, S. 153). Natürlich gab es Widerstand. Laut Osborn (1973) hing die Fähigkeit der Indianer in Mexiko, sich gegen die Inbesitznahme von Boden zur Wehr zu setzen, damals von der Stärke des Gemeindeverbands ab.

137 Mörner (1973, S. 192).

138 Bakewell (1971, S. 234).

139 Bakewell (1971, S. 230). Phelans Argumentation läuft im wesentlichen auf das gleiche hinaus: »Die These von Borah bezüglich des Mangels an indianischen Arbeitskräften steht außer Streit, aber gerade dieser Mangel könnte im 17. Jahrhundert eher zu einem Wirtschaftswachstum beigetragen haben als zu

(das Bevölkerungswachstum bei Spaniern und Mestizen, der Rückgang der Silberexporte, die durch das größere Arbeitskräftepotential des Hacienda-Systems bedingten Einsparungsmöglichkeiten), schichteten einige Unternehmer in Spanisch-Amerika ihre Investitionen unter anderem in Richtung Textilerzeugung um und beeinträchtigten damit die Exportmöglichkeiten spanischer Textilproduzenten.

Die weltweite Kontraktion bedeutete nicht, daß die kapitalistische Wirtschaftstätigkeit zurückging, sondern signalisierte wahrscheinlich sogar, daß die in Händen der lokalen Bourgeoisie befindlichen Unternehmen ihre Position gestärkt hatten.[140] Überdies ging es so wie in Europa nicht darum, daß die Textilproduktion insgesamt *zurückging*, sondern daß sie in die ländlichen Gebiete verlagert wurde, auf die Haciendas und in die indianischen Dörfer, und daß »feine Stoffe zum überwiegenden Teil in *obrajes* hergestellt wurden.«[141] Und die Textilerzeugung war nicht die einzige Wachstumsbranche. Anfang des 17. Jahrhunderts expandierten Eisen- und Bronzeverarbeitung, um dem beim Bau »großer Kirchen« entstehenden Bedarf nach »Renaissance-Gitterwerk an Toren und Fenstern (*verjas y rejas*)«[142] Rechnung tragen zu können. Als die Hauptexportprodukte Spanisch-Amerikas (vor allem Silber) auf dem Weltmarkt einen Einbruch erlitten, faßten die Produzenten in diesen alten Peripherie-Gebiete andere Profitmöglichkeiten ins Auge. Sie richteten ihre Produktionstätigkeit auf die wachsenden regionalen Märkte aus, was aus dem Blickwinkel des Transatlantikhandels einen relativen Rückzug darstellte. Aber als sich herausbildende Autarkie kann man es wohl kaum bezeichnen. Aufgrund der starken Nachfrage gab es unterdessen in Staaten des Zentrums expandierende Märkte für den Export von Zucker (und in geringerem Maße von Tabak). Bis zu einem gewissen Grad bedeutete dies, daß neue Peripherie-Gebiete in die Weltwirtschaft einbezogen wurden: die karibischen Inseln und deren Verlängerung sowie die südlichen Festlandkolonien von Britisch-Nordamerika. Um das Gesamtbild abzurunden, müssen wir uns nun dieser Geschichte zuwenden.

---

einer Wirtschaftsflaute. Sofern man das Wort ›Depression‹ auf den gesamten Zeitraum anwendet, handelt es sich meiner Meinung nach um einen irreführenden Begriff.« (1970, S. 213.)

140 »Wenn die Entstehung von Großgrundbesitz in Peru zeitlich mit dem Niedergang der Geldwirtschaft und der nichtlandwirtschaftlichen Betriebe – im Bergbau, Gewerbe und Handel – zusammenfiel, wie ließe sich dann der Aufstieg der peruanischen *obrajes* im 17. Jahrhundert erklären, deren Produktionsvolumen in jenem Zeitabschnitt ... das spanische übertraf? Und wie könnten wir den erstaunlichen Aufstieg einer spanisch-peruanischen Handelsbourgeoisie erklären, die in der Lage war, ab 1613 (mit der Schaffung des *tribunal* von Lima) von Madrid die Teilung des kolonialen Handelsmonopols zwischen Peru und Spanien zu erzwingen?« (Piel 1975, S. 150.) Hinsichtlich des »wachsenden Spielraums«, den die wirtschaftliche Elite Neuspaniens gegenüber jener von Sevilla gewann, siehe Boyer (1977, S. 457 u. passim). Bezüglich der zunehmenden Machtposition, die in Mexiko die einheimischen *aviadores* (Geldverleiher) gegenüber der spanischen Krone errungen hatten und die sich darin äußerte, daß sie Schuldner dazu zwingen konnten, noch vor Bezahlung der Steuern ihre Schulden zu begleichen, vgl. Bakewell (1976, S. 219).

141 Pohl (1969, S. 448). Hingegen betont Davis, daß »jene Güter, die Mexiko in großen Mengen erzeugte, billiger und von geringer Qualität waren, während die hochwertigen Wollstoffe, Leinenstoffe und Metallwaren weiterhin aus Europa kamen.« (1973b, S. 161 f.)

Bis zu Beginn des 17. Jahrhunderts befanden sich die meisten Karibik-Inseln nicht unter europäischer Kontrolle. Die Spanier hatten in erster Linie die großen Inseln wie Trinidad und die sogenannten Großen Antillen (Kuba, Jamaika, Hispaniola, Puerto Rico) in Besitz genommen. Sie betrieben ein wenig Viehzucht und bauten Nahrungspflanzen an, dazu ein bißchen Tabak und Zucker. Vor allem ging es ihnen jedoch darum, die Handelswege in jene Territorien zu kontrollieren, denen innerhalb von Amerika ihr Hauptaugenmerk galt. Zwischen 1604 und 1640 drangen plötzlich Engländer, Franzosen und Niederländer in die Karibik ein und nahmen alle kleineren Inseln in Besitz. Die Niederländer beherrschten von 1625 bis 1654 einen Teil Brasiliens. England eroberte 1655 das bis dahin in spanischer Hand befindliche Jamaika. 1629 landeten einige französische Freibeuter auf Tortuga vor der Küste von Hispaniola und hatten es spätestens 1659 fest unter Kontrolle. Bald rückten sie auf den Westteil der größeren Insel, das heutige Haiti, vor (auch wenn die französische Oberhoheit erst 1697 offiziell anerkannt wurde). Zwischen den fünfziger Jahren des 17. Jahrhunderts und dem Jahr 1763 blieb dann die Aufteilung der Kolonien relativ stabil. Warum ging aber von den nordwesteuropäischen Mächten diese plötzliche Welle von Vorstößen in den karibischen Raum aus? Warum wurden diese eingestellt, obwohl man doch eigentlich so knapp davorstand, die spanischen und portugiesischen Territorien zu übernehmen? Und warum war die Karibik im 17. Jahrhundert, speziell zwischen 1660 und 1680, der Schlupfwinkel für Piraten und Bukaniere, der Wilde Westen jener Zeit, »wo die Aussichten auf Glanz, Abenteuer, schnelle Gewinne und permanente Gefahr weitaus größer erschienen als in den prosaischen Siedlungen«[143] des übrigen Amerika?

Laut Pierre Chaunu veränderte sich irgendwann zwischen 1619/23 und 1680 – »allzu präzise Datierungsversuche würden erfolglos bleiben« – das Wesen der spanischen *Carrera*. Die flexiblen Mechanismen, durch die sich die erfolgreiche *Carrera* des 16. Jahrhunderts ausgezeichnet hatte, wurden durch bürokratische Starrheit ersetzt. »Seit der zweiten Hälfte des 17. Jahrhunderts war aus dem Atlantik des Guadalquivir einer unter mehreren geworden.«[144] Chaunu geht von einem späteren Zeitpunkt aus als einige der damaligen Zeitgenossen. Sancho de Moncada etwa, Professor der Heiligen Schrift an der Universität von Toledo und ein Vordenker des spanischen Merkantilismus, behauptete im Jahr 1619 (zweifellos nicht ohne zu übertreiben), daß sich neun Zehntel des Warenaustauschs mit der Karibik in den Händen von Ausländern befänden – »und so haben diese Westindien und Eure Majestät den Titel.«[145] Er sollte im wesentlichen recht behalten. Im 17. Jahrhundert, dem Jahrhundert des Merkantilismus, verabsäumten es

142 Bargalló (1955, S. 251).

143 Dunn (1972, S. 9 f.).

144 Chaunu (1959, S. 1539).

145 Zit. bei Larraz (1943, S. 90).

Spanien und Portugal bzw. vermochten es nicht, merkantilistisch zu agieren. Folglich wurden sie zu semiperipheren Staaten transformiert, zu Förderbändern, die in den peripheren Regionen den Interessen der Zentrums-Mächte dienten. Soweit dies die Geschichte der Semiperipherie betrifft, werden wir uns damit im nächsten Kapitel recht ausführlich beschäftigen; soweit es sich dabei um die Geschichte der Peripherie handelt, müssen wir jetzt gleich darauf eingehen.

In einer Zeit, in der die Wirtschaft insgesamt schrumpft, muß sich die Wirtschaftstätigkeit in *einigen* Zonen verringern. Im Bestreben, den Rückgang der eigenen Wirtschaftstätigkeit möglichst gering zu halten, bricht zwischen den Mächten des Zentrums ein heftiger Konkurrenzkampf aus. Dieser äußert sich zum Teil darin, daß sie Peripheriegebiete ihrer präventiven Kontrolle zu unterwerfen trachten. Sie errichten Kolonien und versuchen zugleich, sich gegenseitig daran zu hindern, was zu erbitterten Kolonialkriegen führt. Und sie sind bestrebt, den Weltmarkt so zu strukturieren, daß leichter zu kontrollierende Gebiete gegenüber schwerer zu kontrollierenden begünstigt werden (Amerika gegenüber Ost- und Südeuropa). Erweist es sich als zu kostspielig, das Territorium schwächerer Kolonialmächte gänzlich zu übernehmen, so bemüht man sich mitzuschmarotzen, wie dies gegenüber dem spanischen und dem portugiesischen Weltreich in hohem Maße praktiziert wurde.[146] Als die weltweite Kontraktion einsetzte, richteten also sowohl Engländer als auch Franzosen und Niederländer ihre Aufmerksamkeit auf die Karibik, um sich dort vor den jeweils anderen festzusetzen. In jenen Zonen, die leicht in Besitz zu nehmen waren, errichteten sie Kolonien. Um in den Genuß jener wirtschaftlichen Vorteile zu gelangen, die mit der direkten Kolonialherrschaft in den noch immer von Spanien und Portugal kontrollierten Gebieten verbunden gewesen wären, zogen sie in der Folge den Handel an sich. Die Hauptmethode, dies zu erreichen, war im 17. Jahrhundert der Schmuggel.

Um die Funktionsweise des Schmuggelgeschäfts verstehen zu können, müssen wir zunächst einen Blick auf den sozialen Hintergrund der Bukaniere

146 Charles Boxer faßt die weltweiten Auseinandersetzungen zwischen den Niederlanden und Portugal während der ersten zwei Drittel des 17. Jahrhunderts folgendermaßen zusammen: »Auch auf die Gefahr hin, allzusehr zu vereinfachen, läßt sich behaupten, daß sich dieser langwierige Kolonialkrieg auf mehrfache Weise äußerte: als Kampf um den asiatischen Gewürzhandel, um den westafrikanischen Sklavenhandel und um den brasilianischen Zuckerhandel. Analog dazu läßt sich das Endergebnis letztlich als Sieg der Niederländer in Asien, als Unentschieden in Westafrika und als portugiesischer Sieg in Brasilien beschreiben.« (1961, S. 49.) Kann man es so ausdrücken? Was die *politische* Kontrolle betrifft: ja. Was jedoch die *ökonomische* Kontrolle anlangt, konnten da nicht die Niederlande (die später von England verdrängt wurden) in allen drei Regionen einen Sieg verbuchen? Ein Sieg, der je nachdem, ob er in der externen Zone (Asien) oder in der Peripherie (Brasilien) errungen wurde, unterschiedliche Formen annahm (Westafrika befand sich zu jener Zeit im langsamen Übergang von externer Zone zu Peripherie). Dies hing davon ab, wie stark die Portugiesen im Produktionsprozeß verankert waren. Boxer selbst weist darauf hin: »[In Brasilien] waren [die] Portugiesen trotz aller ihrer Fehler als Siedler tiefer verwurzelt, und daher konnten sie normalerweise auch nicht einfach durch eine Niederlage zur See oder auf dem Land, ja nicht einmal durch eine Serie solcher Niederlagen so weit gebracht werden, das Feld zu räumen.« (1961, S. 54)

werfen. Zentralamerika und die Karibikinseln wurden im 16. Jahrhundert von Vieh durchstreift. Ein Teil davon war nicht domestiziert, ein Teil befand sich in indianischem Besitz und der Rest wurde von Spaniern gehalten. Die demographischen Veränderungen in Spanisch-Amerika haben wir bereits beschrieben – den kontinuierlichen Rückgang der indianischen Bevölkerung und die stetig wachsende Zahl nicht nur von Kreolen, sondern auch von Mulatten und Mestizen. Die Kontraktion, die im 17. Jahrhundert die Bergbauregionen erfaßte, führte in den städtischen Gebieten dazu, daß den ärmeren Kreolen wie auch den sozialen Zwischenschichten der Mulatten und Mestizen immer weniger Möglichkeiten offenstanden. Viele von ihnen zogen in ländliche Gebiete, wo einige im dichter werdenden Netz der Haciendas und Ranchos unterkamen, aber nicht alle. Angehörige der Zwischenschichten, die keine Arbeit fanden, liefen Gefahr, »inferiorisiert«, das heißt auf das Niveau des bloßen Anbaus von Nahrungspflanzen hinabgedrückt zu werden. An den Rändern der »Zivilisation« jedoch bot sich ihnen eine Alternative: Sie wurden Cowboys der Wildnis und schlachteten von den frei lebenden Tieren, was sie zum Überleben benötigten. Durch Flüchtlinge, die von Schiffen entkommen waren, begann ihre Zahl anzusteigen. Niederländische Kapitäne, die an den Rinderhäuten interessiert waren, begannen mit ihnen Handel zu treiben, was das Ausmaß der Schlachtungen noch weiter erhöhte. »Klarerweise stellten solche Praktiken eine große Verschwendung dar«[147], und den Siedlern »ging diese Verschwendung mit der Zeit zu weit.«[148]

Um das Jahr 1640 herum setzten Bemühungen der spanischen Regierung ein, die Inseln und die zentralamerikanischen Küstengebiete von diesen *boucaniers* zu säubern.[149] Die Spanier bedienten sich dabei unter anderem der Methode, das Vieh selbst zu töten, um den »Cowboys« das Wasser abzugraben. Die Engländer beteiligten sich an diesem Spiel, um ihrerseits den Spaniern entgegenzuarbeiten. Mittlerweile waren die Rinder zumindest von den Inseln praktisch verschwunden, und in ihrer Verzweiflung suchten die Bukaniere Zuflucht auf dem Meer – als Piraten. Sie hätten jedoch niemals überleben können, wenn ihnen nicht die Niederländer auf Curaçao, die Franzosen auf Sainte Domingue (West-Hispaniola) und vor allem die Engländer auf Jamaika »sichere Absatzmöglichkeiten für ihr Beutegut geboten«[150] hätten. Jamaika war der Schlüssel zu allem. Unter Cromwell wurde die Insel den Spaniern abgenommen, und zur Zeit der Restauration entwik-

---

147 MacLeod (1973, S. 212).

148 Pares (1960, S. 20).

149 Zum Wort *boucaniers* kam es deshalb, weil sie ihr Fleisch, bevor sie es verkauften, auf Eisenrosten oder Blechen räucherten, die in einer indianischen Sprache als *boucan* bezeichnet wurden; vgl. Deschamps (1973, S. 40). Bukaniere waren auch in früheren Zeiten kein unbekanntes Phänomen. Es war allerdings so, daß »es sich beim Bukanierwesen in der Karibik bis ungefähr 1650« – verglichen mit der folgenden »Blütezeit« – »im Grunde genommen um etwas Zufälliges, Sporadisches handelte« (Haring 1964, S. 249).

150 Davis (1973b, S. 169). Niederländische Seeräuber erwiesen sich im frühen 17. Jahrhundert »bei der Jagd auf spanische Schiffe ... [als] die Verwegensten und ... Hartnäckigsten. Die Bezeichnung ›Holländer‹ wurde zu einem Synonym für ›Korsar‹ und ›Pirat‹.« (Peterson 1975, S. 250)

kelte sie sich so sehr zu einem Stützpunkt der Piraten, daß einer von ihnen, Henry Morgan, zum Vizegouverneur aufstieg und zum Ritter geschlagen wurde. Erst mit der *Glorious Revolution* kam es zu einem völligen Aussterben der Piraterie. Cromwells Ziel bestand darin, Spaniens Monopol auf den Karibik-Handel zu brechen. Zunächst versuchte er es mit diplomatischen Mitteln und scheiterte damit. Daraufhin griff er zum Mittel der Plünderung. Strong schreibt: »Cromwell war Elisabethaner. Er gehört in die Reihe der Raleigh, Gilbert und Hakluyt. Das gesamte Karibik-Unternehmen trägt elisabethanische Züge.«[151] Aber nicht nur Cromwell verfolgte eine solche Politik, denn auch unter Karl II. setzte sich Jamaikas Karriere als »staatliches Piratenunternehmen« unvermindert fort.[152] Auf dem Papier wurde die Seeräuberei im englisch-spanischen Vertrag von 1670 für ungesetzlich erklärt, in der Praxis jedoch wurde sie zumindest bis 1685 in großem Umfang weiterbetrieben, eigentlich bis zu jenem Erdbeben, das im Jahr 1692 das mächtige Bollwerk der Bukaniere, Port-Royal, zerstörte. Endgültig zu Grabe getragen wurde die Piraterie mit dem Vertrag von Rijswijk im Jahr 1697. Auf Jamaika tat sich zwischen seiner Rolle als Zuckerkolonie und jener als Stützpunkt für Plünderer und Schmuggler ein immer größerer Widerspruch auf. Noch schwerer wog allerdings, daß die Staaten des Zentrums auf Piraterie als eine Form der ursprünglichen Akkumulation zunehmend verzichten konnten.

Das Grundmuster des Schmuggels war im letzten Jahrzehnt des 16. Jahrhunderts von den Niederländern unter sehr praktischen Gesichtspunkten etabliert worden. Die Kriege mit Spanien schnitten den niederländischen Frachtverkehr von der iberischen Halbinsel ab und erschwerten daher den Ankauf von Salz, das ja für die Heringsverarbeitung so notwendig war. Die Niederlande behalfen sich damit, daß sie es fortan illegal von den venezolanischen Salzgärten bezogen. Die grundlegende Struktur der Weltmarktpreise ließ aus dieser Notmaßnahme ständige Praxis werden. In der landwirtschaftlichen und industriellen Produktion erwiesen sich die Vereinigten Niederlande im Vergleich zu Spanien als weitaus leistungsfähiger. »Das Monopol von Sevilla vermochte nicht genügend Waren zu annehmbaren Preisen [nach Spanisch-Amerika] zu liefern.«[153] Die Niederländer waren dazu sehr wohl in

---

151 Strong (1899, S. 233). Strong fügt noch hinzu: »Die Berater von Karl II. begriffen, wie weit Cromwells Pläne hinsichtlich Eroberung und Kolonisierung gingen, und sie erkannten die wirklichen Beweggründe, die seinem Angriff auf die Karibik-Inseln zugrunde lagen. In einem Schreiben an den spanischen König im Jänner 1656 legte ›A. B.‹ in Karls Namen größten Nachdruck auf den Umstand, daß sich Cromwell mit der Absicht trage, die karibischen Inseln zu Kolonien zu machen und mit Hilfe seiner Flotte die spanischen Handelsverbindungen abzuschneiden. Vor einem anderen Hintergrund verliert das gesamte Unternehmen tatsächlich seinen Sinn. Die Annahme, daß sich der *Lord Protector* nach solch gewaltigen Vorbereitungen und Ausgaben mit einigen Quadratmeilen Landes zufriedengeben würde, ist beinahe schon absurd.« (1899, S. 244)

152 Pares (1960, S. 3).

153 J. Lang (1975, S. 55). Laut Haring hatte dies zur Folge, daß »aus spanischen Kaufleuten letztlich oft bloße Mittelsmänner wurden, Agenten oder sogenannte Faktoren, die auf Provisionsbasis arbeiteten, und die in diesem Zusammenhang ihren spanischen Namen häufig dazu hergaben, um das Gesetz zu

der Lage. Der Schmuggel wurde darum zu einem Modus vivendi, der die Kaufleute des Zentrums mit den Produzenten jener Länder der Peripherie verband, die nicht direkt der Kontrolle des Zentrums unterstanden.[154] Jedesmal wenn die Beziehungen Spaniens zu einer Zentrums-Macht schlecht waren, und ganz besonders in Kriegszeiten, wurden neue Kolonien gegründet. Diese waren »teilweise dazu bestimmt, den Freibeutern als Stützpunkt zu dienen«, wodurch sich, wie Pares feststellt, zum Teil ihre zeitliche Reihenfolge erklärt.[155] Vielleicht erklärt sich daraus auch, warum es schließlich mehr englische als französische Kolonien gab, war doch Frankreich ein häufiger *Verbündeter* Spaniens gegen England.

Auf Jamaika erreichte das Schmuggelsystem seinen Höhepunkt. Die Insel wurde zum zentralen Umschlagplatz des karibischen Schmuggelverkehrs, den »die Engländer nicht stoppen wollten ... und die Spanier nicht stoppen konnten.«[156] Durch die Existenz von Piraten wurde diese Entwicklung zunächst unterstützt. Schließlich und endlich handelte es sich nicht um echte Piraten, da sie lediglich die Spanier ausplünderten und dies oft auch noch mit Genehmigung ihrer eigenen Regierung.[157] Aber auf Jamaika gewann die Anpflanzung von Zuckerrohr an Bedeutung, und als die Spanier 1670 schließlich nicht länger das alleinige Besiedlungsrecht für sich beanspruchten, wurden die Bukaniere von den Engländern zunehmend als Last empfunden. Dies vor allem deshalb, weil auf Jamaika arme Weiße durch die sich ausdehnenden Plantagen von Grund und Boden vertrieben wurden und

---

umgehen.« Letzten Endes bedeutete dies, daß »der Handelsverkehr Spaniens mit Amerika zu einer mehr oder weniger passiven Maschine wurde, zu einer Vorrichtung, mit der die Warenlieferungen aus dem restlichen Europa in von der spanischen Krone geregelte Bahnen gelenkt wurden« (1947, S. 314 f.).

154 Dabei handelte es sich um eine Praxis, die nicht auf die karibische Zone beschränkt war, sondern auch die Beziehungen der Niederlande zur dänischen »Kolonie« Norwegen kennzeichneten. Vgl. dazu Lunde: »Alles in allem wurde der Schmuggel von den Kopenhagener Regierungsstellen für das Hauptproblem gehalten. Es war allen völlig klar, daß in ganz Norwegen in großem Stil geschmuggelt wurde. Der *Staatsloven* machte die Niederländer, die als Experten auf diesem Sektor charakterisiert wurden, dafür verantwortlich. Wann immer sie mit Zöllen konfrontiert waren, stets sahen sich die norwegischen Kaufleute dadurch zum Schmuggeln genötigt – schreibt der *Staatsloven*. Gegen diese Geschäfte gab es nur ein Mittel: eine Senkung der Zölle. Dies wurde auch angestrebt, aber mit wenig Erfolg, und so wurde weiterhin geschmuggelt. ... Von seiten der Kaufleute selbst wurde geltend gemacht, daß ehrlich zu sein ihren Ruin bedeuten würde. ... Der Schmuggel war eine unmittelbare Folge des herrschenden Wirtschaftssystems und der geltenden Handelspolitik Kopenhagens.« (1963, S. 38 f.)

155 Pares (1960, S. 12).

156 Christelow (1942, S. 312). Sheridans Schätzungen zeigen deutlich, warum weiterhin geschmuggelt wurde: »Vor dem Jahr 1763 war der Wert des Warenaustauschs zwischen Großbritannien und seinem informellen Empire vermutlich nicht geringer als jener mit dem formellen.« (1969, S. 24.) Als die beiden wesentlichen Teile dieses informellen Empire nennt er den Schmuggel via Jamaika und den indirekten Handel über Cádiz und Portugal. Nicht vergessen sollte man auch den Schmuggelhandel via Buenos Aires. »Seine Lage, fern von den Zentren der spanischen Macht in Lima und der Karibik sowie in unmittelbarer Nachbarschaft zu den Portugiesen in Brasilien, ließ eine ausreichende Kontrolle kaum zu. Und da der Hafen zugunsten des auf den Galeonen abgewickelten Handelsverkehrs praktisch stillgelegt war, erwies sich die Versuchung als unwiderstehlich, sich auf diese Weise zu verschaffen, was von Spanien nicht gewährt wurde.« (Haring 1947, S. 329)

157 Vgl. Deschamps (1973, S. 44 f.). Haring weist darauf hin, daß es sich dabei um eine »echte oder vorgebliche« Genehmigung gehandelt haben könnte.

dadurch die Zahl der Bukaniere wuchs und sie immer verzweifelter und skrupelloser wurden.[158] Doch man benötigte sie nicht mehr. Die Produzenten am Golf von Honduras waren froh darüber, mit den jamaikanischen Kaufleuten, durch die »das Schmuggeln von Waren nach Zentralamerika viel weniger riskant geworden« war,[159] in direkte Handelsverbindungen treten zu können.

Die Bukaniere hatten *geplündert.*[160] Nunmehr waren die Engländer (und Franzosen) bereit, sich mit *illegalem* Handel zu begnügen, hatte dies doch den gleichen Surplus-Transfer zur Folge, stellte aber – im Gegensatz zu den Bukanieren und ihren Plünderungen – zugleich sicher, daß die Produktion weiterlief. Sobald die Stützpunkte der Bukaniere aufgelöst waren, »stellte dies für die spanischen Pflanzer den möglichen Auftakt zu einem erneuten Boom auf den Inseln und entlang der Küste dar.«[161] Daneben bot sich den Engländern und Franzosen die Möglichkeit, direkt mit den Spaniern über »gesetzeskonforme« Sklavengeschäfte zu verhandeln, den sogenannten *asiento.*[162] Schmuggel machte in Spanisch-Amerika lediglich den kleineren Teil des Ganzen aus, der größere Teil war Zucker, schon seit langem eines der grundlegenden Produkte peripherer Länder. Da die Böden ständig weiter ausgelaugt wurden, hatte sich die Zuckerproduktion kontinuierlich Richtung

---

158 Vgl. Floyd (1967, S. 26–28). Vgl. dazu auch Farnie: »Der Zucker verwies die Viehzucht auf eine untergeordnete Rolle und setzte der ›freibeuterischen‹ Periode in der Geschichte der Karibik ein Ende.« (1962, S. 209)

159 MacLeod (1973, S. 367 f.).

160 Davis (1973b, S. 169). Genaugenommen gab es zwei Formen von Plünderung. Die eine war die Plünderung von Schatzflotten, die andere die Plünderung spanischer Städte in der Karibik und am Golf von Mexiko. Auf ersteres ließen sich die Bukaniere niemals ernsthaft ein – außer, sie konnten Flottengeschwader einsetzen, aber auch dann nur drei Mal: 1628 die Niederländer, 1656 und 1657 die Engländer; vgl. Haring (1964, S. 235–247). Eine Spezialität der Bukaniere stellte hingegen die Plünderung spanischer Städte dar: 18 wurden zwischen 1655 und 1671 verwüstet. Und genau diese Form der Plünderung war maßgeblich daran beteiligt, daß sich die Struktur des Transatlantikhandels veränderte. »Nicht die Zerstörung der Silberflotten, sondern solche Methoden waren es, gepaart mit den Geschäften des Schmugglers, die die Quellen des spanisch-amerikanischen Handels austrocknen ließen« (Haring 1964, S. 250). Letzten Endes »brachte die Freibeuterökonomie«, wie Glamann meint, kein »besonderes Wachstum hervor. ... Im Vergleich zu schwerbeladenen Getreidekähnen oder anderen Küstenschiffen, deren Laderäume mit Kohle und Ziegeln, Weinfässern oder Salz und Trockenfisch gefüllt waren, handelte es sich bei Kriegsschiffen, egal ob sie die schwarze Fahne gehißt hatten oder nicht, in bezug auf Handel und Prosperität um sterile Instrumente.« (1977, S. 191)

161 Davis (1973b, S. 169). Vgl. dazu auch Dunns Äußerung, daß Engländer, Franzosen und Niederländer Ende des 17. Jahrhunderts »stillschweigend übereinkamen, Spanien, dem kranken Mann von Amerika, die Reste seines ungefügen, unerschlossenen karibischen Reichs zu belassen. Tatsächlich erwartete sowohl die englische als auch die französische Regierung vom Handel mit den spanischen Kolonisten höhere Profite als von ihrer Ausplünderung, und ab 1680 versuchten sie nach Kräften, die Bukaniere auszuschalten.« (1972, S. 22.) Bei den Niederlanden handelte es sich nach dem Vertrag von Nijmegen 1678 eigentlich nicht mehr um »einen bedeutenden Faktor, mit dem man in der Karibik zu rechnen hatte« (Goslinga 1971, S. 482). Im Rahmen dieser politischen Neuorientierung ist für Dunn zumindest in bezug auf England ein weiterer Faktor erkennbar. Demnach stellte die *Glorious Revolution* einen entscheidenden Wendepunkt und einen Sieg der Zuckerrohrpflanzer dar, die von nun an »freundliche Beziehungen zum Staat unterhielten«, der sich nicht mehr wie zu Zeiten der Restauration ihre Profite einverleibte (1972, S. 162).

162 Vgl. die Darstellung der geänderten Politik bei Nettels (1931b, S. 17–19).

Westen verschoben[163] und im späten 16. Jahrhundert Brasilien (und in geringerem Maße Mexiko) erreicht. Im 17. Jahrhundert sollte sich dann die Zuckerproduktion auf die karibischen Inseln verlagern. Vom Problem des weltweiten Überangebots, das um das Jahr 1600 die Exporte aus der Peripherie ins Zentrum substantiell zurückgehen ließ, war Zucker – im Unterschied zu Weizen, Vieh und Silber – nicht betroffen. Zucker ähnelte eher dem weiterhin als »Wachstums«produkt des Ostseeraums fungierenden Holz. Unverändert stellte sich jedoch das Problem der ökologischen Überbeanspruchung, und unverändert bestand die Notwendigkeit, zum Anbau geeignete, unberührte Zonen zu finden. Aber die erzielten Profite erwiesen sich in der Folge als hoch.[164]

Da sich in den Staaten des Zentrums bei Nahrungsmitteln neue Geschmacksmoden entwickelten, stieg im Verlauf des 17. Jahrhunderts die absolute Nachfrage nach Zucker an. Im Mittelalter wurde in Europa das Verlangen nach Süßigkeiten weitgehend mit Hilfe von Honig und Most (unvergorenem Traubensaft) gestillt, die beide eine natürliche Süße aufwiesen. Nun hatte man aber neue Getränke entdeckt und neue Desserts erfunden, deren Wohlgeschmack auf der Zugabe von Zucker beruhte.[165] Um das Jahr 1580 herum war die Zuckerproduktion in großem Umfang von den Inseln im Atlantik nach Brasilien verlagert worden.[166] Während sich in Spanisch-Amerika die ersten Anzeichen eines säkularen Konjunkturrückgangs zeigten, scheint es in Brasilien zu einem Aufschwung gekommen zu sein. Daß der »verspätete Wendepunkt« in Brasilien ungefähr zwischen 1630 und 1650, und nicht 1580, eintrat, begründet Chaunu damit, daß Brasilien, anders als Spanisch-Amerika, im Zeitraum zwischen 1570 und 1620 »noch immer vom mühelosen Wachstum der jungen Jahre profitierte.«[167] Das erscheint mir doch einigermaßen aufgesetzt. Ist es nicht einfacher, diese Expansion mit der

---

163 Vgl. Wallerstein (1974, S. 88, insbesondere Anm. 70).

164 Chevalier meint mit Bezug auf Mexiko: »Die Großgrundbesitzer waren, sofern es das Klima zuließ, ganz erpicht darauf, ihren Weizen durch Zuckerrohr zu ersetzen. ... Der als Primärgut angesehene Weizen war [von der Regierung festgesetzten] Preisobergrenzen und Requisitionen durch staatliche Stellen unterworfen, wodurch den Erzeugern oft nur eine geringe Gewinnspanne blieb. Beim Zucker hingegen handelte es sich um ein Luxusprodukt, das auf dem freien Markt verkauft wurde und aufgrund der wachsenden Nachfrage hohe Preise erzielte.« (1970, S. 74)
Warum wurde dann nicht Mexiko zu einem bedeutenden Zuckerproduzenten? Für Berthe liegt die Erklärung in den politisch aufrechterhaltenen Unterschieden bei den Arbeitskosten. »Lange Zeit zugunsten der Weizen-Haciendas von den Vorteilen des *repartimiento*-Systems ausgeschlossen, war es [den Zuckermühlen] nicht einmal möglich, sich ausschließlich indianischer Lohnarbeiter zu bedienen. Zum größten Teil mußten sie Sklaven einsetzen, die sowohl gesundheitlich anfällig als auch teuer waren.« (1966, S. 103.) Batie wiederum betont die im Vergleich zur Tabak- und Baumwollerzeugung *hohen Anforderungen* der Zuckerproduktion: »ein hoher Kapitaleinsatz, eine recht große Zahl von Arbeitskräften und ein exzellentes Wissen um das Herstellungsverfahren« (1976, S. 13).

165 »Während des 17. Jahrhunderts breitete sich die Gewohnheit aus, gesüßte Getränke zu sich zu nehmen und süße Puddings und Pies zu essen« (Forbes 1957, S. 7). Vgl. dazu auch Davis (1973b, S. 168) und Pares (1960, S. 23).

166 Boxer bezeichnet die Jahre zwischen 1580 und 1680 als Brasiliens »Jahrhundert des Zuckers« (1952, S. 388).

167 Chaunu (1961, S. 1193 f.). Daß Brasilien innerhalb des Konjunkturverlaufs des 17. Jahrhunderts

vorhin dargestellten Beziehung zwischen der ziemlich rasch voranschreitenden ökologischen Erschöpfung und der weltweiten Nachfrage zu erklären und daraus den Schluß zu ziehen, daß Zucker als ein im Rahmen der Weltwirtschaft hergestelltes Produkt säkularen Schwankungen weniger unterworfen war als Weizen und Silber? Der Konjunkturrückgang 1630/1650, der von Chaunu konstatiert wird, würde dann genau jenem Rückgang der Ertragsfähigkeit entsprechen, der sich hier einmal mehr auswirkt.[168]

Es waren auf jeden Fall die niederländischen Unternehmer, die den Zuckerrohranbau auf Barbados genau zu jenem Zeitpunkt einführten, als die niederländischen Exporte aus Brasilien ihren Höchststand erreicht hatten – und noch *vor* dem Aufstand in Pernambuco 1645, der schließlich zur Vertreibung der Niederländer aus Brasilien führen sollte. Warum? Dunn bietet dafür zwei Gründe an: Erstens war der Heißhunger der Europäer nach Zucker vermutlich »groß genug, um eine Ausweitung des Angebots (dadurch, daß Barbados an die Seite Brasiliens trat) zu rechtfertigen.« Zweitens profitierten die Niederländer in jener Phase, als »der englische Überseehandel vom Bürgerkrieg im Mutterland in Mitleidenschaft gezogen wurde«[169], von ihrer Funktion als Zwischenhändler. Vielleicht. Vielleicht wußten die Niederländer aber auch um die begrenzte Ertragsfähigkeit der Zuckerrohrplantagen.[170] Daß die Niederländer nach *optimalen* Bedingungen Ausschau hielten, zeigt sich eindeutig darin, daß sie unter allen Inseln gerade Barbados den Vorzug

---

einen »Sonderfall« darstellte, führt Mauro darauf zurück, daß Zucker nicht mehr als Arznei, sondern als Nahrungsmittel verwendet wurde und sich dadurch die Nachfrage ausweitete (1960, S. 233).

168 Vgl. de Castro (1976). In bezug auf die Zuckerproduktion eines späteren Zeitabschnitts, nämlich während des 18. Jahrhunderts auf den British West Indies, schreibt Pares folgendes: »Welche Auswirkungen die Erschöpfung der Böden auf den Zuckerrohranbau hatte, läßt sich deutlich erkennen. Von Jahrzehnt zu Jahrzehnt waren mehr Sklaven nötig, um auf der gleichen Anbaufläche die gleiche Zuckermenge zu produzieren. Wo der Anbau ausgeweitet oder der Ertrag gesteigert wurde, war dies nur um den Preis schwerer, zusätzlicher Arbeit zu erreichen« (1960, S. 41). Masefield spricht von den »wechselhafte[n] Geschicke[n]« der Zuckerindustrie, die auf die wiederholte Erschöpfung der Bodenfruchtbarkeit zurückzuführen seien (1967, S. 291). Als zusätzlichen Faktor führt Batie im Fall Brasilien die Kämpfe gegen die Niederländer (1630–1641) an, die zu einer »weitgehenden Zerstörung« der Zuckerplantagen führten (1976, S. 15).

169 Dunn (1972, S. 65 f.). Sheridan argumentiert, daß die englischen Tabakpflanzer im Jahr 1636 eine Überproduktionskrise erlebten, die zur Suche nach Alternativen führte. 1637 tauchten dann die Niederländer mit Zuckerrohr auf – sowie mit Technologie, Kapital und Negersklaven (siehe 1969, S. 11). Andererseits meint Furtado: »Wahrscheinlich hätten sich die Veränderungen, die die karibische Wirtschaft erfaßten, wesentlich langsamer vollzogen, hätte sich nicht am Ende der ersten Hälfte des 17. Jahrhunderts außerhalb der Karibik etwas ereignet: die endgültige Vertreibung der niederländischen Eindringlinge aus Nordbrasilien.« (1963, S. 25)

170 Edel führt die Verlagerung darauf zurück, daß die Kosten aufgrund der Unverbrauchtheit und Güte des Bodens auf Barbados niedriger lagen als in Brasilien. Somit war es »– selbst wenn man außer acht läßt, wie prekär die niederländische Kontrolle über Nordostbrasilien war – aus Sicht der niederländischen Kapitalisten durchaus vernünftig, trotz ihres laufenden Engagements in Pernambuco Barbados als Standort für neue Investitionen in Betracht zu ziehen.« (1969, S. 42.) Als zusätzlicher Faktor wird von Batie eine kurzfristige Konstellation ins Treffen geführt: Die Niederländisch-Westindische Kompanie war der Auffassung, der Aufstand in Pernambuco im Jahr 1645 sei vorübergehender Natur, und wies ihre Agenten an der Goldküste an, weiterhin Sklaven zu schicken. Als diese Sklaven eintrafen, verfrachtete man sie auf die Kleinen Antillen und verkaufte sie dort zu »großzügigen Kreditbedingungen. Von diesen Inseln lag Barbados Recife am nächsten.« (1976, S. 21)

gaben. Ganz allgemein wies Barbados ein besseres Klima und einen besseren Boden auf als andere Inseln in der Karibik; und was die Sicherheit vor Plünderungen betraf, so war es geographisch günstiger gelegen.[171] Tatsächlich spielten solche Überlegungen, wie Sheridan betont, bei allen Zuckerinseln der ersten Phase (unter denen Barbados lediglich als Primus inter pares figurierte) eine Rolle:

> Bei der Anlage von Plantagen wurde ursprünglich kleinen Inseln gegenüber großen der Vorzug gegeben. Unter den Gesichtspunkten Transport und Verteidigung fiel dabei ins Gewicht, daß die Entfernung von Europa geringer war, daß luvwärts gelegene Inseln leichter zu verteidigen waren als die leewärts gelegenen und daß aufgrund des im Verhältnis zum Landesinneren hohen Küstenanteils die meisten Plantagen von hochseetüchtigen Schiffen direkt erreicht werden konnten.[172]

Und es gab dort, fügt Sheridan hinzu, mehr Wind für die Windmühlen, ein weniger belastendes Klima, und auch die Möglichkeit, daß die Sklaven revoltierten und entflohen, war geringer.

Als die Zuckerproduktion Jamaika erreichte, eine sehr große Insel, auf der eine beträchtliche Anbaufläche zur Verfügung stand, war damit zumindest für England die territoriale Expansion beendet. Zudem befürchtete die englische Zuckerlobby, »allfällige weitere Zuckerrohrfelder würden zu einer Überproduktion führen und die Preise drücken.«[173] Insofern drückt sich im Umstand, daß es zu keiner weiteren Expansion kam, die neu errungene merkantilistische Stärke aus. Dasselbe gilt auch für das Verhalten Frankreichs nach der Erwerbung von St. Domingue.[174] Da die von England und Frankreich kontrollierte Zuckeranbaufläche für weitere hundert Jahre völlig ausreichte, war es nicht mehr nötig, auf Kosten *Spaniens* zu expandieren. Aber nach wie vor bestand sowohl für England als auch für Frankreich ein ganz wesentliches Ziel darin, den Besitz des jeweils anderen zu zerstören, etwa während der drei englisch-französischen Kriege in der Karibik: 1666–1667, 1689–1697 und 1702–1713. Wenn diese gegenseitige Zerstörung nach 1713 verebbte, so lag dies daran, daß die weltweite Nachfrage bis zu diesem

---

171 Bezüglich Klima und Boden siehe Dunn (1972, S. 26–30). Bezüglich Sicherheit vgl. Pares: »Seinen außergewöhnlich friedlichen Werdegang (seit seiner Gründung war es stets unter der gleichen Flagge gesegelt) verdankte Barbados dem Umstand, daß es einige Meilen im Osten der Hauptgruppe der Antillen und damit abseits der Hauptroute nicht nur der Spanier, sondern auch der Kariben lag.« (1960, S. 10.) Sicherheit spielte laut Batie deshalb eine wichtige Rolle, weil die Zuckerproduktion große Investitionen erforderte. »Die Gefahr einer Invasion beunruhigte reiche Investoren ganz besonders, büßten sie doch selbst während des kürzesten Überfalls vom Meer her ein Vermögen in Form von Sklaven und Betriebsanlagen ein.« (1976, S. 15)

172 Sheridan (1969, S. 19). Einer der Nachteile Brasiliens bestand darin, daß es im Landesinneren Gebiete gab, wo sich Gemeinschaften entkommener Sklaven halten konnten. Dies galt besonders für Cairú und Camamú in Bahía. Vgl. Schwartz (1970).

173 Dunn (1972, S. 21). Vgl. dazu auch Davies: »Die fünfzig Jahre nach der Eroberung Jamaikas 1655 waren eher durch eine Konsolidierung als durch eine Ausweitung der englischen Einflußsphäre in der Karibik gekennzeichnet.« (1952b, S. 89)

174 Vgl. Dunn (1972, S. 21).

Zeitpunkt in einem Maß gestiegen war, das der (boomenden) Zuckerproduktion beider Länder Raum bot. »Die Zuckerpflanzer hatten El Dorado schließlich doch noch gefunden.«[175]

In gewissem Sinn war Tabak stets der arme Verwandte des Zuckers – einer, der früh begann und früh verlor. Früher Beginn deshalb, weil es sich um eine »Einstiegspflanze« handelte. Innerhalb eines Jahres war sie erntereif und erforderte wenig Spezialgeräte, wies aber zumindest innerhalb des uns beschäftigenden Zeitraums gewisse gravierende Nachteile auf. Tabak »brachte den Boden um«[176], sogar in höherem Maß als Zucker. Ungefähr alle 25 Jahre mußte man ein Stück weiterziehen. Wirklich praktikabel war der Anbau daher lediglich auf großen Inseln oder in Gebieten, die wie Virgina und Maryland über ein expandierendes Hinterland verfügten.[177] Außerdem war der Weltmarkt für Tabak begrenzter und die Gewinnspanne kleiner als bei Zucker. »Im Unterschied zum Zucker ..., mit dem man innerhalb eines Jahrzehnts ein Vermögen verdienen konnte«, war der Tabak »für eine Goldgräber-Landwirtschaft nicht geeignet.«[178] Wie dem Zucker schrieb man ihm therapeutische Eigenschaften zu. Aber statt eine Arznei zu werden, entwickelte sich der Zucker irgendwann im frühen 17. Jahrhundert zum Massengut, während dies dem Tabak anscheinend erst ein, vielleicht sogar zwei Jahrhunderte später gelang. Die Gründe dafür sind nicht völlig klar, auch wenn zwei Dinge ins Auge springen: Zucker hat einen Nährwert, Tabak nicht; und der Zuckerkonsum wuchs als Ergänzung zum steigenden Kaffee-, Tee- und Kakaokonsum.[179]

---

175 Dunn (1972, S. 23). Wenn die gegenseitigen Kriegszerstörungen schon nicht die Wachstumsrate der Zuckerindustrie bremsen konnten (ein Zeichen für eine beharrlich ansteigende Nachfrage), so wirkten sie sich immerhin auf die gesellschaftliche Organisation der Produktion aus. »Zweifellos schadete auf den englischen Inseln der [lange] Krieg [von 1689 bis 1713] den Bauern und nützte den großen Plantagenbesitzern« (Dunn 1972, S. 147). Vgl. dazu auch Sheridan (1965, S. 299, Tabelle 3) bezüglich der zunehmenden Landkonzentration auf Jamaika zwischen 1670 und 1754.

176 Pares (1960, S. 20).

177 Seltsamerweise wird bei Pares aus diesem Nachteil eine Tugend: »Durch die Erschöpfung ihres Bodens wurden [sowohl Zuckerrohr- als auch Tabak]Pflanzer in Mitleidenschaft gezogen. Am wenigsten litten die Tabakkolonien, da der Besitzer einer ausgelaugten Plantage in einer Entfernung von höchstens einigen hundert Meilen problemlos jungfräulichen Boden erwerben und seine Sklaven dorthin transferieren konnte. ... Zuckerrohrpflanzern bot sich eine solche Zugriffsmöglichkeit in geringerem Maß. Viele der Inseln waren klein« (1960, S. 41). Damit werden allerdings Ursache und Wirkung miteinander vertauscht. Warum wurde überhaupt auf den kleineren Inseln Tabak durch Zuckerrohr ersetzt und sein Anbau auf die größeren Inseln und in das Chesapeake Valley zurückverlegt? In den sechziger Jahren des 17. Jahrhunderts war auf den kleineren Inseln die Umstellung von Tabak auf Zucker endgültig abgeschlossen – vgl. dazu Pares selbst (1960, S. 22) sowie Farnie (1962, S. 210) –, und zwar trotz des Preissturzes bei Zucker zwischen 1645 und 1680 (vgl. Pares 1960, S. 40). Die Vorteile, die der Tabak als »Einstiegspflanze« besaß, wirkten sich, meint Pares, auch in bezug auf die Auslaugung der Böden aus: »Auf einer Zuckerrohrplantage gab es eine größere Zahl schwerer Maschinen, in den bereits bebauten Flächen steckte mehr Kapital, und somit konnte man sie nicht so leicht verlegen wie eine Tabakplantage. Aus diesen Gründen konnte ein Zuckerrohrpflanzer oft unmöglich weg.« (1960, S. 41)

178 Land (1965, S. 647).

179 Ortiz berichtet, wie Tabak in jener Zeit vorwiegend als Mittel zur körperlichen Therapie betrachtet wurde (1947, S. 242–245). Warum Zucker immer beliebter wurde, erklärt Nef folgendermaßen: »Während des 16. und frühen 17. Jahrhunderts entwickelten die Europäer eine Vorliebe für Zucker, wie sie unter zivi-

Im Unterschied zum Zuckerrohr konnte Tabak auch in einem nicht-tropischen Klima angebaut werden und stellte daher in weiten Teilen Europas eine landwirtschaftliche Option dar. Rohrzucker konnte lediglich auf den Mittelmeerinseln erzeugt werden und und hatte diese Gebiete bereits »passiert«. Und obwohl der Tabak die Böden rasch auslaugte, überstieg daher im Fall der Tabakproduktion das weltweite Angebote die weltweite Nachfrage häufiger, als dies bei der Zuckerproduktion der Fall war. Die Situation bei Tabak wurde dadurch noch weiter erschwert, daß die meisten europäischen Regierungen diesen Luxusartikel aufs Korn nahmen, da er sich einfach besteuern, ja sogar durch staatliche Monopole der Steuerpacht unterwerfen ließ. Freilich war dem nicht überall so. Wie es sich für den weltweit führenden Markt für Tabak geziemte, erhoben die Vereinigten Niederlande keine Steuern.[180] Und die einheimische Tabakproduktion florierte dort, speziell während der schlechten Jahre für Getreide.[181] Die meisten Länder unterwarfen den Tabak nicht nur Vorschriften und Steuern, sondern versuchten auch, eine inländische Produktion zu unterbinden. Besonders galt dies für England und Frankreich, höchstwahrscheinlich aus Gründen der fiskalischen Kontrolle: »Die Einhebung von Zöllen auf Tabak, der nach London oder La Rochelle eingeführt wurde, war einfacher als [die Einhebung] von Verbrauchssteuern auf eine Ware, die man in Gloucestershire oder in der Gascogne anbaute.«[182]

Die staatliche Besteuerung traf die amerikanische Tabakerzeugung zunächst schwer, führte sie doch vor allem zu einem »Ansteigen der Preise und einer Einschränkung der Absatzmöglichkeiten«[183]. Dies vor allem deshalb, weil die Erhebung von Zöllen die Erzeugung innerhalb von Europa förderte und damit jenes »hartnäckige ökonomische Problem« verschärfte, von dem die Produktion der westlichen Hemisphäre geplagt wurde, nämlich die »Arbeits- und Transportkosten«[184]. Bis zum frühen 18. Jahrhundert hatte sich

---

lisierten Völkern bis dahin nicht existiert hatte. Zum Teil läßt sich dies mit der Entfaltung der wirtschaftlichen Zivilisation im Norden erklären. Das Obst und Gemüse, das dort wuchs, war weniger saftig als jenes im Mittelmeerraum. Ein guter Geschmack ließ sich dadurch erreichen, daß man es süßte.« (1968, S. 77)

180 Unter den größeren Territorien in Europa waren neben den Vereinigten Niederlanden die Spanischen Niederlande das einzige, das Tabakimporte nicht besteuerte. Vgl. dazu Gray/Wyckoff (1940, S. 4).

181 Vgl. Roessingh: »Langfristig gesehen läßt sich der Aufstieg des Tabakanbaus als Begleiterscheinung der Agrarrezession interpretieren, die von etwa 1650 bis 1750 anhielt. Das Preisverhältnis zwischen einheimischem Tabak und Getreide verschob sich zugunsten des Tabaks, und die Erzeuger reagierten auf diese wirtschaftlichen Veränderungen damit, die Anbaufläche für Tabak zu vergrößern.« (1976, S. 500)

182 Pares (1960, S. 26). Es war jedoch nicht so leicht, der europäischen Tabakproduktion den Garaus zu machen. Beer bemerkt dazu folgendes: »Das erste Verbot englischen Tabaks wurde im Jahr 1620 erlassen, und ... erst nach siebzig Jahren mehr oder weniger beharrlicher Bemühungen und energischer Maßnahmen war dieser Produktionszweig vernichtet.« (1912, S. 145.) Von den Umweltbedingungen her stellten sich dem Tabakanbau in England keinerlei Hindernisse in den Weg. Thirsk bezeichnet die Anbaubedingungen in England als »absolut geeignet« und weist darauf hin, daß man vom zeitlichen Ablauf her dem Anbau lebenswichtiger Nahrungspflanzen nicht in die Quere kam (1974, S. 89).

183 Gray/Wyckoff (1940, S. 4). Daß »sich Virginia verwandelte« schreibt Breen hingegen »dem Anstieg der Tabakpreise ab 1684« zu (1973, S. 13).

184 K. G. Davies (1974, S. 144).

jedoch durch ein besonderes Zusammenwirken von Umständen das Blatt gewendet: Erstens erwies sich das staatliche Vorgehen gegen die europäische Tabakproduktion als relativ erfolgreich. Zweitens stellte sich heraus, daß die englischen Kolonien im Chesapeake Valley innerhalb der westlichen Hemisphäre eine höhere Qualität zu niedrigeren Preisen erzeugten. Und drittens entwickelte sich in England die Wiederausfuhr tropischer Produkte (inklusive Tabak) zu einem der zentralen Wirtschaftsbereiche. Die Engländer betrachteten daher den Tabak schließlich in erster Linie als kommerzielle und nicht als fiskalische Einkommensquelle.[185] Frankreich schlug zur selben Zeit genau den entgegengesetzten Weg ein und machte Tabakabgaben zu einem »wesentlichen Bestandteil der Staatseinnahmen«[186]. Mit Unterstützung von seiten der Regierung wurde Frankreich nach 1720 zum größten Einzelabnehmer von Tabak, der aus Virginia und Maryland stammte und von England reexportiert wurde. Auf einen Schlag kauften die Franzosen ein Viertel der Gesamtproduktion und waren damit zu einem großen Teil für den (zu guter Letzt doch noch eintretenden) Boom und den Konzentrationsprozeß in Erzeugung und Handel verantwortlich.[187]

Ganz am Ende des 17. Jahrhunderts, vermutlich zwischen 1693 und 1695, wurde in Brasilien Gold »entdeckt«.[188] Damit setzte ein Goldexportboom ein, wobei die offiziellen Zahlen, ausgehend von 725 Kilogramm im Jahr 1699, einen Anstieg auf den Höchststand von 14.500 Kilogramm im Jahr 1712 ausweisen. Nach Boxers Schätzungen handelte es sich dabei allerdings lediglich um ein Zehntel bis ein Drittel der tatsächlichen Ausfuhren, der Rest wurde geschmuggelt.[189] Warum wurde in Brasilien gerade damals Gold »entdeckt«? Vilar stellt fest, daß der Beginn des brasilianischen »Goldzyklus« mit der durch die Kriege zwischen 1689 und 1713 hervorgerufenen Inflation in England zusammenfiel. Völlig zu Recht deutet er an, daß Ausweitung des Handels und Inflation in England nicht auf die Goldfunde zurückzuführen waren, sondern eher umgekehrt: daß die Ausweitung des Handels »die Ausbeutung neuer Minen erforderlich machte oder begünstigte und sich daraus das Einsetzen des ›Goldzyklus‹ erklärte.«[190] Diese Sichtwei-

185 Walpole kurbelte 1723 die Wiederausfuhr von Tabak dadurch an, daß er ihn von Zollgebühren befreite (und damit die Preisvorteile des niederländischen und deutschen Tabaks beseitigte). Vgl. dazu J. M. Price (1964, S. 504 f.).

186 J. M. Price (1964, S. 504). »Während die Einnahmen aus Tabak, die der englische König im Jahr 1700 erzielte, etwa doppelt so hoch lagen wie jene des französischen Königs, so waren dessen Einkünfte aus jenem Kraut im Vergleich zu seinem britannischen Vetter bis in die sechziger Jahre des 18. Jahrhunderts ungefähr auf das Vierfache gestiegen.« (S. 503)

187 J. M. Price stellt eine direkte Verbindung zu »jenem Druck [her], den der französische Käufer aufgrund seines Monopsons, d.h. Nachfragemonopols, ausübte.« (1964, S. 506)

188 Boxer (1969b, S. 35).

189 Ebda., S. 59.

190 Vilar (1974, S. 279). Möglicherweise gibt es hier noch einen zweiten Erklärungsansatz. Boxer weist darauf hin, »daß viele Lissabonner Kaufleute angesichts der sinkenden Zuckerpreise im letzten Viertel des 17. Jahrhunderts darauf bestanden, [für Sklaven] nicht in Naturalien [Zucker oder Tabak], sondern bar bezahlt zu werden. Die daraus resultierende Ausfuhr von Geld rief in Brasilien eine ernste Finanzkrise

se wird dadurch untermauert, daß der Schmuggelhandel kaum verheimlicht wurde. Vielmehr wurde er systematisch aufgezogen, um das brasilianische Gold nach England zu schaffen – wobei die portugiesische Wirtschaft praktisch völlig umgangen wurde.

> Nach England gelangte das brasilianische Gold in Kriegs- wie in Friedenszeiten an Bord von Schiffen der Royal Navy sowie mit Hilfe des wöchentlichen Postschiffs zwischen Lissabon und Falmouth. Kriegs- und Postschiffe durften weder vom portugiesischen Zoll noch von anderen Beamten durchsucht werden. Natürlich zogen es die Kaufleute in Lissabon vor, und zwar sowohl die Briten als auch die Nicht-Briten, ihr Gold auf diesem Weg nach England zu übersenden. Seit dem Mittelalter war es nämlich in Portugal streng verboten, Münzen sowie Gold- und Silberbarren auszuführen.[191]

Wie die weiter oben geschilderten Geschehnisse erkennen lassen, hatte die lange Kontraktion der Jahre 1600 bis 1750 nicht einfach eine Involution innerhalb der Peripherie zur Folge. Tatsächlich kam es zur Verlagerung einiger Aktivitäten (insbesondere Getreideproduktion und Weidewirtschaft) aus der Peripherie ins Zentrum (wodurch die Produktion in Osteuropa und Spanisch-Amerika neu ausgerichtet werden mußte, und zwar in Richtung *regionaler* Märkte). Außerdem wurde - teilweise durch direkte Kolonisierung – eine neue periphere Region geschaffen, wo ausschließlich Waren produziert wurden, die man in den Ländern des Zentrums unmöglich erzeugen konnte. Bei jener neuen peripheren Region handelte es sich um den (erweiterten) karibischen Raum, der sich von Nordostbrasilien bis Maryland erstreckte und hauptsächlich Zucker, Tabak und Gold lieferte. Den wirtschaftlichen Gewinn teilten sich die Vereinigten Niederlande, England und Frankreich, also die drei Staaten des Zentrums, wobei die Niederlande bis 1650, die Engländer danach und vor allem ab etwa 1690 stärker profitierten.

Sehen wir uns nun an, welche Klassenstruktur sich in dieser neuen Peripherie herausbildete, insbesondere, welche Form Bourgeoisie und Proletariat annahmen. Die Bourgeoisie peripherer Regionen setzte sich vorwiegend aus dem klassischen Zweigespann »Kaufleute und Plantagenbesitzer« zusammen. In den »alten« Peripherien des europäischen Ostens und äußersten Südens (Sizilien sowie die südlichen Teile Italiens, Spaniens und Portugals) sowie Spanisch-Amerikas überwogen Involutionstendenzen, das Gewerbe gewann wieder an Bedeutung, und man richtete sich auf die regionalen Märkte aus. Es scheint somit auf der Hand zu liegen, daß die Kaufmannsschicht gegenüber den im Produktionssektor tätigen Unternehmern, das heißt den Plantagenbesitzern, an Bedeutung verlor – und zwar egal, ob man den Anteil am Gesamtkapital, der sich in den Händen einer Gruppe konzentrierte, oder die im jeweiligen Bereich erzielte Profitrate oder den

---

hervor« (1969b, S. 26). Dies würde darauf hindeuten, daß für die Gold»funde« sowohl von brasilianischer als auch von englischer Seite her ein Anreiz bestand.

191 Boxer (1969a, S. 460).

politischen Einfluß als Anhaltspunkt hernimmt (sowohl auf lokaler wie globaler Ebene). Daß der Fernhandel zu großen Teilen ausgeschaltet wurde, muß die Kaufmannszirkel schwer getroffen haben, speziell was ihre Verhandlungsmacht gegenüber den *cash-crop*-produzierenden Landbesitzern betraf. Das gesamte System der *internationalen* Schuldknechtschaft (von Plantagenbesitzern gegenüber Kaufleuten) muß verfallen sein, während die *lokale* Schuldknechtschaft (von Bauern gegenüber Grundbesitzern) um sich griff.[192]

Wie stand es jedoch um die »neue« Peripherie im Großraum Karibik? War dies nicht der idealtypische Schauplatz des »Handelskapitalismus«? Es lohnt sich, die Entwicklungen sorgfältig in Augenschein zu nehmen. Beginnen wir mit Richard Pares' ausführlicher Analyse der Investitionen und Kapitalströme zwischen den British West Indies und England im 17. und 18. Jahrhundert und lesen wir sein Resümee:

> Somit kam der Pflanzer sozusagen für seine eigene Versklavung auf. Aus den Profiten der Plantagen speisten sich die Verbindlichkeiten, die auf den Plantagen selbst lasteten. Hier irrte Adam Smith: Der Reichtum der British West Indies stammte nicht zur Gänze aus dem Mutterland. Abgesehen von einigen Darlehen ganz zu Beginn, die lediglich das Getriebe in Gang brachten, war der Reichtum der Karibik-Inseln das Produkt der an Ort und Stelle erzielten Profite; und ein großer Teil davon fand mit etwas Unterstützung durch den britischen Steuerzahler in Großbritannien ein bleibendes Zuhause.[193]

Wie funktionierte dieses System? Ein Punkt sei hier klargestellt: Ich setze mich *nicht* damit auseinander, wie sehr die Ausbeutung der Arbeitskraft in der Karibik zur Kapitalakkumulation in England beitrug. Es geht vielmehr darum, wie die internen Konflikte zwischen den bourgeoisen Schichten jenen Modus beeinflußten, nach dem sie den Mehrwert unter sich aufteilten und schließlich von der Peripherie ins Zentrum leiteten.

Seit Ende des 17. Jahrhunderts und das ganze 18. Jahrhundert hindurch verlagerte sich das Zucker-Geschäft nach England. Dunn hat jedoch eine Stufe übersprungen. Obwohl der karibische Zuckerrohrpflanzer, wie er anmerkt, »ein Unternehmer großen Stils« sowie eine »Kombination aus Farmer und Fabrikant«[194] war, »entwickelte sich die Abwesenheit der Eigentümer [Ende des 17. Jahrhunderts] zu einem bedeutenden Problem«[195]. Das übliche Muster sah anfangs so aus, daß Pflanzer mit relativ kleinem Landbesitz und begrenzten Geldmitteln in einem Gebiet begannen, in das sie

192 Bezüglich einer Darstellung der internationalen Schuldknechtschaft und ihrer Funktionsweise im 16. Jahrhundert siehe Wallerstein (1974, S. 121 f.).

193 Pares (1960, S. 50).

194 Dunn (1972, S. 194). Die Fabrikationsseite umfaßte Mühlen, um den Saft aus dem Rohr zu extrahieren, Sudhäuser, um den Zuckerrohrsaft zu Kristallen einzudampfen, Trockenhäuser, um den Zucker zu trocknen und der Melasse Wasser zu entziehen, Brennereien, um die Melasse in Rum zu verwandeln, sowie Lagerhäuser, um den in Fässer gefüllten Zucker aufzubewahren (vgl. S. 189 f.).

195 Dunn (1972, S. 200).

ausgewandert waren. In europäischen Hafenstädten wie London und Dieppe erhielten sie von Kaufleuten das benötigte Investitionskapital. Statt ein unbesichertes Darlehen zu gewähren, ging ein Kaufmann mit einem kleinen Pflanzer eine Partnerschaft ein (eine Bruderschaft [*mateship*] bzw. – auf französisch – eine *matelotage*). Der Pflanzer bekam Geld für seine eigene Überfahrt und die seiner *indentured servants* (vertragsgebundenen Dienstleuten) sowie für Werkzeug und die ersten Anschaffungen. Der Kaufmann konnte so sein Kapital anlegen und erhielt seine Rendite in Naturalien. Im Gegensatz zu einem System direkter Eigentumsrechte, in dessen Rahmen der »Pflanzer« ein »Agent« wäre, erwies sich das praktizierte für den Kaufmann als äußerst vorteilhaft. »Gegen die Untreue der Agenten – das Hauptrisiko bei allen kolonialen Unternehmungen – war er zum Teil durch die Partnerschaft mit dem Pflanzer geschützt, der dadurch ein echtes Interesse am Florieren des Betriebs hatte.«[196]

Sobald jedoch die Plantagen auf bestimmten Inseln die Produktion aufgenommen hatten, setzte aufgrund der größeren Standfestigkeit, die Großproduzenten angesichts der heftigen Konkurrenz auf dem Weltmarkt bewiesen, ein Konzentrationsprozeß ein. Als sich die Plantagen vergrößerten, gewannen auch die Pflanzer gegenüber den mit ihnen verbundenen Kaufleuten an Gewicht. Dies läßt sich anhand des Konflikts rund um die Navigationsgesetze erkennen. Eine merkantilistische Gesetzgebung schützt gewerblich-industrielle Produzenten und im Reexportbereich tätige Kaufleute, während sie nur selten den Primärgüter-Produzenten in der Peripherie zugute kommt. Mitte des 17. Jahrhunderts, als die Zuckerproduktion auf den britischen Karibikinseln im Vergleich zu anderen Regionen stark entwickelt und der englische Eigenverbrauch relativ gering war, versuchten die kleinen Plantagenbesitzer auf den *British West Indies* mit allen Mitteln, die englischen Kaufleute zu umgehen. Mit Hilfe von Händlern aus Nordamerika, Niederländisch- und Französisch-Westindien, ja sogar aus Irland und Schottland setzten sie ihre Produkte auf dem europäischen Festland ab. Im 18. Jahrhundert verliefen dann die Handelswege in entgegengesetzter Richtung. Die Zuckerproduktion wurde in anderen Regionen ausgeweitet, aufgrund der Schutzzollpolitik stiegen die Preise auf dem englischen Binnenmarkt, und dank des steigenden Lebensstandards sowie des Bevölkerungswachstums nahm in England die Nachfrage zu. Nun waren es die Pflanzer aus nicht-englischen Gebieten, die ihre Waren über Kaufleute von den britischen Karibik-Inseln abzusetzen versuchten. Die Position englischer Plantagenbesitzer wurde dadurch geschwächt, die der Londoner Kaufleute gestärkt.[197]

Wir müssen also drei Phasen unterscheiden. In der ersten Phase standen auf den Karibik-Inseln kleine und schwache Pflanzer relativ großen Kaufleuten gegenüber. Infolge des Konzentrationsprozesses wurden die Planta-

196 Pares (1960, S. 5).

197 Vgl. Sheridan (1957, S. 63–66).

genbesitzer größer und stärker, und auf lokaler Ebene errangen sie auf den Inseln politische Macht.[198] Als sogar noch bedeutsamer erwies sich die Entwicklung des Kommissionssystems: Statt daß der Pflanzer als »Agent« des Kaufmanns fungierte, wurde dieser nun zum »Agenten« des Pflanzers. Das Kommissionssystem wirkte sich dahingehend aus, die kleinen, auf den Inseln ansässigen Kaufleute auszuschalten (im Gegensatz zu den großen englischen Faktoren).[199] Dies hatte den angenehmen Nebeneffekt, daß zwischen den Inseln weniger geschmuggelt wurde. Im Jahr 1707 erwies sich die Westindien-Lobby als stark genug, in Schottland einen regulierten Markt zu schaffen. In Irland und Britisch-Nordamerika gelang dies mit Hilfe des berüchtigten *Molasses Act* (Melasse-Gesetz) aus dem Jahr 1732.[200] Das Kommissionssystem stellte eine direkte Verbindung zwischen den Pflanzern in der Karibik und den Kaufleuten in England her und schaltete damit die als Mittelsmänner fungierenden Händler *in der Peripherie* aus. Der Haupthandelsplatz für Zucker verlagerte sich dadurch aus der Karibik nach Europa. Zwei Faktoren schufen die Voraussetzungen dafür, daß sich das Kommissionssystem herausbildete (und zwar zunächst im Zusammenhang mit der Zuckerproduktion auf Barbados): die im Zuge des Konzentrationsprozesses wachsende Stärke der Plantagenbesitzer sowie der Druck, dem sie aufgrund des Preisverfalls ausgesetzt waren – benötigten sie doch einen höheren Prozentsatz des Profits, um das bisherige Einkommensniveau halten zu können.[201] Das System breitete sich auf andere Inseln aus, und mit dem letzten Jahrzehnt des 17. Jahrhunderts wurde es dann auch im Rahmen der Tabakproduktion angewandt.[202] Unternehmerische Investitionen verschoben sich dadurch zunehmend aus der Sphäre des Handels in jene der Plantagenbesitzer. »Der Pflanzer schickte seine Erzeugnisse heim nach Europa, wo sie vom Kaufmann als seinem Kommissionär gegen Provision verkauft werden sollten. Derselbe Kommissionär kaufte dann wiederum auf Provisionsbasis und gemäß den Anweisungen des Pflanzers, was auf der Plantage benötigt wurde.«[203] Das Kommissionssystem war jedoch nicht überall gebräuchlich:

198 »In den meisten gesetzgebenden Versammlungen auf den Inseln hatten die wohlhabenden Plantagenbesitzer bis zu Beginn des 18. Jahrhunderts die Mehrheit errungen.« (Sheridan 1957, S. 67)

199 »In vielen Teilen des Kolonialreichs begannen die ortsansässigen Kaufleute als Klasse an Stärke einzubüßen oder gar zu verschwinden. Sie überlebten allerdings in Kingston/Jamaika, das über enge Verbindungen zum spanischen Reich verfügte, in Bridgetown/Barbados, wo mit Sklaven große Geschäfte gemacht wurden, sowie auf Martinique, wo sich die *commissionaires* am Handel mit anderen Inseln mästeten. Anderswo nahm ihre Bedeutung beträchtlich ab. Zwar gab es Kaufleute, meist handelte es sich aber um bloße Faktoren, die nordamerikanische Erzeugnisse gegen Provision verkauften.« (Pares 1960, S. 33)

200 »Die Bemühungen der Plantagenbesitzer, den Zuckerpreis zu erhöhen, waren derart erfolgreich, daß Einkäufer [im Jahr 1753] das Parlament um Unterstützung ersuchen mußten.« Sheridan sieht darin die Hauptursache für jene Periode von »Extraprofiten« zwischen den späten dreißiger Jahren des 18. Jahrhunderts und dem Jahr 1763 (1957, S. 81 u. 83).

201 Vgl. K. G. Davies (1952b, S. 101 u. 103 f.). Davies schreibt: »Beim Kommissionssystem handelte es sich ursprünglich um jene Methode, mit der die Zuckerproduktion der großen, intensiv bewirtschafteten und mit hohem Kapitaleinsatz arbeitenden Güter abgesetzt wurde.«

202 Vgl. J. M. Price (1954, S. 506).

203 Pares (1960, S. 33).

Englische Zuckerrohrpflanzer machten es sich zunutze, nicht aber französische Plantagenbesitzer. Im Fall des Virginia-Tabaks erwies sich der Wechsel auf dieses System als vorübergehend, und zwischen 1730 und 1740 kehrten die Pflanzer wieder zu jener Praxis zurück, die früher gegolten hatte. Drei Fragen müssen wir beantworten: Warum tauchte das Kommissionssystem auf den englischen und nicht auf den französischen Inseln auf? Warum vollzogen die Tabakpflanzer in Virginia eine Kehrtwendung? Wie läßt sich der Wechsel unter dem Gesichtspunkt der Profitverteilung interpretieren?

Pares widmet sich der Frage, warum das System bei den Engländern und nicht bei den Franzosen Verwendung fand, und führt dabei zunächst Davies' Erklärung an, daß das Kommissionssystem deshalb entstanden sei, weil *große* Plantagenbesitzer ihre Sklaven bezahlen mußten. In London konnten Kommissionäre diese Zahlungen mit Hilfe von Wechseln leisten, die ihnen dann in Form von Zuckerlieferungen erstattet wurden. Den großen Plantagen-Unternehmern wurde also mit Hilfe des Kommissionssystems Kredit eingeräumt. Da jedoch auch große französische Pflanzer Kredit für Sklaven benötigten, dabei aber kein Kommissionssystem entwickelten, meint Pares, sei ein zusätzlicher Faktor wirksam gewesen: daß nämlich auf den englischen Inseln die Abwesenheit der Eigentümer früher und häufiger vorkam als auf den französischen Inseln.[204] Was bedeutet aber dieser Absentismus? Er ergab sich daraus, daß erfolgreiche Unternehmer sich ihr Glück zunutze machten, und belegt die Stärke ihres Betriebs. Die Funktion dieser Unternehmer verschob sich von der eines Aufsehers zu jener eines Finanzverwalters. Und aufgrund des Umfangs des von ihnen akkumulierten Kapitals war es ihnen möglich, sich auf zweiteres zu spezialisieren (und nebenbei einen größeren Teil ihrer Zeit darauf zu verwenden, ihre Gewinne konsumtiv zu verbrauchen). Das Phänomen des Absentismus (und das daraus sich ergebende Kommissionssystem) trat gerade deshalb auf den englischen und nicht auf den französischen Inseln auf, und eher in Verbindung mit Zucker als mit Tabak, weil sich sowohl die englischen Gebiete als auch der Zucker durch eine höhere Rentabilität auszeichneten.[205]

Die Frage, warum die Tabakpflanzer in Virginia eine Kehrtwendung vollzogen, läßt sich somit teilweise beantworten. Das Auftauchen Frank-

204 Vgl. K. G. Davies (1952b) sowie Pares (1960, S. 33 f.). Pares fügt dann noch an: »Gegen diese Erklärung ist allerdings ein schwerwiegender Einwand ins Treffen zu führen: In den englischen Kolonien konsignierten nicht nur die abwesenden, sondern auch beinahe alle ansässigen Pflanzer ihren Zucker auf eigene Rechnung ins Mutterland.« Die Stichhaltigkeit dieses Einwands vermag ich nicht zu erkennen. Sobald das Modell etabliert war, sprangen kleinere Eigentümer auf den fahrenden Zug auf und fanden in London Kommissionäre, die bereitwillig ihre Geschäfte abwickelten.

205 Land weist darauf hin, daß sich mit Chesapeake-Tabak nicht die gleichen Vermögen erwirtschaften ließen wie mit Zucker aus der Karibik: »Infolgedessen kehrten die Chesapeake-Pflanzer nicht ›nach Hause zurück‹, um dort das einfache Volk mit ihrem Reichtum zu beeindrucken. Ihre Einkünfte stammten in erster Linie aus der Produktionstätigkeit, d.h. der Tabakerzeugung, wodurch sie ein Auskommen hatten, und erst in zweiter Linie aus der einträglicheren Geschäftstätigkeit.« (1965, S. 647.) Mit anderen Worten: Sie konnten sich eine »Spezialisierung« nicht leisten und mußten Aufseher bleiben. J. R. Ward bezweifelt jedoch, daß sich die englischen und französischen Inseln *im 18. Jahrhundert* in puncto Rentabilität merklich voneinander unterschieden. (vgl. 1978, S. 208).

reichs als monopsonistischer Käufer machte es für Tabakpflanzer schwerer, sich aus der Ferne als Unternehmer zu betätigen. Die französischen Aufkäufer waren auf der Suche nach Großlieferanten, und in dieser Funktion boten sich an der Westküste Schottlands angesiedelte (schottische) Firmen an. Während deren Anfahrtsweg zu französischen Häfen um nichts länger war, besaßen sie (gegenüber anderen Gruppen britischer Kaufleute) den Vorteil, näher an Virginia zu liegen und (aufgrund Glasgows semiperipherem Status) niedrigere Arbeitskosten tragen zu müssen. Angesichts des Umstands, daß sie einen großen Markt beliefern mußten, schickten schottische Firmen ihre Agenten ins Chesapeake Valley, umgingen damit die großen Pflanzer, die über Kommissionäre in London verfügten, und erreichten mit ihren in Naturalien rückzahlbaren Darlehen die kleineren Farmer im Landesinneren.[206] Somit verschob sich in diesem Fall das Kräftegleichgewicht innerhalb des Tauschgeschäfts wieder zugunsten des Käufers.

Um die Frage zu beantworten, wohin sich Unternehmerrisiko und -gewinne verlagerten, müssen wir uns abschließend ansehen, was Verschuldung bedeutet. Da diese Verschiebung unter anderem durch den Fall der Zuckerpreise ausgelöst wurde, meint Pares, daß »es sich bei der Position des Unternehmers nicht um eine stolze und einträgliche handelte, die der Pflanzer dem Kaufmann entrissen hatte, sondern um eine bescheidene und undankbare, in die er vom Kaufmann gedrängt worden war.« Es war jedoch offensichtlich *keine* bescheidene und undankbare Rolle, wie Pares selbst anmerkt: »Unter den Reichen der damaligen Zeit stachen neben den indischen Nabobs die fern ihrer Plantagen lebenden Zuckerrohrpflanzer am stärksten hervor.«[207] Versuchen wir nun, eine Verbindung zwischen diesem Faktum und einem anderen herzustellen, nämlich der während des gesamten 18. Jahrhunderts wachsenden Verschuldung der englischen Plantagenbesitzer, und zwar in zunehmendem Maß bei englischen Kaufleuten. Stellt dies nicht einen neuerlichen Umschwung dar, diesmal gegen den Pflanzer und zugunsten des Kaufmanns? Vielleicht. Man kann die finanziellen Arrangements allerdings auch anders interpretieren. Diese Verschuldungsstruktur erwies sich für Kommissionäre nur so lange als nützlich, wie der Zuckersektor florierte. Nun begannen aber die fernab ihrer Plantagen lebenden Pflanzer augenscheinlich, über ihre (Einkommens)Verhältnisse zu leben. »Bei nahezu allen hohen Schulden ... begann es mit einer gewöhnlichen Verschuldung oder einem Kontokorrent und endete als Hypothek. ... Schließlich ... stellte es sich heraus, daß die Höhe der Hypothek bei vielen Besitzungen in der

---

206 Vgl. J. M. Price: »Wollte ein Kaufmann [aus Glasgow] mehr Tabak haben, so mußte er lediglich die den Pflanzern eingeräumte Kreditmenge ausweiten, woraufhin der zusätzliche Tabak zur Erntezeit angeliefert wurde. Somit wurde durch die schottischen und andere Darlehen eine eigene Tabakzulieferung aufgebaut, und zwar auf viel effizientere Weise, als dies mit Hilfe des Preismechanismus möglich gewesen wäre. Und hinter dem Kredit der Schotten standen die französischen Abnehmer.« (1964, S. 509)

207 Pares (1960, S. 35 u. 38).

Karibik über dem tatsächlichen Wert lag.«[208] Wir wissen, daß die Erträge bei Zuckerrohr (und Tabak) mit der Zeit durch die Erschöpfung der Böden zurückgingen. Nach einer Anfangsphase, in der Betriebe mit Hilfe von Kaufleuten errichtet wurden, sowic einer zweiten Phase, in der es zu einer Landkonzentration kam und die Pflanzer bei der Realisierung der Profite den Ton angaben, – gab es da nicht eine dritte Phase, in der Plantagen in Anbetracht des unvermeidlichen Niedergangs von ihren anderswo weilenden Besitzern, denen es nicht gelang, das Kapital auf gleichbleibendem Niveau zu reproduzieren, zur Ader gelassen wurden? Die Besitzer teilten sich diese übermäßigen Gewinne natürlich mit ihren Kommissionären. Aber bei einem derartigen Arrangement handelt es sich nicht um die Vorherrschaft von Kaufleuten in einer vorindustriellen Epoche, sondern um jene Form, die Profite in jener Periode annehmen, die auf eine Zeit maximaler Produktivität und relativer Effizienz *folgt.*[209]

Nun müssen wir uns der zweiten Hälfte dieser Gleichung zuwenden: der Zufuhr von Arbeitskräften, die eine Steigerung der Produktionseffizienz bewirkte. Daß Zucker und Sklaverei »eng miteinander verbunden«[210] waren, ist eigentlich eine Binsenweisheit. Tatsache ist indes, daß die ersten Versuche, in der Karibik Zuckerrohr und Tabak anzupflanzen, beinahe immer auf dem Einsatz von vertragsgebundenen Arbeitern (*indentured labor*), und nicht von Sklaven, basierte. Erst gegen Ende des 17. Jahrhunderts wurde die Sklaverei auf den Inseln zur typischen Arbeitsform, und für die südlichen Kolonien auf dem nordamerikanischen Festland läßt sich dies erst für das frühe 18. Jahrhundert behaupten.[211] Wie sehr sich die beiden Arbeitsformen in ihrem rechtlichen Status voneinander unterschieden, ist Gegenstand von Auseinandersetzungen zwischen jenen Wissenschaftlern, die (wie etwa Ralph Davis[212]) herausstreichen, daß es sich bei Vertragsarbeit um zeitlich begrenzte *Sklaverei* handelte, und andererseits jenen, die (wie etwa K. G. Davies[213]) daran erinnern, daß es sich eben nur um *zeitlich begrenzte* Sklaverei handelte. In Wirklichkeit geht es um eine ökonomische Frage: Welche

208 Pares (1960, S. 48 f.).

209 Wenn also Sheridan schreibt, »daß die Plantagenwirtschaft Jamaikas offensichtlich unter die Kontrolle einer Gruppe aus Londoner Kaufleuten und außer Landes lebenden Pflanzern geriet und daß die großen Familienvermögen viel enger mit Handels- und Finanzgeschäften verbunden waren als mit der tropischen Landwirtschaft« (1965, S. 309 f.), so hat er damit, was die spätere Periode betrifft, recht. Aber er berücksichtigt dabei nicht, daß diese *spätere* Phase nur durch die vorangegangene Periode wettbewerbsfähiger Produktionseffizienz möglich wurde.

210 Masefield (1967, S. 290).

211 Vgl. Davis (1973b, S. 134). Breen hingegen nimmt den Wendepunkt im Fall Virginia für das Jahr 1680 an, als »englische Kompanien die Fähigkeit entwickelten, Neger direkt aus Afrika in die Festlandkolonien zu verschiffen« (1973, S. 14). Außerdem weist er darauf hin, daß England im Jahr 1682 neue Bestimmungen für die Rekrutierung von *indentured servants* (vertragsgebundenen Dienstleuten) erließ, wonach alle Verträge die Unterschrift eines in England ansässigen Richters tragen mußten und bei Verträgen für Kinder unter 14 Jahren die Einwilligung der Eltern erforderlich war.

212 Davis (1973b, S. 130).

213 Vgl. K. G. Davies (1974, S. 107).

langfristigen Kostenvor- und -nachteile hatte man jeweils zu gewärtigen? Es läßt sich unschwer erkennen, warum die ersten Unternehmer in der Karibik Vertragsarbeitern gegenüber Sklaven den Vorzug gaben. Der wichtigste und vermutlich entscheidende Grund lag im viel niedrigeren Anfangskapital, das in diesem Fall aufzuwenden war. Zu jener Zeit mußten einem *indentured servant* etwa 5 bis 10 Pfund für die Überfahrt vorgestreckt werden, während ein afrikanischer Sklave zwischen 20 und 25 Pfund kostete.[214] Selbst wenn bei Sklaven die späteren Ausgaben für Nahrung und Bekleidung niedriger lagen, und selbst wenn sich die Auslagen für einen Vertragsarbeiter innerhalb eines Zeitraums von etwa drei bis vier Jahren amortisierten, so stellte sich dennoch das Problem, am Anfang über liquides Kapital zu verfügen.

Natürlich mußte man auf ein entsprechendes Arbeitskräftepotential zurückgreifen können. Wer kam eigentlich als vertragsgebundener Arbeiter (*indentured laborer/engagé*) in die westliche Hemisphäre? Im großen und ganzen waren diese Menschen ziemlich jung, meist Jugendliche, Kinder von Lohnarbeitern oder aus der unteren Mittelschicht. Sofern sie nicht zwangsverpflichtet wurden, wurden sie von den Unbilden unsicherer Landstriche und sicherer Schwerarbeit deshalb angelockt, weil ihnen nach Ableistung ihres Dienstes durch die Übereignung von Land ein gewisser sozialer Aufstieg winkte. Gelegentlich wird behauptet, daß sie geschickter gewesen seien als afrikanische Sklaven. Angesichts ihres Alters und ihrer Erfahrung erscheint dies allerdings eher zweifelhaft, ja, man könnte sogar gute Gründe für die entgegengesetzte Position geltend machen. Um einem Arbeiter eine effiziente Arbeitsweise beizubringen, waren mehrere Jahre nötig, und gerade wenn sich Vertragsarbeiter »gewisse Kenntnisse angeeignet«[215] hatten, verließen sie ihre Dienstherren. Afrikanische Sklaven hingegen blieben auch nach dem Ende ihrer Ausbildungszeit erhalten. Geht es nicht genau um diesen Punkt, wenn es heißt, die Entscheidung von Barbados, Sklavenarbeit einzusetzen, erkläre sich aus der Suche nach »stabileren, verläßlicheren Arbeitskräften«[216]?

Wodurch veränderte sich jene Konstellation, die bis dahin die Verwendung von Vertragsarbeit begünstigt hatte? In erster Linie lag dies daran, daß durch die Kombination aus zunehmender Landkonzentration und (als Folge erschöpfter Böden) Umschichtung von Land »guter herrenloser Boden« zur Neige ging[217], – und auf diesem beruhte die gesamte Abmachung. Folglich hielt die Sklaverei auf den Zuckerrohrplantagen früher Einzug als auf den

---

214 Vgl. Pares (1960, S. 19). Vgl. dazu auch Phelan: »Negersklaven erforderten einen hohen Kapitalaufwand.« (1959, S. 191)

215 Pares (1960, S. 19).

216 Dunn (1972, S. 72). Um den Umschwung auf den französischen Antillen zu erklären, führt Debien an, daß es sich bei den *engagés* um »eine mobile Bevölkerungsgruppe« gehandelt habe (1942, S. 74).

217 Davis (1973b, S. 131). Daß sich Vertragsarbeit in Französisch-Kanada, und nicht auf den französischen Antillen, hielt, liegt genau daran, daß der Boden in Kanada nicht zu Ende ging. Vgl. Dermigny (1950, S. 236).

Tabakplantagen und auf den Karibikinseln stärker als im Süden des nordamerikanischen Festlands.[218] Warum sollte ein Vertragsarbeiter den brutalen Dienst auf der Plantage auf sich nehmen, wenn keine Aussicht auf die erhoffte Vergütung bestand? Sobald der stockende Arbeitskräftenachschub mit einer steigenden Nachfrage zusammenfiel, kam es unweigerlich zur Einführung der Sklaverei. Selbst wenn dies nicht »unbedingt die billigste oder effizienteste Form [darstellte], eine Zuckerrohrplantage zu betreiben, ... so handelte es sich doch um die *einzig mögliche*, sobald man keine weißen Dienstleute mehr anlocken konnte.«[219] Es ist somit kein Zufall, daß die *Substituierung durch* Sklaven normalerweise mit *Boom*-Perioden in Verbindung gebracht wird.[220] Warum Sklaven die zwangsverpflichteten Dienstleute aus Europa als Arbeitskräfte ersetzten, ist relativ einfach zu erklären. Aber warum Afrikaner? Warum keine indianischen Sklaven? Und warum wurde das System der Schuldknechtschaft bei Indianern (und Mestizen) nicht im karibischen Großraum angewandt, so wie dies in einem großen Teil Spanisch-Amerikas der Fall war?

Zunächst wurden Indianer auch tatsächlich als Sklaven eingesetzt, aber in zahlreichen Darstellungen ist davon die Rede, daß sie »in Gefangenschaft rasch starben«[221], wobei sie sich »als unfähig erwiesen, sich ... den Lebensbedingungen in den Zuckermühlen anzupassen.«[222] Auch in chilenischen

---

218 Da Tabak ein »feines Urteilsvermögen« erfordert habe und daher »nicht so einfach mechanisch arbeitenden Sklaven anvertraut werden konnte«, meint Pares an einer Stelle, daß er ein »Produkt des freien Mannes« gewesen sei. »Die Erfahrung in Virginia zeigt«, gesteht er dann jedoch ein, »daß Tabak auch auf Sklavenplantagen angepflanzt werden konnte« (1960, S. 21).

219 Davis (1973b, S. 133, Hervorhebung I. W.). Zwischen den *Servant Plots* des Jahres 1667 und den *tobacco riots* von 1682 gab es nach Angaben von Allen in Virginia zehn Volks- bzw. Bedienstetenaufstände (oder entsprechende Verschwörungen), wobei der *Bacon's Rebellion* vom April 1676 entscheidende Bedeutung zukam. Laut Allen hielten es die Pflanzer für notwendig, die Arbeiterklasse zu spalten, indem sie den weißen Arbeitern einen anderen Status einräumten. Daher »erfolgte die Umstellung auf afrikanische Arbeitskräfte nach dem Jahr 1685 sehr plötzlich« (1975, S. 49). Menard weist darauf hin, daß »die Kosten für Vertragsarbeiter in den späten siebziger Jahren des 17. Jahrhunderts zu steigen begannen« (1978, S. 24). Etwa um das Jahr 1700 führte die verstärkte Nachfrage nach Sklaven zu höheren Preisen, und um diese zu senken, »bildeten in der Folge jüngere Sklaven und Frauen einen immer größeren Teil der Gesamtladung« (Galenson 1979, S. 247).

220 Siehe Dunn (1972, S. 59) hinsichtlich der Auswirkungen des Zucker-Booms zwischen 1640 und 1660 sowie Farnie (1962, S. 208) bezüglich der Auswirkungen des Tabak-Booms zwischen 1680 und 1700. Zusätzlich zum sinkenden Nachschub an europäischen und der steigenden Nachfrage nach Arbeitskräften generell führt Curtin einen dritten Faktor ins Treffen: die unterschiedliche Anfälligkeit für Krankheiten. Afrikaner besaßen »den enormen Vorteil, aus einer Umgebung zu stammen, wo sowohl tropische als auch eine ganze Reihe afro-eurasischer Krankheiten vorkamen« (1971, S. 253). Laut Curtin lag in der Karibik die Sterberate europäischer Arbeiter dreimal höher als jene der afrikanischen. In einem früheren Artikel bezifferte er dieses Verhältnis auf 4:1 und kam zu dem Ergebnis, daß unter der Annahme »ungefähr gleicher Unterhaltskosten [für Sklaven und vertragsgebundene Dienstleute (*indentured servants*)] der Sklave auch dann noch vorzuziehen war, wenn er das Dreifache des Europäers kostete« (1968, S. 207).

221 Boxer (1952, S. 223).

222 Viana (1940, S. 11). Natürlich zeigten die Afrikaner in Wirklichkeit dieselbe »Unfähigkeit« und starben ebenfalls. Schwartz erinnert an folgendes: Die Lebensbedingungen von Sklaven in der Zeit des Zucker-Booms (1570–1670) wurden in Brasilien mit dem Adjektiv »höllisch« belegt. Vier Stunden Schlaf waren in der Erntezeit die Regel, und »bei der Behandlung der Sklaven bestand das vorherrschende

Bergwerken verwendete man sie anfangs als Sklaven[223], ersetzte sie jedoch ab 1589 durch afrikanische Sklaven. Dies war für Mellafe »einer der grundlegenden Faktoren, der den Fortbestand der [spanischen Ansiedlung] in Chile ermöglichte.«[224] In jenen Gebieten, wo anstelle indianischer Arbeitskräfte afrikanische Sklaven Verwendung fanden, waren entweder die indianischen Völker vorwiegend Jäger und Sammler gewesen (wie auf den Kleinen Antillen) oder es hatte sich im Bereich der Landwirtschaft noch keine klare Klassenstruktur herausgebildet (so wie bei den Arawak bzw. Taino auf den Großen Antillen). Genau solche Völker vermochten sich disziplinierter Arbeit »nicht anzupassen« und »starben aus«.[225] Wo jedoch redistributive Produktionsweisen bestanden hatten, war die indianische Bevölkerung in Klassen unterteilt, und die unteren Schichten produzierten bereits ein – hierarchisch in Beschlag genommenes – Mehrprodukt. Sie konnten deshalb relativ erfolgreich dazu gezwungen werden, diese Produktion in abgeänderter Form zugunsten europäischer Expropriateure weiterzuführen, und zwar speziell dann, wenn ihre früheren Herren kooperierten – daher auch das *repartimiento*, die *mita* und schließlich die Entwicklung der Schuldknechtschaft, vor allem in Neuspanien, Guatemala und Peru.[226]

Wenn indianische Arbeitskräfte nur dort durch afrikanische Sklaven ersetzt wurden, wo Indianer keiner Art von Zwangsarbeit unterworfen werden konnten, dann muß es sich bei der Sklaverei um einen Notbehelf gehandelt haben. Dies läßt sich lediglich damit erklären, daß in der kommerziellen Produktion – egal ob in Landwirtschaft, Bergbau oder im industriellen Bereich – der Einsatz von Zwangsarbeitern *weniger kostete* als die Verwendung von Sklaven.[227] Wie kommt es, daß Arbeitskräfte, die (wenn auch nur

---

Konzept darin, eine möglichst große Arbeitsleistung zu möglichst geringen Kosten herausholen.« (1970, S. 316)

223 Vgl. Romano (1970, S. 133).

224 Mellafe (1959, S. 252 f.).

225 Bezüglich der Lage auf Hispaniola schreibt Dupuy: »Gesellschaftsstruktur und Produktionsorganisation waren bei den Arawak nicht durch Ausbeutung und Unterwerfung einer Klasse durch eine andere gekennzeichnet. Die Produktionsverhältnisse zeichneten sich in dieser Gesellschaft durch das Überwiegen von Gebrauchswerten und das völlige Fehlen von Tauschwerten, d.h. einer Warenproduktion, aus. ... Es war daher besser, in den Bergen zu verhungern, als von fremden Kolonialherren versklavt zu sterben.« (1976, S. 22)

226 Vgl. Romano (1970, S. 130). Brading und Cross machen darauf aufmerksam, daß sich in den peruanischen Minen die Zwangsarbeit länger hielt (bis 1812) als in den mexikanischen, wo sich die indianische Bevölkerung in katastrophalem Umfang verringerte. Im 18. Jahrhundert hatten daher mexikanische Bergarbeiter ein relativ hohes Lohnniveau erreicht und rekrutierten sich aus der Mestizen-, Mulatten- und der akkulturierten indianischen Bevölkerung. » Die Ursachen für dieses Auseinanderklaffen sind nicht völlig klar, ... man ist jedoch versucht, solche Ursachen in der grundverschiedenen Entwicklung der beiden indianischen Bevölkerungsgruppen ebenso zu suchen wie in der unterschiedlichen Lage der Hauptlagerstätten, die sich für eine permanente Ansiedlung eignete.« (1972, S. 557.) Bakewell macht geltend, daß bereits im 17. Jahrhundert »die dominierende Beziehung ... zwischen Spaniern und Indianern in Zacatecas ... jene zwischen Dienstherrn und Dienstnehmer war« (1976, S. 217). Im Unterschied dazu spricht Céspedes von der »fügsamen Eingeborenenbevölkerung von Peru« (1947, S. 39).

227 Genau das wird von Oberem behauptet, wobei er für Ecuador die bei der Verwendung von *conciertos* (Schuldknechten) anfallenden Kosten mit denen des Einsatzes afrikanischer Sklaven vergleicht. Er definiert *conciertos* als »Quasi-Sklaven«, konnte man sie doch sogar »kaufen« (1967, S. 767–770).

für einen Teil ihrer Arbeit) »Löhne« erhielten – wie zum Beispiel Zwangsarbeiter in der kommerziellen Produktion –, geringere Kosten verursachten als Arbeitskräfte, die ausschließlich in Naturalien entlohnt wurden, und dies keineswegs großzügig? Wenn es sich nur um die unterschiedlichen Anschaffungskosten gehandelt hätte, die dem Dienstherren entstanden, so hätten sich diese vielleicht im Lauf der Zeit amortisiert. Aber es ging auch darum, daß die für den Markt produzierenden Zwangsarbeiter und deren Verwandte einen Teil ihrer »Löhne« in Form von Nahrungsmitteln auf Böden produzierten, die sich nicht in Händen des Dienstherren befanden. Um diesen Produktionsertrag verringerten sich daraufhin die dem Dienstherren entstehenden Lohnkosten. Setzte man Sklavenarbeit ein, so lagen die laufenden Kosten dieser Arbeitskräfte *höher* als diejenigen für Zwangsarbeit.[228]

Auf diese Konstellation ist es zurückzuführen, daß im karibischen Großraum, in der neuen Peripherie der Periode 1600 bis 1750, nicht Lohnarbeit, Verpachtung oder für den Markt produzierende Zwangsarbeit die elementare Organisationsform[229] proletarischer Arbeit bildete, sondern die Sklaverei. Für die bourgeoisen Produzenten, die sowohl mit Hilfe des Rechtssystems als auch mit Hilfe des Marktes die grundlegenden Produktionsverhältnisse innerhalb der Region gestalteten, erwies sich die Sklaverei in Anbetracht der politischen Verhältnisse jener Epoche wirtschaftlich gesehen als optimal.

---

228 Aus diesem Grund kann ich D. Hall nicht zustimmen, der Sklaven als »Kapitalausstattung« betrachtet und daher meint, man könne die Kosten von Sklavenarbeit und freier Arbeit nicht miteinander vergleichen, da es sich dabei eigentlich um die Vermischung von Lohn- durch Kapitalaufwand handelt (1962, S. 309). Hätte es sich nur darum gehandelt, so wäre es, wie Land auch tatsächlich argumentiert, aus Sicht der Tabakpflanzer in Virginia unvernünftig gewesen, Sklaven zu verwenden. Laut Land »zogen sie es [im 17. und 18. Jahrhundert] eindeutig vor«, die Produktion statt mittels technologischer Verbesserungen mit Hilfe zusätzlicher Sklavenarbeit auszuweiten, und »verhinderten auf diese Weise technologischen Wandel« (1969, S. 75 u. 79). Dies stimmt mit dem überein, was W. Barrett hinsichtlich der Zuckerrohrplantagen auf den British West Indies feststellt: »... es gibt keinerlei Hinweis darauf, ... daß durch Großproduktion erzielbare Kosteneinsparungen (*economies of scale*) zur gängigen Praxis zählten« (1965, S. 167).
Die Vorliebe selbst (für Sklavenarbeit) bleibt so jedoch ohne Erklärung, im Bereich des »Kulturellen« angesiedelt und daher ökonomisch irrational. Das erscheint mir als analytisches Versagen. In einem gewissen Sinn handelt es sich bei allen Lohnkosten um Kapitalaufwand. Es geht immer um die optimale Kombination zwischen Maschinen (tote Arbeit) und lebender Arbeit. Es wäre interessant zu wissen, wann es *auf kurze Sicht* am günstigsten und politisch machbar ist, als Alternative zu a) Lohnarbeit, b) Zwangsarbeit im Rahmen kommerzieller Produktion und c) zusätzlichen Maschinen Sklavenarbeit einzusetzen. Eine Antwort wird noch schwerer, wenn wir uns vor Augen halten, daß Sklaven sich auf vielen Gebieten als Verkäufer in die Geldwirtschaft einklinken und Kapital akkumulieren konnten. Wie konnten sich sonst auch, fragt Schwartz (vgl. 1974, S. 628 f.), brasilianische Sklaven selbst freikaufen? Mintz weist darauf hin, daß »bis zum frühen 18. Jahrhundert auf den [jamaikanischen] Marktplätzen ein reger Handel entstanden war, wo Sklaven eigene Produkte kauften und verkauften.« (1964, S. 251)

229 Elementare Form heißt nicht einzige Form. Der Grundtenor von Schwartz' Aufsatz über die *lavradores de cana* in den Zuckergebieten Brasiliens geht in die Richtung, daß deren Pachtverträge, ja selbst Eigentumsrechte für die Großgrundbesitzer lediglich eine andere Form der Ausbeutung von Arbeitskraft darstellten. Der Nutzen dieser Variante schwankte je nach Wirtschaftslage. »Eine Methode, den Kapitalaufwand zu reduzieren und vielleicht auch eine gründliche Aufsicht über den *engenho*-Besitz sicherzustellen, stellte in der Phase des Konjunkturaufschwungs ... der Einsatz von Zuckerrohrbauern dar.« (1973, S. 193 f.)

Kapitel 5:
Semiperipherien am Scheideweg

Eine Konstante innerhalb einer kapitalistischen Weltwirtschaft ist die hierarchische (und räumlich gegliederte) Arbeitsteilung. Eine zweite besteht jedoch darin, daß sich die Standorte wirtschaftlicher Aktivitäten und infolgedessen die Stellung bestimmter geographischer Zonen innerhalb des Weltsystems verschieben. Daß sich die relative ökonomische Stärke von Orten, Regionen und Staaten regelmäßig – aber keineswegs ständig – verändert, kann aus Perspektive der Staatsapparate als eine Art Auf- oder Abwärts»mobilität« des als Einheit begriffenen Staates aufgefaßt werden (und wird meist auch so aufgefaßt). Bewertet wird diese Veränderung in Relation zu anderen Staaten innerhalb des internationalen Systems. Im 20. Jahrhundert spricht man von der »Entwicklung« eines Staates, im 17. Jahrhundert war vom »Reichtum« eines Königreichs die Rede – doch deutlicher als wir heute erkannten die Menschen damals, daß, zumindest im Rahmen des modernen Weltsystems, als Maßzahl nicht Kardinalia, sondern Ordinalia dienen. Zu Positionsveränderungen kommt es besonders in Momenten eines allgemeinen Konjunkturrückgangs oder in Stagnationsphasen. Im mittleren Bereich der Hierarchie, in der Semiperipherie also, wird eine solche Veränderung in erster Linie durch staatliches Handeln beeinflußt und bewirkt. Und semiperiphere Staaten sind es für gewöhnlich auch, die Abstieg und Aufstieg erleben.

Das klingt voluntaristisch, und bis zu einem gewissen Grad ist es das auch. Mit dem, was vor sich geht, hat intelligente staatliche Politik viel zu tun. Zwei Warnungen sind an dieser Stelle dennoch vonnöten: Erstens handelt es sich bei staatlicher Politik nicht um eine Hauptantriebskraft, sondern um einen Interventionsprozeß; zweitens kann nicht ein bestimmtes Maßnahmenbündel von jedem Staatsapparat mit der gleichen Aussicht auf Erfolg eingesetzt werden. Ganz im Gegenteil. Auch wenn es viele versuchen, so gelingt es doch nur einigen wenigen, die Position ihres Staates innerhalb der weltweiten Arbeitsteilung zu verändern. Dies deshalb, weil gerade der Erfolg des einen die Möglichkeiten und Auswege der anderen verbaut. Im 17. Jahrhundert verloren zahlreiche semiperiphere Gebiete an Boden: Spanien, Portugal, das alte »Rückgrat« von Europa (von Flandern über West- und Süddeutschland bis Norditalien). Aber ein paar Gebiete gewannen auch an Boden, vor allem Schweden, Brandenburg-Preußen sowie die »nördlichen« Kolonien in Britisch-Nordamerika (New England und die Mittelatlantik-Kolonien). Die erstgenannte Gruppe durchlief viele jener Entwicklungen, die wir bereits am Beispiel peripherer Regionen beschrieben haben, auch wenn aus verschiedenen Gründen wesentliche strukturelle Unterschiede zu diesen Regionen fortbestanden. Die zweite Gruppe stand in dieser Epoche gerade am Anfang ihrer Anstrengungen, Teil des Zentrums der Weltökonomie zu werden, und es war eine große Leistung, diesen Weg überhaupt einzuschlagen. Ganz zu schweigen davon, daß diese Länder nicht wie die meisten peripheren und semiperipheren Gebiete noch weiter hinter dem Zentrum zurückblieben, sondern die schwierige Gesamtlage der Weltwirtschaft zu ihrem eigenen Vorteil nutzten.

In diesem Zusammenhang erwies sich der »Niedergang« Spaniens als spektakulärstes Phänomen des 17. Jahrhunderts und wurde sogar von den Zeitgenossen wahrgenommen. Wie wir an anderer Stelle gesehen haben, lagen die Ursachen tief in den wirtschaflichen und politischen Strukturen Spaniens begründet, und die relative Schwäche bestand bereits während des 16. Jahrhunderts.[1] Spaniens militärische Stärke und sein bloßer Reichtum an Edelmetall hatten diese Schwächen zum Teil überdeckt, aber die weltwirtschaftliche Trendwende brachte die Fassade zum Einstürzen und offenbarte die Schwachstellen nicht nur den Spaniern selbst, sondern der ganzen Welt. Wenn man schon unbedingt ein Datum benötigt, so eignet sich vielleicht am besten das Jahr 1596, als Philipp II. seinen zweiten Staatsbankrott erlebte. Dieser Bankrott »bedeutete mehr als das Ende der finanziellen Vormachtstellung Nordkastiliens. Er bedeutete das Ende der imperialen Träume Philipps II.«[2] Die traditionelle Geschichtsschreibung zeichnet vom Spanien des 17. Jahrhunderts ein Bild des wirtschaftlichen Verfalls. Earl Hamilton hielt dies zwar für eine Übertreibung, aber dennoch, so Hamilton weiter, stellte das 17. Jahrhundert »einen Tiefpunkt in den Annalen der spanischen Wirtschaftsgeschichte«[3] dar. Was wissen wir über die spanische Agrarproduktion jener Zeit? Wir könnten auf jeden Fall mehr wissen.[4] Das 17. Jahrhundert

---

1 Hinsichtlich einer Darstellung der Strukturen Spaniens im 16. Jahrhundert siehe Wallerstein (1974, Kapitel 5). Die Selbstwahrnehmung spanischer Intellektueller in bezug auf ihre *decadencia* schildert Elliott (1977).

2 Elliott (1966, S. 283). Ruiz Martín datiert das »Jahrhundert des Niedergangs« auf die Zeit zwischen 1586 und 1680 oder 1690 (1970, S. 43). Manchmal jedoch sind weitere Ereignisse und weitere 50 Jahre vonnöten, bis die Beteiligten die Realität anzuerkennen bereit sind. »Die Niederlage der spanischen Infanterie bei Rocroi am 19. Mai 1643 schien den Niedergang jenes Militärsystems zu symbolisieren, auf das sich die spanische Herrschaft so lange gestützt hatte. Nun fehlten dem Land sowohl die Armeen als auch die Führer, um aus der neuen internationalen Situation Kapital schlagen zu können.« (S. 345.) Für Stradling »erreichte die Erniedrigung [erst 1668] mit der formellen Anerkennung der portugiesischen Unabhängigkeit einen Gipfel. Das Weltreich Philipps II. gehörte damit der Vergangenheit an.« (1979, S. 182.) Am Ende des 17. Jahrhunderts, schreibt G. Desdevises du Dézert, »existierte die spanische Militärmacht nur noch in der Erinnerung« (1927, S. 354). Vgl. dazu auch E. J. Hamilton (1943, S. 192).

3 E. J. Hamilton (1935, S. 111). Ähnlich meint auch José Gentil da Silva, daß ein »Niedergang« stattgefunden habe, auch wenn dieser Ausdruck vielleicht »zu simpel« sei (1965, S. 175–179). Zwei kürzlich erschienene Aufsätze stellen diese Denktradition von entgegengesetzten Positionen aus in Frage. Für Kamen stellte das 17. Jahrhundert deshalb keine Zeit des Niedergangs dar, weil Spanien seit dem 15. Jahrhundert »abhängig« gewesen sei und es daher »schwer einzusehen sei, wie ein derartig unterentwickeltes Land, bevor es jemals zu Wohlstand gelangte, einen ›Niedergang‹ erleben konnte« (1978, S. 35 u. 41). Nach Ansicht Stradlings bestanden »Macht und Machtstrukturen Spaniens bis in die sechziger Jahre des 17. Jahrhunderts« weiter, und zumindest bis zu diesem Zeitpunkt »war kein Gegner oder gegnerisches Bündnis stark und organisiert genug, um [Spanien] den Todesstoß ... zu versetzen.« (1979, S. 167 u. 171.) Stradling greift damit Henri Hausers Datierung der »spanischen Vormachtstellung« (1550–1650) wieder auf.

4 Vgl. J. H. Elliotts diesbezügliche, 1961 erhobene Klage, die von Weisser zitiert und wiederholt wird (1973, S. 615).

wurde zu einer Periode »unbebauter und nicht bewässerter Felder [und] einer akuten Verknappung des Viehbestands«[5]. Im ersten Drittel des 17. Jahrhunderts gab es heftige Diskussionen über die zu intensive Nutzung der Böden, über die jährliche Bebauung anstelle der Dreifelderwirtschaft und über die in der Folge auftretende Erschöpfung des Bodens. Weizen wurde durch weniger hochwertige Getreidesorten – Rispenhirse, Sorghum und Gerste – sowie durch Mais ersetzt,[6] was an entsprechende Entwicklungen in der Peripherie erinnert. Die Ausweitung der Weinproduktion auf Kosten von Getreide war so wie in Südfrankreich derart verbreitet, daß die Menschen anfingen, sich Weizen im Tausch für Wein zu beschaffen.[7]

Mit den Umstellungen bei den Anbauprodukten ging ein Rückgang der Exportmenge einher. »Als Rohstoffexporteur schnitt Spanien« im 17. Jahrhundert allgemein »keineswegs beeindruckend ab.«[8] Im 16. Jahrhundert war Spanien jedoch noch kein peripheres, auf den Export von Rohstoffen beschränktes Land gewesen, sondern ein Zentrum der gewerblichen Produktion. In diesem Bereich war der Niedergang noch frappierender, wobei es die Textilerzeugung am schwersten traf. In den zwanzig Jahren zwischen 1600 und 1620 wurde Toledo als Zentrum der spanischen Seiden- und Leinenproduktion praktisch ausgelöscht.[9] Genauso erging es Segovia und Cuenca. Aber nicht nur die Textilproduktion verfiel, sondern auch das Hüttenwesen und der Schiffbau. In allen drei dieser »Wachstumsindustrien« des frühneuzeitlichen Europa »verlor [die spanische Wirtschaft] ihre Exportmärkte ebenso wie einen großen Teil der Absatzmöglichkeiten im eigenen Land und in den Kolonien. Verloren gingen diese Märkte an die Engländer, Franzosen und

---

5 E. J. Hamilton (1935, S. 111). Produktionskurven, die für Segovia erstellt wurden, »bestätigen eher jene Interpretationen ..., die das 17. Jahrhundert als das Jahrhundert des ›Verfalls‹ oder der ›Stagnation‹ begreifen.« (Anes Alvarez/Le Flem 1965, S. 16)

6 Vgl. da Silva (1965, S. 156–158); vgl. auch Anes Alvarez/Le Flem (1965, S. 18–19) bezüglich der relativen Zunahme der Roggen- und Haferproduktion und der Überbeanspruchung des Bodens, die durch die unzureichende Zufuhr von Humus und Dünger bedingt war. Die beiden weisen auch darauf hin, daß der Anbau von Roggen einen geringeren Arbeitsaufwand erforderte.

7 da Silva (1965, S. 158–160).

8 Lynch (1969, S. 153).

9 Vgl. Weisser, der es vorzieht, dies nicht im Sinne E. J. Hamiltons auf »die Bedeutung *externer* Faktoren (d.h. Edelmetall)« zurückzuführen, sondern auf »interne wirtschaftliche Gegebenheiten in Kastilien selbst«. Bei seinen drei internen Faktoren handelt es sich jedoch, wie sich herausstellt, um die folgenden: erstens ein »Ungleichgewicht zwischen den miteinander konkurrierenden Ansprüchen der Subsistenz- und der Gewerbeproduktion«, das sich ab etwa 1575 eingestellt habe und seinerseits damit erklärt wird, daß »die Herden der *Mesta* schrumpften und der Handel mit dem Norden aufhörte, wodurch Toledo stärker auf die gewerblich-industrielle Stärke des Umlands angewiesen war«; zweitens »das Auftauchen ausländischer Produkte, die in Großhandelsmengen ... vor Ort hergestellte Waren preislich unterboten«; und drittens das Wachstum Madrids, das auf die Bevölkerung Toledos eine große Anziehungskraft ausgeübt habe – der dortige Bevölkerungsrückgang sei also eine Folge der »imperialen Ambitionen der Krone« gewesen (1973, S. 614 f. u. 637–640). Daß die Bevölkerungszahl in den Städten zurückging, führt Weisser zudem auf die Vertreibung der Morisken zurück (S. 632). Diesen Faktor führt auch Ward (1864, S. 261) ins Treffen und macht ihn für das beinahe völlige Verschwinden der Leinen-Manufakturen in Toledo verantwortlich: ein Rückgang von 50 Betrieben im Jahr 1550 auf 13 im Jahr 1665.

Niederländer.«[10] Somit litt Spanien in dieser Stagnationsperiode nicht nur an jener Involution im Bereich der Landwirtschaft, wie sie für periphere Gebiete typisch war, sondern war auch von Deindustrialisierung betroffen. Die Folgen: einerseits eine wachsende Polarisierung und ein Anschwellen der Regionalkonflikte innerhalb Spaniens, andererseits mußte das Land sein Kolonialvermögen ausgeben, um zu überleben.

Bereits im 16. Jahrhundert hatte sich in Spanien die Kluft zwischen Kastilien und den anderen Regionen des Landes immer weiter vertieft. »Alles wirkte zusammen, um Kastilien ein überwältigendes – und sich weiter vergrößerndes – Übergewicht zu verschaffen.«[11] Die wirtschaftlichen Schwierigkeiten im allgemeinen sowie die tiefe Verwicklung in den Dreißigjährigen Krieg führten in Spanien zu einer kontinuierlichen Zunahme der Besteuerung. Natürlich wurde diese Belastung von Kastilien ebenso getragen wie von den übrigen Landesteilen, vielleicht sogar in höherem Maße. Aber Kastilien wurde dafür, wie Jaime Vicens Vives anmerkt, »reichlichst entschädigt: Ausbeutung des amerikanischen Kontinents, kulturelle und politische Vorrangstellung innerhalb der spanischen Kerngebiete.«[12] Vermutlich vertiefte sich die Kluft noch weiter. Katalonien und Portugal jedenfalls, die zwei wichtigsten Regionen, die bis zum Beginn des 17. Jahrhunderts die wirtschaftliche Parität gegenüber Kastilien wahren konnten, bekamen den ganzen Umfang jenes neuen, zugunsten Kastiliens ausgeübten wirtschaftlichen Drucks zu spüren.[13] Wenn also die durch Olivares personifizierte Regierung mehr Geld wollte, »war es [für die Katalanen] völlig logisch, sich argwöhnisch hinter den Schutzwällen der Autonomiegesetze Ferdinands zu verschanzen«[14] – und nicht nur für die Katalanen. In Porto war es 1628, in Santarém 1629 zu Aufständen gekommen, die gegen die Steuereinhebung gerichtet waren; und neue Steuern waren auch der Hauptgrund für die »Salz-Rebellion« im Baskenland 1632 – »jener letzte Tropfen, der – da die Geduld der Menschen bereits durch andere Formen der Ausbeutung arg strapa-

---

10 Lynch (1969, S. 152 und vgl. S. 149–151).

11 Elliott (1963, S. 11). »Die mittelalterlichen Trennlinien – wurde das schon genügend herausgearbeitet? – schwächten sich nicht etwa ab, wie man es vielleicht erwartet hätte, sondern traten im Lauf der Jahrhunderte immer klarer hervor.« (Vilar 1962b, Bd. 1, S. 191)

12 Vicens Vives (1970, S. 107).

13 »Obwohl der Condeduque [Olivares] mit Erfolg mehr Geld aus Kastilien herausgepreßt hatte [1637], so war er sich doch völlig bewußt, daß irgendwann der Punkt erreicht sein würde, wo aus Kastilien nichts mehr herauszuholen wäre. Dies bedeutete, daß die Union vollends Realität werden mußte, im speziellen, daß Katalonien und Portugal, die *angeblich* wohlhabendsten Teilstaaten der Halbinsel, dazu gebracht werden mußten, eine Rolle zu übernehmen, die ihren *mutmaßlichen* Ressourcen entsprach. Zwischen beiden Teilstaaten und dem Rest der Monarchie bestand in Olivares' Augen eine gefährliche ›Trennung‹.« (Elliott 1966, S. 333, Hervorhebungen I. W.)

14 Vicens Vives (1970, S. 107). Vgl. dazu auch Pierre Vilar: »... die in großer Finanznot befindliche Zentralregierung richtete ihren Blick auf die finanziellen Mittel Kataloniens, deren Besteuerung in den lokalen Ständeversammlungen auf heftigen Widerstand stieß.« (1962b, Bd. 1, S. 627)

ziert worden war – das Faß zum Überlaufen brachte.«[15] Nicht, daß der Unmut des Volks »sich plötzlich und explosiv Luft verschaffte«[16], war das Besondere an Katalonien, sondern daß sich dieser Unmut mit der »Desillusionierung des Bürgertums« und der ambivalenten Haltung der »herrschenden Schichten Kataloniens«[17] verband. Erst dadurch, daß sich die Unzufriedenheit aus dieser Kombination verschiedener Quellen speiste, wurde der Aufstand der Katalanen zu einer derartigen Bedrohung und erstreckte sich über so viele Jahre.[18]

Genau zu jenem Zeitpunkt, als sich die europäische Weltwirtschaft von einem Zeitalter der Expansion und Inflation auf eine Stagnationsperiode umstellte, wurde Portugal auf gesetzlichem Weg ein Teil von Spanien, und zwar im Rahmen der Iberischen Union (die von den Portugiesen später als ›sechzigjährige Gefangenschaft‹ bezeichnet werden sollte). Durch das Fehlen eines Thronfolgers sowie die Niederlage der Portugiesen gegen die Marokkaner in der Schlacht von Al Kasr Al-Kabir 1578 konnte der spanische König mit seiner Armee in Portugal eindringen und 1580 zum König des Landes werden. Da die Union den Portugiesen einige offensichtliche Vorteile bot, stieß er dabei nur auf schwachen Widerstand. Einer der Vorteile bestand darin, daß damit auf der Halbinsel die Zollgrenzen fielen und Portugal zollfreien Zugang zu spanischem Weizen erhielt.[19] Zudem stand der portugiesischen Bourgeoisie das spanische Weltreich offen, das 1580 »seinen Zenit erreicht hatte und eine starke Anziehungskraft auf die portugiesischen Unternehmer ausübte, die an unterschiedliche Kulturen und sonderbare Handelspraktiken gewöhnt waren und darauf brannten, ihre Märkte in alle Richtungen auszudehnen. Und sie waren sich dessen wohl bewußt, welche enormen Möglichkeiten sich ihnen durch eine solche Verbindung boten.«[20] Aus Sicht der Spanier hatte die Union den

---

15 Da er sich exakt auf die damalige Situation in Vizcaya übertragen lasse, zitiert Emiliano Fernández de Pinedo diesen Satz Porchnevs über Frankreich (1974, S. 76).

16 Elliott (1963, S. 463). Diesen Groll der Bevölkerung identifiziert er als »den Haß der Kleinbauern und Landlosen gegen die reichen Bauern und die Adeligen; die Erbitterung der Arbeitslosen auf dem Land; den Wunsch krimineller Elemente nach Rache an jenen, deren Repressionsmaßnahmen sie zum Opfer gefallen waren; die alten Feindschaften der Städte gegen das Land, der ärmeren Bürger gegen die städtischen Oligarchen« (S. 462 f.).

17 Elliott (1963, S. 127 u. 465).

18 »Mit dem Krieg wurde das Fürstentum von den schlimmsten Kalamitäten heimgesucht, unter denen die kastilischen Herrschaften bereits seit 1600 litten: enorme Staatsausgaben, Inflation, Produktionsstillstand, ein durch eine fürchterliche Epidemie hervorgerufener Bevölkerungsrückgang und schließlich, als Folge des internationalen Konflikts, der Verlust eines Teils der katalanischen Gebiete, unter anderem der äußerst reichen Ebenen des Roussillon« (Vilar 1962b, Bd. 1, S. 633). Am meisten zu leiden hatten die kleinen selbständigen Bauern; vgl. Vilar (1962a, S. 80 f.). Man beachte wiederum die Parallelen zu Ländern der Peripherie. Natürlich heizten solche Erscheinungen den Aufstand an und verliehen ihm »soziale Untertöne, in deren Folge der Adel der Herrschaft des Pöbels unterworfen zu werden drohte« (Elliott 1966, S. 349). Aus diesem Grund zerbrach die katalanische Einheit, und 1652 befanden sich die Katalanen wieder unter spanischer Obhut.

19 A. H. de Oliveira Marques nennt diese Aufhebung der Zölle »einen – besonders unter den Portugiesen – langgehegten Traum« (1976, Bd. 1, S. 308).

20 Marques (1976, Bd. 1, S. 308). Die Portugiesen zogen daraus reichen Nutzen. Nach den Schätzungen Israels machten sie im Jahr 1640 6% der Bevölkerung Neuspaniens aus und waren in ähnlicher

wirtschaftlichen Vorteil, den Zugang zu neuen Finanznetzen zu ermöglichen, und das zu einem Zeitpunkt, wo der finanzielle Druck auf die kastilische Staatsverwaltung zunehmend größer wurde. Und portugiesische Bankiers waren nunmehr in der Lage, sich in den kastilischen Finanzkreislauf einzuklinken – offiziell ab 1606, inoffiziell jedoch schon früher.

Unterstützung erhielten die Portugiesen von Olivares, der sich darum bemühte, die Finanzprobleme der Monarchie zu lösen. Portugiesische Bankiers standen mit der Amsterdamer Börse in Verbindung und arbeiteten möglicherweise mit niederländischem Kapital.[21] (In Wirklichkeit handelte es sich bei ihnen fast ausschließlich um *marranos*, das heißt um jüdische *conversos*.)[22] Außerdem waren sie Handelsbankiers (*merchant-bankers*)[23], und daß ihnen Spanien offenstand, bedeutete gleichzeitig den ungehinderten Zugang nach Spanisch-Amerika – Buenos Aires, Rio de la Plata, Tierra Firme, Antillen.[24] Dazu kam noch, daß die Portugiesen unter dem Schutz der spanischen Flottillen aus ihrer florierenden brasilianischen Zuckerkolonie[25] Profit ziehen konnten.[26] Gegen die ersten rauhen Brisen des 17. Jahrhunderts vermochten sich die Portugiesen also noch zu schützen, teilweise aufgrund jener Vorteile, die ihnen die Union bot. Das war jedoch nicht von Dauer. Einerseits begannen die Spanier, dieser portugiesischen Überlegenheit entgegenzuarbeiten,[27] wobei sich dies mühelos in die Form antijüdischer Xeno-

---

Größenordnung auf allen spanischen Karibikinseln anzutreffen. Er spricht von »ein[em] wirklich gewaltigen Exodus aus Portugal ..., in dem die Landflucht und die Abwanderung aus den Kleinstädten in Portugal ebenso zum Ausdruck kamen wie die Flucht der portugiesischen Unternehmer aus einem darniederliegenden Portugal, einem im Niedergang befindlichen Spanien und einem angeschlagenen Italien.« (1974b, S. 32)

21 Vgl. dazu die Darstellung bei Castillo (1964, vor allem S. 311–314).

22 Gleiches traf – abgesehen von Kastilien – auch für andere iberische Gebiete zu: »In den Randzonen der iberischen Halbinsel [Portugal, die katalanische Küste, Valencia] ... bestand ein enger Zusammenhang zwischen bürgerlichem Status und der Zugehörigkeit zur Gruppe der *conversos*« (Chaunu 1963a, S. 82). Auch Mauro vertritt diese Auffassung: »Portugal war im 17. Jahrhundert nicht das einzige Land, in dem es sowohl eine Bourgeoisie als auch eine Gruppe von Neuchristen, konvertierte Juden, gab. Von den anderen Ländern unterschied es sich allerdings dadurch, daß sich der eine Status de facto mit dem anderen vermischte.« (1970, S. 34)

23 Vgl. dazu Mauros Beschreibung dieser Handelsbankiers: »Handelstechnisch gesehen unterscheiden sie sich nicht voneinander. Großhandel, Einzelhandel? Jeder macht alles. Fernhandel, Handel im nationalen oder lokalen Rahmen? Mehr oder weniger sind sie überall involviert. Warenhandel, Geldhandel? Es ist unmöglich, hier eine Trennlinie zu ziehen.« (1961c, S. 20)

24 Vgl. Chaunu/Chaunu (1954, S. 53). Revah weist darauf hin, daß in diesen Regionen »das entsprechende Substantiv, *Portuguese*, zum Synonym von ›Neuchrist‹ und oft auch ›Kryptojude‹ wurde« (1959/60, S. 37; vgl. S. 48, Anm. 4). Vgl. dazu jedoch Israels sorgfältige Unterscheidung zwischen den *judaizantes*, den erfolgreich assimilierten *Cristãos novos* und einer Zwischengruppe, den *conversos*, »die zwar keine praktizierenden Juden waren, deren jüdischer Hintergrund ihren Lebensweg aber dennoch nachhaltig beeinflußte.« (1974b, S. 24; S. 19–32 passim)

25 Mauro warnt davor, »das Schicksal des portugiesischen Weltreichs [gegen Ende des 16. Jahrhunderts] mit jenem des spanischen zu verwechseln, denn Brasilien war mit der enormen Entwicklung seiner Zuckerproduktion von keineswegs geringer Bedeutung.« (1959, S. 183)

26 Chaunu/Chaunu (1954, S. 54).

27 Vgl. dazu den Hinweis von J. Elliott in »Seventeenth Century Revolutions« (1958, S. 68). Im Rahmen seiner Erklärung, warum portugiesische Unternehmer nicht bereit waren, in die (1628 gegrün-

phobie kleiden ließ.[28] Da andererseits die Spanier immer weniger in der Lage waren, den Portugiesen den nötigen Schutz zu bieten, entstand auch bei diesen eine tiefe Frustration. Daß Brasilien von den Niederländern besetzt wurde, schrieben die Portugiesen zum Teil dem anhaltenden Konflikt zwischen den Niederlanden und Spanien zu.[29] Im portugiesischen Atlantikhandel, der sich zwischen 1600 und 1630 weitaus besser gehalten hatte als jener von Sevilla aus, setzte jedenfalls ein Rückgang ein.[30] Diese Schwierigkeiten in Brasilien wurden noch dadurch verschlimmert, daß der auf dem Seeweg abgewickelte Goldhandel mit Westafrika ab 1638 an die Engländer und Niederländer verlorenging.[31]

Die Portugiesen erhoben sich 1640 gegen die Spanier, im selben Jahr also wie die Katalanen, allerdings ohne deren interne Klassengegensätze. Dadurch »konnte es [die portugiesische Bourgeoisie] leichter akzeptieren, daß an die Stelle der Verbindung mit Spanien die Unabhängigkeit trat.«[32] Portugal erlangte wieder seine Selbständigkeit; am Ende des Wegs, den das Land nun einschlug, stand seine Verbindung mit England. Sein Handelsimperium verlor es zu Beginn des 17. Jahrhunderts deshalb an die Niederlande, meint Boxer, weil deren »effektive und potentielle Schlagkraft jene des verarmten Königreichs Portugal bei weitem übertraf.«[33] In der Union mit Spanien hatte es, wie wir gesehen haben, einen gewissen Ausgleich gefunden. Doch dem Druck, der durch die rückläufige Konjunktur der europäischen Weltwirtschaft entstand, fiel sogar diese Kompensation zum Opfer. Für Braudel »lautet die große Frage: War nicht Portugal für Spanien in wirtschaftlicher

---

dete) Portugiesisch-Ostindische Kompanie zu investieren, führt Disney folgenden Faktor ins Treffen: »Einige Portugiesen sahen darin einen heimtückischen Versuch Madrids, jene Verwaltungsautonomie zu umgehen, die Portugal von Philipp II. im Jahr 1580 eingeräumt worden war.« (1977, S. 252)

28 Vgl. Chaunu/Chaunu (1954, S. 54). Sie merken an, daß die Juden zur Zielscheibe gemacht wurden, und sprechen von »diesen Edikten von Nantes, die man in einer Phase A gewährt, um sie in einer Phase B zu widerrufen.« Vgl. dazu auch Chaunu (1963d). Einige dieser Neuchristen gingen einfach nach Hamburg. Bei der Ausweitung der hamburgischen Handelsbeziehungen im 18. Jahrhundert spielten sie eine bedeutende Rolle; vgl. Kellenbenz (1958).

29 Die Okkupation ist für Boxer »einer der Hauptgründe, warum [die Portugiesen] 1640 gegen die spanische Krone rebellierten«, wobei er jedoch anmerkt, daß »sie sich in ihrer Hoffnung getäuscht sahen, die Niederlande würden ihre Angriffe auf die portugiesischen *conquistas* einstellen, sobald diese ebenso wie das Mutterland die Verbindung mit Spanien aufgelöst hätten. Im Gegenteil ...« (1961, S. 52).

30 Vgl. Chaunu (1961, S. 1194). Mauro spricht bis zum Jahr 1670 vom »Glanz« der portugiesischen Atlantik-Ökonomie (1960, S. 513). Chaunu hingegen ist vorsichtiger: »Verglichen mit dem von Sevilla aus kontrollierten Bereich, wo das Umschlagen des säkularen Trends zu Beginn des 17. Jahrhunderts deutlicher zu sehen war als anderswo, besteht der brasilianische Atlantik aus dunklen Stellen und Graubereichen.« Er spricht auch von einem »späten Wendepunkt kurz vor 1640, vielleicht auch erst 1650, wobei es sich eher um eine Verlangsamung des Wachstums als um einen Zusammenbruch handelte.« Ist der Umstand, daß sich Brasilien bis spätestens 1670 wieder erholen konnte, nicht vielleicht auf den portugiesischen Aufstand zurückzuführen? Umgekehrt bedeutete diese Erholung, wie Elliott meint, für Portugal insofern die »Rettung«, als sie »dazu beitrug, das ausländische [insbesondere englische] Interesse an seinem Überleben als unabhängiger Staat zu fördern« (1966, S. 351).

31 Vgl. Godinho (1950a, S. 34).

32 Elliott (1963, S. 543).

33 Boxer (1961, S. 53).

Hinsicht lediglich der Gefährte für gute Zeiten?«[34] Während sich also Spanien aufspaltete, ohne daß sich dadurch ein nennenswerter materieller Nutzen einstellte, mußte es gleichzeitig das beginnende Ausbluten der Kolonien erleben. Zu allererst gab es da die große Rezession im Handelsverkehr zwischen Amerika und Spanien, die von Chaunu auf die Jahre zwischen 1622 und 1680 datiert wird.[35] Zweitens entwickelte sich der Schmuggel zu einer wichtigen Facette im Rahmen der europäisch-amerikanischen Austauschbeziehungen, zunächst durch die Aktivitäten der Niederländer[36], dann der Engländer und Franzosen.[37] Im Verlauf des 17. Jahrhunderts sorgten dann nach und nach die direkten Beziehungen zwischen den Staaten des Zentrums und Spanisch-Amerika dafür, daß »der größte Teil der Grundbedürfnisse [Spanisch-Amerikas] auf dem Schmuggelweg gedeckt wurde.«[38]

Spanien entwickelte sich also während des 17. Jahrhunderts bestenfalls zu einem recht fremdbestimmten Förderband zwischen dem Zentrum und den spanischen Kolonien. Aus den Staaten des Zentrums importierte Spanien Textilien sowie neufundländischen Trockenfisch, die es dann selbst verbrauchte und – sofern es vom Schmuggelhandel nicht völlig ausmanövriert wurde – in die Kolonien weiterverfrachtete. Seine Rechnungen beglich Spanien teilweise mit (aus dem Mutterland stammenden) Rohstoffexporten, mit Farbstoffen aus den Kolonien und vor allem mit amerikanischem Gold und Silber, der »Hauptattraktion im Handel mit Altspanien«.[39] Die ständigen Kriege – gegen die Vereinigten Niederlande, Frankreich, Katalonien, Portugal – führten in einer Zeit der Geldknappheit, und zwar besonders massiv nach 1650, zu einer Folge von inflationären Kupfermünzprägungen. Zwischen 1670 und 1680 hatte dies schließlich zum »völligen Zusammenbruch von Wirtschaft und Verwaltung Kastiliens«[40] geführt. Unter diesen Umstän-

---

34 Braudel (1956, S. 196).

35 Chaunu (1959, Bd. 8, S. 1568). Vgl. dazu auch Helmer: »Unter den *cargadoras de Indias* kommt es ab dem Jahr 1630 zu zahlreichen Konkursen« (1967, S. 405). »Ohne die heikle Frage nach den Ursachen klären zu wollen«, weist Chaunu darauf hin, daß dieser Zeitraum mit der Periode der Kupfergeldinflation zusammenfiel, und merkt dazu an: »Vielleicht ein reiner Zufall? Dennoch eine Koinzidenz, die zu denken gibt« (1959, Bd. 8, S. 1568 f.).

36 Nachträglich hält Jaime Vicens Vives der damaligen spanischen Regierung sogar eine regelrechte Strafpredigt: »Statt sich in die turbulenten europäischen Konflikte einzumengen, wo er mit der vollen Macht Frankreichs und Hollands konfrontiert war, hätte Olivares sich um jene ersten Wunden kümmern sollen, die die Holländer dem Reich in der Karibik zugefügt hatten, und die amerikanischen Kolonien in den Kriegszustand versetzen sollen. Stattdessen finanzierte er mit dem Gold, das er in Andalusien zur Durchführung dieser vernünftigen Politik angesammelt hatte, die Militäroperationen des Dreißigjährigen Kriegs. Die Zukunft Spanisch-Amerikas wurde folglich in Europa begraben.« (1970, S. 106)

37 Vignols weist darauf hin, daß die Intensität des transatlantischen Schmuggels zwar zeitlichen Schwankungen unterworfen war, daß er aber den Schmuggel innerhalb von Europa wie auch innerhalb jedes beliebigen europäischen Landes an Umfang stets übertraf (1925, S. 240).

38 Larraz (1943, S. 98). Der Schmuggelhandel wurde durch spanische Siedler und korrupte spanische Beamte unterstützt und gefördert; vgl. Pantaleão (1946, S. 127–129 u. 235 f.).

39 Vgl. dazu McLachlan (1940, S. 13) sowie Christelow (1941, S. 516).

40 Elliott (1966, S. 360). Der Zusammenbruch Kastiliens, schreibt er, »war von einer Lähmung seines kulturellen und intellektuellen Lebens begleitet« (S. 361). Vgl. dazu auch Larraz (1943, S. 96). In seiner

den war die spanische Monarchie wohl kaum in der Lage, sich gegen die Übergriffe und Raubzüge der Zentrums-Staaten in Amerika zur Wehr zu setzen oder gar dagegen, daß der Absatz von verarbeiteten Produkten aus Nordwesteuropa in Spanien selbst kontinuierlich zunahm.[41] Rambert faßt zusammen: »Am Ende des 17. Jahrhunderts nahm Spanien innerhalb der Weltwirtschaft eine Sonderstellung ein: Es war ein riesiger und praktisch unerschlossener Markt, auf dem all die von Gier getriebenen europäischen Mächte zusammentrafen. ... [Spanien] befand sich in enger Abhängigkeit [von den fortgeschritteneren Ländern].«[42]

Portugal stand mehr oder weniger vor der gleichen Situation. Aus Sicht des englischen Textilsektors boten in der Restaurationszeit sowohl Portugal als auch Spanien »die Aussicht auf riesige Überseemärkte, auch wenn englische Kaufleute nur über Mittelsmänner Handelsverbindungen zu Südamerika aufnehmen konnten.«[43] Aufgrund der englisch-portugiesischen Verträge von 1642, 1654 und 1661 engagierte sich dann England in Brasilien sogar noch stärker als in Spanisch-Amerika.[44] Daß sich England in den portugiesischen Dreieckshandel einschaltete (und ihn so zum Viereckshandel machte), ließ Portugal »mehr und mehr zur Peripherie«[45] werden. Als der kurze Wirtschaftsaufschwung, der in Portugal (so wie in Europa allgemein) um 1650 einsetzte, im Jahr 1670 zu Ende war,[46] unternahm Portugal einen mutigen Versuch, den Status des Mittlers, des »Förderbands«, abzuschütteln. Zu diesem Zweck griff man zum Allheilmittel des 17. Jahrhunderts, dem

---

Darstellung der Krise von 1677 bis 1686 bezeichnet Kamen die Aufblähung der Kupfergeldmenge als »nahezu katastrophal« (1964, S. 75). Die schwierige Lage spiegelte sich auch, speziell in Valencia, im Banditentum wider, das »im Verlauf des 17. Jahrhunderts immer stärker um sich griff« (Kamen 1974, S. 654).

41 Delumeau bezeichnet diesen Warenverkehr als »Frankreichs großes Gottesgeschenk« (1966, S. 100). Pantaleão schreibt, daß »das gesamte britische Empire Interesse am Handel mit dem spanischen Reich hatte« (1946, S. 272).

42 Rambert (1959, S. 269).

43 Francis (1966, S. 187).

44 Vgl. Pantaleão (1946, S. 15). Darüberhinaus wurden in dem Vertrag von 1661, der die Verlobung Katharinas von Bragança mit Karl II. festschrieb, Bombay und Tanger als Mitgift Katharinas an England abgetreten. Boxer erklärt dies damit, daß Portugal »den Schutz eines Bündnisses mit England [gegen die Niederlande] anstrebte« (1961, S. 52).

45 Sideri (1970, S. 21).

46 Mauro datiert dieses Ende auf das Jahr 1680 (1975, S. 9). In diesem Punkt scheint er sich allerdings im Widerspruch zu den meisten anderen zu befinden. Vgl. dazu Vilar (1974, S. 280), bei dem von einer Krise zwischen 1670 und 1703 die Rede ist, V. M. Godinho (1974, S. 266 sowie 1950b, S. 186), bei dem die Krise von 1670 bis 1690 dauert, und Sideri (1970, S. 26), der von einer »schwierigen Wirtschaftslage« ab 1670 spricht. Die Krise wurde einerseits durch den Rückgang der Silberimporte und andererseits dadurch ausgelöst, daß Zucker und Tabak aus den portugiesischen Kolonien von den französischen, englischen und niederländischen Märkten zunehmend ausgesperrt wurden. Außerdem führte die Konkurrenz zwischen Niederländern und Portugiesen im Golf von Guinea zu einem Ansteigen der Sklavenpreise. Verschlimmert wurde dies noch durch die teilweise Erschöpfung der angolanischen »Bestände«. All das begann sich ab 1670 auszuwirken und gestaltete es für Portugal schwierig, seine Rolle innerhalb der bis dahin gegebenen Handelsstruktur weiter zu erfüllen. Nach heutigen Begriffen handelte es sich um eine Zahlungsbilanzkrise. Vgl. dazu Godinho (1950b, S. 184 f.).

Merkantilismus – erklärte Politik des Marquis von Fronteira und des Herzogs von Ericeira, die zwischen 1675 und 1690 als Staatssekretäre fungierten. Die Portugiesen betrachteten dies ganz bewußt als Imitation der Colbertschen Politik. Französische Techniker wurden ins Land geholt, um beim Aufbau von Industrien behilflich zu sein, die mit den englischen und französischen[47] konkurrieren konnten, und man gründete eine Kompanie für den afrikanischen Sklavenhandel, um damit spanische Kundschaft zu gewinnen. In der Hoffnung, vor allem spanisches Edelmetall anziehen zu können, erhöhte man einmal sogar den Nominalwert der Währung um 20 %.[48]

Die Krise der Jahre 1670–80 hatte auch zur Folge, daß Portugal in Brasilien die Suche nach Edelmetall wieder aufnahm,[49] auch wenn es noch bis 1693–95 dauern sollte, bis man tatsächlich nennenswerte Goldfunde machte.[50] Die Krise führte außerdem zur Suche nach neuen Exportmärkten, und genau zu jenem Zeitpunkt tat sich ein großer Auslandsmarkt für Madeira-Wein auf. Die Engländer hatten nämlich herausgefunden, daß von allen Weinen der »Madeira am besten zur Lagerung und zum Transport in heiße Klimazonen geeignet war«[51]. Tatsächlich schätzten ihn die Engländer so sehr, daß aus Madeira und von den Azoren eingeführter Wein in der Navigationsakte von 1663 als eines von drei Gütern vom Stapelzwang ausgenommen wurde. Dieser besagte, daß europäische Waren nur auf dem Weg über England in die britischen Kolonien in Amerika gelangen durften.[52] Rasch entwickelten sich die britischen Karibikinseln sowie New England zum Hauptabsatzgebiet für diese Weine,[53] während in Portugal die Bedeutung des Weinbaus kontinuierlich zunahm.[54] Im Jahr 1690 starb Ericeira, und 1692 war der portugiesische Merkantilismus in sich zusammengebrochen. Was

---

47 Eine Konsequenz bestand darin, daß Frankreich zwischen 1670 und 1680 zum wichtigsten Handelspartner Portugals wurde. Warum dies später nicht mehr so war, versucht Mauro zu einem wesentlichen Teil damit zu erklären, daß portugiesische und französische Produkte auf dem Weltmarkt in hohem Maß miteinander konkurrierten (1961b). Aber ist das nicht weniger die Ursache als vielmehr die Folge der wiederbelebten Achse England–Portugal?

48 Vgl. Godinho (1950b, S. 186 f.). Diese Politik blieb nicht ohne Erfolg. Zum Währungsmanöver merkt Godinho beispielsweise an: »1688 war es unmöglich gewesen, Zahlungen zu leisten. 1689 hatte sich der Münzumlauf in Lissabon wieder normalisiert. Eine erfolgreiche Operation also.«

49 Godinho (1950b, S. 191); vgl. auch Vilar (1974, S. 280 f.).

50 Sideri (1970, S. 40).

51 Francis (1972, S. 64); vgl. dazu auch Silbert (1954, S. 413–419).

52 Vgl. Andrews (1929, Bd. 1, S. 275) und Beer (1912, Bd. 1, S. 78 f.).

53 Vgl. T. Bentley Duncan (1972, S. 46), bei dem es heißt: »In Anbetracht der geringen Bevölkerungszahl der britischen und portugiesischen Kolonien stellte der Madeira-Handel – selbst wenn er nach europäischen Maßstäben nur bescheidene Dimensionen hatte – in Amerika einen bedeutenden Geschäftszweig dar.« (1972, S. 48.) Zu beachten ist aber auch, daß der Weinhandel in Richtung Amerika »zur Gänze von englischen Kaufleuten in Funchal kontrolliert wurde. Ihre Weinladungen erwarben sie mit jenen Einnahmen, die sie aus dem Verkauf englischer Textilien und anderer Importwaren erzielten (eingesalzener Fisch, Salzhering, englische Manufakturprodukte, Weizen von den Azoren etc.).« (S. 50 f.)

54 Godinho behauptet, daß die Zunahme der Weinproduktion »in direktem Zusammenhang mit der Ausweitung der amerikanischen Absatzmärkte« steht (1953, S. 79).

war passiert? Godinho bietet dafür drei Erklärungen an:[55] Erstens ging die allgemeine Handelskrise des Jahres 1690, die den Gesamtpreis von Zucker und Tabak nach oben trieb, ebenso zu Ende wie jene vorteilhafte Situation, die für die Portugiesen aufgrund der vorübergehenden Schwierigkeiten der Niederländer entstanden war; zweitens nahmen die Weinverkäufe nach Britisch-Amerika ständig zu, was dadurch noch weiter verstärkt wurde, daß England infolge des englisch-französischen Kriegs die Einfuhr französischer Weine verbot und als Ersatz auf portugiesische zurückgriff;[56] und drittens setzte das brasilianische Goldfieber ein.[57]

Die Einführung des Merkantilismus war eine Reaktion der Politik auf eine akute Handelskrise gewesen.[58] Die antimerkantilistischen Kräfte im Land waren jedoch bereits zu fest verankert, und in dem Moment, wo sich der Wind wieder ein wenig zu ihren Gunsten gedreht hatte, konnten sie nicht daran gehindert werden, sich politisch wieder in den Vordergrund zu schieben.[59] 1703 und 1713 gingen die Portugiesen die Methuen-Verträge ein, in denen, wie Godinho sagt, »im wesentlichen eine de facto bestehende Situation bestätigt wurde«[60]. Diese war bereits im Jahr 1692 entstanden und ergab sich aus der Gesamtentwicklung des 17. Jahrhunderts. Die berühmten Verträge, die Ricardo als Modell für die Segnungen der internationalen Arbeitsteilung dienten, waren nicht die Geburtsstunde englischer Privilegien, sondern lediglich die *Wieder*geburt all jener Vorrechte, die bereits in den Verträgen von 1642, 1654 und 1661 festgeschrieben worden waren.[61] Englisches Tuch im Tausch für portugiesischen Wein – das sollte zum glorreichen Sinnbild der von den Whigs betriebenen Handelspolitik werden.[62]

---

55 Vgl. Godinho (1950b, S. 188–190).

56 Vgl. dazu auch Boxer, der meint, die gestiegene Nachfrage nach portugiesischem Wein zur Zeit des Pfälzischen Erbfolgekriegs habe Portugals »Handelsbilanzdefizit« reduziert und daher »die Substitution von aus England importierten Tuchwaren durch im eigenen Land hergestellte Produkte weniger dringlich werden lassen« (1958, S. 34). Dabei war es nicht unbedingt so, daß die Engländer die portugiesischen Weine gegenüber den französischen *bevorzugten*. Sideri verfügt diesbezüglich über aufschlußreiche Zahlen: Französische Weine wurden in England 1683 verboten. In diesem Jahr importierten die Engländer aus Frankreich 65 Gallonen und aus Portugal 16.772. Als das Verbot 1686 aufgehoben wurde, importierten sie aus Portugal 289 Gallonen und aus Frankreich 12.750 (vgl. 1970, S. 64).

57 Ein Ergebnis des Goldfiebers bestand laut Cardoso darin, die »illegale Einfuhr ausländischer Produkte nach Brasilien« zu erhöhen, wobei dies der »einzige Absatzmarkt« gewesen sei, auf dem Portugal »Gewinne erzielen konnte« (1946, S. 146).

58 »Ich persönlich glaube, daß diese Politik, gewerbliche Produkte zu fördern, gerade durch die Krise erklärbar wird.« (Godinho 1953, S. 76.) Letztendlich handelte es sich bei der merkantilistischen Periode, so Godinho, um nichts anderes als um eine »Drehscheibe« zwischen dem Zucker-, Tabak- und Salz-Zyklus auf der einen und dem brasilianischen Gold-, dem Portwein- und Madeira-Zyklus auf der anderen Seite (1950b, S. 190).

59 »Die ›Industriellen‹ machten den Besitzern der Weingärten Platz« (Godinho 1950b, S. 189). In weiterer Folge fand dies eine ideologische Rechtfertigung: »Später einmal neigten sogar die Portugiesen dazu, das Verdienst der Engländer um die Entwicklung der Weingärten in Alto Douro anzuerkennen und zu glauben, daß dort vor deren Eintreffen nichts anderes gewachsen sei als Geißklee und Ginster.« (Francis 1972, S. 109)

60 Godinho (1950b, S. 188).

61 Vgl. Macedo (1963b, S. 53) und Sideri (1970, S. 42).

62 »Die Whigs, die im Jahr 1713 für den Handel mit Portugal, und nicht mit Frankreich, stimmten

Wenn die Periode des Merkantilismus unter Ericeira (1675–1690) jener kurze Moment im Verlauf dieser Epoche war, in dem sich die Portugiesen gegen ihre zunehmend untergeordnete Rolle in der Weltwirtschaft zur Wehr setzten, so ließe sich der Spanische Erbfolgekrieg als ein parallel verlaufender und gleichermaßen gescheiterter Widerstandsversuch der Spanier interpretieren. Der spanische Staat hatte im Verlauf des 17. Jahrhunderts einen derartigen Zustand der Schwäche erreicht, daß Frankreich, Österreich, England und die Vereinigten Niederlande seit dem Frieden von Rijswijk 1697 über die Aufteilung des spanischen Reichs verhandelten. 1702 band sich dann Spanien auf Gedeih und Verderb an Frankreich und hatte damit das gesamte übrige Europa gegen sich, einschließlich Portugal, das im darauffolgenden Jahr den Methuen-Vertrag unterzeichnete.[63] Den Franzosen war aus Sicht der Briten bereits seit vielen Jahren ein zu großes Stück vom spanischen Kuchen zugefallen, und eine Thronfolge durch die Bourbonen drohte den britischen Anteil weiter zu reduzieren – nicht so sehr in Amerika, wo die Briten die Franzosen bereits ausmanövriert hatten, sondern in Spanien selbst und im Mittelmeerraum allgemein.[64] So wie der Krieg von seiten Frankreichs und Großbritanniens geführt wurde, reichte er über Spanien weit hinaus und stellte den Versuch dar, vor allem mit Hilfe der Freibeuterei das Handelsnetz des Gegners zu zerstören.[65] »Die Geschichte des Spanischen Erbfolgekriegs [war] nicht die interne Geschichte Spaniens«[66], wie es Arsène Legrelle ausdrückte. Früh genug fanden die Franzosen heraus, daß es ihren spanischen Verbündeten weniger um die Förderung französischer Interessen, sondern in erster Linie darum ging, Spanien von den auf ihm lastenden wirtschaftlichen Beschränkungen zu befreien.[67]

[gegen den Widerstand der Tories], kamen an die Macht und hielten sich dort lange Zeit. In den ersten Jahren ihrer Regierung erreichte der englisch-portugiesische Warenaustausch noch nie dagewesene Höhen.« (Francis 1966, S. 185)
In einem persönlichen Gespräch machte mich E. Fernández de Pinedo auf folgenden Umstand aufmerksam: Damit ihre Schiffe, mit denen Textilien, eingesalzener Fisch und Weizen nach Spanien gebracht wurden, die Rückfahrt nicht unbeladen antreten mußten, förderten die Niederländer und Engländer ab 1650 in Katalonien die Produktion von Branntwein (*aguardiente*) und im Hinterland von Malaga die Produktion von getrockneten Weintrauben und Mandeln. Er bezeichnet das als »silbernen Methuen-Vertrag«, zumal das Handelsdefizit mit amerikanischem Edelmetall ausgeglichen wurde.

63 Vgl. Kamen (1969, S. 1–5).

64 Vgl. Temperley (1940, S. IX f.) sowie McLachlan, der über die englischen Kaufleute zu berichten weiß, daß sie den Teilungsverträgen von 1698 und 1700 ablehnend gegenüberstanden. Für den Fall der Unterzeichnung befürchteten sie, daß aus dem Mittelmeer »ein französischer See geworden wäre« (1940, S. 30). Diese Auffassung wird von Clark geteilt: »Hätten die Franzosen ihr Ziel erreicht, so hätten England und die Niederlande, die beiden bedeutendsten Seemächte, mit Sicherheit einen großen Teil ihres Handels verloren.« (1928, S. 262)

65 Diese Schlacht auf hoher See endete schließlich mit einer Niederlage der Franzosen. »Es gelang den Briten nicht nur, die von den französischen Piraten ausgehende Gefahr abzuwehren, sondern sie waren in diesem Bereich der Kriegsführung auch als Angreifer erfolgreich.« (Clark 1928, S. 264)

66 Arsène Legrelle: La diplomatie française et la succession d'Espagne (Paris 1888–1892), Bd. 3, S. 332; zit. nach Kamen (1969, S. 9).

67 Kamen merkt dazu an: »Um den Handel zwischen Frankreich und Spanien zu fördern, mußten die Zölle niedrig gehalten und der Warenaustausch mit dem [englisch-niederländischen] Feind verboten

Der Aufstand in Katalonien muß unter dem gleichen Blickwinkel gesehen werden. Seit 1670 hatte sich Katalonien wirtschaftlich langsam erholt, dies im wesentlichen deshalb, weil »die Steuerlast geringer war« als in Kastilien und es »zu keinem derart vollständigen wirtschaftlichen Kollaps gekommen war«.[68] Diese bescheidene Prosperität beruhte auf Kataloniens Funktion als Handelsdrehscheibe. »Dieser sich herausbildenden Klasse, die ... vom ›Freihandel‹ träumte sowie davon, ein zweites Holland zu werden«, wäre ein merkantilistisches und zentralisiertes Spanien nicht von Nutzen gewesen.[69] Dazu kam noch, daß »als Militärmacht Frankreich der Feind [war]«[70], hatte es sich doch im Pyrenäenfrieden 1659 katalanischen Territoriums bemächtigt. Daher bot sich die katalanische Bewegung – eine von den herrschenden Gruppen getragene Bewegung und kein Volksaufstand wie im Jahr 1640 – »den englisch-österreichischen ›Alliierten‹ mit dem Ziel an, die mit Frankreich verbündete Halbinsel zurückzuerobern.«[71] Diesmal handelte es sich weniger um eine Bewegung, die sich von Spanien lösen wollte, als vielmehr um eine, die die ökonomischen Interessen der katalanischen Bourgeoisie dadurch zu schützen bestrebt war, daß sie in Spanien eine Machtübernahme durch merkantilistisch orientierte Gruppen verhinderte.[72] Und merkantilistische waren in diesem Kontext fortschrittliche, säkulare Auffassungen.[73] Was war nun das Ergebnis des Spanischen Erbfolgekriegs? Spanien war gezwun-

---

werden. Zu ihrem Verdruß stellten die Franzosen fest, daß es nicht einfach war, sich in diesen beiden Fragen durchzusetzen. Dadurch drohten jene Handelsprivilegien, die sie offiziell genossen, an Wert zu verlieren.« (1969, S. 127.) Und dennoch wurden den Franzosen in Spanien gewisse Vorrechte eingeräumt. Diese Privilegien waren es dann auch, die die Briten aufbrachten, während Frankreich eigentlich stärker an einem Zugang nach Spanisch-Amerika interessiert war. Doch »trotz der französischen Überlegenheit zur See, trotz des *asiento*, trotz des umfangreichen, von Saint-Malo aus betriebenen Schmuggelhandels, endete die ganze Angelegenheit für Frankreich mit einem Fehlschlag. Ludwig XIV. gelang es nie, jenes Monopol zu durchbrechen, das Cádiz für Spanisch-Amerika innehatte.« (Kamen 1969, S. 155.)
Vgl. dazu Rambert: » Ihre Herkunft mögen die spanischen Bourbonen stets hochhalten, dessenungeachtet schienen sie von Anfang an hundertprozentige Spanier zu sein.« (1959, S. 272)

68 Elliott (1966, S. 365). Vilar meint, daß es mehr war als nur eine langsame Erholung. Demnach »war die Regierungszeit Karls II. von Spanien (1665–1700) für Katalonien eine glückliche Zeit. ... Für die wohlhabenden Bauern, die Kaufleute, die verschiedenen Geschäftsleute ... bedeutete das letzte Drittel des 17. Jahrhunderts eine wirtschaftliche Blütezeit. ... Der Krise von 1700–1715 waren im Unterschied zur Sezession von 1640 keinerlei heftige Angriffe auf die Krone vorausgegangen.« (1962a, S. 101)

69 Vilar (1962a, S. 104).

70 Ebda., S. 103.

71 Vilar (1962b, Bd. 1, S. 672). Eine Zeitlang war die katalanische Bewegung sehr erfolgreich. Anders als während der Krise von 1640 »erleben wir [diesmal] anstelle kastilischer Truppen, die sich in Lissabon und Barcelona einquartieren, portugiesische und katalanische Truppen, die sich in Madrid einquartieren.« (Kamen 1969, S. 248)

72 Vgl. Vilar (1962b, Bd. 1, S. 678).

73 Chaunu erfaßt die kulturellen Implikationen der wirtschaftlichen Alternativvarianten: »Das Spanien Philipps V. mußte sich öffnen, aber dies konnte nur langsam vor sich gehen. ... Was bedeutete eine solche Öffnung? Sie bedeutete, sich gegenüber Frankreich, in Richtung Norden, zu öffnen. ... Die deutsche Partei, die sich am Ende der Regierungszeit Karls II. um die Königin, Marie Anna von Neuburg, scharte, war zweifellos die Partei des italienischen Einflusses in der Kunst, die Partei der Vergangenheit« (1963c, S. 468 f.). Zur Rolle der spanischen Bourbonen als kulturelle »Modernisierer« nach dem Spanischen Erbfolgekrieg siehe Vicens Vives (1970, S. 116–120).

gen, seine jenseits der Pyrenäen gelegenen Besitzungen abzutreten. Noch wichtiger war, daß Spanien mit England den *asiento*-Vertrag abschließen mußte, der England (davor war es Frankreich gewesen) das Recht gab, Sklaven nach Spanisch-Amerika zu schaffen, und zwar mindestens 4800 pro Jahr. Zwei Punkte, die im vorangegangenen französischen *asiento* nicht enthalten waren, betrafen die Gründung einer englischen Siedlung am Rio de la Plata sowie die Zulassung eines englischen *permission ship* (*navío de permiso*) mit einer Jahresfracht von 500 Tonnen, das in Spanisch-Amerika unbeschränkt Handel treiben durfte.[74] Die mannigfachen Verträge, die den Krieg beendeten, waren »ein unbestreitbarer Erfolg für die gegen Ludwig XIV. angetretene Koalition«[75], aber ganz besonders für England.[76]

In Spanien selbst wurden die Katalanen von ihren Verbündeten im Stich gelassen, und Philipp V. konnte die Zentralisierung Spaniens in Angriff nehmen. Mit der Erklärung des *Decreto de Nueva Planta* im Jahr 1716 verloren Aragón und Katalonien ihre Privilegien und Institutionen.[77] Bereits 1707 waren die *fueros* von Valencia aufgehoben worden.[78] Lediglich Navarra und das Baskenland, die Philipp V. die Treue gehalten hatten, behielten ihre *fueros* und wurden fortan als *provincias exentas* (Ausnahme-Provinzen) bezeichnet.[79] Unter den Rahmenbedingungen des zwischenstaatlichen Gesamtübereinkommens und des *asiento*-Vertrags konnte diese Zentralisierung Spaniens allerdings die angepeilten Ziele nicht erreichen.[80] Nach den Bestimmungen des Vertrags von Utrecht war es Spanien nicht gestattet, Zölle zum Nachteil Großbritanniens zu verändern. Darüberhinaus war der Umrechnungssatz der Zollgebühren (auf Silberbasis) zur Landeswährung (*vellón*) mit jenem Stand festgesetzt worden, der am Ende der Regierungszeit

---

74 Vgl. dazu Pitt (1970, S. 475 f.).

75 Veenendaal (1970, S. 444). Genau in diesem Sinne betrachtet Vilar den Frieden von Utrecht als Wendepunkt. Er besiegelte die »Auflösung des alten spanischen Reichs in Europa, beendete die französische Vorherrschaft und kündigte das sich entwickelnde Übergewicht Englands zur See und in der kolonialen Welt an (was seinen symbolischen Ausdruck unter anderem in der Besetzung Gibraltars fand).« (1962a, S. 12)

76 G. N. Clark weist darauf hin, daß zwar England und die Niederlande Verbündete gewesen waren, daß aber der »Frieden dadurch charakterisiert ... war, daß die Briten ihr politisches Übergewicht dazu benutzten, sich gegenüber der niederländischen Handelskonkurrenz eine vorteilhafte Position zu schaffen.« (1928, S. 279.) Vgl. dazu auch A. W. Ward: »Als Schutz vor erneuten französischen Angriffen erhielten die Vereinigten Niederlande eine starke Barriere, fest eingepflanzt in das Territorium der Verbündeten. Aber obwohl sie sich im Friedensvertrag zusätzlich auch weiterhin einige Vorteile im Handelsbereich sicherten, hatten sie ihre politische Stellung als Großmacht auf immer verloren, dabei ganz beiläufig, ohne rechten Widerstand, und zwar an jene Macht, die ihr Rivale gewesen war. ... desgleichen war es um ihre Vormachtstellung im Handelsverkehr geschehen.« (1908, S. 438)

77 Elliott (1966, S. 370 f.). Jaime Vicens Vives bemerkt durchaus treffend: »Die Katalanen kämpften gegen den Zug der Zeit, und gewöhnlich muß man dafür sehr teuer bezahlen.« (1970, S. 111)

78 Vgl. Kamen (1974, S. 687).

79 Vgl. Vicens Vives (1970, S. 114).

80 Für Vicens Vives »ersetzte [man] bloß die mystische Überhöhung der regionalen Sonderrechte durch die mystische Überhöhung der Zentralisierung um jeden Preis. ... Und an diesem Unterfangen scheiterten die Bourbonen und ihre Gehilfen (so wie ihre Vorgänger).« (1970, S. 113)

Karls II. im Jahr 1700 galt. »Echte Schutzzölle wurden [dadurch] wirkungsvoll verhindert.«[81]

Beim Triumph der Bourbonen im Spanischen Erbfolgekrieg handelte es sich, wie Romero de Solís betont, fraglos um den »Triumph der Mittelschichten und des niederen Adels gegen Kirche und Feudalaristokratie.«[82] Auch besteht kein Zweifel daran, daß Philipp V. »innerhalb jener Grenzen, die ihm durch den Vertrag von Utrecht gesetzt waren«, Spaniens semiperiphere Rolle abzuschütteln versuchte.[83] Aber stimmt es, wie Kamen behauptet, daß sich »das Land, das in Utrecht um Italien und die Niederlande erleichtert worden war, der inneren Erholung und dem außenpolitischen Wiederaufstieg widmen konnte?«[84] Sicher, die Bourbonen bemühten sich darum. Aber das Verdienst, diese Anstrengungen eingeleitet zu haben, wie Kamen selbst ausführt, gebührt Karl II. und datiert auf das Jahr 1680, jene Zeit also, in der Portugal seinen Versuch unternahm. »Philipp V. fand ein Spanien vor, dessen Währungschaos – beinahe ein Jahrhundert lang das Markenzeichen des Landes – weitgehend beseitigt war.«[85] Doch welche Energie auch immer hinter den Anstrengungen der Bourbonen steckte – klar ist, daß sich die wirtschaftliche Rolle Spaniens im 18. Jahrhundert nicht wesentlich veränderte, ja tatsächlich war es so, daß es während der erneuten Expansionsphase der Weltwirtschaft ab 1750 sein amerikanisches Reich verlor. Sollte man das von den Bourbonen Erreichte nicht mit dem vergleichen, was erreichbar gewesen wäre, hätte der Frieden von Utrecht nicht den *asiento*-Vertrag mit sich gebracht und Spanien die Möglichkeit verbaut, einen merkantilistischen Weg einzuschlagen? *Vielleicht* kann man es Philipp V. als Verdienst anrechnen, zumindest vorläufig den fortschreitenden Bedeutungsverlust Spaniens innerhalb der Weltwirtschaft aufgehalten zu haben. Aber man kann schwerlich behaupten, daß es ihm gelang, den Trend umzukehren. Soweit es Spanien gelang, eine neue industrielle Basis zu entwickeln, geschah dies auf Kosten Frankreichs, nicht Englands.[86]

---

81 E. J. Hamilton (1935, S. 116).

82 Romero de Solís (1973, S. 54), der von der »neuen Mittelschicht – Agrarkapitalisten und nationale Bourgeoisie –« (S. 66) spricht und davon, daß es sich bei den Anhängern Philipps V. um »die mittleren Segmente des grundbesitzenden Adels [handelte], die sich gerade in Agrarkapitalisten verwandelten, sowie die nationale Bourgeoisie und ihre Agenten (*servidores*), die Staatsbourgeoisie« (S. 67, Anm. 108). Dominguez Ortiz schreibt jedoch: »Auch wenn der bourbonische Absolutismus gegen jegliche Schwächung der Zentralgewalt war, arrangierte er sich doch mit den Grundherrschaften (*señoríos*), sobald man ihnen ihre letzte politische Bedeutung genommen hatte. Diese tendierte allerdings bereits in den letzten Jahren der Habsburger gegen Null.« (1955, S. 301.) Kamen stimmt dem zu: »Man sollte betonen, daß der Sturz der Granden zwar in Politik und Verwaltung von fundamentaler Bedeutung war, aber in der Sozialgeschichte Spaniens einen geringeren Stellenwert hatte. Wie unter früheren Regierungen blieben die Privilegien und Güter des Adels unangetastet.« (1969, S. 115)

83 Vgl. die Darstellung dieser Anstrengungen bei E. J. Hamilton (1943, S. 206); vgl. dazu auch La Force (1964, S. 337 f.).

84 Kamen (1969, S. 391 f.).

85 Kamen (1969, S. 34).

86 Vgl. Rambert: »Ihrer stets aufmerksamen Zollpolitik gelang es [im Verlauf des 18. Jahrhunderts]

Das Schlüsselproblem war der *asiento*. Die Engländer erzielten natürlich aus dem Sklavenhandel gewaltige Profite. Außerdem gestattete es der *asiento*, diesen legalen Handel »als Schutzschirm zu benutzen, hinter dem man verbotene Waren in die spanischen Kolonien einführen konnte«.[87] In den dreißiger Jahren des 18. Jahrhunderts hatte dieser illegale Handel, der unter der Ägide der South Sea Company abgewickelt wurde, ein enormes Ausmaß erreicht.[88] »Der Schmuggelhandel war integraler Bestandteil der Geschäfte der South Sea Company (und zwar auf allen Ebenen)«[89] und entwickelte sich zu einer der Hauptursachen des Seekriegs gegen Spanien (War of Jenkins's Ear) zwischen 1739 und 1748.[90] Der Schmuggel wurde hauptsächlich von Jamaika, aber auch von Barbados und Buenos Aires aus betrieben.[91] Damit gelang es, den über Cádiz laufenden Warenverkehr erheblich zu reduzieren.[92] All jene Vorteile, die nicht aus dem direkten Handel zwischen England und Spanisch-Amerika herauszuholen waren,[93] verschafften sich die Engländer auf dem Weg des indirekten Handels über Cádiz, in dem Spanien sein Zahlungsbilanzdefizit gegenüber England letztendlich mit amerikanischem Edelmetall deckte.[94] Diesem Abfluß von Gold und Silber entsprach ein – bei steigender Tendenz – chronisch unausgeglichenes Staatsbudget. Verursacht wurde es ausgerechnet durch die bourbonische Zentralisierung, die die Staatsausgaben zwischen 1701 und 1745 auf das Dreifache ansteigen ließ.[95] Französische Bemühungen, den Briten in Spanien und weltweit entgegenzutreten, verschafften Spanien eine kurze Verschnaufpause. Aber als schließ-

---

nach und nach, Barrieren zu errichten, in deren Schutz nationale Industrien heranwuchsen und das Land sich von ausländischer Kontrolle zum Teil befreien konnte. Frankreich, lange Zeit der führende Konkurrent, sollte das Hauptopfer dieser Entwicklung werden.« (1959, S. 270)

87 Nelson (1945, S. 55).

88 Für die Jahre von 1730 bis 1739 gibt Nelson einen Wert von 5,5 Millionen Pfund an und schreibt, daß »eine derartige Größenordnung für den spanischen Merkantilismus eine echte Bedrohung darstellte.« (1945, S. 64)

89 V. L. Brown (1928, S. 179). Nelson weist darauf hin, daß die *South Sea Company* jedes nur vorstellbare Mittel einsetzte, um sich im Schmuggelhandel zu betätigen: Geheimhaltung (möglich wurde dies dadurch, daß zwar im Verwaltungsrat ein Vertreter der spanischen Regierung saß, die meisten Informationen aber an diesem Rat vorbeigeschleust wurden); Bestechung spanischer Beamter; der Sklavenhandel als Tarnung; Betrug; und Gewalt – der Schutz, den die britischen Kriegsschiffe boten. (Vgl. Nelson 1945, S. 56–60.)

90 Vgl. Nelson (1945, S. 55).

91 Vgl. Christelow (1941, S. 532) und Nelson (1945, S. 57).

92 Godinho (1948, S. 552).

93 Eine Auflistung der ausgetauschten Produkte findet sich bei Nelson (1945, S. 61) sowie Godinho (1948, S. 553).

94 Der Zufluß von Edelmetall aus Spanisch-Amerika war damals laut Godinho wenn auch nicht so stark wie jener aus Minas Gerais in Brasilien, »so doch für das monetäre Leben Europas von großer Bedeutung« (1948, S. 553). Vgl. dazu H. E. S. Fisher (1971, S. 4 f.). Vom legalen und illegalen Handel mit Spanisch-Amerika profitierten bis zu einem gewissen Grad zwei unterschiedliche Gruppen von Engländern. Der spanische Staat versuchte mit Hilfe seiner Ansprechpartner aus dem legalen Handel, den illegalen Handel zurückzudrängen – allerdings ohne großen Erfolg; vgl. Godinho (1948, S. 552).

95 Vgl. E. J. Hamilton (1949, S. 316).

lich der Faktor Frankreich 1763, am Ende des Siebenjährigen Kriegs, »aus der kolonialen Konstellation in Amerika praktisch eliminiert worden war, mußte Spanien in den nächsten zwei Jahrzehnten der englischen Bedrohung auf sich allein gestellt begegnen.«[96] Über den langen Zeitraum von 1600 bis 1750 (bzw. 1763) hinweg erwies sich Spanien als unfähig, jenem Prozeß Einhalt zu gebieten, der mittlerweile als »Niedergang« Spaniens bekannt ist.

Sogar noch umfangreicher als Englands florierender legaler und illegaler Handel mit Spanien und Spanisch-Amerika war jener mit Portugal und Brasilien.[97] Der Methuen-Vertrag hatte unmittelbare Auswirkungen. Die portugiesischen Importe aus England stiegen innerhalb eines Jahrzehnts auf mehr als das Doppelte – die portugiesischen Exporte nahmen hingegen nur um 40% zu. Durch den Vertrag wurde die in den Kinderschuhen steckende Textilindustrie ausradiert.[98] Parallel dazu nahm die portugiesische Weinproduktion zwischen 1670 und 1710 um das Fünffache zu, durch sie »wurde der Großteil des verfügbaren portugiesischen Kapitals und, was sogar noch wichtiger war, ein immer größeres Quantum der portugiesischen Arbeitskraft gebunden.«[99] Der Vorzug des portugiesischen gegenüber dem französischen Wein bestand für England darin, daß er, obgleich teurer, aufgrund der umfangreichen englischen Textilexporte nach Portugal nicht mit Edelmetall bezahlt werden mußte.[100] Für den englischen Verbraucher mag es teurer gewesen sein, aber den Interessen der Bourgeoisie in England war damit besser gedient. Für Portugal erwies sich der Weinhandel in Wirklichkeit als nicht sehr vorteilhaft, wurde er doch »weitgehend von englischen Geschäftskreisen kontrolliert, die auch den Großteil der Profite einstrichen«[101]. Dazu kamen noch die negativen Auswirkungen auf die gewerblich-industrielle

---

96 Vgl. E. J. Hamilton (1949, S. 316).

97 Im Zeitraum zwischen 1700 und 1750 war Portugal (nach den Vereinigten Niederlanden und Deutschland) der drittgrößte Abnehmer für britische Exporte, und in Lissabon fiel der englische Anteil am gesamten Seefrachtverkehr niemals unter 50%.

98 Vgl. Sideri (1970, S. 44–46). Trotz dieser britischen Überlegenheit, behauptet Macedo (1963a), drückte die Konkurrenz durch andere ausländische Erzeugnisse die Preise der britischen Waren und machte derem Monopol den Garaus. Dies wird jedoch von Sideri bestritten, der dabei auf folgende gegenteilige Aussage in Macedos eigener Darstellung hinweist: »Da den niederländischen oder französischen Textilien nicht jenes Distributionsnetz und jene gut verankerten Einflußmöglichkeiten zur Verfügung standen, wie dies bei den britischen Kaufleuten der Fall war, konnten sie den Vorsprung der britischen Konkurrenz niemals wettmachen.« (Macedo, S. 51; zit. bei Sideri, S. 46.) H. E. S. Fisher behauptet, englische Textilkaufleute seien gegenüber ihren französischen, niederländischen und deutschen Konkurrenten deswegen im Vorteil gewesen, weil sie »stärker auf leichte Streich- und Kammgarnstoffe der unteren und mittleren Preisklasse ... spezialisiert« waren und auch »niedrigere Frachtkosten« hatten (1971, S. 36 f.). Liest man Fishers Buch etwas genauer, so besteht hier ein zirkulärer Zusammenhang, denn der billigere Transport war vom größeren Handelsvolumen abhängig und der Textilverkauf vom Weineinkauf – »und die englischen Kaufleute in Portugal kontrollierten sowohl den Ankauf als auch den Transport der nach England verschifften Weine« (S. 36).

99 Sideri (1970, S. 46).

100 Sideri (1970, S. 41 u. 48). Auf S. 41 heißt es, daß die passive Handelsbilanz gegenüber Frankreich mit Silber ausgeglichen wurde, auf S. 48 ist von Gold die Rede.

101 Sideri (1970, S. 46).

Produktion. Nicht ohne Grund sagte daher im Jahr 1760 Frankreichs Außenminister, der Duc de Choiseul, Portugal »muß als englische Kolonie angesehen werden.«[102]

Dennoch lagen die Weinexporte dem Wert nach weit niedriger als die Textilimporte. Das Handelsbilanzdefizit gegenüber England, noch im Jahr 1700 äußerst gering, stieg auf ungefähr eine Million Pfund pro Jahr an.[103] Dabei hatte Portugal das Glück, zumindest immer noch ein Land der Semiperipherie zu sein. Mit Brasilien verfügte es über eine eigene Kolonie, noch dazu eine reiche.[104] Brasilianisches Gold war es auch, das Portugal in die Lage versetzte, von etwa 1710 bis zur Mitte des Jahrhunderts sein Handelsbilanzdefizit gegenüber England auszugleichen.[105] 1908 bemerkte der portugiesische Historiker J. P. Oliveira Martins voll Bitterkeit: »Durch Portugal fuhr das brasilianische Gold lediglich durch und ging dann in England vor Anker. Damit wurden das Mehl und die Stoffe bezahlt, mit denen uns England ernährte und bekleidete. Unsere Industrie bestand aus Opern und Gebeten.«[106] England floß damit andererseits das so dringend benötigte Edelmetall zu, mit dem es seinen Geldbestand auf ein Niveau bringen konnte, das seinem wachsenden Anteil an Gesamtproduktion und -warenverkehr der Weltwirtschaft angemessen war.[107] Außerdem errang damit England nicht nur im legalen Goldhandel, sondern auch im Gold- und Silberschmuggel eine dominierende Position.[108] In diesen Arrangements habe für Portugal immerhin ein Trost gelegen, meint der englische Historiker Charles Boxer: »Durch seine überseeischen Besitzungen und jene Ressourcen, die es von dort bezog, war Portugal in der glücklichen Lage, das Schicksal Schottlands und Kataloniens nicht teilen zu müssen.«[109] Aus Sicht des 20. Jahrhunderts hätte es sich für Portugal vielleicht als günstiger erwiesen, wäre das Land im 17. und

---

102 Zit. bei Christelow (1946, S. 27). Ähnlich die Feststellung G. Youngs aus dem Jahr 1917: »Aus dem Portwein-Gebiet am Douro wurde so etwas wie das Hinterland einer britischen Kolonie.« (G. Young: Portugal Old and Young, Oxford 1917, S. 185; zit. bei Sideri 1970, S. 56.)

103 Sideri (1970, S. 45).

104 Boxer betont, daß für das 18. Jahrhundert »kein Zweifel daran [besteht], daß sich Brasilien in beinahe jeder Hinsicht besser entwickelte als das Mutterland.« (1969b, S. 323)

105 Vgl. dazu Francis (1972, S. 179 f.).

106 J. P. Oliveira Martins: História de Portugal (London 1908), 2 Bde., S. 149–151; zit. bei Sideri (1970, S. 67).

107 Vgl. dazu Sideri (1970, S. 49). Morineau möchte eine solche Einschätzung abschwächen: Auch wenn brasilianisches Gold einen »bestimmten, aber beschränkten Einfluß« auf die britischen Exporte nach Portugal gehabt habe, so sei es doch weder »unentbehrlich« noch »unersetzlich« gewesen. Was das britische Wirtschaftswachstum im 18. Jahrhundert ganz generell betraf, »handelte es sich beim brasilianischen Gold ... weder um den einzigen noch um den stärksten Wachstumsmotor« (1978h, S. 44 u. 47). Das ist jedoch ein Kampf gegen Windmühlen. Das Edelmetall war notwendig, und zu diesem Zeitpunkt verschaffte man es sich nun einmal zum größten Teil aus Brasilien.

108 Francis merkt an, daß »den Niederländern und Hamburgern, die ebenfalls Edelmetalle benötigten, nicht die gleichen Möglichkeiten offenstanden [wie den Engländern], und sie ihren Anteil [am geschmuggelten Gold und Silber] auf dem Weg über London erhielten.« (1966, S. 217)

109 Boxer (1961, S. 90).

18. Jahrhundert ärmer gewesen. Die Geschichte Schottlands und Kataloniens ist komplex, und die spätere industrielle Entwicklung der beiden Länder würde die Grenzen dieser Darstellung sprengen. Aber es hat ihnen wohl nicht geschadet, kein Brasilien besessen zu haben, das den ungleichen Tausch mit England (der für bestimmte Gruppen in Portugal durchaus einträglich war) ohne politische Umwälzungen im Mutterland ermöglichte. Den Preis dafür zahlten die unmittelbaren Produzenten in Brasilien, aber innerhalb von Portugal ließ damit der interne Druck nach, strukturelle Veränderungen anzustreben.

Wenn schon die iberischen Staaten, im 16. Jahrhundert noch ruhmreiche Kolonisatoren und Herren über Gold und Silber, im 17. Jahrhundert auf schmähliche Weise zu bloßen Förderbändern für nordwesteuropäische Manufakturprodukte absinken sollten – was war dann mit jenen Gebieten, in denen im 15. und 16. Jahrhundert die großen Gewerbezentren lagen? Auch das »Rückgrat« von Europa – Norditalien, Süd- und Westdeutschland sowie die Spanischen Niederlande – erlebte einen dramatischen Niedergang, aber in anderer Form. Da sie über keine Kolonien und daher auch nicht über Gold- und Silberquellen oder gar tropische Rohstoffe verfügten, um damit Importwaren zu kaufen, blieben ihnen neben ihren hochentwickelten Kenntnissen in Handels- und Finanzdingen nur die eigene gewerbliche Produktion und die Landwirtschaft, um das Überleben zu sichern.

Der Schlüssel zu diesem Überleben lag im Verlagssystem. Im wesentlichen war es durch folgende Merkmale gekennzeichnet: Der eigentliche Produzent arbeitete in seiner eigenen Behausung mit seiner eigenen Ausrüstung, verwendete seine eigenen Werkzeuge. Entweder handelte es sich um einen Meister mit einigen wenigen Lehrlingen, oder er arbeitete allein oder in einer kleinen Gruppe im Familienverband. Das nötige Rohmaterial für den Verarbeitungsvorgang erhielt er von einem Verleger. Der wiederum erhielt damit das Recht, das verarbeitete Produkt zu einem festgesetzten Preis zu »kaufen«, und sorgte dafür, daß es auf einen Markt gelangte. Wenn der Produzent allein oder innerhalb einer kleinen Gruppe von Familienmitgliedern tätig war, arbeitete er in der Regel nicht den ganzen Tag, sondern verband diese Produktionstätigkeit mit irgendeiner anderen wirtschaftlichen Funktion. Häufig führte das System dazu, daß sich der Produzent beim Verleger auf Dauer verschuldete. Dies erinnert an die Schuldknechtschaft, wie sie damals in verschiedenen Arten landwirtschaftlicher Produktion weitverbreitet war.

Das Verlagssystem war bereits im Mittelalter bekannt, doch eine deutliche Ausweitung erfuhr es erstmals im 16. Jahrhundert, damals vorwiegend im städtischen Gewerbe.[110] Oft wurde dieses System mit der Textilerzeugung gleichgesetzt, tatsächlich kam es aber in beinahe jedem Bereich der gewerblich-industriellen Produktion zum Einsatz.[111] In der Stagnationsperiode des

110 Vgl. dazu Braudel (1972, Bd. 1, S. 430–432).

111 Vgl. beispielsweise Friedrichs: »In Nürnberg war das Verlagssystem bis zum frühen 16. Jahrhundert

17. Jahrhunderts breitete sich das Verlagssystem sogar noch stärker aus als im 16. Jahrhundert – mit einem Unterschied: Überall in Europa verlagerte sich die Verlagsproduktion auf das Land. Dabei ging es hauptsächlich darum, die Profite der Verleger zu erhöhen. Braudel berichtet: »Überall dort, wo [das Verlagssystem] eingeführt wurde, bedeutete dies für die Zünfte einen schweren Schlag.«[112] Solang jedoch die Produktion innerhalb der Städte verblieb, befanden sich die Zünfte in einer politischen Position, von der aus sie sich, besonders in guten Zeiten, *innerhalb* des Verlagssystems zur Wehr setzen konnten. Dies geschah in Form einer vertraglichen Regelung des Verhältnisses zwischen Verleger und Handwerker.[113]

Wenn die Produktion einmal auf dem Land etabliert war, entging der Verleger dem Zugriff der Zünfte.[114] Die Zunfthandwerker wurden dabei durch Bauern ersetzt, die »eine viel billigere Arbeitskraft darstellten.«[115] Der Standort auf dem Land stellte auch die räumliche Trennung der Arbeitskräfte sicher und minimierte damit das Risiko, daß sie sich organisierten – während der Vertrieb weiterhin in Händen einer geringen Zahl von großen Verlegern konzentriert war.[116] Äußerst wichtig sei es dabei, betont Kellenbenz, zu

---

in zahlreichen Sparten des Metallgewerbes ebenso eingeführt worden wie in der Herstellung von Geldbeuteln, Handschuhen, Bürsten, Papier und Büchern sowie Leinen und Barchent. Im späten 17. Jahrhundert war in Nürnberg sogar die Bleistifterzeugung auf Verlagsbasis organisiert.« (1975, S. 32 f.) Kellenbenz gelangt zum gleichen Schluß und fügt noch hinzu: »Beim Abbau von Eisen- und anderen Erzen, beim Ankauf von Pumpen, Schmelzöfen und anderer technischer Ausrüstung, auf die man nicht verzichten konnte, verschuldete sich der Kleinbetrieb – und ein Händler mußte einspringen. Dies geschah besonders dann, wenn es sich bei demjenigen, der das Produkt regelmäßig aufkaufte, ganz offensichtlich um eine potentielle Kreditquelle handelte.« (1977a, S. 469)

112 Braudel (1972, Bd. 1, S. 431). Craeybeckx stellt für Gent und Brügge fest: »Im 17. Jahrhundert, besonders ab 1650, lockerten sich die Bindungen an die Zunft. Der Arbeiter (Meister oder Geselle) wußte, daß sein Schicksal in den Händen der Kaufleute lag. Sie allein waren imstande, den Absatz seiner Produkte zu gewährleisten.« (1962, S. 427)

113 Vgl. dazu Friedrichs' Anmerkung, daß »die Zunft die Vereinbarung aufkündigen konnte, wenn sie sich für ihre Mitglieder als nachteilig erwies« (1975, S. 33).

114 Vgl. dazu Kellenbenz (1965, Bd. 2, S. 420).

115 Kellenbenz (1977a, Bd. 5, S. 470). Sella glaubt, die Verlagerung in die ländlichen Gebiete sei (zumindest im Fall Venedigs) eher der ineffizienten Arbeitsweise der Zunftmitglieder als ihren hohen Löhnen zuzuschreiben gewesen (vgl. Sella 1968, S. 122 f.) – in meinen Augen läuft das jedoch auf das gleiche hinaus. Nicht alle Bauern waren von der Funktion, die ihnen im Rahmen des Verlagssystems zugedacht war, gleichermaßen begeistert. E. L. Jones weist darauf hin, daß das (Verlags-)Heimgewerbe besonders in bestimmten »hochgelegenen Gebieten« sowie in jenen Flachlandregionen anzutreffen war, die durch »unfruchtbare Sand- und schwere Lehmböden« gekennzeichnet waren. Seiner Auffassung nach führte der Umstand, daß diese Gebiete »auf der Grundlage ihrer internen Agrarressourcen ihre Bewohner nicht ernähren konnten«, zum Bemühen, deren Einkommen auf die genannte Weise aufzubessern (1975, S. 339 u. 341). Ähnlich auch der Hinweis von Mendels: »Einiges deutet darauf hin ..., daß jene Bauern, die Weber wurden, in der sozialen Rangordnung ganz unten standen und dort auch blieben.« (1972, S. 242.) Peter Kriedte meint: »Je geringer [der Anteil des landwirtschaftlichen Einkommens am Gesamteinkommen] aufgrund einer zu geringen landwirtschaftlichen Nutzfläche war, desto mehr mußte bei den kleinen Gewerbetreibenden die Tendenz wachsen, die Landwirtschaft zu vernachlässigen und ihre Kräfte auf die gewerbliche Produktion zu konzentrieren.« (In: Kriedte u.a. 1977, S. 68.) Klíma/Macůrek merken an, daß sich in den Ländern der böhmischen Krone die in der dörflichen Gewerbeproduktion Arbeitenden aus den »Landarmen« rekrutierten (1960, S. 90). Vgl. auch Thirsks Darstellung des Zusammenhangs zwischen handwerklicher Produktion und bestimmten Typen von Dorfgemeinschaften (1961).

116 Vgl. Kulischer (1931, S. 11).

erkennen, daß dieses System keineswegs statisch gewesen sei,[117] sondern auf die sich verändernde wirtschaftliche Situation reagiert habe. Eine der Entwicklungsrichtungen, die es dabei nahm, habe zu einer immer weiter um sich greifenden, permanenten Abhängigkeit[118] der Arbeiter von ihren Verlegern geführt. Speziell in Ländern der Semiperipherie war das Verlagssystem durch ein weiteres, durchaus beachtenswertes Merkmal gekennzeichnet: Es befand sich oft in Händen *ausländischer* Verleger. Wie es sich für die Hegemonialmacht gehörte, waren die Niederländer überall: im Bereich der Nordsee und in den Stadtstaaten des Ostseeraums, in Brandenburg, Skandinavien, Kurland und Rußland, im Rheinland und in Norditalien. Aber in vielen dieser Gebiete hatten auch Engländer und Franzosen Fuß gefaßt. Traditionell als Unternehmer auftretende Gruppen wie die Italiener spielten eine im Vergleich zu früher geringere, aber immer noch bedeutende Rolle. Auch fremde »Minderheits«gruppen waren erfolgreich tätig: die Hugenotten in Deutschland, Nordamerika, der Schweiz und Holland, die Juden überall und die Mennoniten in etlichen wichtigen Gebieten Deutschlands.[119]

Das Verlagssystem markierte den Beginn der Proletarisierung, so wie Ämterkauf und Söldnerwesen den Beginn der Bürokratisierung (das heißt Proletarisierung) des Staatsdienstes markierten. Im Verlagssystem war der unmittelbare Produzent zwar formal im Besitz der Produktionsmittel, de facto wurde er aber zu einem Arbeiter im Dienst des Verlegers. Dieser bestimmte über das effektive Einkommen des Produzenten und eignete sich den Mehrwert an, befand sich aber noch nicht in einer Position, wo er durch direkte Überwachung am Arbeitsplatz maximale Effizienz sicherstellen hätte können.[120] (Das gleiche galt – analog dazu – für die staatliche Bürokratie.)

117 Kellenbenz (1965, Bd. 2, S. 427 u. passim).

118 Friedrichs (1975, S. 33). Vgl. dazu den Hinweis von Bulferetti und Constantini: »In Genua veränderte sich im Verlauf der zweiten Hälfte des 16. und der ersten Hälfte des 17. Jahrhunderts der uralte Konflikt zwischen Handelskapital und unabhängigen Handwerkern dahingehend, daß ... sich die Handwerkskorporationen (*corpi di mestiere*) den Verlegern unterschiedlos unterordneten.« (1966, S. 73.) Peter Kriedte macht darauf aufmerksam, daß sich durch die Gewährung von Kredit sogar im Kaufsystem, das im Unterschied zum Verlagssystem keine Auftragsarbeit kannte, eine »beginnende wirtschaftliche Abhängigkeit« zeigte und daß es trotz der formalen Unabhängigkeit der Produzenten zu einer »Ausbeutung durch Handel« kam (in: Kriedte u.a. 1977, S. 202 f.). Erst recht war dies im Verlagssystem der Fall, wo der Verleger »das Ob, das Was, das Wie und das Wieviel (an Produktion) von A bis Z bestimmen konnte« (S. 214).

119 Siehe dazu den Überblick bei Treue (1957, S. 41 f.). Bezüglich der Juden in Deutschland siehe Treue (1970, S. 481 ff.), zu den Anglo-Niederländern in Italien siehe Fanfani (1959, S. 57 f.), zu den Engländern und Niederländern in Böhmen siehe Klíma (1959) und Mika (1978, S. 234–235); bezüglich des Zusammenhangs zwischen dem Verlagssystem und dem Exporthandel siehe Klíma/Macůrek (1960, S. 96) und Kriedte (in: Kriedte u.a. 1977, S. 64).

120 Vgl. dazu Sombart (1900, S. 1138–1140). Selbst jene Produzenten im Heimgewerbe, die von keinem Verleger abhängig waren, wurden durch die Marktmechanismen de facto in eine durchaus vergleichbare Lage getrieben, wie Hans Medick betont: »Egal ob der heimgewerblich arbeitende Weber, Wirker, Nagel- oder Sensenschmied selbst als Käufer und Verkäufer auf dem Markt in Erscheinung trat und so im Rahmen des ›Kaufsystems‹ arbeitete oder ob er in das Verlagssystem eingegliedert war, stets befand er sich in direkter oder indirekter Abhängigkeit vom Kaufmannskapital.« (1976, S. 296.) Für den Verleger erwies sich natürlich das Verlagssystem im Vergleich zum Kaufsystem als profitabler, da bei letzterem der unmittelbare Produzent einen größeren Teil des Mehrwerts einbehielt. Auch wenn das Verlagssystem,

Staaten der Semiperipherie unterschieden sich zu jener Zeit von peripheren Gebieten genau dadurch, daß sie überhaupt über Verlagsindustrien verfügten. Von den im Verlagssystem produzierenden Industrien des Zentrums unterschied sich die Verlagsproduktion der Semiperipherie wiederum dadurch, daß Teile davon tendenziell eher von nicht-einheimischen Gruppen kontrolliert wurden und es daher schwierig war, eine protektionistische Gesetzgebung durchzusetzen. Beim Verlagssystem handelt es sich um jenes Phänomen, das mit Mendels' so populärem Begriff der »Protoindustrialisierung« gemeint ist.[121] Ich halte es allerdings nicht für zweckdienlich, diese Industrialisierung als *Proto*industrialisierung zu begreifen, hieße dies doch, daß es nicht ganz das Wahre gewesen sei. Tatsächlich war zwar das Verlagssystem weniger effizient als ein Fabrikssystem, wies aber in bezug auf die Arbeitskraft einen höheren Ausbeutungsgrad auf[122] – und war damit für eine Zeit relativer Stagnation ideal.

Im 17. Jahrhundert wurde die gesamte traditionelle Gewerbeproduktion entlang des »alten Rückgrats« von Europa vom Niedergang erfaßt. Besonders dramatisch fiel dieser in Norditalien aus, doch im Grunde war es in Deutschland und den südlichen Niederlanden nicht anders. Die Situation in Norditalien stellt sich für Romano in düsteren Farben dar. Sein Resümee benennt vier Entwicklungen: Rückgang der Stadt-(aber nicht der Gesamt)Bevölkerung; Rückgang der gewerblich-industriellen Produktion (spe-

---

was die Kontrolle durch die Betriebsleitung betrifft, dem Vergleich mit dem Fabrikssystem nicht standhalten konnte, stellte es gegenüber dem Kaufsystem einen Fortschritt dar und steigerte dadurch die Produktivität. Die Gewinne, die sich daraus ergaben, fielen zum größten Teil dem Verleger zu. Während der Stücklohn eines unmittelbaren Produzenten im Rahmen des Verlagssystems niedriger lag als im Rahmen des Kaufsystems, konnte sein Jahreseinkommen durch eine bessere Auslastung dennoch höher liegen. Vgl. dazu Schlumbohm (in: Kriedte u.a. 1977, S. 215 f., inkl. Anm. 56).

121 Mendels (1972). Siehe dazu die Darstellung der historiographischen Ursprünge dieses Begriffs bei Kriedte u.a. (1977, S. 13–35). Bei der Frage, welche ökonomische Rolle innerhalb der Weltwirtschaft bestimmten Gebieten schließlich zufallen sollte, wird der Protoindustrialisierung in Kriedtes Buch »strategische Bedeutung« zugeschrieben (S. 30 f., Anm. 52). Klíma/Macůrek plädieren dafür, das Manufakturwesen (d.h. das Verlagssystem) als einen »Markstein in der Entwicklung vom Zunftsystem über die Manufaktur hin zur mechanisierten Großproduktion« zu betrachten. Warum Manufaktur und Fabrikssystem eher als Glieder in einem Entwicklungsprozeß begriffen werden sollten und nicht als die beiden Ränder eines tiefen Risses, begründen sie damit, daß die Manufaktur »die Arbeitsteilung vertiefte« und »eine große Zahl ungelernter bzw. schlecht qualifizierter Arbeitskräfte in den Produktionsprozeß hineinzog« (1960, Bd. 4, S. 96 f.). Im Rahmen seiner Arbeit über die zentralisierten Eisenmanufakturen in den Ländern der böhmischen Krone vertritt Myška im Grunde die gleiche Auffassung (vgl. 1979, S. 44–49 und passim). Siehe dazu auch Redlich (1955, S. 93–97).

122 Medick beschreibt sehr gut, wie dies funktionierte, und zieht folgendes Resümee: »Die Logik der familienwirtschaftlichen Produktion konnte vor allem deshalb wirksam werden, weil die armen, landlosen Tagelöhner, wenn es zur Erhaltung des gewohnten Subsistenzniveaus und der wirtschaftlichen Unabhängigkeit der Familie nötig war, dazu neigten, bei der Produktion handwerklicher Güter auf ›Selbstausbeutung‹ zurückzugreifen.« Dies habe auf seiten des Verlegers zu einem »Differentialprofit« geführt, der »sowohl jene Profite übertraf, die im Rahmen der gesellschaftlichen Produktionsverhältnisse des Zunftsystems, als auch jene, die aus vergleichbaren Lohnarbeitsverhältnissen in Manufakturen zu erzielen waren.« (1976, S. 299.) Besonderes Interesse zeigt Medick an der »symbiotischen Beziehung zwischen Familienwirtschaft und Kaufmannskapital«. Seiner Auffassung nach sind die »Normen und Verhaltensregeln der traditionellen Familien-Subsistenzwirtschaft« für die Entstehung des Kapitalismus [ich würde eher sagen für sein Wachstum] von größerer Bedeutung gewesen als die protestantische Ethik (1976, S. 300).

ziell von billigeren Textilien) in den klassischen Zentren Florenz, Mailand, Venedig und auch Neapel; Rückgang im Distributionssektor; und schließlich ein Rückgang der Preise und der im Umlauf befindlichen Geldmenge, aber recht unbewegliche Löhne (was zu Arbeitslosigkeit und in weiterer Folge zu einer wachsenden Zahl von Armen und Landstreichern führte). Laut Romano soll sich also die *städtische* Ökonomie zwischen 1620 und 1740 in einem »Zustand der tiefsten Krise« befunden haben. Außerdem spricht Romano von der »allgemeinen Involution der italienischen Agrarwirtschaft.«[123] Italien zählte für ihn fraglos zur Mehrheit jener europäischen Gebiete, für die das 17. Jahrhundert (anders als für England, die Vereinigten Niederlande und bis zu einem gewissen Grad auch Frankreich) »unter dem Zeichen der Involution stand«[124]. Daher verpaßte Italien in Romanos Augen eine »große historische Chance, sich zu erneuern«, so wie es das im 14. Jahrhundert getan hatte, als seine »herrschende Schicht in ihrer Gesamtheit bereit war, sich [der Krise] entgegenzustemmen« und »die lange Nacht überstand«, geschwächt zwar, aber unversehrt.[125] Die voluntaristischen Annahmen, die jener Vorstellung von der vertanen Gelegenheit zugrundeliegen, werden von Procacci heftig kritisiert.[126] Sella wiederum attackiert die empirische Beschreibung aufgrund ihrer, wie er meint, Überzogenheit. Ende des 17. Jahrhunderts sei die industrielle Szenerie Norditaliens »alles andere als trostlos« gewesen und hätten verarbeitete Produkte innerhalb des Exporthandels noch immer einen »prominenten Platz« eingenommen,[127] außerdem sei es (zumindest in der Lombardei) den ländlichen Gebieten noch besser ergangen. Die Geschichte des 17. Jahrhunderts sei daher, behauptet Sella, die Geschichte einer »bemerkenswerten Standhaftigkeit, Anpassung und Flexibilität« angesichts widriger Umstände.[128]

---

123 Romano (1974, S. 188–189).

124 Romano (1971, S. 201).

125 Romano (1974, S. 195).

126 Procacci (1975, S. 28). Er bezeichnet diese Vorstellung als »zu stark vereinfachend und radikal«. Bei Borelli findet sich ein gutes Beispiel dafür, warum es nicht bloß eine Frage des Wollens war. Er verweist auf die Anstrengungen Venedigs, seine Seidenerzeugung zu retten, indem es 1588 die Ausfuhr von Rohseide untersagte. Da dies die Preise für Rohseide auf dem Binnenmarkt sinken ließ, wurde immer mehr außer Landes geschmuggelt, im Jahr 1694 bereits zwei Drittel der venezianischen Rohseide (vgl. Borelli 1974, S. 27 f.). Es genügte nicht, eine merkantilistische Politik zu proklamieren – man mußte auch die nötige politische Stärke besitzen, sie durchzusetzen. In diesem Fall reichte der durch merkantilistische Maßnahmen geschaffene Wettbewerbsvorteil nicht aus, um die sehr hohen Kosten der venezianischen Produktion wettzumachen.

127 Sella (1969, S. 244). Rapps Vorbehalte hinsichtlich der empirischen Situation sind etwas anders gelagert. Er teilt die Auffassung, daß sich Venedig von exportorientierter gewerblich-industrieller Produktion auf binnenmarkt-orientierte Dienstleistungsgewerbe verlegte. Dies betrachtet er als einen nicht ganz erfolglosen Versuch, Beschäftigung und damit gewisse Wohlstandsniveaus zu erhalten (siehe Rapp 1975, S. 523 f.).

128 Sella (1975, S. 12). Diese Flexibilität zeigte sich unter anderem darin, daß – wie im Falle Venedigs und der Terraferma – die wirtschaftliche Verbindung zwischen der Stadt und ihrem Umland vertieft wurde. Vgl. dazu Marino: »Die steigenden Steuern, die auf der Produktion der Terraferma lasteten, die Investitionen in die Landwirtschaft sowie der regionale Markt ließen Venedig und sein Hinterland zu einem organischen Ganzen werden. ... Die wichtigste Folge der Krise [im 17. Jahrhundert] war die

Ähnlich unterschiedliche Einschätzungen finden sich auch in der Literatur über West- und Süddeutschland. Bereits im 19. Jahrhundert hatte Schmoller die zwischen 1600 und 1750 bestehende »vollständige Abhängigkeit« dieses Raums von Holland hervorgehoben.[129] Eine von Beutin zitierte Quelle aus dem Jahr 1770 hält fest, daß Frankfurt zu jener Zeit »nichts weiter [war] als ein großes Warenlager, welches unter dem holländischen steht«[130]. Anderson spricht von einer »sabotierten rheinischen Wirtschaft«[131], eine Folge davon, daß deren Vertriebskanäle zum Meer hin von den Niederländern kontrolliert wurden. Kuske sieht im Rheinland am Ende des 16. Jahrhunderts ein »Zeitalter der Passivität« anbrechen,[132] und Liebel beschreibt die »verheerenden Auswirkungen«, die die Kriege des 17. Jahrhunderts auf die süddeutschen Reichsstädte (Augsburg, Ulm, Nürnberg) hatten.[133] Kisch spricht dagegen vom »belebenden Einfluß, den das rege Wirtschaftsleben in den benachbarten Niederlanden ausübte«[134], und erblickt darin eine Erklärung dafür, warum das Rheinland jener »wirtschaftlichen Depression entging«, die im 17. Jahrhundert die meisten Regionen Deutschlands traf.[135]

Wenn wir uns den südlichen Niederlanden zuwenden, stoßen wir auf die gleiche Debatte. Zum einen haben wir hier die klassische Auffassung Pirennes – wirtschaftlicher Niedergang, verursacht durch die Sperrung der Schelde und die Unfähigkeit, bei Spaniern und Österreichern merkantilistische Maßnahmen durchzusetzen.[136] Untermauert wird dies von Stols; er meint,

---

plötzliche Entstehung einer integrierten Regionalökonomie und einer koordinierten Wirtschaftspolitik.« (1978, S. 100)

129 Schmoller (1897, S. 74). Ein gutes Beispiel für diese Abhängigkeit führt J. de Vries an: In den Jahren bis 1650 waren die Tuchfabrikanten Haarlems von ihrem Hinterland abhängig, da sie Weberinnen benötigten. Bis zum Jahr 1650 hatte sich dieser Produktionsbereich geographisch nach auswärts verschoben, und zwar in die Haushalte Westfalens (und der südlichen Niederlande). »Haarlem fungierte nun für ein ganzes Netz von Tuch-Kommissionären als Mittelpunkt, wohin diese das Leinen zum Bleichen und zum Endverkauf schickten.« (1976, S. 97)

130 *Die Handlung von Holland* (Frankfurt/Leipzig, 1770, S. 251 f.), zit. bei Beutin (1939, S. 120). Auch Friedrich List wird von Beutin als jemand zitiert, der diese Auffassung teilte (die auch Beutin selbst »ohne Zweifel« für richtig hält) (1939, S. 127).

131 P. Anderson (1974a, S. 249).

132 Kuske (1922, S. 189).

133 Liebel (1965a, S. 287). Der säkulare Niedergang dieser Städte hatte natürlich bereits im 16. Jahrhundert eingesetzt.

134 Kisch (1968, S. 3).

135 Kisch (1959, S. 555).

136 Siehe Pirenne (1920, Bd. 5, S. 65–69, 129 f. sowie 193–201). Freilich gab es ein merkantilistisches Intermezzo, das an sich schon durchaus aufschlußreich ist. Dem ›belgischen Colbert‹, Jean de (Jan van) Brouchaven, Graf von Bergeyck, gelang es im Jahr 1698, den Generalstatthalter der Spanischen Niederlande, Kurfürst Maximilian Emanuel von Bayern, dazu zu bewegen, Zölle einzuführen, für den Indienhandel die Kompanie von Ostende zu gründen, Pläne zur Verbesserung der Binnenschiffahrtswege auszuarbeiten und im Jahr 1699 sogar die Ausfuhr von Wolle und die Einfuhr ausländischer Textilien zu verbieten. Die Vergeltungsmaßnahmen der Engländer und Niederländer sowie Eifersüchteleien zwischen den einzelnen Provinzen veranlaßten ihn jedoch dazu, den Rückzug anzutreten (S. 64–69).
Als Maximilian im Gefolge der Thronbesteigung Philipps V. abgesetzt und seine Truppen durch französische ersetzt wurden, erhielt Bergeyck erneut die Vollmacht, seine colbertistischen Reformen fortzuset-

daß sich die Flamen im 17. Jahrhundert nicht einmal aufgrund der weiterhin bestehenden Verbindung mit Spanien gegenüber den Niederländern einen Vorteil verschaffen konnten, denn bei den Spaniern standen sie im Verdacht pro-niederländischer Tendenzen.[137] Zum anderen betont Brulez, daß die Situation Antwerpens im 17. Jahrhundert »weniger schlimm [war], als wir bis jetzt dachten«[138]. Er erklärt das mit der weiterhin aufrechten Funktion Antwerpens im Dispositionshandel, in dessen Rahmen Entscheidungen über den europäischen Handel fielen, Handelsgeschäfte getätigt wurden – und flämische Kaufleute dabei von ihren historisch gewachsenen Geschäftsverbindungen profitierten.[139]

Sehen wir uns also genauer an, was wir über die tatsächlichen Wirtschaftsstrukturen jener Zonen und jener Zeit wissen. In den norditalienischen Zentren war der Niedergang der *städtischen* Gewerbeproduktion in der Tat unverkennbar. Ob die Zäsur auf das Jahr 1619 oder auf das Jahr 1636 datiert werden sollte, ist eine offene Frage.[140] In Mailand sank jedenfalls die Woll-

---

zen. Das war das sogenannte »régime anjouin« (S. 94–105). Als Marlborough im Jahr 1706 die französischen Truppen bei Ramillies besiegte, trat an die Stelle der französischen Besatzung eine englisch-niederländische. Unverzüglich wurden die Zölle aufgehoben und die Zentralisierung der Verwaltung beendet. Pirenne stellt fest: »Damit verschwanden die letzten Überreste jener Reformen, mit denen das Land aus der Lethargie gerissen werden sollte, in die es Ende des 17. Jahrhunderts verfallen war. Und keinem fiel es auf. Jener Partikularismus, der Bergeycks Projekten im Weg stand, diente nun den Interessen der »Konferenz« [englisch-niederländischer Verwaltungsbehörden]. Keine Zentralregierung mehr. Jede Provinz blieb sich selbst überlassen und dachte nur an ihre eigenen, unmittelbaren Interessen. England und die Vereinigten Niederlande taten nichts anderes, als genüßlich zuzusehen und den Dingen ihren Lauf zu lassen. Nach Beendigung des Kriegs, das wußten sie, würden sie Belgien nicht halten können, und so war es wohl das beste, das Land in einem Zustand politischer wie wirtschaftlicher Ohnmacht und Selbstgenügsamkeit [dem Österreicher] Karl III. zu übertragen.« (S. 114.) Vgl. dazu auch Hasquin (1971, S. 125 f.).
Sogar Craeybeckx, der nachdrücklich betont, daß die südlichen Niederlande in diesem Zeitraum ihren englisch-niederländischen Konkurrenten im Produktionsbereich nicht unterlegen waren, erklärt die Krise des späten 17. Jahrhunderts mit dem *allgemeinen* Konjunkturrückgang in Europa, den »die südlichen Niederlande besonders heftig zu spüren bekamen. Sie hatten nämlich absolut keine Mittel, um erneut auf den immer rabiateren Protektionismus der Nachbarländer zu reagieren.« (1962, S. 465.) Van der Wee behauptet, der Wiederaufstieg der südlichen Niederlande im 17. Jahrhundert sei in Wirklichkeit mit einer »deutlichen De-Urbanisierung« und einer »Rückkehr zu einer autarken, *traditionellen* Landwirtschaft« einhergegangen (1978, S. 14 u. 17).

137 Dies galt besonders für die Jahre bis 1648. Stols zitiert einen Jesuiten aus Brügge, der im Jahr 1617 in bezug auf Spanisch-Amerika folgendes sagte: »Es hat den Anschein, als würde es fortan schwierig werden für die Flamen, Zugang nach Indien zu erlangen, und das alles wegen der holländischen Verräter.« (Zit. bei Stols 1976, S. 40).

138 Brulez (1967, S. 89). Craeybeckx (1962, S. 413–418) teilt diese Auffassung, wobei er allerdings einräumt, daß sich »der wirtschaftliche Schwerpunkt in Richtung ländliche Gebiete verschob« (S. 419). Es gab auch eine Verschiebung in Richtung Lüttich; vgl. dazu Kellenbenz: »Das Unglück der Spanischen Niederlande, so sagte man, war Lüttichs Segen.« (1965, Bd. 2, S. 393.) Vgl. dazu auch Jeannin (1969, S. 70).

139 Vgl. dazu Brulez (1967, S. 94–99) und Craeybeckx (1962, S. 416). Unterstützt wird dies durch Baetens' Darstellung des flämischen Freibeuterwesens, das im 17. Jahrhundert bis zum Spanischen Erbfolgekrieg ein florierender Geschäftszweig war und laut Baetens *negative* Auswirkungen auf die Antwerpener Kaufleute hatte. Diese bedienten sich nämlich bei ihren umfangreichen Handelsgeschäften niederländischer Verfrachter. Daran läßt sich erkennen, über welchen Hauptkanal die Flamen jenen gesetzlichen Beschränkungen auswichen, denen ihre Wirtschaft ausgesetzt war (siehe Baetens 1976, S. 74).

140 Meuvret geht vom Jahr 1636 aus (1953, S. 216), Cipolla vom Jahr 1619 (1958, Bd. 1, S. 392).

produktion von 15.000 *panni* im Jahr 1619 (erzeugt in etwa 60 bis 70 Betrieben) auf 3.000 *panni* im Jahr 1640 (in 15 Betrieben), 1682 gab es dann noch fünf Betriebe, 1709 nur mehr einen, und der erzeugte 100 *panni*.[141] Diesen Rückgang führt Bulferetti auf den französischen Merkantilismus des 17. Jahrhunderts zurück, der seiner Ansicht nach in der Lombardei (und in der Toskana) sowohl dem Manufakturwesen als auch der Handwerkstätigkeit »einen entscheidenden Schlag versetzte«. Bulferetti gibt aber auch den Arbeitern und ihrem Widerstand gegen technologische Neuerungen eine gewisse Schuld.[142] Als eindeutige »Verstärkung der säkularen Abwärtstendenz«, fügt de Maddalena hinzu, ist die De-facto-Eingliederung Mailands in das österreichische Herrschaftsgebiet (1706) zu betrachten.[143] Gerade von spanischer Herrschaft freigekommen, lag die Lombardei »völlig am Boden«[144]. Das gleiche galt für die genuesische Wollerzeugung[145] und die industriellen Sektoren Venedigs.[146] Einen ähnlichen Niedergang der verarbeitenden Produktion ab dem Dreißigjährigen Krieg, speziell in Bereich der Woll- und Leinenweberei, berichtet Liebel für Württemberg, das »bürgerlichste Land des Heiligen Römischen Reichs«.[147]

Was die Schweizer betrifft, so scheinen sie aus der Not eine Tugend gemacht und ihre spezielle Verbindung mit Frankreich so weit umgeformt zu haben, daß daraus ein Instrument der Semiperipherisierung wurde. Die Anfänge dieser Sonderbeziehung lagen im 16. Jahrhundert, als der Schweiz die Funktion des Söldnerlieferanten zukam. Dies wurde von der Schweizer Regierung dazu benutzt, die Aufhebung der französischen Zollschranken zu vereinbaren. Somit wurde der französische Markt zum »wichtigsten Anreiz für die Schweizer Industrie.«[148] Obwohl sie durch diese Verbindung gestärkt worden war, nahm die Schweiz während des Dreißigjährigen Kriegs erstmals ihre klassische Position der Neutralität ein. Dies ermöglichte es ihr, »Frankreich vom deutschen Markt zu verdrängen«[149] und auf dieser Grundlage eine

---

141 Siehe Cipolla (1958, Bd. 1, S. 392 u. 394).

142 Bulferetti (1953, S. 53).

143 De Maddalena (1974b, S. 77). »Für die Mailänder Ökonomie begann damit unbestreitbar eine Phase des Stillstands, der Stagnation.« (S. 79)

144 Caizzi (1968, S. 6).

145 Vgl. Bulferetti/Constantini (1966, S. 35).

146 Die Gesamtzahl der Beschäftigten im Exportsektor, behauptet Rapp, war in der zweiten Hälfte des 17. Jahrhunderts auf den absoluten Wert des Jahres 1539 gesunken, jenes Zeitpunkts also, »bevor der rasante Aufschwung der gewerblich-industriellen Produktion einsetzte« (1976, S. 104). Er fügt hinzu: »Für den Hafen von Venedig kam mit den wirtschaftlichen Schwierigkeiten im 17. Jahrhundert nicht das Ende, wohl aber veränderte sich sein Charakter: nicht mehr Angelpunkt des Welthandels, sondern regionaler Versorgungshafen.« (S. 105.) Lane weist darauf hin, daß Venedig nicht mehr in der Lage war, konkurrierende Flotten von der Adria fernzuhalten oder den Aufstieg konkurrierender Häfen zu verhindern (vgl. 1973, S. 417).

147 Liebel (1965a, S. 295 u. 300).

148 Bürgin (1969, S. 220). Er schreibt, daß die Schweiz spätestens Ende des 17. Jahrhunderts als »das Zentrum der weltweiten Uhrenproduktion hervortrat« (S. 227).

149 Bürgin (1969, S. 221).

Exportindustrie zu entwickeln.[150] Als Frankreich sich jedoch im Jahr 1678 die Franche-Comté einverleibte, wurde durch die Abhängigkeit der schweizerischen Molkereiwirtschaft von Salzimporten aus dieser Region die *politische* Abhängigkeit der Schweiz von Frankreich wieder verstärkt.[151] Indem sie die Verbindung aus ökonomischem Antimerkantilismus[152] und politischer Protektion durch Frankreich akzeptierte und gleichzeitig ihre wachsende Heimindustrie in den Bereichen Uhrenerzeugung und Milchwirtschaft ausbaute, wurde die Schweiz Ende des 18. Jahrhunderts zum »industriereichsten Land auf dem europäischen Kontinent«[153].

Die obigen Ausführungen lassen es nicht als angezeigt erscheinen, für das 17. Jahrhundert vom Verschwinden der gewerblich-industriellen Produktion aus dem europäischen »Rückgrat« zu sprechen. Vielmehr kam es zu einer Verlagerung dieser Produktion, besonders von Woll- und Baumwolltextilien, auf das flache Land. Allem Anschein nach war dies überall der Fall: in Venedig, Genua, Aachen, Flandern, Zürich und im späten 17. Jahrhundert sogar in Holland.[154] In jedem dieser Fälle wird die Senkung der hohen Lohnkosten, die der Stärke der städtischen Zünfte zuzuschreiben war, als ein zentrales Motiv angeführt. Andererseits florierte die *Luxus*produktion (Seide etwa) in den Städten nach wie vor, wo sich die Seidenmühlen zu richtiggehenden Fabriken entwickelten.[155] Ein anderes städtisches Luxus»gewerbe«,

150 »Die politische Voraussetzung für eine ununterbrochene Entwicklung des Exporthandels und des im 17. und 18. Jahrhundert sehr bedeutenden Zwischenhandels war die Neutralität des Staates.« (Bodmer 1951, S. 574.) Außerdem habe die Schweiz aufgrund ihrer Neutralität Unternehmer angezogen, die aus anderen Ländern flüchten mußten (S. 598).

151 »Den Prinzipien des Colbertismus getreu stellte die französische Regierung den neu erworbenen Mineralreichtum [der Franche-Comté] in den Dienst ihrer Machtpolitik und lieferte Salz zu Vorzugsbedingungen nur an solche Orte, die sich ihren Wünschen gegenüber gefügig zeigten.« (Bodmer 1951, S. 576)

152 »Es war, so paradox dies im 17. und 18. Jahrhundert scheint, gerade das Fehlen einer betont merkantilistischen Handelspolitik, die einzelnen Orten zu einer aktiven Zahlungsbilanz verhalf.« (Bodmer 1951, S. 575.) Freilich schloß Antimerkantilismus staatliche Darlehen an Unternehmer nicht aus, und das Fehlen von Zöllen stieß durchaus auf Widerstand – beispielsweise bei den Genfer Zünften (vgl. Piuz 1970a, S. 9).

153 Bodmer (1951, S. 598). Die Schweiz, schreibt er, »exportierte jedoch nicht nur industrielle Erzeugnisse in großen Mengen, sondern auch gewisse Produkte ihrer Alpwirtschaft, insbesondere Käse und Vieh.«

154 Für Venedig siehe Rapp (1976, S. 159), für Genua Bulferetti/Constantini (1966, S. 48–50), für Aachen Kisch (1964, S. 524), für Flandern Mendels (1975, S. 203) und für Zürich J. de Vries (1976, S. 97). In Holland wanderte die Textilproduktion von Haarlem und Leiden nach Twente und Nordbrabant, die Keramikherstellung von Delft nach Friesland, und die Zwiebackerzeugung siedelte sich nördlich der holländischen Grenze an. Van der Woude bezeichnet dies als »Ruralisierung von Handel und Industrie« in den Niederlanden (1975, S. 239).

155 »Während die Wollerzeugung zurückging, nahm die Seidenerzeugung zu« (Borelli 1974, S. 25). Vgl. dazu auch Bulferetti/Constantini (1966, S. 70) und Rapp (1976, S. 105 f.). Piuz spricht in bezug auf die Genfer Seidenproduktion vom Aufstieg eines »städtischen Verlagssystems« (1970a, S. 5). Kisch erwähnt für Krefeld im frühen 18. Jahrhundert eine Verschiebung von Leinen hin zu Seide (1968, S. 28). Gino Luzzatto betont jedoch, daß es selbst mit der Seide nicht zum besten stand, da der französische Protektionismus dem Absatz schadete, und zwar nicht nur in Frankreich, sondern auch im übrigen Europa (vgl. Luzzatto 1974, S. 161 f.). Bezüglich der Seidenmühlen als Fabriken siehe Poni (1976, S. 490–496).

das in diesem Zeitraum expandierte, waren Kunstproduktion und -export.[156] Auf dem Land, so stellen wir fest, wurde zur selben Zeit und an den selben Orten die Ausbeutung der Bauern verschärft und eine Verlagsproduktion etabliert. In Norditalien kam es im 17. Jahrhundert zur widerrechtlichen Aneignung von Gemeindeland.[157] Für Beltrami trug der Adelsbesitz in der Terraferma »fortan den Charakter echter Latifundien«[158]. Im Jahr 1633 erließ der venezianische Senat für Bauern ein Auswanderungsverbot, selbst wenn sie ihre Tiere und Werkzeuge zurückließen. Borelli stellt fest: »Man wird den Gedanken nicht los, ... daß hier eine alte Einrichtung, die Schollenbindung der Leibeigenen, in modernerem Gewand wieder auflebt.«[159]

Während des gesamten 17. Jahrhunderts, als in Norditalien die Macht der Landeigentümer über die Bauern gestärkt wurde (ein Ergebnis der »Abwärts«-Semiperipherisierung) und in Ostelbien die Macht des Staates (ein Ergebnis der »Aufwärts«-Semiperipherisierung), näherten sich die gesellschaftlichen Strukturen der zwei Gebiete einander immer stärker an, so daß im frühen 18. Jahrhundert Piemont und Brandenburg-Preußen, die Gründungszellen des italienischen bzw. des deutschen Staates, einige bemerkenswerte Ähnlichkeiten aufwiesen.[160] Zu ähnlichen Entwicklungen scheint es auch in den südlichen Niederlanden (und Lüttich) gekommen zu sein, wo im 17. und frühen 18. Jahrhundert die Macht der großen Landeigentümer wuchs und viele Bauern, indem sie den Status eines Pächters mit jenem eines Teilpächters vertauschen mußten, ein gewisses Maß an Unabhängigkeit einbüßten.[161] In der wissenschaftlichen Literatur über Süd- und Westdeutschland wird häufig hervorgehoben, in welch hohem Maß es den Bauern gelang, die Verfügungsgewalt über Grund und Boden zu behalten.[162] Dennoch sollte man jene *Veränderungen* innerhalb der

---

156 Haskell (1959, S. 48). Das Gegenstück zum Export von Kunst war der Import von Touristen. Venedig wurde im 17. Jahrhundert wahrscheinlich zum ersten Touristenzentrum der Neuzeit (vgl. J. de Vries 1976, S. 27).

157 Vgl. dazu Romano (1962, S. 510–513), Borelli (1974, S. 20) und Sereni (1961, S. 207). Parallel dazu breitete sich zwischen 1600 und 1750 in ganz Nord- und Mittelitalien die Teilpacht (*mezzadria*) immer weiter aus (siehe Sereni 1961, S. 205).

158 Zit. bei Romano (1968, S. 733).

159 Borelli (1974, S. 15).

160 Diese Ähnlichkeiten werden von Stuart Woolf dargelegt: »In beiden Ländern richteten sich die Reformaktivitäten der Herrscher (Viktor Amadeus II., Karl Emanuel III. bzw. der Große Kurfürst und Friedrich Wilhelm I.) ganz bewußt gegen den Adel, in dem man das Haupthindernis für die Schaffung einer zentralistischen absoluten Monarchie erblickte – es wurde eine neue Zentralverwaltung geschaffen, und die Steuerprivilegien des Adels gerieten unter Beschuß. Aber in beiden Ländern konnte der Adel wesentliche Elemente seiner Steuerfreiheit behalten, zugleich blieb seine Kontrolle über die Lokalverwaltung praktisch unangetastet.« (1964, S. 283)

161 Bezüglich des Machtzuwachses der Landeigentümer siehe Jeannin (1969, S. 69), bezüglich der Zunahme der Teilpachten in Lüttich siehe Ruwet (1957, S. 69).

162 Vgl. dazu etwa Weis (1970), der die Situation in Westdeutschland (mit Ausnahme des Rheinlands) und Frankreich miteinander vergleicht. In Frankreich besaßen die Bauern 35% des Bodens, in Deutschland westlich der Elbe 90%. Daher sei die »wirtschaftliche, soziale, rechtliche und psychologische Situation« der französischen Bauern »im 17. und erst recht im 18. Jahrhundert sehr viel ungünstiger« gewesen, und das »trotz der größeren Fruchtbarkeit des französischen Bodens und der allgemeinen Fortschritte in den Methoden der Landwirtschaft« (S. 14). Für Sachsen vgl. auch Blaschke (1955, S. 116).

ländlichen Strukturen dieser Gebiete nicht übersehen, die deutsche Wissenschaftler dazu veranlaßten, einen neuen Begriff zu prägen: den der *Wirtschaftsherrschaft*. Damit werden neu entstandene Strukturen bezeichnet, die irgendwo zwischen der traditionellen Grundherrschaft und der ostelbischen Gutsherrschaft anzusiedeln sind.[163] Wie bereits an früherer Stelle erwähnt, handelte es sich bei der Wirtschaftsherrschaft um ein System, das in den stärker semiperipheren Zonen Mitteleuropas vorherrschte.

Der Niedergang einer Region bedeutet normalerweise, daß Kapitalbesitzer in diesen Gebieten mit der Verlagerung ihrer Investitionen beginnen. Der kollektive geographische Niedergang bedeutet in diesem Fall also nicht den persönlichen oder den der Familie. Es gibt zwei Formen des Kapitaltransfers: den Transfer in eine geographische Zone mit besseren wirtschaftlichen Aussichten, was oft auch mit einem physischen Ortswechsel verbunden ist, sowie den Transfer innerhalb derselben Zone, und zwar in Produktionseinheiten, die (häufig aufgrund eines höheren Ausbeutungsgrads) eine höhere Rendite abwerfen. Während der Stagnationsperiode im 17. Jahrhundert nahm der innerzonale Kapitaltransfer die Form von Investitionen in Grund und Boden an. Die Kapitalisten, die entlang des europäischen »Rückgrats« angesiedelt waren, übten sich damals in beiden Arten des Kapitaltransfers. Bankgeschäfte verlagerten sich allmählich von Zentren wie Genua nach Amsterdam;[164] Handwerker emigrierten: die Flamen nach England, die Deut-

---

163 Vgl. dazu die Darstellung bei Lütge (1963, S. 139 sowie 1965, S. 685). Der Begriff *Wirtschaftsherrschaft* wurde von Alfred Hoffmann geprägt, der darunter ausdrücklich jene Entwicklungen des 16. und 17. Jahrhunderts verstand, die auf halbem Weg zwischen der alten Rentenherrschaft und der neuartigen Gutsherrschaft lagen. »Wirtschaftsherrschaft« wird von Hoffmann folgendermaßen definiert: »Bei dieser Form blieb wie vorher der überwiegende Teil des nutzbaren Landes auf die einzelnen und selbständigen bäuerlichen Wirtschaften verteilt; man hat aber durch stärkere Zentralisierung der Abgaben und stärkere Heranziehung zu Dienstleistungen für die Herrschaft diese enger als bisher in einen ökonomischen Verband zusammengeschlossen. Dieser Verband umfaßte nicht allein die rein agrarisch-bäuerliche Wirtschaft, sondern auch eine Reihe von Gewerben und stand in enger Fühlungnahme mit einer selbständigen Organisation des Absatzmarktes.« (1952, S. 98.) Hoffmann nimmt an, daß der Wechsel von der Rentenherrschaft zur moderneren und kapitalistischen Wirtschaftsherrschaft »eine erhebliche Steigerung der Rentabilität des grundherrlichen Besitzes bewirkt hat« (S. 166 f.).

T. M. Barker versteht unter *Wirtschaftsherrschaft* ein »zentralisiertes landwirtschaftliches Gut mit rationalisierter Betriebsführung ..., das die eigenwirtschaftlich betriebene Agrar- und Handwerksproduktion mit einer großen Zahl von Methoden kombinierte, wie man aus den Eigenleistungen der Bauern Profit ziehen konnte« (1974, S. 27). Makkai hält es für das zentrale Merkmal, daß der Grundherr »seine Monopolrechte (Dorfschenke, Mühlen, Schlachthaus und so weiter) ausbeutete und sich zudem auf eigene geschäftliche Unternehmungen einließ, um sein Einkommen zu steigern.« (1975, S. 230.) Dies als dritte Kategorie eines wirtschaftlichen Systems anzusehen, erscheint Makkai als »unhaltbar« (S. 231). Soweit die Betonung auf den Geschäftsaktivitäten des Herrn liegt, hat er recht und kann in diesem Zusammenhang Alfred Hoffmann selbst anführen, der einen ganzen Aufsatz über den Grundherrn als Unternehmer verfaßte (1958). Soweit aber Wirtschaftsherrschaft eine »rationalisierte Betriebsführung« aufwies, unterscheidet sie sich von der traditionellen Grundherrschaft. Es ist allerdings durchaus möglich, daß sich die grundherrschaftlichen Eigenwirtschaften zu jener Zeit generell in Richtung Wirtschaftsherrschaft entwickelten.

164 Zum Verlust der alten finanziellen Funktion Genuas als Bankier Spaniens ab den zwanziger Jahren des 17. Jahrhunderts siehe van der Wee (1977, S. 333 u. 375). Zu Genuas neuer Rolle als Bankier Europas mittels Investitionen in Staatsanleihen (*titoli pubblici*), zunächst gegenüber Frankreich und den habsburgischen Staaten, dann gegenüber England, Skandinavien, Sachsen etc. siehe Dermigny (1974, S. 549). Die genuesischen Finanzinvestitionen, schreibt Dermigny, waren derart karikaturesk, daß »man in lediglich leicht abgewandelter Begrifflichkeit vom Parasitismus als dem höchsten Stadium des Kapitalismus sprechen könnte« (S. 562).

schen nach Holland, die Venezianer nach Lyon und so weiter. Rapp hebt völlig zu Recht hervor, daß diese gewerblichen Arbeitskräfte es nicht auf eine höhere Bezahlung abgesehen hatten, da sie ja schließlich aus Zonen mit hohem Lohnniveau auswanderten. Diese Bewegung stellte einen »unternehmerischen Exodus« von Kleinkapitalisten dar, die das Risiko der Emigration eingingen, um dafür »enorme Gewinne zu erzielen«.[165]

Vielleicht deshalb, weil dort der damals stattfindende Kapitaltransfer vom industriellen in den landwirtschaftlichen Sektor die dramatischsten Dimensionen annahm, wurde er für Norditalien am eingehendsten untersucht. Bulferetti bezeichnet diese Entwicklung als Wechsel hin zu »sicheren Investitionen auf dem Land«[166], aber dadurch entsteht, so meine ich, ein falsches Bild. Woolf erinnert daran, daß in Piemont die Belege sowohl bei alteingesessenen als auch bei neuen Landeigentümern »ziemlich schlüssig auf effiziente Methoden der Gutsverwaltung hindeuten«[167]. Sereni spricht von der »relativen Kontinuität«, durch die sich die Verbesserungen in der italienischen Landwirtschaft ausgezeichnet hätten, und weist darauf hin, daß zwischen dem 16. und 18. Jahrhundert »in der Landwirtschaft eine kommerzielle Entwicklung« stattgefunden habe, wobei »die wirtschaftliche Depression [des 17. Jahrhunderts] nicht heftig genug« gewesen sei, »um sie zu unterbrechen«[168]. Als die Wollindustrie in der Krise steckte, war die kapitalistische Landwirtschaft Norditaliens für einen Unternehmer also zweifellos ein vernünftiger Platz, um dort sein Geld anzulegen. Die stärkere Selbstversorgung Norditaliens mit Nahrungsmitteln (die durch den »Vormarsch des Reises«[169], den man auf bis dahin ungenutzten Böden anpflanzte, unterstützt wurde) war Teil der weltweiten Überproduktion von Grundnahrungsmitteln, die im 17. Jahrhundert die osteuropäischen Getreideexporte dramatisch absinken ließ.

Das norditalienische Kapital fand andere Wege, um sich zu schützen. So kam es etwa speziell in der toskanischen Seidenerzeugung zum Aufstieg der *commenda* (oder *commandite*), einer Art der Teilhaberschaft mit beschränkter Haftbarkeit, die wir, wie da Silva meint, als »Form der Kapitalkonzentration« betrachten sollten.[170] Daneben nahmen im Zusammenhang mit Staatsanleihen die Steuerpachten (*appalti di gabelle*) zu.[171] Daß die Staats-

165 Rapp (1976, S. 37). Fanfani merkt zudem an, daß Italien im 17. Jahrhundert unterm Strich eine Abwanderung erlebte (1959, S. 130 f.).

166 Bulferetti (1953, S. 47).

167 Woolf (1964, S. 283).

168 Sereni (1961, S. 188 u. 210). Das gleiche meint auch Villani: Im Agrarsektor Italiens »kam es im 17. Jahrhundert nicht zu einem Rückfall, sondern zu einer kontinuierlichen Entwicklung« (1968, S. 124).

169 Im Reis sieht Sereni »eine entscheidende Antriebskraft für die Herausbildung einer kapitalistischen Landwirtschaft« (1961, S. 187). Vgl. dazu auch Glamann (1977, S. 201), für den die Einführung von Mais auf der iberischen Halbinsel eine Parallelerscheinung darstellt.

170 da Silva (1964a, S. 485); vgl. auch S. 490 f. sowie Carmona (1964, S. 106 f.).

171 Siehe Romano (1968, S. 735).

schulden in Norditalien stiegen, hatte im 17. und 18. Jahrhundert nach Ansicht mancher die Funktion, »unaufhörlich Geld aus der Produktionstätigkeit abfließen zu lassen«[172]. Mag sein – aber in wessen Taschen? In die Taschen jener Unternehmer, die diese Kredite ursprünglich gewährt hatten: kollektiver Abstieg, aber individuelles kapitalistisches Überleben (ja sogar Gedeihen).

Wenden wir uns nun jenen Gebieten außerhalb des Zentrums zu, für die sich die lange Stagnationsperiode des 17. Jahrhunderts eher als günstige Gelegenheit denn als Zeitpunkt des Niedergangs erwies. Unter diesen Gebieten steht zweifellos Schweden an der Spitze. Als Sigismund im Jahr 1599 entthront und Karl (der spätere Karl IX.) zum Regenten bestimmt wurde, war Schweden ein unbedeutender, politisch, wirtschaftlich und kulturell rückständiger Staat. Doch bis zum Jahr 1697 (der Thronbesteigung Karls XII.) hatte sich Schweden innerhalb von Europa zu einer militärischen Großmacht und zu einer relativ bedeutenden Industriemacht entwickelt. Wie kam es zu einer solchen Veränderung? Im Spätmittelalter wurde Stockholm als Hansestadt geführt, und bis zum 16. Jahrhundert befand sich Schweden im großen und ganzen »beinahe in der Position einer deutschen Kolonie«[173]. Obwohl sich das in der Regierungszeit Gustav Wasas (1523–1560) zu ändern begann, wurden noch im Jahr 1612 politische Forderungen laut, Deutsche von kommunalen Ämtern auszuschließen.[174] Die andere Seite dieser Medaille zeigte sich darin, daß Zünfte in Schweden niemals richtig Fuß fassen konnten. Sie waren »ein aus Deutschland importiertes, exotisches Gewächs«, und soweit es sie überhaupt gab, blieben sie auf Stockholm beschränkt.[175]

Irgendwann in der Mitte des 16. Jahrhunderts begann das Handelsvolumen zuzunehmen. Die Monopolstellung der Deutschen war gebrochen, und Niederländer und Schotten betraten die Bildfläche. Bei den Textilimporten kam es zu einer Steigerung.[176] Auch die schwedischen Exporte stiegen an, wobei besondere Bedeutung den Erzen zukam.[177] Anscheinend trat eine Peripherisierung ein, und doch führte sie zu einem anderen Resultat als in Osteuropa.[178] Der Begriff »Stand« (*stånd*) fand erstmals Mitte des 16. Jahrhunderts, in der Regierungszeit Eriks XIV. , Eingang in den schwedischen

---

172 Ventura (1968, S. 719).

173 Roberts (1958, Bd. 2, S. 20).

174 Vgl. ebda., S. 21.

175 Ebda.

176 Der wesentlichste Vorteil, den die importierten Wollstoffe (*broadcloth*) gegenüber der einheimischen Produktion aufwiesen, war laut Karl-Gustav Hildebrand nicht ihre Haltbarkeit oder Eleganz, sondern der Umstand, daß »die Qualitäten ziemlich gleichbleibend waren« (1954, S. 10).

177 Vgl. Roberts (1958, Bd. 2, S. 139–142).

178 Hans-Edvard Roos meint in bezug auf meine Darstellung des »Kipp-Mechanismus« im ersten Band meiner Arbeit (1974): »Den schwedischen Verhältnissen entspricht dies nicht. Obwohl die Staatsfinanzen in der zweiten Hälfte des 16. Jahrhunderts durch große Defizite geprägt waren, führte dies nicht zu einer ›Abwärtsspirale‹, an deren Ende ein schwächerer Staat und eine Position innerhalb der Peripherie gestanden hätten. Ganz im Gegenteil. Eine Kernthese dieses Aufsatzes besteht darin, daß man neue Wege

Sprachgebrauch[179], ebenso die Bezeichnung für Parlament (*riksdag*). Als der Aufbau des Reichstags schließlich nach langen Verhandlungen im Jahr 1617 in der *riksdagsordning* festgelegt wurde, wartete Schweden mit der außergewöhnlichen Zahl von vier Ständen auf. Der vierte umfaßte die Bauern, definiert als diejenigen, die Eigentümer ihrer Höfe waren.[180] Ich habe dieses Kuriosum bereits an anderer Stelle mit der – aus Gründen des Klimas und der Bodenbeschaffenheit – wirtschaftlichen Schwäche der schwedischen Landwirtschaft erklärt. Diese brachte es mit sich, daß der Adel während der Expansion der europäischen Weltökonomie im 16. Jahrhundert relativ wenig Nutzen in einer »(Re)Feudalisierung« der Grundbesitzverhältnisse sah.[181] Infolgedessen standen die Interessen des Adels in keinem derart direkten Gegensatz zur Dynastie der Vasa und ihrer der Entwicklung des Staates dienenden Zentralisationspolitik, wie dies bei den osteuropäischen Großgrundbesitzern gegenüber ihren Herrschern der Fall war.[182]

Als Europa im 17. Jahrhundert die ersten Anzeichen des Konjunkturrückgangs zu spüren bekam, vermochte eine starke Persönlichkeit wie Gustav Adolf (1611–1632) die Krise dazu zu nutzen, um den schwedischen Staat noch weiter zu stärken und eine ökonomische Transformation in Gang zu setzen. Er mobilisierte Schwedens Ressourcen, um sich am Dreißigjährigen Krieg zu beteiligen. Er erhöhte die Steuern und ließ sie in Geldform einheben. Er führte die Steuerpacht ein. Aus Preußen preßte er Geld heraus (in Form von Hafenzöllen, den sogenannten Preußischen Lizenten). Er errichtete königliche Monopole, die im Salz- und Getreidehandel fehlschlugen und sich bei Kupfer und Eisen als mehr oder weniger erfolgreich erwiesen. Kurzum, wie Michael Roberts resümiert:

> Mit der peripheren, von Rückständigkeit bestimmten Stellung, die Schweden unter Gustav Vasa eingenommen hatte, ... war es nun ein für allemal vorbei. Mit Gustav Adolf wurden Schwedens Wirtschaftsinteressen zur Gänze europäisch, und seine wirtschaftlichen Maßnahmen entsprachen den merkantilistischen Mustern jener Zeit.[183]

---

aus diesem Dilemma fand, Wege, die schließlich zu einer Expansion des Nationalstaates und neuen Formen einer nationalen Wirtschaft führten.« (1976, S. 65, Anm. 35)

179 Der Begriff wurde, »wie so vieles, aus Deutschland übernommen und bezeichnete jedwede Gruppe von Personen, die gemeinsame Rechte und Pflichten, gemeinsame Ansprüche an die Gesellschaft und eine gemeinsame Funktion innerhalb der Gesellschaft hatten.« (Roberts 1953, Bd. 1, S. 285)

180 Vgl. Roberts (1958, Bd. 2, S. 48).

181 Siehe Wallerstein (1974, S. 312 f.). Perry Anderson gelangt zu einer ähnlichen Schlußfolgerung, daß nämlich »die Meßziffern für eine Kommerzialisierung der Landwirtschaft vermutlich die niedrigsten in ganz Europa waren« (1974a, S. 179).

182 Tatsächlich meint P. Anderson, daß »es sich bei der Vasa-Reformation [Enteignung der Kirche durch Gustav Vasa zwischen 1527 und 1542 unter dem zeitgemäßen Banner der Reformation] zweifellos um das erfolgreichste wirtschaftliche Manöver seiner Art handelte, das in Europa von einer Herrscherdynastie durchgeführt wurde« (1974a, S. 173). Anderson führt sowohl die wirtschaftlichen Erwerbungen der Monarchie als auch die Maßnahmen zur Verwaltungszentralisierung im einzelnen auf. Trotzdem, so schließt er, riefen diese Maßnahmen »beim Adel, der während der gesamten Regierungszeit [Gustav Vasas] seine prinzipielle Solidarität bewies, keinen Widerstand hervor.« (S. 174)

Das Geheimnis war in vieler Hinsicht das Kupfer. »Kupfer war das Gold des armen Mannes.«[184] Und der »arme Mann«, der Kupfer am meisten benötigte, war jener reiche Mann, Spanien – jenes Land, das im 16. Jahrhundert die Silberquellen weitgehend monopolisiert hatte. Der Versuch, die Herrschaft der Habsburger in den Niederlanden aufrechtzuerhalten, bedeutete für Kastilien eine derartige finanzielle Belastung, daß sich der Herzog von Lerma, der an der Spitze der Regierung Philipps III. stand, 1599 veranlaßt sah, *vellón* aus reinem Kupfer prägen zu lassen. Auf diese Weise begann die große spanische Inflation, hervorgerufen dadurch, daß »sich die Versuchung, aus Geld Geld herauszuschlagen, für eine ständig bankrotte Regierung als übermächtig erwies.«[185] Während des gesamten 17. Jahrhunderts war die Ausgabe von Kupfergeld (und deren Unterbrechung) von anhaltenden Abwertungen begleitet, bis die Inflation schließlich im Jahr 1686 gestoppt werden konnte.[186]

Auch wenn Spanien von Abwertungen auf Kupferbasis am stärksten betroffen war und daher von dort der stärkste Impuls für eine Erhöhung der globalen Nachfrage nach Kupfer ausging,[187] so war Spanien nicht der einzige Leidtragende. In Deutschland kam es von 1621 bis 1623 zu den Kipper- und Wipper-Jahren, und in Frankreich wurden zwischen 1607 und 1621 in großem Umfang Kupfermünzen geschlagen.[188] Schweden selbst gab 1625 eine Kupfer/Silber-Währung aus.[189] Außerdem diente Kupfer zu jener Zeit nicht nur als Zahlungsmittel, sondern auch anderen Zwecken. So wurde es etwa in Holland für die Herstellung von Kesseln und Messinggegenständen benötigt und fand seit Mitte des 15. Jahrhunderts beim Gießen von Bronzekanonen Verwendung. Ihre stärkste Verbreitung erreichten Bronzekanonen um das Jahr 1600, bevor im Verlauf des 17. Jahrhunderts Eisenkanonen an ihre Stelle traten.[190] Im 16. Jahrhundert

---

183 Roberts (1958, Bd. 2, S. 120). Bei ihm findet sich ein Überblick über die wirtschaftliche Umgestaltung unter Gustav Adolf (Kap. 2, passim). Tatsächlich hatte es bereits in den achtziger Jahren des 16. Jahrhunderts Monopole gegeben, in denen Willem van Wijck eine wichtige Rolle spielte. Sie waren jedoch nicht von Dauer.

184 Glamann (1977, S. 242). Zur Vorrangstellung von Kupfer innerhalb der Metalle (nach Silber und Gold) im 17. Jahrhundert siehe Kellenbenz (1977b, S. 290).

185 Elliott (1966, S. 300). Eine der Folgen dieser Inflation, die im 16. Jahrhundert begann, aber im 17. Jahrhundert ihren Höhepunkt erreichte, war eine drastische Kapitalkonzentration im Land (vgl. Ruiz Martín 1970, S. 60).

186 Vgl. Elliott (1966, S. 300, 329, 344, 352 f., 361 sowie 365). In Kastilien wurde die Prägung von *vellón* erst im Jahr 1693 eingestellt.

187 Für Perry Anderson zum Beispiel »war es die Emission des neuen Kupfer-*vellón* durch Lerma im Zuge der Abwertung von 1599, die die internationale Nachfrage nach dem in der Kopparberg-Region (bei Falun) geförderten Kupfer in die Höhe schnellen ließ« (1974a, S. 183). Sicherlich war es kein Zufall, daß es 1599 zu einer »Änderung in der Geldpolitik der schwedischen Regierung« kam. Diese begann in jenem Jahr, »riesige Mengen von Kupfergeld aus reinem Kupfer auszugeben, [was] zu einem abrupten Anstieg des Kupferpreises nach 1600 führte« (Roberts 1958, Bd. 2, S. 33).

188 Vgl. van der Wee (1977, S. 299).

189 Heckscher sieht den Sinn und Zweck dieser Maßnahme darin, den Kupferpreis anzuheben und die Notwendigkeit von Silberimporten zu verringern (1954, S. 88 f.).

190 Siehe Glamann (1977, S. 243).

lagen die wichtigsten Kupfervorkommen in Tirol, Oberungarn und Thüringen. Ob diese Abbaustätten nun erschöpft waren oder von der schwedischen Fördermenge quasi erdrückt wurden,[191] fest steht jedenfalls, daß Schweden rasch zu Europas führendem Produzenten aufstieg und sich der Kupferbergbau innerhalb der schwedischen Wirtschaft zum Schlüsselsektor entwickelte.[192]

Bei diesem ersten großen Sprung nach vorne – beginnend mit Gustav Adolf und fortgesetzt während der Regierungszeit Königin Christinas unter der Ägide Axel Oxenstiernas – erwies sich die Verbindung mit den Niederlanden als entscheidend. Man kann – so wie de Vries – davon sprechen, daß sich die schwedische Wirtschaftsentwicklung (zumindest bis 1660) weitgehend »unter niederländischen Auspizien«[193] vollzog. Das ist jedoch ein wenig nebelhaft; gründlicher findet sich dieses Phänomen bei Treue dargestellt: »Weltgeschichtlich bedeutungsvoll war, ... daß Schweden in den entscheidenden Jahren seiner Existenzkämpfe und seiner Großmachtwerdung das internationale Kaufmanns- und Unternehmertum von Holland und Hamburg auf seiner Seite hatte.«[194] Amsterdam war es dann auch (neben Hamburg), das schwedisches Kupfer kaufte, sowohl um es als Münzmetall zu reexportieren als auch um die »ansehnliche kupferverarbeitende Industrie in den niederländischen Städten«[195] zu beliefern. Unter Gustav Adolf erleben wir den Beginn von ausländischen Investitionen (hauptsächlich aus den Niederlanden sowie Flandern) ebenso wie eine beachtliche Zahl von Ausländern, die in schwedischen Bergbau- und Hüttenbetrieben unmittelbare Leitungsfunktionen übernahmen.[196] Umfangreiche niederländische Darlehen wurden unter der Bedingung gewährt, daß »die Rückzahlung in Kupfer zu leisten

---

191 Laut Glamann trat der Niedergang der mitteleuropäischen Bergwerke in der zweiten Hälfte des 16. Jahrhunderts ein (1977, S. 189). Roberts wiederum geht davon aus, daß der Dreißigjährige Krieg die ungarischen Minen abgeschnitten und die thüringischen lahmgelegt habe (1958, Bd. 2, S. 90). Kellenbenz weist beide Erklärungen zurück. Er sieht im Niedergang der ungarischen Produktion und damit des mitteldeutschen Kupfermarktes eine Folge des »Überangebots an schwedischem Kupfer« (1974, S. 262; vgl. auch 1977b, S. 340).

192 Siehe Roberts (1958, Bd. 2, S. 90). Vgl. dazu auch Heckscher: »Der Kupfersektor war das stärkste Bindeglied zwischen Schwedens politischer Expansion und seiner wirtschaftlichen Entwicklung« (1954, S. 85). Konkurrenz entstand dem schwedischen schließlich durch japanisches Kupfer, das 1623 erstmals auf dem Amsterdamer Markt auftauchte. Ob es vor 1650 eine ernsthafte Herausforderung darstellte, ist umstritten. Siehe dazu die Literaturverweise bei Roberts (1958, Bd. 2, S. 97, Anm. 3); vgl. auch Nordmann (1964, S. 474 f.).

193 J. de Vries (1976, S. 21).

194 Treue (1957, S. 28). Vgl. Polišensky: »Göteborg und andere Städte waren nichts anderes als holländische Vorposten auf schwedischem Boden. Schwedens Kupfer und Stahl waren mittlerweile zu Waren geworden, die eine niederländisch-schwedische Unternehmerschaft (etwa in Gestalt der Familien Tripp und de Geer) kontrollierte« (1971, S. 175). Vgl. auch Roberts: »Das Wachstum des 1619 gegründeten Göteborg ist das sichtbare Zeichen dieser sich verschiebenden Orientierung [Richtung Westen]. Göteborgs Handelsverbindungen lagen nämlich alle außerhalb der Ostsee, wobei Amsterdam der wichtigste dieser Märkte war. Und niederländische Kapitäne ließen sich in Göteborg ebenso nieder wie in Hamburg, um entgegen dem Verbot durch die Generalstaaten mit Spanien unbeschränkt Handel treiben zu können.« (1958, Bd. 2, S. 122)

195 Glamann (1977, S. 244).

196 Vgl. Roberts (1958, Bd. 2, S. 28). Schon früher, in den achtziger Jahren des 16. Jahrhunderts, gab es das Beispiel Willem van Wijcks und seines Engagements.

war«[197]. Das vertraute Muster der internationalen Schuldknechtschaft begann zu greifen.

Gustav Adolf versuchte diese Bedrohung im Jahr 1619 mit der Gründung der Schwedischen Handelskompanie zu bannen, die den Absatz des schwedischen Kupfers lenken sollte.[198] Der König war bestrebt, die fiskalischen Vorteile höherer kurzfristiger Einkünfte mit strukturellen Veränderungen zu verbinden. Im Gründungsprivileg wurde der Kompanie ein Monopol unter der Bedingung eingeräumt, daß sie in Schweden innerhalb von drei Jahren kupferverarbeitende Betriebe und Kupferhütten errichtete. Für ausländisches Kapital sollte sie offenstehen, und tatsächlich wurde es mit Erfolg angezogen. Von seiten der Kompanie unternahm man den Versuch, den Hamburger und den Amsterdamer Markt gegeneinander auszuspielen, doch als die Weltmarktpreise für Kupfer plötzlich fielen, wurde die Kompanie 1627 aufgelöst. War dies etwa auf Manipulationen durch niederländische Kapitalisten zurückzuführen? Immerhin wissen wir, daß das Unternehmen der Tripps, ein Großinvestor in schwedisches Kupfer, auch Verbindungen zur VOC (Niederländisch-Ostindische Kompanie) hatte, die im Jahr 1624 Kupfer aus Japan kommen ließ. Tripp kaufte 1626 und 1627 das gesamte Kupfer auf, das die VOC aus Japan importiert hatte. Außerdem wissen wir, daß die Tripps den Schweden nach 1627 neue Darlehen gewährten, die erneut in Form von Kupfer zurückzuzahlen waren, und daß sie damit den Amsterdamer Kupferstapel wiederherstellten.[199]

Daß dieser mutmaßliche Versuch, die wirtschaftliche Unabhängigkeit Schwedens von den Niederlanden durchzusetzen, scheiterte, kommt nicht weiters überraschend. Erinnern wir uns nur an das ungefähr zur gleichen Zeit (1614–1617) lancierte Alderman Cockayne-Projekt, einen durchaus vergleichbaren englischen Fehlschlag. Schließlich und endlich befinden wir uns in der Ära der niederländischen Hegemonie. Was an den Bemühungen Gustav Adolfs ins Auge sticht, ist nicht seine Unfähigkeit, gegenüber niederländischen Unternehmern die Oberhand zu behalten, sondern das Ausmaß seines Erfolgs beim Aufbau von Schwedens militärischer und wirtschaftlicher Stärke. Diese bildete eine Einheit, denn Schweden war im 17. Jahrhundert, wie Nordmann feststellt, »eine Nation in Waffen, die vom Krieg lebte und die ihn zu ihrem nationalen Gewerbe erhob.«[200] Gustav Adolf war der maßgebliche militärische Neuerer seiner Zeit. Er übernahm die Organisa-

197 Glamann (1977, S. 245).

198 Der Zeitpunkt war äußerst interessant. Die Kompanie wurde am 24. Juli 1619 gegründet. 1619 war das Jahr einer akuten Handelskrise und zudem einer politischen Krise in Holland. Am 23. April verurteilte die Synode von Dordrecht in aller Form die fünf Artikel der Arminianer (die *Sententia Remonstrantium*), und am 13. Mai wurde Oldenbarnevelt hingerichtet. Versuchte Gustav Adolf ganz bewußt, sich jene Konstellation zunutze zu machen, in der die politische Schwäche jener Regenten, die in den Ostseehandel am stärksten involviert waren und generell eher im Lager der Arminianer standen, durch eine allgemeine Handelskrise noch vergrößert wurde?

199 Vgl. dazu die Ausführungen bei Roberts (1958, Bd. 2, S. 92–98) und Glamann (1977, S. 245 f.).

200 Nordmann (1972, S. 133).

tionsmethoden Moritz von Nassaus, verbesserte sie und schuf damit ein Modell, das für europäische Armeen bis zur Französischen Revolution Vorbildcharakter besaß. Besonderen Wert legte er auf Ausbildung und Disziplin, und seine taktischen Reformen liefen darauf hinaus, daß in allen Waffengattungen der Schwerpunkt wieder auf der Offensive lag. Die vielleicht wichtigste Neuerung bestand darin, daß sich seine Armee aus bewaffneten Bauern zusammensetzte. »Ihre Modernität«, sagt Nordmann, »beruhte auf dem Umstand, daß es sich um eine nationale und nicht um eine Söldnerarmee handelte.«[201]

Vergessen wir nicht, daß das Söldnerwesen der große Fortschritt des 16. Jahrhunderts war. Zur Gänze konnte Gustav Adolf auf Söldner zwar nicht verzichten, aber sie spielten fortan eine geringere Rolle. Er konnte dabei auf die schwach ausgeprägte feudale Tradition in Schweden ebenso bauen wie auf den Umstand, daß man dort die schwerbewaffnete mittelalterliche Reiterei nie übernommen hatte. Dies war zum Teil auf topographische Gründe zurückzuführen, zum Teil auf die starke Position der Bauern, die teilweise eine Folge der Bodenbeschaffenheit war.

> Stärker als anderswo in Europa hatte sich hier die altgermanische Militärtradition erhalten. Der Eindringling, der sich in die schwedischen Wälder wagte, war mit einer *levée en masse* der Bevölkerung konfrontiert, die hauptsächlich zu Fuß kämpfte und sich auf dem offenen Land zu großen, ungeordneten Ansammlungen gruppierte.[202]

Die Wehrpflichtigen-Armee setzte sich aus Provinzregimentern zusammen, in denen man Handwerkern und jungen Bauern den Vorzug gab und – im Unterschied zu anderen Armeen jener Zeit – den »Abschaum« abwies. Zentrale Kleidungsdepots wurden geschaffen; die Soldaten wurden regelmäßig bezahlt, und zwar mit Hilfe eines Systems, das die von Haushalten erbrachten Steuerleistungen dezentral zuteilte; Waffen und Munition wurden standardisiert, und besonderes Gewicht legte man auf die Artillerie.

Unter Gustav Adolf wurde eine Rüstungsindustrie aufgebaut, die Schweden autark werden ließ.[203] Seiner Militärorganisation fügte er noch ein entscheidendes Merkmal hinzu. Ein großer Teil der Kosten wurde aus Schweden hinausverlagert. Ein berühmtes Beispiel ist die Rolle, die die sogenannten Preußischen Lizenten bei der Finanzierung von Schwedens militärischem Auftreten im Dreißigjährigen Krieg spielten. Diese Lizenten

---

201 Ebda. Das schwedische war daher das erste Heer der Neuzeit, das nicht plünderte (vgl. Hutton 1968, S. 524).

202 Roberts (1958, Bd. 2, S. 189). Das andere Land, in dem sich diese Infanterie-Tradition bewahrt hatte, war die Schweiz.

203 Diese Darstellung basiert auf einem Kapitel von Roberts mit dem Titel »Die Armee«; vgl. dazu auch »Die Marine« (1958, Bd. 2, Kap. 3 u. 4). In Anbetracht dieser Errungenschaften verwundert es nicht, daß die schwedische Armee für Cromwell, Friedrich Wilhelm I. von Preußen (den »Soldatenkönig«) und Peter den Großen als Modell diente (siehe Nordmann 1972, S. 147).

wurden im Waffenstillstand von Altmark festgelegt, den Schweden und Polen im Jahr 1629 unterzeichneten. Schweden erhielt damit das Recht, Häfen in Brandenburg und Kurland sowie – und dies war am wertvollsten – den Danziger Hafen mit Zöllen zu belegen. Die Ausbeute war stattlich und entsprach etwa 20% von Schwedens schriftlich belegten Kriegskosten. Als diese Sonderrechte 1635 ausliefen, wurden sie durch den Vertrag von Stuhmsdorf ersetzt, in dem Schweden zur Einhebung von Zöllen in Livland berechtigt wurde.[204] Im wesentlichen war es so, daß Schweden einen Teil jenes Mehrwerts erhielt, der von Ost- nach Nordwesteuropa transferiert wurde, und daß es ihn dazu benützte, selbst einen semiperipheren Status zu erlangen.

Die Armee stellte für diesen aufsteigenden semiperipheren Staat ein entscheidendes Hilfsmittel dar, am Ende der Bemühungen sollte dann aber doch die Industrialisierung stehen – und dazu reichte Kupfer nicht aus. Seine zentrale Stellung im Bergbau und in der industriellen Produktion Schwedens trat Kupfer im Lauf des 17. Jahrhunderts an Eisen ab. Zum einen wurde Kupfer als Rohstoff auf dem Weltmarkt durch Eisen ersetzt, und zwar nicht nur im Bereich der Artillerie[205], sondern auch bei Haushaltsgegenständen[206]. Aus schwedischer Sicht bestand der Unterschied zwischen Kupfer und Eisen jedoch darin, daß das Land über einen unverhältnismäßig hohen Anteil an den damals weltweit erschlossenen Kupfererzvorkommen verfügte, während

---

204 Siehe Bowman (1936, S. 343 f.) und Åström (1973, S. 92–94). Zwischen 1630 und 1635, der Zeit der Lizenten also, stiegen die Kriegskosten dramatisch an. Vor dem Jahr 1630 hatten die Schweden dafür 500.000 *riksdaler* pro Jahr aufwenden müssen, danach waren es 20 bis 30 Millionen. Jeannin meint: »Die notwendige Voraussetzung für diesen [Ausgaben-]Sprung bestand darin, daß der Krieg den Krieg ernährt.« (1969, S. 324.) Er zitiert Gustav Adolf, der im Jahr 1628 schrieb: »Wenn wir nicht annehmen können, daß *bellum se ipsum alet* [sich der Krieg selbst ernährt], vermag ich nicht zu erkennen, wie wir erfolgreich zu Ende führen können, was wir begonnen haben.« Die zentrale Frage ist die, ob es Schweden durch die Preußischen Lizenten ermöglicht wurde, eine Antwort auf die ohne sein Zutun explodierenden Kriegskosten zu finden, oder ob der Vertrag von Altmark und in weiterer Folge die Preußischen Lizenten den Schweden erlaubten, die Kriegskosten – die eigenen und die der anderen – in die Höhe zu treiben? Im Rahmen seiner Analyse der schwedischen Liquidität, die *ohne* Ämterverkauf erreicht wurde (eine Leistung, die man Frankreichs diesbezüglicher Unfähigkeit gegenüberstellen muß), merkt Roberts an: »Eine mögliche Antwort auf dieses Problem [die schmale Besteuerungsgrundlage in Schweden] ergab sich aus jenem Paradoxon, daß möglicherweise das, was den Opfern Schwedens als Aggression erschien, Kreditdeckung und Liquidität bedeutete. Vielleicht konnte man es tatsächlich so einrichten, daß der Krieg den Krieg ernährt und daß er überdies reiche Gewinne abwarf – den Bedürfnissen Schwedens entsprach jedenfalls eher eine Kriegs- als eine Friedenswirtschaft.« Als außerdem später »seine Armeen den Nachbarn keinen Schrecken mehr einjagten, zeigte es sich immer deutlicher, wie unzulänglich die [schwedischen] Ressourcen waren.« (1973a, S. 12 u. 14)

205 »Der schwedische Unternehmer Louis de Geer [eigentlich ein Holländer, der sein Kapital in Schweden angelegt hatte und dort auch lebte] erklärte im Jahr 1644, daß man für die Kriegsflotte eiserne Kanonen um ein Drittel des Preises bronzener Kanonen beschaffen könne. ... In den folgenden Jahrzehnten waren Eisenkanonen, die nunmehr so weit verbessert waren, daß sie einem Vergleich mit den älteren Geschützen auch unter technischen Gesichtspunkten standhielten, überall im Vormarsch.« (Glamann 1977, S. 243)

206 »Man kann eine Verschiebung von Kupfer- zu Eisengegenständen feststellen. Zum Teil war dies einer Verbilligung der Eisenprodukte zuzuschreiben, zum Teil aber auch dem Umstand, daß eiserne Töpfe und Pfannen leichter zu reinigen waren und den Geschmack der Speisen nicht beeinträchtigten.« (Glamann 1977, S. 203)

Eisenerzlagerstätten in Europa weitverbreitet waren. Auf ein Beinahe-Monopol beim Erz und auf protektionistische Maßnahmen konnte sich Schweden jedenfalls nicht verlassen, wollte es als Eisenproduzent konkurrieren. Und genau das tat es, sehr erfolgreich sogar, indem es eine glückliche Fügung im Bereich seiner Ressourcen in einen sozioökonomischen Vorteil verwandelte. Jener Zufall bestand darin, daß das schwedische Eisenerz »einen ungewöhnlich hohen Reinheitsgrad« aufwies. Angesichts des damaligen Stands der Technik war dies von großer Bedeutung und verschaffte Schweden eine »äußerst starke Wettbewerbsposition«[207]. Das wichtigste Verkaufsargument für schwedisches Eisen beruhte während des gesamten 17. und 18. Jahrhunderts darauf, daß Schweden in der Produktion »besonderen Wert auf Qualität legte«[208].

Der Abbau von Eisenerz reichte in Schweden zumindest bis ins 12. Jahrhundert zurück. Sogar damals schon war die hohe Qualität des schwedischen Schmiedeeisens (*osmund*-Eisen) in ganz Europa bekannt.[209] Daß niedrigpreisiges *osmund* nach Deutschland exportiert wurde, wo es dann zu hochpreisigem Stabeisen ausgereckt wurde, stieß erstmals in der ersten Hälfte des 16. Jahrhunderts auf Unmut, bei Gustav Vasa. Um diesem Ressourcenabfluß ein Ende zu setzen, holte er deutsche Techniker ins Land und gründete Hammerwerke. Dennoch wurde weiterhin mehr *osmund* als Stabeisen erzeugt, und bis in die erste Hälfte des 17. Jahrhunderts, als sich das Verhältnis ausglich, machte *osmund* zwei Drittel der Produktionsmenge aus. Daneben wurde eine Stahlproduktion aufgebaut. Die Umstellung von der *osmund*- auf die Stabeisenproduktion erforderte ein beträchtliches Investitionskapital, das zu einem großen Teil vom König bereitgestellt werden mußte. Diese Investitionen wiederum machten die geographische Ausweitung des Bergbaus und die gleichzeitige Kolonisierung abgelegener Gebiete mit großen Erzlagerstätten (etwa Värmland) erforderlich.[210] Die schwedische Eisenindustrie war mittlerweile bedeutend genug, um eine Verlockung für niederländische Unternehmer darzustellen. Willem van Wijck besaß in den achtziger Jahren des 16. Jahrhunderts einen Pachtvertrag für die königlichen Bergwerke in Uppland sowie eine Beteiligung am Kupfermonopol. Der Staat zog sich unter Gustav Adolf aus der direkten Betriebsführung zurück, und mit dem Aufstieg der Waffenindustrie stieg auch das Interesse des ausländischen Kapitals. Eine zentrale Rolle spielte dabei im frühen 17. Jahrhundert der Holländer Louis de Geer.[211] Wenn auch die

207 Samuelsson (1968, S. 28).

208 Ebda., S. 30. Siehe auch die Ausführungen zur Technologie der Eisenerzverarbeitung in Schweden (S. 30 f.).

209 Vgl. Roberts (1958, Bd. 2, S. 29).

210 Von Roberts wird die Kolonisierung von Värmland unter Karl IX. (1599–1611) als »berühmtes Beispiel für die Richtigkeit des Geijerschen Diktums« angeführt, »wonach ›Eisen das Land aufschließt‹ (›*järnet bryter bygd*‹)« (1958, Bd. 2, S. 36) [Erik Gustav Geijer war ein schwedischer Historiker]. Roberts geht auch auf die Geschichte staatlicher Eingriffe im Bereich der Eisenproduktion ein (S. 29–31 u. 35 f.).

211 De Geer wird hier – so wie in Anmerkung 205 – als Holländer bezeichnet, da er in Schweden als solcher angesehen wurde. Anhand der Familie de Geer läßt sich jedoch die Mobilität des Kapitals

effektive Kontrolle über die Industrie zwischen Staat und ausländischen Unternehmern hin und her wechselte, so handelte es sich bei ihrer Beziehung zueinander doch eher um eine Symbiose als um einen Konflikt.

Nordmann spricht von einem *take-off* in der Eisenproduktion und von einer »ersten industriellen Revolution«[212]. Die Eisenerzeugung wurde vom Staat gefördert, und er war auch der Hauptabnehmer, wobei die Produkte für militärische Ausrüstung verwendet wurden. Die Rolle der traditionellen kleinen Eisenerzeuger blieb erhalten (d. h. der Eisenerzabbau und die Herstellung von Roheisen), während ausländische Unternehmer mit großen Eisenwerken »ein Monopol im Veredelungsbereich sowie Zugang zu billigen Rohstoffen und Halbfabrikaten erhielten«[213]. In diesen großen Eisenwerken arbeiteten hauptsächlich Menschen, die aus den peripheren Zonen Schwedens angeworben wurden (Finnen sowie Bauern aus schwedischen Siedlungsgebieten, in denen es an Getreide fehlte), vom Militärdienst befreit werden wollten oder sich auf der Flucht vor dem Gesetz befanden. Kurzum: Den ausländischen Unternehmern wurde billige Arbeitskraft zur Verfügung gestellt.[214] Die Rolle, die den kleinen Eisenproduzenten vorbehalten blieb, bedeutete nicht, daß damit Platz für schwedische Unternehmer gesichert war, sondern ganz im Gegenteil: Diese Eisenproduzenten wurden durch ein Verlagssystem, in dessen Rahmen sie sich bei ausländischen Kaufleuten verschuldeten, auf einen semiproletarischen Status herabgedrückt. Die Geschichte des schwedischen Eisens verlief parallel zur allgemeinen Entwicklung im europäischen Textilbereich:

> Ausländische Importeure gewährten den Exportkaufleuten in Stockholm und Göteborg Kredit, diese wiederum räumten den Eisenfabrikanten Kredit ein, die als letztes Glied in der Kette den Arbeitern Vorschüsse gewährten. ... Alle Beteiligten waren ihren Gläubigern verpflichtet. ... Die Arbeiter erhielten ihre Vorschüsse üblicherweise in Form von Waren aus dem werkseigenen Laden. Da

veranschaulichen, denn erst Ende des 16. Jahrhunderts hatten die de Geers aus Gründen politisch-wirtschaftlicher Opportunität ihre »Zentrale« von Lüttich nach Amsterdam verlegt (siehe Yernaux 1939, S. 101 u. 120–124). Vgl. auch Anm. 119 bezüglich niederländischer Investitionen in das mitteleuropäische und norditalienische Verlagsgewerbe. Kamen behauptet, daß es sich bei diesen Investoren um Flamen und Wallonen handelte, das heißt, daß sie aus den südlichen Niederlanden stammten – und aus Lüttich? (Vgl. 1972, S. 92–99.) Für die zweite Hälfte des 16. Jahrhunderts trifft das zu, also für jenen Zeitraum, aus dem Kamens konkrete Belege stammen. Aber im Verlauf des niederländischen Aufstands ließen sich viele dieser Flamen in Holland nieder und investierten in der Folge andernorts. In diesen anderen Ländern wurden sie im 17. Jahrhundert als Holländer betrachtet, und zwar nicht nur von ihren »englischen Zeitgenossen«, auf die Kamen »die Verwendung des Wortes« zurückführt. Dadurch sei der Umstand, daß es sich um Flamen gehandelt habe, »verschleiert« worden (1972, S. 95). Öfter wird gesellschaftliche Realität durch einen bestimmten Wortgebrauch allerdings decouvriert als verschleiert.

212 Nordmann (1972, S. 137).

213 Samuelsson (1968, S. 31).

214 Vgl. Robertson (1958, Bd. 2, S. 37 f.). In einem persönlichen Schreiben an mich äußerte Birgitta Odén diesbezüglich ihre Zweifel, da außer bei der Holzkohleherstellung »die Arbeitskräfte sehr erfahren und hierarchisch organisiert waren«.

die Betriebe meist an abgeschiedenen Orten auf dem Land lagen, war dies auch kaum zu vermeiden.[215]

Man könnte die Frage aufwerfen, ob das hier gezeichnete Bild der Kupfer- und Eisenproduktion tatsächlich Anlaß zu Stolz gibt – bildet doch ausländische Dominanz das Leitmotiv. Zwei Dinge dürfen dabei jedoch nicht vergessen werden: Erstens war das 17. Jahrhundert für Schweden (anders als etwa für Polen) eine Zeit, in der sich neue Exportindustrien herausbildeten, und zwar zusätzlich zur Ausfuhr von Teer und anderem Schiffsbedarf, die sich mit den polnischen Getreide- und Holzexporten eher vergleichen läßt;[216] zweitens konnte Schweden jene Industrien schließlich »verstaatlichen«, indem es die Unternehmer in den Adelsstand erhob.[217] Das entscheidende Element war dabei der bewußte Einsatz des Staatsapparats. In der europäischen Weltwirtschaft des 17. Jahrhunderts besaß der schwedische Staat jedenfalls drei Beinahe-Monopole: auf Kupfer, qualitativ hochwertiges Eisen sowie Teer. Der schwedische Staatsapparat verband sich zunächst mit der Hegemonialmacht, lavierte später zwischen den Staaten des Zentrums und profitierte so von ihnen, und währenddessen betrieb er eine merkantilistische Politik, die der damaligen englischen und französischen durchaus entsprach.[218] In gewissem Sinn war Schweden die OPEC jener Zeit. Mit Hilfe seiner drei Quasimonopole schuf es sich eine starke Verhandlungsposition,

---

215 Heckscher (1954, S. 99). Eine Untersuchung von Munktell (1934) weist darauf hin, daß die Arbeiter in ihren Siedlungen sowohl Erz abbauten als auch Roheisen erschmolzen und daß sie von den Eisenfabrikanten vor allem mit Holz versorgt wurden. Mit Hilfe John Flints hatte ich Zugang zu dieser Studie. Auch in der Kupfererzeugung kam das Verlagssystem (unter der Bezeichnung *utarbetningsträtt*) in beträchtlichem Umfang zum Einsatz. Vgl. dazu Roos (1976, S. 59) sowie Boëthius (1958, S. 148 f.).

216 Vgl. Samuelsson (1968, S. 28 f.). Die Getreideexporte sanken im 17. Jahrhundert praktisch auf Null; vgl. Åström (1973, S. 67, Tab. 5). Die Ausfuhr von Nutzholz erlitt sowohl durch die norwegische Konkurrenz als auch durch ein staatliches Exportverbot für Eichenholz (das für Schwedens eigene Kriegsflotte benötigt wurde) einen Rückgang; vgl. Samuelsson (1968, S. 29).

217 Vgl. Samuelsson: »Man könnte das Ringen um eine ›nationale‹ Handelsflotte im 17. Jahrhundert (ganz zu schweigen von den anderen Anstrengungen, die Schweden generell zugunsten seiner Industrie und seines Handels unternahm) mit den Bestrebungen einer ehemaligen Kolonie vergleichen. Auch diese sucht nach Erlangen der politischen Selbständigkeit das ökonomische Joch abzuschütteln. Vielleicht ließe sich sogar eine noch gewagtere Parallele ziehen. ... So wie einige der seit kurzem unabhängigen afrikanischen Staaten bestrebt waren, ehemalige Kolonialbeamte im Land zu halten, die ihnen bei der Leitung von Wirtschaft und Verwaltung zur Seite stehen sollten, genau so bemühte sich Schweden im 17. Jahrhundert, frühere Finanziers und andere ausländische Geschäftsleute dazu zu bewegen, schwedische Untertanen zu werden. Das Grundkonzept bestand darin, sie zu ›adoptieren‹ und damit ihr Kapital und ihre Fähigkeiten zu ›schwedisieren‹.« (1968, S. 41.)
Vgl. dazu auch Heckscher: »Die Hanseaten betrachteten sich selbst als Vertreter einer fortgeschritteneren Zivilisation und Schweden als Kolonialgebiet. Sie blieben durch und durch deutsch und wurden nie assimiliert. Die Ausländer des 17. Jahrhunderts kamen nicht einmal auf die Idee, daß das Land ihnen gehören könnte, und mit nahezu unglaublicher Geschwindigkeit gewöhnten sie (oder zumindest ihre Kinder) sich ein. In der Regel waren die Angehörigen der zweiten Generation sowohl sprachlich als auch kulturell Schweden. ... Auch verfolgten die Regierungen des 17. Jahrhunderts ganz bewußt eine Politik der Eingliederung von Ausländern.« (1954, S. 107 f.) Bei jener Politik, auf die sich Heckscher hier bezieht, handelte es sich um die Erhebungen in den Adelsstand.

218 Vgl. Deyon (1969, S. 36 f.). Dennoch findet sich bei Deyon auch die Auffassung, daß Schweden im Unterschied zu England und Frankreich »zu sehr an die Wirtschaft der Vereinigten Niederlande gekettet war«, um über eine kohärente Wirtschaftspolitik zu verfügen (S. 22).

»ohne die jene politisch-militärische Expansion unerreichbar gewesen wäre«[219]. Die politisch-militärische Expansion wiederum ermöglichte die Entwicklung jener Industrien, die Rohstoffe in Rüstungsgüter verwandelten.

Gustav Adolf legte die Grundlage für die militärische Macht Schwedens und gestattete es damit seinen Nachfolgern, über den, wie Anderson sagt, »Hammer des Ostens«[220] zu herrschen – zumindest bis 1721, als Schweden seine Niederlage im Nordischen Krieg eingestehen mußte und der Höhepunkt seiner Macht damit überschritten war. Solange die Niederländer eine Hegemonialmacht waren, ging es mit Schweden aufwärts.[221] Von Dänemark erwarb Schweden 1658 im Frieden von Roskilde Schonen, das nicht nur aufgrund seiner beherrschenden Lage am Sund (Øresund) den »Schlüssel zur Ostsee« darstellte, sondern sich hundert Jahre später auch als Kornkammer Schwedens erwies.[222] Bis Mitte des 17. Jahrhunderts hatte Schweden Estland, Livland, Ingermanland sowie Karelien erworben und machte diese östlichen Ostseegebiete zu »Kolonien des schwedisch-finnischen Mutterlands«[223]; auch Bremen-Verden, Pommern, Halland und weiter im Westen Jämtland fielen an Schweden. Kurz und gut: Spätestens ab den fünfziger Jahren des 17. Jahrhunderts kann man Schwedens Ostseepolitik nur noch als »ganz bewußten Wirtschaftsimperialismus«[224] bezeichnen. Parallel zur politisch-wirtschaftlichen Expansion nahmen in der Ostsee Umfang und Bedeutung

---

219 Samuelsson (1968, S. 29). Eigentlich bezeichnet Samuelsson die drei Monopole als »Handelssuprematie«, doch erscheint mir dies als verbale Aufgeblasenheit.

220 P. Anderson (1974a, S. 198). Er vergleicht Schwedens militärische Rolle gegenüber Osteuropa im 17. Jahrhundert mit jener Spaniens im westlichen Europa des 16. Jahrhunderts. Schwedens Großmachtperiode datiert Anderson auf die Jahre zwischen 1630 und 1720; für Roberts beginnt sie mit der Eroberung Rigas durch Gustav Adolf 1621 und endet mit dem Frieden von Nystad 1721, dauert also »genau ein Jahrhundert« (1973a, S. 1).

221 Roberts nimmt an, daß die relative Erfolgsgeschichte Schwedens bis in die siebziger Jahre des 17. Jahrhunderts anhielt – exakt jene Zeit, auf die wir das Ende der niederländischen Hegemonie datiert haben. Dadurch erklärt sich natürlich auch, warum »keine jener Grundannahmen, die zur Erklärung ›der Krise des 17. Jahrhunderts‹ formuliert wurden, auf Schweden vollständig zutrifft« (Roberts 1962, S. 53).

222 Vgl. dazu Samuelsson (1968, S. 53).

223 Åström (1973, S. 68). Wie Åström zeigt, wies die Strukur des Reichs mehrere Schichten auf: »Ihre [der eroberten Gebiete] alte Aristokratie, in einer Ritterschaft zusammengefaßt, war von der Sprache und der Denkweise her deutsch. Dies galt auch für die Bürger in den wichtigsten Handelszentren: im krisenfesten Riga, im stagnierenden Reval und im prosperierenden Narva. ... Die Herzogtümer wurden im Namen des schwedischen Königs von Generalstatthaltern und Statthaltern verwaltet, denen eine geringe Zahl von Hofbediensteten und ein kleiner Beamtenstab aus Schweden und Finnland zur Verfügung stand; Grundlage ihrer Macht waren schwedische und finnische Garnisonstruppen. Der estnische und livländische Adel lebte auf seinen Gütern, umgeben von leibeigenen Bauern, die eine andere Sprache als ihre Herren sprachen.« Aus Sicht dieser Gebiete im östlichen Ostseeraum stellte das 17. Jahrhundert einen ständigen und nicht allzu erfolgreichen Kampf gegen das Eindringen ausländischen Kapitals dar. Vgl. dazu Arnold Soom: »Zweifellos spielte der Kapitalmangel [in dieser Frage] eine bedeutende Rolle. Denn um mit den Niederländern erfolgreich konkurrieren zu können, benötigte man sehr große Kapitalmengen.« (1962, S. 458.)

224 Roberts (1973a, S. 4). Seiner Auffassung nach schlug der Versuch fehl, auf diesem Weg »eine dauerhaft stabile Finanzlage« zu erreichen, doch »kann kein Zweifel an der wirtschaftlichen Bedeutung bestehen, die das schwedische Reich für das Mutterland besaß« (S. 4–6). Auch Lundkvist konstatiert ein Scheitern von Schwedens »kommerziellen Ambitionen« in seinem Ostseereich – mit Ausnahme jener

der schwedischen Handelsschiffahrt[225] und der schwedischen Kriegsflotten[226] zu.

Die Schaffung eines relativ starken und effektiven Staatsapparats hing davon ab, daß die Macht des Adels beschnitten wurde. Ermöglicht wurde dies durch die damalige Klassenstruktur Schwedens und durch seine Rolle im Rahmen der globalen Arbeitsteilung sowie des internationalen Staatensystems. Die Politik des *avsöndring* (Aufteilung) von Besitzungen und Einkünften der Krone an den Adel, die im 16. Jahrhundert eingesetzt hatte, beschleunigte sich in der ersten Hälfte des 17. Jahrhunderts. Diese Politik »umfaßt[e] eine ganze Reihe historischer Phänomene, die im Zusammenhang mit den Staatsfinanzen standen«[227]. Das schloß die von Gustav Adolf eingeführten Steuerpachten ebenso ein wie die Übertragung von Kronland sowie von Steuerleistungen der freien Bauern an den Adel. Diese Übertragung erfolgte – als Vergütung für Beamte und Offiziere – durch Schenkung und durch Verkauf.[228] Auf diesem Weg konnte sich die Krone rasch flüssige Mittel verschaffen sowie den monetarisierten Bereich der schwedischen Wirtschaft vergrößern. Aber die Vorteile für den König wurden mit der wachsenden politisch-ökonomischen Macht des Hochadels erkauft. Dessen neue Machtstellung wurde 1626 in den *riddarhusordningen* (Adelsimmatrikulationsgesetz) kodifiziert und 1644 erneut bestätigt. Damit wurde das Wahlrecht innerhalb der (mit der *riksdagsordning* von 1617 geschaffenen) Adelskurie auf 126 immatrikulierte Adelsfamilien beschränkt und der niedere Adel (*knapar*) ausgeschlossen. »Der Hochadel war für schwedische Verhältnisse ungemein wohlhabend, und sein Reichtum nahm wahrscheinlich weiter zu – sowohl absolut als auch im Verhältnis zur Krone.«[229]

Doch auch die Bauern befanden sich in einer starken Position und stellten aufgrund der *riksdagsordning* des Jahres 1617 ebenfalls einen eigenen Reichsstand dar. Genaugenommen gab es drei Arten von Bauern: *kronobönder* (Bauern auf Ländereien der Krone), *frälsebönder* (Bauern auf Ländereien des Adels) sowie *skattebönder* (steuerpflichtige, d.h. freie Bauern). Die freien Bauern zahlten ungefähr das an Steuern, was die Kronbauern an

---

Vorteile, die sich aus der Kontrolle über Riga und damit dem Zugang zur Flachs- und Hanfproduktion im Hinterland ergaben. »Rigas Handelsstatistik zeigt in der zweiten Hälfte des 17. Jahrhunderts einen unverkennbaren Aufwärtstrend, und die Bedeutung der Stadt nahm kontinuierlich zu« (1973, S. 47). Für den Handel mit außerhalb des Ostseeraums gelegenen Orten gab es im 17. Jahrhundert laut Dunsdorfs lediglich drei wichtige Häfen: Danzig/Gdańsk, Königsberg und Riga (siehe 1947, S. 2). Jensch weist nach, daß die Zahl der Schiffe, die Riga anliefen, anstieg: von 96 zwischen 1600 und 1609 auf 263 zwischen 1650 und 1657; die Zahl der niederländischen Schiffe stieg dabei von 65 auf 221 an (vgl. 1930, S. 88).

225 In der zweiten Jahrhunderthälfte stieg die Zahl der Schiffe von etwa 40 auf etwa 300 pro Jahr an; vgl. Dunsdorfs (1947, S. 6).

226 Vgl. Jeannin (1969, S. 95).

227 Ågren (1973a, S. 9).

228 Vgl. dazu Carr (1964, S. 20 f.).

229 Roberts (1958, Bd. 2, S. 59 und vgl. die Ausführungen auf S. 57–60); vgl. dazu auch Samuelsson (1968, S. 53 f.).

Pachtzins entrichteten, hatten aber natürlich eine gesichertere Rechtsstellung. Die *frälsebönder* waren von der staatlichen Besteuerung ausgenommen und zahlten an den Adeligen nur ungefähr die Hälfte dessen, was die beiden anderen Gruppen aufbringen mußten, doch war ihre Lage äußerst unsicher. Sie konnten problemlos vertrieben werden, unterstanden der Gerichtsbarkeit des Grundherren und mußten dem Adeligen Frondienste im Ausmaß von etwa 30 Tagen pro Jahr leisten.[230] Als der Reichsstand der Bauern geschaffen wurde, wurden die *frälsebönder* überdies von einer Mitgliedschaft ausgeschlossen.[231] Auch wenn es anscheinend zwischen den drei Kategorien von Bauern insgesamt nur geringe Unterschiede hinsichtlich der wirtschaftlichen Erträge gab, so wurde der unsichere Besitztitel der *frälsebönder* allgemein als »erheblicher Nachteil«[232] empfunden. Die *avsöndring* hatte zur Folge, daß aus einigen Kronbauern *frälsebönder* wurden, und de facto, wenn auch nicht de jure, passierte dies auch vielen freien Bauern.[233] Die Zahlen sind dramatisch. Bis zum Jahr 1654 stieg der Anteil des vom Adel kontrollierten Grund und Bodens von 21,4% auf 63%.[234] Die Bauern reagierten. Aus Angst, daß sich die Bauernschaft auf dem Weg in Richtung *servitus* befände, wurde 1634 von der Bauernkurie »wütend nach einer Einschränkung der Adelsprivilegien verlangt«. Ein Sprecher der Bauern sagte im Jahr 1650: »Sie wissen, daß in anderen Ländern die gemeinen Leute Sklaven sind. Sie befürchten das gleiche Schicksal für sich selbst und sind doch als freie Menschen geboren.«[235]

Steuereinkünfte zu veräußern, um auf diese Weise die Staatseinnahmen zu erhöhen, hat einen Haken: Die Budgetkrise eines Jahres wird um den Preis sich verschärfender Budgetkrisen künftiger Jahre gelöst. Man darf nicht vergessen, daß Schwedens merkantilistische Anstrengungen zwar hohe Militärausgaben zwecks ständiger Expansion[236] nach sich zogen, daß das Land

---

230 Siehe dazu Roberts (1958, Bd. 2, S. 50–52). Vgl. auch Kàre D. Tonnesson: »Die große Mehrheit frondienstpflichtiger Bauern findet man unter den Adels-Bauern [*frälsebönder*]. Im Anschluß an die Schaffung großer landwirtschaftlicher Güter rund um die Adelsschlösser, die zu jener Zeit in neuer Pracht errichtet wurden, breitete sich der Frondienst aus und wurde drückender.« (1971, S. 307.) Tonnesson stellt fest, daß sich dabei regionale Unterschiede auftaten: Zweifellos deshalb, weil im Norden ein profitabler Anbau von *cash crops* schwerer möglich war, gab es dort nur wenige Güter, während sie im Westen von Stockholm sowie in den ehemaligen dänischen Provinzen Schonen und Halland in hoher Dichte anzutreffen waren.

231 Vgl. Carlsson (1972, S. 575).

232 Dahlgren (1973a, S. 109).

233 Vgl. Roberts (1958, Bd. 2, S. 55 f.).

234 Hatton (1974, S. 4, Anm. 2). Tonnesson (1971, S. 308) schreibt, daß der Anteil des adeligen Grundbesitzes von 15% im Jahr 1560 auf 60% im Jahr 1655 anstieg. Von 1600 bis zur Mitte des Jahrhunderts kam es laut Jutikkala in Schweden zu einem Anstieg von einem Viertel auf zwei Drittel, in Finnland von 5% auf 50% (1975, S. 159 f.).

235 Roberts (1958, Bd. 2, S. 153). Das Statement des bäuerlichen Wortführers zitiert Roberts nach G. Wittrock (1927).

236 »Im 17. Jahrhundert konnte das schwedische Reich nur so lange Bestand haben, wie es weiter expandierte.« (Dahlgren 1973b, S. 175)

aber arm an natürlichen Ressourcen (sie wurden aufgebraucht) und klein in bezug auf die Bevölkerungszahl war (Mitte des 17. Jahrhunderts lag sie bei etwa einer Million Schweden und einer halben Million Finnen und anderen). Dies setzte die Staatsfinanzen einem »Belastungszustand« aus, der während des gesamten 17. Jahrhunderts bestimmend war.[237] Die Notwendigkeit, den Krieg gegen Polen im Jahr 1655 zu finanzieren, führte unversehens die erste sogenannte Reduktion herbei, d.h. die Rückführung von Land aus der Verfügungsgewalt des Adels in die Hand des Königs.[238] Die Reduktion des Jahres 1655 war relativ unbedeutend. Zurückgenommen wurde ehemaliges Kronland in sogenannten unveräußerlichen Gebieten, vom übrigen Boden, der nach 1632 als »Schenkung« an den Adel gegangen war, wurde genau ein Viertel zurückgegeben (*fjärdepartsräfsten*). Jegliches Land, das nach 1604 entgegen den Beschlüssen des Reichstags von Norrköping nicht als Lehen, sondern als Allod vergeben worden war, erfuhr eine Neufestlegung seines Lehenscharakters. Auch wenn die Reduktion von 1655 weder ein gewaltiges Ausmaß erreichte noch mit Nachdruck durchgesetzt wurde,[239] so war es doch ein Anfang. In Verbindung mit seinem demographischen Wachstum war der Adel dadurch einem Druck ausgesetzt, der ihn schließlich dazu veranlaßte, einen größeren Teil seiner Einkünfte im Staatsdienst zu suchen.[240]

Die Funktion der Preußischen Lizenten als Einnahmequelle wurde bereits angesprochen. 1635 liefen sie aus, an ihre Stelle traten zwischen 1637 und 1679 französische Subsidien. Diese waren derart bedeutend, daß Åström das Schweden jener Zeit »faktisch ein[en] französische[n] Satellitenstaat« nennt und die schwedischen Armeen ein »unmittelbares Instrument französischer Außenpolitik in Mittel- und Osteuropa«. Die französischen Subsidienzahlungen lagen jedoch niedriger als jene Beträge, die die Preußischen Lizenten eingebracht hatten. Zweifellos war »das Schröpfen des Ostseehandels der Abhängigkeit von französischen Subsidien vorzuziehen«[241], aber sie waren besser als nichts. Natürlich waren die Franzosen mit ihrem minimalen Ostseehandel[242] durchaus bereit, Schweden als potentiellen Handelsrivalen der Niederlande und Englands aufzubauen. Und in Schweden selbst diente

---

237 Åström (1973, S. 58; vgl. auch S. 65–75).

238 Vgl. dazu Dahlgren, nach dessen Auffassung der Krieg lediglich als unmittelbare Rechtfertigung diente: »Karl X. hatte in Wirklichkeit schon vor seiner Thronbesteigung [1654] eine Reduktion geplant. Er betrachtete die Reduktion als notwendige Maßnahme, völlig unabhängig davon, ob Schweden Krieg führte oder nicht.« (1973b, S. 178)

239 Vgl. Ågren (1973b, S. 240 f.) sowie Dahlgren (1973a, S. 120) .

240 Vgl. Ågren (1973a, S. 27 u. 1973b, S. 237–241). Noch stärker war dieser Druck nach der Reduktion von 1680; vgl. Dahlgren (1973a, S. 126–131).

241 Åström (1973, S. 94). Er erwähnt zudem, daß Schweden gelegentlich auch von Holland, England, Spanien und einigen deutschen Staaten geringe Subsidien erhielt, diese aber »von völlig untergeordneter Bedeutung« gewesen seien. Im allgemeinen versuchte Schweden, den Handel Westeuropas mit Polen und Rußland durch seine Zollhäfen in Narva, Göteborg und Stockholm zu lenken; vgl. Åström (1963, S. 50).

242 Vgl. Bamford (1954).

diese Abhängigkeit von französischen Subsidien auch den Interessen des Hochadels, der seinen »aufwendigen aristokratischen Lebensstil« mit Hilfe der Fiskaleinnahmen aus den Subsidien sowie aus Verpfändung oder Verkauf von Krongütern aufrechterhalten konnte. Letztendlich war es so, daß die Angehörigen des Hochadels die königlichen Ländereien aufkauften und anschließend die Staatseinkünfte für ihre eigenen Zwecke ausgaben. Dies taten sie in ihrer Eigenschaft als Mitglieder des Reichsrats während der De-jure- und De-facto-Vormundschaftsregierungen um die Mitte und gegen Ende des 17. Jahrhunderts, die mehr als die Hälfte der Zeit zwischen dem Tod Gustav Adolfs 1632 und der tatsächlichen Machtübernahme durch Karl XI. in den späten siebziger Jahren einnahmen.[243]

Im Jahr 1680 kam es dann zur »großen« Reduktion, und es erscheint nicht schwer, sie unter ökonomischen Gesichtspunkten zu erklären. Wachsende Staatsausgaben in einer Zeit allgemeiner Stagnation,[244] eine zunehmende Umlenkung der Staatseinnahmen in die Hände des Adels[245] und das Ende der

---

243 Siehe Åström (1973, S. 73 u. 86 f.). Dieser Zugriff des Adels kam die finnischen Bauern teurer zu stehen als die schwedischen. Finnland (und auch Karelien) war das Gelobte Land, denn »für die Ausfuhr der auf den großen Gütern des Ratsadels hergestellten Produkte« ergaben sich durch die Schenkungen entlang des Bottnischen Meerbusens und des Ladogasees gute Verkehrszugänge (Åström 1973, S. 87). Auch wenn es um die Bereitstellung von Kanonenfutter ging, leistete Finnland einen überproportional hohen Beitrag. »Möglicherweise ist es eine unhistorische Parallele oder eine verquere Übertreibung, wenn man sagt, daß die finnische Kavallerie zu Beginn der Großmachtepoche so etwas wie ein Pendant zu den Kosaken darstellte. Dennoch ist daran etwas Wahres.« (Åström 1973, S. 64)

244 Nordmann erinnert daran, von welcher Bedeutung der allgemeine Preisverfall in Europa war. Der Rückgang sei in Schweden »verspätet« (nach 1650) eingetreten, »aber dennoch spürbar« gewesen (1971, S. 454) – »verspätet« in dem Sinn, wie er auch in England und den Vereinigten Niederlanden verspätet eintrat; vgl. Jeannin (1969, S. 95). Die Auswirkungen des Preisverfalls auf die Staatseinnahmen wurden dadurch noch verschärft, daß Schweden kurz nach Einsetzen eines leichten Preisanstiegs (1672) in den französisch-niederländischen Krieg eintrat (1675). Rosén schreibt: »Mit der Drohung, keine Subsidienzahlungen zu leisten, wurde Schweden von Ludwig XIV. genötigt, Brandenburg anzugreifen, den Verbündeten der Vereinigten Niederlande. Bei Fehrbellin erlitt das schwedische Heer im Juni 1675 eine Niederlage. Gegen seinen Willen war Schweden in den Konflikt der Großmächte hineingezogen worden. ... Durch die Schlacht von Fehrbellin, ein unbedeutendes Gefecht, verlor die schwedische Armee ihren Nimbus der Stärke, der sie seit dem Dreißigjährigen Krieg umgeben hatte.« (1961, S. 529.) Vgl. Roberts: »1679 ... war jene Macht, die dreißig Jahre zuvor Europa in Schrecken und Staunen versetzt hatte, in eine ziemlich schmähliche Lage geraten. ... Die Erben Gustav Adolfs waren zu Vasallen Frankreichs geworden. Französische und niederländische Diplomaten erörterten das Schicksal schwedischer Territorien im selben Ton, wie sie über spanische Besitzungen beratschlagten – als Beutestücke oder Tauschobjekte« (1967, S. 230). Rosén fügt hinzu: »Genau wie in Dänemark-Norwegen der Krieg von 1657–1660 den Anstoß zur Einführung des Absolutismus gab, so führte auch in Schweden der Krieg von 1675–1679 zum Absolutismus« (1961, S. 531). Vgl. dazu auch Østerud: »In Schweden wurde die absolute Monarchie um das Jahr 1680 als Reaktion auf eine schwere finanzielle und militärische Krise errichtet« (1976, S. 8).

245 Dahlgren glaubt, daß es dem schwedischen Adel wirtschaftlich deutlich besser ging als seinen Standesgenossen im übrigen Europa: »In anderen europäischen Ländern, ja selbst in einem Land wie Dänemark, das so nahe bei Schweden lag, kam es häufig vor, daß sich der landbesitzende Adel Phasen akuter wirtschaftlicher Krise ausgesetzt sah. ... Was die schwedischen Adeligen betrifft, so findet sich für die Zeit vor 1680 kein Anzeichen einer solchen Krise. Ein Hinweis darauf, daß sie anscheinend in ziemlich einträglichen Verhältnissen lebten, läßt sich aus dem Umstand ablesen, daß so außerordentlich viele von ihnen, nicht zuletzt die Mitglieder des Hochadels, die Möglichkeit nutzten, ihr Geld in unterschiedlichste Geschäftsunternehmen, in die Schiffahrt oder in Handelskompanien zu investieren. ... Erst nach 1680 war der schwedische Adel mit einer Krise konfrontiert, und auch diese war eher auf politische Entscheidungen als auf wirtschaftliche Faktoren zurückzuführen.« (1973a, S. 124 f.)

französischen Subsidien[246] bewirkten in ihrer Kombination eine Finanzkrise des Staates. Überwunden wurde sie durch eine politische Entscheidung, die deshalb zustandekam, weil die Krone über weit mehr Verbündete verfügte als der Hochadel, und die in zwei aufeinanderfolgenden Reduktions-Gesetzen bestand. 1680 beschloß der Reichstag die Rückerstattung der sogenannten Norrköping-Resolutions-Güter, die von der Krone zu Lehen vergeben worden waren (Güter, deren Wert unter 600 Silber-*daler* lag, waren ausgenommen – und damit der Besitz des niederen Adels). 1682 räumte der Reichstag überdies ein, daß das mittelalterliche Landrecht dem König nicht nur die Befugnis verliehen habe, Lehen zu schaffen, sondern sie auch wieder einzuziehen. Letztendlich erhielt damit der König freie Hand, mit den Reduktionen ganz nach Belieben fortzufahren.[247] Es scheinen kaum Zweifel daran zu bestehen, daß tatsächlich viel Land an die Krone zurückfiel und daß sie am Ende reicher dastand und Gewinne auf Kosten des Adels erzielt hatte.[248] Außerdem wurde ein großer Teil dieses Landes später von Karl XII. an Beamte, Bürger und Adelige verkauft – allerdings unter der Bedingung, daß der Staat fortan Steuern darauf erheben konnte.[249]

Man sollte nicht vergessen, daß das *avsöndring* besonders dem Hochadel (dem sogenannten *högadel*, im Gegensatz zum *lågadel*) zugute gekommen war und daß es sich bei der wachsenden Abhängigkeit des Adels von Einkünften aus dem Staatsdienst bis zum Jahr 1680 weitgehend um ein Phänomen innerhalb des *lågadel* gehandel hatte. Dessen Angehörige – und dies ist eine der Erklärungen für die Reduktion – erlebten während des Kriegs von 1675 bis 1679, daß ihre Bezüge nicht ausgezahlt wurden, und waren daher bestrebt, ihre Einkünfte durch eine Erhöhung der Staatseinnahmen zu sichern. Dies sollte durch die Konfiszierung von Gütern des *högadel* geschehen. Vgl. dazu die Darstellung der Theorien von J. Rosén und C. A. Hessler bei Ågren (1976, S. 56–58 u. 79 f.). Die Diskussion um die Spaltung innerhalb des Adels wird von Åström um einen ethnischen Aspekt erweitert. Er weist darauf hin, daß sowohl unter Christina als auch unter Karl XI. viele Deutschbalten in die Reihen des *högadel* aufgestiegen waren und daß es sich bei den Reduktions-»Fanatikern« um »Männer aus Finnland (wie Creutz, Fleming oder Wrede) oder aus Mittelschweden [handelte], die erst vor kurzem in der sozialen Rangordnung nach oben gelangt waren« (1973, S. 77). Auch in Finnland waren die »Verfechter« der Reduktion jene, deren Freiherrschaften »am ungünstigsten gelegen« waren, nämlich am Bottnischen Meerbusen und am Ladogasee (S. 87). Durch Liivs Untersuchungen zur Lage in Estland wird Åström eher bestätigt. In Livland büßte der Adel fünf Sechstel seiner Besitzungen ein, in Estland zwei Fünftel, auf Saaremaa (Ösel) beinahe ein Drittel; vgl. Liiv (1935, S. 35).

246 Der französisch-niederländische Krieg endete 1678/79 mit den Verträgen von Nijmegen. »Ohne wirklich Rücksprache zu halten, schloß Ludwig XIV. im Namen Schwedens Frieden mit dessen Feinden. ... Daß Ludwig XIV. es verabsäumt hatte, Karl XI. zu konsultieren, wurde ihm übelgenommen. Frankreich hatte also sein beim Abschluß des Bündnisses von 1672 gegebenes Versprechen gebrochen, keinen Frieden mit den Vereinigten Niederlanden zu schließen, ehe den Schweden nicht gewisse Zollzugeständnisse gemacht wurden, und hatte in den Friedensvertrag ein derart ungünstiges Handelsabkommen aufgenommen, daß Karl XI. sich weigerte, ihn zu unterzeichnen.« (Rosén 1961, S. 530.) Hatton betrachtet die Reduktion primär als »einen großteils erfolgreichen Versuch, ›die Probleme des Friedens‹ zu lösen, um Schweden von Bündnisverpflichtungen und Subsidienverträgen zu befreien, die seine Bewegungsfreiheit in der europäischen Politik einschränkten und die ›Gleichgewichtspolitik‹ behinderten.« (1968a, S. 74.)

247 Vgl. Ågren (1973b, S. 243).

248 Ågren (1973b, S. 257). Zudem hatte diese Übereignung von Land, wie Heckscher betont, indirekte Auswirkungen auf die landwirtschaftliche Produktivität: »Ihres ausgedehnten Landbesitzes beraubt, entwickelten sich die Adeligen eher zu Gutsbesitzern als zu Rentiers. ... Sie waren produktiver ... als zuvor.« (1954, S. 128.)

249 Vgl. Aspvall (1966, S. 3 f.).

Andererseits sollte man die Schwächung des Adels nicht überbewerten. In den Jahren vor der Reduktion nahm nämlich nicht nur der Anteil des adeligen (*frälse*) Grundbesitzes auf Kosten der Krone und der freien Bauern kontinuierlich zu, sondern es kam auch zu einer weiteren Veränderung: Innerhalb der Kategorie des *frälse*-Landes gab es die Subkategorie des *ypperligt* (in höchstem Maß) *frälse*-Landes, das den Herrenhof (*säteri*) und seine unmittelbare Umgebung umfaßte – im Gegensatz zu den durch *frälsebönder* bewirtschafteten Streugütern (*strögods*). Während letztere gegenüber der Krone einige unbedeutende Verpflichtungen hatten, war dies bei ersteren überhaupt nicht der Fall. In den hundert Jahren vor der Reduktion nahm der Anteil des *ypperligt frälse*-Landes am *frälse*-Land zu, das heißt, es war eine Konzentration des adeligen Grundbesitzes eingetreten.[250] Als es zur Reduktion kam, hatten die Adeligen die Wahl, welche Besitzungen sie zurückgeben wollten. Im allgemeinen entschieden sie sich für die *strögods* und behielten die Herrenhöfe und steigerten damit die Konzentration ihres Besitzes auf Kosten der *frälsebönder* noch weiter.[251]

Dennoch verschaffte sich der Staat mit der Reduktion mehr als nur allgemein höhere Einnahmen. Im speziellen erreichte er mit der Neuordnung des Besoldungssystems 1682, dem sogenannten *indelningsverk* (Einteilungswerk), daß die Finanzierung des Heeres auf eine gesichertere Grundlage gestellt wurde. Die Bauernhöfe des gesamten Landes wurden nun in Gruppen von drei bis vier Höfen (*rote*) zusammengefaßt, aus deren Erträgen

---

250 Vgl. Østerud (1976, S. 13 f.).

251 Vgl. Rosén (1961, S. 534), Østerud (1976, S. 14) und Dahlgren (1973a, S. 125). Die Landkonzentration wurde noch dadurch gefördert, daß »einige der höchsten Hofbeamten den Verfall der Bodenpreise im Gefolge der Reduktion dazu [nutzten], große Landgüter zu erwerben« (Dahlgren 1973a, S. 125). Ågren teilt die Auffassung, daß der Adel die Herrenhöfe rettete, hinsichtlich des angeblichen Erwerbs von Land durch einflußreiche Hofbeamte meint er jedoch: »Die Behauptung, es sei zu einem Fallen der Bodenpreise gekommen – ein für die gesamte Argumentationslinie entscheidender Punkt –, ist nicht mehr als eine unbewiesene Vermutung.« (1973b, S. 256.)

Der wissenschaftliche Streit über die relative Stärke des neuen gegenüber dem alten Hochadel sollte nicht unbeachtet bleiben, zumal »Nobilitierungen zwischen 1680 und 1700 außerordentlich häufig« erfolgten (Carlsson 1972, S. 580). Wichtig ist dabei die zunehmende Symbiose von Großgrundbesitzern und nicht dem Adel entstammenden Bürokraten. Im Jahr 1700 waren 25% der höheren Beamten adeliger Abstammung, 44% waren in den Adelsstand erhoben worden. Während des Nordischen Kriegs (1700–1721) nobilitierte Karl XII. eine große Zahl von Armeeoffizieren, oft Angehörige ausländischer Adelsfamilien (Carlsson 1972, S. 586); nach dem Krieg erhob man viele Beamte lieber in den Adelsstand, als ihnen politische Sonderrechte einzuräumen (S. 610). Zugleich wurde während des Kriegs – trotz Reduktion – die Loyalität des alten Adels gegenüber der Krone dadurch gesichert, daß ihm innerhalb der staatlichen Strukturen ein großer Bereich vorbehalten blieb; vgl. Hatton (1974, S. 4).

Das Ganze bedeutete die Indienstnahme sowohl der alten als auch der neuen Oberschicht durch den Staatsapparat. Die relative Stärke des Staates drückte sich in der Polarisierung der Klassenstruktur um das Jahr 1700 aus. Zwischen Adeligen und Nichtadeligen wurde ein »scharfer Trennstrich« gezogen. »Adelige waren *sowohl* Amtsinhaber *als auch* Grundbesitzer, während Nichtadelige *entweder* nur Amtsinhaber (Geistliche, Beamte, Armee- und Marineoffiziere), nur Landbesitzer (Bauern) *oder* nur Kaufleute bzw. Handwerker waren.« (Carlsson 1972, S. 608.) Die von der schwedischen Geschichtsschreibung im 19. Jahrhundert vertretene Position, wonach der König mit der Reduktion die Bauern von der Unterdrückung durch den Adel befreien wollte, stößt bei Ågren auf große Skepsis (1973b, S. 244 u. 257–263). Roberts hingegen hält sie für glaubhaft: »Die Freiheit des Bauern war fortan nie wieder in Gefahr.« (1967, S. 249)

die Soldaten besoldet wurden und auf deren Gebiet sie in kleinen Häusern (*soldattorp*) untergebracht waren. Die Offiziere wurden auf Land angesiedelt, das man dem Adel im Rahmen der Reduktion abgenommen hatte. Größere Bauernhöfe (*rusthåll*) mußten einen Kavalleristen erhalten, Bauernhöfe an der Küste Seeleute (*båtsmän*) versorgen. Ein »Stellvertretungs«-System bei den Aushebungen bedeutete, daß die Soldaten, Kavalleristen und Matrosen nicht mehr aus der Klasse der grundbesitzenden Bauern rekrutiert wurden, sondern eher aus den Reihen der besitzlosen Landarbeiter, die es »von Kindheit an gewohnt [waren], ihren weltlichen und geistlichen Herren zu gehorchen«. Und die Offiziere waren jetzt »bezahlte Staatsbeamte, für die der Dienst in der Armee der einzige Beruf war.«[252] Dieses – rationellere – System wurde erst durch die Reduktion ermöglicht; davor hatte die Krone nicht über genügend Bauernhöfe verfügt, um die Grundlage für ein solches System zu schaffen.[253]

Der Staatsapparat wurde im Verlauf des 17. Jahrhunderts konsequent gestärkt, und zwar in einem Maß, das den schwedischen Staat von anderen Gebieten außerhalb des Zentrums deutlich unterschied. Dieser Staat schuf eine Armee, die gefürchtet war. Er hielt die Habgier der Grundbesitzerklasse im Zaum und manövrierte deren Mitglieder in den Staatsdienst.[254] Er baute eine durchaus bedeutende Eisenindustrie und eine respektable Handelsflotte auf. Er hinderte England – zumindest vorläufig – daran, im Ostseeraum den Abstieg der Niederlande dazu zu nützen, deren Vorrechte zur Gänze zu übernehmen.[255] Verglichen mit Spanien und Portugal (von Polen und Ungarn ganz zu schweigen), war Schweden ein starker Staat, in vieler Hinsicht beinahe so stark wie der französische, allerdings noch immer bei weitem

---

252 Aberg (1972, S. 272). Die universale Geltung des Systems stieß auf Zustimmung. Im Krieg von 1675–1679 »war der Dienst in der Infanterie den meisten Bauern deshalb besonders verhaßt, weil Pächter und Bedienstete des Adels häufig davon befreit waren« (Stoye 1970b, S. 770).

253 Vgl. Dahlgren (1973a, S. 129). Ågren weist darauf hin, daß die Rationalität über den Bereich der Armee hinausreichte: »Bezeichnet man mit dem Begriff *indelningsverk* eine rein militärische Organisationsstruktur, so greift dies genaugenommen zu kurz. In einem umfassenderen Sinne bedeutete er die Verknüpfung jedes Ausgabepostens mit einer genau festgelegten Einnahmequelle, so daß diese Organisationsstruktur schließlich nicht nur auf militärische, sondern auch auf zivile Ausgaben angewendet wurde.« (1973b, S. 248.)

254 »Fortan waren die Mitglieder des Rates (*Råd*) Minister – Beamte des Königs oder der Stände, je nachdem –, aber trotz all ihrer hermelinbesetzten Hüte und samtenen Roben, ihrer feierlichen Rhetorik, ihrer gelassenen Gesichter und ihrer üblichen senatorischen Würde waren sie nicht mehr das, was sie zur Zeit der Minderjährigkeit Karls XI. gewesen waren.« (Roberts 1967, S. 242 f.)

255 Als in England der Bedarf an Getreide zurückging und jener nach Holz zunahm, verschoben sich die englischen Handelsverbindungen zunehmend von Polen nach Schweden, da das polnische Holz zu teuer war; vgl. Fedorowicz (1976). Dramatische Ausmaße nahm diese Verschiebung nach dem polnisch-schwedischen Krieg von 1655/56 an (vgl. Fedorowicz 1967, S. 377, Abb. 1), aber Schweden konnte die Peripherisierung, die Polen zum Verhängnis geworden war, abwenden. »Das Dauerthema [englischer] Beschwerden war die [innerhalb Schwedens geltende] Beschränkung der Freizügigkeit und Gewerbefreiheit ausländischer Kommissionäre« (Åström 1962, S. 101). England war angesichts der Fähigkeit Schwedens, die Austauschbedingungen zu diktieren, dermaßen frustriert, daß es, wie wir noch sehen werden, im frühen 18. Jahrhundert energische Schritte unternahm, um in Britisch-Nordamerika eine alternative Bezugsquelle für Schiffbaumaterial aufzubauen und damit die Position Schwedens zu untergraben – ohne allzu großen Erfolg.

schwächer als der englische oder der niederländische. Aus Sicht dieser beiden waren Schweden und Frankreich die zwei großen, expansionistischen Militärstaaten des 17. Jahrhunderts. Doch gerade als es unter Karl XII. den Höhepunkt seiner Macht zu erreichen schien, erwies sich Schweden als »Koloß auf tönernen Füßen«[256].

Nach europäischen Maßstäben wies Schweden eine recht niedrige Bevölkerungszahl auf, sein Staatsapparat ruhte daher im Grunde auf einer schmalen finanziellen Basis. Die Ressourcen des schwedischen Reichs »reichten nicht aus«, wie Lundkvist es ausdrückt, »um seine Stellung langfristig zu sichern.«[257] Wirtschaftlich gesehen gelang Schweden der *Aufstieg* in jene Position, auf die Spanien und Portugal *absanken*: die des Mittlers zwischen Peripherie und Zentrum. Dabei profitierte das Land nicht nur von seiner strategischen Lage im Ostseeraum, sondern auch davon, daß die peripheren Zonen Osteuropas im 17. Jahrhundert *geschwächt* waren. Als Pole sah Marian Małowist in Schweden einen Schmarotzer:

> Im 17. Jahrhundert profitierte Schweden von der Schwäche seiner Nachbarn im gewerblichen Bereich ebenso wie von der Schwäche ihrer Regierungen, die aus dem enormen Machtzuwachs des Adels resultierte. Kurzum, Schweden war so etwas wie ein Schmarotzer, der von der Schwäche seiner Nachbarn lebte. Und es war weitgehend auf diese Schwäche zurückzuführen, daß Schweden für ein Jahrhundert zum mächtigsten Land des Ostseeraums wurde. Seinerseits mußte es dann jedoch Rußland den Platz räumen.[258]

Rußland – und Preußen, wie man hinzufügen muß.

1696/97, vor Ausbruch des Nordischen Kriegs, wurde die Bevölkerung Finnlands durch Hunger dezimiert und ging um ein Drittel zurück. Dennoch war der Staat nicht stark genug, um die Bürger in Schonen davon abzuhalten, Getreide aus dem Königreich auszuführen.[259] Außerdem wurde Schweden in seiner Rolle als Zwischenhändler erstmals nicht nur von den Mächten des Zentrums attackiert, sondern auch vom anderen Ende der Warenströme her – von Rußland. Während des gesamten 17. Jahrhunderts[260] hatten die Versuche Englands, der Vereinigten Niederlande und Schwedens, Rußland in die Weltwirtschaft einzugliedern, höchstens in begrenztem Maß Erfolg. 1695 nahm in Rußland Zar Peter I. (Peter der Große) die Zügel in die Hand und begann mit seiner großangelegten Kampagne zur Reformierung und »Ver-

---

256 Samuelsson (1968, S. 13).

257 Lundkvist (1973, S. 57).

258 Małowist (1959, S. 189). Vgl. dazu auch Hatton (1970, S. 648–650).

259 Vgl. Jutikkala (1955, S. 48 u. 63).

260 Kellenbenz behandelt das Rußland des 17. Jahrhunderts so, als ob es damals bereits Teil der Weltwirtschaft gewesen wäre; vgl. Kellenbenz (1973). Bezüglich der Auffassungen sowjetischer Wissenschaftler über das 17. Jahrhundert siehe Cherepnin (1964, bes. S. 18–22). Åström glaubt, daß der Wendepunkt in den Wirtschaftsbeziehungen zwischen Rußland und den westlichen Ländern erst in »der Mitte des 18. Jahrhunderts [eintrat], als der *Großteil* der englischen Eisen-, Hanf-, Flachs-, Pech-, Teer- und Pottasche-Importe aus Häfen stammten, die zu Rußland gehörten.« (1962, S. 113.)

westlichung« des Landes. Dazu gehörten seine Reise (»Große Gesandtschaft«) nach Westeuropa (wo er sich auf die Erlernung des Schiffbaus konzentrierte), die durch ihn 1703 erfolgte Gründung von St. Petersburg (als künftigen Ostseehafen Rußlands) und seine Herausforderung Schwedens. Aus der Perspektive des Weltsystems als ganzem könnten Peters Anstrengungen als Versuch begriffen werden, an der Weltwirtschaft in vollem Maß teilzunehmen – aber nicht als peripheres Gebiet (zu dem Polen sich entwickelt hatte), sondern als semiperipheres. Um dies zu erreichen, war es notwendig (wenn auch zweifellos nicht ausreichend), Schweden in seiner Mittlerrolle auszuschalten. Von schwedischer Seite wurde dies ebenso klar erkannt wie von Peter: »Schwedens Eroberungen entlang des östlichen Teils der Ostsee wurden mit gutem Grund als Bastionen seiner Großmachtstellung betrachtet, die es um jeden Preis zu verteidigen galt.«[261]

Der Nordische Krieg begann im Jahr 1700 mit dem Angriff des sächsisch-polnischen Königs August II. auf Livland; Peter beteiligte sich am Krieg. Diese Gelegenheit suchte Schweden zu nutzen, um die Russen zu brechen, und widersetzte sich allen Bemühungen, die auf ein Ende des Kriegs abzielten[262] – verfügte aber nicht einmal annähernd über das Potential, um Rußland militärisch zu vernichten. Peter wandte jene Politik der verbrannten Erde an, die zu Rußlands klassischer Verteidigungswaffe gegen Invasionen werden sollte. Die logistischen Probleme führten schließlich in Verbindung mit dem Wintereinbruch zum Desaster der Schweden bei Poltawa in der Ukraine (1709).[263] Durch den politischen Imperialismus Karls XII., sagt Nordmann, wurde das von Karl XI. geschaffene »Gleichgewicht zerstört«[264]. Welches Gleichgewicht? Die exzessiven Kosten, die die imperialen Neigungen Karls XII. im eigenen Land verursachten, waren für die Schweden unerträglich. Es handelte sich um ein Gleichgewicht, wie es Karl V. in einem früheren Jahrhundert in Kastilien zerstört hatte. Das System des *indelningsverk* hatte eine »unauflösliche Verbindung zwischen Einnahmequelle und Ausgabepo-

---

261 Hatton (1970, S. 648). Wie Ohberg betont, ist diese Haltung wirtschaftlich gesehen wohl kaum als irrational anzusehen: »Man kann somit sagen, daß diese monopolistische Ausrichtung der schwedischen Handelspolitik bis zu einem gewissen Grad tatsächlich gerechtfertigt war. Als Land war Schweden keineswegs reich an Kapital, und mit den Geldmitteln seiner eigenen Bürger konnte es im Kampf um den russischen Markt mit reichen Ländern wie den Niederlanden und England nicht konkurrieren. Wenn es Schweden allerdings mit militärischen oder politischen Mitteln gelungen wäre, eine Monopolstellung zu erlangen, hätte es aus dem russischen Markt großen finanziellen Gewinn ziehen können.« (1955, S. 161.) Natürlich ist das der Grund, warum England und die Niederlande »während des Kriegs in den neunziger Jahren des 17. Jahrhunderts eine gemeinsame Ostseepolitik verfolgten« (Åström 1962, S. 45).

262 »Um die schwedischen Truppen im unmittelbar bevorstehenden Konflikt mit Frankreich [dem Spanischen Erbfolgekrieg] einsetzen zu können, waren die Seemächte bestrebt, den Krieg zu beenden, und boten daher im Jahr 1700 sowohl Peter als auch Karl ihre Vermittlerdienste an. Derartige Angebote wurden in späteren Jahren mehr als einmal wiederholt und vom Zaren ebenso ausnahmlos angenommen wie vom schwedischen König zurückgewiesen. Diesem waren die Erfolge zu Kopf gestiegen, und die Vorstellung beflügelte ihn, an den Staaten, die ihn angegriffen hatten, gerechte Vergeltung üben zu können.« (M. S. Anderson 1970, S. 734)

263 Vgl. Chandler (1970, S. 754).

264 Nordmann (1972, S. 147).

sten hergestellt«[265] – dies führte zwar zu einem mehr oder weniger ausgeglichenen Staatshaushalt, aber speziell ohne ausländische Subsidien und Truppenverstärkungen war es schwierig, das System in einem langen Krieg aufrechtzuerhalten. Im Nordischen Krieg mußte das 80.000 Mann starke Heer »weitgehend in den Kerngebieten des Reichs aufgestellt werden« und sobald Rußland wirklich mobil gemacht hatte, »blieb Schweden keine andere Wahl, als das Spiel verloren zu geben.«[266]

Ist es sinnvoll, Erörterungen darüber anzustellen, ob die Fortsetzung des Kriegs eine Fehlentscheidung Karls XII. war, ob Hybris zur Katastrophe führte? Wohl eher nicht, denn Schweden hatte kaum eine andere Wahl.[267] Seine Stärke lag in gewissem Sinn im Bluffen, doch sobald der Bluff durchschaut war, veränderte sich seine Position radikal.[268] 1721 verlor Schweden mit Livland, Estland, Ingermanland und Karelien den größten Teil der im östlichen Ostseeraum gelegenen Gebiete an Rußland und mußte außerdem einige seiner Besitzungen in Deutschland an Preußen abtreten. Schweden verlor somit Land, Bevölkerung, Staatseinnahmen, die Kontrolle über seine »Kornkammer«[269] und insbesondere seine Monopolstellung im Ostseeraum.[270] Da die Stärke des schwedischen Kolosses darauf beruhte, daß er ein Quasi-Monopol repräsentierte, ließ dieser »deutsch-slawische Vorstoß« Schweden zu einer zweitrangigen Macht werden.[271] Innenpolitisch hatte dies für Schweden einschneidende Folgen. An der Oberfläche hatte es den Anschein, als trete parlamentarische Freiheit an die Stelle des Absolutismus. Die Periode zwischen 1718 und 1772[272] wird in Schweden als

265 Lundkvist (1973, S. 26).

266 Åström (1973, S. 100).

267 »Über die Ursachen, warum Schweden sein bemerkenswertes Reich verlor, wird seit 1721 [dem Frieden von Nystad, der den Krieg beendete] debattiert. War es die Schuld Karls XII., der einen Friedensschluß ablehnte, als das Glück noch auf seiner Seite war? ... Man kann im Gegenteil sogar behaupten, daß die einzige Hoffnung auf eine Erhaltung der Großmachtstellung mit Karl XII. starb.« (Hatton, 1970, S. 679.)

268 »Poltawa, das aus dem Eroberer Karl XII. einen Flüchtling gemacht hatte, veränderte die gesamte Lage radikal. ... Es ließ Peters Einfluß in Westeuropa enorm ansteigen und verschaffte ihm außerdem jenes Prestige, wie man es eben nur durch militärische Erfolge gewinnen konnte. ›Nun beginnen die Leute den Zaren ebenso zu fürchten wie sie früher die Schweden fürchteten‹, schreibt Urbich (der russische Gesandte in Wien) im August 1709 an Leibniz. Der Philosoph pflichtete bei: ›Gemeinhin heißt es, daß der Zar für ganz Europa formidabel sein wird, eine Art Türke aus dem Norden.‹« (M. S. Anderson 1970, S. 735.) Man beachte den Vergleich mit der Türkei – so wie Rußland war auch die Türkei ein Weltreich in der zur europäischen Weltwirtschaft externen Zone und im 17. Jahrhundert *davon bedroht*, eingegliedert und peripherisiert zu werden.

269 Eigentlich »entwickelte sich Livland erst nach 1721, als es ein Teil Rußlands wurde, zur ›Kornkammer Schwedens‹.« (Samuelsson 1968, S. 76.) Im Vertrag des Jahres 1721 wurde Schweden ausdrücklich gestattet, aus seinen ehemaligen Provinzen Getreide im Wert von bis zu 50.000 Rubel zollfrei einzuführen; vgl. Lundkvist (1973, S. 56).

270 »Nach 1720 konnte eine zunehmende Zahl von Produkten, die bis dahin beinahe zur Gänze schwedische Monopole gewesen waren – Eisen, Teer, Pech –, direkt von Rußland bezogen werden.« (Åström 1962, S. 106.)

271 Nordmann (1971, S. 455).

272 Das Jahr 1718 steht für den Tod Karls XII. Er starb kinderlos, und im Verlauf der komplizierten Thron-

Frihetstiden bezeichnet, als »Freiheitszeit«. Der grundlegende Kompromiß der Jahre 1680–1682 bestand in einer starken Zentralregierung und der politisch-ökonomischen Verschmelzung von altem Adel, neuerem Adel und Bürgern. Und dieser Kompromiß fand mit der Freiheitszeit ebenso seine Vollendung und Erfüllung, wie *Glorious Revolution* (1688/89) und Ära Walpole Vollendung und Erfüllung der englischen Revolution bedeuteten. Der einzige Unterschied war der, daß sich England im 18. Jahrhundert auf dem Weg zur Welthegemonie befand, während Schweden sich mit jenen Dilemmata konfrontiert sah, die sein Scheitern als starker semiperipherer Staat mit Zentrums-Ambitionen mit sich brachte – daher in England Stabilität unter einem De-facto-Einparteiensystem und in Schweden ein öffentlich ausgetragener Konflikt innerhalb der Bourgeoisie in seiner schönsten Zwei-Parteien-Variante.

Schwedens zentrales Problem war in den ersten Jahren der Freiheitszeit der Bankrott des Staates. Graf Arvid von Horn stand an der Spitze einer Regierung, die den Schwerpunkt auf Frieden[273] und einen »moderaten Merkantilismus«[274] legte. Im Jahr 1738 trat eine starke merkantilistische Partei auf den Plan und stürzte Horn, setzte aber im wesentlichen die gleiche Politik fort.[275] Die »Hüte« blieben bis 1765 an der Macht, wobei sie von ihren Gegnern, den »Mützen«, im Augenblick des globalen britischen Triumphs abgelöst wurden. Die Politik der »Hüte« war pro-französisch, merkantilistisch und inflationistisch ausgerichtet; sie vertraten die Interessen der großen Exporteure, Eisen- und Textilproduzenten, und ihr Wahlspruch lautete *Svensker man i svensk dräkt* (»Schwedischer Mann in schwedischer Tracht«). Die Politik der »Mützen« war pro-englisch, freihändlerisch und deflationistisch; sie vertraten den Importsektor, die kleineren Kaufleute sowie Gewerbetreibenden und präsentierten sich als die radikale Partei der sozial Unterprivilegierten.[276] Aber lagen diesem Spiel, das Anderson als

---

folgefrage »trug die anti-absolutistische Partei – ein loser Zusammenschluß aus einflußreichen Grundbesitzern, Heeresoffizieren und Verwaltungsbeamten – ... den Sieg davon«. Vor ihrer Krönung im Mai 1719 wurde Ulrika Eleonora eine Erklärung abgerungen, wonach sie »eine von den Ständen auszuarbeitende Verfassung unterzeichnen und einhalten würde« (Hatton 1966, S. 351). Ulrika hielt sich nicht daran und wurde daraufhin zur Abdankung gezwungen; ihr Nachfolger, Friedrich I., unterzeichnete die Verfassung im Jahr 1720. Mit diesem Dokument wurde im Grunde eine konstitutionelle Monarchie geschaffen, die von einem letztlich dem Reichstag verantwortlichen Kabinett regiert wurde; vgl. Hatton (ebda., S. 352–355).

273 Samuelsson vergleicht Horns Anstrengungen, »mit dem großen Bankrott ins reine zu kommen«, mit jenen Kardinal Fleurys unter Ludwig XIV. »ungefähr zur gleichen Zeit« (1968, S. 14). In jenen Jahren, als Horn im *Råd* am mächtigsten war, führt Hatton aus, »hatte es den Anschein, als ob Schweden einmal mehr von einem oligarchischen Rat regiert wurde, der die Interessen des grundbesitzenden Adels, der hohen Beamtenschaft und des hohen Klerus vertrat« (1966, S. 352).

274 Hatton (1966, S. 357).

275 Ihre Selbstbezeichnung als »Hüte« (*hattar*) war eine »Anspielung auf militärische Kopfbedeckungen« und damit eine unterschwellige Kritik an Horns militärischer Rückgratlosigkeit. Ihre Gegner wurden von ihnen als »Nachtmützen« bzw. »Mützen« (*mössor*) bezeichnet, womit man zu verstehen gab, daß es sich um »verschlafene Feiglinge, [um] alte Männer mit Nachtmützen« handelte (Hatton 1966, S. 356).

276 Vgl. Samuelsson (1968, S. 107 u. 119–120), Eagly (1969, S. 748 u. 752; 1971, S. 13 f. u. 18–20) sowie Hovde (1948, S. 23–25).

»korrupten Adelsparlamentarismus«[277] bezeichnet, echte Alternativen zugrunde? Wahrscheinlich ebensowenig wie im Spanien der Bourbonen. Das, was der Spanische Erbfolgekrieg für Spanien war, war der Nordische Krieg für Schweden: ein Versuch, aus den strukturellen Zwängen der Weltwirtschaft auszubrechen. Beide Versuche blieben ohne Erfolg, doch beide haben möglicherweise Schlimmeres verhindert.

Solange es nicht völlig klar war, wer aus der Auseinandersetzung zwischen England und Frankreich als Sieger hervorgehen würde, also bis 1763, konnte Schweden (so wie Spanien) seinen Handlungsspielraum nutzen und eine Rolle anstreben, die außerhalb seiner Reichweite lag.[278] Die Rechnung erhielt es später präsentiert, als der Widerstand Frankreichs zwischen 1763 und 1815 in sein letztes Stadium eintrat und England infolgedessen sein Kapital abzog. Als Staat war Schweden so stark, wie es seine Wirtschaft zuließ. Vergleicht man Schweden mit Dänemark, so stellt man fest, daß die Stärke des Staatsapparats mit den formalen Vollmachten des Königs wenig zu tun hatte. Die absolutistische Phase begann in Dänemark früher und dauerte länger als in Schweden, und dennoch war das Land weitaus schwächer – ein Ausdruck seiner peripheren wirtschaftlichen Position (im Gegensatz zur semiperipheren Rolle, die Schweden aufgrund seiner politischen Strategie einnehmen konnte). Die dänische Situation wird oft als »einzigartige Konstellation«[279] aufgefaßt, die in keines der üblichen Modelle der

---

277 P. Anderson (1974a, S. 190).

278 Zwischen den »Hüten« und »Mützen« war dies kaum Gegenstand ernsthafter Debatten. »Der strikte Merkantilismus der zwanziger Jahre des 18. Jahrhunderts«, schreibt Hatton, »kam im *Produktplakatet* aus dem Jahr 1724 zum Ausdruck.« Dieses »folgte dem Vorbild der englischen Navigationsgesetze und versetzte dem niederländischen und englischen Frachtverkehr in der Ostsee einen schweren Schlag.« Der strikte Merkantilismus habe sich laut Hatton auch in den Importerlässen des Jahres 1726 gezeigt, die von den »Hüten« nach 1738 wiederaufgegriffen wurden. Die »Hüte« »verstärkten die Unterstützung für Schwedens Industriebetriebe und verbanden dies mit immer höheren Schutzzöllen gegenüber der ausländischen Konkurrenz.« Hatton weiter: »Im Rückblick läßt sich unschwer erkennen, daß die ›Hüte‹ nur aufgrund der Gewinne aus den traditionellen schwedischen und finnischen Exportprodukten (vor allem Eisen aus Schweden) ihre merkantilistischen Experimente mit neuen Produktionszweigen so lange fortführen konnten. Doch bis zur Krise der Jahre 1762/63 (die teilweise durch Schwedens Teilnahme am Siebenjährigen Krieg und teilweise durch die Auswirkungen einer internationalen Finanzkrise verursacht wurde) erhoben die ›Mützen‹, auch wenn sie die Regierungspartei immer wieder zur Mäßigung aufforderten, keinen ernsthaften Protest gegen das Grundkonzept der von den ›Hüten‹ verfolgten Wirtschaftspolitik. In ähnlicher Weise bestand auch in der Landwirtschaftpolitik zwischen den beiden Parteien ein gewisses Maß an Übereinstimmung.« (Hatton 1966, S. 357.)
Die Voraussetzungen dieser merkantilistischen Politik schwanden dahin – nicht nur wegen Englands zunehmender Stärke gegenüber Frankreich, sondern auch weil die Konkurrenz durch Rußland als Exporteur von Eisenprodukten ständig wuchs. Schwedens Anteil an der Weltproduktion sank von 75–90% zu Beginn des 18. Jahrhunderts auf ungefähr ein Drittel zwischen 1760 und 1770, als die schwedische Produktion von der russischen übertroffen wurde. Als ungefähr zwischen 1730 und 1745 der Absatz angesichts wirtschaftlicher Krisenerscheinungen zurückging, drosselte Schweden die Produktion, um ein Absinken der Preise zu verhindern. Samuelsson betrachtet dies nicht als Dummheit, sondern sieht darin den Versuch, »aus der Not eine Tugend zu machen« (1968, S. 89). Vgl. dazu auch Heckscher (1932, S. 134 f. u. 139), Boëthius (1958, S. 151 f.) sowie Hildebrand (1958, S. 13).

279 Østerud (1976, S. 24). Seine »einzigartige Konstellation« bestand aus »einem absolutistischen Staat, der auf dem sozialen Fundament einer halbleibeigenen Bauernschaft und aufstrebender Städte errichtet worden war«.

frühneuzeitlichen europäischen Arbeitsteilung passe. Im 4. Kapitel haben wir angedeutet, daß wir Dänemark als einen Teil der Peripherie betrachten, der primär auf den Export von Niedriglohnprodukten ausgerichtet war (im konkreten Fall Getreide und Vieh). Im Unterschied zu den meisten anderen peripheren Gebieten im 17. Jahrhundert wurde in Dänemark jedoch 1660 eine absolute Monarchie errichtet. Es bedarf nun einer Erklärung, warum dieser politische Umschwung *nicht* ausreichte, um Dänemark in die Kategorie semiperipherer Länder wie Schweden und Brandenburg-Preußen zu katapultieren, und warum es überhaupt zu diesem Umschwung kam.

Wie unterschieden sich die Wirtschaftsstrukturen in Dänemark von jenen in Osteuropa einerseits und in Schweden andererseits? Petersen hebt die Vorteile hervor, die Dänemark gegenüber osteuropäischen Ländern dadurch hatte, daß es *sowohl* Getreide *als auch* Vieh exportierte. In schlechten Zeiten bedeutete dies eine größere Flexibilität.[280] Damit ließe sich zum Teil erklären, warum Dänemark von der ersten Phase des europäischen Konjunkturrückgangs (1600–1650) weniger in Mitleidenschaft gezogen wurde als osteuropäische Länder. Für die Profite, die Dänemark auf dem Weltmarkt erzielte, bedeuteten die dreißiger und frühen vierziger Jahre des 17. Jahrhunderts sogar einen regelrechten »Nachsommer«.[281] Daß er extrem abgeschlossen sowie von Steuern befreit war, ermöglichte es dem dänischen Adel in dieser Periode, die Landkonzentration stetig zu erhöhen.[282] Doch der König besaß ebenfalls sehr viel Land,[283] zudem gelang es ihm während des Dreißigjährigen Kriegs, den Sundzoll zu erhöhen,[284] und beides zusammen sicherte ihm beträchtliche Staatseinnahmen. Schwedens Wirtschaftssystem unterschied sich dadurch, daß die Landwirtschaft nicht die Haupteinnahmequelle darstellte und Förderung und Export von Mineralien im Mittelpunkt standen – und diese bildeten auch, wie wir gesehen haben, die Grundlage für Schwedens industrielles Wachstum. Außerdem unterstützten in Schweden die für die Landwirtschaft ungünstigen Umweltbedingungen die starke gesellschaftliche Stellung der Bauern und verhinderten, daß sich etwas Ähnliches wie eine Gutswirtschaft entwickelt hätte.

Was die Sozialstruktur auf dem Land betrifft, stellte Dänemark das entgegengesetzte Extrem dar. Die dänische Landwirtschaft war so aufgebaut, daß

---

280 Vgl. Petersen (1967, S. 20 f.).

281 Petersen (1967, S. 30). Wie in jeder derartigen Situation stellt natürlich das Malheur eines Konkurrenten einen klaren Vorteil für denjenigen dar, der davon verschont bleibt. Petersen verweist angesichts der »sicheren Versorgungslage« auf »Dänemarks relativ günstige Position im allgemeinen Kriegs-Boom«. Er sagt: »Durch die Handels- und Finanzkrisen in Deutschland und Polen zwischen 1617 und 1623 sowie die schwedische Ostseepolitik bis etwa 1635 boten sich der dänischen Landwirtschaft außergewöhnliche Möglichkeiten. Die Militäroperationen Schwedens sowie seine restriktive Handelspolitik bei Getreide ... trieben die Getreidepreise an der Amsterdamer Börse ein weiteres Mal nach oben und gestatteten es damit dänischen Produzenten, außergewöhnliche Erträge einzufahren.«

282 Vgl. Petersen (1967, S. 6 f.) sowie Østerud (1976, S. 19).

283 Vom nicht-grundherrschaftlichen Boden gehörten 56% der Krone; vgl. Petersen (1968, S. 1238).

284 Vgl. C. E. Hill (1926, S. 102–152) sowie Roberts (1970, S. 402 f.).

große Güter von Bauernhöfen umgeben waren, deren Inhaber dem Gutsbesitzer keinen Pachtzins, sondern Frondienste leisten mußten. Die Gruppe der *ugedagsbønder* (Wochentagsbauern), die zu solchen Frondiensten verpflichtet waren, nahm zahlenmäßig zu und machte Mitte des 17. Jahrhunderts etwa 40% aller *bønder* aus. »Fronarbeit wurde nicht nur auf den Feldern eingesetzt, sondern auch für Transport, Bautätigkeit, handwerkliche Tätigkeiten und sogar für das Be- und Entladen im Hafen.«[285] In jenem Zeitraum, um den es hier geht, nahm die Bedeutung der dänischen Kaufleute radikal ab. Speziell während des »Nachsommers« der Jahre 1630–1645 verdrängten deutsche und niederländische Kaufleute die Dänen aus dem Exporthandel.[286] Im Frieden von Brömsebro 1645 setzten die Schweden (im Verein mit den Niederländern) eine Senkung des Sundzolls durch, so daß die Einnahmen der dänischen Krone im Vergleich zu früher auf einen »unbedeutenden Rest«[287] schrumpften. Als die fetten Jahre des Dreißigjährigen Kriegs zu Ende gingen,[288] war Dänemark somit der Prototyp eines peripheren Gebiets: Es verfügte über eine exportorientierte Landwirtschaft, die gutswirtschaftlich organisiert war und weithin auf Fronarbeit beruhte, sein Handel befand sich in ausländischer Hand, und sein Staatsapparat ruhte auf einer schwachen finanziellen Basis (der reichste Grundbesitz war steuerbefreit und der Sundzoll fortan ohne Bedeutung).

Im Jahr 1657 unternahm der dänische König einen Versuch, die verlorengegangenen strategisch-wirtschaftlichen Vorteile wiederzuerlangen, und erklärte Schweden (das zu diesem Zeitpunkt bereits in andere kriegerische Auseinandersetzungen verwickelt war) den Krieg. Er hoffte dabei auf niederländische Unterstützung, die er allerdings nicht erhielt. Der Vertrag von Roskilde 1658, der den Krieg mit Schweden beendete, führte in Dänemark zur politischen Krise. Dänemark mußte an Schweden die Provinzen Schonen, Halland und Bohuslän abtreten, das heißt das gesamte Ostufer des Sunds sowie den Zufahrtsweg auf beiden Seiten.[289] Als jedoch Karl X. Gustav noch im selben Jahr den Krieg mit dem Ziel wieder aufnahm, ganz Dänemark dem schwedischen Reich einzuverleiben, fand er sich rasch mit dem Widerstand der Niederländer, Engländer und Franzosen konfrontiert. Die drei Zentrums-

285 Jutikkala (1975, S. 164). Es hängt immer davon ab, welche Seite eines Prozentsatzes man wahrnimmt. Petersen hat offensichtlich die komplementären 60 Prozent im Auge, wenn er betont, daß die dänische Landwirtschaft auf Grundherrschaft basierte (siehe 1967, S. 23 sowie 1968, S. 1251 f.). Petersen hält fest, daß sich der dänische Adel vom schwedischen (sowie englischen und französischen) durch das Maß an Abgeschlossenheit gegenüber Aufsteigern aus der Bourgeoisie unterschied (1968, S. 1237).

286 Vgl. Jørgensen (1963, S. 78 u. 107), Glamann (1977, S. 240) und Petersen (1970, S. 84).

287 Reddaway (1906, S. 573). Østerud spricht von »einer schweren Finanzkrise« (1978, S. 15).

288 Zwischen 1650 und 1660 wurde Dänemark von Seuchen heimgesucht, die beträchtliche demographische Auswirkungen hatten; vgl. Petersen (1967, S. 31) sowie Jørgensen (1963, S. 79).

289 Mit dem Vertrag von Roskilde fielen auch das Gebiet um Trondheim in Norwegen sowie die Insel Bornholm in der Ostsee an Schweden, beide wurden aber 1660 im Vertrag von Kopenhagen an Dänemark zurückgegeben; vgl. Rosén (1961, S. 552), C. E. Hill (1926, S. 184) sowie die Karte bei Darby/Fullard (1970, S. 36).

Mächte fanden sich im Rahmen des sogenannten Haager Konzerts (11. Mai 1659) zusammen, zwangen die Kombattanten zum Frieden und legten ihr Veto gegen »eine Sperre der Ostsee für die Flotten von Nicht-Anliegerstaaten«[290] ein. Dänemark wurde deshalb vor seiner Auslöschung bewahrt, weil die Zentrums-Mächte Schweden in Schach halten wollten. Folglich waren sie auch daran interessiert, daß Dänemark über ein Steueraufkommen verfügte, aus dem sich eine Armee finanzieren ließ, die stark genug war, um diese geopolitische Funktion übernehmen zu können (was zwischen 1657 und 1660 offensichtlich nicht der Fall war).

Dazu kam noch, daß Dänemark eine beträchtliche Staatsverschuldung aufwies: im Jahr 1660 mehr als vier Millionen *rigsdaler*, davon 38% bei ausländischen Kreditgebern – davon wiederum ein Viertel bei den niederländischen Generalstaaten, ein weiteres Viertel bei niederländischen Unternehmen und der Rest bei Handelshäusern in Hamburg und Lübeck. Wie Jørgensen feststellt, hatten daher der niederländische Staat und die privaten ausländischen Gläubiger ein starkes unmittelbares Interesse an der Fähigkeit des dänischen Staates, aus seiner extrem schwierigen finanziellen Lage herauszufinden:

> Welche Rolle die Gläubiger des Staates in der konstitutionellen Umwälzung des Jahres 1660 und unmittelbar danach genau spielten, läßt sich schwer bestimmen, ... aber kurzfristig muß dies die politischen Entwicklungen in beträchtlichem Maß beeinflußt haben. ... Ein dänischer Staatsbankrott hätte für beträchtliche Teile der nordeuropäischen Kaufherrenklasse unerfreuliche Folgen gehabt. ... Eine Regelung wurde dann hauptsächlich dadurch erreicht, daß den Gläubigern ein Pfandrecht auf Kronland eingeräumt wurde.[291]

Dies bildete den Hintergrund zu jener plötzlichen Einführung des Absolutismus in Dänemark, die scheinbar so schwer zu erklären ist. Was hieß Absolutismus? Absolutismus bedeutete, daß die Stellung des Monarchen erblich und »souverän« wurde, und Absolutismus bedeutete Verwaltungsreformen, die die Schaffung eines Geheimen Rates sowie stärkere direkte

290 Reddaway (1906, S. 588). Vgl. dazu auch C. E. Hill (1926, S. 174 f.). Auf das Vordringen der Schweden hatte man bereits am 29. Oktober 1658 durch die Entsendung einer niederländischen Flotte reagiert, die die schwedische Flotte im Sund angreifen sollte. Trotz eines taktischen Unentschiedens konnten die Niederländer in Kopenhagen einfahren und feierten damit einen strategisch wichtigen Sieg. Hill weist darauf hin, daß das Flottengeschwader unter dem Kommando von De Witt stand, dem »gleichen Admiral, der im Jahr 1645 im Kampf gegen Christian IV. die Öffnung des Sunds erzwang« (1926, S. 170). Der Vertrag von Brömsebro, der in dieser früheren Phase abgeschlossen worden war, enthielt - mit Unterstützung Hollands – Bestimmungen, die für Schweden äußerst vorteilhaft waren und »deutlich zeigten, daß Dänemark seine Vormachtstellung im Norden verloren hatte« (Reddaway 1906, S. 572). Mit diesem Vertrag wurde die seit altersher bestehende Befreiung Schwedens vom Sundzoll erneut bestätigt und, was noch wichtiger war, dieses Privileg auf die neuen schwedischen Provinzen im östlichen Ostseeraum und in Deutschland ausgeweitet.

291 Jørgensen (1963, S. 97 f.). Die Preisrückgänge im Zusammenhang mit der Agrardepression des Jahres 1660 stellten zur selben Zeit »für den dänischen Adel eine totale Katastrophe [dar] – gesellschaftlich, wirtschaftlich und demographisch« (S. A. Hansen 1972, S. 101). Offensichtlich beeinträchtigte dies die Fähigkeit des Adels, sich den neuen absolutistischen Maßnahmen zu widersetzen.

Kontrolle über lokale bürokratische Strukturen umfaßten. Er bedeutete das Ende für die Abgeschlossenheit des Adels, und er bedeutete eine stärkere Besteuerung. Kurz, er lief auf einen Staat hinaus, der bei der Begleichung seiner Außenschulden und bei der Eindämmung der schwedischen Expansion eine gewisse Handlungsfähigkeit besaß.

Hieß das jedoch, daß sich die grundlegenden ökonomischen Strukturen änderten? Jedenfalls nicht so, daß es von Bedeutung gewesen wäre. Der Adel genoß noch immer Steuerfreiheit, auch wenn er nunmehr dem Staat dabei helfen mußte, von den freien Bauern Steuern einzutreiben. Der König konnte nun seine eigenen Ländereien an den frisch eingewanderten deutschen Dienstadel verkaufen, der prompt dem alten Adel darin nacheiferte, exportorientierte gutswirtschaftliche Strukturen zu schaffen. Der Schwerpunkt verschob sich in Richtung Monokultur (eher Getreide als Vieh), wodurch sich jener geringfügige Unterschied, der früher zwischen den wirtschaftlichen Strukturen Dänemarks und Osteuropas bestanden hatte, weiter verringerte.[292] Innerhalb von 30 Jahren hatte sich der adelige Grundbesitz vergrößert, und zwar auf Kosten sowohl der Krone als auch der freien Bauern,[293] deren wirtschaftliche und rechtliche Position sich gleichzeitig verschlechterte. Ihren Höhepunkt erreichte diese Entwicklung 1733 mit einem Gesetz, das die Bauern an die Scholle band.[294] Was den Staat betraf, so verfügte dieser sicherlich über eine größere Kaufkraft[295] als zuvor. Aber während Schweden die Rolle der einheimischen Miliz stärkte, löste man sie in Dänemark auf und verließ sich stattdessen auf Söldner.[296] Es gab einige zaghafte Bemühungen in Richtung einer merkantilistischen Gesetzgebung,[297] doch die Stärke des dänischen Staates war weitgehend Fassade und von ausländischen Interessengruppen getragen. Dänemarks ökonomische Funktion blieb unverändert. In Wirklichkeit kam es zwischen 1650 und 1750 höchstens zu einer zunehmenden Peripherisierung.

Es ist nicht wirklich überraschend, daß Dänemark trotz der formalen Errichtung einer absoluten Monarchie eine periphere Zone blieb. Weitaus überraschender kommt es, daß eine unbedeutende periphere Zone wie Brandenburg in der Lage war, sich bis zum 18. Jahrhundert zu einer semiperipheren Macht – Preußen – zu entwickeln,[298] um dann weit aussichtsreichere

292 Vgl. Rosén (1961, S. 523–526). Hinsichtlich der Tendenz zur Monokultur siehe Jensen (1937, S. 41 f.).

293 Vgl. Rosén (ebda., S. 536) sowie Jutikkala (1975, S. 160).

294 Vgl. Jensen (1937, S. 45), Rosén (1961, S. 526), Imhof (1974, passim) sowie Munck (1977, passim).

295 Jørgensen (1963, S. 96).

296 Vgl. Rosén (1961, S. 538).

297 Vgl. Kent (1973, S. 6–8).

298 Dieser Prozeß spiegelte sich in der Entwicklung des Staatsnamens. Der Kurfürst von Brandenburg (das Gebiet um Berlin) vergrößerte seine Besitzungen im 15. und 16. Jahrhundert um einige Gebiete, die nicht an Brandenburg grenzten, im 17. Jahrhundert kamen weitere dazu. Mit den neuen Besitzungen waren zusätzliche Titel verbunden: So war er etwa Herzog von Pommern, von Magdeburg und von Kleve, Fürst von Halberstadt und Minden, Graf der Mark sowie von Ravensberg. 1618 wurde er Herzog von

Kandidaten – im Norden Schweden, im Süden Sachsen und Österreich – zu übertreffen und schließlich hinter sich zu lassen. Eine stichhaltige Erklärung muß dabei erstens die ständige Interaktion innerhalb des Staatensystems als Ausdruck ökonomischer Kräfte und zweitens die (wenn auch begrenzte) Spannweite ökonomischer Funktionen berücksichtigen, die einzelne Gebiete zu bestimmten Zeitpunkten in der Geschichte einnehmen können. Der Schlüssel zur Entwicklung Preußens liegt darin, daß in Mitteleuropa aus Sicht der Zentrums-Mächte Raum für eine größere semiperiphere Macht war. Als Schweden strauchelte, nahm Preußen diesen Platz ein. Wie und warum, das sind Fragen, die wir untersuchen müssen. Wir können die Entwicklung aber nur verstehen, wenn wir uns von vornherein klarmachen, daß *zwei* Staaten in derselben Region gleichzeitig nicht hätten erreichen können, was Preußen erreichte.

Was die gesellschaftliche Organisation der landwirtschaftlichen Produktion betraf, vollzogen sich in den deutschen Staaten östlich der Elbe die meisten jener Prozesse, wie sie auch in Polen und anderen osteuropäischen Regionen stattfanden. Es handelte sich hier um die Zone der Gutswirtschaft oder Gutsherrschaft, im Gegensatz zur Grundherrschaft (und/oder Wirtschaftsherrschaft) in West- und Süddeutschland.[299] In Ostelbien erfolgte die

---

Preußen, doch handelte es sich dabei lediglich um Ostpreußen; dieses stand noch bis 1657/60 unter polnischer Lehenshoheit. 1701 erklärte er sich zum König *in* Preußen, und erst 1772, als er im Zuge der ersten polnischen Teilung Westpreußen erwarb, wurde er als König *von* Preußen bezeichnet. Auch wenn das Land in der internationalen Diplomatie erst 1794 den Namen »la Prusse« trug, so wurde bereits das Allgemeine Landrecht für »die preußischen Staaten« erlassen. Erst 1807, im Zuge der napoleonischen Umwälzungen, war die Entwicklung so weit vorangeschritten, daß »Preußen« fortan die Hohenzollern-Monarchie als Ganzes bezeichnete – natürlich nur solange, bis daraus das Deutsche Reich entstand. Anzumerken ist auch, daß »die Länder des Hauses Habsburg« erst im Jahr 1804 zum »österreichischen Kaiserreich« wurden; vgl. Rosenberg (1958, S. 27 f.) sowie Darby/Fullard (1970, S. 138–144 u. 146).

299 Die genaue Definition der Gutsherrschaft (im Gegensatz zur Grundherrschaft) ist in der Literatur Gegenstand umfangreicher Debatten. Drei Definitionen mögen genügen:
Otto Hintze: »Die alte Grundherrlichkeit, in der der Ritter, ohne selbst eine Wirtschaft großen Umfangs zu betreiben, nur von den Zinsen und Gülten der von ihm abhängigen Bauern lebte, verwandelte sich damals in die Gutsherrlichkeit, indem der Ritter Bauernhöfe niederlegt und das Land zu dem unter seiner Eigenwirtschaft stehenden Gute schlägt. So entsteht ein landwirtschaftlicher Großbetrieb, allerdings noch nicht von der Größe und Geschlossenheit der heutigen Rittergüter [...].« (1914, S. 499)
Joachim Freiherr von Braun: »Die Gutswirtschaft ist ein großer landwirtschaftlicher Betrieb und somit ein eigenständiger Organismus, der auf der Initiative des Betriebsleiters fußt und deshalb ohne Rücksicht auf Gesetze und mittelbare Verpflichtungen als in höchstem Maß marktorientierte Produktionsform gehandhabt werden kann.« (Göttinger Arbeitskreis 1960, S. 10.)
Friedrich Lütge: »Gutswirtschaft ... ist ein ökonomischer Tatbestand. Das Gut ist Besitz eines Gutsherrn und wird dadurch bewirtschaftet, daß dieser außerhalb des Familienverbands stehende Tagelöhner anwirbt und zur Arbeit einsetzt. Grundherrschaft tritt in zwei Formen auf: Die eine ist die Rentengrundherrschaft, in der der Grundherr lediglich einen kleinen Eigenbetrieb führt und in erster Linie von Pachteinnahmen etc. lebt; die andere ist die Wirtschaftsgrundherrschaft ..., bei der innerhalb eines grundherrlichen [rechtlichen] Rahmens eine größere Gutswirtschaft (Eigenwirtschaft) betrieben wird.« (Göttinger Arbeitskreis 1960, S. 83.)
Man darf nicht vergessen, daß sich *Gutsherrschaft* auf politisch-rechtliche Strukturen bezieht und *Gutswirtschaft* auf gesellschaftliche Produktionsverhältnisse und daß es »Mischformen« wie etwa in Niedersachsen geben konnte, wo Grundherrschaft und Gutswirtschaft vorherrschend waren; vgl. die Debatte zwischen Joachim von Braun und Friedrich Lütge (Göttinger Arbeitskreis 1960, S. 84 f.).
Wir werden hier nicht noch einmal jener Frage nachgehen, die wir in Wallerstein (1974) ausführlich behandelt haben, ob nämlich die Gutswirtschaft bloß eine weitere Spielart des Feudalismus oder ein

Herausbildung der großen Landgüter durch (den oft erzwungenen) Auskauf von Bauernhöfen sowie durch die Vertreibung der Bauern von ihren Hofstellen, das sogenannte Bauernlegen.[300] In Mecklenburg, Brandenburg und Pommern beschleunigte sich dieser Prozeß nach dem Dreißigjährigen Krieg erheblich.[301] Das Ausmaß der Frondienste wurde im Durchschnitt von zwei bis drei Tagen pro Woche auf sechs erhöht.[302] In dem Moment, als das Land vom Bauern an den adeligen Gutsherrn überging, unterlag es nicht mehr der Besteuerung. Das wiederum bedeutete, daß die verbleibenden Bauern »umso stärker belastet«[303] wurden. Innerhalb der habsburgischen Länder kam es in Ungarn und Böhmen zu ähnlichen Entwicklungen, das eigentliche Österreich jedoch blieb eine Zone der Grundherrschaft.[304] Vergleicht man Ostelbien mit anderen peripheren Gebieten in Osteuropa, so ist in bezug auf die Unterdrückung der Bauern kein Unterschied festzustellen; womöglich war sie sogar schlimmer.[305]

Wie konnte dann also das Preußen des 18. Jahrhunderts entstehen? Ein Grund besteht darin, daß zwar die Unterdrückung der Bauern in Ostelbien stärker war als in Polen, die Konzentration des Bodenbesitzes aber geringer

---

kapitalistisches Phänomen darstellt. Es sei lediglich darauf hingewiesen, daß dieses Thema in der *Zeitschrift für Geschichtswissenschaft* (die in der DDR erschien) Gegenstand einer langen Auseinandersetzung war. Da mit der Gutswirtschaft eine marktorientierte Produktion großen Stils verbunden gewesen sei, argumentierte Johannes Nichtweiß 1953, habe sie sich von der Feudalwirtschaft unterschieden. Er machte auch darauf aufmerksam, daß »im Fall einer Fronwirtschaft der Bauer typischerweise an das Rustikal- und nicht [wie im Fall der Gutswirtschaft] an das Dominikalland gebunden ist« (1953, S. 705). Von Jürgen Kuczynski kam eine Erwiderung (1954), auf die eine ganze Reihe von Aufsätzen folgte: Nichtweiß (1954), Manfred Hamann (1954), Gerhard Heitz (1955), Nichtweiß (1956), Willi Boelcke (1956), Heitz (1957) sowie Nichtweiß (1957). Wie Nichtweiß zeigt, ähnelt Kuczynskis Position zu dieser Frage jener von Lütge (1957, S. 805). A. J. P. Taylor nimmt eine ähnliche Position wie Nichtweiß ein und vergleicht die Güter der Junker mit »den großen kapitalistischen Farmen der amerikanischen Prärie« (1946, S. 29).

300 Vgl. Carsten (1947, S. 145 u. 157), Kuhn (Göttinger Arbeitskreis 1960, S. 40 f.), Lütge (1963, S. 101 f.) sowie Slicher van Bath (1977, S. 111 f.). Die Gutswirtschaft steht eindeutig im Zusammenhang mit den sogenannten Wüstungen, das heißt verlassenen Landflächen (vgl. Schlesinger in Göttinger Arbeitskreis 1960, S. 48). Aber worin bestand dieser Zusammenhang? Laut Siegmund Wolf habe das Bauernlegen zu Wüstungen geführt, wodurch die Schaffung einer Gutswirtschaft möglich geworden sei; vgl. Wolf (1957, S. 323 f.). Berthold hingegen vertritt die Auffassung, die Flucht der Bauern sei eine Reaktion auf die zunehmende Ausbeutung gewesen (1964, S. 16 u. 19).

301 Vgl. Treue (1970, S. 516), Barraclough (1962, S. 394), Harnisch (1968, S. 130 f.) sowie Slicher van Bath (1977, S. 111).

302 Vgl. Kulischer (1932, S. 12).

303 Carsten (1954, S. 198).

304 Vgl. Tapié (1971, S. 123 f.). Von den Habsburgern wurde dann sogar jenes Dominikalland nicht mehr von der Besteuerung ausgenommen, bei dem es sich um ehemaliges, seit 1654 eingezogenes Rustikalland handelte (Tapié 1971, S. 120).

305 Zum einen gab es in Ostelbien zusätzlich die Einrichtung des Gesindezwangdienstes, die es den Kindern der Leibeigenen auferlegte, für ein bis vier Jahre als Dienstboten am Herrenhof zu arbeiten; vgl. Kulischer (1932, S. 14) und Slicher van Bath (1977, S. 115). Rutkowski (1926, S. 496) weist darauf hin, daß die Leibeigenen während des Gesindezwangdienstes derart schlecht behandelt wurden, daß »sie es vorzogen, zehn Jahre im Gefängnis als zwei Jahre im Dienst zu verbringen« – und das, obwohl dieser Dienst entlohnt wurde (natürlich niedrig). Für Rutkowski waren die Gesamtleistungen (Dienste und Abgaben), die ein ostelbischer Bauer zu erbringen hatte, höher als jene eines polnischen Bauern (1927a, S. 97). Auch in Böhmen, Mähren und Schlesien gab es den Gesindezwang; vgl. Špiesz (1969, S. 53).

– mehr Guts*herrschaft* als Guts*wirtschaft*. Lütge erinnert an den Aphorismus G. N. Knapps: »Der Gutsherr ist ›kein sehr begüterter, er ist nur ein sehr mächtiger Mann geworden‹.« Und darin lag, so die Schlußfolgerung Lütges, der Aufstieg der Fürstenmacht begründet.[306] Daß eine echte Landkonzentration ausblieb, die meisten Güter von mittlerer Größe waren und daher eine »Schicht großer Magnaten« fehlte, das alles unterschied Ostelbien ganz deutlich von anderen peripheren Gebieten, und zwar im Großteil Europas.[307] Weniger als Grundherrn anderswo in der europäischen Peripherie des 17. Jahrhunderts war daher die Klasse der Junker wirtschaftlich in der Lage, gegenüber einer potentiellen Zentralregierung die politischen Zügel in die Hand zu nehmen. Für den Aufstieg Preußens war diese Schwäche zwar eine notwendige, aber wohl kaum eine hinreichende Vorbedingung, doch sie verband sich mit einer günstigen geopolitischen Konstellation.

Vor dem Ende des Dreißigjährigen Kriegs war der Kurfürst von Brandenburg »kaum mehr als ein Ober-Junker«[308], und das in einem zersplitterten, wehrlosen Land ohne bedeutende Ressourcen oder kaufmännischen Wohlstand. Dafür besaß es aber »einige der am hartnäckigsten an ihrer Unabhängigkeit festhaltenden Städte Europas und einen ganz besonders widerspenstigen Adel«[309]. Der Dreißigjährige Krieg war der Tiefpunkt der Hohenzollernschen Macht und zugleich – teils durch reinen Zufall – ihre große Chance.[310] Der Zufall bestand darin, daß der Kurfürst von Brandenburg bestimmte Länder gleichzeitig erbte: 1609 das Herzogtum Kleve (ein Gebiet am Unterlauf des Rheins, das an die Vereinigten Niederlande grenzte), 1625 Preußen (an der Ostsee gelegen, grenzte es an Polen und unterstand sogar

---

306 Lütge (1963, S. 117). Das Zitat von Knapp stammt aus *Die Bauernbefreiung in Österreich und in Preußen*, wiederabgedruckt in *Grundherrschaft und Rittergut* (1897, Bd. 1, S. 34). Vgl. dazu auch Görlitz, der in bezug auf die soziale Transformation in Brandenburg-Preußen während des 17. und 18. Jahrhunderts ausführt: »Der Bauer ist nicht mehr allein Untertan des Edelmannes, der als Stand neben dem Hofe des Fürsten steht: Beide werden Untertanen des Fürsten. Der Adel bestimmt nicht mehr die Lebenswelt, sondern wird zu einem funktionalen Teil der Gesellschaft.« (Görlitz 1957, S. 87.) Dies paßt zu jener Erklärung, die Rutkowski für die Misere der ostelbischen Bauern geltend macht. Er argumentiert, daß es im 18. Jahrhundert durch den Aufstieg der Industrie und den königlichen Bauernschutz schwierig wurde, landwirtschaftliche Arbeitskräfte zu bekommen. Da das wirtschaftliche Überleben der Gutsherren nur durch zusätzliche Ausbeutung der untertänigen Bauern möglich gewesen sei, hätten sich folglich die Bedingungen des Gesindezwangdienstes verschlechtert; vgl. Rutkowski (1926, S. 497). Špiesz meint, daß Fronarbeit trotz vorhandener rechtlicher Möglichkeiten auf den ostelbischen Gütern in geringerem Umfang eingesetzt wurde als in anderen Teilen Osteuropas und daß die Gutsarbeit stärker »auf Lohnarbeit von Familien [beruhte], die freiwillig oder zwangsweise in Dienst genommen wurden« (1969, S. 23).

307 P. Anderson (1974a, S. 262). Jegliche relative Stärke wurde außerdem im Dreißigjährigen Krieg noch weiter untergraben. »Was die Geschicke der Stände in vielen deutschen Staaten betraf, so markierte [der Dreißigjährige Krieg] sicherlich eine entscheidende Wende [zum Schlechten].« (Carsten 1959, S. 437.)

308 Rosenberg (1958, S. 31).

309 Howard (1976, S. 67). Vgl. dazu auch Carsten: »Es ist eines der Wunder der deutschen Geschichte, daß plötzlich, im späten 17. Jahrhundert, auf einer derart ungünstigen Grundlage ein starker, zentralisierter Staat entstand. Denn Brandenburg schien für eine Entwicklung prädestiniert zu sein, wie sie Polen oder Mecklenburg erlebten.« (1969, S. 544.)

310 Vgl. Carsten (1954, S. 179); er schreibt, der Krieg habe »Zufallskonstellationen« geboten (1950, S. 177).

polnischer Lehenshoheit) und 1637 Pommern. Somit fand sich Brandenburg in zwei der Hauptkriegsregionen wieder, im Rheinland und im Ostseeraum. Die Länder, die es »ohne jede militärische Kraftanstrengung« (zu der es damals gar nicht in der Lage gewesen wäre) erworben hatte, waren von »großer strategischer Bedeutung« und wurden von verschiedenen europäischen Staaten »begehrt«.[311] Überdies gestatteten die Großmächte Brandenburg, diese begehrten Gebiete auch zu behalten. Hinterpommern wurde 1637, als Brandenburg seine Ansprüche darauf erhoben hatte, von Schweden besetzt; aufgrund französischer Unterstützung wurde es im Westfälischen Frieden als Bestandteil Brandenburgs anerkannt.[312] Auf diese Weise war Brandenburg einer der ersten Nutznießer des Mächtegleichgewichts. Um Schwedens Macht einzudämmen, wurde die Expansion Brandenburgs von anderen Staaten unterstützt; und um den schwedischen König daran zu hindern, dieser erfreulichen Situation ein Ende zu bereiten, widmete sich Kurfürst Friedrich Wilhelm von Brandenburg (der Große Kurfürst) der Schaffung einer Bürokratie und einer Armee, die dieses vergrößerte Territorium behaupten konnten.[313]

Zu diesem Zeitpunkt waren die Junker wirtschaftlich möglicherweise nicht stark genug, um Klein-Armeen zu schaffen (auch wenn dies bei ihren Standesgenossen, den polnischen Magnaten, durchaus der Fall war). Doch auch der Kurfürst von Brandenburg war nicht mächtig; und er suchte nach Steuern, mit denen er eine Armee aufbauen konnte, stark genug, um die Junker gegen ihren Willen zu besteuern.[314] Der Landtagsrezeß des Jahres 1653 bildete die erste Stufe eines raffinierten Kompromisses, worin der Große Kurfürst der Junkerklasse letztlich die vollen Einnahmen aus ihren Gütern (was bekanntlich auch wieder nicht so viel war) sowie neue Einkünfte via staatliche Bürokratie zugestand. Im Gegenzug erhielt er die Vollmacht, die bäuerliche und städtische Bevölkerung auszupressen. So konnte er einen starken Beamtenapparat und ein schlagkräftiges Heer aufbauen, was den Staat nach außen sicherte und es seinen Nachfolgern schließlich gestattete, im Land selbst eine auf industrielles Wachstum gerichtete Politik einzuleiten (ohne daß dies die Junkerklasse verhindern wollte oder konnte). Ein derartiger Kompromiß mag wohl auch anderen Fürsten vernünftig erschienen sein:

---

311 Carsten (1950, S. 178). Außerdem handelte es sich bei Kleve wie auch bei der Mark und Ravensberg, die beide in der Nähe lagen, um Gebiete, die vor dem Dreißigjährigen Krieg über eine beträchtliche gewerbliche Produktion verfügten.

312 »Die Hohenzollern gingen aus dem Dreißigjährigen Krieg als das nach den Habsburgern zweitwichtigste deutsche Herrscherhaus hervor.« (Carsten 1969, S. 544.) Vorpommern fiel jedoch an Schweden.

313 P. Anderson legt besondere Betonung auf Schwedens Rolle als »Hammer des Ostens«, die zur Entstehung des preußischen Absolutismus als »unmittelbare Reaktion auf die drohende schwedische Gefahr« geführt habe (1974a, S. 198 f.).

314 Franz Mehring drückte es recht prägnant aus: »Wollte der Kurfürst Friedrich Wilhelm ... überhaupt nach dem Dreißigjährigen Krieg als Fürst bestehen, so bedurfte er freilich eines Heeres. Aber nicht minder zweifellos war, daß er ohne die Junker, geschweige denn wider sie, auch nicht eine Kompanie dauernd unter Waffen halten konnte.« (1983, S. 96.)

dem König von Polen, den Habsburgern in Österreich, den Bourbonen in Spanien. Warum konnte er nur in Brandenburg erfolgreich umgesetzt werden? Sehen wir uns noch einmal an, was geschah. Die wichtigste Steuer waren bis zum Jahr 1653 die sogenannten (Militär-)Kontributionen, eine Grundsteuer, von der die Adeligen befreit waren. Auf dem Land ernannten die Adeligen einen der Ihren, der den Bauern jene Steuersätze zuwies, aus denen sich die pro Bezirk aufzubringende Gesamtsteuer zusammensetzte. Die Einkünfte, die auf diese Weise für den Staat abfielen, waren recht gering.

Im Jahr 1650 wurden die Stände vom Kurfürsten in der Hoffnung einberufen, sie würden ihm gestatten, es den Niederländern nachzutun und die Akzise einzuführen (d.h. eine indirekte Warensteuer), von der niemand ausgenommen sein sollte. Was jedoch einem Zentrums-Staat wie den Vereinigten Niederlanden gelang, erwies sich in einem Staat der Peripherie – selbst in einem, der unter der Führung eines intelligenten, ehrgeizigen Herrschers stand – als politisch undurchführbar. Der Adel weigerte sich, die Akzise zu beschließen. Dennoch schien es einleuchtend, daß in diesen unruhigen Zeiten ein Heer vonnöten war. Somit einigten sich beide Seiten auf den Rezeß des Jahres 1653, der eine Zwischenlösung darstellte. Für einen Zeitraum von sechs Jahren erhielt der Kurfürst zusätzliche 500.000 Taler an Steuern, aber keine Akzise, und er gestand den Junkern eine erhebliche weitere Institutionalisierung der Leibeigenschaft zu. Die wichtigste Bestimmung legte fest, daß Bauern fortan rechtlich als leibeigen galten, sofern sie nicht das Gegenteil beweisen konnten. Wäre das alles gewesen, so würden wir uns heute kaum noch an den Rezeß von 1653 erinnern, hätte es doch lediglich nach einem weiteren Sieg des Adels in einem weiteren peripheren Staat des 17. Jahrhunderts ausgesehen. Doch für den Großen Kurfürsten bedeutete der Rezeß »einen ersten kleinen Anfang«[315], auf dem er dann im schwedisch-polnischen Krieg der Jahre 1655–1660 aufbauen konnte. Wir haben diesen Krieg bereits als jenen Moment erwähnt, in dem Schwedens militärische Bedeutung im Ostseeraum ihren Höhepunkt erreichte. Schweden besiegte Polen und Dänemark, brachte den Vormarsch Rußlands zum Stehen und erwarb Schonen und damit ein Ufer des Sunds.

Wo fügte sich nun Brandenburg in diese Ereignisse ein? Bis 1657 kämpfte es an der Seite Schwedens gegen Polen, um dann, von den Niederlanden dazu ermuntert, die Fronten zu wechseln. Damit hinderte Brandenburg Schweden daran, sich Polen (oder zumindest die polnische Küste) einzuverleiben, und erlangte selbst die volle Souveränität über Preußen. Indem es der schwedischen Macht Grenzen setzte, leistete es den Niederländern (und den Engländern) gute Dienste. Dazu war damals lediglich Brandenburg in der Lage, da es mit den Steuermitteln, die durch den Rezeß von 1653 hereingekommen waren, eine Armee aufgestellt hatte. In Brandenburg konnte der Große Kurfürst diesen geopolitischen Erfolg zu seinem unmittelbaren Vorteil nut-

315 Carsten (1950, S. 188).

zen, weshalb Carsten auch eher den schwedisch-polnischen Krieg als den Rezeß von 1653 als Wendepunkt beim Ausbau der Staatsmacht betrachtet.[316] Es ist von geringerer Relevanz, jene Reihe politischer Schritte im Detail zu untersuchen, die der Große Kurfürst dann später setzte (verschiedene regionale Ständeversammlungen, verschiedene Erlässe, die Niederschlagung der Königsberger Bürgerrevolte 1674). Wichtiger ist eine Zusammenschau jener Veränderungen, die bis zum Ende der Regierungszeit des Großen Kurfürsten im Jahr 1688 eingetreten waren, am Vorabend der *Glorious Revolution* und des Pfälzischen Erbfolgekriegs.[317]

Der Große Kurfürst hatte den Geheimen Rat im Sinne eines Instruments der Zentralverwaltung umgestaltet und drei Bürokratien geschaffen – eine Finanz-, Militär- und Justizbürokratie –, um zentrale Entscheidungen umzusetzen.[318] Auch wenn diese Bürokratien einen großen Aktionsradius hatten, so waren sie doch »überraschend klein«[319] dimensioniert und sollten dies im 18. Jahrhundert auch bleiben. Die gestiegenen Staatseinnahmen (3,3 Millionen Taler 1688 gegenüber 1 Million im Jahr 1640[320]) wurden hauptsächlich für den Unterhalt einer besoldeten Freiwilligenarmee ausgegeben, die sich zum Teil aus Ausländern zusammensetzte. Die permanente Truppenstärke lag 1653 bei 4.000 Mann, 1688 bei 30.000.[321] Die Befugnisse der genannten Bürokratien endeten jedoch an den Toren der junkerlichen Güter, auf denen der innerhalb der Gruppe der Junker gewählte Landrat die Herrschaft ausübte.[322] Gegenüber den Gutsbesitzern konnte jedoch der brandenburgisch-preußische Staat an einer Stelle den Hebel ansetzen, die den Herrschern in Polen,

316 Carsten (1954, S. 189). Dort heißt es: »Auf Basis der urkundlichen Quellen ... erscheint es unwahrscheinlich, daß Friedrich Wilhelm zu diesem Zeitpunkt plante, sich selbst zum absoluten Herrscher zu machen und gegen die Stände zu regieren. Viel eher waren es die Umstände, vor allem die Rückwirkungen der Außenpolitik auf Entwicklungen im Inneren, die ihn diesen Weg beschreiten ließen.«

317 Eine detaillierte Darstellung der politischen Geschichte findet sich bei Carsten (1954, Abschnitt 3).

318 Vgl. Dorwart (1953, S. 17) und Braun (1975, S. 134–140). Otto Hintze meint, daß »der Vorgang, auf dem die Verwaltungsanordnung des französischen Ancien Régime beruht, eine auffallende Analogie zu der Entstehung der preußischen Kommissariate darbietet. [...] Die Intendanten nehmen in dem Verwaltungssystem des alten Frankreich dieselbe Stelle ein wie die Kriegs- und Domänenkammern in dem des alten Preußen.« (1962, S. 247 f.)

319 Dorn (1932, S. 261). »Im ganzen Königreich gab es insgesamt nicht mehr als 14.000 Beamte. Während man sich im Frankreich des Ancien régime ständig darüber beklagte, daß es zu viele Beamte gebe, hieß es in Preußen, es gebe nicht genug. Der preußische König konnte es sich nicht leisten, überflüssige Beamte zu beschäftigen.« Dorn spricht hier von der – bereits ausgeweiteten – bürokratischen Struktur des 18. Jahrhunderts; um so mehr trifft dies daher für die Zeit des Großen Kurfürsten zu. Eine ähnliche Feststellung trifft Barraclough, wobei auch er sich auf das 18. Jahrhundert bezieht: »Die preußische Verwaltung war gekennzeichnet durch Sparsamkeit, strenge Überwachung der Ausgaben und eine umsichtige Leitung, die diese Ergebnisse hervorbrachte.« (1962, S. 400.)

320 Vgl. Finer (1975, S. 140). Bezüglich Steuereintreibung siehe Rachel (1911, S. 507), Rosenberg (1958, S. 49 f.) sowie Braun (1975, S. 271–273). Carsten meint, die städtische Akzise sei in ihren Konsequenzen derart unausgewogen gewesen, daß sie »zu einem Hindernis für die wirtschaftliche Entwicklung der Städte wurde« (1954, S. 198).

321 Vgl. Finer (1975, S. 139). Friedrich Wilhelm I. (1713–1740) vergrößerte das stehende Heer auf 80.000 Mann (zur Hälfte Ausländer) und machte es zu einer Armee, die »in puncto Drill und Disziplin in Europa einzigartig« war (E. Barker 1966, S. 42).

322 Vgl. Craig (1955, S. 16) sowie Braun (1975, S. 273).

Österreich, Dänemark und Schweden nicht offenstand: an der geringen Zahl *großer* Güter. In Verbindung mit Krisenjahren[323], umfangreichen Kriegszerstörungen[324] und dem geringen natürlichen Reichtum des Bodens[325] bedeutete dies, daß »eine Tätigkeit für den preußischen König die materiellen Ambitionen in höchstem Maße zu befriedigen vermochte. ... Unter den Bedingungen des 17. und 18. Jahrhunderts handelte es sich dabei um eine der besten und raschesten Methoden, entweder reich zu werden oder vorhandenen Reichtum zu vergrößern.«[326] Und da es keine *großen* Gutseigentümer gab, war es nicht nur die »beste und rascheste« Methode, sondern praktisch die einzige.

Daher arbeiteten die Junker emsig auf ihren Gütern[327] und wünschten zugleich eine Stärkung der brandenburgisch-preußischen Staatsbürokratie, die sie als beruflichen Ausweg benötigten.[328] Dies wiederum ermöglichte es dem Staat, eine moderne Bürokratie zu schaffen, ohne in irgendeinem besonderen Maß von der kostspieligen Zwischenform des Ämterkaufs Ge-

---

323 »Das frostige Wirtschaftsklima des ausgehenden 17. Jahrhunderts stellte einen weiteren Anreiz für die Grundbesitzerklasse dar, sich um jenes politische Gebäude fürstlicher Macht zu scharen, das nun in den Ländern der Hohenzollern errichtet wurde.« (P. Anderson 1974a, S. 243)

324 »Vor allem Preußen wurde [im schwedisch-polnischen Krieg] durch den Durchzug schlechtdisziplinierter Truppen, durch Plünderung, Brandschatzung und ausländische Einfälle fürchterlich verwüstet.« (Carsten 1954, S. 208.) Brandenburg und Kleve waren bereits während des Dreißigjährigen Kriegs verwüstet worden.

325 Mehring spricht von den »väterlichen Sandbüchsen in der Mark und in Pommern« und betont, daß für die Junker »jede neue Kompanie ... für sie ein neues Rittergut [bedeutete]«, verschaffte sie ihnen doch selbst ohne Betrügereien ein jährliches Einkommen von einigen Tausend Talern (1983, S. 104).

326 Rosenberg (1958, S. 102). Mehring erwähnt, wie die vom Großen Kurfürsten aufgestellte Armee das durch den Dreißigjährigen Krieg geschaffene Problem eines umherziehenden Lumpenproletariats ebenso löste wie jenes der verarmten Adeligen, der sogenannten Krippenreiter – sie wurden zu Soldaten bzw. Offizieren (1983, S. 98 f.); vgl. dazu auch Craig (1955, S. 11). Rosenberg weist darauf hin, daß die Armee ihre Funktion, den verarmten Adel zu fördern, in der Regierungszeit Friedrichs I. (1688–1713) aufgrund der Eingliederung von Hugenotten und deutschen Nicht-Adeligen in das Offizierskorps vorübergehend nicht erfüllte, wohl aber wieder unter dem »Soldatenkönig« Friedrich Wilhelm I. Dieser »forderte die Angehörigen der adeligen ›Reservearmee‹ auf, sich dadurch wieder eine sichere und hochangesehene Stellung in der Gesellschaft zu verschaffen, daß sie in den adeligen Offiziersstand eintraten. Damit neutralisierte er systematisch die politische Unruhe, beschwichtigte die Ängste und versöhnte den Großteil der Junkerklasse mit der Zunahme autokratischer Zentralgewalt.« (1958, S. 59 f.)

327 A. J. P. Taylor behauptet, daß Tüchtigkeit und Fleiß »genau jene Tugenden waren, die den Junkern, nicht aber im selben Maß den deutschen Bürgern des 18. Jahrhunderts eigneten« (1946, S. 29). Bei P. Anderson findet sich eine ähnliche Feststellung: »Bei den preußischen Junkern des späten 17. und frühen 18. Jahrhunderts handelte es sich ... um eine kompakte gesellschaftliche Klasse in einem kleinen Land mit rauhen ländlichen Wirtschaftstraditionen.« (1974a, S. 263.) Harte Arbeit auf den Gütern entsprach überdies in hohem Maß den Bedürfnissen der Armee. »Der Getreidehandel war durch die schnell wachsende Konsumentenschicht, militärische Anforderungen, steigende Produktionskosten und Handelsspannen bestimmt. Friedrich Wilhelm I. stellte nach der projektreichen Zeit Friedrichs I. einen engen Zusammenhang zwischen Getreidehandelspolitik, Kriegsmagazinverwaltung, Domänenwirtschaft und Armeereform her.« (Treue 1970, S. 518)

328 »Speziell was Neueinstellungen betraf, gab es keine scharfe und feste Trennlinie zwischen den alteingesessenen *officiers* und den als Emporkömmlingen betrachteten ›Kommissaren‹. Von Anfang an stammten einige von jenen, die in die neue Verwaltung eintraten, aus der großen Zahl verunsicherter Amtsträger des Ständestaats.« (Rosenberg 1958, S. 56.)

brauch machen zu müssen.[329] Dadurch blieb eine gewisse Abgeschlossenheit[330] des Adels erhalten (was in Frankreich unmöglich war), während man dennoch einen schlanken, effizienten Staatsapparat finanzieren konnte. Weder bei der Ausweitung der »feudalen« Rechte der Adeligen gegenüber den Bauern noch bei der Eingliederung des Adels in die staatliche Bürokratie wurde Brandenburg-Preußen zu jener Zeit von einem anderen europäischen Staat übertroffen. Doch da die junkerlichen Güter höchstens von mittlerer Größe und verhältnismäßig arm waren, wurde die staatliche Struktur[331] kontinuierlich stärker (zunächst als Militärmacht und später als Kraft, die auf die Weltwirtschaft einwirkte), sodaß Preußen im frühen 18. Jahrhundert zu einem semiperipheren Staat wurde.

In mancher Hinsicht befand sich natürlich Österreich in einer viel besseren Ausgangsposition, die von Preußen angestrebte Rolle zu spielen, war es doch zu Beginn des 17. Jahrhunderts eine bedeutende Militärmacht. Die Habsburger verkörperten die Gegenreformation und erreichten bis zur Mitte des 17. Jahrhunderts, daß sich Österreich, Böhmen sowie der größte Teil Ungarns wieder zum Katholizismus bekehrten. Nach der Schlacht am Weißen Berg 1620 zerschlugen die Habsburger die staatsrechtliche Unabhängigkeit Böhmens und »drückten es auf den Status einer Provinz herab«[332]. Aus einer unabhängigen Grundbesitzerklasse wurde die böhmische Aristokratie im Zuge der Umwälzungen zu einem Hofadel, die einheimische Bourgeoisie wurde ausgelöscht.[333] Außerdem gelang es den Habsburgern, ein Offiziers-

---

329 Vgl. Rosenberg (1958, S. 79 u. 83). Angesichts der wirtschaftlichen Lage der Junker war auch nicht viel Geld vorhanden, mit dem man Ämter hätte kaufen können.

330 Abgeschlossenheit bedeutete nicht, daß Bürger keinen Grundbesitz erwerben durften. Treue hält fest: »In Pommern, Mecklenburg, Brandenburg, Böhmen, Niedersachsen und Westfalen drangen manche als Regiments- und Heeresunternehmer reich gewordene Oberste und Generale durch Landkäufe vom verschuldeten Adel in die Gutsbesitzerschicht ein.« (1970, S. 500.)

331 Rosenberg weist darauf hin, daß in Frankreich die *noblesse de race* (Geburtsadel) in der Zeit nach der Fronde praktisch für zwei Generationen vom Staatsapparat ausgeschlossen blieb und daß in Böhmen und Mähren im Zuge der siegreichen Gegenreformation einer ganzen neuen Schicht der Aufstieg gelang. In Preußen dagegen flammte der Widerstand des Adels gegen die monarchische Gewalt »nicht in Form organisierter Rebellion und blutigen Bürgerkriegs auf. Den Junkern wurde von seiten der drei großen Hohenzollern niemals zuviel zugemutet.« (1958, S. 44.) Für den Vergleich mit Frankreich siehe auch Carsten (1954, S. 273). Ein Winkelzug Friedrich Wilhelms I. ergänzte dieses Arrangement: Er öffnete die Zivilverwaltung für Nicht-Adelige (und schuf damit »Aufstiegschancen, wie sie im preußischen Staatsdienst erst wieder in den zwanziger Jahren des 20. Jahrhunderts gegeben waren, als der Freistaat Preußen eine Hochburg der Sozialdemokraten darstellte«), während er das Heer in »ein eng verbundenes Korps aus Adeligen« verwandelte (Rosenberg 1958, S. 67 u. 70). Die zwei Gruppen hielten sich somit gegenseitig in Schach, hatten aber durchaus Grund, mit dem Staat zufrieden zu sein.

332 Kavke (1964, S. 59).

333 Vgl. Kavke (1964, S. 55 u. 57). Natürlich verbesserte sich die Stellung des Adels wieder ein wenig. Wright spricht davon, daß sie, »vom Tiefpunkt des Jahres 1627 ausgehend, 1740 ihren Zenit erreichte« (1966, S. 25). Nach 1740 kam Maria Theresia und mit ihr eine neue Zentralisierung. Man sollte sich jedoch vor Übertreibungen hüten – berichtet uns doch Wright selbst: »Als die Ausgaben der Habsburger [in der zweiten Hälfte des 17. und im 18. Jahrhundert] stiegen, wurden auch ihre Steuerforderungen größer und nachdrücklicher. Die Steuern lasteten immer schwerer auf den Leibeigenen, und als sie unter diesem Gewicht zusammenbrachen, nahm der Staat an ihnen als Einnahmequelle Anteil und begann zu ihren Gunsten und gegen die Gutsherrn einzuschreiten, die auf dem besten Weg waren, die Leibeigenen

korps anzuwerben, das nicht wie in Brandenburg-Preußen auf den Adel beschränkt war.[334] Doch sie waren nie in der Lage, ihre Besitzungen in einen integrierten Einheitsstaat umzuwandeln, der seine Funktion innerhalb des Staatensystems angemessen hätte erfüllen können. Nur bei einem relativ homogenen Staatsgefüge bestand die Wahrscheinlichkeit, daß es innerhalb der kapitalistischen Weltwirtschaft Erfolg haben würde.[335] Die österreichischen Habsburger standen vor den gleichen Dilemmata wie – in größerem Maßstab – ihr Vorfahre Karl V.

Das entscheidende Hindernis auf dem Weg zu einer solchen Integration der habsburgischen Besitzungen stellte die türkische Militärmacht dar. Das 17. Jahrhundert war ein Jahrhundert des Kampfes zwischen Österreich und den Osmanen, der im Türkenjahr 1683 seinen Höhepunkt erreichte, als die Habsburger der zweiten Belagerung von Wien erfolgreich standhalten konnten.[336] Zwar gingen die Habsburger aus dieser Auseinandersetzung als Sieger hervor, aber der Sieg hatte einen Preis: fortwährende Konzessionen an den ungarischen Adel, der in diesem Zeitraum stets die türkische Karte ausspielen konnte und auf diese Art seine Autonomierechte innerhalb des Habsburgerreichs geltend machte.[337] Aufgrund der türkischen Bedrohung und ihren direkten wirtschaftlichen Auswirkungen litten die Habsburger – »vermutlich stärker als alle anderen Herrscher«[338] im 17. Jahrhundert – unter der Unfähigkeit, ausreichende Geldmittel für die Staatskasse zu beschaffen, und waren daher »eindeutig unterdotiert«[339]. Zur Zeit Karls VI. (1711–1740)

---

zugrunde zu richten.« (1966, S. 21.) So folgte auf den Bauernaufstand in Böhmen 1679 das *Robotpatent* des Jahres 1680, in dem die *robota* (Fronarbeit) auf maximal drei Tage pro Woche beschränkt wurde. Für Polišensky stellt das Jahr 1680 einen »Wendepunkt« dar (1978, S. 200). Außerdem wurden 1717 und 1738 zwei weitere Robotpatente erlassen. Im Grunde unterscheidet sich dieses Muster nicht von den Entwicklungen in Brandenburg-Preußen. Vgl. dazu Špiesz (1969, S. 33 f.), von Hippel (1971, S. 293–295) sowie Slicher van Bath (1977, S. 117).

334 Vgl. Kann (1973, S. 9) und T. M. Barker (1978).

335 Im Gegensatz dazu war in Brandenburg aus einer ursprünglich sehr heterogenen Bevölkerung (siehe Treue 1970, S. 484) bereits zu Beginn der Neuzeit ein ethnisch sehr homogenes Fürstentum entstanden; vgl. Carsten (1941, S. 75 sowie 1947, S. 147).

336 Siehe T. M. Barker (1967) für eine detaillierte Darstellung.

337 P. Anderson bezeichnet Ungarn als das »unüberwindliche Hindernis auf dem Weg zum königlichen Militärstaat« und die »Nachbarschaft der türkischen Militärmacht [als] einen entscheidenden, objektiven Faktor, der die Ausweitung eines zentralistischen österreichischen Absolutismus auf ungarischen Boden verhinderte« (1974a, S. 314 f.).

338 Bérenger (1973, S. 657), dessen Aufsatz die daraus resultierende Abhängigkeit von Staatsanleihen darlegt. Er weist darauf hin, daß diese Anleihen sehr wohl verfügbar waren und somit die finanzielle Situation von Kaiser Leopold I. (1658–1705) »nicht so hoffnungslos war wie allgemein angenommen und wie vom Kaiser selbst gern behauptet« (S. 669). Aber die Folgen der langfristigen Abhängigkeit von privaten Finanziers waren der Stärkung des Staatsapparats keineswegs zuträglich. Es sollte jedoch erwähnt werden, daß die Türkenkriege, soweit die Notwendigkeit entstand, Truppen zu verproviantieren, positive Auswirkungen auf die Agrarwirtschaft hatten (und damit vermutlich auf die Besteuerungsgrundlage). Für Bog (1971) trugen die Kriege in bedeutendem Maße zur Erholung Deutschlands nach dem Dreißigjährigen Krieg bei; diesem sei aufgrund der Kriegsverwüstungen keine derartige Funktion zugekommen. Aber wurde in den Türkenkriegen die Agrarwirtschaft nicht ebenfalls durch Verwüstungen in Mitleidenschaft gezogen? Vgl. T. M. Barker (1967, S. 282–284).

339 Wangermann (1973, S. 12). Im Vergleich zu den französischen Monarchen schneiden die Habsbur-

vermochte Österreich aus seinen Fiskaleinnahmen lediglich ein Heer zu erhalten, das halb so groß war wie das französische und tatsächlich nur unwesentlich größer als das preußische.[340] Die Effektivität seiner merkantilistischen Anstrengungen war also derart gering, daß Österreich trotz einer ursprünglich doppelt so großen Armee, weit größeren Reichtümern und einer weit höheren Einwohnerzahl kaum mehr erreichen konnte als Preußen.

Man sollte sich klar den Unterschied vor Augen halten, der zwischen dem Merkantilismus von Zentrums-Mächten wie England und Frankreich und dem Merkantilismus semiperipherer Mächte bestand. Treue weist im folgenden darauf hin:

> Während [der Merkantilismus] grundsätzlich und bei den Großmächten einer Wirtschaftsgesinnung der Aggressivität und Expansion entsprach, trug er in Deutschland defensive Züge der Selbstbehauptung, mehr der Marktverteidigung als der Markteroberung, stärker der Abwehr – vor allem der westlichen Nachbarn – als des Strebens nach Herrschaft über andere.[341]

Die gesamte Periode zwischen dem Dreißigjährigen Krieg und dem Ende der napoleonischen Ära war in ganz Deutschland, ja in ganz Mitteleuropa, ein Zeitalter des Merkantilismus (Kameralismus).[342] Merkantilistische Politik läßt sich bei den Habsburgern bis ins Jahr 1660 zurückverfolgen,[343] bei den Hohenzollern stand sie seit dem Großen Kurfürsten im Mittelpunkt der Regierungstätigkeit.[344] Die eigentliche Frage besteht darin, was mit dieser merkantilistischen Politik erreicht wurde. Einerseits stimmt es wahrscheinlich, daß die staatliche Förderung der Manufakturproduktion zwischen 1650 und 1750 nirgendwo »sehr

---

ger laut Wangermann ungünstig ab: Zwar hätten ihre Besitzungen ungefähr den gleichen Umfang aufgewiesen, aber »weit wichtiger waren Homogenität, Kompaktheit, regelmäßige Steuereinnahmen und eine Infrastruktur für profitable Geschäftsunternehmungen«. Das Nettoergebnis der Fronarbeit in Österreich war die wunderbare Barockarchitektur, für die wir möglicherweise dankbar sein sollten; vgl. Zöllner (1970, S. 279 f.).

340 Vgl. Wangermann (1973, S. 14).

341 Treue (1970, S. 495). Belege dafür, daß der Merkantilismus niemals völlig defensiven Charakter hat, finden sich in Dorwarts Ausführungen zur Frage, warum in Deutschland gegenüber Juden eine neue Toleranz geübt wurde. Er spricht von der »beinahe verzweifelten Rekrutierung von Juden durch deutsche Fürsten, die dabei helfen sollten, den durch den Dreißigjährigen Krieg hervorgerufenen wirtschaftlichen Ruin zu überwinden« (1971, S. 212). Auf welche Weise die Zulassung der Juden Abhilfe schaffte, wird klar, wenn Dorwart die 1650 getroffene Entscheidung des Großen Kurfürsten schildert, die Wiedereinwanderung von Juden aus Polen nach Brandenburg zu gestatten: »Angesichts des Umstands, daß sich die Odermündung in der Hand der Schweden befand, konnte eine nützliche Funktion der jüdischen Kaufleute darin bestehen, den Direkthandel mit Polen wieder aufzunehmen.« (Ebda., S. 122.) Hinsichtlich der Auffassung, daß der Merkantilismus, was die sozioökonomische Struktur des Landes betrifft, in Frankreich »natürlich« gewesen sei, nicht aber in Brandenburg-Preußen, siehe Krüger (1958, S. 65). Krügers Position ist Teil einer Polemik gegen die von ihm als solche bezeichnete »Hohenzollern-Legende« vom »sozialen Königtum«, die in Deutschland seit den Zeiten eines Schmoller von bürgerlichen Historikern verbreitet wird (1958, S. 13).

342 Vgl. Lütge (1966, S. 321 f.), Bog (1961, S. 134 f. u. 139) sowie Klíma/Macůrek (1960, S. 98).

343 Vgl. Tremel (1961, S. 176), Klíma (1965, S. 107) sowie Zöllner (1970, S. 283).

344 Vgl. von Braun (1959, S. 611–614) sowie Kisch (1968, S. 4).

zufriedenstellende« Ergebnisse zeitigte.[345] Von Klaveren behauptet sogar, daß der Merkantilismus in rückständigen Ländern ein »Pseudomerkantilismus« gewesen sei, dessen wahres Ziel in der »Bereicherung lokaler Würdenträger« bestanden habe; außerdem »erwartete eigentlich niemand, daß der Merkantilismus Erfolg haben würde«.[346] Nur das zu sagen (auch wenn es zweifellos bis zu einem Grad zutrifft), heißt aber, jenen Unterschied zu ignorieren, der zwischen den semiperipheren und den peripheren Ländern besteht, also zwischen jenen, die zumindest pseudomerkantilistisch sein konnten, und jenen, die nicht einmal dazu in der Lage waren.

Es ist aber auch klar, daß der Merkantilismus semiperipherer Länder in dieser langen Periode des Konjunkturabschwungs die Grundlagen dafür schuf,[347] daß es in der Zeit des weltwirtschaftlichen Konjunkturaufschwungs ab etwa 1750 zu einer merklichen Entfaltung der Produktionstätigkeit kam. Man sollte sich daher genau ansehen, was in der ersten Hälfte des 18. Jahrhunderts geschah, als Schweden sozusagen aus dem Rennen war und Preußen und Österreich in Wirklichkeit darum wetteiferten, jene Macht in Mitteleuropa zu sein, die von einer weiteren Expansion Europas am meisten profitieren konnte. Karl VI. bestieg den habsburgischen Thron im Jahr 1711, Friedrich Wilhelm I. den preußischen im Jahr 1713. 1713/14 wurde mit den Verträgen von Utrecht und Rastatt der Spanische Erbfolgekrieg beendet. Österreich erwarb die Spanischen (nunmehr Österreichischen) Niederlande, Mailand, Neapel und Sardinien (das 1720 im Tausch für Sizilien an Savoyen abgetreten wurde). 1718 erhielt es von den Osmanen im Frieden von Passarowitz Serbien, das Banat sowie die Kleine Walachei (nachdem es bereits 1699 im Frieden von Karlowitz Ungarn und Siebenbürgen erworben hatte). Es kam zur Neugründung der Orientalischen Kompagnie (nachdem die erste 1683 Schiffbruch erlitten hatte), um jene neuen Möglichkeiten auszunützen, die der Balkanhandel bot. Und im Jahr 1719 war Karl VI. endlich in der Lage – nachdem die Idee 1675 erstmals ventiliert worden war –, Triest und Fiume zu Freihäfen zu erklären.[348]

Für Österreichs »Drang zum Meer« stellte somit das Jahr 1719 den Wendepunkt dar. Das Land hatte nun sowohl einen Zugang zum Atlantik (über Ostende) als auch zum Mittelmeer (über Triest) und konnte sich anmaßen, mit Hamburg und Venedig zu konkurrieren.[349] Endlich schien es

345 Kulischer (1931, S. 13).

346 Van Klaveren (1969b, S. 149 f.). »Merkantilistische Projekte«, betont Deyon, »waren überall anzutreffen«, aber »oft bloße Impulse, rein formale Entscheidungen, Empfehlungen, die jeglicher Effektivität entbehrten« (1978a, S. 208).

347 Klíma (1965, S. 119). Kulischer fragt, ob »in Frankreich, Preußen, Österreich, im Rheinland und in Rußland der rasante Aufstieg der Industrie [nach 1750] erreichbar gewesen wäre, wenn man ihn nicht schon in der vorangegangenen, d. h. der colbertistischen Periode vorbereitet hätte.« (1931, S. 13 f.)

348 Vgl. Hassinger (1942, S. 36 f.).

349 Vgl. Kaltenstadler (1969, S. 489–498; außerdem 1972). Aus diesem Zugang zum Meer wiederum

eine Großmacht zu sein.[350] Doch plötzlich traten »gleichzeitige Konflikte«[351] mit England, Holland, Frankreich und Spanien auf, denn sie alle waren durch Österreichs neue Handelsambitionen bedroht.

Zweifellos ging auch Preußen außerordentlich gestärkt in jene Zeit. So hatte es etwa 1719 im Vertrag von Stockholm eine der letzten schwedischen Besitzungen in Deutschland erworben. Militärisch war Preußen nun stärker als Schweden, und hatte dieses bis zum Tod Karls XII. »in Europa den Ruf besonderer militärischer Tüchtigkeit« genossen, so wurde es darin zur Zeit Friedrichs des Großen von Preußen abgelöst.[352] Doch auch nach 1713 war Preußen noch immer »hauptsächlich ein Agrarland«[353] mit »jämmerlich geringen«[354] Ressourcen. Nichtsdestoweniger wurde Österreich Mitte des 18. Jahrhunderts auf jenen Status einer zweitrangigen Weltmacht festgelegt, den es bis 1918 behalten sollte, während Preußen auf dem Weg war, zu einer echten Weltmacht zu werden. Die besondere innere Struktur Preußens, die dies ermöglichte, haben wir bereits untersucht.[355] Daß aber die preußisch-österreichische Rivalität in Preußens Richtung kippte, läßt sich nur erklären, wenn man den Verlauf der englisch-französischen Auseinandersetzung (den wir im nächsten Kapitel behandeln werden) mit berücksichtigt.

Barraclough glaubt, daß sich die zwei Konkurrenten zu jener Zeit »gegenseitig neutralisierten«[356]. Ganz so kann man es nicht ausdrücken. Preußen wurde dazu benutzt, Österreich zu neutralisieren, und erhielt zur Belohnung Schlesien, das sowohl politisch als auch wirtschaftlich und strategisch von großem Wert war. Seit dem 10. Jahrhundert war es umkämpft gewesen, und im 17. und 18. Jahrhundert stand es im Mittelpunkt der diplomatischen

---

erklärt sich das damalige rasche Wachstum der Wollwarenindustrie in Böhmen, Mähren und Schlesien; vgl. Freudenberger (1960b, S. 389–393).

350 J. W. Stoye zitiert zustimmend den Titel eines Buchs von O. Reddich über Österreich zwischen 1700 und 1740, »The Development of a Great Power« (vgl. 1970a, S. 598).

351 Macartney (1966, S. 397).

352 Samuelsson (1968, S. 69).

353 Bruford (1966, S. 293). »Bevor Preußen in Europa wirklich als eigenständige Macht gelten konnte, waren schwerwiegende Probleme zu überwinden, die von der geographischen Anordnung seiner Provinzen, ihrem niedrigen ökonomischen Entwicklungsstand und ihrem Mangel an Arbeitskräften herrührten.«

354 A. J. P. Taylor (1946, S. 27), der noch hinzufügt: »keine Gebiete mit industrieller Produktion, keine bedeutenden Städte, kein Zugang zum Meer, der Boden karg und unergiebig, der Adel arm und ungebildet, ein Kulturleben praktisch inexistent.«

355 Was den Staatsaufbau betrifft, so wird die damalige preußische Überlegenheit gegenüber Österreich aus der Schilderung von Behrens und Rosenberg deutlich erkennbar. Behrens schreibt: »Als Maria Theresia im Jahr 1740 die Regierungsgeschäfte übernahm, existierte so etwas wie eine zentrale Verwaltung nicht, von einer Nation ganz zu schweigen. Eine Zentralverwaltung begann erst nach 1748 zu entstehen, und auch dann nur in den sogenannten deutschen Erblanden Österreich und Böhmen.« (1977, S. 551.) In Preußen datiert die Vereinheitlichung der Verwaltung nicht weiter zurück als aus der Zeit Friedrich Wilhelms I., das heißt dreißig Jahre früher (vgl. Behrens 1977, S. 557). Doch »was die prinzipielle Entwicklungsrichtung unter dem Ancien régime betraf, so bewegte sich Preußen im Einklang mit den anderen absolutistischen Staaten Europas. Sein charakteristischstes Merkmal bestand vermutlich darin, daß ... viele politische Neuerungen, Verwaltungsreformen und Fiskalmaßnahmen von übereifrigen Führern bis zum Extrem getrieben wurden.« (Rosenberg 1958, S. 23.)

356 Barraclough (1962, S. 386).

Aktivitäten Brandenburgs.[357] Schlesien war »das eigentliche Industriegebiet Österreichs, [...] das ›Kleinod‹ unter den Erblanden«[358]. Natürlich lag der Vertrieb schlesischer Leinenstoffe in den Händen englischer, niederländischer und Hamburger Kaufleute, und man kann sagen, daß Schlesien »ein klassisches Muster kolonialer Durchdringung«[359] aufwies. Die Produktion erfolgte jedoch in lokalem Maßstab. Sie entwickelte sich speziell nach dem Dreißigjährigen Krieg in Form des Kaufsystems auf Dorfebene. Die örtlichen Händler verkauften die Waren an größere Kaufleute weiter, die ihrerseits die zentralisierte Qualitätskontrolle übernahmen.[360] Auf den Gütern gab es in vielen Fällen Manufakturen, wobei der Gutsherr als Unternehmer fungierte und Leibeigene dort gegen Entlohnung arbeiteten.[361] Vielleicht war der Umfang dieser industriellen Aktivitäten dafür verantwortlich, daß Schlesien innerhalb der drei böhmischen Länder der Habsburger – Böhmen, Mähren und Schlesien – für »die relative Milde seiner Dienstordnungen«[362] bekannt war. Als daher Preußen 1748 Schlesien als Siegespreis im Österreichischen Erbfolgekrieg erhielt, erwarb es damit »die wohlhabendste und industriell fortgeschrittenste Provinz«[363] der habsburgischen Besitzungen.

Für Österreich bedeutete dies nicht nur wegen der dort angesiedelten industriellen Produktion einen »schweren Schlag«, sondern auch deswegen, weil Schlesien, »was den Handel betraf, das Hauptverbindungsstück« der Habsburgermonarchie zur Außenwelt darstellte.[364] Die Auswirkungen dieses Verlustes reichten auch nach Böhmen und Mähren, denn die dortigen Spinner und Weber hatten bis 1742 ihre Erzeugnisse an schlesische Kaufleute verkauft. Bei einer Fortsetzung dieser Praxis – wie sie der Friedensvertrag gestattete – wären diese Länder »von den Launen Preußens wirtschaftlich abhängig«[365] geworden. Österreich war zu Umstellungen gezwungen. Somit stellte die Erwerbung Schlesiens durch Preußen ein wichtiges Ereignis dar,

---

357 Vgl. Leszczyński (1970, S. 104).

358 Tremel (1961, S. 177). »Schlesisches Leinen fand seinen Absatz in Holland und England, in Polen und Rußland, holländische Händler brachten es nach Spanien, Portugal und in die Levante, schlesische Schleier wurden nach Afrika, Curaçao und Indonesien ausgeführt, schlesische Wolle nahm eine beherrschende Rolle auf dem Wollmarkt ein.« (Ebda.) Ein weiterer Grund, warum Schlesien das »Juwel« war, lag in der Schlüsselrolle, die seine Hauptstadt Breslau/Wrocław beim Überland-Transithandel Richtung Osten spielte; hier erlangte es eine Monopolstellung (Wolański 1971, S. 126); vgl. dazu auch Hroch (1971, S. 22).

359 Kisch (1959, S. 544). Die immer bedeutendere Rolle, die Hamburg im 18. Jahrhundert auf Kosten der Niederlande spielte, wird bei Liebel behandelt (1965b, S. 210–216).

360 Vgl. Klíma (1959, S. 37 f.).

361 Vgl. Aubin (1942, S. 169) und Klíma (1957, S. 92).

362 Wright (1966, S. 20). Trotz dieser Milde gab es im späten 17. sowie im 18. Jahrhundert mehrere Bauernrevolten, die allesamt mit militärischer Gewalt unterdrückt wurden; vgl. Kisch (1959, S. 549), Michalkjewicz (1958) sowie Tapié (1971, S. 121).

363 P. Anderson (1974a, S. 317). Bezüglich der Bedeutung, die der Erwerb Schlesiens für Preußen besaß, siehe auch von Braun (1959, S. 614–616).

364 Freudenberger (1960b, S. 384).

365 Freudenberger (1960a, S. 351).

das der Industrialisierung im 19. Jahrhundert in hohem Maße förderlich war.[366] Möglich geworden war dies durch die Schaffung der preußischen Armee und des peußischen Staates sowie durch das Bedürfnis der Engländer (und Niederländer), Schweden aufzuhalten und Österreich nicht aufkommen zu lassen. Und die Schaffung der preußischen Armee und des preußischen Staates wurde durch die im Vergleich zu anderen peripheren Staaten besondere Schwäche des grundbesitzenden Adels ermöglicht. Innerhalb der hundert Jahre bis 1750 ließ diese Konstellationenfolge Brandenburg, ein sehr unbedeutendes peripheres Gebiet, zu jener semiperipheren Macht in Europa werden, die das größte Potential besaß, ihre Rolle innerhalb der Weltwirtschaft zu verändern.

Das letzte semiperiphere Gebiet, das in dieser Epoche geschaffen wurde – und zwar eines, das sich von den anderen recht deutlich unterschied –, setzte sich aus New England und den Mittelatlantik-Kolonien Britisch-Nordamerikas zusammen. Deren Kolonisation begann erst im Jahr 1620, und vielleicht mit Ausnahme Neu-Amsterdams, dem strategischen Vorposten und Handelsstützpunkt der Niederländer, waren diese Gebiete vor 1660 nicht einmal Bestandteil der kapitalistischen Weltwirtschaft.[367] New Jersey, Pennsylvania und Delaware wurden von den Engländern überhaupt erst in der Restaurationszeit kolonisiert.[368] Das Jahr 1660 stellte für Nordamerika den Wendepunkt dar (weil in diesem Jahr in England die Wende erfolgte) und markierte die Institutionalisierung der merkantilistischen Doktrin, wonach »die Interessen der Kolonien dem Wohle der Nation unterzuordnen«[369] seien. Die verschiedenen englischen Navigationsgesetze der Jahre 1660 bis 1670 machten die wichtigsten kolonialen Erzeugnisse – Zucker, Tabak, Farbhölzer und so weiter – zu »aufgelisteten« Gütern (*enumerated goods*), die infolgedessen auf englischen Schiffen transportiert und an englische Abnehmer verkauft werden mußten. Ganz erhebliche Auswirkungen hatte dies auf die Produzenten in der Karibik sowie jene aus dem Chesapeake Valley. Für die nördlichen Kolonien ergaben sich aus den Gesetzen zunächst fast keine negativen Folgen – teilweise, weil sie kaum vollzogen wurden, und

---

366 Vgl. Kula (1965, S. 221).

367 Vgl. Cravens Beschreibung von New England, wie es sich 1660 darbot: »Die Ökonomie ... beruhte im wesentlichen auf der Landwirtschaft. ... Die typische neu-englische Stadt war ein Bauerndorf. ... Aber außerhalb von Boston, jetzt eine 3000-Seelen-Stadt, bildete die Subsistenzlandwirtschaft so sehr die Grundlage für alle anderen Aktivitäten, daß zuweilen sogar der Pfarrer auf dem Feld anzutreffen war.« (Craven 1968, S. 18)

368 Siehe Craven (1968, S. 68–103) bezüglich der »Restaurations-Kolonien«, die auch die beiden Carolinas sowie New York umfaßten, das den Niederländern 1664 abgenommen wurde.

369 Bailyn (1955, S. 112 f.). Entscheidend ist der Begriff *Institutionalisierung*. Auch Cromwell war Merkantilist, aber »die englischen Kolonisten hatten versucht, den Bürgerkrieg zu nutzen, um ein gewisses Maß an Unabhängigkeit zu beanspruchen. Solange damit kein Stuart-Loyalismus verbunden war, tolerierte der Commonwealth viele dieser Ansprüche. ... Wirklich durchsetzen konnte sich [die englische Regierung gegenüber den Kolonien] ... eher in der Zeit der Stuart-Restauration als während der Cromwellschen Republik.« (Rich 1961, S. 330 f.)

teilweise, weil diese Kolonien nicht viele aufgelistete Güter produzierten.[370] Man könnte sogar sagen, daß die Auswirkungen insofern positiv waren, als der Schiffbau in diesen Gebieten durch die Navigationsgesetze gefördert wurde. Dies deshalb, weil die Niederländer aus Nordamerika vertrieben wurden, »bevor die englische Schiffahrt völlig in der Lage war, den Bedarf der Kolonien abzudecken.«[371]

Im 17. Jahrhundert produzierten diese Kolonien wenig, was man in England absetzen konnte, und waren zu klein, als daß sie einen nennenswerten Markt für englische Waren dargestellt hätten. Im Transportgeschäft bedeuteten sie aber eine Konkurrenz und schienen damit für England beinahe eine Belastung zu sein. Wenn England an ihnen festhielt, so geschah dies zum Teil aus Angst davor, daß Frankreich sich ihrer bemächtigte. In gewissem Sinne handelte es sich um ein präventives Einbehalten.[372] Die Stuarts machten sich daran, Privilegien zu widerrufen und durch die Schaffung des *Dominion of* New England 1684 eine überaus wirkungsvolle Kontrolle über diese kolonialen Problemkinder zu erlangen. Die betreffenden Gebiete wären möglicherweise tatsächlich peripherisiert worden, wenn nicht der Widerstand New Englands gegen die Politik der Stuarts mit jener innerenglischen Revolte zusammengefallen wäre, die in der *Glorious Revolution* ihren Höhepunkt fand. Damit war auch »die Gefahr für die Kolonisten vorbei – oder zumindest aufgeschoben.«[373] Die »unbeabsichtigte Vernachlässigung dieser Kolonien«, wie Eleanor Lord sagt (vielleicht sollte man jedoch besser von den internen Schwierigkeiten Englands sprechen, seine hochfliegenden merkantilistischen Pläne umzusetzen), führte dazu, daß Kaufleute aus New England und den Mittelatlantik-Kolonien an der Wende vom 17. zum 18. Jahrhundert nicht nur als Schiffbauer »große Fortschritte machten«, sondern auch als Zwischenhändler.[374]

Diese Kaufleute waren am sogenannten Dreieckshandel beteiligt, von dem es in Wirklichkeit zahlreiche Varianten gab. Im Rahmen des Dreiecks mit Afrika und der Karibik wurde Melasse von den karibischen Inseln in die nördlichen Kolonien verfrachtet, deren Rum und Billigschmuck nach Afrika und afrikanische Sklaven in die Karibik. Im Rahmen des Dreiecks mit England und der Karibik brachte man Lebensmittel und Holz aus den

370 Cravens meint, daß sie »keine nachteiligen Folgen« zu tragen hatten (1968, S. 39). »Was Exporte nach England betraf«, so Nettels, hatten New England und New York zwischen 1685 und 1720 »wenig aufzuweisen« (1933, S. 326). Bailyn hält fest, daß 1673 eine Bestimmung, die Kaufleute aus New England einer zweimaligen Besteuerung unterwarf (am Ausgangs- und am Eingangshafen), englische Kaufleute aber nur einer einmaligen, als »massive Diskriminierung« beeinsprucht wurde (1955, S. 151). Gegen Ende der siebziger Jahre des 17. Jahrhunderts bildete sich unter den Bewohnern New Englands das Bewußtsein heraus, daß sie »eine spezielle, von anderen konkurrierenden Gruppen in London gesonderte Interessengruppe« darstellten; eine Darstellung dieser Phase findet sich bei Kammen (1970, S. 37).

371 Nettels (1952, S. 109; vgl. auch 1931b, S. 9 f.).

372 Vgl. die Ausführungen bei Beer (1912, Bd. 1, S. 51–53).

373 Barrow (1967, S. 34 f.). Vgl. auch Bailyn (1953, S. 386) und Craven (1968, S. 246).

374 Lord (1898, S. 105).

nördlichen Kolonien in die Karibik, von dort Zucker und Tabak nach England und englische Manufakturwaren in die nördlichen Kolonien (oder das aus den nördlichen Kolonien stammende Schiff wurde in England verkauft). In einem dritten und unbedeutenderen Dreieck mit Südeuropa und England wurden Weizen[375], Fisch und Holz aus den nördlichen Kolonien nach Südeuropa geschafft, Wein, Salz und Obst aus Südeuropa nach England und erneut englische Manufakturwaren in die nördlichen Kolonien.

Hinsichtlich dieser berühmten Dreiecke müssen zwei Dinge besonders hervorgehoben werden: Zu einem wesentlichen Teil handelt es sich bei ihnen um analytische Konstrukte. Sie stehen in weitaus stärkerem Maß für Warenströme als für tatsächliche Schiffsbewegungen, denn die Schiffe aus den nördlichen Kolonien waren hauptsächlich im Pendelverkehr in die Karibik eingesetzt und fuhren nur recht selten über den Atlantik nach England und außerordentlich selten nach Afrika.[376] Zweitens nötigte England die nördlichen Kolonien, im direkten Warenverkehr eine passive Handelsbilanz hinzunehmen. Das bedeutete, daß sich die Kolonien Geld verschaffen mußten, wenn sie Fertigwaren erwerben wollten. Ließ sich mit Hilfe des Dreieckshandels das erforderliche Edelmetall nicht beschaffen, so mußte im entsprechenden Maß entweder die eigene gewerblich-industrielle Produktion ausgeweitet (und damit die Importe aus England reduziert) werden, oder man mußte eine Stapelware finden.[377] In der ersten Hälfte des 18. Jahrhunderts ging es in den politischen Auseinandersetzungen zwischen den nördlichen Kolonien und England darum, welcher der beiden Alternativen der Vorzug zu geben sei. Im 17. Jahrhundert waren die Bewohner der nördlichen Kolonien als Schiffbauer, als Schiffsspediteure und als Nahrungsmittellieferanten für die Karibik-Inseln und Europa zu Konkurrenten englischer Produzenten geworden. Gemäß der merkantilistischen Doktrin waren sie »eher Rivalen ... als Aktivposten« und somit »jene britische Besitzung, die den geringsten Wert besaß«.[378] Nach 1689 unternahmen die Engländer gezielte Anstrengun-

---

375 Slicher van Bath behauptet sogar, daß in der zweiten Hälfte des 17. und der ersten Hälfte des 18. Jahrhunderts in Europa »lediglich große Landeigentümer Getreide zu so niedrigen Preisen erzeugen konnten, daß es gegenüber dem Getreide aus Pennsylvania konkurrenzfähig war« (1963a, S. 220).

376 Walton (1968b, S. 365–371). Die Ursache war wirtschaftlicher Natur. Bestand zwischen dem Kaufmann und seinen Agenten eine gewisse Vertrautheit, brachte dies eine erhebliche Reduzierung von Risiken mit sich und führte zur Spezialisierung bei den Fahrtrouten. Mannschaften von Schiffen, die auf Dreiecksrouten unterwegs waren, erhielten ihren Lohn, während sie vor Anker lagen; bei den Mannschaften von Pendel-Schiffen war dies nicht der Fall (Walton 1968b, S. 386–389). Ostrander geht noch weiter und bezweifelt die Gültigkeit des Konstrukts, da ja die Schiffe diese Reise in Wirklichkeit gar nicht unternommen hätten. Das Konzept des Dreieckshandels führt er auf die ideologischen Bedürfnisse des 19. Jahrhunderts zurück (vgl. 1973, S. 642).

377 Lord (1898, S. 124 f.).

378 Barrow (1967, S. 8). Nettels glaubt, eine derartige Analyse vernachlässige die »unsichtbaren Einnahmen«, die England aus den nördlichen Kolonien bezog: den Zufluß von Münzgeld sowie von Gold- und Silberbarren, die Gewinne aus der Piraterie, den »Kauf« von staatlichen Leistungen, ja sogar den Schiffbau für englische Käufer. Die unsichtbaren Einnahmen sind aber eben genau dies: unsichtbar. Und weil dies so ist, waren sie wohl nicht in der Lage, jenes Bewußtsein entscheidend zu verändern, das in der englischen Öffentlichkeit über den Wert der nördlichen Kolonien herrschte (vgl. 1933, S. 344–347).

gen[379], um dieser Situation ein Ende zu bereiten. Sie versuchten, die Funktion der Kolonien als Markt für englische Manufakturprodukte dadurch auszubauen, daß sie eine neue Stapelware förderten (Schiffsausrüstung) und die Anfänge industrieller Produktion abwürgten.[380]

Wie wird in einem bestimmten Gebiet ein Absatzmarkt »geschaffen«? Indem man die dort lebenden Menschen in die Produktion für die Weltwirtschaft hineinzieht; und wenn es dort nicht genügend solcher Menschen mit einem ausreichend hohen Einkommensniveau gibt, wird eine »Besiedlung« gefördert. Genau diesen Weg schlugen die Engländer ein und unterschieden sich damit in Amerika ganz erheblich von den Franzosen, den Niederländern, ja sogar den Spaniern und Portugiesen.[381]

Tatsächlich kommt es zwischen 1713 und 1739 zu einem besonders bedeutenden Migrationsstrom, vor allem in Richtung Mittelatlantik-Kolonien. Da Engländer nicht bereit waren, in größerer Zahl auszuwandern, öffnete England Britisch-Nordamerika für Nicht-Engländer: Schotten, Nordiren und die sogenannten Holländer (bei denen es sich in Wirklichkeit um

---

379 Wie planmäßig auch die englischen Bemühungen ausfielen, den Wert der nördlichen Kolonien zu steigern, so besteht doch kein Zweifel daran, daß die englische Haltung in diesem Fall, verglichen mit der Haltung gegenüber den Kolonien im karibischen Großraum, als Vernachlässigung zu charakterisieren ist. A. G. Frank meint, eine solche Vernachlässigung, hervorgerufen durch »die relative *Armut* des Landes und das relativ unwirtliche Klima sowie ... das Fehlen von Minen«, sei für diese Kolonien ein Glücksfall gewesen, der es ihnen gestattete, eine andere Entwicklung zu nehmen als die tropischen und subtropischen Kolonien (1979b, S. 60). Barrow erörtert diese »Politik der ›heilsamen Vernachlässigung‹« aus einem anderen Blickwinkel. Zumindest im 18. Jahrhundert, so betont er, »war eine Politik der Beschwichtigung und nicht eine des Zwangs vonnöten, um die Kolonisten [von Britisch-Nordamerika] bei der Stange zu halten. Folglich wurde es für Walpole und seine Nachfolger zum Leitprinzip, sie einigermaßen in Ruhe zu lassen. Im Bereich der Kolonialverwaltung wurde *quieta non movere* zu Walpoles politischer Maxime.« (1967, S. 116 u. 134.)

380 Vgl. Nettels (1931a, S. 233). Hinsichtlich des Zeitpunkts weist Nettels auf die Ansicht G. L. Beers hin, daß man die nördlichen Kolonien erst nach 1745 als Markt zu schätzen lernte. Dies sei jedoch, so Nettels, bereits seit Ende des 17. Jahrhunderts der Fall gewesen; Beers Auffassung sei daher falsch (vgl. 1931a, S. 230–231). Kammen bezeichnet 1713 als jenes Jahr, ab dem »alle Ressourcen der Kolonien« (einschließlich der nördlichen) von den Engländern »als wichtiger Beitrag zu einem wirtschaftlich unabhängigen Weltreich betrachtet wurden« (1970, S. 46). Laut Bruchey war dies »in der späteren Kolonialzeit« der Fall (1966, S. 8). Der früheste Zeitpunkt findet sich bei Coleman; er schreibt, daß »Englands nordamerikanische Kolonien, was die Nachfrage betrifft, nach 1650 die eindrucksvollste Nettosteigerung aufwiesen. Damit eröffnete sich der englischen Industrieproduktion genau zu jenem Zeitpunkt ein ihr vorbehaltener Absatzmarkt, als der innereuropäische Handel eine Krise durchmachte und die Konkurrenz sich verschärfte.« (1977, S. 197 f.)
Wir haben es hier vielleicht damit zu tun, daß ein Vorhaben (dessen Anfänge in den neunziger Jahren des 17. Jahrhunderts lagen) Realität wurde (Mitte des 18. Jahrhunderts). Insgesamt zeigen Farnies Daten für die amerikanischen Kolonien, daß deren Anteil als Absatzmarkt für englische Waren von etwa 10% in den Jahren 1701–1705 auf 23% in den Jahren 1766–1770 hinaufkletterte, als Herkunftsgebiet englischer Importe von 19% auf 34%. Die Bedeutung der Festlandkolonien (dies umfaßt jedoch den Norden und den Süden) habe erstmals zwischen 1726 und 1730 jene der Karibik-Inseln übertroffen. Farnie behauptet, daß die »Amerikanisierung« des englischen Außenhandels – er übernimmt diesen Ausdruck von Schlote – »schließlich [zu] einer Über-Abhängigkeit« geführt habe, die für die wirtschaftlichen Schwierigkeiten Englands in der zweiten Hälfte des des 18. Jahrhunderts verantwortlich gewesen sei (1962, S. 214). Das scheint mir höchst fragwürdig zu sein, auf die Spitze getriebene merkantilistische Ideologie geradezu. Wie wir noch sehen werden, geht es vielmehr darum, daß England den semiperipheren Status der nördlichen Kolonien nicht verhindern konnte und damit einige seiner eigenen zukünftigen Probleme heraufbeschwor. Aber wären sie nicht von dort ausgegangen, dann eben von anderswo.

381 Vgl. Nettels (1933, S. 322).

Deutsche und Schweizer handelte).[382] England hoffte, diese Neuzuwanderer würden sich an der Erzeugung der neuen Stapelware (Schiffsausrüstung) beteiligen, und versprach sich davon nicht nur einen wirtschaftlichen, sondern auch einen militärischen Vorteil. Das einzige »schwerwiegende Manko«[383] des englischen Kolonialhandels hatte lange Zeit im Bereich der Schiffsausrüstung bestanden, und während des ganzen 17. Jahrhunderts war es »ständiges Ziel«[384] der englischen Politik gewesen, dieses Defizit zu beheben (das durch den Ausbruch des Pfälzischen Erbfolgekriegs im Jahr 1689 noch verschärft wurde). Beinahe die gesamte Produktion und Durchfuhr der für England bestimmten Schiffsausrüstung wurde von Schweden kontrolliert, das zwar neutral war, aber zu Frankreich tendierte – und darin lag ein »permanenter Anlaß zur Beunruhigung«[385]. Als alternative Bezugsquelle boten sich die nördlichen Kolonien (und auch Irland) an. 1696 wurde in England ein *Board of Trade and Plantations* (Handelsministerium) geschaffen, und zu seinen ersten Anliegen zählte es, England aus seiner Abhängigkeit von Schweden zu befreien. Zu diesem Zweck versuchte das *Board*, ein Monopol zu errichten, doch stieß diese Vorgangsweise auf starken Widerstand.[386]

Der Spanische Erbfolgekrieg ließ das Problem erneut akut werden, wobei die Situation noch durch die Gründung der Stockholmer Teer-Kompanie (die ein Monopol besaß) verschlimmert wurde. Dies führte 1705 zum *Naval Stores Act* (Schiffsausrüstungs-Gesetz), in dem festgelegt wurde, mit Hilfe eines Prämiensystems Produktionsanreize in den nördlichen Kolonien zu schaffen.[387] Sich aus der Abhängigkeit von Schweden lösen zu wollen, war aber offensichtlich nicht der einzige Beweggrund für den *Naval Stores Act*. Nettels nennt drei Gründe, warum die Schaffung von Absatzmärkten in den nördlichen Kolonien ein zentrales Ziel, wenn nicht gar das Hauptmotiv darstellte: 1) Während sich die Abhängigkeit von Schweden auf Pech und Teer beschränkte, wurden unter dem *Naval Stores Act* auch Prämien für Harz, Terpentin, Hanf und Schiffbauholz gewährt (die allesamt aus einer ganzen Reihe von Ländern bezogen werden konnten). 2) Den Beamten der Admiralität schien diese Abhängigkeit äußerst geringe Kopfschmerzen zu bereiten

---

382 Vgl. M. L. Hansen (1945, S. 48–50).

383 McLachlan (1940, S. 4).

384 Åström (1962, S. 15).

385 Ebda., S. 20. Nimmt man alle Waren, die 1699/1700 aus Nordeuropa nach England eingeführt wurden – Hanf, Flachs, Pech, Eisen, Pottasche –, so stammten davon 48% ursprünglich aus Schweden, 26,4% aus Rußland, 24,1% aus dem Baltikum und lediglich 1,5% aus Dänemark-Norwegen. Die russischen Waren wurden jedoch über Narva ausgeführt (das sich in schwedischer Hand befand), jene aus dem Baltikum über Riga (das sich ebenfalls in schwedischer Hand befand); vgl. Åström (1962, S. 99).

386 Der Widerstand war ein dreifacher: Ablehnung kam von den Händlern in den nördlichen Kolonien, ebenso von der Kriegsmarine, der es hauptsächlich darum ging, die beste und billigste Schiffsausrüstung zu bekommen; und die öffentliche Meinung in England stand Monopolen mittlerweile mißtrauisch gegenüber; vgl. Lord (1898, S. 38 f.).

387 Vgl. ebda., S. 56 sowie Nettels (1931a, S. 247).

(was doch Zweifel daran aufkommen läßt, ob es die Engpässe tatsächlich gab), und sie sprachen sich konsequent dagegen aus, Pech und Teer aus den nördlichen Kolonien zu beziehen; Grund war die schlechte Qualität. (Nettels erinnert allerdings daran, daß die Beamten des *Board of Trade* jene der Admiralität eigennütziger Absprachen mit Ostseekaufleuten bezichtigten.) 3) Das *Board of Trade* war nicht daran interessiert, Pech und Teer aus Carolina zu beziehen, obwohl deren Qualität jene der Erzeugnisse aus den nördlichen Kolonien übertraf. (Carolina produzierte natürlich bereits Stapelwaren.)

Nettels führt weiter aus, daß es sich bei den konsequentesten Verfechtern des Schiffsausrüstungs-Programms genau um jene englischen Kaufleute handelte, die mit den nördlichen Kolonien Handel trieben.[388] Auf jeden Fall waren die Bewohner der nördlichen Kolonien auch weiterhin an der Erzeugung von Bauholz stärker interessiert als an der Teer- und Pechproduktion,[389] und dieses Holz war auch nicht für England bestimmt, sondern für den einheimischen Schiffbau.[390] Tatsache ist, daß die Entwicklung des Schiffbaus mindestens ebensosehr zur Herausbildung eines Absatzmarkts für englische Waren beitrug, wie dies ein erfolgreiches Programm zur Produktion von Schiffbaumaterial geleistet hätte. Darin könnte die tiefere Ursache dafür liegen, daß die im Besitz der Kolonisten stehenden Schiffe »aus höchst praktischen Überlegungen« im Rahmen der Navigationsgesetze niemals von jenen Privilegien ausgeschlossen wurden, die die in britischem Besitz befindlichen Schiffe genossen.[391] Deswegen erwies es sich auch als wirtschaftlich sinnvoll, Schiffe in den nördlichen Kolonien zu bauen, wo zwar die Löhne hoch, aber die Kosten für das Bauholz so niedrig waren, daß sie den Lohnfaktor mehr als wettmachten.[392] Dieser komparative Vorteil wurde noch dadurch verstärkt, daß die Schiffahrt der amerikanischen Kolonien im Zeitraum zwischen 1675 und 1775 ständig leistungsfähiger wurde.[393] Dies hatte

---

388 Vgl. Nettels (1931a, S. 255–264). Rees legt einen Beweis dafür vor, daß es tatsächlich von Belang war, sich aus der Abhängigkeit von Schweden zu befreien. Trotz des seit langer Zeit bestehenden Widerstands englischer Eisenfabrikanten gegen die Erzeugung von Schmiedeeisen und Eisenwaren in Nordamerika, so Rees, wurde im Jahr 1717, als der Eisenpreis aufgrund der gespannten Beziehungen zu Schweden in die Höhe schnellte, »die Aufnahme von Stab- und Masseleisen in die Liste jener Waren beantragt, deren Erzeugung unter dem Titel Schiffsausrüstung in den Kolonien gefördert werden sollte. Auf diese Weise beabsichtigte man, eine neue Bezugsquelle zu erschließen.« (1929, S. 586.) Das entsprechende Gesetz trat jedoch aufgrund des Todes von Karl XII. von Schweden und der in der Folge sich verbessernden englisch-schwedischen Beziehungen nicht in Kraft.

389 Nettels schreibt, daß sie die »begehrtesten Waren« *nicht* produzierten (1931a, S. 269; siehe auch 1952, S. 112). Åström hingegen datiert das Ende des schwedischen Teer- und Pech-Monopols ungefähr auf das Jahr 1728, wobei er dies auf die Produktionssteigerung in den nördlichen Kolonien zurückführt (1962, S. 111; 1973, S. 101).

390 Bezüglich der beharrlichen Fähigkeit der Kolonisten, Gesetze zu umgehen, siehe Lord (1898, S. 101–123).

391 Harper (1939a, S. 9).

392 Vgl. K. G. Davies (1974, S. 193).

393 Für eine Darstellung der verschiedenen Faktoren, die dieser höheren Leistungsfähigkeit zugrunde lagen, siehe Walton (1967 sowie 1968a).

zur Folge, daß 1775 ein Drittel jener Schiffe, die in Großbritannien als in britischem Besitz befindlich registriert waren, in den nördlichen Kolonien gebaut worden waren – »eine bedeutende Quelle für die Prosperität der Kolonien«[394].

Was die sonstige gewerblich-industrielle Produktion in den Kolonien betraf, so versuchten die Engländer tatsächlich, sie zu sabotieren – ohne System allerdings: 1699 erließen sie den *Woollens Act* (Wollstoff-Gesetz), mit dem der Transport von Wolle und Wollstoffen über die Grenzen einer Kolonie hinaus verboten wurde; 1732 wurde der *Hat Act* (Hut-Gesetz) verabschiedet, der ähnliche Beschränkungen enthielt; mit dem *Molasses Act* (Melasse-Gesetz) aus dem Jahr 1732 suchte man die Rumproduktion zu begrenzen; der *Iron Act* (Eisen-Gesetz) des Jahres 1750 verbot die Errichtung weiterer Eisenwerke.[395] Auf eine Durchführung dieser Gesetze wurde weitgehend verzichtet.[396] Zum einen waren die Engländer mit der niederländischen, deutschen und französischen Konkurrenz weitaus stärker beschäftigt als mit Fertigwaren aus den Kolonien.[397] Zum anderen fungierten in den nördlichen Kolonien, wie Bruchey meint, »die Knappheit an qualifizierten Arbeitskräften und der Mangel an Anlagevermögen wie auch dessen bevorzugte Allokation« als »natürliche« Beschränkung.[398] Egal ob natürlich oder nicht, jedenfalls trug dieser Faktor zumindest bis zur Zäsur des Jahres 1763 dazu bei, daß sich die englische Staatsgewalt nur in beschränktem Maß Geltung verschaffte.

Wie läßt sich das, was den nördlichen Kolonien widerfuhr, zusammenfassen? Sie hatten dreifaches Glück: Zwar arm an natürlichen Ressourcen, waren sie dennoch eine Kolonie der aufsteigenden Industrie- und Handels-Weltmacht. Dabei war die geographische Distanz groß genug, um die Verwertung ihrer einzigen bedeutenden Ressource (Holz) im Rahmen des Schiffbaus wirtschaftlich höchst profitabel werden zu lassen. Der Schiffbau war ein Anfang, und zwar ein entscheidender. Die Voraussetzungen waren geschaffen, unter denen angesichts der veränderten Lage in der zweiten Hälfte des 18. Jahrhunderts der amerikanische Unabhängigkeitskrieg ausbrechen und sich im 19. Jahrhundert eine große Industriemacht herausbilden konnte.

Der Zeitraum zwischen 1600 und 1750 war von den Bemühungen Englands und Frankreichs geprägt, zunächst die niederländische Hegemonie zu

---

394 Dickerson (1951, S. 32).

395 Vgl. Bruchey (1966, S. 9) sowie Ostrander (1956, S. 77–79). Die heftigsten Proteste rief der *Molasses Act* hervor. »Melasse und Rum ... spielten in der kolonialen Ökonomie eine entscheidende Rolle« (Harper 1942, S. 11). Der Hauptzweck dieses Gesetzes scheint darin bestanden zu haben, Produzenten im karibischen Raum zu helfen.

396 Vgl. Dickerson (1951, S. 46 f.). Er merkt an, daß sich höchstens im Bereich der Huterzeugung gewisse Auswirkungen feststellen ließen. Bezüglich des *Molasses Act* siehe Ostrander (1956, S. 77).

397 Vgl. Harper (1942, S. 6–8).

398 Vgl. Bruchey (1965, S. 69).

zerstören und dann selbst die Führungsposition zu übernehmen. In dieser langen Phase relativer Stagnation (relativ zur markanten wirtschaftlichen Expansion des langen 16. Jahrhunderts) erlebten die Peripherien eine extrem verschärfte Ausbeutung der unmittelbaren Produzenten, während sich gleichzeitig der Vorteil der einheimischen Ausbeuterschichten reduzierte (im Vergleich zu entsprechenden Schichten in den Ländern des Zentrums). Die Geschichte der semiperipheren Länder war eine weitaus komplexere. Die Staaten des Zentrums waren bestrebt, sie zu Vermittlern zwischen Zentrum und Peripherie zu machen, zu Förderbändern, mit denen der Mehrwert transferiert werden konnte. Im großen und ganzen hatten sie damit Erfolg, aber angesichts der heftigen Rivalität innerhalb des Zentrums gelang es einigen Regionen, ihre relative Position zu verbessern. Zunächst war dies bei Schweden der Fall, später bei Brandenburg-Preußen, und in kleinerem Maßstab traf dies auch auf die nördlichen Kolonien Britisch-Nordamerikas zu.

Kapitel 6:

Auseinandersetzungen im Zentrum – Phase II: 1689–1763

Man kann gesellschaftliche Phänomene nicht analysieren, ohne eine räumliche und zeitliche Eingrenzung vorzunehmen. Im vorliegenden Buch haben wir das Konzept räumlicher Grenzen zu einer zentralen Achse unserer Analyse gemacht. Doch was ist mit dem Faktor Zeit und jenen beständigen Periodisierungsfragen, über die unter den Historikern so große Uneinigkeit herrscht? Wir haben betont, daß sich jene Zeitspanne, die dieser Band sinnvoll abdecken kann, ungefähr von 1600 bis 1750 erstreckt. Sie wird dabei als eine Periode verstanden, in der das System der europäischen Weltwirtschaft als Ganzes eine lang anhaltende, relative Stagnation seiner Gesamtproduktion erlebte. (Analog dazu äußerte sich die Stagnation darin, daß das Wachstum der Gesamtbevölkerung, die physische Expansion sowie die Geschwindigkeit von Transaktionen relativ unverändert blieben und sich die Preise weltweit deflationär entwickelten.) Zur Untermauerung dieser These haben wir im vorliegenden Buch jene Belege präsentiert, die uns zur Verfügung stehen.[1] Die Darstellung der Rivalitäten innerhalb des Zentrums haben wir im Rahmen unserer Analyse in zwei Zeitabschnitte unterteilt: 1651–1689 sowie 1689–1763. Diese Jahreszahlen stimmen nicht vollständig mit dem oben erwähnten Zeitabschnitt von 1600 bis 1750 überein. Die reale Welt besteht leider nicht aus klar gezogenen Trennlinien, die für alle Zwecke geeignet sind. Während zwar die Periodisierung mit 1651–1689 sowie 1689–1763 eine sich verändernde weltwirtschaftliche Situation reflektiert, liegt dabei die Betonung doch auf den politischen Folgen dieser Veränderungen.

Wie wir bereits ausgeführt haben, sagten die Engländer und Franzosen in der Phase I (1651–1689) der niederländischen Hegemonie erfolgreich den Kampf an. Bis zum Jahr 1672 hatte sich in Frankreich die Auffassung herausgebildet, daß es sich beim niederländischen Staat nicht mehr um den unbestrittenen Giganten von ehedem handelte; und spätestens 1689, so

---

1 Die für die europäische Weltwirtschaft relevanten Zeitpunkte sind natürlich Gegenstand endloser Debatten. Während einerseits Pierre Chaunu meint, daß in Europa die Beziehung zwischen Mensch und Boden »zwischen 1580 und 1760 keine grundlegende Veränderung erfuhr« (1966a, S. 242), stellt er andererseits auch fest: »In Manila ebenso wie in Amerika, dazu noch in Niederländisch-Indien müssen wir den Beginn der langen Expansionsphase des 18. Jahrhunderts auf die Zeit zwischen 1680 und 1690 datieren. Ein Aufschwung also, der dem mit großer Verzögerung einsetzenden Aufschwung in Kontinentaleuropa um 40 bis 50 Jahre vorausgeht.« (1960a, S. 213.) Sowohl für Pierre Goubert als auch für Pierre Vilar kommt es ab 1733 zum Aufschwung (Goubert 1970g, S. 333; Vilar 1962b, Bd. 1, S. 708), aber Vilar konstatiert dabei auch: »Wirtschaftlich gesehen setzte der sogenannte große *élan* des 18. Jahrhunderts – so wird weithin angenommen – im Jahr 1733 ein, aber erst nach 1760 beginnt er richtig zu greifen und setzt sich dann bis ins Jahr 1817 fort.« (1962a, S. 11.) Ganz ähnlich sieht auch C.-E. Labrousse einen langsamen Aufschwung für die Jahre von 1726 bis 1763, aber erst danach einen »*élan*« (1970, S. 388).

glaube ich, stimmten dem sogar die Niederländer zu. Eine durchaus annehmbare Zäsur scheint daher die Thronbesteigung in England durch Wilhelm und Maria darzustellen.[2] Die Periode von 1689 bis 1763 wird in weiterer Folge deshalb gewählt, weil sie eine Zeit ununterbrochener englisch-französischer Rivalität umfaßt. Man könnte das Jahr 1763 als jenen Zeitpunkt betrachten, der den endgültigen Triumph Englands am Ende des, wie man auch sagte, zweiten Hundertjährigen Kriegs markierte – auch wenn Frankreich erst 1815 bereit war, die Niederlage einzugestehen.[3] Im Jahr 1689 lag es keineswegs auf der Hand, daß England im Kampf gegen Frankreich siegreich bleiben würde. Frankreichs Bevölkerungszahl übertraf die englische um das Vierfache, zudem verfügte Frankreich über eine weit größere Armee, war reich an natürlichen Ressourcen und besaß ausgezeichnete Häfen und Marinestützpunkte. Außerdem nahm die industrielle Produktion zu, während »sich die Wachstumsrate in England nach dem Bürgerkrieg verminderte«[4]. Keineswegs abwegig ist von daher Charles Wilsons Argumentation, wonach England »ab 1689 einer weitaus gefährlicheren feindlichen Macht [Frankreich] gegenüberstand, als Spanien oder Holland dies jemals gewesen waren.«[5] Die Auseinandersetzung schien aus einer Reihe beinahe endloser Kriege zu bestehen: in Europa um Land, Verbündete und Märkte, und in der Peripherie sowie der externen Zone (Amerika, Westafrika, Indien) um Versorgungsquellen (zur Bereitstellung von Sklaven, tropischen und subtropischen Produkten wie Zucker sowie Pelzen und Schiffbaumaterialien).[6]

1689 wurde Wilhelm von Oranien als Wilhelm III. König von England, Schottland und Irland.[7] Aus Frankreichs Krieg gegen die Vereinigten Nie-

---

2 Christopher Hill meint: »Im Rahmen der Wirtschaftsgeschichte Englands stellte die Revolution von 1688 ebenso einen Wendepunkt dar wie in der politischen und Verfassungsgeschichte. Noch eine Woche vor Jakobs Flucht gab die Royal Africa Company routinegemäß Anweisungen, jener Störenfriede habhaft zu werden, die gegen die Charta des Jahres 1672 verstoßen hatten. Ohne daß eine Entscheidung aktenkundig geworden wäre, verzichtete die Kompanie auf diesen Anspruch, ihr Monopol mit Zwangsmitteln durchzusetzen. Formal wurde der Freihandel erst zu einem späteren Zeitpunkt gesetzlich festgeschrieben, doch der wirkliche Umschwung war anerkanntermaßen mit dem Sturz Jakobs II. eingetreten.« (1961a, S. 262.) Auch Heckscher (1935, Bd. 1, S. 262 f.) benützt 1688 als Trennlinie, als jenen großen Scheidepunkt zwischen England (liberal) und Frankreich (colbertistisch); meine Skepsis bezüglich einer solchen Interpretation habe ich ja bereits angedeutet.

3 Vgl. Sheridan (1969, S. 13); vgl. auch Seeley (1971, S. 64). Braudel datiert den Sieg Englands über Frankreich »bereits [auf] den Frieden von Utrecht 1713«, schreibt aber, daß England erst »im Jahr 1815 triumphierte« (1977, S. 102).

4 Nef (1968, S. 149). Vgl. dazu auch Goubert, für den »das Wesensmerkmal des *Ancien Régime* in der Macht der Zahlen, im Primat der Demographie, bestand« (1970b, S. 21). Andererseits behauptet Fred Cottrell, daß England über einen »Energie«-Vorteil verfügt habe: »In England rief das Segelschiff in vollem Umfang jene Umwälzung hervor, zu der es fähig war. Als Insel hatte England gegenüber den Kontinentalmächten gewisse Vorteile. Geschützt wurde es primär nicht durch eine Armee, sondern durch die Verwendung des Segelschiffs, das selbst ein Überschuß-Produzent [von Energie] war. Der für die Abwehr einer Invasion erforderliche Überschuß war kleiner als bei den Nachbarstaaten, so daß man Energie dazu einsetzen konnte, mehr Konverter herzustellen, ohne damit das Überleben des Landes zu gefährden. Auf dem Festland hingegen zehrten die Armeen beständig von den Überschüssen.« (1955, S. 69 f.)

5 Wilson (1965, S. 282.)

6 Vgl. Andrews (1915, S. 546).

7 Gelegentlich wird dieses Ereignis auf das Jahr 1688 datiert. Die Anomalie ist darauf zurückzuführen,

derlande, der im November 1688 begonnen hatte, wurde dadurch ein Krieg gegen England.[8] Für England bedeutete dies die Wiederaufnahme »einer Außenpolitik von Cromwellschen Dimensionen«[9]. Möglich wurde dies nur durch den im Zuge der *Glorious Revolution* erzielten politischen Kompromiß – ein Übereinkommen, das in der Ära Walpole (bzw. der Whigs) weiter gefestigt wurde. Im Kampf gegen Frankreich benötigte das englische Militär größere Geldsummen als in der Vergangenheit, und diese mußten vom Parlament genehmigt werden (letztlich in Form einer Bürgschaftserklärung für staatliche Kredite). Die dazu notwendige Kooperation wurde durch das Arrangement des Jahres 1689 ermöglicht, das den Antagonismus zwischen Krone und Parlament beendete. England stand im Jahr 1689 – und dann das gesamte 18. Jahrhundert hindurch – vor der Frage, ob es seine militärischen Hauptanstrengungen zu Land oder zur See unternehmen sollte. In dieser Debatte standen einander zwei Denkschulen gegenüber, die *Maritime* und die *Continental* (oder *Military*) *School*. In ihren strategischen Analysen ging es darum, ob der Einsatz von Landstreitkräften auf dem europäischen Festland der englischen Sache nützen (aufgrund der Stärkung der Verbündeten) oder schaden würde (da die englischen Armeen im Grunde zu schwach waren, um die französischen zu besiegen, während die englische Kriegsmarine der französischen überlegen war).

Im Hintergrund dieser strategischen fand eine ökonomische Debatte statt. Da die *Maritime School* in den Kriegen primär einen Kampf um neue Märkte und zur Ausschaltung von Konkurrenten erblickte, vertrat sie die Auffassung, Kriege seien auf den Meeren sowie in der Peripherie zu führen. Eine Kriegsführung auf dem Land hätte in ihren Augen zu einer allzu hohen Besteuerung geführt und damit indirekt dem Handel geschadet. Die *Continental School* wiederum argumentierte, Frankreich würde die anderen europäischen Staaten (und deren Kolonien) seinem Einflußbereich unterwerfen und auf diese Weise in der Lage sein, England von einem kontinentaleuropäischen Zollsystem auszuschließen.[10] Die ökonomische Debatte spiegelte sich in einer soziopolitischen wider. Die Whigs waren die Erben der Revolutionäre von 1688/89, und zu deren Grundsätzen zählte: »Kein stehendes Heer«. Bis zum Jahr 1694 waren die Whigs davon so weit abgekommen, daß

---

daß man in England noch bis zum Jahr 1752 den Julianischen Kalender verwendete. Der Beginn des Jahres 1689 fiel somit in England auf den 25. März. Wilhelm wurde am 7. Jänner »Administrator«, und gemeinsam mit Maria akzeptierte er am 23. Februar die Krone sowie die *Declaration of Rights*. Daher ereignete sich die *Glorious Revolution* entweder 1688 oder 1689. Vgl. Murray (1961, S. 162) und de Beer (1970, S. 206–208).

8 Formal gesehen, hatte dies einseitigen Charakter. Obwohl Wilhelm (als König von England, Schottland und Irland) Frankreich am 17. Mai 1689 den Krieg erklärte, war dies umgekehrt nicht der Fall. Nach wie vor wurde Jakob II. von Ludwig XIV. als der legitime König betrachtet, und zwar bis zum Jahr 1697 und dem Frieden von Rijswijk; vgl. Clark (1970, S. 226, Anm. 2).

9 C. Hill (1961a, S. 257).

10 Vgl. die Darstellung bei Fayle (1923, S. 285). Er weist darauf hin, daß die *Continental School* somit jenen Plan, den der Herzog von Choiseul 1762 den Spaniern vorschlug, ebenso vorhersah wie die Kontinentalsperre Napoleons.

sie sich zu Vorkämpfern einer enormen Vergrößerung des Heeres entwickelt hatten (die Truppenstärke stieg von 10.000 Mann im Jahr 1689 auf zumindest 70.000 im Jahr 1711).[11] In den Worten von J. H. Plumb: »Seltsame Whigs waren das! ... Ab [dem Jahr 1694] wurden die Whigs in grundsätzlichen Verfassungsfragen äußerst konservativ. ... Sie wollten die Regierungsmaschinerie erobern und bedienen. ... Die uneingeschränkte Unterstützung durch den König vorausgesetzt, glaubten sie, im Zuge ihrer Regierungstätigkeit nationales Interesse und Eigeninteresse miteinander verbinden zu können.«[12]

Was die Whig-dominierten Parlamente nicht ausdrücklich billigten, wurde zumindest mit Nachsicht behandelt. Während der Kriege zwischen England und Frankreich begannen Armee und Kriegsmarine mit Hilfe einfacher Mechanismen, vom Parlament verfügte Beschränkungen zu umgehen. Das Heer zahlte den Sold nicht aus, verwendete die Gelder für andere Zwecke und präsentierte dem Parlament die aufgelaufenen Fehlbeträge, zu deren Abdeckung man sich dort gezwungen sah. Die Kriegsmarine häufte ihre Schulden durch die Inanspruchnahme von Dienstleistungen sowie den Ankauf von Proviant und anderen Gütern an, und auch sie stellte das Parlament vor vollendete Tatsachen. Etwas spitzzüngig meint Roseveare in bezug auf dieses System: »Es erscheint ungewöhnlich, daß das Parlament diese Praktiken toleriert haben soll – aber so war es.«[13] Daß man dieses System bereits früh akzeptierte, wurde durch Veränderungen in der Sozialstruktur begünstigt. In den Jahre nach 1689 verkörperten die Whigs eine Koalition aus Großgrundbesitzern, der wachsenden Beamtenschaft sowie der Kaufmannsschichten. Dem stand eine »Partei des flachen Landes« gegenüber, die von kleinen Adeligen getragen wurde und die einem stehenden Heer, Steuern und einer »korrupten« Regierung feindselig begegnete. In der expandierenden Armee wurden Offiziersstellen gekauft, und über das dazu nötige Geld verfügten in erster Linie die jüngeren Söhne aus Whig-Familien. Folglich »entstammten die Offiziere [dieser Armee] genau jenen Familien, die das Parlament kontrollierten«[14].

Es geht jedoch nicht darum, daß England ein großes Heer aufstellte, sondern darum, daß sich während des Pfälzischen Erbfolgekriegs, jener

11 Vgl. Plumb (1967, S. 120 u. 134).

12 Ebda., S. 135.

13 Roseveare (1969, S. 93). Vgl. dazu auch Barnett, der im Zusammenhang mit der *jährlichen* Neugenehmigung der »Wachtruppen und Garnisonen« im georgianischen Großbritannien schreibt: »Man hielt sorgsam an der Fiktion fest, daß solche Truppen in Friedenszeiten temporären Charakter hatten. Hartnäckigen Parlamentsabgeordneten bot die *Mutiny Bill* alljährlich Gelegenheit, die Verkleinerung oder Beseitigung dessen zu verlangen, was ihnen als ›stehendes Heer‹ und damit als schrecklich erschien. Erst 1755, als die erste der fortan laufend erscheinenden Heereslisten veröffentlicht wurde, erlangte ›die Armee‹ offizielle Anerkennung.« (1974, S. 166.)

14 Finer (1975, S. 123 f.). Vgl. dazu auch Barnett: »Die Tories waren ›seewärts‹ ausgerichtet, die Whigs ›landwärts‹.« (1974, S. 148)

»nationalen Zerreißprobe«[15] für England, sowohl im Heer als auch in der Kriegsmarine qualitative Veränderungen vollzogen.[16] Die Marine war davon sogar noch stärker betroffen als das Heer, da europäische Staatsmänner nunmehr davon ausgingen, daß »das Meer ein Ganzes«[17] darstellte – im Unterschied zum Land, wo ein Mächtegleichgewicht möglich war. Wir werden noch feststellen, daß das Meer den Engländern zufiel. Die französische Kriegsflotte (die Colbert in den vorangegangenen zwei Jahrzehnten »praktisch aus dem Nichts«[18] aufgebaut hatte) war jedoch im Jahr 1689 genauso stark wie die englische bzw. die niederländische und wurde rascher vergrößert. Colbert hatte eine ganze Kette von Marinestützpunkten am Atlantik und am Mittelmeer errichten lassen (die wichtigsten waren Brest bzw. Toulon), die Kriegsmarine hatte er – entsprechend den zwei Einsatzzonen – in zwei Geschwader unterteilt.[19] Darüberhinaus befand sich die französische Kriegsflotte auf einem höheren technologischen Niveau als die englische oder niederländische. Die Schiffe verfügten über größere und schwerere Kanonen, hatten aber dennoch einen geringeren Tiefgang, waren schneller und ließen sich besser manövrieren. Die Franzosen hatten mit dem Bombardierschiff ein neues, auf dem letzten Stand der Technik befindliches Kleinschiff entwickelt, das sich zur Beschießung von Küstenstädten und Festungen eignete. (Bereits beim Angriff auf Algiers hatte es Ludwig XIV. gute Dienste geleistet.)

Obwohl man die englische Kriegsmarine unter den Stuarts vernachlässigt hatte und die niederländische veraltet war,[20] sah sich die französische Flotte 1692 in der entscheidenden Schlacht von Barfleur einer Übermacht von Schiffen (44 französische gegenüber 99 englisch-niederländischen Linienschiffen) und Kanonen (3240 gegenüber 6756)[21] ausgesetzt und wurde zudem ausmanövriert.[22] Die französische Kriegsmarine, heißt es in Admiral

15 Dieser Ausdruck stammt von J. R. Jones (1966, S. 85).

16 Graham schreibt: »Die britische Marine operierte bis zum 18. Jahrhundert nur selten abseits europäischer Schauplätze. ... Beinahe die schlimmsten Feinde waren Krankheiten und Stürme. ... Die Fortschritte jedoch, die bis zum Ende des 17. Jahrhunderts im Schiffbau und in der Navigationstechnik ebenso erzielt worden waren wie bei den Heilmethoden und im Gesundheitsschutz, machten es möglich, daß Schiffe für einen größeren Zeitraum auf hoher See bleiben und sich dabei von ihren Heimathäfen weiter entfernen konnten.« (1948, S. 95)

17 »Sobald die stärkere Flotte die ozeanischen Verbindungswege unter ihre Kontrolle gebracht hatte, errang sie damit praktisch eine unumschränkte Monopolstellung.« (Graham 1958, S. VIII)

18 Symcox (1974, S. 1).

19 Vgl. Symcox (1974, S. 43 u. 49).

20 Vgl. ebda., S. 37–40. Carter meint hingegen: »Daß sich das Klima zwischen ihm und seinen innenpolitischen Gegnern verbessert hatte, verschaffte Wilhelm [von Oranien] im Jahr 1686 einen weiteren großen Vorteil und ermöglichte den Wiederaufbau der niederländischen Kriegsmarine. Erreicht wurde dies durch einen Beschluß, in den Niederlanden einige Zollabgaben einzuführen und die Einnahmen – eine nicht unbeträchtliche Summe – dem Herrscher für den Flottenausbau zur Verfügung zu stellen. Im Jahr 1688 präsentierten sich daher die Seestreitkräfte der Republik als relativ stark.« (1975a, S. 24 f.)

21 Vgl. Ehrman (1953, S. 395).

22 Obwohl in dieser wie auch in vorangegangenen Seeschlachten die Haupttaktik in »Kanonierduel-

Mahans sarkastischer Prosa, »schwand dahin wie ein Blatt im Feuer«[23]. Damit war ein Wendepunkt erreicht, nicht nur in diesem Krieg, sondern auch in bezug auf die Kriege des folgenden Jahrhunderts: »Die Seeherrschaft war mit einem Schlag den Alliierten zugefallen, speziell den Engländern«[24] – und man fragt sich warum. Die Agrarkrise des Jahres 1693 und die Stagnation des französischen Überseehandels, meint Symcox, lösten eine Finanzkrise des französischen Staates aus und verhinderten damit, daß die Franzosen »gegenüber den Alliierten so etwas wie ein Gleichgewicht aufrechterhalten«[25] konnten. Ein Teil der Flotte mußte außer Dienst gestellt werden, um zugunsten des Heeres Geld einzusparen. Damit zeigte sich hier das gleiche Problem, das auch die Engländer im Zuge der Auseinandersetzung zwischen *Maritime* und *Continental School* beschäftigte. In dieser Zeit weltwirtschaftlicher Stagnation vermochten weder England noch Frankreich die Kosten von Kriegsvorbereitungen zu tragen, die alle Fronten gleichzeitig einbezogen. Man mußte eine Wahl treffen. Es war nur natürlich, daß die Engländer in Richtung Kriegsmarine tendierten und die Franzosen in Richtung Armee.

Angesichts der Weiträumigkeit Frankreichs und seiner sowohl politisch als auch wirtschaftlich relativ mangelhaften Integration nach innen scheint dem Land wohl kaum eine andere Wahl geblieben zu sein[26] – auch wenn innerhalb der kapitalistischen Weltwirtschaft die Seeherrschaft stets das »zentrale Glied in jener Tauschkette [darstellt], die das Anhäufen von Reichtümern ermöglicht.«[27] Welche Erklärungen man auch für die schwere Niederlage zur See anführen mag, so hatte sie auf jeden Fall zur Folge, daß der *guerre d'escadre* als französische Seekriegstaktik durch den *guerre de course* abgelöst wurde. Die Zerstörung der feindlichen Flotte und die Erringung der Seeherrschaft waren nicht mehr das primäre Ziel. Nun ging es in

---

len« zwischen dafür konstruierten »Linienschiffen« bestand, so Symcox, »schossen die Schiffskanonen jämmerlich unpräzise«. Eine Seeschlacht sei daher »eine unbeholfene und unkoordinierte Angelegenheit« gewesen. In einer solchen Situation hingen Siege von »einer günstigeren Position und der Windrichtung« ab (1974, S. 56, S. 60 f., S. 64 u. 67).

23 Mahan (1889, S. 225).

24 Ehrman (1953, S. 398). Bromley und Ryan weisen auf folgende Episode hin: »Die Niederländer, die den Engländern im Jahr 1689 den Befehl über die gemeinsamen Marineverbände streitig gemacht hatten, konnten 1714 nur mit großer Mühe acht Schiffe als Eskorte für König Georg I. zusammenziehen.« (1970, S. 790)

25 Symcox (1974, S. 147).

26 Ein häufiger Erklärungsansatz bezieht sich auf die Stagnation der französischen Wirtschaft zwischen 1683 und 1717, angeblich verursacht durch die nach der Aufhebung des Edikts von Nantes einsetzende Emigration der Hugenotten. Wie Scoville sagt, handelt es sich hier um ein gutes Beispiel für einen *post hoc, ergo propter hoc*-Trugschluß. Natürlich habe sich die Aufhebung des Edikts »nicht gerade als nützlich erwiesen« (1960, S. 218 f.), aber in Wirklichkeit sei es so gewesen, daß die meisten Protestanten als Neubekehrte im Land blieben. »Statt ihre Kräfte zu schwächen, scheint die religiöse Verfolgung ihre Entschlossenheit gestärkt zu haben« (1960, S. 252). Scoville vermag dies auf allen Gebieten zu belegen: im Manufakturwesen, im Handel, im Schiffbau sowie in der Landwirtschaft. Bezüglich der französischen Wirtschaftskrise siehe auch Léon (1956, S. 152).

27 Mahan (1889, S. 226). Er vertritt die Auffassung, es sei auf die *Kombination* aus großer Kriegsflotte und florierendem Handel zurückzuführen gewesen, daß »England die Seeherrschaft über alle anderen Staaten (und über sie hinaus) errang« (S. 225).

erster Linie darum, die Handelsschiffe des Feindes zu kapern und zu zerstören, und zu diesem Zweck wurden sowohl Kriegs- als auch Freibeuterschiffe eingesetzt. Diese Taktik war vor 1692 keineswegs unbekannt, erhielt aber jetzt zentrale Bedeutung.[28] »Im Seekrieg«, schreibt G. N. Clark, »ist das Kapern die natürliche Waffe des Schwächeren.«[29] Die natürliche Waffe ja, aber nicht die beste. Denn die Aktionen von Schiffen zu koordinieren, die unter dem Kommando von Einzelunternehmern standen, war mit beträchtlichen Schwierigkeiten verbunden. Symcox nennt die französischen Anstrengungen »lediglich einen bedingten Erfolg« und weist auf den Grundwiderspruch des Systems hin: »Wenn die Regierung nicht zahlen konnte, durfte sie auch nicht anschaffen.«[30] Außerdem konnten sich an diesem Spiel auch die anderen beteiligen. Während des Spanischen Erbfolgekriegs waren beispielsweise die von den englischen Kanalinseln aus operierenden Freibeuter derart erfolgreich, daß sie »auf französischer Seite für große Unruhe sorgten und vor allem in der Lage waren, dem Handel zwischen den französischen Häfen Schläge zu versetzen.«[31]

Mit dem Frieden von Rijswijk 1697, der den Pfälzischen Erbfolgekrieg beendete, trat lediglich eine Atempause ein. Die Bedeutung dieses Friedensvertrags lag hauptsächlich darin, daß damit »Frankreich erstmals [seit Richelieu] einen Schritt zurück gemacht hatte«[32]. Frankreich war gezwungen, Wilhelm III. als König von England, Schottland und Irland und Anna als seine Erbin anzuerkennen – genau das war das wichtigste Kriegsziel Wilhelms III. gewesen. Überdies mußte Frankreich alle Territorien, die es seit dem Frieden von Nijmegen erworben hatte, wieder zurückgeben (mit Ausnahme Straßburgs und der elsässischen Reunionen). Entlang seiner gesamten Grenze trat es also Gebiete ab: Flandern, Luxemburg, Lothringen, das Rheinland, Pinerolo sowie Katalonien (manche nur zum Teil).[33] Im Rahmen der geringfügigen Korrekturen in Übersee retournierte Frankreich Fort Albany an die *Hudson Bay Company* und erhielt im Gegenzug Pondicherry sowie Neuschottland zurück – der *status quo ante bellum* also. So wie die

28 Vgl. Symcox (1974, S. 5 f. u. 187–220).

29 Clark (1960, S. 123 f.). Vgl. dazu auch Symcox (1974, S. 68 f.). Bei Clark heißt es weiter: »Jene Seite, die über die stärkere Flotte verfügte, konnte die Meere für den Handelsverkehr der Feinde sperren. Die eigene Handelsschiffahrt jedoch lud die schnellen Segelschiffe der Korsaren, die sich der Überwachung durch Flottenverbände entzogen, geradezu zu Überfällen ein. Je umfangreicher der Handelsverkehr einer Nation, desto lohnender war diese Form des Angriffs. Aus diesen Gründen erreichte das Freibeuterwesen in Frankreich einen Höhepunkt.«

30 Symcox (1974, S. 222 f.).

31 Bromley (1950, S. 465).

32 Henri Martin: History of France, Bd. 2 (Boston 1865), S. 167; zit. bei Morgan (1968, S. 174). Morgan stellt fest: »Rijswijk bedeutete für Ludwig XIV. den Anfang vom Ende. Rijswijk legte den Keim zu seinem Ruin, in Utrecht nahm er Gestalt an.« (S. 195.) Hazard meint in bezug auf den Friedensvertrag: »Welche Demütigung muß dies für den stolzen *Grand Monarque* bedeutet haben!« (1964, S. 84)

33 Da Ludwig Straßburg und das Elsaß nicht aus der Hand gab, so Bromley, »behielt [er] den strategischen Schlüssel zu seinem Königreich, zumal die Beziehungen zwischen Frankreich und dem Reich gewohnheitsmäßig im Mittelpunkt seiner Überlegungen standen« (1970, S. 26).

Engländer erhielten auch die Niederländer, was sie sich erhofft hatten: einen vorteilhaften Handelsvertrag mit Frankreich, der den französischen Zolltarif des Jahres 1664 wiederherstellte, und die Anerkennung der sogenannten niederländischen Barriere durch die Franzosen.

Das Konzept einer militärischen Barriere zwischen den Vereinigten Niederlanden und Frankreich kann auf eine lange Geschichte zurückblicken. Am Anfang (möglicherweise schon 1635) stand die Idee, daß die südlichen (Spanischen) Niederlande als Pufferzone (*scheidingszone*) fungieren sollten. 1678 wurden jedoch im Frieden von Nijmegen den Franzosen sechzehn Festungen in den südlichen Niederlanden überlassen, wenn auch in angrenzenden Gebieten kleine Truppenkontingente der Vereinigten Niederlande stationiert werden durften. 1684 besetzte Frankreich Luxemburg, und die Niederländer waren gezwungen, dies in einem Waffenstillstandsvertrag anzuerkennen. All das änderte sich im Gefolge des Pfälzischen Erbfolgekriegs: Im Frieden von Rijswijk nahm das Barriere–Konzept eine neue, klare Gestalt an – die Niederländer erhielten das Recht, eine Reihe von Festungen, die Frankreich zurückgegeben hatte, mit Garnisonen zu belegen.[34] Durch den Pfälzischen Erbfolgekrieg wurde die neue Machtkonstellation in Europa bestätigt. In der Zeit nach dem Westfälischen Frieden war der zwischenstaatliche Machtkampf im wesentlichen zwischen drei Seiten ausgetragen worden: den Vereinigten Niederlanden, England und Frankreich. Angesichts des Umstands jedoch, daß die Niederländer zu einem mehr oder weniger ständigen Verbündeten Englands wurden, ja eigentlich zu seinem Juniorpartner, blieben nun von den drei Seiten praktisch nur noch zwei übrig.

J. R. Jones datiert den niederländischen »Abschied vom Großmachtstatus«[35] bereits auf den Mai 1689, als die niederländische Flotte auf Veranlassung Wilhelms III. der englischen unterstellt wurde. Dabei war es keineswegs so, daß die Niederländer angesichts dieser neuen Rolle nicht verstimmt gewesen wären. Das Bündnis zwischen den Niederlanden und England stellte »von Anfang an eine prekäre Partnerschaft«[36] dar. Die Niederländer wollten vermeiden, daß ihre Handelsbeziehungen zu Frankreich durch die bloße Existenz des Bündnisses mit England beeinträchtigt wurden, zumal ihr einträglicher Ostseehandel »von der ständigen Zufuhr französischer Waren abhing«[37]. Während des gesamten 17. Jahrhunderts vertraten die Niederländer die Auffassung, daß der Seehandel neutraler Staaten (oft zählten sie selbst dazu) nicht gestört werden sollte. Ihr Leitspruch lautete »freie Schiffe, freie Güter«, während die Engländer auf das Recht pochten, die Schiffe von Neutralen zu durchsuchen, und die Franzosen sogar für die Konfiszierung jener neutralen Schiffe eintraten, die Waren für den

34 Vgl. Carter (1975a, S. 25 f.).

35 J. R. Jones (1972, S. 329).

36 Stork-Penning (1967, S. 113).

37 J. R. Jones (1966, S. 93).

Feind an Bord hatten.[38] Krieg betrachteten die Niederländer als unwillkommenen letzten Ausweg. Und als er 1702 in Gestalt des Spanischen Erbfolgekriegs erneut entbrannte, waren es die Niederländer, die England immer wieder zum Friedensschluß drängten (vorausgesetzt, die Barriere gegenüber Frankreich würde erhalten bleiben).[39] Obwohl damit Gefahren für den eigenen Handel verbunden waren, fanden sich die Engländer schließlich bereit, die Barriere-Ansprüche der Niederländer zu unterstützen. Es handelte sich dabei um eine notwendige Gegenleistung dafür, daß sich die Niederlande für eine protestantische Thronfolge in England verbürgten (dieses Problem begleitete die englische – und schottische – Politik jener Zeit).[40]

Die Krise der englisch-schottischen Beziehungen erreichte während des Spanischen Erbfolgekriegs ihren Höhepunkt und Abschluß. Seit dem Arrangement des Jahres 1688 hatte sich Frankreich nicht mehr in die englische Innenpolitik einzumischen vermocht, und mit der sogenannten *Union of Parliaments* des Jahres 1707[41] verlor es auch in Schottland seinen Einfluß. Bei den politischen Verhandlungen und Manövern im Vorfeld der endgültigen Vereinbarungen des Jahres 1707 handelte es sich um komplexe Vorgänge.[42] Von wirklichem Interesse ist jedoch, wie durch die Rivalität innerhalb des Zentrums jener Druck auf Schottland entstand, der schließlich zur *Union of Parliaments* führte. Für Schottland (wie auch für andere Gebiete der Peripherie) war die gesamte zweite Hälfte des 17. Jahrhunderts eine lange Periode »wirtschaftlicher Stagnation, durchsetzt mit Krise und Niedergang,«[43] gewesen. Der wichtigste Handelspartner Schottlands war England, während dies umgekehrt wohl nicht der Fall war. Angesichts der anhaltenden Stagnation geriet Schottland in eine immer größere Abhängigkeit von England.[44] So wie andere auch, versuchten sich die Schotten mit merkantilisti-

---

38 Vgl. Clark (1923, S. 4–6 u. 121).

39 Vgl. Stork-Penning (1967, S. 113 f.). Bei der niederländischen Haltung handelte es sich, wie Wilson schreibt, um einen »bedingten Pazifismus, der auf praktischen Erfahrungen beruhte und den eigenen Interessen diente« (1968, S. 165).

40 Vgl. Carter (1975a, S. 30 f.).

41 Murray betont, daß es sich bei der üblichen Darstellung, wonach die *Union of the Crowns* von 1603 um eine *Union of the Parliaments* erweitert worden sei, zwar um »eine schöne Geschichtstradition [handelt], die aber auf einer fragwürdigen Rechtsgrundlage basiert.« Der korrekte rechtliche Sachverhalt sei vielmehr folgender: »In jedem der beiden Königreiche blieb die Thronfolge an das jeweils geltende Recht gebunden. Das englische Erbfolgerecht unterschied sich vom schottischen, wenn auch nur leicht. Unter entsprechenden Bedingungen hätten die beiden Königreiche mit jeweils eigener Erbfolge wieder getrennte Wege gehen können. ... Die Personalunion von England und Schottland hielt sich (sieht man von Cromwells Eingreifen ab) bis zum Jahr 1707, als der Unionsvertrag in Kraft trat. Bis dahin war die ›*Union of the Crowns*‹ eher ein vorübergehender Zusammenschluß als eine dauerhaftte Vereinigung. Was mit den *Articles of Union* 1707 erreicht wurde, war im Grunde eine unauflösliche Personalunion der beiden Königreiche.« (1961, S. 162.) Als Folge dieser Union des Jahres 1707 wurde aus England und Schottland Großbritannien. H. R. Trevor-Roper weist darauf hin, daß die Union des Jahres 1652 de facto enger war als jene von 1707; freilich war sie nicht von Dauer (1964, S. 79).

42 Bezüglich einer detaillierten politischen Geschichte siehe Brown (1914).

43 Smout (1963, S. 256). Vgl. dazu auch Trevor-Roper (1964, S. 78).

44 Vgl. Smout (1963, S. 29 u. 238).

schen Maßnahmen zur Wehr zu setzen. Im Jahr 1681 lud der Duke of York, der Vertreter des Königs in Schottland, mehrere Kaufleute ein, um gemeinsam mit ihnen und dem von ihm innerhalb des *Privy Council* gegründeten Handelsausschuß über die Struktur des schottischen Außenhandels (Richtung England, Norwegen, Frankreich und Ostsee), über den Binnenhandel, die Schiffahrt und den Wunsch der Schotten nach einer Kolonie in der Karibik zu beraten. Die schottischen Stände erließen darauf verschiedene protektionistische Maßnahmen. Kurze Zeit später wurde die New Mills Tuchmanufaktur gegründet, was die Stände noch im selben Jahr dazu veranlaßte, das »Gesetz zur Förderung des Handels« (*Act for the Encouraging of Trade*) zu verabschieden. Unter dem Schutz dieses Gesetzes konnte sich das Unternehmen erfolgreich entwickeln – bis zum Unionsvertrag.[45]

1695 verabschiedeten die Stände ein Gesetz (*Act for a Company Tradeing to Affrica and the Indies*), mit dem die *Company of Scotland* gegründet wurde. In dieser Kompanie liefen die Interessen dreier Gruppen zusammen: Kaufleute aus Edinburgh, die sich am Afrika-Handel beteiligen wollten; Kaufleute aus Glasgow, die in einer neuen Karibik-Kolonie einen Absatzmarkt für ihr Leinen zu finden hofften; und einige Londoner Kaufleute, die darauf aus waren, das Monopol der *East India Company* zu umgehen.[46] Die Gründung dieser neuen Kompanie, die unter dem Namen *Darien Company* bekannt wurde, spielte vermutlich eine bedeutende Rolle beim Anwachsen jenes Drucks, der schließlich 1707 zur Bildung der Union führte. Zum einen war es klar geworden, daß »ein unabhängiges Schottland das gesamte [merkantilistische] System [Englands] gefährdete«[47]. Die Gefahren, die von den jakobitischen Thronansprüchen des *Old Pretender* ausgingen, waren

45 Vgl. Insh (1952, S. 32–37 u. 51–55). »Doch als die Handelsschranken, die während dieser Zeit die Konkurrenz durch die englischen Tuchproduzenten abgehalten hatten, infolge des Unionsvertrags fielen, begann für das schottische Pionierunternehmen der schrittweise Abstieg. Am 16. Februar 1713 wurde jene Halle in Edinburgh, wo das Tuch gelagert wurde, verkauft. Einen Monat später erfolgte der Verkauf der Maschinen sowie der verbliebenen Rohstoffvorräte.« (S. 55)

46 Vgl. ebda., S. 69–71. T. Keith weist darauf hin, daß das Gesetz des Jahres 1695 in England »einige Unruhe hervorrief. Man befürchtete, daß die Schotten ... allmählich einen immer größeren Teil des Amerika-Handels (wo sie im Schmuggelhandel ohnehin bereits stark vertreten waren) an sich ziehen würden.« (1909, S. 54.) Vgl. dazu auch H. Hamilton, der für die zweite Hälfte des 17. Jahrhunderts von Glasgows »rasch zunehmender Bedeutung« im Atlantik-Handel spricht (1963, S. 249). Tatsächlich führt T. C. Smout den Widerstand Glasgower Kaufleute gegen die Union genau darauf zurück: »Gerade weil Glasgow [auf dem Gebiet des Überseehandels] bereits Fortschritte verbuchen konnte, glaubte man, ohne Union besser dran zu sein.« (1960, S. 211 f.)

47 T. Keith (1909, S. 60). Insh schreibt: »Im Herbst 1706 sollte der Druck der Ereignisse in Europa einmal mehr übermächtigen Einfluß auf die Frage der englisch-schottischen Beziehungen haben.« (1952, S. 80.) Holland und Österreich, Englands Verbündete, stritten sich um die Kontrolle über die südlichen Niederlande, die man erst kurz zuvor von den Franzosen zurückerobert hatte. Karl XII. von Schweden hatte gerade Peter den Großen besiegt, Polen erobert, Sachsen besetzt und bedrohte Böhmen; Ludwig XIV. versuchte ihn zu überreden, Richtung Süden und damit gegen Österreich loszuschlagen. »Angesichts der sowohl im Osten als auch im Westen so bedrohlichen Lage galt es in der Zwischenzeit zu verhindern, daß von der Existenz eines aufgebrachten und potentiell unabhängigen Schottlands aufgrund jakobitischer Intrigen eine Gefahr ausgehen und es französisch-jakobitischen Kriegszügen als Aufmarschbasis dienen konnte.« (Ebda., S. 81.)

durchaus real.[48] Außerdem stand nicht nur Schottland auf dem Spiel, sondern auch Irland.[49] England hatte somit ein langfristiges Interesse daran, auf die Vereinigung zu drängen.

Auf schottischer Seite dagegen, wo die Ansichten sehr geteilt waren, erwies sich das Darién-Projekt als Fiasko. Die Bestrebungen der *Company of Scotland* richteten sich darauf, auf dem Isthmus von Darién (im Gebiet des heutigen Panama) einen für den Welthandel bedeutenden Stapelplatz zu errichten, der mehr sein sollte als bloß ein Zufluchtsort für Schmuggler. Die Kompanie beabsichtigte die Schaffung einer Landverbindung (und zu ihrer Absicherung die Gründung einer Kolonie namens *Caledonia*), die die Route um das Kap der Guten Hoffnung ersetzen sollte (gewissermaßen ein Vorgriff auf den Panamakanal und seine Funktion). Das ehrgeizige Projekt schlug fehl, da weder Amsterdamer noch Hamburger Kaufleute das nötige Kapital investierten und die tatsächlich unternommenen Expeditionen der Jahre 1698–1700 scheiterten.[50] Lenman meint, daß sich die Schotten zu hohe Ziele gesetzt hatten:

> Es überstieg Schottlands Kräfte, ein Reich, in dem Handel und Ansiedlung monopolisiert waren, gegen konkurrierende europäische Mächte zu schützen, die

---

48 Der sogenannte *Old Pretender*, Jakob Eduard, Chevalier de St. Georges, diente als Soldat auf französischer Seite. Er erhob sowohl auf die englische als auch auf die schottische Krone Anspruch. Zweifellos hätte er sich auch mit der schottischen begnügt, wenn er sie nur erringen hätte können. G. H. Jones meint: »Das Verhalten der Jakobiten im schottischen Parlament war die Ursache dafür, daß die Vereinigung von England und Schottland höchste Dringlichkeit erhielt. ... [Ein vom schottischen Parlament 1704 verabschiedetes Gesetz] sah vor, daß Annas Nachfolger in Schottland der schottischen Linie des Königshauses entstammen, aber *nicht* mit ihrem Nachfolger in England identisch sein sollte. ... Wenn man die Möglichkeit [einer jakobitischen Thronfolge in Schottland] nur durch eine Vereinigung ausschließen konnte, dann mußte es eben eine Vereinigung geben, und zwar schnell.« (1954, S. 73)

49 In Irland erfreute sich die jakobitische Sache sogar noch größerer Unterstützung als in Schottland. In Schottland »stellte die Religion Jakobs II. (bzw. VII.) einen ständigen Stein des Anstoßes dar, die Iren mochten ihn als Katholiken dafür umso mehr« (Petrie 1958, S. 100). Das irische Unternehmen des exilierten Königs (1689–1691) konnte von den Engländern nur mit Schwierigkeiten niedergeworfen werden. Und doch errangen schließlich die Engländer den – keineswegs unbedeutenden – Sieg. »Der Vertrag von Limerick markierte das Ende des alten Irland ebenso vollständig wie Appomattox jenes des *Old South*.« (James 1973, S. 17.)
Die in der Folge erlassenen *Penal Laws* (Strafgesetze), mit denen man Katholiken von öffentlichen Ämtern ausschloß und ihren Grundbesitz enteignete, waren derartig »zermürbend«, daß sich die Iren den jakobitischen Aufständen der Jahre 1715 und 1745 nicht anschlossen. Petrie bemerkt dazu: »In den beiden anderen Königreichen wurden gegen die Feinde der [Glorreichen] Revolution keine derartigen Strafmaßnahmen ergriffen, und nach dem Verrat von Limerick waren die Hoffnungen der Iren, ihren Eroberern mit Waffengewalt trotzen zu können, ebenso groß wie in jüngerer Zeit jene der Juden, die nicht ganz unähnliche Gewaltherrschaft Hitlers zu stürzen.« (1958, S. 133.) Bezüglich einer Darstellung der *Penal Laws* siehe James (1973, S. 22–25). In Anbetracht der Tatsache, daß bis zum Frieden von Utrecht 1713 in der französischen Armee acht oder neun irische Regimenter dienten, müssen die Engländer dennoch gefürchtet haben, daß jeder Erfolg der jakobitischen Sache in Schottland die Frage auch in Irland wieder auf die Tagesordnung setzen würde.

50 Vgl. Insh (1952, S. 74–77), bei dem es heißt: »Die Verluste und Frustrationen, die mit den Expeditionen zum Isthmus von Darién verbunden waren, führten zur Forderung nach Freiheit des Handels, nach einem Marktzugang zu den englischen Kolonien. Dies war der stärkste Ansporn für die Schotten, die Bedingungen des Zusammenschlusses von 1707 zu akzeptieren.« (S. 50.) Die Bedeutung, die der Zugang zu den englischen Kolonien in der schottischen Debatte besaß, wird dagegen von Lenman heruntergespielt (vgl. 1977, S. 45–52). Davon abgesehen kam es 1696 und 1699 im Verlauf der von den Jakobiten so bezeichneten »sieben mageren Jahre des Königs Wilhelm« zu schweren Versorgungskrisen (vgl. ebda).

allesamt raubgierig und in den meisten Fällen wesentlich größer waren. Das einzig lohnende Ziel stellten Kolonisten anderer Nationen dar. Mit ihnen Handel zu treiben, obwohl rein theoretisch illegal [hatten doch die Spanier ein Anrecht auf Darién], war durchaus machbar und konnte derart lukrativ sein, daß das durch die Illegalität bedingte, geringfügige Risiko problemlos abzudecken war. Daß Glasgow im späten 17. Jahrhundert eine Blütezeit erlebte, verdankte es zum Teil einem lebhaften illegalen Handel mit dem englischen Empire. Hätte man einen Bruchteil jenes Kapitals, das in Darién vergeudet wurde, in einen rechtschaffenen Schmuggelhandel mit halbunabhängigen amerikanischen Kolonien gesteckt, so hätte dies solide Dividenden eingebracht.[51]

Einmal mehr stellen wir fest, daß die Waffe des Merkantilismus in Zeiten der Stagnation nur von den ziemlich Starken mit Erfolg eingesetzt werden kann.

Möglicherweise trifft Rileys Behauptung zu, wonach die Union des Jahres 1707 »direkt auf politische Entwicklungen in England und weniger in Schottland«[52] zurückzuführen war. Die Vereinigung wäre aber für die Engländer nicht erreichbar gewesen, hätte es nicht von schottischer Seite ein beträchtliches Maß an Zustimmung gegeben. Woher stammte diese? Starke Unterstützung kam von jenen großen Teilen des hohen Adels in Schottland, die dem Episkopalismus anhingen, die an der *Glorious Revolution* beteiligt und anti-jakobitisch eingestellt waren oder die über Grundbesitz in England verfügten und durch den englischen *Alien Act* des Jahres 1705 bedroht waren. Eine weitere, sogar noch wichtigere Gruppe stellten die städtischen Kaufleute dar. Daniel Defoe war an der Spitze einer von der englischen Regierung konzipierten Flugschriftenkampagne gestanden, die das Ziel hatte, diese städtischen Kaufleute davon zu überzeugen, daß England für schottische Exporte der wichtigste Absatzmarkt war und dies auch bleiben sollte. Der Weg zum Wohlstand sollte demnach darin bestehen, der Ausfuhr von schottischem Vieh und Leinen (eventuell auch von Getreide, Wolle und Salz) besonderes Augenmerk zu schenken, da man dann gegenüber England eine aktive Handelsbilanz erzielen könne. Im Jahr 1704 verabschiedete das schottische Parlament den *Act of Security*, mit dem Vorsorge dafür getroffen

51 Lenman (1977, S. 51). Vgl. dazu auch Smout: »Hätte eine Großmacht über ausreichend Mut, Erfahrung, Menschen und eine entsprechend starke Marine verfügt, wäre es durchaus denkbar gewesen, daß sie das [Darién]Unternehmen erfolgreich durchgezogen hätte. Die Schotten hatten lediglich den Mut; an allem anderen fehlte es bedauerlicherweise – auch am Wissen um die eigenen Grenzen.« (1963, S. 252.) Weiters führt Smout aus, daß der Fehlschlag von Darién nur eine von vier Katastrophen darstellte, die sich in den neunziger Jahren des 17. Jahrhunderts ereigneten. Bei den anderen drei handelte es sich um die negativen Auswirkungen der englisch-französischen Kriege, vier Hungerjahre sowie heftige Zollkonflikte, die den Handel überall in Mitleidenschaft zogen: in England, den Vereinigten Niederlanden, den südlichen Niederlanden, Frankreich, Nordamerika und Norwegen (vgl. S. 243–253).

52 Riley (1969, S. 498). Carstairs formuliert es anders: Sehr langfristig gesehen sei der Druck in Richtung Union von englischer Seite ausgegangen, kurzfristig jedoch »liefern wirtschaftliche Interessen eine plausible Erklärung dafür, warum die Schotten schließlich einer Vereinigung zustimmten, der sie sich über Jahrhunderte hinweg mit Waffengewalt widersetzt hatten« (1955, S. 65). Smout unterscheidet zwischen politischen Gründen der Engländer und wirtschaftlichen Gründen der Schotten (vgl. 1964b, S. 462).

wurde, daß die Monarchie nach dem Tod von Königin Anna nicht automatisch vereinigt blieb. Als Vergeltungsmaßnahme erließ das englische Parlament den *Alien Act*, der ein vollständiges Importverbot aus Schottland vorsah, sollten die Schotten ihr Gesetz nicht außer Kraft setzen.[53] Die Geschichte stellte die englische Entschlossenheit niemals auf die Probe.[54]

Wie vorherzusehen, zerfielen die Städte in jene, deren Handelsinteressen hauptsächlich auf England ausgerichtet waren, und jene, deren Handelspartner zu einem großen Teil außerhalb Englands und seiner Kolonien angesiedelt waren; und natürlich empfanden die Handwerkszünfte die englische Konkurrenz als Bedrohung. Smout weist eindringlich darauf hin, daß es sich bei einer wachsenden Zahl von Grundbesitzern, vor allem aus dem Adel, in Wirklichkeit um »Handelsleute« handelte, die im Exportbereich tätig waren. Wie wir immer wieder feststellen konnten, war die Trennlinie zwischen Adel und Bürgertum verschwommener, als wir gemeinhin annehmen. So war es zu jener Zeit auch in Schottland. »Daß für eine große Zahl von Adeligen eine Ausweitung des Handels mit England von einiger Bedeutung war und daß sich bei der Abstimmung 70 Prozent von ihnen für die Union aussprachen – diese Koinzidenz ist zu auffällig, als daß man sie übersehen könnte.«[55] Welche Bestimmungen wirtschaftlicher Natur enthielt eigentlich der *Act of Union*, und wem kam er zugute? Zwei Bestimmungen des Gesetzes waren für Schottland ökonomisch von Vorteil. Erstens sollten die Aktionäre der *Company of Scotland* vom englischen Parlament abgefunden werden, wobei man aufgelaufene Kosten plus Zinsen abgalt. Im Gegenzug wurde die Kompanie aufgelöst. In Gebieten, die – wie vor allem Edinburgh – von den Investitionsverlusten im Rahmen des Darién-Projekts in Mitleidenschaft gezogen worden waren, förderte diese Regelung ein Wiederaufleben der Wirtschaftstätigkeit.

Zweitens erhielten die Schotten erstmals legalen Zugang zum sogenannten Plantagenhandel, was besonders den Kaufleuten in Westschottland, in Glasgow und anderswo am Clyde, zugute kam. Im Jahr 1727 installierte das Parlament – vermutlich im Zusammenhang mit der Vereinigung – ein *Board of Trustees for Fisheries and Manufactures* (Kuratorium für Fischfang und verarbeitende Produktion), das die Ausweitung der schottischen Leinenproduktion förderte.[56] Bedeutete all das für Schottland den Kelch des Leidens

53 Vgl. R. W. Harris (1963, S. 68–70).

54 Meine diesbezügliche Skepsis wird von Lenman geteilt: »Es hätte eines stärkeren Willens und besserer Nerven als jener der schottischen Führung bedurft, um die Krise auszusitzen und abzuwarten, ob England tatsächlich töricht genug gewesen wäre, einen Krieg an seiner nördlichen Grenze zu einem Zeitpunkt zu riskieren, wo es gerade tief in einen europäischen Konflikt verwickelt war.« (1977, S. 57)

55 Smout (1963, S. 273).

56 Vgl. Insh (1952, S. 84–89) und Lenman (1977, S. 58-60). Daß diese Vorteile umgehend wirksam wurden, wird von Carstairs bezweifelt. Er argumentiert, daß die Handelsbeziehungen zu Britisch-Nordamerika und in die Karibik erst nach 1750 einen Aufschwung erlebten. Die Ausweitung der Leinenerzeugung sei, so Carstairs, *nicht* auf die Union zurückzuführen gewesen, da bis zur Mitte des Jahrhunderts von den amerikanischen Kolonien hauptsächlich deutsche und österreichische Leinenerzeugnisse impor-

oder eine günstige Gelegenheit? Noch immer ist dies Gegenstand einer heftigen Debatte. Die Union wurde jedenfalls Realität, und der neue Staat Großbritannien machte sich daran, den Spanischen Erbfolgekrieg für sich zu entscheiden. Natürlich wurde der Krieg darum geführt, wer in Spanien herrschen sollte; auf einer grundsätzlicheren Ebene ging es jedoch darum, was mit dem Handel des spanischen Reichs geschehen würde. 1701 hatte der spanische König den *asiento*, das Monopol auf den Sklavenhandel in Spanisch-Amerika, an die französische Guinea-Kompanie vergeben, deren Anteile sich im Besitz der Könige von Spanien und Frankreich sowie führender französischer Kapitalisten befanden. Zuvor hatte der *asiento* in den Händen einer portugiesischen Kompanie gelegen. Mehr als jede andere Maßnahme erboste dieser Schritt die englischen und niederländischen Kaufleute und führte zu einer Wiederaufnahme der Kriegshandlungen.[57]

Im Frieden von Utrecht fiel die spanische Thronfolge den Bourbonen, der *asiento* aber den Briten zu.[58] Die *South Sea Company* erhielt für eine Periode von dreißig Jahren das Recht, jährlich 4800 Sklaven nach Spanisch-Amerika einzuführen und zu verkaufen. Zusätzlich durfte die Kompanie jedes Jahr eine Schiffsladung von 500 Tonnen Waren nach Spanisch-Amerika schicken und dort absetzen. Was die Niederländer betraf, so mag zwar der habsburgische Kaiser die Spanischen Niederlande erhalten haben, doch die Generalstaaten erhielten die Barriere. Gemäß den Bestimmungen des Friedensvertrags sollten (nord)niederländische Truppen in all jenen Bezirken stationiert werden, die Frankreich an das Haus Österreich zurückgab (Namur, Tournai, Menin, Furnes, Warneton, Ypern, Knokke und Dendermonte), wobei die Garnisonen zu 60 Prozent von den Österreichern finanziert werden sollten. Diese Regelung verschaffte den Vereinigten Niederlanden nicht nur eine gewisse Sicherheit, sondern »fungierte auch als Deckmantel, unter dessen Schutz sie auf südniederländische Märkte vordringen konnten«[59]. Somit

---

tiert wurden, und zwar mit Hilfe von »Ausfuhrvergütungen« über England. Erst nach 1742 habe der schottische Leinenexporthandel zu expandieren begonnen (vgl. 1955, S. 69–70). Lenman nimmt eine Zwischenposition ein. Mit Carstairs stimmt er darin überein, daß den Schotten aus der Union zunächst sehr wenig Vorteile erwuchsen, betrachtet jedoch das Jahr 1727 als Wendepunkt, »mit Anzeichen für das Eintreffen der ersten Schwalben dieses speziellen Sommers« (1977, S. 66).

57 »Zu keiner Zeit schienen die französischen Vorhaben für England und die Vereinigten Niederlande eine größere Bedrohung darzustellen als unmittelbar im Anschluß an die Entscheidung Ludwigs XIV., dem letzten Willen Karls II. von Spanien zu entsprechen. ... Sollten aus dem riesigen Markt des spanischen Weltreichs die privaten Jagdgründe französischer Kaufleute werden?« (Deyon 1978b, S. 235.) Goubert erwähnt, wie rasch Engländer und Niederländer reagierten: »Nur wenige Tage nach Unterzeichnung des *asiento* erfolgte die Bildung der Haager Allianz. In Den Haag traten der Kaiser und die Seemächte energisch auf und gaben Ludwig XIV. eine Frist von zwei Monaten, um zu einer Übereinkunft zu gelangen. Sollte dies nicht der Fall sein, würde es Krieg geben. Die Erbfolge in Spanien rückgängig zu machen, würde dabei ebenso zu den Kriegszielen gehören wie eine Schließung der Niederlande für die Franzosen, die Erringung der Kontrolle über Italien und das Mittelmeer sowie der Zugang zu den spanischen Kolonien für die Alliierten und das gleichzeitige Fernhalten des französischen Handels« (1970a, S. 237 f.).

58 Die Details der verschiedenen Verträge werden bei A. W. Ward geschildert (1908, S. 440–450).

59 Carter (1975a, S. 26).

hatten beide Seemächte ihren Anteil am spanischen Kuchen erhalten. Nun lag es an ihnen, Nutzen daraus zu ziehen. Wie Plumb betont, waren sich die Engländer in den folgenden 25 Jahren relativer Ruhe keineswegs sicher, daß der Frieden ihren Interessen dienlich war:

> Zwischen 1713 und 1739 herrschte Frieden. Ein Frieden, der vielen als Verderben erschien, in dem sich Großbritannien von Frankreich düpieren ließ, das unter dem Deckmantel der Freundschaft seine maritime und industrielle Stärke kontinuierlich wiederherstellte, um für den unvermeidlichen Zusammenstoß gerüstet zu sein. Aus großen Teilen der Handelswelt ertönte der Ruf nach Krieg.[60]

Und dieser Krieg kam auch. Es war der Österreichische Erbfolgekrieg zwischen dem mit Frankreich verbündeten Preußen und Österreich, das schließlich mit Großbritannien und den Niederlanden alliiert war. Als der Krieg 1748 mit dem Frieden von Aachen endete, »bedeutete das Übereinkommen weitgehend eine Rückkehr zum *status quo ante bellum*.«[61] Den britischen Handelsinteressen kam dieser fruchtlose Krieg jedoch sehr zustatten. Temperley meint sogar, daß es sich »um den ersten Krieg Englands handelte, in dem Handelsinteressen absolut überwogen, der einzige, der einer Handelsbilanz und nicht des Kräftegleichgewichts zuliebe geführt wurde.«[62] Das zeigte sich an vielen Fronten. Trotz ihres Bündnisses setzten Briten und Niederländer einen laufenden Streit über die südlichen (nunmehr Österreichischen) Niederlande fort. Die Österreicher waren es müde, für die niederländische Barriere zahlen zu müssen und dabei den eigenen Handel im Bereich der Barriere, in Großbritannien und den Vereinigten Niederlanden nicht ausweiten zu dürfen. Großbritannien drohte sogar, jene Zollrückvergütung abzuschaffen, mit deren Hilfe schlesische (und damit noch österreichische) Leinenstoffe via Großbritannien in der Karibik abgesetzt werden konnten. Überdies hatten flämische Kaufleute genug von den politischen Beschränkungen, die sie in ihrem Konkurrenzkampf mit den Niederländern behinderten.[63]

---

60 Plumb (1966, S. 29) schreibt weiter: »Im 18. Jahrhundert waren Kriege für eine riesengroße Zahl von Engländern ... eine hervorragende Gelegenheit, ihre Nachbarn an den Bettelstab zu bringen, die Reichtümer der Welt an sich zu reißen und ihre Verachtung für die Franzosen auszudrücken, jene Papst-besessenen, froschfressenden, armseligen, Holzschuhe tragenden Sklaven« (S. 14); vgl. dazu auch Sutherland (1956, S. 56 f.).

61 Thomson (1966, S. 436).

62 Temperley (1909b, S. 197). Diese Auffassung wird von Seeley geteilt: »England scheint in dieser Zeit hauptsächlich durch seine gleichzeitige Ausrichtung auf Handel und Krieg gekennzeichnet zu sein.« (1971, S. 88)

63 Vgl. Dickson: »Die Unvereinbarkeit der österreichischen und der englisch-niederländischen Verhandlungsposition ist [1739] offensichtlich. England und die Vereinigten Niederlande wollten die Österreichischen Niederlande als wirtschaftliche Kolonie behalten, wobei diese zum Teil von (nord)niederländischen, mit österreichischen Geldern finanzierten Garnisonen verteidigt wurde – jene Situation also, wie sie im Barriere-Vertrag des Jahres 1715 festgelegt worden war. ... In ökonomischer Hinsicht wollte England [1746] seine Zollvorteile der Jahre vor 1746 ebenso erhalten wie seine aktive Handelsbilanz gegenüber den Niederlanden, die, wie man meinte, von ersteren abhing. Flämische Vorstöße, die eine Senkung der englischen Zölle oder einen direkten Einstieg in den Ostindienhandel zum Ziel hatten, bestürzten die Engländer.« (1973, S. 83 u. 107)

Was Spanien anging, so hatte man dort den exzessiven britischen Schmuggelhandel in den eigenen Kolonien satt; darin lag »das wirkliche Geheimnis der spanischen Erbitterung über englische Schiffe«[64] – auch wenn die britische Regierung das Wiederaufleben einer aktiven bourbonischen Allianz zwischen Spanien und Frankreich zu vermeiden trachtete.[65] Die *South Sea Company* andererseits verteidigte ihre Interessen ebenso machtvoll wie borniert und fungierte innerhalb von Großbritannien als energische Pressure-group.[66] Und die *South Sea Company* war nicht die einzige Nutznießerin einer aggressiven Politik. Die Zuckerpflanzer der britischen Karibikinseln stellten fest, daß der Krieg die während der dreißiger Jahre herrschende Flaute im Zuckergeschäft beendete.[67] Und englische Seeversicherungen »versicherten französische Schiffe gegen eine Kaperung durch die britische Kriegsmarine.«[68] Handelsinteressen standen sogar so sehr im Zentrum der britischen Regierungspolitik, daß während des Kriegs ein Konvoi-System Verwendung fand und von seiten der Begleitschiffe »das größte Augenmerk auf die Sicherheit des Konvois gelegt werden sollte«[69]. Während damals Franzosen und Preußen die Briten und Österreicher zu Lande zahlenmäßig übertrafen,[70] war die britische Kriegsflotte doppelt so groß wie die französische. Die spanische und französische Kriegsmarine zusammengenommen waren so groß wie die britische, doch addiert man die niederländischen Schiffe zu den britischen, so ergibt sich daraus eine leichte numerische Überlegenheit. Noch bedeutsamer war jedoch, daß Briten und Niederländer ein gemeinsames Oberkommando besaßen. Trotz der seit 1713 laufenden

64 Temperley (1909b, S. 204). Vgl. V. L. Brown: »Der Schmuggelhandel war jederzeit integraler Bestandteil der Geschäfte der *South Sea Company*.« (1928, S. 179.) Vgl. dazu auch Nelson (1945, S. 55).

65 Temperley hält fest, daß Spanien im Verlauf des gesamten 18. Jahrhunderts »manchmal ein passiver Beobachter, häufiger ein aktiver Feind, niemals jedoch der Freund Englands« war. Im Jahr 1739 vertrat die Regierung jedoch die Ansicht, daß man »die weitere Vorherrschaft Englands in der Neuen Welt aufs Spiel setzen würde, wenn man Spanien in die Arme Frankreichs treibt« (1909b, S. 198).

66 Siehe wiederum Temperley: »Die verbreitete Auffassung, daß Englands Wunsch, den illegalen Handel von Schwarzhändlern und Privatleuten aufrechtzuerhalten, innerhalb der Regierung großes Gewicht besaß, wird durch ein Studium der Akten nicht bestätigt. Eine weiche Linie wurde einzig gegenüber der *South Sea Company* verfolgt – jener Körperschaft also, die über finanzielle Bande so eng mit der Regierung verkettet war und die sich bei Walpole dafür, daß er sie 1720 gerettet hatte, damit revanchierte, daß sie ihm 1739 den Ruin brachte.« (1909b, S. 222)

67 Vgl. K. G. Davies: »Insgesamt neige ich zur Auffassung, daß (abgesehen vom amerikanischen Unabhängigkeitskrieg) die atlantischen Kriege zwischen Großbritannien und Frankreich den britischen Pflanzern mehr Nutzen als Schaden einbrachten, auch wenn zweifellos zahlreiche Ausnahmen einzuräumen wären« (1960, S. 109). In diesem Zusammenhang hebt Davies vor allem die Kriege von 1739–1748 sowie 1689–1713 hervor.

68 Viner (1969, S. 84). »Nachdem die Debatte zunächst hinausgezögert worden war, lehnte es das Parlament schließlich ab, diese Praxis zu verbieten.«

69 Fayle (1923, S. 288). Die Franzosen gingen freilich sogar noch weiter »und wiesen dem Geleitschutz eine strikt defensive Rolle zu. ... Noch überraschender ist es, daß ... die französischen Kriegsschiffe eigentlich ... an die Kaufleute vermietet waren, und zwar auf Provisionsbasis (gemessen als Prozentanteil des Werts der sicher hereingebrachten Fracht).«

70 Léonard (1958, S. 192) nennt für das Jahr 1740 folgende Zahlen: Frankreich 160.000, Preußen 84.000, Österreich 107.000 und England (inklusive Hannover) 59.000.

Anstrengungen Frankreichs, seine Marine wiederaufzubauen, wurde die britische Seeherrschaft durch den Krieg erneut bestätigt. In dessen Verlauf verlor Frankreich die Hälfte seiner Linienschiffe und mehr als tausend Handelsschiffe. »Die Stärke der französischen Flotte war bis in die Grundfesten erschüttert.«[71]

Erneut stellte der Frieden nur eine kurze Atempause dar, und 1754 brach der Krieg in Amerika, 1756 in Europa los. Der anhaltende Handelskonflikt in Amerika zwischen Großbritannien und Frankreich »strebte langsam, aber sicher auf seinen Höhepunkt zu«[72], den Siebenjährigen Krieg. Die Niederländer versuchten neutral zu bleiben, britischer Druck zwang sie allerdings dazu, ihre Handelsbeziehungen zu Frankreich einzuschränken.[73] Spanien geriet in Versuchung, sich Frankreich anzuschließen, um auf diese Weise endlich die Privilegien der Briten aufheben zu können;[74] aber es nützte den Franzosen nichts. Der Friede von Paris 1763 bedeutete, daß Großbritannien im hundertjährigen Kampf gegen Frankreich endgültig die Oberhand gewonnen hatte. »Ähnlich wie Spanien stand Frankreich nun in Europa eine lange Schwächeperiode bevor.«[75] Das Ringen darum, wer die Niederländer als Hegemonialmacht beerben würde, war also nach einem Jahrhundert zugunsten der Briten entschieden. Dieser mit Unterstützung des britischen Staates errungene Sieg von bestimmten, in England verankerten Teilen der Weltbourgeoisie, läßt sich nur dann angemessen erklären, wenn wir untersuchen, wie es dem britischen Staat politisch gelang, jenen sozioökonomischen Vorsprung herzustellen und zu vergrößern, den britische Unternehmer gegenüber konkurrierenden, in Frankreich verankerten Kräften besaßen.

Beginnen wir mit einem demographischen Überblick. Das Problem dabei besteht darin, daß nicht nur über die Ursachen demographischer Verschiebungen eine große Debatte entbrannt ist, sondern auch über die zu interpretierenden Daten. Manche nehmen an, daß die englische Bevölkerung zwischen 1600 und 1750 langsam[76] zunahm, manche meinen sogar, sie sei »praktisch auf dem gleichen Stand«[77] geblieben; andere wiederum behaupten, sie habe in diesem Zeitraum um 50 Prozent zugenommen.[78] In bezug auf Frankreich scheint dahingehend Konsens zu bestehen, daß die Bevölke-

---

71 Richmond (1928, S. 173).

72 Andrews (1915, S. 780).

73 Vgl. Carter (1963, S. 820 f.).

74 Vgl. Christelow (1946, S. 24 u. 29). Es handelte sich allerdings um einen Irrtum der Spanier. »Spaniens unkluge Beteiligung am Siebenjährigen Krieg ermöglichte es den Engländern, in der Endphase des Konflikts die Gewinne der vorangegangenen Jahre zu konsolidieren und neue Zugangswege zu den Reichtümern des spanischen Kolonialreichs zu öffnen.« (Brown 1928, S. 186)

75 Dehio (1962, S. 117).

76 Darby (1973, S. 304).

77 Tucker (1963, S. 214).

78 Vgl. Wilson (1977b, S. 116).

rungszahl zwischen 1500 und 1750 mehr oder weniger stabil geblieben sei[79] und dabei jene Englands um mehr als das Dreifache, jene Großbritanniens um mehr als das Doppelte übertroffen habe. Für Frankreich sehen manche das Jahr 1700 als Tiefpunkt an und diagnostizieren zwischen 1700 und 1750 einen leichten Anstieg.[80] Für England gehen einige für die gesamte Periode zwischen 1700 und 1750 von einem »ungewöhnlich niedrigen«[81] Niveau aus. Der vermutete Anstieg in Frankreich zwischen 1700 und 1750 kommt umso überraschender, als Frankreich – so wie der Großteil Europas,[82] aber anders als England – 1693/94 von einer äußerst schweren Hungersnot heimgesucht wurde, und dann von einer weiteren in den Jahren 1709/10.[83] Darüberhinaus erlebte Marseille im Jahr 1720 die letzte große Pestepidemie Europas.[84] Spätestens mit dem Jahr 1740 zeigen jedoch die Bevölkerungsziffern für England und Frankreich, ja eigentlich für den Großteil Europas, ganz entschieden nach oben.[85]

Die entscheidende Variable, so Hufton, war die Gesamtversorgung mit Nahrungsmitteln. »Eine hungernde Bevölkerung ist üblicherweise nicht in der Lage, sich zu reproduzieren; einer unterernährten gelingt dies ohne Schwierigkeiten.«[86] Wie kam es zum wachsenden Gesamtangebot an Nahrungsmitteln? Es handelte sich nicht um das Ergebnis klimatischer Veränderungen, oder zumindest nicht ausschließlich darum. Da die gesamte Periode zwischen der Mitte des 16. und der Mitte des 19. Jahrhunderts als die kleine

---

79 Vgl. Goubert (1965, S. 473).

80 Vgl. ebda. sowie Henry (1965, S. 455) und C.-E. Labrousse (1953, S. 22).

81 Tucker (1963, S. 214).

82 Vgl. Flinn: »Wahrscheinlich gab es in Westeuropa nie wieder eine derart schwere und ausgedehnte Hungersnot wie jene in den neunziger Jahren des 17. Jahrhunderts.« (1974, S. 301.) England wird als Ausnahme erwähnt. In Frankreich hingegen »war die große Mehrheit der Bevölkerung ... von Hunger bedroht, litt darunter oder ging sogar daran zugrunde« (Goubert 1970a, S. 216). In bezug auf England wartet Pentland mit einer komplizierten Erklärung auf. Demnach wies England zwischen 1690 und 1710 eine starkes Bevölkerungswachtum auf, zu einer Zeit also, wo (vermutlich aufgrund der allgemeinen Hungersnot in Europa) die Agrarpreise hoch waren. Aus diesem Grund und weil junge Erwachsene dünn gesät waren (aufgrund vorher niedriger Wachstumsraten der Bevölkerung), führten die guten Arbeitsmöglichkeiten im landwirtschaftlichen Bereich zu früher Verheiratung und hoher Geburtenrate, was wiederum die Möglichkeiten reduzierte und nach 1705–1710 zu einem Konjunkturrückgang führte. Mit dem Absinken der Preise nach 1720 kam es zu einem Ansteigen der Mortalität, womit sich auch die großen Epidemien zwischen 1720 und 1730 erklären – »die logische Konsequenz eines Jahrzehnts sich verschlechtender Bedingungen, verursacht durch landwirtschaftliche (gemessen an der Nachfrage) Produktionsüberschüsse (und nicht durch Mangel) sowie den damit einhergehenden Arbeitskräfteüberschuß (und nicht -mangel).« (1972, S. 174)

83 Vgl. Goubert (1970d, S. 60) sowie Jacquart (1975, S. 187).

84 Vgl. Rambert (1954, S. 606–617). Laut Reinhard und Armengaud kam es 1668 zur letzten großen Pestepidemie, danach trat diese Seuche nur noch »selten« auf (1961, S. 131); allerdings erwähnen sie einen Ausbruch 1694 in Spanien (ebda., S. 143). Trotz der Pestepidemie von Marseille spricht Le Roy Ladurie für die Jahre von 1720 bis 1737 von einem demographischen Schub (1975a, S. 364).

85 Deprez bezeichnet das Jahr 1740 als »den großen Wendepunkt in der Bevölkerungsgeschichte Europas« (1965, S. 626). Die übliche Erklärung verweist auf das Verschwinden von Pestepidemien und Hungersnöten; vgl. Le Roy Ladurie (1975a, S. 388) sowie Helleiner, der vom Ausbleiben von Katastrophen spricht (1967, S. 95).

86 Hufton (1974, S. 15).

Eiszeit bekannt ist,[87] erscheint es unwahrscheinlich, daß um das Jahr 1750 irgendeine große Besserung eintrat. Wahrscheinlicher ist es, daß Entwicklungen im landwirtschaftlichen Produktionssystem Englands und (Nord- und Südost-)Frankreichs den Ausschlag gaben. Große Verdienste werden von mancher Seite der Kartoffel zugeschrieben, wobei man in diesem Zusammenhang argumentiert, der Bevölkerungszuwachs habe im 18. Jahrhundert »entsprechend der Verbreitung und dem Konsum« der Kartoffel[88] variiert. Andere wieder betrachten die Kartoffel lediglich als ein Element innerhalb einer allgemein besseren Ernährung. Alkohol wurde durch Tee ersetzt, und zunehmend konsumierte man Reis und vor allem Zucker, letzteren in Früchten, Marmeladen und Nachspeisen, die besonders im Winter für eine abwechslungsreichere Kost sorgten.[89] Wir haben bereits den gesellschaftlichen Kontext geschildert, in den der landwirtschaftliche Fortschritt eingebettet war: die zunehmende Konzentration von Agrarland, die durch den Druck auf nicht wohlhabende Produzenten herbeigeführt wurde.[90] Mit der in diesem Zusammenhang wichtigen Methode der Einhegungen hatte man schon lange vor 1750 begonnen.[91] Ermöglicht wurden sie zum Teil durch Gesetze und zum Teil durch die Leistungsfähigkeit und die Gewinne der Besitzer.[92] Welche Arten von Nutzeffekten konnten größere Grundeigentümer erzielen? Zum einen gab es da die Verbesserung landwirtschaftlicher Geräte, vor allem weil Eisen anstelle von Holz verwendet wurde.[93] Für Viehbesitzer, bei denen

---

87 Jacquart (1975, S. 187). Goubert jedoch führt das Ende der Hungersnöte in Frankreich auf ein besseres Klima – wärmer und weniger regnerisch – zurück (1970d, S. 63). Le Roy Ladurie betont, daß das generell feuchte, aber nicht kalte Klima zumindest in Frankreich die entscheidende Variable darstellte (vgl. 1967, S. 281). Die gleiche Auffassung vertreten Reinhard/Armengaud (1961, S. 115).

88 Vandenbrocke (1971, S. 38). Der Grund besteht darin, daß sich durch die Kartoffel die verfügbare Kalorienmenge pro Person im Vergleich zu Getreide mehr als verdoppelte. Während der Kaloriengehalt von Kartoffeln ungefähr ein Fünftel jenes von Getreide beträgt, ist der Ertrag zehnmal so groß. »Außerdem ist die Kartoffel eine Sommerfrucht und daher weniger abhängig vom Wetter. Da beim Getreideanbau so viel von den Wetterbedingungen abhing, war er stets mit Unsicherheit verbunden.« Indes meint Salaman (1949, S. 455 f.), daß die Kartoffel bis in das letzte Viertel des 18. Jahrhunderts bei der Ernährung der englischen Armen nicht allzu häufig anzutreffen war, und das, obwohl ihre Verwendung in den vorangegangenen zweihundert Jahren kontinuierlich zugenommen hatte. Bis 1775, so Salaman, diente die Kartoffel hauptsächlich als Tierfutter: »Bevor die Kartoffel ihre Rolle als Armenfutter spielen durfte, war es nötig, daß sie ihren Wert als Schweinefutter unter Beweis stellte.« (Ebda.)

89 Vgl. C. Hill (1969, S. 256).

90 Vgl. dazu auch Coleman (1977, S. 125), Mingay (1963, S. 81 f.) sowie Lavrovsky (1960, S. 354 f.). Mingay merkt an, daß die Zahl der kleinen Landbesitzer zwischen 1660 und 1750 erheblich zurückging (1968, S. 31).

91 »Nimmt man das Jahr 1750, so ist nicht zu übersehen, daß zu diesem Zeitpunkt bereits ein beträchtlicher Teil Englands eingehegt war.« (Holderness 1976, S. 52)

92 »Selbst in Dörfern, in denen es während des gesamten [18.] Jahrhunderts zu keinen Einhegungen kam, zeigte sich oft eine starke Tendenz in Richtung weniger und größerer Einheiten« (Mingay 1962, S. 480). In England scheint dies geschehen zu sein, obwohl »die hohen Erträge beim Kartoffelanbau selbst auf sehr kleinen Grundparzellen ein Auskommen ermöglichten« (Vandenbrocke 1971, S. 38). Das könnte heißen, daß die Getreideproduktion die in finanzieller Hinsicht entscheidende Variable darstellte.

93 Wer konnte sich das leisten? Vermutlich jene, die bereits über ein höheres Gesamteinkommen verfügten. Bairoch argumentiert (und bewegt sich damit möglicherweise im Kreis), daß die Zunahme der landwirtschaftlichen Produktivität die Möglichkeit schuf, die neuen Werkzeuge zu bezahlen.

es sich tendenziell auch um die größeren Landwirte handelte, erwiesen sich zum anderen das zwischendurch bereitstehende Gras und sonstige Futter als besonders nützlich.[94]

Im Rahmen dieser kontinuierlichen Konzentrationstendenzen ist jedoch ein zentraler Aspekt zu beachten: der über lange Zeit niedrige Getreidepreis.[95] In der gesamten Periode zwischen 1600 und 1750 gab es bei Getreide sehr wenige einträgliche Jahre.[96] Es wurde behauptet, das Unglück niedriger Preise sei für England genaugenommen ein Glücksfall gewesen, da es zu landwirtschaftlichen Innovationen geführt habe.[97] Man fragt sich allerdings, warum dies ausschließlich oder vorwiegend in England der Fall gewesen sein soll, wo doch in diesem Zeitraum niedrige Getreidepreise eine gesamteuropäische Konstante darstellten. Bemerkenswert ist, daß Großbritannien genau zu dem Zeitpunkt zum führenden Getreideexporteur in Europa aufstieg, als die Preise ihren Tiefststand erreicht hatten. Die naheliegendste Erklärung besteht darin, daß das Kornprämien-Gesetz (*Corn Bounty Act*), das die englische Regierung 1688 zur Förderung des Getreideexports verabschiedete,[98] die »allgemein günstigen«[99] Voraussetzungen für eine landwirtschaftliche Expansion schuf. Es ist kaum zu bezweifeln, daß die Prämie die Getreideproduktion in England ansteigen ließ. Dadurch, daß nunmehr auf dem Binnenmarkt mehr Getreide vorhanden war, als dies sonst der Fall gewesen wäre, trug sie möglicherweise sogar zum weiteren Verfall der Inlandspreise für Getreide bei.[100] Die Absicht bestand offenbar darin, den britischen Agrarproduzenten bei der Erhöhung ihrer Gewinnspanne zu helfen.

Wo war der Markt für dieses gestiegene Angebot an britischem Getreide? Absatzmöglichkeiten boten Brauereien sowie die Gin-Erzeugung; und der Absatzmarkt für Bier und Gin waren die städtischen Arbeiter, die in einer säkularen Stagnationsperiode einen Anstieg der Reallöhne erlebten.[101] Gil-

94 »Wären keine Rüben zur Verfügung gestanden, so hätte die bloße Versorgung des Viehs im Winter und Frühling ein schwieriges Problem dargestellt.« (Ernle 1912, S. 176.) In ganz England waren im Jahr 1720 nicht nur Rüben wohlbekannt, sondern auch Klee, Esparsette, Hopfenluzerne und Raigras (vgl. Holderness 1976, S. 65).

95 »Es passiert nun folgendes: Der kleine Bauer, der in guten Jahren nur einen kleinen Überschuß für den Markt produziert, verliert in schlechten Jahren Geldeinnahmen. Doch sein Verlust ist der Gewinn größerer Landwirte, die dadurch, daß sich jene kleineren Produzenten als Konkurrenten zurückziehen, in den Genuß unverhoffter Zusatzprofite kommen.« (Gould 1962, S. 321)

96 Vgl. Ernle (1912, S. 168 f.), Gould (1962, S. 323) sowie Hartwell (1969, S. 25).

97 John (1969, S. 171); vgl. dazu auch Wilson (1965, S. 245) und Holderness (1976, S. 74 f.).

98 Vgl. R. Ashton (1969, S. 49 f.).

99 Mingay (1960, S. 337). Der Anteil von Getreide an den englischen Exporten stieg zwischen 1700 und 1750 von 3,7% auf 19,6%; vgl. T. S. Ashton (1960, S. 12). Slicher van Bath betont, zwischen 1690 und 1720 habe sich »das gewichtete durchschnittliche Preisverhältnis zwischen Agrar- und Nicht-Agrarprodukten« vorübergehend zugunsten der Landwirtschaft umgekehrt, und das vor dem Hintergrund eines für die Landwirtschaft generell nachteiligen Verhältnisses zwischen1620 und 1740 (1963a, S. 211).

100 Vgl. Gould (1962, S. 331 f.).

101 »Die Steigerung [der Reallöhne in Enland] zwischen 1660 und 1760 war beträchtlich, aber nicht spektakulär. ... Dessenungeachtet war die Lage im Jahr 1750 merklich besser als im Jahr 1600.

boy merkt zum Beispiel an, daß der Anstieg der Reallöhne in London sozusagen von der »Gin-Epidemie« aufgesogen wurde.[102] Gleiches traf auch auf die Niederlande zu, wo die Importsteigerungen bei britischem Getreide besonders Malz und Gerste betrafen, die in Brennereien und Brauereien Verwendung fanden.[103] Die britischen Prämien ließen die Exporte in die Niederlande immer weiter anwachsen,[104] das dortige Ansteigen der Getreidepreise (zwischen 1700 und 1720) stimulierte wiederum eine Produktionssteigerung in Großbritannien.[105] Die Briten vermochten die Produzenten aus den Ostseeländern vom niederländischen Markt zu verdrängen,[106] weil sie

---

Verantwortlich für den vor 1750 feststellbaren Zuwachs bei den Reallöhnen waren die niedrigere Inflationsrate nach 1670, eine Verlangsamung des Bevölkerungswachstums vor 1750, die sich anhäufenden landwirtschaftlichen Überschüsse (vor allem von Nahrungsmitteln) und das Wiederaufleben der Wirtschaftstätigkeit speziell in arbeitsintensiven Sparten.« (Holderness 1976, S. 204)
Aber selbst wenn die Reallöhne anstiegen – nahm nicht die Arbeitslosigkeit zu? Das schon, aber die in solchen Perioden vorhandenen Beschäftigungsalternativen schufen zumindest teilweise einen Ausgleich. Arbeiter wurden zu Schmugglern und Straßenräubern. Die Frauen wandten sich der Spinnerei zu. Es kam zu Zuwächsen in der Fischerei (»einer der letzten Auswege der Armen«), da Männer nun eher bereit waren, das mühselige Leben in kleinen Booten auf dem Meer in Kauf zu nehmen. Die Zahl der Hausierer stieg an. Selbst das Baugewerbe schien zu florieren, wobei seine Konjunkturschwankungen beinahe in umgekehrtem Verhältnis zu jenen des Exportsektors standen (vgl. T. S. Ashton 1959, S. 138). Trotz eines Anstiegs der Reallöhne in diesem Zeitraum war die Lebensqualität in der Stadt kaum dazu angetan, die Arbeiter vom Besuch der Tavernen abzuhalten. »Inmitten von Eleganz und Luxus gab es Schmutz und Krankheiten im Überfluß. Zur Zeit Georgs I. und in den ersten Regierungsjahren Georgs II. war London eine stinkende, schmutzige, dreckbespritzte Metropole mit wuchernden Slums.« (Plumb 1966, S. 17)

102 Gilboy (1930, S. 613). Der Vorgang war zweifellos zirkulärer Natur. Höhere Reallöhne führten zu einer Produktionssteigerung bei Gin, diese wiederum zu einer gesteigerten Nachfrage nach Getreide. War aus irgendeinem Grund zuviel Getreide auf dem Markt, ließ sich das Dilemma durch zusätzlichen Absatz von Gin bereinigen. Vgl. dazu Chambers: »Die Gin-Ära war mehr als eine unerklärliche Verirrung des versoffenen Londoner Pöbels. ... Eine Folge von guten Ernten vergrößerte das Angebot an Getreide, während eine Serie von Seuchen die Reihen jener lichtete, die es hätten konsumieren sollen. Als 1739 der Österreichische Erbfolgekrieg begann und der Getreideexport zurückging, fiel damit eine weitere Absatzmöglichkeit teilweise weg. ... Der Selbstmord des Volks von London half somit jenen Landwirten Mittelenglands, die unter dem Druck des Überflusses litten. Die Überschüsse, über die sie klagten, wurden zum Teil durch die Exzesse in der Gin Lane aus dem Verkehr gezogen.« (1957, S. 44)
Mittelfristig jedoch kamen die mittelenglischen Landwirte ihre kurzfristigen Gewinne recht teuer zu stehen. Als nachgelagerter Geschäftszweig der Londoner Brennereien und Brauereien wurden deren Abfallprodukte zunehmend in der Vieh- und Schweinemast verwendet. Diese Praxis fand weite Verbreitung. Als im 18. Jahrhundert in London immer mehr Fleisch und Milch von Schweinen und Kühen aus dem Stadtgebiet stammte, sahen sich die Landwirte aus den umliegenden Grafschaften der heftigen Konkurrenz durch »eine nunmehr ›kapitalistische‹, systematisierte Fleischproduktion« ausgesetzt (Mathias 1952, S. 254).

103 Vgl. Ormrod (1975, S. 39 f.). Die Prämie wurde nach Volumen bezahlt. Gerste ließ sich »aufblasen«, was ihren Export im Vergleich zu anderen Getreidesorten begünstigte. Auch in Holland war diese Zeit die Gin-Ära; vgl. John (1976, S. 53).

104 »Vielleicht waren die Niederländer aufgrund ihrer Abhängigkeit von [englischen Getreide-]Importen verwundbar, aber abhängig sein kann man von billigem, d.h. subventioniertem Getreide ebenso wie von nicht subventioniertem« (de Vries 1975, S. 55). Die Niederlande waren nicht der einzige Exportmarkt; Portugal stellte einen wichtigen Nebenmarkt dar (vgl. Fisher 1971, S. 64).

105 Vgl. Slicher van Bath (1963a, S. 212). Daß die Preise zwischen 1720 und 1740 wieder sanken – war dies nicht zum Teil auf die erhöhte britische Produktion zurückzuführen?

106 Bezüglich der durchschnittlichen jährlichen Getreideexporte aus Großbritannien sowie dem Ostseeraum wartet John mit beeindruckenden Zahlen auf: Zwischen 1650 und 1699 führten die Ostseeländer 58.800 Lasten (eine Last entspricht ungefähr 30 Hektolitern) aus, Großbritannien etwa 2.500; zwischen 1700 und 1749 gingen die Ostsee-Exporte auf 31.000 zurück, die britischen erhöhten sich auf 42.000.

bessere Konditionen bieten konnten. Dies lag nicht nur an den niedrigeren Transportkosten (die auch schon vorher gegeben waren), sondern auch an der Prämie, die ungefähr 16,5% des tatsächlichen Werts des ins Ausland verschifften Getreides ausmachte.[107] Eine 1768 in London verfaßte Abhandlung über Prämien gibt folgende Erklärung: »Wir nahmen es auf uns, den Polen ihren Platz als Pflüger der Holländer streitig zu machen. ... Und den Dänen ihr Amt als deren Kuhhüter streitig zu machen, erlaubten wir zur selben Zeit unseren Brüdern, den Iren.«[108] Daß die Prämie insgesamt Erfolg hatte und ihre Auswirkungen in allen Bereichen der britischen Agrarproduktion spürbar waren, zeigt sich daran, daß sich die Weizenpreise in dieser Zeit hoher Exporte in ganz Großbritannien zunehmend anglichen.[109]

Der britische Staat war also bestrebt, in den Niederlanden für seine Unternehmer einen Absatzmarkt für Getreide zu erobern, und zwar sowohl als Ergänzung zu anderen Profitmöglichkeiten (in einer Zeit, wo solche Möglichkeiten eingeengt waren) als auch, um über *linkage*-Effekte Profite zu gewährleisten. So war es beispielsweise auf die Verdrängung der osteuropäischen Produzenten zurückzuführen, daß die Briten in weiterer Folge die Niederländer aus dem Getreidetransportgeschäft verdrängten.[110] Andere bemühten sich natürlich, das gleiche zu tun. Tatsächlich hatten in den fünfzig Jahren zwischen 1650 und 1700 die südlichen Niederlande und Frankreich ihre Exporte in die Vereinigten Niederlande erhöht, und diese selbst hatten ihre eigene Produktion gesteigert.[111] Doch diese Erzeuger verloren zwischen 1700 und 1750 an Boden, da sie aufgrund der britischen Prämie unterboten wurden.[112] Somit sicherte Großbritannien seine Position ab, indem es – in gewisser Weise *faute de mieux* – den Getreideweltmarkt nutzte, und trug dazu bei, daß zwischen 1700 und 1750 in ganz Europa der *ager* gegenüber dem *saltus* wieder zunahm.[113] Da jedoch die Weltwirtschaft insgesamt noch

---

Nimmt man beide Exporteure zusammen, so stieg die Gesamtausfuhr von 61.300 auf 73.000 (vgl. John 1976, S. 56, Tab. 6). Vgl. dazu auch Lipson (1956, Bd. 2, S. 460), Jeannin (1964, S. 332) sowie Ormrod (1975, S. 38).

107 John (1976, S. 59).

108 *Considerations on the Effects which Bounties Granted on Exported Corn, Malt and Flour have on the Manufactures of this Kingdom* [Erwägungen über die Auswirkungen, die für die Ausfuhr von Korn, Malz und Mehl gewährte Prämien auf die Industrien dieses Königreichs haben] (London 1768, S. 61 f., Fußnote), zit. bei John (1976, S. 56).

109 »So undogmatisch, wie es sich für einen komplexen und unsicheren Bereich gehört, ... neigen wir zur Auffassung, daß die Autonomie von Märkten zumindest im Fall des Weizens ernsthaft übertrieben werden kann.« (Granger/Elliott 1967, S. 262)

110 Vgl. Ormrod (1975, S. 40).

111 Vgl. J. de Vries (1974, S. 171).

112 Vgl. Abel, der darauf hinweist, daß für französische und deutsche Produzenten der Weltmarkt zwischen 1711 und 1740 durch die englischen Exporte blockiert war (1973, S. 265). J. C. G. M. Jansen erwähnt, daß zwischen 1680 und 1740 Agrarproduzenten in Süd-Limburg angesichts fallender Preise den Anbau der gängigen Getreidesorten (*kortkoren* und Dinkel) einschränkten und sich dem »teuren Weizen« (sowie dem Haferanbau) zuwandten, »um so den Verfall der Kornpreise wettzumachen« (1971, S. 255).

113 Vgl. Chaunu (1966a, S. 242). Beim *ager* handelt es sich um landwirtschaftlich genutztes Land im Gegensatz zum *saltus*, der von natürlicher Vegetation bedeckt ist (1966a, S. 640).

immer schwach war, kam es rasch zu einer Überproduktion von Getreide und einer weiteren Agrardepression zwischen1730 und 1750.[114] Im allgemeinen, weltweiten Konjunkturaufschwung nach 1750 reduzierte Großbritannien seine Rolle als Getreideerzeuger für den Weltmarkt wieder, und zwar zugunsten einer stärkeren Spezialisierung auf die Industrieproduktion.[115]

Wie bereits ausgeführt, unterschied sich die Lage in Frankreich von jener in England in einem geringeren Maße, als man gemeinhin annimmt. Untersucht man die Veränderungen, die in der Zeit nach 1690 eintraten, so stellt sich zunächst einmal die Frage, warum die Franzosen keine Prämien einführten. Da es um soviel größer war als England, hatte Frankreich sie möglicherweise nicht nötig. Durch die Kriege zwischen 1688 und 1713 wurden jene Getreideimporte unterbrochen, die Frankreich bis dahin erreicht hatten. Damit »entstand eine Situation, die den Getreideanbau in Südfrankreich begünstigte.«[116] Außerdem verursachten die Kriege in Spanien beträchtliche Zerstörungen und schnitten damit die dortigen Absatzmärkte für Vieh und Wein ab, während durch die Blockade die Märkte für Leinsamen in England und den Niederlanden abgeschnitten wurden. Die Produzenten in Südwestfrankreich wandten sich daher wieder deutlich dem Weizenanbau zu.[117] Von diesem Zeitraum an bis zur Mitte des 18. Jahrhunderts nahm die Landkonzentration kontinuierlich zu. Aus der Region Midi-Pyrénées war »eine Zone der Getreide-Monokultur [geworden], in der für den Export in den Mittelmeerraum produziert wurde.«[118] Unterdessen erlebte die Landwirtschaft im Languedoc infolge der Transportrevolution eine Blütezeit (der *Canal du Midi* wurde 1680 eröffnet, und ab 1725 wurden neue Straßen gebaut). Durch ein besseres Transportsystem wurde es möglich, daß Weizenprodukte zu Preisen nach Marseille gelangten, die auf dem mediterranen Markt konkurrenzfähig waren.[119] Die gestiegene Getreideproduktion in Frankreich entsprach also der gestiegenen Weizenproduktion in England und hatte auch annähernd die gleichen Auswirkungen – sowohl was die ländliche Sozialstruktur betraf als auch hinsichtlich ihrer Bedeutung für die Weltwirtschaft. Das heißt, in einem Zeitalter globaler Stagnation wurden gewinnbringende »periphere« Aufgaben von Gebieten im Zentrum wieder für sich beansprucht.

Warum gibt es, in Anbetracht des eben Gesagten, in der Geschichtsschreibung die weitverbreitete Annahme, daß England etwa zwischen 1650 und 1750 eine Agrarrevolution erlebte, Frankreich hingegen nicht? Um dies zu

114 Vgl. Mingay (1956, S. 324 u. 336).

115 Vgl. T. S. Ashton bezüglich der zweiten Hälfte des 18. Jahrhunderts: »In einer Zeit, als die Bevölkerung rasch zunahm und England von der Landwirtschaft zur verarbeitenden Produktion umschwenkte, ließ es sich wohl kaum vermeiden, daß an die Stelle eines Exportüberschusses ein Importüberschuß trat.« (1969, S. 50)

116 Slicher van Bath (1977, S. 75).

117 Vgl. Enjalbert (1950, S. 116) sowie Braudel (1951, S. 71).

118 Frêche (1974, S. 835).

119 Vgl. Le Roy Ladurie (1975a, S. 397–400).

beantworten, müssen wir uns die Entwicklungen in den nichtagrarischen Produktionszweigen ansehen. In England zeigte sich im Hüttenwesen und in der Textilproduktion nach 1700 »eine allgemeine Tendenz in Richtung Erholung, aber noch kein deutliches Wachstum«[120]. Bis 1750 verlief die Preisentwicklung bei verarbeiteten – wie bei landwirtschaftlichen – Produkten »leicht nach unten«, wobei »der Trend sowohl bei den Reallöhnen als auch bei der Nachfrage leicht nach oben«[121] zeigte. Diese gestiegene Nachfrage war zuallererst Exportnachfrage, vor allem aus den Kolonien. Wie wir an früherer Stelle gezeigt haben, entsprach dies einem der Hauptziele, die die britische Politik in den nördlichen Staaten Britisch-Nordamerikas verfolgte. Infolge des zunehmenden Wohlstands in der Landwirtschaft handelte es sich aber auch um Binnennachfrage.[122] Die Großgrundbesitzer zählten zu den ersten, die von der eigenen Nachfragesteigerung profitierten. Die üblicherweise niedrigen Grundrenten wurden zwischen 1700 und 1750 dadurch aufgewogen, daß sich für die Güter immer mehr Einnahmequellen auftaten: der Verkauf von Bauholz und die Verpachtung von Land für den Kohle- und anderen Bergbau, für Steinbrüche, Eisenwerke und Kalköfen.[123]

Der Aufschwung der landwirtschaftlichen Produktion stellte für die Metallerzeugung eine bedeutende Triebkraft dar,[124] und auch von den ständigen Kriegen mit Frankreich ging ein merklicher Impuls aus.[125] Durch die Kriege

---

120 Kellenbenz (1977a, S. 547), bei dem es weiter heißt: »Trotz der wirtschaftlichen Verschiebungen in Richtung Rußland, das reich an Eisen und Holz war, gab es – vor allem im Bereich des Hüttenwesens – noch immer zu viele Hindernisse.« Vgl. East: »Entwicklungen *großen Stils*, die auf der Landkarte ihre Spuren hinterlassen würden, mußten bei der Kohle ebenso wie beim Eisen bis zum 19. Jahrhundert warten.« (1951, S. 512, Hervorhebung I. W.)

121 Coleman (1977, S. 151). Er schreibt, die Periode zwischen 1650 und 1750 »war in der englischen Industrie ein Zeitalter der Investition und des Unternehmungsgeistes. Es manifestierte sich zwar nicht in spektakulären Veränderungen wie jenen des darauffolgenden Jahrhunderts, war aber insofern von entscheidender Bedeutung, als es jene stärkeren und flexibleren Grundlagen schuf, von denen aus die spätere Umwälzung ihren Ausgang nehmen konnte.«

122 Vgl. Wilson (1977a, S. 8).

123 Vgl. Mingay (1960, S. 373).

124 Eine ausführliche Analyse findet sich bei Bairoch (1966), und zwar sowohl was die Verwendung von Eisen bei Werkzeugen als auch was die wachsende Zahl in Gebrauch stehender Werkzeuge betrifft. Besonderes Gewicht legt er auch auf die zunehmende Verwendung von Pferden und die neue Praxis des Beschlagens. In dieser Hinsicht betrachtet er für England die Jahre zwischen 1720 und 1760 als Schlüsselperiode, für Frankreich den Zeitraum zwischen 1760 und 1790 oder sogar zwischen 1790 und 1820. Vgl. dazu auch Chambers, in dessen Augen die Industrie im England des 17. und 18. Jahrhunderts von der Landwirtschaft auf dreifache Art unterstützt wurde: durch die Bereitstellung von Kapital und die Führungsrolle bei der Entwicklung der Blei-, Eisen- und Kohleproduktion, durch den Konsum von Industrieerzeugnissen und durch das Vorantreiben von Veränderungen im Transportsystem, besonders in Form der Mautstraßen (1957, S. 36).

125 Aufgrund dieser Faktoren, so John, »beschleunigte sich die Suche nach Methoden, Kohle im Bereich der Verhüttung einzusetzen«, was zwischen 1688 und 1698 zur Erfindung des Reverberier-Ofens führte. John erinnert auch daran, daß »sich die Größe der Kriegsflotte zwischen 1714 und 1763 verdoppelte« (1955, S. 330 u. 333). Kellenbenz weist darauf hin, daß die Unvereinbarkeit von Eisenerzeugung und hoher Bevölkerungsdichte verschwand, sobald bei der Eisenverhüttung Holzkohle durch Kohle ersetzt wurde. Dies, so betont er, erkläre die merkliche Verlagerung der Produktion von Schweden nach England (vgl. 1974, S. 206 f.).

entstand eine Nachfrage nach Metallen im Rüstungsbereich, Importe wurden (zumindest für die Dauer der Kriege) erschwert, und infolge der Ausweitung des Schiffbaus stieg der Holzverbrauch. Das höhere Niveau der Binnennachfrage bewirkte einen Aufschwung im Bauwesen, was wiederum die Bleierzeugung ankurbelte. Die Bleipreise blieben jedoch niedrig, was vielleicht darauf hindeutet, daß die Produktion im Verhältnis zur langsam steigenden Nachfrage zu schnell ausgeweitet wurde.[126] Gould vermutet für die Periode von 1600 bis 1750, daß die tatsächliche Bedeutung niedriger Nahrungsmittelpreise in einer Kostenreduktion für die Textilproduktion lag.[127] Wie im Fall der Weizenexporte, so spielte auch in diesem Bereich staatliche Intervention in den Weltmarkt bei der Ausweitung der Produktion eine entscheidende Rolle. Die britische Regierung setzte etwas in Gang, was man heute als Importsubstitutions-Politik bezeichnen würde.[128] Der Konkurrenzdruck, dem sich die englischen Weber durch den Indien-Handel ausgesetzt sahen, war bereits 1675 im Parlament erörtert worden, und man hatte Kalikos mit Zöllen belegt.

Die eigentümliche Wirtschaftskrise in den neunziger Jahren des 17. Jahrhunderts führte zur sogenannten Kaliko-Kontroverse (1696–1700), die ihren Höhepunkt in einem Gesetz fand, mit dem die Einfuhr bedruckter Kalikos aus Persien, Indien und China verboten wurde. Dies geschah trotz des Widerstands von seiten der *East India Company* und all jenen, die im Verkauf und in der Weiterverarbeitung indischer Waren für den englischen Markt tätig waren. Den Erzeugern von Wolltuchen nützte dies jedoch nichts, da Kalikos sehr wohl in England bedruckt werden durften. Durch Arbeitslosigkeit verursachte Weberaufstände 1719 führten zum »Luxusgesetz« des Jahres 1720, das die Verwendung und das Tragen bedruckter Kalikos bis auf wenige Ausnahmen untersagte. Freilich ließ sich das Gesetz nur in begrenztem Maße durchsetzen. Da Musselin nach wie vor importiert werden durfte, wurden viele Kalikos als Musselin deklariert und eingeführt; Chintz wurde nach England eingeschmuggelt. 1735 wurde mit dem *Manchester Act* ein Rückzieher gemacht: In Großbritannien hergestellte bedruckte Waren aus Flachsgarn und Baumwolle wurden von den Luxusgesetzen explizit ausgenommen, womit schließlich Baumwoll- und Leinentextilien doch noch das Bürgerrecht erhielten.[129] Insgesamt wirkten sich die Gesetze dahingehend

126 Vgl. Burt (1969, S. 266).

127 Gould (1962, S. 320). Hingegen weist Gould jeden Versuch, einen direkten und ständigen Einfluß von Ernteschwankungen auf das Wirtschaftsgeschehen nachweisen zu wollen, als »gewagt« zurück. Er weist darauf hin, daß derartige Schwankungen ganz konträre Auswirkungen haben können. Wilson ist von Goulds Position weniger überzeugt: »Aber es bleibt eine ungelöste Frage, wie weit das Abflachen, ja das Sinken des allgemeinen Preisniveaus bei Gütern des täglichen Bedarfs die Ausbreitung der gewerblichen Produktion in den Jahren zwischen der Restauration und der Industrialisierung des späten 18. Jahrhunderts unterstützte.« (1977a, S. 13)

128 Vgl. Ormrod (1975, S. 40). Die große »Prohibition« des Jahres 1678, die sich primär gegen Frankreich richtete, wurde zur damaligen Zeit als Wendepunkt angesehen (Ashley 1897, S. 338).

129 Vgl. P. J. Thomas (1963, S. 68, 101, 125, 139, 150 und 163 f.). Trotzdem blieb in England die

aus, daß sie innerhalb Englands »die Herstellung von Kaliko-Ersatzstoffen begünstigten«[130].

Noch sind wir allerdings nicht im Baumwoll-Zeitalter angelangt, denn bei den sogenannten englischen *cottons* handelte es sich bis 1773 in Wirklichkeit um ein Gewebe, in dem ein Baumwoll-Schuß (der querlaufende Faden) mit einer Leinen-Kette (dem Längsfaden) kombiniert wurde.[131] Das Leinen wurde auch weiterhin zum Großteil importiert, hauptsächlich aus Deutschland, Irland und Schottland.[132] Deutsche Leinenstoffe verloren im Verlauf des 18. Jahrhunderts gegenüber schottischen und irischen Leinenstoffen kontinuierlich an Boden. Auch dabei handelte es sich um das Ergebnis staatlicher Politik (die 1660 ihren Anfang nahm und danach ständig verschärft wurde).[133] Ab dem Jahr 1707 war Schottland natürlich ein Teil Großbritanniens. Die Vereinigung wirkte sich primär dahingehend aus, daß schottische Wolltuche (mit Ausnahme der gröbsten Qualität) von englischen verdrängt wurden. Im Gegenzug bot sich jedoch der schottischen Leinwand die Möglichkeit, in England zu reüssieren.[134] Wie sehr die schottischen Grundbesitzer-Unternehmer[135] davon profitierten, ist seit langem eine strittige Frage. In

---

Herstellung von Wolltuchen während des gesamten 18. Jahrhunderts der Hauptindustriezweig (Deane 1957, S. 207) und erlebte zwischen 1700 und 1740/50 eine Phase »deutlichen Wachstums« (S. 221).

130 Smelser (1959, S. 53). Der Unterschied zwischen der merkantilistischen Politik Frankreichs und jener Englands bestand nach Auffassung Heckschers darin, daß in England die Importsubstitution gefördert wurde. Er hält es für notwendig hinzuzufügen, daß England, und dies sei »vielleicht das wichtigste«, seine Einfuhrverbote eigentlich nicht mit vollem Nachdruck durchgesetzt habe, während dies in Frankreich sehr wohl der Fall gewesen sei (1935, Bd. 1, S. 174 f.). Gibt es dafür Belege, oder handelt es sich lediglich um liberale (antifranzösische) Voreingenommenheit?

131 Vgl. Warden (1864, S. 373).

132 Wie sehr man sich auf Importe stützte, ist umstritten. Harte meint: »Für den Inlandsverbrauch wurde ... im 18. Jahrhundert wahrscheinlich mehr Leinen in England selbst produziert, als man aus Schottland und Irland insgesamt einführte.« (1973, S. 107.) Möglicherweise. Nimmt man jedoch alle Bezugsquellen zusammen, so wurde mehr importiert als lokal produziert, und schottische und irische Leinenstoffe spielten eine immer wichtigere Rolle.

133 Harte (1973, S. 76); vgl. dazu auch Davis (1962, S. 287 f.). »In den hundert Jahren nach 1690 wurden die Zölle auf die meisten Leinwandsorten ... ungefähr zweimal hintereinander nominell verdoppelt.« (Harte 1973, S. 78.) Harte meint, gegen die französischen Leinenstoffe sei hauptsächlich aufgrund der unmittelbaren Konkurrenzsituation vorgegangen worden, während es das deutsche, flämische und niederländische Leinen »aus rein fiskalischen Gründen« getroffen habe (S. 97). Sicherlich; aber wie er selbst zugibt, war der »Nebeneffekt jener Anforderungen, die von den Staatsfinanzen, die vom wachsenden Bedarf nach Staatseinnahmen zur Finanzierung der Kriege ausgingen« (S. 76), beinahe ebenso groß wie die Retorsions-Zölle auf französische Waren.

134 Vgl. Gulvin (1971), H. Hamilton (1963, S. 255) sowie Durie (1973; S. 47). Campbell betont: »Man kann mit einiger ökonomischer Berechtigung sagen, daß die Vereinigung des Jahres 1707 im Laufe der weiteren Entwicklungen dafür sorgte, daß sich die schottische Wirtschaft auf jene Gebiete [spezialisierte], wo ihr aufgrund ihrer Verbindungen mit England ein Absatzmarkt für ihre Produktion garantiert war.« (1964, S. 477)

135 Smout legt besonderes Gewicht auf diese Kombination. Er verweist auf Schottland, wo die »althergebrachte Vereinfachung«, daß die Industrielle Revolution den Triumph der Bourgeoisie über die Aristokratie bedeutet habe, seiner Ansicht nach eine »ironische Wendung« erfuhr. »Die [schottischen] Grundbesitzer bemühten sich im 18. Jahrhundert Seite an Seite mit den Mittelschichten, eine neue Art von dynamischer Wirtschaft zu entwickeln ... – und als ihnen dies gelungen war, wurde daraus ein Frankenstein, der ihnen die Gliedmaßen abriß: ihre Privilegien und ihre Führungsrolle.« (1964a, S. 234)

Irland war es eine einseitigere Angelegenheit. Der Krieg König Wilhelms (1689–1691) hatte mit dem Vertrag von Limerick geendet. Darin wurde ausdrücklich festgehalten, daß die englische Krone in Irland über dieselben Machtbefugnisse verfüge wie in den Kolonien.[136] Die Auswirkungen auf die irische Produktionstätigkeit zeigten sich sofort. Bereits in der Restaurationszeit waren die meisten direkten Handelsbeziehungen mit den amerikanischen Kolonien untersagt und auf diese Weise die irischen Industrien geschwächt worden.[137] Mit dem *Great Cattle Act* aus dem Jahr 1666 hatte man irische Fleischprodukte vom englischen Markt ausgeschlossen und damit eine Konzentration auf den Wollexport nach England erzwungen.[138]

In den Jahren nach der *Glorious Revolution* gingen die Briten noch viel weiter. Die irische Wolltucherzeugung wurde durch den *Irish Woollens Act* des Jahres 1699 zugrunde gerichtet.[139] Durch dieses Gesetz wurden die Iren in die Leinenerzeugung abgedrängt, auf heimgewerblicher Basis mit Lohnstrukturen auf äußerst niedrigem Niveau.[140] James behauptet, dies sei für die Iren deshalb nicht so schlimm gewesen, weil es ihnen im 18. Jahrhundert so wie den Schotten erlaubt war, Waren nach England *und* in die britischen Kolonien zu exportieren. Die Karibikinseln wurden zum Hauptabsatzmarkt für irische Lebensmittel.[141] Dies läßt jedoch den Umstand außer acht, daß die Hauptnutznießer dieses Exporthandels die *englischen* Großgrundbesitzer in Irland waren. Hills Einschätzung scheint angemessener zu sein: »Nach den Negersklaven war Irland das Hauptopfer jenes Systems von Navigationsgesetzen, das England zur Welthegemonie verhalf.«[142] Es wird also ein Muster erkennbar, in dessen Rahmen die britische Regierung zwischen 1650 und 1750 (und besonders nach 1689) zielstrebig merkantilistische Maßnahmen

---

136 Vgl. James (1973, S. 277). Da »das Herrschaftssystem in Irland auf Eroberung beruhte und sich von seinen militärischen Ursprüngen nicht so leicht entfernen konnte« (S. 290), so James, sei Irland sogar noch mehr Kolonie gewesen als die Kolonien in Amerika. Irlands Rolle im Rahmen des englischen Systems wird von Cullen bereits für das 17. Jahrhundert als »in mancher Hinsicht kolonial« bezeichnet, und für das 18. Jahrhundert spricht er von der »wachsenden Abhängigkeit von England« (1968, S. 2 u. 46).

137 Vgl. James (1973, S. 191 f.).

138 Vgl. Cullen (1968, S. 53).

139 Vgl. Kearny (1959). In seinen Auswirkungen hält Cullen den *Woollens Act* für weniger gravierend als den *Cattle Act* und die verschiedenen Navigationsgesetze. Bei diesen handelte es sich um englische Gesetze, die den englischen Handel regelten. Die besonders traurige Berühmtheit des *Woollens Act* führt Cullen daher lediglich darauf zurück, daß damit ein Gesetz über irische Exporte erlassen wurde – ein »flagrantes Beispiel für den Anspruch des britischen Parlaments, gesetzgeberische Vollmachten für Irland zu besitzen.« (1967, S. 2)

140 Vgl. Kellenbenz (1965, S. 385 f.), Gill (1925, S. 31) sowie Warden (1864, S. 393).

141 »Statt Vieh an englische Händler zu verkaufen, verkauften die Iren nun Rindfleisch, Schweinefleisch und Butter an Kunden in der ganzen Welt« (James 1963, S. 576); vgl. dazu auch James (1973, S. 190–217). Cullen macht jedoch auf einen wichtigen negativen Nebeneffekt der Navigationsgesetze aufmerksam: »... das Fehlen eines direkten Kolonialhandels wie auch eines Wiederausfuhrhandels machte hochentwickelte Finanzinstitutionen entbehrlicher« (1977, S. 171).

142 Hill (1969, S. 164).

ergriff, um Großbritanniens Anteil an der weltweiten Metall- und Textilerzeugung zu vergrößern.[143] Wolltuche und Baumwollstoffe waren England vorbehalten, Schottland und Irland durften sich an der Leinenerzeugung beteiligen.[144] Es bleibt die Frage, wie sich dieses unbestrittene Wachstum der britischen Industrieproduktion im Vergleich zu den Entwicklungen in Frankreich ausnimmt.

Laut Imbert machte das französische Industriekapital in den letzten drei Jahrhunderten des *Ancien Régime* fraglos Fortschritte, aber doch geringere als das englische Industriekapital.[145] Am Anfang hatte Frankreich über einen Vorsprung verfügt, und Mendels vertritt die Auffassung, daß es auch noch zwischen 1700 und 1750 die weltweit führende Industriemacht war.[146] Obwohl der Anteil verarbeiteter Produkte am französischen Gesamtexport im Verlauf des 18. Jahrhunderts gleichgeblieben sei, betont Léon, habe sich die absolute Menge vervierfacht. Und er fügt hinzu, daß es sich bei dieser exportorientierten Industrie um den technologisch fortgeschrittensten Sektor gehandelt habe.[147] Nef meint, daß das französische Produktionsvolumen zwischen 1640 und 1740 rascher gewachsen sei als zwischen 1540 und 1640 und daß sich die Wachstumsrate in England im Zuge des Bürgerkriegs verlangsamt und erst in den fünfziger Jahren des 18. Jahrhunderts wieder erholt habe. Nef glaubt daher, daß sich die Wachstumsgeschwindigkeiten der beiden Wirtschaften einander annäherten.[148] Die quantitativen Daten sind dürftig, und die Wissenschaftler vertreten einander widersprechende Positionen – das heißt, wir sollten vorsichtig vorgehen. Vielleicht ist es am besten, wir stellen für diese Post-Restaurations-, Post-Colbert-Periode einen qualitativen bzw. Strukturvergleich zwischen englischer und französischer Produktion an. Cunningham zog im Jahr 1892 folgenden Vergleich:

Während des größten Teils [der Jahre zwischen 1689 und 1776] war im Hinblick

143 Ralph Davis meint, die Schutzzollpolitik habe in England in den neunziger Jahren des 17. Jahrhunderts begonnen, »1722 waren protektionistische Maßnahmen zugunsten der Industrie bereits eindeutig in Kraft und unbestritten«, und in den folgenden 50 Jahren seien diese dann ausgeweitet worden (1966, S. 306, 313 u. 317).

144 Trotzdem bedeuteten die Jahre von 1740 bis 1790 für die englische Leinenproduktion eine »bemerkenswerte Expansionsphase« (Harte 1973, S. 107). Durie weist jedoch darauf hin, daß englisches Leinen zu diesem Zeitpunkt auf dem *Export*markt für schottisches Leinen keine Konkurrenz darstellte (1973, S. 37).

145 J. Imbert (1965, S. 385).

146 Vgl. Mendels (1972, S. 258 f.); vgl. auch Markovitch (1968b, S. 579). Für Léon jedoch lag Frankreich, was den *Anteil* der industriellen an der Gesamtproduktion betraf, hinter England zurück: im 18. Jahrhundert ein Fünftel gegenüber einem Viertel (1970c, S. 528). Heckscher, ein großer Anhänger Englands gegenüber Frankreich, räumt ein, daß die englische Überlegenheit nicht quantitativ, sondern »technologisch« war. Warum nicht quantitativ? Weil »beim Ausbruch der Französischen Revolution die Industrialisierung selbst in England das Verpuppungsstadium kaum hinter sich gelassen hatte und die Neuerungen eher latent als manifest waren.« (1935, Bd. 1, S. 202 f.)

147 Vgl. Léon (1970b, S. 229 f.). C.-E. Labrousse schreibt: »In diesem Wettstreit hatte der bereits voll entwickelte Kapitalismus keine Schwierigkeiten, den alten feudalen Sektor und seine traditionellen Einnahmequellen auszustechen.« (1970, S. 704)

148 Nef (1968, S. 149). Crouzet pflichtet für die Periode 1700 bis 1750 bei, findet aber, daß sich das englisch-französische Gesamtbild zwischen 1750 und 1800 völlig veränderte (1966, S. 268).

auf die Ausfuhr und Einfuhr von Korn [in England] eine höchst bemerkenswerte Politik [das Prämiensystem] in Kraft. ... Diesem meisterhaften politischen Schachzug gilt großes Interesse, zumal es den Anschein hat, als hätte er die großen landwirtschaftlichen Fortschritte bewirkt, die zur Zeit dieser Maßnahmen eintraten. ... Dabei scheint es sich im Rahmen jenes Systems, das auch als Merkantilsystem bekannt ist, um den Aspekt zu handeln, der für England typisch war. Die Franzosen hatten die Industrie gefördert, die Niederländer die Schiffahrt. Die Engländer entschieden sich dafür, die Entwicklung der Landwirtschaft voranzutreiben. ... Im 18. Jahrhundert erwies sich dieser Schritt als Fundament des englischen Wohlstands.[149]

Zwei Fragen drängen sich auf: Bestand der Unterschied zwischen englischer und französischer Regierungspolitik in dieser Periode tatsächlich darin, daß im einen Fall der Schwerpunkt auf der Landwirtschaft lag, im anderen Fall auf der Industrie? Erklärt sich daraus der späterhin größere Wohlstand Großbritanniens? Durch eine unlängst erschienene Studie werden Cunninghams Verallgemeinerungen tendenziell bestätigt. Markovitch untersucht darin die Terms of Trade, die in den beiden Ländern während des 18. Jahrhunderts zwischen Landwirtschaft und Industrie bestanden. Er stellt dabei fest, daß in Frankreich die Preise für Industrieerzeugnisse im Verhältnis zu jenen für Agrarprodukte ein relativ hohes Niveau aufwiesen und daß in England genau das Gegenteil der Fall war.[150] Warum könnte das so gewesen sein? Vielleicht deshalb, weil es die jeweilige Regierung so wollte. Und wenn das so war, könnte es nicht – vor dem Hintergrund der langfristigen Stagnation der Weltwirtschaft – etwas mit der Größe der beiden Länder zu tun gehabt haben? Weder der englische Binnenmarkt noch der französische Binnenmarkt der *cinq grosses fermes* waren groß genug, um einen größeren Vorstoß in Richtung Mechanisierung der Industrie zu tragen. Für England hieß es daher, ausländische Märkte zu erobern, für Frankreich, die wirtschaftliche Integration des Staates zu erreichen.[151]

In Anbetracht des Umstands, daß in diesem Zeitraum die Nachfrage weltweit nachließ, mag es den Engländern als sicherere Methode erschienen sein, sich mit Getreideexporten (und weniger mit dem Export von verarbeiteten Produkten) Zugang zu bedeutenden Auslandsmärkten und letztlich die Kontrolle über sie zu verschaffen. Von dem her legte die Regierung besonderen Nachdruck auf die Kornprämie, ohne dabei allerdings andere Taktiken auszuschließen. In

149 Cunningham (1892, Bd. 2, S. 371 f.).

150 Markovitch (1968b, S. 578).

151 Vgl. dazu Richard Roehl: »In England war der Binnenmarkt zu klein, das Niveau der im Inland generierten Gesamtnachfrage unzureichend, um von innen heraus eine industrielle Revolution auszulösen und aufrechtzuerhalten. Frankreich war eine viel größere Nation. Dort entsprach die Binnennachfrage den Erfordernissen einer industriellen Revolution, und Frankreich war in keinem erheblichen Maß auf den Weltmarkt angewiesen, um so die Gesamtnachfrage zu erhöhen. England war gezwungen, stattdessen die internationale Nachfrage als Ergänzung zu einem Binnenmarkt heranzuziehen, der für sich allein zu klein gewesen wäre, um einen umfassenden Vorstoß in Richtung Industrialisierung zu tragen.« (1976, S. 272)

Frankreich sah die Lage anders aus. Ein beträchtlicher Teil der französischen Industrie war an der Atlantikküste (»im Ponant«) angesiedelt, einem Gebiet außerhalb der *cinq grosses fermes* und eines, das die engsten Handelsbeziehungen mit Amerika unterhielt. Unternehmer von der Atlantikküste fanden es schwieriger, ihre Waren im übrigen Frankreich abzusetzen als in Holland. Um die Handelsverbindungen mit Holland zu erhalten, begannen sie, Industriezweige wie die Zuckerraffinierung aufzulassen und Holland im Gegengeschäft für Metallwaren und bedruckte Baumwollstoffe unraffinierten Zucker aus der Karibik zu verkaufen.[152] Damit begann das Ponant gegenüber Holland in eine Position zu geraten, die jener Portugals gegenüber England entsprach.

Es gelang der Colbertschen Politik nicht, das *Ponant* zu »inkorporieren«. Aber indem sie dafür sorgte, daß jene Industrien, die das *Ponant* fallenließ, in anderen Regionen angesiedelt wurden, bewahrte sie Frankreich davor, das Schicksal Portugals zu teilen. Zu Beginn des 17. Jahrhunderts war das *Ponant* die wohlhabende Region schlechthin, die Region der Wolltuche und Leinenstoffe. Mit Colbert begann sich dies zu verändern, und sowohl im Nordosten (innerhalb der *cinq grosses fermes*) als auch im Languedoc erlebte die Industrie einen Aufstieg.[153] Im Zeitraum zwischen 1700 und 1750 befanden sich 55% der Wollindustrie im Nordosten, 28% im Süden, und der Westen war auf 4% zurückgefallen.[154] Daß die Franzosen das Schwergewicht auf die Industrie legten, entsprach einem dringenden Bedarf und erwies sich langfristig als erfolgreich. Als Colberts Vorhaben schließlich in der napoleonischen Zeit voll realisiert wurden, war die industrielle Basis, die zur Durchführung einer solchen Politik erforderlich war, noch erhalten. »*Laissez-faire, laissez-passer*« bezog sich ursprünglich auf das Ideal eines Wegfallens der Barrieren *innerhalb eines merkantilistischen* Frankreich.[155]

Vermag der Umstand, daß Großbritannien in der Periode von 1700 bis 1750 größeres Gewicht auf Agrarexporte legte, seine wirtschaftlichen Triumphe im Jahrhundert darauf zu erklären?[156] Möglicherweise, aber nur indirekt. Der

---

152 Vgl. Boulle (1975, S. 73). Im Gegenzug griffen die Niederländer den Kaufleuten von Nantes beim Sklavenhandel unter die Arme (vgl. Boulle 1972, S. 76–80). Das gleiche Phänomen erwähnt Huetz de Lemps hinsichtlich der Kaufleute von Bordeaux: »Das Wirtschaftsleben von Bordeaux war vermutlich nie in einem derartigen Maße von den Niederländern abhängig gewesen.« (1975, S. 614.) Morineau spricht von der Schlüsselrolle, die dem französischen Baskenland, namentlich Bayonne, als Zwischenstation für den legalen und illegalen Handelsverkehr der Niederländer mit Spanien zukam (1969a, S. 326).

153 Vgl. Léon (1970c, S. 525 f.) und auch Le Roy Ladurie (1974a, S. 155). Natürlich lag das Languedoc außerhalb der *cinq grosses fermes*, aber sein Exportmarkt war in erster Linie der Mittelmeerraum, wo Frankreich aus geographischen Gründen mit Großbritannien und den Niederlanden besser konkurrieren konnte. Carrière spricht für die Zeit nach 1689 von der Symbiose zwischen dem Languedoc und Marseille (1974, S. 169).

154 Vgl. Markovitch (1968b, S. 556).

155 Vgl. Bosher (1964, S. 66–69).

156 Der Wohlstand, den die britische Nation schließlich erreichte, muß im Lichte jener Lage gewürdigt werden, wie sie sich zu Beginn des 18. Jahrhunderts laut J. H. Plumbs Einschätzung darbot: »Im Jahr 1714 war England ein Land kleiner Städte und einer verstreut lebenden Bevölkerung. Der Wohlstand seiner Menschen vermochte einem Vergleich mit Frankreich oder den Niederlanden nicht standzuhalten.« (1966, S. 28)

Schwerpunkt, der auf den Außenhandel gelegt wurde (zu diesem Zeitpunkt größtenteils Getreidehandel) führte zur Schwerpunktsetzung auf die Kriegsflotte und die Kolonien, was in weiterer Folge die militärischen Triumphe in der langen Auseinandersetzung mit Frankreich ermöglichte. Während sich der französische Staat abmühte, die Hindernisse im Inneren zu überwinden, wurde er vom britischen Staat ausmanövriert. Weit davon entfernt, ein Triumph des Liberalismus zu sein, handelte es sich vielmehr um den Triumph des starken Staates, dessen Stärke jedoch einer Zwangslage entsprang. Die Stärke, die England und Frankreich im Produktionsbereich aufwiesen, läßt sich am besten in Relation zur früheren Hegemonialmacht, der Niederländischen Republik, abschätzen. Während des gesamten 17. Jahrhunderts stiegen die Produktionskosten in den Niederlanden im Vergleich zu denen in England und Frankreich. Im Jahr 1700 zeigte sich ein deutlicher Unterschied.[157] Steigende Kosten ergaben sich aus zwei charakteristischen Begleiterscheinungen von Hegemonie: steigenden Steuern[158] und steigenden Lohnniveaus[159], wobei letztere vor allem den arbeitsintensiven Sektor trafen (im konkreten Fall Textilproduktion, Schiffbau und Brauereien).[160] Geht man davon aus, daß niederländische Produkte auf dem Weltmarkt tatsächlich weniger konkurrenzfähig waren, so konnte der niederländische Kapitalismus noch immer von seinen Einnahmen aus Auslandsinvestitionen zehren. Der Niedergang der Niederlande war nicht absolut, sondern lediglich relativ im Vergleich zu England und Frankreich.[161]

Die langsame Verschiebung in den Produktionsstrukturen Großbritanniens und Frankreichs (und der anhaltende relative Abstieg der Niederlande, von jenem Spaniens und Portugals ganz zu schweigen) führten zu neuen

157 Vgl. Wilson, bei dem es heißt, daß »sich die Engländer um das Jahr 1700 herum über Preise und Qualität niederländischer Waren zu beklagen begannen« (1968, S. 236). Für Roessingh geriet die niederländische Tabakverarbeitung gegenüber der englischen ab 1720 zunehmend ins Hintertreffen (1976, S. 501 f.). Boxer schreibt, daß die englischen Schiffbauer in den dreißiger Jahren des 18. Jahrhunderts den Niederländern verbesserte Methoden beibrachten (1964, S. 149). Carrière behauptet, der Aufschwung der Produktion in Südfrankreich ab 1700 sei das Gegenstück zum Abstieg der Niederländer (und auch der Engländer) im Mittelmeerraum (1974, S. 172).

158 Vgl. Barkhausen (1974, S. 246). Vgl. dazu auch Wilson; er präsentiert Daten, um nachzuweisen, daß die Niederländer in dieser Periode ungefähr dreimal soviel an Steuern zahlten wie Engländer und Franzosen.

159 Vgl. Swart (1975, S. 47) und J. de Vries (1975, S. 56), bei dem es heißt: »Umfangreiche karitative Leistungen sorgten in der Republik für eine Lohn-Untergrenze, die höher lag als das, was viele Arbeitgeber für bestimmte Arbeiten zu zahlen bereit waren, und ermöglichten damit, daß Arbeitslosigkeit und Arbeitskräftemangel nebeneinander existierten.«

160 Kossmann (1975a, S. 53). Dies wurde durch Umweltkatastrophen noch verschlimmert: Schiffswürmer (*T. Navalis*), die die Stützpfähle von Deichen zerstörten, und Wasserverschmutzung, die Tuchappretierer dazu zwang, für das Färben frisches Wasser zu importieren; vgl. Knoppers (1975b), Carter (1975a, S. 67) und Van Veen (1950, S. 73). Nach 1731 investierten die Niederländer in Befestigungen aus Stein, doch war dies recht kostspielig.

161 Vgl. Morineau (1965, S. 170) sowie Klein (1970, S. 33). Eine gute Darstellung der Lage findet sich bei Hazard: »Holland war wohlhabend, und Holland war mächtig. Auch wenn es im Bereich des Handels mit England einen Rivalen hatte, auch wenn es nach 1688 wie ein Dingi an der Seite eines großen Schiffes auszusehen begann, auch wenn es allmählich jenen Kampfgeist und Abenteuermut verlor, die es zu einer großen See- und Kolonialmacht hatten werden lassen, so darf man nicht glauben, daß Holland aufgrund dieser geänderten Verhältnisse verarmte. Es war reich, und es genoß die Annehmlichkeiten des Reichtums.« (1964, S. 96)

Handelsstrukturen oder zumindest zur Akzentuierung bereits bestehender Tendenzen. Zwischen 1660 und 1700 trat London als wichtiger Stapelplatz für die Wiederausfuhr von Produkten hervor, die aus den Kolonien stammten. Der Seehandel innerhalb der Weltwirtschaft war jedoch noch immer »vorwiegend europäischer Natur« und befand sich nach wie vor weitgehend in niederländischen Händen. Besonders nach 1700 verlief jedoch die wirtschaftliche Expansion im Rahmen der neuen kolonialen Handelsbeziehungen deutlich in Richtung Westen, und in diesem Bereich war England bemüht, die Niederländer zu verdrängen.[162] Während der Zeit der englisch-französischen Kriege 1689 bis 1713 wurde in England erstmals offen über den Nutzen merkantilistischer Politik im Bereich des Handels debattiert. Einerseits zeigten der *English Navigation Act* von 1696 und die Schaffung des *Board of Trade*, daß die staatliche Lenkung der Handelsvorgänge einen neuen Grad an Ernsthaftigkeit erreicht hatte.[163] Andererseits erhoben sich Forderungen nach einem freieren Handel und einer Modifizierung der merkantilistischen Politik.[164] Keine der beiden Positionen war stark genug, um die Oberhand zu gewinnen. Darin drückte sich genau jener Umstand aus, daß England innerhalb der Weltwirtschaft zwar immer stärker wurde, aber von einem hegemonialen Status noch weit entfernt war.[165]

Im Atlantik-Handel standen in der ersten Hälfte des 18. Jahrhunderts Zucker an erster[166] und Sklaven (die den Zucker erst ermöglichten)[167] an zweiter Stelle. Der Zucker-Welthandel wurde ab 1700 eindeutig von den Briten beherrscht, doch bis 1750 war diese Dominanz auf Frankreich übergegangen.[168] Diese Verschiebung wird am ehesten verständlich, wenn man die Produktion auf Jamaika, wo aufgrund der Bodenerschöpfung in den

---

162 Wilson (1957b, S. 27 f.). »Das wichtigste dynamische Element innerhalb des englischen Exporthandels war in den Jahrzehnten um die Mitte des 18. Jahrhunderts stets ... der Kolonialhandel.« (Davis 1962, S. 290)

163 Vgl. Clark (1923, S. 135–137), Andrews (1929, S. 285), Ogg (1970, S. 261) sowie Hoffenden (1970, S. 490–491).

164 Vgl. Cherry (1953, S. 119).

165 Die schwankende politische Haltung, die sich in den Auffassungen britischer Regierungen äußerte, spiegelte zweifellos schwankende ökonomische Realitäten wider. »Es ist wahrscheinlich, daß sich der Großteil der ziemlich bescheidenen Fortschritte der ersten Hälfte des 18. Jahrhunderts [im Welthandel] in den ersten 20 bis 25 Jahren ereignete und daß danach die Entwicklung für etwa 20 Jahre gebremst wurde, bis dann in den vierziger Jahren des 18. Jahrhunderts die weit stärkere, nach vielen Seiten ausgerichtete Expansionswelle einsetzte und in den folgenden Jahrzehnten an Dynamik gewann.« (Deane/Cole 1962, S. 61)

166 Moreno Fraginals bezeichnet den Zucker als das »wichtigste elementare Weltprodukt, das heißt jene Ware, die, gemessen am Gesamtwert der internationalen Handelstransaktionen, den ersten Platz einnahm« (1978, Bd. 1, S. 22).

167 »Die Bedeutung des Sklavenhandels für Europa lag nicht in seiner außergewöhnlichen Rentabilität – dabei handelte es sich wahrscheinlich um einen Mythos –, sondern in seiner unentbehrlichen Unterstützung der karibischen Tropenwirtschaft.« (Davis 1973b, S. 137)

168 »Zwischen 1701 und 1725 machten die Franzosen derart rasche Fortschritte, daß sie ... nicht nur Frankreich versorgten, sondern auch die Briten auf dem kontinentaleuropäischen Markt, besonders in Hamburg, Flandern, Holland und Spanien, unterboten und durch die Straße von Gibraltar gemeinsam mit den Portugiesen die Levante mit brasilianischem Zucker belieferten« (Andrews 1915, S. 550). Die

Küstenregionen die Kosten stiegen, mit den relativ neuen, französisch kontrollierten Produktionsgebieten vergleicht.[169] Bedeutet das, daß Frankreich für Großbritannien zu einem überlegenen Konkurrenten wurde? Nicht ganz. Denn während sich der französische Außenhandel, wie Vilar schreibt, im 18. Jahrhundert »amerikanisierte«, »globalisierte« sich der britische.[170] Was Großbritannien beim Zuckerhandel verlor, machte es in anderen Bereichen wieder wett, insbesondere im Sklavenhandel. Als man sich im 17. Jahrhundert um den Sklavenhandel stritt, waren, wie es ihrer damaligen Stellung entsprach, die Niederländer anfangs der stärkste Bewerber.[171] Der entscheidende Absatzmarkt waren die spanischen Kolonien, und deshalb entstand auch um den 1662 wiederbelebten *asiento* eine derartige Konkurrenz.[172]

In England besaß die *Royal Africa Company* seit 1663 ein Monopol auf den Sklavenhandel.[173] Aufgrund der weltweiten Depression im Zuckergeschäft waren die Profite zunächst niedrig, doch änderte sich dies im Gefolge des 1689 beginnenden Krieges.[174] Die *Royal Africa Company* besaß in englischen Kolonien ein Verkaufsmonopol und war zudem von den Bestimmungen der Navigationsakte ausgenommen. Damit war es ihr erlaubt, in englischen Karibik-Häfen (spanische Häfen waren für englische Sklavenhändler gesperrt) Sklaven an spanische Aufkäufer zu verkaufen, die ihre Erwerbungen auf spanischen Schiffen abtransportierten. Das setzte die Kompanie Attacken von seiten englischer Pflanzer aus, die in den Verkäufen an die Spanier die Ursache dafür sahen, daß die Sklavenpreise stiegen und die Spanier immer konkurrenzfähiger wurden.[175] Von den Pflanzern wurde im Sklavenbereich der Freihandel eingefordert, und obwohl die Kompanie geltend machte, daß der afrikanische Sklavenhandel im Grunde ein öffentliches Versorgungsunternehmen darstellte, wurde ihr Monopol im Jahr 1698

---

englische Wiederausfuhr von Zucker ging kontinuierlich zurück. Machte sie noch 1698–1700 37,5% der gesamten Reexporte aus, so war dieser Anteil 1733–1737 auf 4,2% abgesunken (vgl. Sheridan 1957, S. 64). Inzwischen handelte es sich dabei »um den dynamischsten Wirtschaftssektor Frankreichs« (Boulle 1972, S. 71). Vgl. auch Moreno Fraginals (1978, Bd. 1, S. 27) sowie Léon/Carrière (1970, S. 197).

169 Moreno Fraginals datiert den Wendepunkt bei diesen »ökonomischen und technischen Faktoren« ungefähr auf das Jahr 1730 (1978, Bd. 1, S. 32–34), was mit der von Andrew konstatierten entscheidenden Wende in der britischen Politik schön übereinstimmt: 1731, als die Gesetzesvorlage, mit der Importe nicht-britischen Zuckers nach Großbritannien oder in seine Kolonien verboten werden sollten, nicht die nötige Mehrheit fand (1915, S. 772). Was L. P. May zwischen 1673 und 1757 als langsames Zusammenbrechen des französischen Protektionismus auf Martinique beklagt, könnte ein Zeichen für die Stärke des Zuckers gewesen sein (1930, S. 163).

170 Vilar (1974, S. 323). In absoluten Zahlen expandierte jedoch der französische Handel. Romano spricht für das 18. Jahrhundert, abgesehen von den Kriegsperioden, von der »finanziell abgesicherten und strukturell guten Lage des französischen Handelslebens« (1957, Bd. 2, S. 1278).

171 K. G. Davies (1957, S. 2). Die Mitbewerber waren Portugal, Frankreich, England, Schweden, Dänemark, Brandenburg und Schottland.

172 Vgl. K. G. Davies (1957, S. 13).

173 Bei dem Monopol handelte es sich um jenes der *Company of Royal Adventures into Africa*, das 1672 an die *Royal Africa Company* überging (vgl. Dunn 1972, S. 20).

174 Vgl. K. G. Davies (1957, S. 335–343).

175 Vgl. Parry (1961, S. 175).

tatsächlich aufgehoben.[176] Dennoch betrachtete die britische Regierung die Profite aus dem Sklavengeschäft als ebenso schützenswert wie jene aus dem Zuckerrohranbau. Die einzige Möglichkeit, beide Seiten zufriedenzustellen, bestand darin, sich »einen Sondervertrag über die Lieferung von Sklaven nach Spanisch-Amerika«[177] zu sichern – kurz: den *asiento*, den die Briten, wie erwähnt, im Jahr 1713 erlangten.

Die englischen Pflanzer bekamen ihren freien Sklavenhandel, doch die englischen Sklavenhändler erhielten ihren spanischen Markt. Die Pflanzer hatten den Eindruck, daß der Kompromiß stärker den Interessen der Sklavenhändler entsprach.[178] Außerdem beklagten auf Jamaika alle, die bis dahin von der Rolle der Insel als Sklavenumschlagplatz profitiert hatten, daß die *South Sea Company* nunmehr direkten Zugang zu spanischen Häfen hatte.[179] Der *asiento* bedeutete auch für den französischen Schmuggelhandel schmerzhafte Einbußen. Die Franzosen waren gezwungen, auf eine ältere und weniger einträgliche Art des Handels mit Spanisch-Amerika zurückzu-

---

176 Waddell (1960, S. 9).

177 Parry (1961, S. 176).

178 Vgl. Rich (1967, S. 356), der bezüglich der *asiento*-Bestimmungen im Vertrag von Utrecht Malachi Postlethwayte zitiert: »Es ließ sich kaum ein Vertrag denken, der für die Nation von geringerem Nutzen gewesen wäre.« Allerdings ist zu berücksichtigen, daß die Pflanzer im Jahr 1698 bekamen, was sie wollten (die Beseitigung des Monopols), während die Sklavenhändler den *asiento* 1713 erhielten. In den Jahren dazwischen verdreifachte sich der Sklavenimport nach Jamaika, und die Gesamtbevölkerung verdoppelte sich. »Als der Frieden von Utrecht die Kriege mit Frankreich beendete, zeigten sich auf Jamaika die klassischen Proportionen einer Zuckergesellschaft, die völlig von den großen Pflanzern beherrscht wurde« (Dunn 1972, S. 165). Sie brauchten daher lediglich ihre Position der Stärke zu verteidigen.

179 Der *asiento* »beeinträchtigte einen Handel, der [von Jamaika] als ureigenstes Vorrecht angesehen wurde« (Donnan 1930, S. 442). Donnan zitiert ein Buch, das unter dem Titel *Importance of the British Plantations in America to this Kingdom* (Die Bedeutung der britischen Pflanzungen für dieses Königreich) 1731 in London erschien: »Die Insel Jamaika gedieh bis zum Jahr 1716; und ein erheblicher Handel wurde getrieben, dessen Wert so groß war wie kaum je zuvor; und in diesem Handel beschäftigten sie zwölf- bis fünfzehnhundert Männer, was ein großer Schutz war, wenn es die Lage erforderte, und auch ein Gewinn, der ihnen zufiel, wenn so viele Männer dort ihr Geld ausgaben. Und in der Tat waren nicht wenige von ihnen richtige Einwohner, entweder dort verheiratet oder geboren. Aber als sich im Jahre 1716 die Assiento-Faktoren in Westindien niederließen, wurde jener Handel, der von so ungeheurem Nutzen für diese Insel war und von dem sie 25 bis 30 Prozent monatlich einnehmen konnten und der im allgemeinen drei- bis vierhunderttausend Pistolen im Jahr einzubringen vermochte, wenn auch nicht ganz vernichtet, so doch davon in einem solchen Maße in Mitleidenschaft gezogen, daß er sehr unbedeutend und um einiges riskanter wurde. So daß man heute denkt, daß bei der Assiento-Kompanie und den privaten Händlern gemeinsam nicht annähernd halb so viele Leute in Beschäftigung stehen wie früher. Die verderblichen Auswirkungen auf die Insel Jamaika sind zu sehen und zu greifen.«
Der *asiento* kam jenen Elementen auf Jamaika zugute, die legal im Sklavenhandel tätig waren. Den Profiten der Freibeuter schadete er: »Da ihr Lebensunterhalt von der Gelegenheit abhing, spanische Schiffe zu kapern, sahen es die Freibeuter mit Bestürzung, daß der geschützte und halblegale [Sklaven-]Handel zwischen den Jamaikanern und den Spaniern um sich griff.« (Nettels 1931b, S. 6.) Sie taten sich daher mit den Pflanzern gegen die »Asientisten« zusammen. Wie Pares erwähnt, hatte diese Unzufriedenheit der Freibeuter gravierende Konsequenzen: »Allgemein wird eingeräumt, daß die Erwerbslosigkeit unter den Freibeutern zu einem nahezu weltweiten Aufflammen der Piraterie im Anschluß an den König-Wilhelms-Krieg und den Spanischen Erbfolgekrieg führte. Außerdem wurde nach dem Frieden von Utrecht von den spanischen und englischen Seeleuten in Amerika verlangt, nicht nur die Traditionen zweier langer Kriege, sondern die eines Jahrhunderts des Kämpfens und Raubens abzulegen. Nicht, daß sie noch eine Zeitlang die Feindseligkeiten und Plünderungen fortsetzten, ist das Erstaunliche, sondern daß sie schließlich überhaupt unschädlich gemacht wurden.« (1963, S. 17)

greifen, nämlich die Übersendung von Waren an Kaufleute in Spanien, die diese in spanischen Schiffen reexportierten.[180] Im Gegensatz dazu standen den Engländern drei verschiedene Methoden zur Verfügung, um den spanischen Handel anzuzapfen. So wie die Franzosen trieben sie Handel via Spanien, sie bedienten sich aber auch des jährlichen Schiffs der *South Sea Company* sowie der illegalen, aber halb geschützten Handelsverbindungen über Jamaika.[181] Die spanische Handelsflotte war am Verschwinden,[182] und soweit sie fortbestand, zogen die Engländer nun aus einem unsichtbaren Handelsartikel Gewinn: den Bodmereigeldern.[183]

Zu Beginn des 17. Jahrhunderts spielten die Franzosen im Mittelmeerhandel eine größere Rolle als die Engländer (Masson spricht von einem Übergewicht[184]). Englands Beteiligung nahm im Verlauf des Jahrhunderts kontinuierlich zu,[185] ging jedoch in der Kriegsperiode 1689 bis 1713 zurück. Zum einen war da Frankreichs erfolgreiche Diplomatie. 1690 unterzeichnete Frankreich ein Abkommen mit Algier, mit dem entlang der Barbareskenküste Korsaren-Angriffe auf französische Handelsschiffe unterbunden wurden. Zugleich stellten die Korsaren aber weiterhin eine Bedrohung für den Handel anderer europäischer Mächte dar.[186] Auch in Ägypten erlangte Frankreich eine privilegierte Position (die es verlor, als Ludwig XIV. den Friedensvertrag von Rijswijk 1697 ohne Konsultation seiner türkischen Verbündeten unterzeichnete).[187] Insgesamt nahm die Beteiligung Frankreichs am Levan-

---

180 Vgl. Penson (1929, S. 345). Die Franzosen waren im Schmuggelhandel sowieso nicht allzu erfolgreich. Siehe dazu Pares: »Vielleicht läßt sich der relative Mißerfolg der Franzosen im Schmuggelhandel am besten mit der Annahme erklären, daß sie von den Niederländern und Engländern unterboten wurden. ... Es war nicht so sehr die Liebe zum Extraprofit, die dem französischen Mitbewerber hinderlich war, als vielmehr hohe Gesamtkosten. Französische Schiffe ließen sich anscheinend weniger kostengünstig segeln als englische, und wenn ... sie in diesem Handel schwerer bewaffnet und bemannt waren, muß sich die Schere zugunsten der Engländer noch weiter geöffnet haben. Dies vor allem auch deshalb, weil die Engländer manchmal von Konvois aus jener Gefahr gerettet wurden, die in der Gegenrechnung zu berücksichtigen war: den *Guarda-Costas.*« (1960, S. 132.) Die hohen Kosten der französischen Schiffahrt blieben während des gesamten 18. Jahrhunderts eine Belastung. Knoppers erwähnt, daß im Jahr 1785 »französische Kaufleute eine neue Handelskompanie, die *Compagnie française du Nord*, gründeten, nachdem sie sich bei der französischen Kriegsmarine den Liefervertrag für Bauholz gesichert hatten. Aber nationalistische Rücksichtnahmen konnten an der Tatsache nichts ändern, daß nicht-französische Verschiffer wesentlich niedrigere Frachtpreise offerierten. 1786 löste die französische Kriegsmarine den Kontrakt mit der *Compagnie* und vergab ihn stattdessen an niederländische Seefrächter.« (1977b, S. 1)

181 Vgl. H. E. S. Fisher (1963, S. 219).

182 Vgl. Haring (1947, S. 335–347).

183 Vgl. John (1953, S. 154). Dennoch behaupten manche, daß die Handelsvorteile übertrieben wurden. McLachlan geht sogar so weit, sie als Irrglauben zu bezeichnen (1940, S. 28). Wenn dem jedoch tatsächlich so gewesen wäre, läßt sich schwer verstehen, warum sich die Spanier durch die Gewinne der *South Sea Company* so beständig aus der Fassung bringen ließen; vgl. dazu Hildner (1938, S. 322–323). Und nachdem sie in den Verträgen von Aachen 1748 und Madrid 1750 auf den *asiento* verzichtet hatten, behielten die Engländer anscheinend ihre zu diesem Zeitpunkt bereits gut abgesicherten Handelsvorteile (vgl. Scelle 1910, S. 658).

184 Masson (1967a, S. 522).

185 Vgl. Cernovodeanu (1967, S. 457).

186 Vgl. Bono (1964, S. 51–61). 1687 hatten die Franzosen auch mit Tripolis ein Abkommen geschlossen.

187 Vgl. Paris (1957, S. 91). Die diplomatischen Beziehungen zwischen Frankreich und der Hohen Pforte erlebten in den folgenden hundert Jahren ein ständiges Auf und Ab (vgl. Paris 1957, S. 91–100).

te-Handel eindeutig zu.[188] Der Hauptgrund scheint die gute Qualität französischer Textilien gewesen zu sein; zumindest wiesen sie eine höhere Qualität auf als die qualitativ mittelmäßigen englischen Textilien, die zu jener Zeit in der Levante angeboten wurden.[189] Der französische Handel wurde sowohl formell als auch de facto von Marseille monopolisiert,[190] das daraufhin auch zu einem Zentrum des Wiederausfuhrhandels für Produkte aus der Levante und Nordafrika werden konnte.[191] Trotzdem war das Osmanische Reich nach wie vor im wesentlichen eine externe Zone,[192] und zieht man seinen Anteil an Frankreichs, ja Westeuropas gesamter Handelstätigkeit heran, so nahm die Bedeutung des Handels mit dem Osmanischen Reich nicht zu, sondern vielmehr ab.[193]

Im 17. Jahrhundert begann sich im Handel zwischen Asien und Europa eine langsame Verschiebung von Pfeffer und Gewürzen hin zu anderen Luxusartikeln abzuzeichnen: indische Stoffe; chinesische, bengalische und persische Seide; Chinoiserien (Lackwaren, Porzellan etc.);[194] und Tee und Kaffee, bei denen es sich zunächst auch um Luxuswaren handelte.[195] Dieser wachsende Handel allein reichte nicht aus, um das Gebiet des Indischen Ozeans zu peripherisieren. Die Zuwächse in der Textilerzeugung gingen dort mit »keinen wesentlichen Veränderungen im Rahmen der Produktionstechnik«[196] und deshalb (vorerst) mit keinem wesentlichen Wandel in den Produktionsverhältnissen einher. Allerdings begannen sich die europäischen Mächte eine Position zu

---

188 Stoianovich spricht von einem »Zusammenbruch des englischen Handels in Aleppo zwischen 1680 und 1720« (1974, S. 80), Masson von einer »höchst unerwarteten Wende, die sogar die Franzosen überraschte« (1967b, S. 367).

189 Vgl. Stoianovich (1974, S. 86 u. 100), Masson (1967b, S. 370) sowie Paris (1957, S. 100).

190 Vgl. Paris (1957, S. 12–15 u. 30–36).

191 Vgl. ebda., S. 5 f.

192 Neguev geht davon aus, daß dieses Gebiet erst ab dem Ende des 18. Jahrhunderts in die Weltwirtschaft einbezogen war (1975, S. 11). Für die Zeit davor weist Paris darauf hin, daß »europäische Kaufleute in hohem Maß von der Pforte abhängig waren und daher von deren Beziehungen zu ihren jeweiligen Herrschern« (1975, S. 80).

193 Während der Levante-Handel zu Beginn des 17. Jahrhunderts 50% des französischen Außenhandels ausmachte, waren es 1789 5%. Etwa um 1750 lag seine Bedeutung weit unter jener des Amerika- und Spanien-Handel, entsprach jedoch ungefähr jener des Handels mit den Niederlanden (vgl. Masson 1967b, S. 429).

194 Vgl. Boxer (1965, S. 199), Vilar (1974, S. 345) sowie Glamann (1974, S. 447 ff.). Bis etwa 1765 spricht Vilar von einem Einbahn-Handel (vgl. S. 345 u. 354).

195 Vgl. Boxer (1965, S. 174–178) und Glamann (1958, S. 14). Als diese Artikel in Europa populär wurden, begann man sie dort – kostengünstiger – zu imitieren: die Delfter Fayencen ab Mitte des 17. Jahrhunderts, Meissner Porzellan ab 1709 und Kalikos im 18. Jahrhundert in England. Tee und Kaffee konnten natürlich in Europa nicht angepflanzt werden; der Tee-Boom setzte im Jahr 1734 ein, bei Kaffee dauerte es noch länger.

196 Boxer (1965, S. 197). Von der mengenmäßigen Steigerung gingen dennoch Impulse aus. Zunächst einmal wurde sie von der *East India Company* tatkräftig gefördert, die dafür 1696 und 1699 von englischen Woll- und Seidenproduzenten im Parlament heftig attackiert wurde (vgl. P. J. Thomas 1963, S. 39). Leuillot weist auf die Konsequenzen dieser Dynamik hin: »Auch wenn die Einführung indischer Baumwollstoffe und Musseline in Europa zunächst eine protektionistische Reaktion hervorriefen – Verbot in Frankreich 1686, in Venedig und Flandern 1700, in England 1701 (und für bedruckte Kalikos

verschaffen, von der aus sie einen solchen Wandel erzwingen konnten. 1674 ging die *East India Company* ein Bündnis mit den Mahrattas ein, 1684 ließ sie Bombay befestigen und beendete damit die Politik der »schutzlosen Faktoreien«. Sutherland schreibt, dies sei die »Schmalseite eines mächtigen Keils«[197] gewesen. Dieses gestiegene europäische Interesse führte zu einer gesteigerten inner-europäischen Konkurrenz, die nach 1746, als die Franzosen Madras von den Engländern eroberten, kriegerische Formen annahm. Danach herrschte, trotz einer kurzen Friedensperiode in Europa, ein ständiger, verdeckter Konflikt,[198] der erst nach dem Frieden von Paris zu Ende ging, als Großbritannien endgültig die Vorherrschaft errang.

Trotz des wachsenden europäischen Interesses am Asien-Handel[199] blieb dieser Kontinent dennoch eine externe Zone. Stück für Stück gerieten alle Staaten des Zentrums zwischen 1600 und 1750 in die Lage, in weiten Teilen der Welt zu kolonialen oder semikolonialen Mächten aufzusteigen. Während sie in Nordamerika (wo sie ihre Absatzmärkte mit Hilfe von Siedlerkolonien ausdehnten)[200] und in der Karibik (wo sie sich die lukrative Versorgung mit Zucker sichern konnten) entschlossen auftraten, verhielten sie sich hinsichtlich des Großraums Indischer Ozean, der afrikanischen Küsten und des moslemischen Mittelmeerraums äußerst zögernd. Aber selbst in diesen Gebieten mengten sich die Europäer zuweilen in Form direkter politischer Machtausübung ein, gewöhnlich um den Ansprüchen eines Rivalen oder einer Bedrohung durch ihn zuvorzukommen. Eine echte Peripherisierung setzte jedoch erst mit dem Aufschwung der Weltwirtschaft Mitte des 18. Jahrhunderts ein, und selbst dann waren zunächst nur die wirtschaftlich verheißungsvollsten Regionen wie Indien und Indonesien davon betroffen.[201]

1721), in Preußen ebenfalls etwa um diese Zeit –, so wurde dadurch doch die Baumwollindustrie stimuliert. Außerdem war diese durch die Kolonisierung der Neuen Welt beeinflußt und mit dem afrikanischen Sklavenhandel verknüpft. Der Aufschwung, den diese Nachahmung indischer Produkte erlebte, trat in England, Deutschland, den Niederlanden und Frankreich mehr oder weniger gleichzeitig ein.« (1970, S. 260)

197 Sutherland (1952, S. 3).

198 Ebda., S. 48.

199 Léon scheint mir die tatsächliche Situation zu überteiben, wenn er meint, daß sich zwischen 1650 und 1750 »der Mittelpunkt des Interesses der großen [europäischen] Handelsunternehmungen nach Asien verschob« (1970a, S. 128).

200 Ich würde jedoch die nordamerikanischen Pelzhandelsgebiete, im wesentlichen Kanada, der externen Zone zurechnen. Lawson bezeichnet Pelz als »Luxusbedarf« (1943, S. 2); vgl. dazu auch Glenday (1975, besonders S. 24–35). Laut K. G. Davies handelte es sich anfangs um einen Luxusartikel, doch betrachtet er die Biberfellmütze als »demokratisierenden Pelz«, das heißt, daß er für das Bürgertum erschwinglich wurde (1974, S. 168). Das »Rinnsal« des Jahres 1600, schreibt er, war 1650 ein »Strom« und 1700 eine »Flut« (S. 174). Für Rich war 1696 das Stadium der Überproduktion erreicht (1966, S. 26). Dennoch dürfen wir Cobbetts Auffassung nicht außer acht lassen, die er im 18. Jahrhundert im britischen Parlament äußerte. Er bemerkte, daß im Zuge des Kampfs gegen die Franzosen Militärausgaben in Höhe von 800.000 Pfund entstanden waren, und dies, um einen Handel mit einem finanziellen Volumen von 50.000 Pfund zu retten: »Gesetzt den Fall, der gesamte Pelzhandel würde im Meer versinken – wo wäre der Schaden für dieses Land?« (Zit. bei Innis 1943, S. XX)

201 »Im eigentlichen Sinne kolonial wurde die europäische Wirtschaft im Gebiet des Indischen Ozeans ... erst nach 1750. Damit ist jener Zeitpunkt gemeint, ab dem Unternehmergewinne nach Europa

Was es bedeutet, für die Zeit ab 1689 vom Ende der niederländischen Handelshegemonie innerhalb der Weltwirtschaft zu sprechen, zeigt sich am krassesten in der Ostsee und im Weißen Meer. Zweifellos verschlechterte sich die Position der Niederländer auch anderswo, in der Karibik und im Atlantik ganz generell sowie im Asien-Handel,[202] aber der Handel mit Nordeuropa war Hollands Hauptgeschäft, und genau hier wurde Holland durch die englische und französische Konkurrenz am stärksten getroffen.

So wie im Fall Indien intensivierten sich auch mit Rußland die Handelsbeziehungen, ohne das Land bereits zur Peripherie werden zu lassen.[203] Der Handel mit Massengütern (etwa Getreide, Hanf und Pottasche) war zur damaligen Zeit durch seine Schwankungen charakterisiert. So wurde aus Archangelsk nur dann Getreide importiert, wenn die Preise auf den europäischen Märkten besonders hoch waren. Regelmäßig verschifft wurden hingegen Luxusartikel wie Wachs, Kaviar und Pelze, »in deren Verkaufspreis die Transportkosten eine untergeordnete Rolle spielten«[204]. Natürlich behaupteten sich die Niederländer in einem bedeutenden Segment des Rußland-Handels,[205] aber ab dem Jahr 1700 wurde die Rolle der Niederländer, vor allem als Importeur von Holzmasten,[206] langsam von den Engländern übernommen.[207] Die Engländer begannen auch bei der Einfuhr schwedischen Eisens eine dominierende Stellung einzunehmen.[208] Frankreich steigerte seinen Handel mit Nordeuropa in einem geringeren Ausmaß als England, aber ebenfalls auf Kosten Hollands.[209] Wilson schreibt, daß Hollands »faktisches [Transport- und Handels-]Monopol« in Europa »ungefähr bis 1730

---

reexportiert wurden« (Chaunu 1966b, S. 893). »Man muß betonen, daß die Niederländisch-Ostindische Kompanie, obwohl sie sich [im 17. und 18. Jahrhundert] auf Java, Ceylon und den Molukken zu einer Territorialmacht entwickelte, stets und sogar in jenen Regionen, die direkt ihrer Verwaltung unterstanden, ein Fremdkörper am Rand der asiatischen Gesellschaft blieb.« (Boxer 1965, S. 194)

202 Bezüglich der englisch-niederländischen Rivalität im Bereich der Textilimporte aus Asien meint Glamann, daß es »dem englischen Handel [nach 1700] gelang, die niederländische Konkurrenz hinter sich zu lassen« (1977, S. 251).

203 Chaunu datiert die entscheidende Verschiebung auf die Mitte des 18. Jahrhunderts. Ab diesem Zeitpunkt betrachtet er Rußland als Teil der europäischen Politik (1966a, S. 639).

204 Ohberg (1955, S. 131–133). Regelmäßig verschifft wurden jedoch auch Massengüter, die in der unmittelbaren Umgebung von Archangelsk produziert wurden (Teer, Pech und Leder), dazu noch der Monopolartikel Talg.

205 Für Knoppers stellte die Periode zwischen 1716/17 und den frühen vierziger Jahren des 18. Jahrhunderts sogar einen Höhepunkt dar, auf den ein jäher Rückgang folgte (1977b, S. 12).

206 Vgl. Bamford (1956, S. 141) sowie W. S. Unger (1959), der auch für den Bereich der Eisenimporte eine Expansion feststellt.

207 Vgl. Åström (1963, S. 188 u. 196–198).

208 Vgl. Birch (1955).

209 Morineau schreibt, daß die französischen Exporte nach Nordeuropa 1742 das Niveau der niederländischen erreichten (1965, S. 206). Jeannin betont jedoch: »Der Direkthandel zwischen Frankreich und dem Norden profitierte im 18. Jahrhundert von einer allgemeinen Expansion, die zum Teil darauf zurückzuführen war, daß die Bedeutung der Niederländer als Zwischenhändler abnahm. Aber wenn Amsterdam mehr oder weniger durch Hamburg ersetzt wurde – war diese Veränderung aus Sicht französischer Kaufleute tatsächlich so bedeutend?« (1975, S. 71)

intakt blieb«[210] und daß erst ab 1740 die Funktion der Niederlande als Handelszentrum ernsthaft in Frage gestellt wurde.[211]

Vielleicht hat Wilson recht, aber zwei Tatsachen geben Anlaß zu der Vermutung, daß jenes De-facto-Monopol sogar noch früher endete. Zum ersten wurden im 17. Jahrhundert englische Waren in Amsterdam und Rotterdam gestapelt und gegen Provision verkauft, im 18. Jahrhundert hatte sich die Konstellation jedoch umgekehrt: London war der Stapelplatz, und niederländisches Leinen wurde in England lediglich auf Provisionsbasis übernommen.[212] Zum zweiten gibt es Belege dafür, daß im England des 18. Jahrhunderts scharfsichtige Zeitgenossen die Niederländer nicht mehr als hegemonial betrachteten; zu Recht, wie wir meinen, sahen sie in den Franzosen ernsthaftere Konkurrenten als in den Niederländern.[213] Auf dem Finanzsektor natürlich blieb die führende Position der Niederlande nach wie vor bestehen. Aber sogar hier kam es, was die Position Englands und jene Frankreichs betraf, zu auffallenden Veränderungen. Der zweite Hundertjährige Krieg, der 1689 begann, stellte beide Länder, aber vor allem Frankreich, vor große finanzielle Probleme.[214] Als »Kontinentalmacht« mußte Frankreich unaufhörlich Geldmittel für den Unterhalt seiner Söldnertruppen und

---

210 Wilson (1954, S. 254).

211 Vgl. Wilson (1941, S. 137).

212 Ormrod betont: »Das bedeutete, daß letztlich der niederländische Kaufmann die Abgaben zu entrichten und das gesamte Risiko zu tragen hatte und sein gesamtes Kapital bis zum tatsächlichen Verkauf des Leinens gebunden war. Der englische Kaufmann verdiente ohne jedes Risiko seine 2% [Provision], und sein Kapital war für andere, lukrativere Geschäfte frei verfügbar.« (1975, S. 72)

213 Vgl. Andrews: »Die zeitgenössische Meinung über die Effektivität der niederländischen Konkurrenz läßt sich daran ermessen, daß John Withers es im Jahr 1713 für notwendig hielt, einen Brief »von einem Stadtbewohner an einen Landedelmann« zu schreiben; Titel: »Die Niederländer sind bessere Freunde als die Franzosen«. Darin trat er gegen die weitverbreitete Auffassung auf, daß die Niederländer ›Rivalen in unseren Geschäften [sind] und unseren Handel untergraben und daß, wären diese »Froglanders«erst einmal zerschmettert, der Handel der Welt unser wäre.‹ ... Er bemühte sich zu zeigen, daß in Wirklichkeit die Franzosen Englands große Rivalen und die Niederländer Englands Freunde waren.« (1915, S. 545 f., Anm. 18) Daß die Niederländer den Verlust ihrer Überlegenheit einsahen und wie sie damit umgingen, läßt sich daran erkennen, daß sie sich während der Kriege zwischen England und Frankreich soweit wie möglich auf eine Position der Neutralität zurückzogen. Die Erklärungen dafür sind auf seltsame Weise in sich widersprüchlich, etwa bei Alice Carter und David Horn. Die niederländische Neutralität im 18. Jahrhundert, so Carter, war »zum Teil auf konstitutionelle Gepflogenheiten und ein politisches System zurückzuführen, die rasche Entscheidungen praktisch unmöglich machten, aber dennoch den Interessen [des Landes] recht gut dienten« (1963, S. 818). Bei Horn heißt es: »Daß die Vereinigten Niederlande nach dem Frieden von Utrecht so plötzlich als Großmacht verschwanden, darf nicht einem Nachlassen der wirtschaftlichen Stärke, sondern muß einer Lähmung des Willens zugeschrieben werden. ... Und auch wenn sich die Niederländer mit Nicht-Intervention und den Ränken und Listen der Neutralität bei beiden Seiten unbeliebt machten, so half es zumindest, den Tag der Abrechnung hinauszuschieben« (1967, S. 24 u. 88). Beide Autoren bieten eine rein politische Erklärung an (konstitutionelle Gepflogenheiten, Lähmung des Willens) und schließen mit dem Eingeständnis, daß die Neutralitätspolitik wirtschaftlich von Vorteil war. In einer Situation, wo die komparativen Kosten ihrer Produkte stiegen, blieben die Niederländer konkurrenzfähig, indem sie ihre »Sicherheits-Kosten« reduzierten.

214 Pierre Goubert meint in bezug auf den ersten der Kriege: »200.000 Mann und zwei Flotten neun Jahre lang an vier Hauptfronten und an ebensovielen weit entfernten Kriegsschauplätzen zu ernähren, zu bewaffnen und auszurüsten, und das gegen beinahe ganz Europa, gegen die Bank von Amsterdam und bald auch (1694) gegen die *Bank of England*, war eine gigantische Aufgabe, deren finanzielle Kosten tatsächlichlich jedes Maß sprengten.« (1970, S. 205)

die Finanzierung seiner Diplomatie in ganz Europa bereitstellen. Zunächst war der französische Staat bestrebt, diese wachsenden Kosten dadurch zu decken, daß er zwischen 1690 und 1725 eine Serie von Abwertungen[215] durchführte.[216] Kurzfristig halfen diese Abwertungen dem Staat in mehrfacher Hinsicht,[217] da jedoch das Ansteigen der Nominalpreise akute zyklische Krisen, einen allgemeinen Produktionsrückgang und eine zunehmende Besteuerung übertünchte,[218] entstanden mittelfristig hohe Kosten.[219]

Die Engländer vermochten die finanziellen Belastungen dieser Kriege besser zu überstehen, zum Teil, weil ihre reinen Militärkosten niedriger lagen und zum Teil, weil ihre Situation im Hinblick auf die Edelmetallversorgung günstiger war. Im späten 17. Jahrhundert litt ganz Europa unter einer Silberkrise. England war natürlich keine Ausnahme, und in den neunziger Jahren des 17. Jahrhunderts erließ man ein teilweises Exportverbot; Sonderregelungen gab es nur für den Handel mit Süd- und Südostasien sowie dem Ostseeraum.[220] Wir haben bereits ausgeführt, daß sich England in Richtung eines faktischen

---

215 Was wir heute als Abwertung bezeichnen (in dem Sinn, daß Papiergeld im Verhältnis zu Münzen an Wert verliert), wurde in der Frühen Neuzeit für eine Aufwertung (*augmentation des espèces*) gehalten (und zwar in dem Sinn, daß das Metallgeld im Verhältnis zum Verrechnungsgeld nun mehr wert war). Für Frankreich vgl. Lüthy (1959, 99); für England T. S. Ashton (1959, 106).

216 Vgl. Lüthy (1959, S. 114–120).

217 Lüthy erwähnt drei Vorteile für den Staat: die Steuereinnahmen aus dem Prägen neuer Münzen (*droit de seigneurage*), die Verringerung der Staatsschuld und die größere Zahl von Münzen in der Hand des Staates, da er bei jeder dieser Operationen in Wirklichkeit weniger Münzen zurückgab, als er erhalten hatte (1959, S. 101). Einen vierten Vorteil fügt Besnier hinzu: Der französische Staat verband die starken Abwertungen mit ständigen, geringfügigen Aufwertungen, womit auf die Besitzer von Hartgeld Druck ausgeübt wurde, es dem Staat zu leihen. »Chamillart gab beispielsweise im Jahr 1703 mehrere aufeinanderfolgende Aufwertungen bekannt und brachte damit die *rentiers* dazu, eine Konversion ihrer Schuldverschreibungen (*titres*) auf einen niedrigeren Zinssatz zu akzeptieren. Der Grund lag darin, daß man drohte, sie in Münzgeld auszuzahlen, dessen Wertminderung, der Vorbote einer Außerkurssetzung, unmittelbar bevorstand.« (1961, S. 83)

218 Jede Abwertung endete mit einem »Aderlaß an Metallgeld zum Schaden Frankreichs« (Lüthy 1959, S. 118). Lüthy meint, daß »das französische Schatzamt für die Illusion, nicht bezahlen zu müssen, schließlich teuer bezahlte« (S. 120). Braudel und Spooner, die auf jene Periode aus der Sicht des Jahres 1750 zurückblicken, betonen: »Betrachtet man im Jahr 1750 ganz Europa, scheinen die Abwertungen, rückblickend betrachtet, in drei riesigen politischen Systemen besonders schlimme Folgen gehabt zu haben: in Polen, der Türkei und Frankreich« (1967, S. 382). Im 19. Jahrhundert existierte Polen nicht mehr, die Türkei war der »kranke Mann am Bosporus« – und Frankreich? Abwertungen hatten aber auch noch eine andere Seite: Langfristig schwächten sie die Grundherren. »Jede Schwächung des Verrechnungsgelds war ein Schritt innerhalb einer tausendjährigen Entwicklung, die die Feudallasten zunächst aushöhlte und schließlich auslöschte.« (Lüthy 1959, S. 101)

219 Vgl. Jacquart (1975, S. 211). Vgl. Richets skeptische Ansichten über den Zustand der französischen Wirtschaft zwischen 1690 und 1720. Er bezweifelt, daß es im Anschluß an die Kontraktion zu Zeiten Colberts (1660–1690) zu einem Aufschwung kam. In Verrechnungsgeld gemessen, gingen die Preise für Getreide ebenso steil nach oben wie jene für Wein und Olivenöl. Nimmt man den Metallgehalt als Maßstab, verharrten sie auf einem niedrigen Niveau. »Es war ein ›Nominalanstieg‹, künstlich provoziert durch Münzverschlechterungen, und damit ein Zeichen von Armut und nicht von Wohlstand.« (1968, S. 762)

220 Vgl. Wilson (1951, S. 240 f.). Sperling führt die Ausnahmen auf Rentabilitätsgründe zurück. »Silber floß nicht deshalb Richtung Osten, weil der Handel unbedingt darauf angewiesen war, sondern weil es sich rentierte« (1962, S. 62). Der Grund bestand darin, daß sich das Wertverhältnis zwischen Silber und Gold in verschiedenen Teilen der Welt jeweils unterschiedlich gestaltete: 17:1 in Spanisch-Amerika, 15:1 in Europa, 12:1 in Indien, 9:1 in Japan. Ähnliche Werte finden sich bei Blitz: 16:1 in Spanien, 15:1 in England, 9/10:1 im Osten (1967, S. 53).

Gold-Monometallismus bewegte, weil es (aufgrund seiner Größe) in erheblichem Maß auf Exportmärkte ausgerichtet war, wo man die Währung des internationalen Verrechnungsverkehrs (Gold) benötigte. Frankreich bewegte sich in Richtung Silber, da die französische Produktion weitgehend auf einem französischen Markt abgesetzt wurde und daher die Währung des Binnenhandels (Silber) erforderlich war.[221] Verstärkt wurde dies durch die Eigenart der Handelsverbindungen: Via Spanien erhielt Frankreich Silber aus Mexiko, während England das Gold monopolisierte, das über Portugal aus Brasilien kam.[222] England benützte die Periode der Kriege zwischen 1689 und 1714 dazu, seine Goldversorgung zu sichern.[223] England wurde somit von der Silberkrise weniger schwer getroffen als Frankreich. Genau zu jenem Zeitpunkt, als Frankreich seine staatliche Struktur durch Manipulationen eines überbelasteten Silbervorrats schwächte, stärkte England seine staatliche Struktur durch die kommerzielle Kontrolle über einen wachsenden Goldbestand.

Zweifellos war die besondere Bedeutung des Edelmetalls nicht von vornherein gegeben, sondern spiegelte die Preisschwäche anderer Waren wider.[224] Aber trotzdem stellte in einer solchen Epoche die Kontrolle über ausreichende Edelmetallbestände eine entscheidende Größe im Kampf zwischen Zentrums-Mächten dar. Beide Länder waren bestrebt, ihre Staatsfinanzen auf eine solidere Basis zu stellen. In beiden Ländern kam es zum Wachstum spezialisierter Finanzorgane, zu einer Ausweitung der Besteuerung, zum Aufstieg des Papiergelds und zu einer steigenden staatlichen Kreditaufnahme.[225] Die Kriege zwischen 1689 und 1714 hatten jedoch die französischen Staatsfinanzen bis zum Jahr 1715 in ein »unvorstellbares Chaos«[226] gestürzt und bei den englischen zu relativer Liquidität geführt. Was

---

221 Mertens (1944, S. 56) ortet den Ursprung des englischen Goldstandards im akuten Silbermangel des 17. Jahrhunderts. Aber wie wäre das möglich, wo sich doch die gleiche Logik auch auf Frankreich anwenden ließe?

222 Vgl. Bouvier (1970, S. 308 f.).

223 Vgl. Vilar (1974, S. 278–279). Vgl. dazu auch Wilson: »Der englisch-portugiesische Vertrag des Jahres 1703 ... führte zu einer Umleitung des brasilianischen Goldstroms nach London« (1941, S. 8). Umleitung hieß: Neuausrichtung seiner früheren, nach Amsterdam führenden Bahn. 1713 machte Gold 60% des brasilianischen Frachtguts aus (vgl. Morineau 1978h, S. 32). Im Verlauf des 18. Jahrhunderts exportierte Brasilien ungefähr 800 Tonnen reines Gold (Morineau 1978h, S. 24).

224 Vilar schreibt: »Man muß stets bedenken, daß eine Zeit sehr niedriger Warenpreise generell eine Zeit darstellt, in der Edelmetalle eine hohe Kaufkraft besitzen, und somit einen Anreiz schafft, entsprechende Lagerstätten zu erkunden.« (1974, S. 247.) Andererseits verflüchtigt sich dieser begünstigte Status, sobald sich die Wirtschaft erholt. Dazu Morineau: »Befand sich die kommerzielle Bedeutung [von Gold] 1730 auf ihrem Höhepunkt, so war sie bis zum Ende des 18. Jahrhunderts außerordentlich zurückgegangen. Um nur ein Beispiel zu nennen: Ein Kilogramm reines Gold, das in Lissabon 1740 12,25 Kisten Zucker (etwa 7.200 Kilogramm) ›wert‹ war, entsprach 1778 dem Wert von weniger als sieben Kisten (3.900 Kilogramm) und 1796 von weniger als dreieinhalb (1.950 Kilogramm). Wer hätte gedacht, daß es nicht der Zucker, sondern das Gold sein würde, das den größeren Preissturz erlebte?« (1978h, S. 40)

225 Vgl. Mousnier (1951, S. 1–8), der dennoch darauf beharrt, daß die Unterschiede zwischen England und Frankreich größer sind als ihre Gemeinsamkeiten. Er liefert dafür jedoch weniger einen Beweis als vielmehr ein ideologisches Argument a priori. England sei »kapitalistischer, bürgerlicher« (S. 8). »Im Jahr 1713 hat Frankreich eine ihrem Wesen nach diktatorische Regierung mit totalitären Tendenzen. England hat eine plutokratische Regierung mit liberalen Tendenzen.« (S. 13 f.)

226 Van der Wee (1977, S. 387).

machte den Unterschied aus? Van der Wee meint, daß der französische Merkantilismus »während der *politique de grandeur* Ludwigs XIV. zu sehr in den Dienst einer Politik der *militärischen* Expansion gestellt wurde«, während der englische Merkantilismus »systematisch einer Politik *wirtschaftlicher* Expansion zu dienen hatte«.[227] Van der Wee stellt also einer militärischen Expansion (und damit implizit einer unproduktiven Verwendung von staatlichen Mitteln) eine (wertvollere) wirtschaftliche Expansion gegenüber. Das ist eine gängige Auffassung, sie vermag aber nicht zu erklären, warum dieser Unterschied existierte.

Wir haben bereits ausgeführt, daß die geographische Verschiedenartigkeit von Frankreich und England die Franzosen zu ihren kostspieligen Bemühungen um eine wirtschaftliche Expansion zu Lande zwang. Dabei ging es zuallererst darum, Frankreich zu einer echten wirtschaftlichen Einheit zu machen. Frankreichs relativer Erfolg als Landmacht ist nicht an England zu messen, sondern an Österreich. »Obwohl die österreichische Monarchie eine ebenso große Ausdehnung besaß wie das französische Königreich und beinahe ebenso dicht besiedelt war, beliefen sich ihre Steuereinnahmen zu Beginn des 18. Jahrhunderts auf ein Fünftel der französischen.«[228] Nicht allein Frankreich war gezwungen, über seine Verhältnisse zu leben (was in einem kapitalistischen System, solange das nötige Vertrauen herrscht, immer möglich ist), sondern auch England. Dieses Vertrauen spiegelt im großen und ganzen die ökonomische Realität wider. Erfolge bringen Erfolge hervor, und gleiches gilt für Mißerfolge. Wie wir gesehen haben, benutzte der französische Staat Abwertungen als Mechanismus zur Schuldenfinanzierung. Von sogar noch größerer Bedeutung war, daß der französische Staat eine Methode entwickelte, Geld auf künftige Steuereinnahmen zu borgen. In den späten neunziger Jahren des 17. Jahrhunderts begannen Handelsbankiers, diskontierte Schuldverschreibungen zu verkaufen, die auf den vom Schatzamt erwarteten zukünftigen Steuereinnahmen basierten. Als sich dieser Vorgang ausweitete, gaben die Handelsbankiers in Wirklichkeit eine Art ungedeckter Währung aus, deren Grundlage unzuverlässige Versprechungen einer kriegführenden Regierung bildeten. Dieses Kreditgebäude stürzte 1709 in sich zusammen. Der Staat genehmigte eine Stundung der Rückzahlungen an die Handelsbankiers. Wie Lüthy schreibt, »gewährte sich der Staat selbst das Moratorium.«[229]

Unterdessen wurde die Steuerpacht (*affermage*) zu einem zentralen Mechanismus, um die Einkünfte der Krone zu steigern. Von der Zeit Colberts bis zur Französischen Revolution sorgte sie für die Hälfte der Gesamteinnahmen.[230] Aus Sicht des Staates handelte es sich bei der *affermage* um einen kostspieligen Mechanismus. »In einem schwach entwickelten Staat«, schreibt Léon, wo es

227 Ebda., S. 391 f.

228 Ardant (1975, S. 200).

229 Lüthy (1959, S. 112); vgl. van der Wee (1977, S. 378) und Harsin (1970, S. 272 f.).

230 Vgl. Y. Durand (1976, S. 21).

»schwierig, wenn nicht gar unmöglich erschien«, daß die Regierung direkt um Staatsanleihen bat, konnte man auf die *financiers*, eine teure Truppe von Mittelsmännern, nicht verzichten.[231] In England verliefen die Entwicklungen in diesem Zeitraum deutlich anders. Es stimmt, daß es früher zu ähnlichen Schwierigkeiten bei den Staatsfinanzen gekommen war. Clapham spricht davon, daß »in der vorangegangenen Stuart-Ära der Fiskus von der Hand in den Mund lebte.«[232] Doch in der Periode der Kriege zwischen 1689 und 1714, als England von Wilhelm und Maria sowie anschließend von Königin Anna regiert wurde, machten die Engländer den entscheidenden Schritt und schufen ein System langfristiger staatlicher Kreditaufnahme und damit Verschuldung, das den Staat zu relativ niedrigen Kosten auf eine gesicherte finanzielle Grundlage stellte. 1694 wurde die *Bank of England* gegründet, und außerdem erfolgte in dieser Phase die Errichtung der reorganisierten *United East India Company* und der neu formierten *South Sea Company*. Alle drei Gesellschaften erhielten ihre Privilegien als Gegenleistung für langfristige Anleihen, die sie dem Staat gewährt hatten.[233] Die Kredite der drei Aktiengesellschaften »spielten eine entscheidende Rolle ... beim Übergang von einer schwebenden zu einer fundierten Staatsschuld.«[234]

Natürlich waren diese Darlehen ein gutes Geschäft. Für die Regierung waren diese Anleihen unkündbar, aber ablösbar, und für die Aktionäre war der Zinssatz gut und eine Wertsteigerung der Aktien möglich. Und dennoch war ein gewisses Vertrauen vonnöten. Als Wilhelm und Maria an die Macht kamen, schreibt Carter, hatte die Finanzwelt den Eindruck, man könne der Regierung vertrauen. »Die Auswirkungen auf die Finanzentwicklung waren dramatisch.«[235] Wer waren die Investoren? Abgesehen von Stadtbewohnern (und sogar einem gewissen ländlichen Element) spricht Carter von einem

---

231 Léon (1970d, S. 623). Er schreibt weiter, daß in den Jahren zwischen 1685 und 1715 »die ›Herrschaft‹ der Finanzwelt in Frankreich unumschränkt war«. Für diesen Zeitraum meinen wir mit *financiers* die *traitants*, die sowohl königliche Bürokraten als auch Bankiers waren, von denen der Staat Darlehen erhielt. Wieviel sie vom gesellschaftlichen Mehrprodukt an sich bringen durften, unterlag noch gewissen Beschränkungen. »Gegenüber den maßgeblichen Regierungsstellen blieben diese scheinbar allmächtigen Männer schwach und abhängig, und obwohl sie jene ›kontrollierten‹, wurden sie auch durch jene ›kontrolliert‹.« (Léon 1970d, S. 624.) Mit Fortdauer des 18. Jahrhunderts wurden die *traitants* von den *fermiers-généraux* abgelöst, die ihre Geschäfte auf eine stabilere, weniger spekulative Grundlage stellten. Sie konnten keine sagenhaften Reichtümer mehr erwerben, aber sie vermochten in diesem Jahrhundert einen noch größeren Teil des Surplus abzuschöpfen; vgl. Léon (1970d, S. 628–630) sowie Y. Durand (1976, S. 13–16).

232 Clapham (1944, S. 25).

233 Vgl. Clapham (1944, S. 1 f.) sowie van der Wee (1977, S. 352 u. 387).

234 Van der Wee (1977, S. 388). Deyon und Jacquart liefern folgenden empirischen Indikator, der die Überlegenheit der neuen englischen Methode der Staatsfinanzierung gegenüber dem französischen System erkennen läßt: »Die finanziellen Anstrengungen, zu denen England durch die Kriege [1688–1713] genötigt wurde, waren denen Frankreichs durchaus vergleichbar. Steuern, vor allem indirekte Steuern, und Kreditvolumen stiegen in beiden Ländern mit ähnlicher Geschwindigkeit. Dennoch waren zum Zeitpunkt des Friedensschlusses von Utrecht die französischen Staatsschulden etwa fünf- oder sechsmal so hoch wie jene Englands.« (1978, S. 500)

235 Carter (1955, S. 21). Vgl. dazu auch Roseveare: »Die parlamentarische Revolution befreite die City von Ängsten, die sich traditionell im Zusammenhang mit der Gewährung umfangreicher Darlehen an die

ausländischen Element, einem sephardischen und einem hugenottischen.[236] Bei näherer Untersuchung scheint es recht klar zu sein, daß jenes entscheidende Vertrauen, auf dem man die englische Staatsschuld aufbauen konnte, das Vertrauen niederländischer Bankiers und ihrer finanziellen Verbündeten darstellte. Dazu gehörten auch jene, aus denen sich die hugenottische Internationale (wie sie manche bezeichneten) zusammensetzte.[237] Es liegt auf der Hand, warum die Hugenotten in der Phase unmittelbar nach der Aufhebung des Edikts von Nantes[238] ihre Bankgeschäfte lieber in England als in Frankreich machten und warum die Niederländer als Kriegsverbündete Englands gegen Frankreich ebenso empfanden. Aber warum investierte man das Geld nicht in Holland? Die Engländer mögen das Risiko eingegangen sein, nach 1689 durch Geldaufnahme über ihre Verhältnisse gelebt zu haben, und es mag wohl auch Wilsons Feststellung zutreffen, daß »Großbritannien, mit den geborgten Profiten aus Hollands goldenem Zeitalter als Einsatz, um eine imperiale Zukunft spielte – und gewann«[239] – aber die Niederländer mußten bereit sein, Kredite zu vergeben.

Wenn das niederländische Bankwesen im 18. Jahrhundert ein »besonders lebhaftes«[240] Interesse an der englischen Staatsschuld zeigte, muß es dafür einen Grund gegeben haben. Ich glaube, der Grund hat mehr mit Holland zu tun als mit England.[241] Zwei Fakten zu Beginn: Im 18. Jahrhundert bestand

---

Regierung eingestellt hatten, und die vermögenden Kreise, angeführt vom König und von der Königin, zögerten nicht, [im Jahr 1694] jene 1,2 Millionen Pfund Kapital zu zeichnen, die für die Eintragung als Aktiengesellschaft erforderlich waren.« (1969, S. 69.) Nicht alle waren so enthusiastisch. Bezüglich des Widerstands aus den Reihen der Grundbesitzer, die in der *Bank of England* eine vom Parlament unabhängige Einnahmequelle sahen, siehe Rubini (1970, S. 697–701).

236 Vgl. Carter (1955, S. 22, 30 u. 39–41; vgl. auch 1959).

237 Siehe Monter bezüglich schweizerischer Investitionen in England, der zweitwichtigsten ausländischen Geldquelle nach den Niederländern: »Wenn die Schweizer Investoren im wesentlichen aus Genf stammten und wenn Genfer zum überwiegenden Teil Hugenotten waren (und wenn im frühen 18. Jahrhundert andere Investoren in englische Wertpapiere vorwiegend Hugenotten waren), dann ist der eigentliche Gegenstand, der ans Tageslicht gebracht und nach Möglichkeit quantifiziert werden muß, die Aktivität der ›hugenottischen Internationale‹ an der Londoner Börse im frühen 18. Jahrhundert« (1969, S. 298). Monter weist darauf hin, daß die Berliner und Hamburger Investoren in England »nahezu bis auf den letzten Mann Hugenotten« waren. Bezüglich hugenottischer Internationale siehe auch Bouvier (1970, S. 312). Marrès macht darauf aufmerksam, daß die Emigration der Hugenotten »ein Handels- und Kundennetz für die industrielle Produktion des Languedoc [schuf]. Jene ihrer Glaubensgenossen, die im Languedoc blieben, übernahmen nach ihrer Entfernung aus dem Staatsdienst einige der florierendsten Industriezweige, insbesondere die Textilproduktion.« (1966, S. 152 f.) Vgl. dazu auch Lüthy (1959, S. 424).

238 Später, nach dem Tod Ludwigs XIV., nahmen die Hugenotten die Investitionstätigkeit in Frankreich wieder auf, speziell im Bereich des Außenhandels (vgl. Bouvier 1970, S. 312 f.). »Es war zweifellos mehr als ein bloßer Zufall, daß die Finanzielle Revolution auf die Ankunft des niederländischen Monarchen und seiner Berater folgte. Diese besaßen große Erfahrung in der Handhabung fiskalischer und finanzieller Angelegenheiten, speziell im Bereich langfristiger Kreditaufnahme durch den Staat, und standen mit niederländischen Bankkreisen in Verbindung.« (Braun 1975, S. 292)

239 Wilson (1949, S. 161). Ein Beweis für den Erfolg der Schlüsselinstitution, der *Bank of England*, besteht darin, daß zwar ihre »Banknoten« bis 1833 kein gesetzliches Zahlungsmittel darstellten, sich aber de facto »Banknoten der *Bank of England* recht früh im 18. Jahrhundert so weit durchgesetzt hatten, daß sie bei abschließenden Schuldenregelungen allgemein als akzeptabel galten« – d.h. als Geld (Horsefield 1977, S. 131).

240 Van der Wee (1977, S. 389).

241 »Es hat den Anschein, als habe niederländisches Kapital – vielleicht abgesehen von einigen wenigen

die englische Staatsschuld hauptsächlich gegenüber Ausländern;[242] nach 1689 wurde England »für das Amsterdamer Kapital zum bevorzugten Investitionsgebiet«[243]. Unter dem Strich hatte die merkantilistische Politik Englands und Frankreichs dazu geführt, daß die Überlegenheit der Niederlande in der Produktionssphäre und weitgehend sogar im Handel beseitigt war. Die niederländischen Lohnkosten waren gestiegen, der technologische Vorsprung der Niederländer verschwunden und die Steuersätze außergewöhnlich hoch, zum Teil aufgrund der hohen Aufwendungen für den Schuldendienst.[244] Die niedrigen Zinssätze, die eine Folge der starken niederländischen Position innerhalb der Weltwirtschaft gewesen waren, schienen nun durch eine »darniederliegende Konjunktur« aufrechterhalten zu werden, die »den Transfer von Kapital in ausländische Vermögenswerte rechtfertigte«[245]. Angesichts eines Zinssatzes in den Vereinigten Niederlanden, der von 6,25 Prozent im frühen 17. Jahrhundert bis Mitte des 18. Jahrhunderts auf 2,5 Prozent gesunken war, erschienen niederländischen Investoren die von der *Bank of England* gebotenen 6 Prozent (sowie die 5 Prozent bei Rentenpapieren und Kolonial-Hypotheken) äußerst attraktiv.[246]

Kurz und gut: Es gab eigentlich keine echte Alternative. Daß die Niederländer ihr Geld in England anlegten, lag weder an einer »feudalen Geschäftsmentalität« noch an mangelndem Patriotismus. Niederländische »Investitionen in (heimische wie ausländische) Rentenpapiere wurden gegenüber solchen in den industriellen Sektor durch die komparativen Kosten ebenso unterstützt wie durch die komparativen Kapitalerträge und die Fiskalpolitik.«[247] Sombart sah in dieser Verschiebung einen Beweis dafür, daß der Bourgeois stets »degeneriert«. Der liberale niederländische Historiker A. N. Klein hingegen lehnt Sombarts »fragwürdigen« Ausdruck ab und bevorzugt stattdessen die Marxsche Erklärung, wonach jeder Kapitalist ein

---

Jahren des Kriegs – weniger deshalb in englischen Staatsanleihen ein Betätigungsfeld gefunden, weil der Kapitalbedarf Englands so groß war, sondern weil es im eigenen Land an Investitionsmöglichkeiten mangelte.« (John 1953, S. 158)

242 Wilson (1941, S. 72 f.). Vor allem waren es die Holländer – drei Siebentel der Staatsschuld bestand ihnen gegenüber (Wilson 1941, S. 78 u. 190). Carter meint hingegen, daß die Belege dafür »äußerst fragfürdig« seien (1953a, S. 159). Sie gewann aus den Hauptbüchern den Eindruck, daß der Anteil der Niederländer lediglich zwischen einem Achtel und einem Sechstel gelegen habe (S. 161). Trotzdem räumt sie ein, daß sich die niederländischen Anlagewerte unmittelbar vor dem Österreichischen Erbfolgekrieg, »gemessen am Gesamtumfang« der englischen Staatsschulden, zu »einen ziemlich beachtlichen Anteil« entwickelt hatten. (1953b, S. 338)

243 Barbour (1963, S. 125).

244 Klein weist darauf hin, daß die Staatsschulden der Niederlande – in Anbetracht ihrer Hegemonie erwartungsgemäß – im 17. Jahrhundert am raschesten anstiegen. Die Niederlande versuchten, den Steuersatz niedrig zu halten, und zwar teilweise deshalb, weil die Empörung über die Besteuerung eines der ideologischen Motive im Krieg gegen die Spanier gewesen war. Aber irgendwann mußten die Kosten schließlich bestritten werden. »In diesem Sinne erscheint es nicht unplausibel zu sagen, daß die Freiheit der Niederländer im 16. Jahrhundert zu Lasten späterer Generationen erkauft worden war.« (1969, S. 19)

245 Morineau (1974, S. 775); vgl. dazu auch Carter (1971, S. 131–135).

246 Vgl. Wilson (1954, S. 263 f.).

247 Wilson (1960b, S. 439).

»Fanatiker der Verwertung des Werts« sei. Klein vertritt die Auffassung, daß diese Charakterisierung auf den niederländischen Fall vollkommen zutrifft:

> Der niederländische Kaufmann des 17. und sein von Renteneinkünften lebender Nachfahre des 18. Jahrhunderts entsprechen dieser Auffassung, vorausgesetzt wir sehen ein, daß die wirtschaftlichen Möglichkeiten des letzteren auf das weit weniger spektakuläre Terrain von Finanzinvestitionen beschränkt waren. Wenn ein Fanatiker seine Ziele rascher und effektiver erreicht als ein anderer, dann liegt das vielleicht an seinen größeren Möglichkeiten, aber sicherlich nicht an seiner größeren Entschlossenheit.[248]

Die Finanzverlagerung der Niederländer erfolgte weder plötzlich noch vollständig, sondern war eher ein schrittweiser Prozeß. Niederländische Banken waren noch immer ein solider, verläßlicher Ort, wo andere ihr Gold und Silber hinterlegen konnten,[249] und die Münzprägeziffern stiegen im 18. Jahrhundert weiter an.[250]

Das Vertrauen Europas in Amsterdam als Weltfinanzzentrum wurde erst im Jahr 1763 erschüttert.[251] Aber bereits an der Wende zum 18. Jahrhundert verschoben die Niederländer ihr Geld dorthin, wo es am meisten einbringen konnte, und das war England. Es handelte sich um »eine geradlinige geschäftliche Vereinbarung«[252], wobei die hohen Erträge des niederländischen Investors dem englischen Staat halfen, die Kreditbeschaffungskosten niedrig zu halten. Im Grunde hätten sich die Engländer ihr Geld so wie die Franzosen im eigenen Land beschaffen können, aber durch die niederländischen Investitionen »wurde England in die Lage versetzt, [seine] Kriege so führen zu können, daß sie für seine Industrie nur eine minimale Erschütterung darstellten.«[253] Das symbiotische Arrangement zwischen einer früheren Hegemonialmacht und dem neuen Stern am Himmel verschaffte jener ein würdiges Ruheeinkommen und diesem in der Auseinandersetzung mit seinem Rivalen den entscheidenden Rückenwind. Später, zwischen 1873 und 1945, wiederholte sich das Muster, als Großbritannien die Rolle der Niederländer und die Vereinigten Staaten die der Engländer spielten.

Nach Utrecht unternahmen die Franzosen eine große Kraftanstrengung, um die beginnende Überlegenheit der Engländer im Bereich der weltweiten Finanzgeschäfte zunichte zu machen. Harsin benennt Frankreichs Problem:

---

248 Klein (1970, S. 34). Daß es sich dabei um eine von Überlegung getragene Entschlossenheit handelte, läßt sich daran erkennen, daß die Niederländer im 18. Jahrhundert als Neuerung auf dem Finanzsektor Investmentgesellschaften einführten. Eine Idee, die erst in den siebziger Jahren des 19. Jahrhunderts nach England gelangte, als England jene Stufe erreichte, auf der die Niederlande bereits 1689 angekommen waren (vgl. Klein 1969, S. 12).

249 Vgl. van Dillen (1926, S. 199 f.).

250 Vgl. Morineau (1972, S. 4).

251 Vgl. Wilson (1954, S. 264 f.).

252 Carter (1953b, S. 323).

253 John (1955, S. 343).

»Das Fehlen eines echten Staatskredits hatte bis zum Jahr 1715 das gravierendste Manko innerhalb des französischen Finanzsystems dargestellt.«[254] Mit John Laws »Privatbank«[255] sollte dieses Manko behoben werden. Laws Versuch zielte darauf ab, den Kredit des französischen Staates durch die Schaffung einer Bank wiederherzustellen, der die Staatseinnahmen zufließen würden. Auf dieser Grundlage würde sie dann gültige, in Gold konvertierbare Banknoten ausgeben. Langfristig ging es darum, Währungsstabilität sicherzustellen, die verfügbare Geldmenge zu vergrößern, den Zinssatz zu senken, den Wechselkurs gegenüber ausländischen Währungen zu verbessern und, wohl vor allem, die Staatsausgaben zu senken (sowohl was die Staatsschuld betrifft als auch den Aderlaß bei den Staatseinnahmen durch die zwischengeschalteten bürokratischen Schichten). All dies würde dann ein beachtliches maritimes und koloniales Expansionsprogramm ermöglichen. Um das zu erreichen, beabsichtigte Law zweierlei: die Vergrößerung der Geldmenge in Form von Papiergeld und eine Fiskalreform.[256] Es schien ein Versuch zu sein, Colberts Werk zu vollenden, ein phantasievoller Sprung nach vorne, der Frankreich in seinem Kampf mit England wieder einen deutlichen Vorsprung verschaffen könnte. Das Projekt war ein katastrophaler Fehlschlag. Sobald das Anfangskapital beschafft war, gründete Laws Bank die *Compagnie d'Occident*, um das Mississippi-Tal (auch bekannt unter dem Namen Louisiana) im Rahmen eines staatlichen Monopols zu erkunden und wirtschaftlich auszubeuten. Die Bank schluckte in weiterer Folge andere Handelskompanien (*Compagnie du Sénégal*, *des Indes orientales*, *de Chine*) und schuf im Jahr 1719 die *Compagnie des Indes*.

Zur selben Zeit übernahm Laws Bank die Bezahlung der Staatsschulden und wurde dafür aus den Steuereinnahmen entschädigt. Law war auch bestrebt, das Steuersystem zu reorganisieren und zu rationalisieren, war aber inmitten des enormen Spekulationsfiebers, das die Ausweitung der Aktienmenge und die Papiergeldinflation geweckt hatten, niemals in der Lage, dieses Programm durchzuführen. Plötzlich kam es zu einer Vertrauenskrise.

---

254 Harsin (1970, S. 276).

255 Da verschiedene Interessengruppen Einwände gegen John Laws Vorschlag einer staatlichen Bank erhoben, »mußte sich [die Bank] mit den äußeren Attributen einer Privatbank tarnen, um zugelassen zu werden« (Harsin 1970, S. 277 f.). Bezüglich Laws Versuch, eine französische Nationalbank zu schaffen, siehe E. J. Hamilton (1969, S. 140–149). Hamilton bezeichnet Laws ursprünglichen, 1702 unterbreiteten Plan als »einen der besten Entwürfe für eine Nationalbank, die ich aus irgendeinem Land jener Zeit kenne« (S. 143). Daß der private Charakter der Bank Tarnung war, zeigt sich daran, daß bereits vor dem 4. Dezember 1718, als sie schließlich offiziell zur *Banque Royale* wurde, »alle Aktien in Publikumsbesitz heimlich von der Regierung aufgekauft worden waren« (S. 145).

256 Diese Beschreibung von Laws Absichten geht auf Harsin (1970, S. 279) zurück. Carswell schreibt: »Im Mittelpunkt von Laws Vorhaben, das den Reichtum der Welt vermehren sollte, stand die Idee eines nationalen Papiergelds, das man allgemein akzeptieren würde, weil dahinter die Autorität des Staates stünde, und das über ein Netz lokaler Zweigstellen kontrolliert werden könnte. Aufgrund seiner Überzeugung, daß man einer solchen Währung gegenüber Metall zweifellos den Vorzug geben würde, hielt er es in seinem ursprünglichen Projektentwurf für notwendig, das zu erwartende Agio des Papiergelds gegenüber Gold und Silber zu begrenzen und sicherzustellen, daß nicht mehr als ein Wert von 110 in Gold erforderlich sein sollte, um eine mit 100 bezifferte Schuld zu begleichen.« (1960, S. 78 f.)

Versuche, die umlaufende Aktienmenge zu verringern, schlugen fehl, und das System krachte im sogenannten Mississippi-Schwindel zusammen. Warum? Trotz der »Bewunderung«, schreiben Deyon und Jacquart, die das »Ausmaß des Projekts« erwecke, habe es Law »an der Kunst der Umsetzung, am geduldigen Abwarten des richtigen Zeitpunkts [gefehlt], von denen der Erfolg selbst der brillantesten Strategien abhängt.«[257] Harsin meint, Law habe ein System errichtet, das zwar »robust«, aber »wahrscheinlich verfrüht« gewesen sei und das letzten Endes »eher an der Verwegenheit seiner Initiativen und der zu raschen Ausführung seiner Vorschläge [scheiterte] als an einem Mangel an Logik und am Bündnis seiner Feinde.«[258] Für Max Weber hingegen war John Laws Fall allein schon deswegen unvermeidlich, weil »weder Louisiana noch der China- oder der Ostindienhandel genügend Gewinn abgeworfen hatten, um auch nur einen Bruchteil des Kapitals zu verzinsen.«[259]

Vielleicht können wir Laws Scheitern besser einschätzen, wenn wir einen Blick auf die gleichzeitig in England sich ereignende Spekulation werfen, die zu einer ähnlichen, »Südseeschwindel« (*South Sea Bubble*) genannten, Krise führte. (Natürlich war Spekulation nicht auf England und Frankreich beschränkt, sondern wurde von Bankiers und Investoren auch in Genf, den Vereinigten Niederlanden, Hamburg und Norditalien betrieben.)[260] John Laws »System« erforderte eine Verbindung dreier Staatsmonopole: einer Notenbank (*Banque Royale*), einer Handelskompanie (*Compagnie des Indes*) und einem zentralisierten Depot für die eingehobenen indirekten Steuern (*Ferme générale des impôts*). Als Law im Oktober 1719 anbot, die verbleibende Staatsschuld in der Höhe von 1,5 Milliarden neu zu fundieren, war die Nachfrage nach Aktien in England wie in Frankreich weit größer als angenommen. Die Engländer kopierten daraufhin das System, wobei sie sich der bereits bestehenden *South Sea Company* bedienten.[261] Auch dort übertraf die

---

257 Deyon/Jacquart (1978, S. 502).

258 Harsin (1970, S. 280).

259 Weber (1923, S. 249), der für den Südseeschwindel (*South Sea Bubble*) eine identische Erklärung parat hat: »Auch hier war der Bankrott unvermeidlich, weil der Handel in der Südsee auch nicht entfernt ausreichte, um die vorgestreckten Gelder zu verzinsen.« (S. 250)

260 Vgl. Åkerman (1957, Bd. 2, Teil 1, S. 254 f.), Harsin (1970, S. 294), Kindleberger (1978, S. 120–122). T. S. Ashton nennt zudem Dänemark, Spanien und Portugal (1959, S. 120). Bezüglich Genf siehe Sayous (1937). Åkerman bezeichnet die Krise des Jahres 1720 als »die erste internationale Finanzkrise« (S. 255). Weber nennt den Doppelschwindel »die ersten großen Spekulationskrisen«, wobei er sie von der großen Tulpenmanie in Holland zwischen 1630 und 1640 abgrenzt (1923, S. 246). Bei Parker findet sich beinahe die gleiche Ausdrucksweise – er spricht von »der ersten Finanzkrise der Neuzeit« (1974a, S. 582).

261 Ursprünglich – und höchst erfolgreich – diente die *South Sea Company* im Jahr 1711 zur Fundierung kurzfristiger Schuldverschreibungen. »Dieser intelligente Schachzug ermöglichte es Großbritannien, aus dem Frieden von Utrecht 1713 mit praktisch ungemindertem Kredit hervorzugehen, auch wenn seine Staatsschuld enorm war.« (Parker 1974a, S. 581.) Größere Skepsis hinsichtlich des Erfolgs äußert Flinn (1960). Aber B. W. Hill argumentiert, daß es, mehr noch als ein ökonomisch entscheidender, ein *politisch* entscheidender Akt war: »Ein Tory-Parlament war dazu gebracht worden, die weitere Bedienung der Staatsschuld zu garantieren, und die Whig-dominierte City dazu, ihre Funktion als Gläubiger der Nation wieder zu erfüllen. Sowohl in finanzieller als auch in politischer Hinsicht waren das wichtige Entwick-

Nachfrage alle Erwartungen. In beiden Fällen spielte es eine entscheidende Rolle, daß der einzelne Gläubiger des Staates nicht gezwungen wurde, die »Staatspapiere« zu kaufen, sondern daß dazu lediglich ein Anreiz geschaffen wurde.[262] Als man jedoch in Frankreich im Anschluß daran unter Druck geriet, wurden die Spielregeln geändert und die Banknoten, in Verrechnungsgeld gemessen, auf 50% ihres ursprünglichen Werts herabgesetzt. Wie Hamilton bemerkt:

> In Anbetracht der Tatsache, daß sowohl Law als auch der Regent wiederholte Male feierlich versprochen hatten, daß man den Wert der Banknoten gegenüber dem Verrechnungsgeld niemals verändern würde, herrschte Panik. Da die Banknoten mit einem Federstrich, den zu unterlassen die Krone moralisch verpflichtet gewesen wäre, die Hälfte ihres Nominalwerts verloren hatten, versuchten deren Inhaber sie vor dem nächsten Federstrich auszugeben oder zu investieren![263]

Der »große Krach« griff von Paris auf London über. Zweifellos »zeigte [er] auf anschauliche Weise die Brüchigkeit des neuen Finanzgefüges«, zweifellos stellte er aber auch »die Überlebensfähigkeit der neuen Finanztechniken« unter Beweis.[264] Sowohl England als auch Frankreich traten darauf in eine Periode langfristiger finanzieller Stabilität ein, die sich bis zur Französischen Revolution erstreckte.[265] In dieser Hinsicht war das Ergebnis erfreulich. Der Versuch Frankreichs jedoch, mit Hilfe des »Systems« von John Law die wachsende Kluft zwischen der eigenen und der Finanzkraft Englands zu überwinden, war fehlgeschlagen. Englands schon früher gegründete Zentralbank überlebte den »Südseeschwindel«, in Frankreich hingegen führte die gleichartige Konstruktion zum »Mississippi-Schwindel« und ging daher darin unter. »Die Ära Law hatte innerhalb kürzester Zeit alles auf den Kopf gestellt, ohne irgend etwas zu erreichen.«[266] In England wurde die bankrotte *South Sea Company* vom Parlament unterstützt; es »wahrte den Schein« und rettete dadurch den Kredit des englischen Staats.[267] In Frankreich war das politisch nicht möglich. Die unmittelbaren negativen Konsequenzen des Lawschen »Systems« sind sehr übertrieben worden,[268] und es

---

lungen für die Zukunft. Politisch deshalb, weil dadurch die Angst beseitigt wurde, mit einem Regierungswechsel [1710 hatte es einen Wechsel von den Whigs zu den Tories gegeben] könnte der Kredit des Staates verlorengehen, und finanziell deshalb, weil die von der Finanzwelt entwickelte Organisationsform [die *Bank of England*] von einer Regierung anerkannt, ja sogar geschützt wurde, die mit dem Landadel die schärfsten Kritiker der City repräsentierte.« (1971, S. 411)

262 Vgl. Parker (1974, S. 583).

263 E. J. Hamilton (1969, S. 147).

264 Parker (1974a, S. 586).

265 Bezüglich England siehe Vilar (1974, S. 285), für Frankreich siehe Lüthy (1961, S. 31) sowie Bouvier (1970, S. 307).

266 Lüthy (1959, S. 414).

267 Harsin (1970, S. 279). Plumb vertritt in bezug auf die Handlungsweise der Regierung eine sogar noch dezidiertere Auffassung. Walpole, meint er, »rettete den Hof« (1950, S. 59) – und wurde auf diese Weise zwei Jahre später Premierminister.

268 Vgl. Poisson (1974, S. 266).

gab sogar positive Auswirkungen.[269] Das eigentliche Negativum war das Ausbleiben des Erfolgs – und damit das Versagen, den wachsenden Rückstand wettzumachen.

Im weiteren Verlauf des 18. Jahrhunderts verstärkte sich die in Finanzdingen zentrale Stellung Englands innerhalb der Weltwirtschaft, während die Frankreichs schwächer wurde[270] – dies deshalb, weil der französische Staat nicht so stark war wie der englische. Es stellt sich damit die Frage, wie der englische Staat um soviel stärker werden konnte als der französische. All jenen, die die Stärke eines Staates daran messen, in welchem Maß der einzelne gegen willkürliche Entscheidungen von staatlicher Seite geschützt ist oder welchen Umfang die staatliche Bürokratie aufweist, mag diese Frage absurd erscheinen. Wir haben unsere Position bereits klargemacht, daß sich die Stärke eines Staates daran zeigt, wie weit es den Regierenden gelingt, ihren Willen gegen den Willen anderer außerhalb und innerhalb des Herrschaftsbereichs durchzusetzen. Unter Verwendung dieses Kriteriums sind wir der Auffassung, daß der englische Staat den französischen bis zu Beginn des 18. Jahrhunderts eindeutig hinter sich gelassen hatte. Der wirklich starke Staat hat es selten nötig, seine eiserne Faust zu zeigen. Wenn die Ära Walpole »eine des Friedens [und] der Ruhe war«, bemerkt Temperley, so habe dies an den Heldentaten der Vergangenheit gelegen: »Allgemein geht man davon aus, daß der Methuen-Vertrag mit Portugal 1703 und die Handelsklauseln des Friedensvertrags von Utrecht 1713 Zugeständnisse an den englischen Handel darstellten, die sich nur durch Waffengewalt oder die Androhung von Waffengewalt erzwingen ließen.«[271] Auch militärische Stärke reichte allerdings nicht aus – ebenso war eine effiziente Verwaltung erforderlich. Plumb sagt, daß »Großbritannien im Jahr 1714 vermutlich über den effizientesten Regierungsapparat in Europa verfügte.«[272]

Wir haben die Position vertreten, daß die in England und Frankreich im späten 17. Jahrhundert erzielten sozialen Kompromisse sich weniger voneinander

---

269 J. Imbert spricht vom heilsamen »Peitschenhieb für die französische Wirtschaft zwischen 1718 und 1721« (1965, S. 354). E. J. Hamilton merkt an, daß Frankreich dadurch aus seiner Handelskrise herausgekommen sei, allerdings nicht »ohne Kosten« (1969, S. 147 f.).

270 Bezüglich des Niedergangs von Lyon als Finanzzentrum nach 1720 siehe Lüthy (1959, S. 55).

271 Temperley (1909a, S. 40 u. 49). Mit der Stärke kamen der Konservativismus. »[Walpoles] Politik war außerordentlich simpel: Vermeidung von Krieg, Förderung des Handels, Senkung der Besteuerung und im übrigen Bewahrung des Status quo – keine Neuerungen. Wie er ganz richtig feststellte: ›Ich bin kein Heiliger, kein Spartaner, kein Reformer.‹« (Plumb 1966, S. 78 f.)

272 Plumb (1967, S. 13). Effizienz ist wichtiger als Quantität. Dennoch ist es angebracht, darauf hinzuweisen, daß der quantitative Aspekt in England nicht vernachlässigt wurde. »Die Zahl der vom Staat beschäftigten Personen nahm zwischen 1689 und 1715 rascher zu als in jeder früheren Periode der englischen Geschichte« (Plumb 1967, S. 112) – bis zum 19. Jahrhundert. Vgl. dazu auch Aylmer: »Was das bloße Wachstum der Verwaltung betrifft, so scheinen die entscheidenden Zeitabschnitte ... die Jahre zwischen 1642 und 1652 und zwischen 1689 und 1697 (möglicherweise auch zwischen 1702 und 1713) gewesen zu sein« (1974, S. 24). Man vergleiche Plumbs Darstellung mit Bergers Einschätzung der vermeintlichen Steigerung französischer Verwaltungseffizienz nach 1689: »Untersucht man die Hungersnot des Jahres 1693 [und wie die französische Regierung damit umging], so ist keine Spur von jener großen Verwaltungsoffensive festzustellen, die angeblich durch die Notwendigkeiten des Kriegs ausgelöst wurde.« (1978, S. 120)

unterschieden, als zuweilen behauptet wird, und daß sie in beiden Fällen für die Zeit der englisch-französischen Kriege zwischen 1689 und 1763 relative innere Stabilität zur Folge hatten. Das 18. Jahrhundert war »in ganz Europa die Epoche der Versöhnung zwischen Monarchie und Adel«[273], und diese Versöhnung basierte darauf, daß die Grundbesitzerklasse seitens der Regierung massive Unterstützung erfuhr. Im Fall Frankreich ist dies weitgehend unbestritten – aber war nicht England die Heimat eines triumphierenden Handelskapitals? Zweifellos. Aber war dieses so losgelöst von den Einkünften aus Grundbesitz?[274] Ganz abgesehen davon, daß es zu Überlappungen beim Personal kam, unterstützten die Regierungen Handels-, Industrie- und Finanzunternehmen auf die bereits beschriebene Weise. Zugleich gestatteten sie aber der Grundbesitzerklasse, sich einen gewaltigen Teil des Surplus anzueignen. Auch das ist im Fall Frankreich weitgehend unbestritten. In unserer Vorstellung vom *Ancien Régime* spielen der Adel, der keine Steuern zahlte, und der käufliche Amtsadel eine zentrale Rolle.[275] Aber war all das in England so unbekannt? Welche Auswirkungen hatte die Walpolesche Stabilität in diesem »Zeitalter der großen Güter« mit seinem »Monopol der Aristokratie auf Grund und Boden«[276]? Beißend stellt E. P. Thompson fest:

> Das politische Leben Englands in den zwanziger Jahren des 18. Jahrhunderts hatte etwas von den makabren Zügen einer »Bananenrepublik«. ... Durch Vetternwirtschaft und Bestechung scharte jeder Politiker eine Gruppe loyaler, abhängiger Gefolgsleute um sich. Das Ziel bestand darin, sie mit einem Posten zu belohnen, wo sie einen Teil der Staatseinnahmen für sich abzweigen konnten: Heeresfinanzen, Kirche, Akzise. ... Die gehobene Gentry, Spekulanten und Politiker verfügten über enormen Reichtum, ihr Einkommen ragte über der Armut des einfachen Mannes auf wie die Anden über den Regenwäldern.[277]

Wirkte sich diese englische Version des »Staatsbanditentums«[278] auf das Vermögen der Grundbesitzer soviel anders aus als die etwas abweichende

---

273 P. Anderson (1974a, S. 232).

274 Bezüglich England und dem Vermögensstand der Grundbesitzer siehe Habakkuk: »Es kann kein ernsthafter Zweifel daran bestehen, daß die Situation für Einkommen aus Grundbesitz in den hundert Jahren nach 1715 günstiger war als zwischen 1640 und 1715« (1967b, S. 9). Vgl. dazu auch Plumb: »Der Landedelmann wurde immer stärker in das neue Wirtschaftsgefüge der Gesellschaft eingeflochten. Handel, Spekulation, ein Geschäftsunternehmen waren schließlich nichts Fremdes mehr für ihn.« (1967, S. 8.) Bezüglich Frankreich und Handelskapital siehe McManners: »Geld ist der Schlüssel, um die französische Gesellschaft des 18. Jahrhunderts zu verstehen. Mit der Macht des Geldes im Rücken durchdrang die Plutokratie die Aristokratie« (1967, S. 26). Vgl. auch Grassby (1960) bezüglich einiger der Methoden, mit denen das Konzept der *dérogation* umgangen wurde und daher nicht imstande war, seinen Zweck zu erfüllen: die Aufrechterhaltung strikter Grenzen zwischen Adel und Kaufleuten.

275 G. V. Taylor bezeichnet das als »Hofkapitalismus«: »Adelige, Finanziers, Bankiers und professionelle Spekulanten verwickelten die Regierung in zweifelhafte Spekulationsgeschäfte und führten dank ihres Einflusses behördliche Entscheidungen herbei, die die Preise steigen oder fallen ließen oder Spekulanten den Ausstieg aus nachteiligen Verpflichtungen ermöglichten.« (1964, S. 488)

276 Mingay (1963, S. 15 u. 26).

277 E. P. Thompson (1975, S. 197 f.).

278 Der Ausdruck stammt von E. P. Thompson (ebda., S. 294).

Version in Frankreich? Wir müssen zu unserer Frage zurückkehren, was den englischen Staat stärker werden ließ als den französischen. Die einfachste Antwort besteht darin, daß es sich um das Ergebnis seiner militärischen Fähigkeit handelte, Frankreich in den Kriegen zwischen 1689 und 1714 in Schach zu halten. Und seine Fähigkeit, diese Kriege für sich zu entscheiden, war das Ergebnis der englisch-niederländischen Allianz – weniger aufgrund des militärischen Beistands der Niederländer (obwohl nicht unwichtig) als vielmehr wegen der finanziellen Unterstützung, die die niederländischen Investionen für den englischen Staat bedeuteten. Die Beteiligung der Niederländer schuf einen Grad an Vertrauen, der die Gründung der *Bank of England* ebenso ermöglichte wie das Überleben dieser Bank im Verlauf des »Südseeschwindels«. Vor allem war es im Walpoleschen Einparteienstaat schließlich möglich, die Spaltung innerhalb der herrschenden Klassen Englands zu überwinden. Diese hatte in der Zeit der ersten Stuarts begonnen und sich in veränderter Form zwischen 1689 und 1715 in den heftigen Parteienauseinandersetzungen zwischen Tories und Whigs fortgesetzt.[279] Daß aus dem englischen ein starker Staat wurde und der englische Unternehmer daranging, die Wirtschaftswelt zu erobern, lag nicht daran, daß England demokratischer war als Frankreich, sondern daß es in mancher Hinsicht weniger demokratisch war.[280] Über Nacht schlug die Atmosphäre um, von politischer Gewalt in politische Stabilität.[281]

Die politische Aussöhnung der oberen Schichten, auf der die Stabilität Englands im 18. Jahrhundert beruhte, wurde in Frankreich nur zum Teil erreicht. Genau wie in England hatten die neueren Teile der Oberschicht – in Frankreich die *noblesse de robe*[282] – ihr *droit de cité* innerhalb der

279 Die finanzielle Rolle der Niederländer innerhalb der englischen Politik war natürlich an die Vermittlungstätigkeit der *City of London* geknüpft. Die Unterstützung durch die City, sowohl direkt als auch über die mit ihr verbundene *East India Company*, war nach Ansicht Sutherlands eine der vier Säulen des Walpoleschen Systems (vgl. 1952, S. 18–23).

280 Plumb argumentiert überzeugend, daß das Jahr 1715 die endgültige Zähmung jener Volksbewegung markierte, die England seit 1640 gekannt hatte. »Im England des 17. Jahrhunderts war der *freeholder* zu einem Zoon politikon geworden. ... Bis zur Mitte des 18. Jahrhunderts war von diesem Erbe nicht mehr allzuviel übrig« (1969, S. 115 f.). Nach 1715, so Plumb, beruhte Englands Stabilität »auf drei Hauptfaktoren: Einparteienregierung, konsequente Kontrolle der Legislative durch die Exekutive und ein Gefühl gemeinsamer Identität bei jenen, die wirtschaftliche, soziale und politische Macht ausübten.« (1967, S. XVIII)

281 »*Innerhalb der herrschenden Klasse* gab es eine Tradition der Verschwörung, des Aufruhrs, des Komplotts und der Revolte, die bis in normannische Zeit zurückreicht. 1685 gehörte Gewalt in der Politik zum Erbe eines Engländers« (Plumb 1967, S. 19; Hervorhebung I. W.). »Wenn in einer Gesellschaft politische Stabilität eintritt, so geschieht das oft recht rasch, so plötzlich wie Wasser zu Eis wird« (S. XVII). Christopher Hill benützt ein ähnliches Bild, datiert aber den Wendepunkt nicht auf 1715, sondern auf 1688: »In ganz Europa war England für seine politische Gewalt berüchtigt. ... Nach 1688 war es mit dem Heldenzeitalter der englischen Politik vorbei. Auf die heftigen Schwingungen der vorangegangenen fünfzig Jahre folgte relative Ruhe.« (1969, S. 119 u. 213)

282 Während der hohe Amtsadel (*noblesse de robe*) in der Versammlung der Generalstände 1614 noch unter den Bürgerlichen eingereiht war, stellt Franklin Ford fest, »bestand der wichtigste Einzelaspekt in bezug auf den Adelsstatus hoher Amtsträger darin, daß es daran 1715 keinen Zweifel mehr gab« (1953, S. 59). Ja, er fährt fort: »1715 stellte der Amtsadel, seines Adelsstatus gewiß und angesichts der Wiederherstellung seiner politischen Rechte, die mächtigste Kraft innerhalb der Aristokratie dar« (1953, S. 188).

politischen Struktur erlangt und waren daher nicht länger eine oppositionelle Kraft.[283] Anders als in England vermochte die Exekutive dennoch nie die vollständige Kontrolle über den Staat erringen. Die »Kluft zwischen Theorie und Praxis [des Absolutismus] blieb außerordentlich groß«[284]. Um zu erklären, warum in Frankreich die Aussöhnung der oberen Schichten unvollkommen blieb, müssen wir uns erneut der Frage der Hugenotten und der Aufhebung des Edikts von Nantes zuwenden. Im 16. Jahrhundert wurde die »protestantische Partei« von der Hälfte des französischen Adels unterstützt, speziell von jenen, die dem mittleren und unteren Bereich der Adelshierarchie angehörten. Seltsamerweise hatte dies zur Folge, daß der niedere Adel, der den Pressionen durch die königlichen Offiziere ausgesetzt war, »gegenüber seinen Bauern eine relative und paradoxe Toleranz« entwickelte. Als sich jedoch der politische Kompromiß von 1598 im Jahr 1629 in den Sieg des Königs verwandelte, hatte dies enorme gesellschaftliche Konsequenzen: »Die Niederlage der protestantischen Partei war vor allen Dingen die Niederlage des Adels.«[285] Nach 1598 wandte sich der Adel allmählich, nach 1630 eilig vom Protestantismus ab. Dies ermöglichte die Aufhebung des Edikts von Nantes im Jahr 1685.[286]

Mit der Aufhebung kam es zur Zerstreuung vorwiegend städtebürgerlicher Elemente.[287] Das betraf allerdings lediglich 10 Prozent der französischen Protestanten. Viele andere konvertierten.[288] Was war also übrig?

> Die Härte des Königs hatte also jenen zentralisierten, institutionellen, klerikalen, bürgerlichen Protestantismus zerstört, der während des 17. Jahrhunderts den Protestantismus der Reformation überlagert hatte. In den Zeiten der Not entstand dieser neu. Zunächst ohne Pfarrer, unter der Führung einfacher Laien, der Prädikanten. ... Dank jener Adeligen und Bauern [*ruraux*], die im 16. Jahrhundert

---

Nicht einmal alle jene, die nach wie vor formell zu den *roturiers*, das heißt Bürgerlichen, zählten, wurden von der sogenannten Feudalreaktion in Mitleidenschaft gezogen. Während das »mittlere« Bürgertum seine Aufstiegsmöglichkeiten blockiert sah, betont Elinor Barber, war das Großbürgertum dank seines Reichtums »weit weniger betroffen« (1955, S. 143).

283 »[Der Junto und Walpole] trennten den Whig-Liberalismus vom Radikalismus. ... Die Partei verschmolz die Interessen der Aristokratie, Hochfinanz und Regierung – ein Prozess, der von Walpole dahingehend erweitert wurde, auch die Mehrheit des Landadels einzubeziehen.« (Plumb 1967, S. 187)

284 Bromley (1957, S. 135), bei dem es weiter heißt: »Die Emanzipation der Regierung von den Beschränkungen der Vergangenheit war ein langsamer, oft unterbrochener und niemals abgeschlossener Prozeß.« (S. 137)

285 Chaunu (1965b, S. 26 f.).

286 »Betrachtet man es genau, so war der Religionsübertritt von [Marschall] Turenne [im Jahr 1668] von größerer Bedeutung als die Aufhebung des Edikts von Nantes. Ohne die Konvertierung Turennes wäre das Edikt von Fontainebleau undenkbar gewesen. Hätten sie Entschlossenheit gezeigt, wäre es dem König unmöglich gewesen, die Hälfte seiner Edelleute einzusperren. Eineinhalb Jahrhunderte später trugen La Fayette, La Rochefoucauld-Liancourt und neunzig weitere liberale Adelige mehr zum Erfolg des Dritten Stands am 23. Juni 1789 bei als die Reden Mirabeaus.« (Chaunu 1965b, S. 27)

287 Etwa 200.000 Hugenotten wanderten zwischen 1680 und 1720 aus, die meisten von ihnen gingen nach England, Genf, Deutschland und in die Vereinigten Niederlande (vgl. Scoville 1952, S. 409 f.).

288 Vgl. Scoville (1960, S. 3–5 u. 118). Bei einigen Hugenotten – den »neuen Marranen« – war der Religionsübertritt in Wirklichkeit nur simuliert (vgl. Léonard 1948, S. 177).

die Hauptkräfte der Reformierten Kirchen gewesen waren. Als die Aufhebung des Edikts von Nantes sie dazu zwang, erneut eine Widerstandsform zu entwikkeln, neigten sie zunächst instinktiv zur Rebellion.[289]

Diese neugebildete protestantische Kirche war vor allem »kongregationalistisch, föderalistisch, säkular, parlamentarisch und egalitär«[290]. Egalitär und rebellisch! Der französische Staat hatte einen potentiellen Aufstand von Mittelschichten (ärmeren Adeligen und reicheren Bauern) am Hals – eine ernste Angelegenheit. Entstanden war diese schwierige Lage aus jenen historischen Dilemmata, die sich im 16. Jahrhundert aufgetan hatten, bedingt durch einen Staat, der in seinen Dimensionen zu groß und dessen Teile in wirtschaftlicher Hinsicht zu ungleich waren, als daß die rasche Schaffung einer starken staatlichen Struktur möglich gewesen wäre.

Jene Sektoren, die vielleicht einen Aufruhr verursachen konnten, mußten besänftigt und eingedämmt werden. Und das geschah auch, teilweise durch eine Senkung der Steuern im bäuerlichen Bereich nach 1720[291] und teilweise, als Form gegenreformatorischer Akkulturation, durch eine Ausweitung des Grundschulunterrichts in den ländlichen Gebieten.[292] Eine Senkung von Steuern vergrößerte jedoch bloß die ohnehin bereits wachsende Kluft zwischen der Stärke des englischen und des französischen Staates.[293] Auch wenn vielleicht die Entwicklung im schulischen und religiösen Bereich im 18. Jahrhundert »Radikalismus« und »Kriminalität«[294] in den französischen Landgebieten eindämmte, so reichte sie eindeutig nicht aus, auf seiten der größeren Landwirte, die in England als Gentry oder zumindest als *lesser gentry* bezeichnet wurden, das Gefühl, politisch ausgeschlossen zu sein, zu beseitigen. Ohne die politische Eingliederung dieser Gruppe war es für den Staat unmöglich, wirklich stark zu werden.[295] Die inneren Kämpfe in Frankreich sind auch nicht völlig losgelöst von der Schaffung der entscheidenden

---

289 Léonard (1948, S. 178). Deshalb der Krieg der Camisards, deshalb Antoine Court und die »Synode in der Wüste« 1715 in den Basses-Cévennes.

290 Ebda., S. 179.

291 Vgl. Le Roy Ladurie (1975c, S. 35–37).

292 Vgl. Le Roy Ladurie (1975a, S. 528). Im Vergleich zum 17. war das 18. Jahrhundert »die große Zeit des Schulunterrichts für Bauern« (1975a, S. 538).

293 Vgl. Mousniers Vergleichswerte für die Einnahmen aus Zöllen, Akzise, Postkutschen und Postwertzeichen zwischen 1690 und 1715. Während die französischen Einkünfte aus den *Fermes-Unies* von 70 Millionen *livre tournois* im Jahr 1690 auf 47 Millionen im Jahr 1715 sanken, stiegen die englischen Einkünfte von 20,5 Millionen im Jahr 1700 auf 59,5 Millionen im Jahr 1713 (1951, S. 18). Im weiteren Verlauf des Jahrhunderts vertiefte sich diese Kluft immer weiter. Mathias und O'Brien (1976) kommen nach einem sorgfältigen Vergleich der Steuerlast während des gesamten Jahrhunderts zu dem Schluß, daß »die Steuerbelastung in Frankreich geringer war als in England« (S. 634). Sie weisen darauf hin, daß »es vermutlich nicht nur Zufall ist«, daß die englische Steuerlast nur von jener in den Vereinigten Niederlanden übertroffen wurde, dem einzigen Land, »wo Inlandsmärkte sogar in noch höherem Maß als in Großbritannien miteinander verbunden waren« (S. 640).

294 Le Roy Ladurie (1975a, S. 550 u. 552).

295 Le Roy Ladurie stellt einander die politischen Koalitionen Englands und Frankreichs im ländlichen Bereich gegenüber: in England Grundherren und wohlhabende Landwirte (*gros fermiers*), in Frankreich der »historische Block« aus armen und mittleren Bauern, ja sogar den wohlhabenden Landwirten gegen die *féodalité* (1975a, S. 584 f.).

englisch-niederländischen Allianz zu betrachten. Mitte des 17. Jahrhunderts lag es keineswegs auf der Hand, daß die Niederländer im 18. Jahrhundert ein Bündnis mit England gegenüber einem mit Frankreich bevorzugen würden. Die Engländer waren ihr schärfster Widersacher auf dem Handelssektor, während zu Frankreich zahlreiche Verbindungen bestanden. Wie bereits geschildert, waren sie sogar dabei, die Atlantikküste – so wie Portugal und Spanien – in ein wirtschaftliches Förderband zu verwandeln.

Seine internen Dilemmata ließen Frankreich jedoch gezwungenermaßen zu einer landorientierten, militärisch expansionistischen Macht werden, die ihre Protestanten unterdrückte. Ein Abkommen mit England muß den niederländischen Kapitalbesitzern, egal ob Royalisten oder Republikanern, weniger beunruhigend erschienen sein als eines mit Frankreich, das die Niederländer zu umarmen und zu erdrücken drohte. Die Engländer boten die langsame Osmose zweier kapitalistischer Schichten an. Daß die Niederländer den Engländern den Vorzug gaben, wurde durch die Thronbesteigung der Oranier in England nur noch bekräftigt. Wie so oft führte also Stärke zu Stärke und Schwäche zu Schwäche. Die Schwierigkeiten, im 16. Jahrhundert eine staatliche Struktur zu schaffen, zerrissen Frankreich, gärten und endeten schließlich in der unvollständigen Integration Frankreichs im 18. Jahrhundert. Das England des 16. Jahrhunderts war ein kompakter Staat. Durch die Turbulenzen des Bürgerkriegs gezwungen, eine einheitliche herrschende Klasse neu zu schaffen, gelang es England, sich seinen »keltischen Rand« einzuverleiben und genügend niederländisches Kapital anzuziehen, um damit im 18. Jahrhundert die Errichtung eines stabilen Einparteienstaates Walpolescher Prägung abzusichern. An dieser ständigen Zunahme der relativen Stärke des englischen Staates lag es dann auch, daß England zwischen 1750 und 1815 in der Lage war, Frankreich entscheidend hinter sich zu lassen – nicht daran, daß sich die beiden Staaten in ihrem Wertesystem oder darin, wie sie ihre Produktion zwischen 1600 und 1750 organisierten, markant unterschieden hätten.

Im vorliegenden Band haben wir wiederholt betont, wie ähnlich in England und Frankreich die Produktion organisiert war. Was technologische und intellektuelle Neuerungen betrifft, so hängt alles davon ab, welche Geschichtsbücher man liest. Ohne Zweifel begannen kapitalistische Wertvorstellungen die Vereinigten Niederlande und England zu durchdringen. Nicht vergessen dürfen wir aber Paul Hazards klassische Beweisführung, daß die Ideen der Aufklärung Frankreich nicht im Zuge der Revolution oder auch nur mit den Enzyklopädisten zu dominieren begannen, sondern in der Zeit zwischen 1680 und 1715.[296] Wie Labrousse sagt: »Das 18. Jahrhundert [in Frankreich] dachte bürgerlich.«[297] Das galt nicht nur für Frankreich. Obwohl

296 »Niemals hat es einen schärferen Kontrast, niemals einen plötzlicheren Übergang als diesen gegeben. ... Am einen Tag dachten die Franzosen beinahe alle wie Bossuet. Am darauffolgenden ... wie Voltaire. Das war kein normaler Ausschlag des Pendels. Das war eine Revolution.« (Hazard 1964, S. 7)

297 C.-E. Labrousse (1970, S. 716).

die ideologischen Fassaden einer früheren Welt im Bereich der gesamten europäischen Weltwirtschaft noch immer bestimmend waren, tendierten immer mehr Gruppen dazu, sich in erster Linie und in letzter Instanz wie Bourgeois und Proletarier zu verhalten, die in einem kapitalistischen System ihre Interessen verfolgten und verteidigten. Tatsächlich ist das der Kernpunkt unserer bisherigen Argumentation. Noch hatte sich keine bürgerliche und auch keine proletarische Kultur manifestiert. Aber gesellschaftliches Handeln war bereits in entscheidendem Maß den Zwängen bürgerlicher und proletarischer Praxis unterworfen.

Literaturverzeichnis*

Aalbers, J.: Holland's Financial Problems (1713–1733) and the Wars against Louis XIV. In: A. C. Duke/C. A. Tamse (Hrsg.): Britain and the Netherlands, Bd. 6: War and Society. Den Haag: Nijhoff *1977*, S. 79–93.

Abel, Wilhelm: Die drei Epochen der deutschen Agrargeschichte. 2. Auflage. Hannover: Schaper *1964*. (= Schriftenreihe für ländliche Sozialfragen. 37.)

Abel, Wilhelm: Geschichte der deutschen Landwirtschaft vom frühen Mittelalter bis zum 19. Jahrhundert. 2., überarb. Auflage. Stuttgart: Ulmer *1967*.

Abel, Wilhelm: Massenarmut und Hungerkrisen im vorindustriellen Deutschland. Göttingen: Vandenhoeck und Ruprecht *1972*. (= Kleine Vandenhoeck-Reihe. 352–354.)

Abel, Wilhelm: Crises agraires en Europe (XIIIe–XXe siècle). Traduit de la 2ème édition allemande, revue et augmentée. Paris: Flammarion *1973*.

Aberg, Alf: The Swedish Army, from Lutzen to Narva. In: M. Roberts (Hrsg.): Sweden's Age of Greatness, 1632–1718. New York: St. Martin's Press *1973*, S. 265–287.

Achilles, Walter: Getreidepreise und Getreidehandelsbeziehungen europäischer Räume im 16. und 17. Jahrhundert. In: Zeitschrift für Agrargeschichte und Agrarsoziologie, Jg. 7, *1959*/1, S. 32–55.

Adams, Geoffrey: Myths and Misconceptions: The Philosophic View of the Hugenots in the Age of Louis XV. In: Historical Reflections, Jg. 1, *1974*/1, S. 59–7

Ågren, Kurt: Breadwinners and Dependents. An Economic Crisis in the Swedish Aristocracy during the 1600's?. In: K. Ågren u.a. (Hrsg.): Aristocrats, Farmers, Proletarians. Uppsala: Almquist & Wiksell *1973*, S. 9–27. (= Studia Historica Uppsaliensia. 47.) (*a*)

Ågren, Kurt: The *reduktion*. In: M. Roberts (Hrsg.): Sweden's Age of Greatness, 1632–1718. New York: St. Martin's Press *1973*, S. 237–264. (*b*)

Ågren, Kurt: Rise and Decline of an Aristocracy. In: Scandinavian Journal of History, Jg. 1, *1976*/1–2, S. 55–80.

Åkerman, Johan: Structure et cycles économiques. 2 Bde. Paris: Presses Universitaires de France *1957*.

Allen, Theodore: '... They Would Have Destroyed Me'. Slavery and the Origins of Racism. In: Radical America, Jg. 9, *1975*/3, S. 41–64.

Anderson, M. S.: Russia under Peter the Great and the Changed Relations of East and West. In: New Cambridge Modern History, Bd. 6: The Rise of Great Britain and Russia, 1688–1725. Hrsg. von J. S. Bromley. Cambridge: University Press *1970*, S. 716–740.

Anderson, Perry: Lineages of the Absolutist State. London: New Left Books *1974*. (*a*) (Deutsche Ausgabe: P. A.: Die Entstehung des absolutistischen Staates. Frankfurt/Main: Suhrkamp 1979.)

Anderson, Perry: Passages from Antiquity to Feudalism. London: New Left Books *1974*. (*b*)

* Anm. d. Übers.: Soweit zugänglich, wurde bei deutschsprachigen Autoren auf die Originalzitate zurückgegriffen. Ansonsten schließt die vorliegende Übersetzung auch die von Immanuel Wallerstein zitierten Textpassagen ein. Vor allem aus arbeitsorganisatorischen Gründen konnten allfällige deutsche Übersetzungen fremdsprachiger Werke nicht berücksichtigt werden, im Literaturverzeichnis wird aber in ausgewählten Fällen auf die entsprechende deutschsprachige Ausgabe hingewiesen.

(Deutsche Ausgabe: P. A.: Von der Antike zum Feudalismus. Spuren der Übergangsgesellschaften. Frankfurt/Main: Suhrkamp 1978.)
Andrews, Charles M.: Anglo–French Commercial Rivalry, 1700–1750. The Western Phase. In: American Historical Review, Jg. 20, *1915*/3, S. 539–556 (Part 1) sowie *1915*/4, S. 761–780 (Part 2).
Andrews, Charles M.: The Acts of Trade. In: J. Holland Rose u.a. (Hrsg.): Cambridge History of the British Empire, Bd. 1: The Old Empire from the Beginnings to 1763. Cambridge: University Press *1929*, S. 268–299.
Anes Alvarez, Gonzalo/le Flem, Jean–Paul: Las crisis del siglo XVII. Producción agrícola, precios e ingresos en tierras de Segovia. In: Moneda y Crédito, *1965*/93, S. 3–55.
Appleby, Andrew B.: Agrarian Capitalism or Seigneurial Reaction? The Northwest of England, 1500–1700. In: American Historical Review, Jg. 80, *1975*/3, S. 574–594.
Ardant, Gabriel: Financial Policy and Economic Infrastructure of Modern States and Nations. In: Charles Tilly (Hrsg.): The Formation of National States in Western Europe. Princeton: Princeton University Press *1975*, S. 164–242.
Ariès, Philippe: Nationalisme d'hier et nationalisme d'aujourd'hui. In: La table ronde, *1960*/147, S. 46–51.
Asher, Eugene L.: The Resistance to the Maritime Classes. The Survival of Feudalism in the France of Colbert. Berkeley, Los Angeles: University of California Press *1960*.
Ashley, M. P.: Financial and Commercial Policy under the Cromwellian Protectorate. London, New York: Oxford University Press *1934*.
Ashley, W. J.: The Tory Origin of Free Trade Policy. In: Quarterly Journal of Economics, Jg. 11, *1897*/4, S. 335–371.
Ashton, Robert: Cavaliers and Capitalists. In: Renaissance and Modern Studies, Jg. 5, *1961*, S. 149–175.
Ashton, Robert: Puritanism and Progress. In: Economic History Review, 2nd ser., Bd. 17, *1965*/3, S. 579–587.
Ashton, Robert: The Parliamentary Agitation for Free Trade in the Opening Years of the Reign of James I. In: Past and Present, *1967*/38, S. 40–55.
Ashton, Robert: Jacobean Free Trade Again. In: Past and Present, *1969*/43, S. 151–157.
Ashton, T. S.: Economic Fluctuations in England, 1700–1800. Oxford: Clarendon Press *1959*.
Ashton, T. S.: Introduction. In: Elizabeth Boody Schumpeter: English Overseas Trade Statistics, 1697–1808. Oxford: Clarendon Press *1960*, S. 1–14.
Ashton, T. S.: An Economic History of England. The 18th Century. London: Methuen 1969.
Aspvall, G.: The Sale of Crown Land in Sweden. The Introductory Epoch, 1701–1723. In: Economy and History, Jg. 9, 1966, S. 3–28.
Åström, Sven-Erik: The English Navigation Laws and the Baltic Trade, 1660–1700. In: Scandinavian Economic History Review, Jg. 8, *1960*/1, S. 3–18.
Åström, Sven-Erik: From Stockholm to St. Petersburg. Helsinki: Finnish Historical Society 1962. (= Studia Historica. 2.)
Åström, Sven-Erik: From Cloth to Iron: The Anglo-Baltic Trade in the Late 17th Century. Part I: The Growth, Structure and Organization of the Trade. In: Commentationes Humanum Litterarum, Bd. 23, 1963/1, S. 1–260.

Åström, Sven-Erik: From Cloth to Iron: The Anglo-Baltic Trade in the Late 17th Century. Part II: The Customs Accounts as Sources for the Study of Trade. In: Commentationes Humanum Litterarum, Bd. 37, 1965/3, S. 1–86.

Åström, Sven-Erik: The Swedish Economy and Sweden's Role as a Great Power, 1632–1697. In: M. Roberts (Hrsg.): Sweden's Age of Greatness, 1632–1718. New York: St. Martin's Press *1973*, S. 58–101.

Attman, Artur: The Russian and Polish Markets in International Trade, 1500–1650. Göteborg: o. V. *1973*. (= Publications of the Institute of Economic History of Gothenburg University. 26.)

Aubin, Hermann: Die Anfänge der großen schlesischen Leineweberei und -handlung. In: Vierteljahrschrift für Sozial- und Wirtschaftsgeschichte, Jg. 35, *1942*/2, S. 105–178.

Aylmer, Gerald E.: Office-holding, Wealth and Social Structure in England, c. 1580–c. 1720. Vortrag am Istituto Internazionale di Storia Economica »Francesco Datini«, Prato, 30. April *1974*.

Aymard, Maurice: Commerce et production de la soie sicilienne, aux XVIe–XVIIe siècles. In: Mélanges d'archéologie et d'histoire, Bd. 77, *1965*, S. 609–640.

Aymard, Maurice: Venise, Raguse et le commerce du blé pendant la seconde moitié du XVIe siècle. Paris: S.E.V.P.E.N. *1966*.

Aymard, Maurice: Une croissance sélective. La population sicilienne au XVIIe siècle. In: Mélanges de la Casa de Velázguez, Bd. 4, *1968*, S. 203–227.

Aymard, Maurice: Production, commerce et consommation des draps de laine. In: Revue historique, *1971*/499, S. 5–12. (*a*)

Aymard, Maurice: In Sicilia. Sviluppo demografico e sue differenzatione geografiche, 1500–1800. In: Quaderni storici, *1971*/17, S. 417–446. (*b*)

Aymard, Maurice: Economie rurale, économie marchande. In: Commerce de gros, commerce de detail dans les pays méditerranéens (XVIe–XIXe siècles). Actes des Journées d'Etudes Bendor, 25–26 avr. 1975. Nice: Centre de la Méditerranée Moderne et Contemporaine *1976*, S. 131–144.

Baehrel, René: Economie et histoire à propos des prix. In: Eventail de l'histoire vivante. Hommage à Lucien Febvre. Bd. 1. Paris: Colin *1953*, S. 287–310.

Baehrel, René: Histoire statistique et prix italiens. In: Annales E.S.C., Jg. 9, *1954*/2, S. 213–226.

Baehrel, René: Une croissance. La Basse-Provence rurale (fin du XVIe siècle–1789). Paris: S.E.V.P.E.N. *1961*.

Baetens, R.: The Organization and Effects of Flemish Privateering in the Seventeenth Century. In: Acta Historiae Neerlandica, Bd. 9, *1976*, S. 48–75.

Bailyn, Bernard: Communications and Trade. The Atlantic in the Seventeenth Century. In: Journal of Economic History, Jg. 13, *1953*/4, S. 378–387.

Bailyn, Bernard: The New England Merchants in the Seventeenth Century. Cambridge (Massachusetts): Harvard University Press *1955*.

Bairoch, Paul: Le rôle de l'agriculture dans la création de la sidérurgie moderne. In: Revue d'histoire économique et sociale, Bd. 44, *1966*/1, S. 5–23.

Bairoch, Paul: Le rôle du secteur tertiaire dans l'attenuation des fluctuations économiques. In: Revue d'économie politique, *1968*/1, S. 31–49.

Bairoch, Paul: Agriculture and the Industrial Revolution, 1700–1914. In: C. M. Ci-

polla (Hrsg.): The Fontana Economic History of Europe, Bd. 3: The Industrial Revolution. London: Collins *1973*, S. 452–506.
(Deutsche Fassung: P. B.: Die Landwirtschaft und die Industrielle Revolution, 1700–1914. In: Carlo M. Cipolla/K. Borchardt (Hrsg.): Europäische Wirtschaftsgeschichte, Bd. 3: Die Industrielle Revolution. Stuttgart, New York: Gustav Fischer 1985, S. 297–332. [= UTB. 1315.])

Baker, Dennis: The Marketing of Corn in the First Half of the Eighteenth Century: North-East Kent. In: Agricultural History Review, Jg. 18, *1970*/2, S. 126–150.

Baker, Norman: Changing Attitudes towards Government in Eighteenth-Century Britain. In: A. Whiteman/J. S. Bromley/P. G. M. Dickson (Hrsg.): Statesmen, Scholars and Merchants. Oxford: Clarendon Press *1973*, S. 202–219.

Bakewell, P. J.: Silver Mining and Society in Colonial Mexico: Zacatecas, 1546–1700. Cambridge: University Press *1971*.

Bakewell, P. J.: Zacatecas. An Economic and Social Outline of a Silver Mining District, 1547–1700. In: Ida Altman/James Lockhart (Hrsg.): Provinces of Early Mexico. Los Angeles: UCLA Latin American Center Publication *1976*, S. 199–229.

Balibar, Etienne: Sur les concepts fondamentaux du matérialisme historique. In: Louis Althusser/Etienne Balibar (Hrsg.): Lire Le Capital, Bd. 2, völlig überarb. Neuauflage. Paris: Maspéro *1968*, S. 79–226.

Bamford, Paul Walden: French Shipping in Northern European Trade, 1660–1789. In: Journal of Modern History, Jg. 26, *1954*/3, S. 207–219.

Bamford, Paul Walden: Forests and French Sea Power, 1660–1789. Toronto: University of Toronto Press *1956*.

Bamford, Paul Walden: Entrepreneurship in Seventeenth- and Eighteenth-Century France. In: Explorations in Entrepreneurial History, Jg. 9, *1957*/4, S. 204–213.

Bangs, Carl: Dutch Theology, Trade and War. 1590–1610. In: Church History, Jg. 39, *1970*/4, S. 470–482.

Baranowski, B. u.a.: Histoire de l'économie rurale en Pologne jusqu'à 1864. Wrocław: Zakad Narodowy Imienia Ossolinskich, Wydawnictwo Poskiej Akademii Nauk *1966*.

Barber, Elinor G.: The Bourgeoisie in 18th Century France. Princeton: Princeton University Press *1955*.

Barbour, Violet: Marine Risks and Insurance in the Seventeenth Century. In: Journal of Economic and Business History, Jg. 1, *1929*, S. 561–596.

Barbour, Violet: Dutch and English Merchant Shipping in the Seventeenth Century. In: E. M. Carus-Wilson (Hrsg.): Essays in Economic History, Bd. 1. London: Arnold *1954*, S. 227–253. (Erstabdruck in: Economic History Review, Bd. 2, 1930/2).

Barbour, Violet: Capitalism in Amsterdam in the Seventeenth Century. Ann Arbor: University of Michigan Press, Ann Arbor Paperbacks *1963*.

Bargalló, Modesto: La minería y la metalurgica en la América Española durante la época colonial. México: Fondo de Cultura Económica *1955*.

Barker, Ernest: The Development of Public Services in Western Europe, 1660–1930. Hamden (Conn.): Archon *1966*.

Barker, Thomas M.: Double Eagle and Crescent. Albany: State University of New York Press *1967*.

Barker, Thomas M.: Military Entrepreneurship and Absolutism. Habsburg Models. In: Journal of European Studies, Jg. 4, *1974*/1, S. 19–42.

Barker, Thomas M.: Armed Service and Nobility in the Holy Roman Empire. General Aspects and Habsburg Particulars. In: Armed Forces and Society, Jg. 4, *1978*/3, S. 449–500.

Barkhausen, Max: Government Control and Free Enterprise in Western Germany and the Low Countries in the Eighteenth Century. In: Peter Earle (Hrsg.): Essays in European Economic History, 1500–1800. Oxford: Clarendon Press *1974*, S. 212–273.
(Ursprünglich auf deutsch erschienen in: Vierteljahrschrift für Sozial- und Wirtschaftsgeschichte, 1958.)

Barnett, Correlli: Britain and Her Army, 1509–1970. London: Pelican *1974*.

Baron, Salo W.: A Social and Religious History of the Jews, Bd. 15: Late Middle Ages and Era of European Expansion (1200–1650). Resettlement and Exploration. New York: Columbia University Press *1973*.

Barraclough, Geoffrey: The Origins of Modern Germany. Oxford: Blackwell *1962*.

Barral, Pierre: Note historique sur l'emploi du terme 'paysan'. In: Etudes rurales, *1966*/21, S. 72–80.

Barrett, Elinore M.: *Encomiendas*, *Mercedes*, and *Haciendas* in the *Tierra Caliente* of Michoacán. In: Jahrbuch für Geschichte von Staat, Wirtschaft und Gesellschaft Lateinamerikas, Bd. 10, *1973*, S. 71–111.

Barrett, Ward: Caribbean Sugar Production Standards in the Seventeenth and Eighteenth Centuries. In: J. Parker (Hrsg.): Merchants and Scholars. Essays in the History of Exploration and Trade. Minneapolis: University of Minnesota Press *1965*, S. 145–170.

Barrow, Thomas C.: Trade and Empire. The British Customs Service in Colonial America, 1660–1775. Cambridge (Massachusetts): Harvard University Press *1967*.

Bassett, D. K.: Early English Trade and Settlement in Asia, 1602–1690. In: J. S. Bromley/E. H. Kossmann (Hrsg.): Britain and the Netherlands in Europe and Asia. London: Macmillan *1968*, S. 83–109.

Batie, Robert Carlyle: Why Sugar? Economic Cycles and the Changing of Staples in the English and French Antilles, 1624–54. In: Journal of Caribbean History, Jg. 8, *1976*/1, S. 3–41.

Baynes, John: The Jacobite Rising of 1715. London: Cassell *1970*.

Bazant, Jan: Feudalismo y capitalismo en la historia económica de México. In: Trimestre económico, Jg. 17, *1950*/1, S. 84–98.

Bazant, Jan: Evolution of the Textile Industry of Puebla, 1544–1845. In: Comparative Studies in Society and History, Bd. 7, *1964*/1, S. 56–69.

Beaujon, A.: History of the Dutch Sea Fisheries. Their Progress, Decline and Revival. London: Clowes *1884*.

Becher, Johann-Joachim: Politische Discurs von den eigentlichen Ursachen deß Auff- und Abnehmens der Städt, Länder und Republicken. Frankfurt/Main: Zunner *1673*.

Beer, George Louis: The Old Colonial System, 1660–1754. Part I: The Establishment of the System, 1660–1668. 2 Bde. New York: Macmillan *1912*.

Behrens, Betty: Government and Society. In: Cambridge Economic History of Europe, Bd. 5: The Economic Organization of Early Modern Europe. Hrsg. von E. E. Rich u. C. H. Wilson. Cambridge: Cambridge University Press *1977*, S. 549–620.

Beiguelman, Paula: A destrução do escravismo capitalista. In: Revista de História, Jg. 24, *1967*/69, S. 149–160.

Bérenger, Jean: Public Loans and Austrian Policy in the Second Half of the Seventeenth Century. In: Journal of European Economic History, Jg. 2, *1973*/3, 657–669.

Berengo, Marimo/Diaz, Furio: Noblesse et administration dans l'Italie de la Renaissance. La formation de la bureaucratie moderne. Referat auf dem XIII. Internationalen Kongreß für Geschichtswissenschaft, Moskau, 16.–23. August *1970*.

Berger, Patrice: French Administration in the Famine of 1693. In: European Studies Review, Jg. 8, *1978*/1, S. 101–127.

Bergier, Jean-François: Il XVI secolo segnò l'inizio di una nuova concezione dei salari. In: Revista storica italiana, Jg. 78, *1966*/2, S. 431–438.

Bernard, Léon: French Society and Popular Uprisings under Louis XIV. In: French Historical Studies, Jg. 3, *1964*/4, S. 454–474.

Berthe, Jean-Pierre: Xochimancas: Les travaux et les jours dans une *hacienda* sucrière de Nouvelle-Espagne au XVIIe siècle. In: Jahrbuch für Geschichte von Staat, Wirtschaft und Gesellschaft Lateinamerikas, Bd. 3, *1966*, S. 88–117.

Berthold, Rudolf: Wachstumsprobleme der landwirtschaftlichen Nutzfläche im Spätfeudalismus (zirka 1500 bis 1800). In: Jahrbuch für Wirtschaftsgeschichte, Bd. 2/3, *1964*, S. 5–23.

Besnier, R.: Histoire des faits économiques. La fin de la croissance et les prodromes d'une révolution économique en Europe au XVIIe siècle. Paris, Rechtswiss. Diss. *1961*.

Beutin, Ludwig: Nordwestdeutschland und die Niederlande seit dem Dreißigjährigen Krieg. In: Vierteljahrschrift für Sozial- und Wirtschaftsgeschichte, Jg. 32, *1939*/2, S. 105–147.

Birch, Alan: Foreign Observers of the British Iron Industry during the Eighteenth Century. In: Journal of Economic History, Bd. 15, *1955*/1, S. 23–33.

Blanchard, Marcel: Le sel de France en Savoie (XVIIe et XVIIIe siècles). In: Annales d'histoire économique et sociale, Jg. 9, *1937*/47, S. 417–428.

Blaschke, Karlheinz: Das Bauernlegen in Sachsen. In: Vierteljahrschrift für Sozial- und Wirtschaftsgeschichte, Jg. 42, *1955*/2, S. 97–116.

Blitz, Rudolph C.: Mercantilist Policies and the Pattern of World Trade, 1500–1750. In: Journal of Economic History, Jg. 27, *1967*/1, S. 39–55.

Bloch, Marc: La lutte pour l'individualisme agraire dans la France du XVIIIe siècle. In: Annales d'histoire économique et sociale, Jg. 2, *1930*/7, S. 329–383 u. *1930*/8, S. 511–556.

Bloch, Marc: French Rural History. Berkeley: University of California Press *1966*.

Bluche, François: L'origine sociale des Secrétaires d'État de Louis XIV (1661–1715). In: XVIIe siècle, *1959*/42–43, S. 8–22.

Bodmer, Walter: Tendenzen der Wirtschaftspolitik der eidgenössischen Orte im Zeitalter des Merkantilismus. In: Schweizerische Zeitschrift für Geschichte, Jg. 1, *1951*/4, S. 562–598.

Boelcke, Willi: Zur Geschichte der Gutsherrschaft und der zweiten Leibeigenschaft in der Oberlausitz. In: Zeitschrift für Geschichtswissenschaft, Jg. 4, *1956*/6, S. 1223–1232.
Boëthius, B.: Swedish Iron and Steel, 1600–1955. In: Scandinavian Economic History Review, Jg. 6, *1958*/2, S. 144–175.
Bog, Ingomar: Der Reichsmerkantilismus. Stuttgart: Gustav Fischer *1959*.
Bog, Ingomar: Der Merkantilismus in Deutschland. In: Jahrbücher für Nationalökonomie und Statistik, Bd. 173, *1961*/2, S. 125–145.
Bog, Ingomar: Türkenkrieg und Agrarwirtschaft. In: O. Pickl (Hrsg.): Die wirtschaftlichen Auswirkungen der Türkenkriege. Graz: o.V. *1971*, S. 13–26. (= Grazer Forschungen zur Wirtschafts- und Sozialgeschichte. 1.)
Bogucka, Maria: Merchants' Profits in Gdańsk Foreign Trade in the First Half of the 17th Century. In: Acta Poloniae Historica, *1971*/23, S. 73–90.
Bogucka, Maria: Le marché monétaire de Gdańsk et les problèmes de crédit public au cours de la première moitié du XVIIe siècle. Beitrag im Rahmen der Quarta settimana di studio, Istituto Internazionale di Storia Economica »Francesco Datini« (Prato, 20. 4. *1972*).
Bogucka, Maria: Amsterdam and the Baltic in the First Half of the Seventeenth Century. In: Economic History Review, 2nd ser., Bd. 26, *1973*/3, S. 433–447.
Bogucka, Maria: The Monetary Crisis of the XVIIth Century and its Social and Psychological Consequences in Poland. In: Journal of European Economic History, Jg. 6, *1975*/1, S. 137–152.
Boissonade, P.: Le socialisme d'état. L'industrie et les classes industrielles pendant les deux premières siècles de l'ère moderne (1453–1661). Paris: Lib. Ancienne Honoré Champion *1927*.
Bonney, Richard J.: The French Civil War, 1649–53. In: European Studies Review, Jg. 8, *1978*/1, S. 71–100.
Bono, Salvatore: I corsari barbareschi. Torino: Rai *1964*.
Borelli, Giorgio: Un patriazatodella terraferma veneta tra XVII e XVIII secolo. Milano: A.Giuffrè *1974*.
Bosher, J. F.: The Single Duty Project. A Study of the Movement for a French Customs Union in the Eighteenth Century. London: Athlone Press *1964*.
Boswell, A. Bruce: Poland. In: A. Goodwin (Hrsg.): The European Nobility in the Eighteenth Century. New York: Harper & Row *1967*, S. 154–171.
Boulle, Pierre H.: Slave Trade, Commercial Organization, and Industrial Growth in Eighteenth-Century Nantes. In: Revue française d'histoire d'outre-mer, Jg. 69, *1972*/214, S. 70–112.
Boulle, Pierre H.: »Failed Transition«, Lombardy and France. General Comments. In: Frederick Krantz/Paul M. Hohenberg (Hrsg.): Failed Transitions to Modern Industrial Society. Renaissance Italy and Seventeenth-Century Holland. Montreal: Interuniversity Centre for European Studies, *1975*, S. 72–74.
Bourde, André-J.: Louis XIV et l'Angleterre. In: XVIIe siècle, *1960*/46–47, S. 54–83.
Bouvier, Jean: Vers le capitalisme bancaire. L'expansion du crédit après Law. In: Fernand Braudel/Ernest Labrousse (Hrsg.): Histoire économique et sociale de la France, Bd. 2: Ernest Labrousse u.a.: Des derniers temps de l'âge seigneurial aux

préludes de l'âge industriel (1660–1789). Paris: Presses Universitaires de France *1970*, S. 301–321.
Bouwsma, William J.: The Secularization of Society in the Seventeenth Century. Referat auf dem XIII. Internationalen Kongreß für Geschichtswissenschaft, Moskau, 16.–23. August 1970. Moskau: Nauka *1970*.
Bowman, Francis J.: Dutch Diplomacy and the Baltic Grain Trade, 1600–1660. In: Pacific Historical Review, Jg. 5, *1936*/4, S. 337–348.
Boxer, C. R.: Salvador de Sá and the Struggle for Brazil and Angola. London: Athlone Press *1952*.
Boxer, C. R.: Vicissitudes of the Anglo-Portuguese Alliance, 1600–1700. In: Revista da faculdade de letras (Univ. de Lisboa), ser.3, *1958*, S. 15–46.
Boxer, C. R.: Four Centuries of Portuguese Expansion, 1415–1825. Johannesburg: Witwatersrand University Press *1961*. (Reprint: University of California Press 1969.)
Boxer, C. R.: Sedentary Workers and Seafaring Folk in the Dutch Republic. In: J. S. Bromley/F. H. Kossman (Hrsg.): Britain and the Netherlands. Bd. 2. Groningen: Wolters *1964*, S. 148–168.
Boxer, C. R.: The Dutch Seaborne Empire, 1600–1800. New York: Knopf *1965*.
Boxer, C. R.: Brazilian Gold and British Traders in the First Half of the Eighteenth Century. In: Hispanic American Historical Review, Jg. 49, *1969*/3, S. 454–472. (*a*)
Boxer, C. R.: The Golden Age of Brazil, 1695–1750. Berkeley: University of California Press *1969*. (*b*)
Boxer, C. R.: The Portuguese Seaborne Empire, 1415–1825. New York: Knopf *1969*. (*c*)
Boyer, Richard: Mexico in the Seventeenth Century. Transition of Colonial Society. In: Hispanic American Historical Review, Jg. 57, *1977*/3, S. 455–478.
Brading, D. A./Cross, Harry E.: Colonial Silver Mining. Mexico and Peru. In: Hispanic American Historical Review, Jg. 52, *1972*/2, S. 545–579.
Braudel, Fernand: L'économie française au XVIIe siècle. In: Annales E.S.C., Jg. 6, *1951*/1, S. 65–71.
Braudel, Fernand: L'économie de la Méditerranée au XVIIe siècle. In: Les Cahiers de Tunisie, Jg. 4, *1956*/14, S. 175–197.
Braudel, Fernand: L'histoire des civilisations: le passé explique le présent. In: Ecrits sur l'histoire. Paris: Flammarion *1969*, S. 255–314. [Ursprünglich Kapitel V der Encyclopédie française, Bd. XX: Le Monde en devenir (»Histoire, évolution, prospective«), 1959.]
[Deutsche Fassung: Die Kulturgeschichte: Die Vergangenheit erklärt die Gegenwart. In: F. B.: Schriften zur Geschichte, Bd. 1: Gesellschaften und Zeitstrukturen. Stuttgart: Klett-Cotta, S. 240–293.]
Braudel, Fernand: The Mediterranean and the Mediterranean World in the Age of Philip II, 2 Bde. New York: Harper & Row *1973*.
[Deutsche Ausgabe: F. B.: Das Mittelmeer und die mediterrane Welt in der Epoche Philipps II., 3 Bde. Frankfurt/Main: Suhrkamp 1990.]
Braudel, Fernand: Discorso inaugurale. In: La Lána come materia prima. Atti della ›Prima Settimana di Studio‹ (18.–24. 4. 1969). Firenze: Istituto Internazionale di Storia Economica »Francesco Datini« (Prato) *1974*, S. 5–8.

Braudel, Fernand: Afterthoughts on Material Civilization and Capitalism. Baltimore: Johns Hopkins University Press *1977*.
[Deutsche Ausgabe: F. B.: Die Dynamik des Kapitalismus. Stuttgart: Klett-Cotta 1986]

Braudel, Fernand: The Expansion of Europe and the »Longue Durée«. In: H. L. Wesseling (Hrsg.): Expansion and Reaction. Essays on European Expansion and Reaction in Asia and Africa. Leiden: Leiden Univ. Press *1978*, S. 1–27.

Braudel, Fernand/Jeannin, Pierre/Meuvret, Jean/Romano, Ruggiero: Le déclin de Venise au XVIIe siècle. In: Aspetti e cause della decadenza economica veneziana nel secolo XVII. Atti del Convegno 27 giugno–2 luglio *1957*. Venezia, Roma: Istituto per la Collaborazione Culturale *1961*, S. 23–86.

Braudel, Fernand/Spooner, Frank: Prices in Europe from 1450 to 1750. In: The Cambridge Economic History of Europe, Bd. 4: The Economy of Expanding Europe in the Sixteenth and Seventeenth Centuries. Hrsg. von E. E. Rich u. C. H. Wilson. Cambridge: University Press *1967*, S. 374–480.
[Deutsche Fassung: Die Preise in Europa von 1450 bis 1750. In: F. B.: Schriften zur Geschichte, Bd. 2: Menschen und Zeitalter. Stuttgart: Klett-Cotta 1993, S. 11–161.]

Braun, Joachim von: Die ostdeutsche Wirtschaft in ihrer vorindustriellen Entwicklung. In: Göttinger Arbeitskreis (Hrsg.): Das östliche Deutschland. Ein Handbuch. Würzburg: Holzner *1959*, S. 603–639.

Braun, Rudolf: Taxation, Sociopolitical Structure, and State-Building: Great Britain and Brandenburg-Prussia. In: Charles Tilly (Hrsg.): The Formation of National States in Western Europe. Princeton: Princeton University Press *1975*, S. 243–327.

Braure, Maurice: Quelques aspects des relations commerciales entre la France et l'Angleterre au XVIIIe siècle. In: Annales du Midi, Jg. 65, *1953*/21, S. 67–89.

Breen, T. H.: A Changing Labor Force and Race Relations in Virginia, 1660–1710. In: Journal of Social History, Jg. 7, *1973*/1, S. 3–25.

Brenner, Robert: The Social Basis of English Commercial Expansion, 1550–1650. In: Journal of Economic History, Jg. 32, *1972*/1, S. 361–384.

Brenner, Robert: England, Eastern Europe, and France. Socio-Historical versus »Economic« Interpretation – General Conclusions. In: Frederick Krantz/Paul M. Hohenberg (Hrsg.): Failed Transitions to Modern Industrial Society. Renaissance Italy and Seventeenth-Century Holland. Montreal: Interuniversity Centre for European Studies, *1975*, S. 68–71.

Brenner, Robert: Agrarian Class Structure and Economic Development in Pre-Industrial Europe. In: Past and Present, *1976*/70, S. 30–75.

Briggs, Martin S.: Building Construction. In: C. Singer u.a.: A History of Technology, Bd. 3: From the Renaissance to the Industrial Revolution, c1500–c1700. Oxford: Clarendon Press *1957*, S. 245–268.

Bromley, J. S.: The Channel Island Privateers in the War of the Spanish Succession. In: La Société Guernésiaise. Report and Transactions for the Year 1949, Jg. 14, *1950*/4, S. 444–478.

Bromley, J. S.: The Decline of Absolute Monarchy (1638–1774). In: J. M. Wallace-Hadrill/John McManners (Hrsg.): France. Government and Society. London: Methuen *1957*, S. 134–160.

Bromley, J. S.: The French Privateering War, 1702–1713. In: H. E. Bell/R. L. Ollard (Hrsg.): Historical Essays 1600–1750. Presented to David Ogg. London: Adam & Charles Black *1964*, S. 203–231.

Bromley, J. S.: Introduction. In: New Cambridge Modern History, Bd. 6: The Rise of Great Britain and Russia, 1688–1725. Hrsg. von J. S. Bromley. Cambridge: University Press *1970*, S. 1–36.

Bromley, J. S./Ryan, A.N.: Armies and Navies. III: Navies. In: New Cambridge Modern History, Bd. 6: The Rise of Great Britain and Russia, 1688–1725. Hrsg. von J. S. Bromley. Cambridge: University Press *1970*, S. 790–833.

Brown, P. Hume: The Legislative Union of England and Scotland. Oxford: Clarendon Press *1914*.

Brown, Vera Lee: Contraband Trade as a Factor in the Decline of Spain's Empire in America. In: Hispanic American Historical Review, Jg. 8, *1928*/2, S. 178–189.

Bruchey, Stuart: The Roots of American Economic Growth, 1607–1861. New York: Harper & Row *1965*.

Bruchey, Stuart (Hrsg.): The Colonial Merchant. Sources and Readings. New York: Harcourt *1966*.

Bruford, W. H.: The Organisation and Rise of Prussia. In: New Cambridge Modern History, Bd. 7: The Old Regime, 1713–1763. Hrsg. von J. O. Lindsay. Cambridge: University Press *1957*, S. 292–317.

Brulez, W.: Anvers de 1585 à 1650. In: Vierteljahrschrift für Sozial- und Wirtschaftsgeschichte, Jg. 54, *1967*/1, S. 75–99.

Bulferetti, Luigi: L'oro, la terra e la società. Una interpretazione del nostro Seicento. In: Archivio storico lombardo, ser. 8, Bd. 4, *1953*, S. 5–66.

Bulferetti, Luigi/Constantini, Claudio: Industria e commercio in Liguria nell'età del Risorgimento (1700–1860). Milano: Banca Commerciale Italiana *1966*.

Burckhardt, Jacob: Historische Fragmente. Stuttgart: Koehler 1957.
(franz. Ausgabe: Fragments historiques. Genève: Lib. Droz. 1965.)

Bürgin, Alfred: The Growth of the Swiss National Economy. In: Hugh G. T. Aitken (Hrsg.): The State and Economic Growth. New York: Social Science Research Council *1959*, S. 213–236.

Burke, Peter: Venice and Amsterdam. A Study of Seventeenth-Century Elites. London: Temple Smith *1974*.

Burt, Roger: Lead Production in England and Wales, 1700–1770. In: Economic History Review, 2nd ser., Bd. 22, *1969*/2, S. 249–268.

Busquet, Raoul/Bourrilly, V.-L./Agulhon, M.: Histoire de la Provence. Paris: Presses Universitaires de France *1972*.

Caizzi, Bruno: Industria, commercio e banca in Lombardia nel XVIII secolo. Milano: Banca Commerciale Italiana *1968*.

Campbell, R. H.: Anglo-Scottish Union of 1707. The Economic Consequences. In: Economic History Review, 2nd ser., Bd. 16, *1964*/3, S. 468–477.

Cancilo, Orazio: I dazi sull'esportazione dei cereali e il commercio dei grani nel Regno di Sicilia. In: Nuovi quaderni del meridione, *1969*/28, S. 1–36.

Cardozo, Manoel: The Brazilian Gold Rush. In: The Americas, Jg. 3, *1946*/2, S. 137–160.

Carlsson, Sten: The Dissolution of the Swedish Estates, 1700–1865. In: Journal of Economic History, Jg. 1, *1972*/3, S. 574–624.
Carmagnani, Marcello: Les mécanismes de la vie économique dans une société coloniale: Le Chili (1680–1830). Paris: S.E.V.P.E.N. *1973*.
Carmona, Maurice: Aspects du capitalisme toscan au XVIe et XVIIe siècles. In: Revue d'histoire moderne et contemporaine, Jg. 11, *1964*/2, S. 81–108.
Carr, Raymond: Two Swedish Financiers: Louis de Geer and Joel Gripenstierna. In: H. E. Bell/R. L. Ollard (Hrsg.): Historical Essays 1600–1750. Presented to David Ogg. London: Adam & Charles Black *1964*, S. 18–34.
Carrière, Charles: La draperie languedocienne dans la seconde moitié du XVIIIe siècle. Contribution à l'étude de la conjoncture levantine. In: Conjoncture économique, structures sociales. Hommage à Ernest Labrousse. Paris, La Haye: Mouton *1974*, S. 157–172.
Carstairs, A. M.: Some Economic Aspects of the Union of Parliaments. In: Scottish Journal of Political Economy, Jg. 2, *1955*/1, S. 64–72.
Carsten, F. L.: Slavs in North-Eastern Germany. In: Economic History Review, Bd. 11, *1941*/1, S. 61–76.
Carsten, F. L.: The Origins of the Junkers. In: English Historical Review, Jg. 62, *1947*/243, S. 145–178.
Carsten, F. L.: The Great Elector and the Foundation of the Hohenzollern Despotism. In: English Historical Review, Jg. 65, *1950*/255, S. 175–202.
Carsten, F. L.: The Origins of Prussia. Oxford: Clarendon Press *1954*.
Carsten, F. L.: Was there an Economic Decline in Germany Before the 30 Years War? In: English Historical Review, Jg. 71, *1956*/279, S. 240–247.
Carsten, F. L.: Princes and Parliaments in Germany, from the Fifteenth to the Eighteenth Century. Oxford: Clarendon Press *1959*.
Carsten, F. L.: Introduction. The Age of Louis XIV. In: New Cambridge Modern History, Bd. 5: The Ascendancy of France, 1648–88. Hrsg. von F. L. Carsten. Cambridge: University Press *1961*, S. 1–18.
Carsten, F. L.: The Rise of Brandenburg. In: New Cambridge Modern History, Bd. 5: The Ascendancy of France, 1648–88. Hrsg. von F. L. Carsten. Cambridge: University Press *1961*, S. 543–558.
Carswell, John: The South Sea Bubble. Stanford: Stanford University Press *1960*.
Carswell, John: The Descent on England. New York: John Day *1969*.
Carter, Alice C.: The Dutch and the English Public Debt in 1777. In: Economica, n.s., Jg. 20, *1953*/78, S. 159–161. (*a*)
Carter, Alice C.: Dutch Foreign Investment, 1738–1800. In: Economica, n.s., Jg. 20, *1953*/Nov., S. 322–340. (*b*)
Carter, Alice C.: The Huguenot Contribution to the Early Years of the Funded Debt, 1694–1714. In: Proceedings of the Huguenot Society of London, Bd. 19, *1955*/3, S. 21–41.
Carter, Alice C.: Financial Activities of the Huguenots in London and Amsterdam in the Mid-Eighteenth Century. In: Proceedings of the Huguenot Society of London, Bd. 19, *1959*/6, S. 313–333.
Carter, Alice C.: Note on ›A Note on Yardsticks‹. In: Economic History Review, 2nd ser., Bd. 12, *1960*/3, S. 440–444.

Carter, Alice C.: The Dutch as Neutrals in the Seven Years War. In: International and Comparative Law Quarterly, Jg. 12, *1963*/3, S. 818–834.
Carter, Alice C.: Britain as a European Power from her Glorious Revolution to the French Revolutionary War. In: J. S. Bromley/E. H. Kossmann (Hrsg.): Britain and the Netherlands in Europe and Asia. London: Macmillan *1968*, S. 110–137.
Carter, Alice C.: The Dutch Republic in the Seven Years War. Coral Gables (Fla.): University of Miami Press *1971*.
Carter, Alice C. (Hrsg.): Survey of Recent Dutch Historiography. In: Acta Historiae Neerlandica, Bd. 6, *1973*, S. 175–200.
Carter, Alice C.: Neutrality or Commitment. The Evolution of Dutch Foreign Policy, 1667–1795. London: Arnold *1975*. (*a*)
Carter, Alice C.: Getting, Spending and Investing in Early Modern Times. Assen: Van Gorcum *1975*. (*b*)
Castillo, Alvaro: Dans la monarchie espagnole du XVIIe siècle: Les banquiers portugais et le circuit d'Amsterdam. In: Annales E.S.C., Jg. 19, *1964*/2, S. 311–316.
Castillo, Alvaro: La coyuntura de la economía valenciana en los siglos XVI y XVII. In: Anuario de historia económica y social, Jg. 2, *1969*/2, S. 239–288.
Cavignac, Jean: Carrières et carriers du Bourgeois au XVIIIe siècle. In: Carrières, mines et métallurgie de 1610 à nos jours. Actes du 98e Congrès National des Sociétés Savantes, Saint-Étienne 1973, Section d'histoire moderne et contemporaine. Bd. 1. Paris: Bibliothèque Nationale *1975*, S. 205–226.
Cernovodeanu, Paul: The General Condition of English Trade in the Second Half of the 17th Century and at the Beginning of the 18th Century. In: Revue des études du Sud-Est Européen, Jg. 5, *1967*/3–4, S. 447–460.
Cernovodeanu, Paul: England's Trade Policy in the Levant, 1660–1714. Bucharest: Publishing House of the Academy of the Socialist Republic of Romania *1972*. (= Bibliotheca Historica Romaniae/Economic History Section Studies. 41/2.)
Céspedes del Castillo, Guillermo: Lima y Buenos Aires. Repercusiones económicas y políticas de la creación del Virreinato de La Plata. Sevilla: o.V. *1947*. (= Publicaciones de la Escuela de Estudios Hispano-Americanos de Sevilla. 24.)
Chambers, J. D.: The Vale of Trent, 1670–1800. Cambridge: University Press *1957*. (= Economic History Review Supplements. 3.)
Chambers, J. D.: Industrialization as a Factor in Economic Growth in England, 1700–1900. In: First International Conference of Economic History, Stockholm 1960. Paris, La Haye: Mouton *1960*, S. 205–215.
Chambers, J. D.: The Rural Domestic Industries during the Period of Transition to the Factory System. With Special Reference to the Midland Counties of England. In: Second International Conference of Economic History, Aix-en-Provence 1962. Bd. 2: Middle Ages and Modern Times. Paris, La Haye: Mouton *1965*, S. 429–455.
Chandler, David G.: Armies and Navies. I: The Act of War on Land. In: New Cambridge Modern History, Bd. 6: The Rise of Great Britain and Russia, 1688–1725. Hrsg. von J. S. Bromley. Cambridge: University Press *1970*, S. 741–762.
Chaudhuri, K. N.: The East India Company and the Export of Treasure in the Early Seventeenth Century. In: Economic History Review, 2nd ser., Bd. 16, *1963*/1, S. 23–38.
Chaudhuri, K. N.: Treasure and Trade Balances. The East India Company's Export

Trade, 1660–1720. In: Economic History Review, 2nd ser., Bd. 21, *1968*/3, S. 480–502.
Chaunu, Huguette/Chaunu, Pierre: Autour de 1640. Politiques et économies atlantiques. In: Annales E.S.C., Jg. 9, *1954*/1, S. 44–54.
Chaunu, Pierre: Séville et l'Atlantique, Bd. 8 (2bis): La conjoncture (1593–1650). Paris: S.E.V.P.E.N. *1959*.
Chaunu, Pierre: Les échanges entre l'Amérique espagnole et les anciens mondes aux XVIe, XVIIe, et XVIIIe siècles. In: Information historique, *1960*/5, S. 207–216. (*a*)
Chaunu, Pierre: Les Philippines et le Pacific des Ibériques (XVIe, XVIIe, XVIIIe siècles). Paris: S.E.V.P.E.N. *1960*. (*b*)
Chaunu, Pierre: Brésil et l'Atlantique au XVIIe siècle. In: Annales E.S.C., Jg. 16, *1961*/6, S. 1176–1207.
Chaunu, Pierre: Jansénisme et frontière de catholicité (XVIIe et XVIIIe siècles). A propos du Jansénisme lorrain. In: Revue historique, Jg. 86, Bd. 227, fasc. 461, *1962*/1, S. 115–138. (*a*)
Chaunu, Pierre: Le renversement de la tendance majeure des prix et des activités au XVIIe siècle. In: Studi in onore di Amintore Fanfani, Bd. 4: Evo moderno. Milano: A.Giuffrè *1962*, S. 219–255. (*b*)
Chaunu, Pierre: Manille et Macão, face à la conjoncture des XVIe et XVIIe siècles. In: Annales E.S.C., Jg. 17, *1962*/3, S. 555–580. (*c*)
Chaunu, Pierre: Las Casas et la première crise structurelle de la colonisation espagnole (1515–1523). In: Revue historique, Jg. 87, Bd. 229, fasc. 465, *1963*/1, S. 59–102. (*a*)
Chaunu, Pierre: Le XVIIe siècle. Problèmes de conjonctures. Conjoncture globale et conjonctures rurales françaises. In: Mélanges d'histoire économique et social en hommage au professeur Antony Babel à l'occasion de son soixante-quinzième anniversaire, Bd. 1. Genève: La Tribune *1963*, S. 337–355. (*b*)
Chaunu, Pierre: Notes sur l'Espagne de Philippe V (1700–1746). In: Revue d'histoire économique et sociale, Bd. 41, *1963*/4, S. 448–470. (*c*)
Chaunu, Pierre: Les »Cristãos Novos« et l'effondrement de l'empire portugais dans l'Océan Indien au début du XVIIe siècle. In: Revue des études juives, 4e ser., Bd. 2 (122), fasc. 1–2, *1963*, S. 188–190. (*d*)
Chaunu, Pierre: L'Amérique et les Amériques. Paris: Colin *1964*. (*a*)
Chaunu, Pierre: La population de l'Amérique indienne. In: Revue historique, Jg. 88, *1964*/232, S. 111–118. (*b*)
Chaunu, Pierre: Les crises au XVIIe siècle de l'Europe reformée. In: Revue historique, Jg. 89, Bd. 233, *1965*/1, S. 23–60. (*a*)
Chaunu, Pierre: Une histoire religieuse sérielle. A propos du diocèse de La Rochelle (1648–1724) et sur quelques exemples normands. In: Revue d'histoire moderne et contemporaine, Jg. 12, *1965*, S. 5–34. (*b*)
Chaunu, Pierre: La civilisation de l'Europe classique. Paris: Arthaud *1966*. (*a*) (Deutsche Ausgabe: P. C.: Europäische Kultur im Zeitalter des Barock. München, Zürich: Droemer-Knaur 1968; Taschenbuchausgabe: Frankfurt/Main: Fischer 1989.)
Chaunu, Pierre: Le rythme trentenaire de l'expansion européenne. In: Annales E.S.C., Jg. 21, *1966*/4, S. 886–893. (*b*)

Chaunu, Pierre: Reflexions sur le tournant des années 1630–1650. In: Cahiers d'histoire, Jg. 12, *1967/3*, S. 249–268. (*a*)
Chaunu, Pierre: A partir du Languedoc – De la peste noire à Malthus. Cinq siècles d'histoire sérielle. In: Revue historique, Jg. 91, Bd. 237, fasc. 482, *1967/2*, S. 359–380. (*b*)
Checkland, S. G.: Finance for the West Indies, 1780–1815. In: Economic History Review, 2nd ser., Bd. 10, *1958/3*, S. 461–469.
Cherepnin, L. V.: Russian Seventeenth-Century Baltic Trade in Soviet Historiography. In: Slavonic and East European Review, Jg. 43, *1964*/100, S. 1–22.
Cherry, George L.: The Development of the English Free-Trade Movement in Parliament, 1689–1702. In: Journal of Modern History, Jg. 25, *1953/2*, S. 103–119.
Chevalier, François: Pour l'histoire du travail en Nouvelle Espagne. Une Œuvre fundamentale. In: Annales E.S.C., Jg. 3, *1948/4*, S. 484–487.
Chevalier, François: Land and Society in Colonial Mexico. Berkeley: University of California Press *1970*.
Christelow, Allen: French Interest in the Spanish Empire during the Ministry of the Duc de Choiseul, 1759–1771. In: Hispanic American Historical Review, Jg. 21, *1941/4*, S. 515–537.
Christelow, Allen: Contraband Trade between Jamaica and the Spanish Main, and the Free Port Act of 1766. In: Hispanic American Historical Review, Jg. 22, *1942/2*, S. 309–343.
Christelow, Allen: Economic Background of the Anglo-Spanish War of 1762. In: Journal of Modern History, Jg. 18, *1946/1*, S. 22–36.
Cipolla, Carlo M.: Aspetti e problemi nell'economia milanese e lombardo nei secoli XVI e XVII. In: Storia di Milano, Bd. 11: Il declino spagnolo (1630–1706). Milano: Fond. Treccani degli Alfieri per la Storia di Milano *1958*, S. 377–399.
Cipolla, Carlo M.: The Economic History of World Population. Baltimore: Penguin *1964* (überarb. Ausg.).
Cipolla, Carlo M.: Guns, Sails and Empires. New York: Pantheon *1966*.
Cipolla, Carlo M.: Introduction. In: C. M. Cipolla (Hrsg.): The Fontana Economic History of Europe, Bd. 2: The Sixteenth and Seventeenth Centuries. London: Collins *1974*, S. 7–13.
(Deutsche Fassung: C. C.: Einführung. In: Carlo M. Cipolla/K. Borchardt (Hrsg.): Europäische Wirtschaftsgeschichte, Bd. 2: Sechzehntes und siebzehntes Jahrhundert. Stuttgart, New York: Gustav Fischer 1983, S. 1–4. [= UTB. 1268.])
Clapham, (Sir) John: The Growth of an Agrarian Proletariat, 1688–1832. A Statistical Note. In: The Cambridge Historical Journal, Jg. 1, *1923/1*, S. 92–95.
Clapham, Sir John: The Bank of England, Bd. 1: 1694–1797. Cambridge: University Press *1944*.
Clark, G. N.: The Dutch Alliance & the War Against French Trade, 1688–1697. Manchester: University Press *1923*. (= University of Manchester Historical Series. 42.)
Clark, G. N.: War, Trade and Trade War, 1701–1713. In: Economic History Review, Bd. 1, *1928/2*, S. 262–280.
Clark, G. N.: Early Capitalism and Invention. In: Economic History Review, Bd. 6, *1936/2*, S. 143–156.

Clark, G. N.: The Seventeenth Century. 2. Auflage. Oxford: Clarendon Press *1960*.
Clark, G. N.: The Nine Years War, 1688–1697. In: New Cambridge Modern History, Bd. 6: The Rise of Great Britain and Russia, 1688–1725. Hrsg. von J. S. Bromley. Cambridge: University Press *1970*, S. 223–253.
Coats, A. W.: Changing Attitudes to Labour in the Mid-Eighteenth Century. In: Economic History Review, 2nd ser., Bd. 11, *1958*/1, S. 35–51.
Cohen, Jacob: The Element of Lottery in British Government Bonds, 1684–1919. In: Economica, n.s., Jg. 20, *1953*/79, S. 237–246.
Coleman, D. C.: Labour in the English Economy of the Seventeenth Century. In: Economic History Review, 2nd ser., Bd. 8, *1956*/3, S. 280–295.
Coleman, D. C.: Eli Heckscher and the Idea of Mercantilism. In: Scandinavian Economic History Review, Jg. 5, *1957*/1, S. 3–25.
Coleman, D. C.: Technology and Economic History, 1500–1750. In: Economic History Review, 2nd ser., Bd. 11, *1959*/3, S. 506–514.
Coleman, D. C.: Revisions in Mercantilism. London: Methuen *1969*.
Coleman, D. C.: The Economy of England, 1450–1750. London, New York: Oxford University Press *1977*.
Cook, Sherburne F./Borah, Woodrow: Essays in Population History, Bd. 1: Mexico and the Caribbean. Berkeley: University of California Press *1971*.
Cooper, J. P.: Sea Power. In: New Cambridge Modern History, Bd. 4: The Decline of Spain and the Thirty Years War, 1609–48/59. Hrsg. von J. P. Cooper. Cambridge: University Press *1970*, S. 226–238.
Coornaert, E. L. J.: European Economic Institutions and the New World: the Chartered Companies. In: The Cambridge Economic History of Europe, Bd. 4: The Economy of Expanding Europe in the Sixteenth and Seventeenth Centuries. Hrsg. von E. E. Rich u. C. H. Wilson. Cambridge: University Press *1967*, S. 220–274.
Corvisier, André: Les généraux de Louis XIV et leur origine sociale. In: XVIIe siècle, *1959*/42–43, S. 23–53.
Cottrell, Fred: Energy and Society. New York: McGraw-Hill *1955*.
Craeybeckx, Jan: Les industries d'exportation dans les villes flamandes au XVIIe siècle, particulièrement à Gand et à Bruges. In: Studi in onore di Amintore Fanfani, Bd. 4: Evo moderno. Milano: A.Giuffrè *1962*, S. 411–468.
Craig, Gordon A.: The Politics of the Prussian Army, 1640–1945. Oxford: Clarendon Press *1955*.
Craven, Wesley Frank: The Colonies in Transition, 1660–1713. New York: Harper & Row *1968*.
Croft, Pauline: Free Trade and the House of Commons, 1605–6. In: Economic History Review, 2nd ser., Bd. 28, *1975*/1, S. 17–27.
Croot, Patricia/Parker, David: Agrarian Class Structure and Economic Development. In: Past and Present, *1968*/78, S. 37–47.
Crosby, Alfred W.: Conquistador y Pestilencia. The First New World Pandemic and the Fall of the Great Indian Empires. In: Hispanic American Historical Review, Jg. 47, *1967*/3, S. 321–337.
Crouzet, François: Angleterre et France au XVIII siècle. Essai d'analyse comparée de deux croissances économiques. In: Annales E.S.C., Jg. 21, *1966*/2, S. 254–291.

Crouzet, François: The Economic History of Modern Europe. In: Journal of Economic History, Jg. 31, *1971*/1, S. 135–152.
Crouzet, François: England and France in the Eighteenth Century. In: Marc Ferro (Hrsg.): Social Historians in Contemporary France. New York: Harper & Row *1972*, S. 59–86. (Französische Originalfassung in Annales E.S.C., 1966.)
Cullen, L. M.: Problems in the Interpretation and Revision of Eighteenth-Century Irish Economic History. In: Transactions of the Royal Historical Society, 5th ser., Bd. 17, *1967*, S. 1–22.
Cullen, L. M.: Anglo-Irish Trade, 1660–1800. Manchester: Manchester University Press *1968*.
Cullen, L. M.: Merchant Communities Overseas, the Navigation Acts and Irish and Scottish Responses. In: L. M. Cullen/T. C. Smout (Hrsg.): Comparative Aspects of Scottish and Irish Economic and Social History, 1600–1900. Edinburgh: John Donald *1977*, S. 165–176.
Cunningham, W.: The Growth of English Industry & Commerce in Modern Times. 2 Bde. Cambridge: University Press *1892*.
Cunningham, W.: Alien Immigrants to England. London: Swan Sonnenschein *1897*.
Curtin, Philip D.: Epidemology and the Slave Trade. In: Political Science Quarterly, Jg. 83, *1968*/2, S. 190–216.
Curtin, Philip D.: The Atlantic Slave Trade. A Census. Madison: University of Wisconsin Press *1969*.
Curtin, Philip D.: The Atlantic Slave Trade, 1600–1800. In: J. F. A. Ajayi/M. Crowder (Hrsg.): History of West Africa, Bd. 1. London: Longmans *1971*, S. 240–268.
Dahlgren, Stellan: Estates and Classes. In: M. Roberts (Hrsg.): Sweden's Age of Greatness, 1632–1718. New York: St. Martin's Press *1973*, S. 102–131. (*a*)
Dahlgren, Stellan: Charles X and the Constitution. In: M. Roberts (Hrsg.): Sweden's Age of Greatness, 1632–1718. New York: St. Martin's Press *1973*, S. 174–202. (*b*)
Dales, J. H.: The Discoveries and Mercantilism. An Essay in History and Theory. In: Canadian Journal of Economics and Political Science, Jg. 21, *1955*/2, S. 141–153.
Darby, H. C.: The Age of the Improver: 1600–1800. In: H. C. Darby (Hrsg.): A New Historical Geography of England. Cambridge: University Press *1973*, S. 302–388.
Darby, H. C./Fullard, Harold (Hrsg.): New Cambridge Modern History, Bd. 14: Atlas. Cambridge: University Press *1970*.
da Silva, José-Gentil: Au XVIIe siècle: La stratégie du capital florentin. In: Annales E.S.C., Jg. 19, *1964*/3, S. 480–491. (*a*)
da Silva, José-Gentil: Degradazione economica e ristagno secolare. Linee di sviluppo dell'economia spagnola dopo il secolo XVI. In: Studi storici, Jg. 5, *1964*/2, S. 241–261. (*b*)
da Silva, José-Gentil: En Espagne: développement économique, subsistance, déclin. Paris, La Haye: Mouton *1965*.
da Silva, José-Gentil: Les sociétés commerciales, la fructification du capital et la dynamique sociale, XVI–XVIIIe siècles. In: Anuario de historia economica y social, Jg. 2, *1969*/2, S. 117–190.
Davies, C. S. L.: Peasant Revolt in France and England. A Comparison. In: Agricultural History Review, Jg. 21, *1973*/2, S. 122–134.

Davies, K. G.: Joint-Stock Investment in the Later Seventeenth Century. In: Economic History Review, 2nd ser., Bd. 4, *1952*/3, S. 283–301. (*a*)
Davies, K. G.: The Origin of the Commission System in the West India Trade. In: Transactions of the Royal Historical Society, 5th ser., Bd. 2, *1952*, S. 89–107. (*b*)
Davies, K. G.: The Royal African Company. London: Longmans *1957*.
Davies, K. G.: Empire and Capital. In: Economic History Review, 2nd ser., Bd. 13, *1960*/1, S. 105–110.
Davies, K. G.: The North Atlantic World in the Seventeenth Century. Minneapolis: University of Minnesota Press *1974*.
Davis, Ralph: English Foreign Trade, 1660–1700. In: Economic History Review, 2nd ser., Bd. 7, *1954*/2, S. 150–166.
Davis, Ralph: Merchant Shipping in the Economy of the Late Seventeenth Century. In: Economic History Review, 2nd ser., Bd. 9, *1956*/1, S. 59–73.
Davis, Ralph: Earnings of Capital in the English Shipping Industry, 1670–1730. In: Journal of Economic History, Jg. 17, *1957*/3, S. 409–425.
Davis, Ralph: England and the Mediterranean, 1570–1670. In: F. J. Fisher (Hrsg.): Essays in the Economic and Social History of Tudor and Stuart England. Cambridge: University Press *1961*, S. 117–137.
Davis, Ralph: English Foreign Trade, 1700–1774. In: Economic History Review, 2nd ser., Bd. 15, *1962*/2, S. 285–303.
Davis, Ralph: The Rise of Protection in England, 1669–1786. In: Economic History Review, 2nd ser., Bd. 19, *1966*/2, S. 306–317.
Davis, Ralph: Pierre Jeannin, L'Europe du Nord-Ouest et du Nord aux XVIIe et XVIIIe siècles (Rezension). In: Economic History Review, 2nd ser., Bd. 23, *1970*/2, S. 387–388.
Davis, Ralph: English Overseas Trade, 1500–1700. Studies in Economic History. London: Macmillan *1973*. (*a*)
Davis, Ralph: The Rise of the Atlantic Economies. London: Weidenfeld & Nicolson *1973*. (*b*)
Davis, Ralph: English Merchant Shipping and Anglo-Dutch Rivalry in the Seventeenth Century. London: H.M.S.O./National Maritime Museum *1975*.
Deane, Phyllis: The Output of the British Woollen Industry in the Eighteenth Century. In: Journal of Economic History, Jg. 17, *1957*/2, S. 207–223.
Deane, Phyllis/Cole, W. A.: British Economic Growth, 1688–1959. Cambridge: University Press *1962*.
de Beer, E. S.: The English Revolution. In: New Cambridge Modern History, Bd. 6: The Rise of Great Britain and Russia, 1688–1725. Hrsg. von J. S. Bromley. Cambridge: University Press *1970*, S. 193–222.
Debien, Gabriel: Le peuplement des Antilles françaises au XVIIe siècle: Les engagés partis de La Rochelle (1683–1715). Notes d'histoire coloniale, Bd. 2. Kairo: Institut Français d'Archéologie Orientale du Caire *1942*.
de Castro, Antonio Barros: The Hands and Feet of the Planter. The Dynamics of Colonial Slavery. Unveröffentlichtes Manuskript, ca. *1976*.
Dechêne, Louise: Habitants et marchands de Montréal au XVIIe siècle. Paris: Plon *1974*.
Dehio, Ludwig: The Precarious Balance. New York: Vintage *1962*.

Delille, Gerard: M. Morineau, Les faux-semblants d'un démarrage économique (Rezension). In: Journal of European Economic History, Jg. 1, *1972*/3, S. 809–812.

Delumeau, Jean: Le commerce extérieur français au XVIIe siècle. In: XVIIe siècle, *1966*/70–71, S. 81–105.

de Maddalena, Aldo: Rural Europe, 1500–1750. In: C. M. Cipolla (Hrsg.): The Fontana Economic History of Europe, Bd. 2: The Sixteenth and Seventeenth Centuries. London: Collins *1974*, S. 273–353. (*a*)
(Deutsche Ausgabe: A. de M.: Das ländliche Europa 1500–1750. In: Carlo M. Cipolla/K. Borchardt (Hrsg.): Europäische Wirtschaftsgeschichte, Bd. 2: Sechzehntes und siebzehntes Jahrhundert. Stuttgart, New York: Gustav Fischer 1983, S. 171–221. [= UTB. 1268.])

de Maddalena, Aldo: Prezzi e mercedi a Milano dal 1701 al 1860. Milano: Banco Commerciale Italiano *1974*. (*b*)

Dent, Julian: An Aspect of the Crisis of the Seventeenth Century: The Collapse of the Financial Administration of the French Monarchy (1653–61). In: Economic History Review, 2nd ser., Bd. 20, *1967*/2, S. 241–256.

Deprez, P.: The Demographic Development of Flanders in the Eighteenth Century. In: D. V. Glass/D. E. C. Eversley (Hrsg.): Population in History. London: Arnold *1965*, S. 608–630.

Dermigny, Louis: Saint-Domingue aux XVIIe et XVIIIe siècles. In: Revue historique, Jg. 74, *1950*/204, S. 234–239.

Dermigny, Louis: Circuits de l'argent et milieux d'affaires au XVIIIe siècle. In: Revue historique, Jg. 78, *1954*/212, S. 239–277.

Dermigny, Louis: Le fonctionnement des Compagnies des Indes. I: L'organisation et le rôle des Compagnies. In: M. Mollat (Hrsg.): Sociétés et compagnies en Orient et dans l'Océan Indien. Paris: S.E.V.P.E.N. *1970*, S. 443–451. (*a*)

Dermigny, Louis: Le fonctionnement des Compagnies des Indes. II: East India Company et Compagnie des Indes. In: M. Mollat (Hrsg.): Sociétés et compagnies en Orient et dans l'Océan Indien. Paris: S.E.V.P.E.N. *1970*, S. 453–466. (*b*)

Dermigny, Louis: Gênes et le capitalisme financier. In: Revue d'histoire économique et sociale, Bd. 52, *1974*/4, S. 547–567.

de Roover, Raymond: L'évolution de la lettre de change, XIVe–XVIIIe siècles. Paris: Colin *1953*.

de Roover, Raymond: What is Dry Exchange? A Contribution to the Study of English Mercantilism. In: Julius Kirshner (Hrsg.): Business, Banking and Economic Thought in Late Medieval and Early Modern Europe. Selected Studies of Raymond de Roover. Chicago: University of Chicago Press *1974*, S. 183–199. (*a*)
(Ursprünglich erschienen in: Journal of Political Economics, Jg. 52, 1944/3, S. 250–266.)

de Roover, Raymond: New Interpretations in the History of Banking. In: Julius Kirshner (Hrsg.): Business, Banking and Economic Thought in Late Medieval and Early Modern Europe. Selected Studies of Raymond de Roover. Chicago: University of Chicago Press *1974*, S. 200–238. (*b*)
(Ursprünglich erschienen in: Journal of World History, Jg. 2, 1954, S. 38–76.)

Deschamps, Hubert: Pirates et flibustiers. Paris: Presses Universitaires de France *1973*. (= Que sais-je? 554.)

Desdevises du Dézert, G.: Les institutions de l'Espagne. In: Revue hispanique, Jg. 70, *1927*, S. 1–556.
Dessert, Daniel/Journet, Jean-Louis: Le lobby Colbert: Un royaume, ou une affaire de famille? In: Annales E.S.C., Jg. 30, *1975*/6, S. 1303–1336.
Devine, T. M.: Colonial Commerce and the Scottish Economy, c. 1730–1815. In: L. M. Cullen/T. C. Smout (Hrsg.): Comparative Aspects of Scottish and Irish Economic and Social History, 1600–1900. Edinburgh: John Donald *1977*, S. 177–190.
de Vries, Jan: On the Modernity of the Dutch Republic. In: Journal of Economic History, Jg. 33, *1973*/1, S. 191–202.
de Vries, Jan: The Dutch Rural Economy in the Golden Age, 1500–1700. New Haven: Yale University Press *1974*.
de Vries, Jan: Holland: Commentary. In: Frederick Krantz/Paul M. Hohenberg (Hrsg.): Failed Transitions to Modern Industrial Society. Renaissance Italy and Seventeenth-Century Holland. Montreal: Interuniversity Centre for European Studies, *1975*, S. 55–57.
de Vries, Jan: The Economy of Europe in an Age of Crisis, 1600–1750. Cambridge: University Press *1976*.
de Vries, Jan: Barges and Capitalism. Passenger Transportation in the Dutch Economy, 1632–1839. In: A.A.G. Bijdragen, *1978*/21, S. 33–398.
de Vries, Philip: L'animosité anglo-hollandaise au XVIIe siècle. In: Annales E.S.C., Jg. 5, *1950*/1, S. 42–47.
Deyon, Pierre: Variations de la production textile aux XVIe et XVIIe siècles. Sources et premiers résultats. In: Annales E.S.C., Jg. 18, *1963*/5, S. 939–955.
Deyon, Pierre: A propos des rapports entre la noblesse française et la monarchie absolue pendant la première moitié du XVIIe siècle. In: Revue historique, Bd. 221, fasc. 470, *1964*/2, S. 341–356.
Deyon, Pierre: La production manufacturière en France au XVIIe siècle et ses problèmes. In: XVIIe siècle, *1966*/70–71, S. 47–63.
Deyon, Pierre: Amiens, capitale provinciale. Paris, La Haye: Mouton *1967*.
Deyon, Pierre: Le mercantilisme. Paris: Flammarion *1969*. (= Questions d'histoire. 11.)
Deyon, Pierre: La concurrence internationale des manufactures lainières aux XVIe et XVIIe siècles. In: Annales E.S.C., Jg. 27, *1972*/1, S. 20–32.
Deyon, Pierre: Théorie et pratique du mercantilisme. In: Pierre Deyon/Jean Jacquart: Les hésitations de la croissance, 1580–1740. (= Histoire économique et sociale du monde, hrsg. von Pierre Léon, Bd. 2.) Paris: Colin *1978*, S. 197–218. (*a*)
Deyon, Pierre: Compétitions commerciales et coloniales. In: Pierre Deyon/Jean Jacquart: Les hésitations de la croissance, 1580–1740. (= Histoire économique et sociale du monde, hrsg. von Pierre Léon, Bd. 2.) Paris: Colin *1978*, S. 219–247. (*b*)
Deyon, Pierre: Le rôle animateur des marchands. In: Pierre Deyon/Jean Jacquart: Les hésitations de la croissance, 1580–1740. (= Histoire économique et sociale du monde, hrsg. von Pierre Léon, Bd. 2.) Paris: Colin *1978*, S. 249–262. (*c*)
Deyon, Pierre: La production manufacturière. In: Pierre Deyon/Jean Jacquart: Les hésitations de la croissance, 1580–1740. (= Histoire économique et sociale du monde, hrsg. von Pierre Léon, Bd. 2.) Paris: Colin *1978*, S. 263–289. (*d*)
Deyon, Pierre: Les sociétés urbaines. In: Pierre Deyon/Jean Jacquart: Les hésitations

de la croissance, 1580–1740. (= Histoire économique et sociale du monde, hrsg. von Pierre Léon, Bd. 2.) Paris: Colin *1978*, S. 291–316. (*e*)
Deyon, Pierre/Jacquart, Jean: L'Europe: gagnants et perdants. In: Pierre Deyon/Jean Jacquart: Les hésitations de la croissance, 1580–1740. (= Histoire économique et sociale du monde, hrsg. von Pierre Léon, Bd. 2.) Paris: Colin *1978*, S. 497–519.
de Zeeuw, J. W.: Peat and the Dutch Golden Age. The Historical Meaning of Energy Attainability. In: A.A.G. Bijdragen, *1978*/21, S. 3–31.
Dickens, A. G.: Vorwort zu The Anglo-Dutch Contribution to the Civilization of Early Modern Society. London, New York: British Academy/Oxford University Press *1976*, S. 8–10.
Dickerson, Oliver M.: The Navigation Acts and the American Revolution. Philadelphia: University of Pennsylvania Press *1951*.
Dickson, P. G. M.: The Financial Revolution in England. A Study in the Development of Public Credit, 1688–1756. London: Macmillan *1967*.
Dickson, P. G. M.: English Commercial Negotiations with Austria, 1737–1752. In: A. Whiteman/J. S. Bromley/P. G. M. Dickson (Hrsg.): Statesmen, Scholars and Merchants. Oxford: Clarendon Press *1973*, S. 81–112.
Disney, A. R.: The First Portuguese India Company, 1628–33. In: Economic History Review, 2nd ser., Bd. 30, *1977*/2, S. 242–258.
Dobb, Maurice H.: The English Revolution, II. In: Labour Monthly, Jg. 23, *1941*/2, S. 92–93.
Dobb, Maurice H.: Studies in the Development of Capitalism. London: Routledge *1946*.
Dobb, Maurice H.: A Reply. In: Rodney Hilton (Hrsg.): The Transition from Feudalism to Capitalism. London: New Left Books *1976*, S. 57–67.
(Ursprünglich erschienen in: Science and Society, 1958.)
Dobyns, Henry F.: An Outline of Andean Epidemic History to 1720. In: Bulletin of the History of Medicine, Jg. 37, *1963*/6, S. 493–515.
Dominguez Ortiz, Antonio: La sociedad española en el siglo XVII. Madrid: Instituto Balmes de Sociologia/Depto. de Historia Social *1955*. (= Monografías históricosociales. 1.)
Dominguez Ortiz, Antonio: The Golden Age of Spain, 1516–1659. New York: Basic Books *1971*.
Donnan, Elizabeth: The Early Days of the South Sea Company, 1711–1718. In: Journal of Economic and Business History, Jg. 2, *1930*/3, S. 419–450.
Dorn, Walter L.: The Prussian Bureaucracy in the Eighteenth Century. In: Political Science Quarterly, Jg. 46, *1931*/3, S. 403–423; Jg. 47, *1932*/1, S. 75–94; Jg. 47, *1932*/2, S. 259–273.
Dorwart, Reinhold A.: The Administrative Reforms of Frederick William I of Prussia. Cambridge (Massachusetts): Harvard University Press *1953*.
Dorwart, Reinhold A.: The Prussian Welfare State before 1740. Cambridge (Massachusetts): Harvard University Press *1971*.
Duckham, Baron F.: A History of the Scottish Coal Industry, Bd. 1: 1700–1815. Newton Abbot: David & Charles *1970*.
Duncan, T. Bentley: Atlantic Islands: Madeira, the Azores and the Cape Verdes in

Seventeenth-Century Commerce and Navigation. Chicago: University of Chicago Press *1972*.
Duncan, T. Bentley: Neils Steensgaard and the Europe-Asia Trade of the Early Seventeenth Century. In: Journal of Modern History, Jg. 47, *1975*/3, S. 512–518.
Dunn, Richard S.: Sugar and Slaves. Chapel Hill: University of North Carolina Press *1972*.
Dunsdorfs, Edgars: Merchant Shipping in the Baltic During the 17th Century. Pinneberg: o.V. 1947. (= Contributions of Baltic University. 40.)
Dunsdorfs, Edgars: Der große schwedische Kataster in Livland, 1681–1710. Stockholm: Wahlstrom & Widstrand *1950*. (= Kunigl. Vitterhets Historie och Antikvitets Akademiens Handlingar. 72.)
Dupâquier, J.(/Jacquart, J.): Les rapports sociaux dans les campagnes françaises au XVIIe siècle. Quelques exemples. In: D. Roche (Hrsg.): Ordres et classes. Colloque d'histoire sociale, Saint-Cloud, 24–25 mai 1967. Paris, La Haye: Mouton *1973*, S. 167–179.
Dupuy, Alex: Spanish Colonialism and the Origin of Underdevelopment in Haiti. In: Latin American Perspectives, Jg. 3, *1976*/2, S. 5–29.
Durand, Georges: Vin, vigne et vignerons en Lyonnais et Beaujolais (XVIe–XVIIIe siècles). In: Cahiers d'histoire, Jg. 22, *1977*/2, S. 123–133.
Durand, Yves: Finance et mécénat. Les fermiers généraux au XVIIIe siècle. Paris: Hachette *1976*.
Durie, Alastair J.: The Markets for Scottish Linen, 1730–1775. In: Scottish Historical Review, Jg. 52, *1973*/153–154, S. 30–49.
Dworzaczek, Wodzimierz: La mobilité sociale de la noblesse polonaise aux XVIe et XVIIe siècles. In: Acta Poloniae Historica, *1977*/36, S. 147–161.
Eagly, Robert V.: Monetary Policy and Politics in Mid-Eighteenth Century Sweden. In: Journal of Economic History, Jg. 29, *1969*/4, S. 739–757.
Eagly, Robert V.: Monetary Policy and Politics in Mid-Eighteenth Century Sweden.A Reply. In: Journal of Economic History, Jg. 30, *1970*/3, S. 655–656.
Eagly, Robert V.: Introductory Essay. In: The Swedish Bullionist Controversy: P. N. Christiernin's Lectures on the High Price of Foreign Exchange in Sweden (1761). Philadelphia: American Philosophical Society *1971*, S. 1–37.
East, W. G.: England in the Eighteenth Century. In: H. C. Darby (Hrsg.): Historical Geography of England before A.D. 1800. Cambridge: University Press *1951*, S. 465–528.
Edel, Matthew: The Brazilian Sugar Cycle of the Seventeenth Century and the Rise of West Indian Competition. In: Caribbean Studies, Jg. 9, *1969*/1, S. 24–44.
Ehrman, John: The Navy in the War of William III, 1689–1697. Cambridge: University Press *1953*.
Elliott, J. H.: The Revolt of the Catalans. Cambridge: University Press *1963*.
Elliott, J. H.: Imperial Spain, 1469–1716. New York: Mentor *1966*.
Elliott, J. H.: Revolution and Continuity in Early Modern Europe. In: Past and Present, *1969*/42, S. 35–56.
Elliott, J. H.: Self-Perception and Decline in Early Seventeenth-Century Spain. In: Past and Present, *1977*/74, S. 41–61.
Emmanuel, Arghiri: Unequal Exchange. New York: Monthly Review Press *1972*.

Emmer, Pieter C.: The History of the Dutch Slave Trade. A Bibliographical Survey. In: Journal of Economic History, Jg. 32, *1972*/3, S. 728–747.

Endelman, Todd M.: The Jews of Georgian England, 1714–1830. Philadelphia: Jewish Publ. Soc. of America *1979*.

Endrei, Walter G.: English Kersey in Eastern Europe with Special Reference to Hungary. In: Textile History, Jg. 5, *1974*, S. 90–99.

Enjalbert, Henri: Le commerce de Bordeaux et la vie économique dans le Bassin Aquitaine au XVIIe siècle. In: Annales du Midi, Jg. 62, *1950*/9, S. 21–35.

Ernle, Lord (Prothero, Rowland E.): English Farming, Past and Present. London: Longmans *1912*.

Everitt, Alan: The Food Market of the English Town, 1660–1760. In: Third International Conference of Economic History, Munich 1965. Bd. 1. Paris, La Haye: Mouton *1968*, S. 57–71.

Eversley, D. C. E.: Demography and Economics: A Summary Report. In: Third International Conference of Economic History, Munich 1965. Demography and Economy. Paris, La Haye: Mouton *1972*, S. 15–35.

Faber, J. A.: Cattle-Plague in the Netherlands During the Eighteenth Century. In: Mededelingen van de Landbouwgeschool te Wageningen, Jg. 62, *1962*/11, S. 1–7.

Faber, J. A.: The Decline of the Baltic Grain Trade in the Second Half of the Seventeenth Century. In: Acta Historiae Neerlandica, Bd. 1, *1966*, S. 108–131.

Faber, J. A./Diedericks, H. A./Hart, S.: Urbanization, Industrialization, and Pollution in the Netherlands, 1500–1800. Paper prepared for the 6th International Congress on Economic History, Copenhagen *1974* (hektographiert).
(Niederländische Fassung in: A.A.G. Bijdragen, *1973*/18, S. 251–271.)

Faber, J. A./Roessingh, H. K./Slicher van Bath, B. H./Van der Woude, A. M./Van Xanten, H. J.: Population Changes & Economic Developments in the Netherlands. A Historical Survey. In: A.A.G. Bijdragen, *1965*/12, S. 47–114.

»*Failed Transitions*«. Concluding Participants' Discussions. In: Frederick Krantz/Paul M. Hohenberg (Hrsg.): Failed Transitions to Modern Industrial Society. Renaissance Italy and Seventeenth-Century Holland. Montreal: Interuniversity Centre for European Studies, *1975*, S. 81–84.

Fairlie, Susan: Dyestuffs in the Eighteenth Century. In: Economic History Review, 2nd ser., Bd. 17, *1965*/3, S. 488–510.

Fanfani, Amintore: Storia del lavoro in Italia dalla fine del secolo XV agli inizi del XVIII. (= Storia del lavoro in Italia, hrsg. von Amintore Fanfani, Bd. 3.) 2., erweiterte Auflage. Milano: A.Giuffrè *1959*.

Farnell, J. E.: The Navigation Act of 1651, the First Dutch War, and the London Merchant Community. In: Economic History Review, 2nd ser., Bd. 16, *1964*/3, S. 439–454.

Farnie, D. A.: 'The Commercial Empire of the Atlantic, 1607–1783. In: Economic History Review, 2nd ser., Bd. 15, *1962*/2, S. 205–218.

Fayle, C. Ernest: The Deflection of Strategy by Commerce in the Eighteenth Century. In: Journal of the Royal United Service Institution, Jg. 68, *1923*, S. 281–290.

Febvre, Lucien: De l'histoire-tableau. Essais de critique constructive. In: Annales d'histoire économique et sociale, Jg. 5, *1933*/21, S. 267–281.

Fedorowicz, Jan K.: Anglo-Polish Commercial Relations in the First Half of the Se-

venteenth Century. In: Journal of European Economic History, Jg. 5, *1976*/2, S. 359–378.
Fernández de Pinedo, Emiliano: Crecimiento económico y transformaciones sociales del país vasco (1100–1850). Madrid, Siglo XXI de Espana, 1974.
F[ield], P[eter]: England's Revolution.(Review of Christopher Hill, ed.: The English Revolution, 1640.) In: Labour Monthly, Jg. 22, *1940*/10, S. 558–559. (*a*)
F[ield], P[eter]: The English Revolution, 1640: II. A Rejoinder. In: Labour Monthly, Jg. 22, *1940*/12, S. 653–655 (*b*).
Finer, Samuel E.: State and Nation-Building in Europe. The Role of the Military. In: Charles Tilly (Hrsg.): The Formation of National States in Western Europe. Princeton: Princeton University Press *1975*, S. 84–163.
Fischer, Wolfram/Lundgreen, Peter: The Recruitment and Training of Administrative and Technical Personnel. In: Charles Tilly (Hrsg.): The Formation of National States in Western Europe. Princeton: Princeton University Press *1975*, S. 456–561.
Fisher, F. J.: London's Export Trade in the Early Seventeenth Century. In: Economic History Review, 2nd ser., Bd. 3, *1950*/2, S. 151–161.
Fisher, F. J.: Tawney's Century. In: F. J. Fisher (Hrsg.): Essays in the Economic and Social History of Tudor and Stuart England. Cambridge: University Press *1961*, S. 1–14.
Fisher, Sir Godfrey: Barbary Legend. War, Trade and Piracy in North Africa, 1475–1830. Oxford: Clarendon Press *1957*.
Fisher, H. E. S.: Anglo-Portuguese Trade, 1700–1770. In: Economic History Review, 2nd ser., Bd. 16, *1963*/2, S. 219–233.
Fisher, H. E. S.: The Portugal Trade. A Study of Anglo-Portuguese Commerce, 1700–1770. London: Methuen *1971*.
Flinn, M. W.: The Growth of the English Iron Industry, 1660–1760. In: Economic History Review, 2nd ser., Bd. 11, *1958*/1, S. 144–153.
Flinn, M. W.: Sir Ambrose Crowley and the South Sea Scheme of 1711. In: Journal of Economic History, Jg. 20, *1960*/1, S. 51–66.
Flinn, M. W.: Agricultural Productivity and Economic Growth in England, 1700–1760. A Comment. In: Journal of Economic History, Jg. 26, *1966*/1, S. 93–98.
Flinn, M. W.: The Stabilisation of Mortality in Pre-industrial Western Europe. In: Journal of European Economic History, Jg. 3, *1974*/2, S. 285–318.
Florescano, Enrique: Precios del maíz y crisis agrícolas en México (1708–1810). México: El Colegio de México *1969*.
Floyd, Troy S.: The Anglo-Spanish Struggle for Mosquita. Albuquerque: University of New Mexico Press *1967*.
Forbes, R. J.: Food and Drink. In: C. Singer u.a.: A History of Technology, Bd. 3: From the Renaissance to the Industrial Revolution, c1500–c1700. Oxford: Clarendon Press *1957*, S. 1–26.
Ford, Franklin L.: Robe and Sword. The Regrouping of the French Aristocracy after Louis XIV. Cambridge (Massachusetts): Harvard University Press *1953*. (= Harvard Historical Studies. 24.)
Forster, Robert: Obstacles to Agricultural Growth in Eighteenth-Century France. In: American Historical Review, Jg. 75, *1970*/6, S. 1600–1615.

Forster, Robert/Litchfield, R. Burr: Four Nobilities of the Old Regime (review article). In: Comparative Studies in Society and History, Bd. 7, *1965*/3, S. 324–332.

Fourastié, Jean/Grandamy, René: Remarques sur les prix salariaux des céréales et la productivité du travailleur agricole en Europe du XVe et XVIe siècles. In: Third International Conference of Economic History, Munich 1965. Bd. 1. Paris, La Haye: Mouton *1968*, S. 647–656.

Francis, A. D.: The Methuens and Portugal, 1691–1708. Cambridge: University Press *1966*.

Francis, A. D.: The Wine Trade. Edinburgh: Constable *1972*.

Frank, André Gunder: Mexican Agriculture. Transformation of Mode of Production, 1521–1630. Cambridge: Cambridge University Press *1979*. (*a*)

Frank, André Gunder: Dependent Accumulation and Underdevelopment. New York: Monthly Review Press *1979*. (*b*)
(Deutsche Ausgabe: A. G. F.: Abhängige Akkumulation und Unterentwicklung. Frankfurt/Main: Suhrkamp 1980.)

Franken, M. A. M.: The General Tendencies and Structural Aspects of the Foreign Policy and Diplomacy of the Dutch Republic in the Latter Half of the 17th Century. In: Acta Historiae Neerlandica, Bd. 3, *1968*, S. 1–42.

Frèche, Georges: Toulouse et la région Midi-Pyrénées au siècle des lumières vers 1670–1789. Mayenne: Cujas *1974*.

Freudenberger, Herman: Industrialization in Bohemia and Moravia in the Eighteenth Century. In: Journal of Central European Affairs, Jg. 19, *1960*/4, S. 347–356. (*a*)

Freudenberger, Herman: The Woolen-Goods Industry of the Habsburg Monarchy in the Eighteenth Century. In: Journal of Economic History, Jg. 20, *1960*/3, 383–406. (*b*)

Friedrichs, Christopher R.: Capitalism, Mobility and Class Formation in the Early Modern German City. In: Past and Present, *1975*/69, S. 24–49.

Furniss, Edgar S.: The Position of the Labourer in a System of Nationalism. New York: Kelley & Millman *1957*. (Erstveröffentlichung: Boston 1920.)

Furtado, Celso: The Economic Growth of Brazil. Berkeley: University of California Press *1963*.

Fussell, G. E.: Low Countries: Influence on English Farming. In: English Historical Review, Jg. 74, *1959*/293, S. 611–622.

Fussell, G. E.: Dairy Farming, 1600–1900. In: Third International Conference of Economic History, Munich 1965. Bd. 2: Production et productivité agricole. Paris, La Haye: Mouton *1968*, S. 31–36.

Gaastra, F.: Kurzfassung eines Vortrags, gehalten in der Nederlands Historisch Genootschap, 24.–25. 10. 1975 (ins Deutsche übersetzt lautet der Titel: »Die Niederländisch-Ostindische Kompanie im 17. und 18. Jahrhundert. Die Expansion des Unternehmens/Geld gegen Waren/Ein struktureller Wandel in den niederländisch-asiatischen Handelsbeziehungen«). In: Newsletter/Centre for the Study of European Expansion, Jg. 1, *1976*/3, S. 18–19.

Galenson, David: The Slave Trade to the English West Indies, 1673–1724. In: Economic History Review, 2nd ser., Bd. 32, *1979*/2, S. 241–249.

Galloway, J. H.: Northeast Brazil, 1700–50. The Agricultural Crisis Re-examined. In: Journal of Historical Geography, Jg. 1, *1975*/1, S. 21–38.

Garman, Douglas: The English Revolution, 1640: I. A Reply to P. F.. In: Labour Monthly, Jg. 22, *1940*/12, S. 651–653.
Gately, Michael O./Moote, A. Lloyd/Wills, John E., Jr.: Seventeenth-Century Peasant ›Furies‹. Some Problems of Comparative History. In: Past and Present, *1971*/51, S. 63–80.
George, C. H.: The Making of the English Bourgeoisie, 1500–1750. In: Science and Society, Jg. 35, *1971*/4, S. 385–414.
George, Dorothy: England in Transition. London: Penguin *1953*.
Georgelin, J.: Ordres et classes à Venise aux XVIIe et XVIIIe siècles. In: D. Roche (Hrsg.): Ordres et classes. Colloque d'histoire sociale, Saint-Cloud, 24–25 mai 1967. Paris, La Haye: Mouton *1973*, S. 193–197.
Geremek, Bronisław: Besprechung von Jerzy Topolski, O tak zwanym kryzysie gospodarczym w Europie (Sur la prétendu crise économique du XVIIe siècle en Europe) (Kwartalnik Historyczny, Jg. 69, 1962/2, S. 364–379). In: Annales E.S.C., Jg. 18, *1963*/6, S. 1206–1207.
Geremek, Bronisław: La populazione marginale tra il medioevo e l'èra moderna. In: Studi storici, Jg. 9, *1968*/3–4, S. 623–640.
Geyl, Pieter: The Netherlands in the Seventeenth Century. Part One: 1609–1648. London: Benn *1961*.
Geyl, Pieter: The Netherlands in the Seventeenth Century. Part Two: 1648–1715. London: Benn *1964*.
Gibbs, F. W.: Invention in Chemical Industries. In: C. Singer u.a.: A History of Technology, Bd. 3: From the Renaissance to the Industrial Revolution, c1500–c1700. Oxford: Clarendon Press *1957*, S. 676–708.
Gierowski, Józef: Les recherches sur l'histoire de Pologne du XVIe au XVIIIe siècle au cours de 1945–1965. In: La Pologne au XIIe Congrès International des Sciences Historiques à Vienne. Warszawa: PWN *1965*, S. 229–263.
Giesey, Ralph E.: National Stability and Hereditary Transmission of Political and Economic Power. Paper delivered at XIV International Congress of Historical Sciences, San Francisco, 22.–29. August *1975*.
Gieysztorowa, Irena: Guerre et régression en Masovie aux XVIe et XVIIIe siècles. In: Annales E.S.C., Jg. 13, *1958*/4, S. 651–668.
Gilboy, Elizabeth Waterman: Wages in Eighteenth-Century England. Journal of Economic and Business History, Jg. 2, *1930*, S. 603–629.
Gill, Conrad: The Rise of the Irish Linen Industry. Oxford: Clarendon Press *1925*.
Glamann, Kristof: Dutch-Asiatic Trade, 1620–1740. Kopenhagen: Danish Science Press *1958*.
Glamann, Kristof: European Trade, 1500–1750. In: C. M. Cipolla (Hrsg.): The Fontana Economic History of Europe, Bd. 2: The Sixteenth and Seventeenth Centuries. London: Collins *1974*, S. 427–526.
(Deutsche Ausgabe: K. G.: Der europäische Handel 1500–1750. In: Carlo M. Cipolla/K. Borchardt (Hrsg.): Europäische Wirtschaftsgeschichte, Bd. 2: Sechzehntes und siebzehntes Jahrhundert. Stuttgart, New York: Gustav Fischer 1983, S. 271–333. [= UTB. 1268.])
Glamann, Kristof: The Changing Patterns of Trade. In: Cambridge Economic History of Europe, Bd. 5: The Economic Organization of Early Modern Europe. Hrsg. von

E. E. Rich u. C. H. Wilson. Cambridge: Cambridge University Press *1977*, S. 185–289.

Glass, D. V.: Two Papers on Gregory King. In: D. V. Glass/D. E. C. Eversley (Hrsg.): Population in History. London: Arnold *1965*, S. 159–220.

Glenday, Daniel G.: French Mercantilism and the Atlantic Colonies (With Specific Reference to New France), 1494–1672. McGill University, M. A. thesis *1975*.

Godinho, Vitorino Magalhães: Le commerce anglais et l'Amérique espagnole au XVIIIe siècle. In: Annales E.S.C., Jg. 3, *1948*/4, S. 551–554.

Godinho, Vitorino Magalhães: Création et dynamisme économique du monde atlantique (1420–1670). In: Annales E.S.C., Jg. , *1950*/1, S. 32–36. (*a*)

Godinho, Vitorino Magalhães: Le Portugal, les flottes du sucre et les flottes de l'or (1670–1770). In: Annales E.S.C., Jg. 5, *1950*/2, S. 184–197. (*b*)

Godinho, Vitorino Magalhães: Portugal, as frotas do açúcar e as frotas do ouro 1670–1770. In: Revista de história, Jg. 15, *1953*, S. 69–88.

Godinho, Vitorino Magalhães: L'émigration portugaise du XVe siècle à nos jours. Histoire d'une constante structurale. In: Conjoncture économique, structures sociales. Hommage à Ernest Labrousse. Paris, La Haye: Mouton *1974*. S. 253–268.

Gongora, Mario: Vagabondage et société pastorale en Amérique latine (spécialement au Chili central). In: Annales E.S.C., Jg. 21, *1966*/1, S. 159–177.

Goodwin, Albert: The Social Structure and Economic and Political Attitudes of the French Nobility in the Eighteenth Century. In: XIIe Congrès International des Sciences Historiques – Rapports, Bd. 1: Grands thèmes. Wien: Berger *1975*, S. 356–368.

Görlitz, Walter: Die Junker. Adel und Bauer im deutschen Osten. Glücksburg/Ostsee: Starke *1957*.

Goslinga, Cornelis Ch.: The Dutch in the Caribbean and on the Wild Coast, 1580–1680. Gainesville: University of Florida Press *1971*.

Göttinger Arbeitskreis (Hrsg.): Zur ostdeutschen Agrargeschichte. Ein Kolloquium. Würzburg: Holzner *1960*. (= Ostdeutsche Beiträge. 16.)

Goubert, Pierre: Les officiers royaux des Présidiaux, Baillages et Elections dans la société française du XVIIe siècle. In: XVIIe siècle, *1959*/42–43, S. 54–75.

Goubert, Pierre: Beauvais et le Beauvaisis de 1600 à 1730. 2 Bde. Paris: S.E.V.P.E.N. *1960*.

Goubert, Pierre: Recent Theories and Research in French Population between 1500 and 1700. In: D. V. Glass/D. E. C. Eversley (Hrsg.): Population in History. London: Arnold *1965*, S. 457–473.

Goubert, Pierre: Louis XIV and Twenty Million Frenchmen. New York: Pantheon *1970*. (*a*)

Goubert, Pierre: La force du nombre. In: Fernand Braudel/Ernest Labrousse (Hrsg.): Histoire économique et sociale de la France, Bd. 2: Ernest Labrousse u.a.: Des derniers temps de l'âge seigneurial aux préludes de l'âge industriel (1660–1789). Paris: Presses Universitaires de France *1970*, S. 9–21. (*b*)

Goubert, Pierre: Le régime démographique français au temps de Louis XIV. In: Fernand Braudel/Ernest Labrousse (Hrsg.): Histoire économique et sociale de la France, Bd. 2: Ernest Labrousse u.a.: Des derniers temps de l'âge seigneurial aux préludes de l'âge industriel (1660–1789). Paris: Presses Universitaires de France *1970*, S. 23–54. (*c*)

Goubert, Pierre: Révolution démographique au XVIIIe siècle? In: Fernand Braudel/Ernest Labrousse (Hrsg.): Histoire économique et sociale de la France, Bd. 2: Ernest Labrousse u.a.: Des derniers temps de l'ââge seigneurial aux préludes de l'ââge industriel (1660–1789). Paris: Presses Universitaires de France *1970*, S. 55–84. (*d*)

Goubert, Pierre: Les cadres de la vie rurale. In: Fernand Braudel/Ernest Labrousse (Hrsg.): Histoire économique et sociale de la France, Bd. 2: Ernest Labrousse u.a.: Des derniers temps de l'âge seigneurial aux préludes de l'âge industriel (1660–1789). Paris: Presses Universitaires de France *1970*, S. 87–118. (*e*)

Goubert, Pierre: Le paysan et la terre. Seigneurie, tenure, exploitation. In: Fernand Braudel/Ernest Labrousse (Hrsg.): Histoire économique et sociale de la France, Bd. 2: Ernest Labrousse u.a.: Des derniers temps de l'âge seigneurial aux préludes de l'âge industriel (1660–1789). Paris: Presses Universitaires de France *1970*, S. 119–158. (*f*)

Goubert, Pierre: Le tragique XVIIe siècle. In: Fernand Braudel/Ernest Labrousse (Hrsg.): Histoire économique et sociale de la France, Bd. 2: Ernest Labrousse u.a.: Des derniers temps de l'âge seigneurial aux préludes de l'âge industriel (1660–1789). Paris: Presses Universitaires de France *1970*, S. 329–365. (*g*)

Goubert, Pierre: Remarques sur le vocabulaire social de l'Ancien Régime. In: D. Roche (Hrsg.): Ordres et classes. Colloque d'histoire sociale, Saint-Cloud, 24–25 mai 1967. Paris, La Haye: Mouton *1973*, S. 135–140.

Goubert, Pierre: Sociétés rurales françaises du XVIII siècle. Vingt paysanneries contrastées, quelques problèmes. In: Conjoncture économique, structures sociales. Hommage à Ernest Labrousse. Paris, La Haye: Mouton *1974*. S. 375–387.

Gould, J. D.: The Trade Depression of the Early 1620's. In: Economic History Review, 2nd ser., Bd. 7, *1954*/1, S. 81–90.

Gould, J. D.: The Date of England's Treasure by Foreign Trade. In: Journal of Economic History, Jg. 15, *1955*/2, S. 160–161. (*a*)

Gould, J. D.: The Trade Crisis of the Early 1620's and English Economic Thought. In: Journal of Economic History, Jg. 15, *1955*/2, S. 121–133. (*b*)

Gould, J. D.: Agricultural Fluctuations and the English Economy in the Eighteenth Century. In: Journal of Economic History, Jg. 22, *1962*/3, S. 313–333.

Goyhenetche, Manex: Histoire de la colonisation française au pays basque. Bayonne: E.L.K.A.R. *1975*.

Graham, Gerald S.: The Naval Defense of British North America, 1739–1763. In: Transactions of the Royal Historical Society, 4th ser., Bd. 30, *1948*, S. 95–110.

Graham, Gerald S.: Empire of the North Atlantic. The Maritime Struggle for North America. 2. Auflage. London, New York: Oxford University Press *1958*.

Grampp, W. D.: The Liberal Elements in English Mercantilism. In: Quarterly Journal of Economics, Jg. 66, *1952*/4, S. 465–501.

Granger, C. W. J./Elliott, C. M.: A Fresh Look at Wheat Prices and Markets in the Eighteenth Century. In: Economic History Review, 2nd ser., Bd. 20, *1967*/2, S. 257–265.

Grantham, G.: Holland – Participant's Discussion (Diskussionsbeitrag). In: Frederick

Krantz/Paul M. Hohenberg (Hrsg.): Failed Transitions to Modern Industrial Society. Renaissance Italy and Seventeenth-Century Holland. Montreal: Interuniversity Centre for European Studies, *1975*, S. 64–66.

Grassby, R. B.: Social Status and Commercial Enterprise under Louis XIV. In: Economic History Review, 2nd ser., Bd. 13, *1960*/1, S. 19–38.

Gray, Stanley/Wyckoff, V. J.: The International Tobacco Trade in the Seventeenth Century. In: Southern Economic Journal, Jg. 7, *1940*/1, S. 1–26.

Grycz, Marian: Handelsbeziehungen der Stadt Poznań bis Ende des 17. Jahrhunderts. In: Studia Historiae Oeconomicae, Bd. 2, *1967*, S. 43–55.

Grycz, Marian: Die Rolle der Stadt Poznań bis Ende des 17. Jahrhunderts. In: Ingomar Bog (Hrsg.): Der Außenhandel Ostmitteleuropas, 1450–1650. Köln, Wien: Böhlau *1971*, S. 105–119.

Guerrero, Andres: La *hacienda* précapitaliste en Amérique latine. In: Etudes rurales, *1976*/62, S. 5–38.

Gulvin, G.: The Union and the Scottish Woollen Industry. In: Scottish Historical Review, Jg. 50, *1971*/149–150, S. 121–137.

Guthrie, Chester L.: Colonial Economy, Trade, Industry and Labor in Seventeenth-Century Mexico City. In: Revista de historia de América, *1939*/7, S. 103–134.

Habakkuk, H. John: The English Land Market in the Eighteenth Century. In: J. S. Bromley/E. H. Kossmann (Hrsg.): Britain and the Netherlands. London: Chatto & Windus *1960*, S. 154–173.

Habakkuk, H. John: La disparition du paysan anglais. In: Annales E.S.C., Jg. 20, *1965*/4, S. 649–663. (*a*)

Habakkuk, H. John: The Economic History of Modern Britain. In: D. V. Glass/D. E. C. Eversley (Hrsg.): Population in History. London: Arnold *1965*, S. 147–158. (*b*)
(Ursprünglich erschienen in: Journal of Economic History, 1958.)

Habakkuk, H. John: Landowners and the Civil War. In: Economic History Review, 2nd ser., Bd. 18, *1965*/1, S. 130–151. (*c*)

Habakkuk, H. John: Economic Functions of English Landowners in the Seventeenth and Eighteenth Centuries. In: Hugh G. J. Aitken (Hrsg.): Explorations in Enterprise. Cambridge (Massachusetts): Harvard University Press *1965*, S. 327–340. (*d*)
(Ursprünglich erschienen in: Explorations in Entrepreneurial History, 1953.)

Habakkuk, H. John: England. In: A. Goodwin (Hrsg.): The European Nobility in the Eighteenth Century. New York: Harper & Row *1967*, S. 1–21.

Haley, K. H. D.: The Anglo-Dutch Rapprochement of 1677. In: English Historical Review, Jg. 73, *1958*, S. 614–648.

Haley, K. H. D.: The Dutch in the Seventeenth Century. London: Thames & Hudson *1972*.

Haley, K. H. D.: Holland. Commentary. In: Frederick Krantz/Paul M. Hohenberg (Hrsg.): Failed Transitions to Modern Industrial Society. Renaissance Italy and Seventeenth-Century Holland. Montreal: Interuniversity Centre for European Studies, *1975*, S. 58–60.

Hall, A. Rupert: Military Technology. In: C. Singer u.a.: A History of Technology, Bd. 3: From the Renaissance to the Industrial Revolution, c1500–c1700. Oxford: Clarendon Press *1957*, S. 347–376. (*a*)

Hall, A. Rupert: The Rise of the West. In: C. Singer u.a.: A History of Technology, Bd. 3: From the Renaissance to the Industrial Revolution, c1500–c1700. Oxford: Clarendon Press *1957*, S. 709–721. (*b*)

Hall, A. Rupert: Scientific Method and the Progress of Techniques. In: The Cambridge Economic History of Europe, Bd. 4: The Economy of Expanding Europe in the Sixteenth and Seventeenth Centuries. Hrsg. von E. E. Rich u. C. H. Wilson. Cambridge: University Press *1967*, S. 96–154.

Hall, Douglas: Slaves and Slavery in the British West Indies. In: Social and Economic Studies, Jg. 11, *1962*/4, S. 305–318.

Hamann, Manfred: Archivfunde zur Geschichte der zweiten Leibeigenschaft. In: Zeitschrift für Geschichtswissenschaft, Jg. 2, *1954*/3, S. 476–480.

Hamilton, Earl J.: The Mercantilism of Gerónimo de Uztariz. A Reexamination. In: Norman E. Hines (Hrsg.): Economics, Sociology and the Modern World. Cambridge (Massachusetts): Harvard University Press *1935*, S. 111–129.

Hamilton, Earl J.: Prices and Wages in Southern France under John Law's System. In: Economic History, Jg. 3, *1937*/12, S. 441–461.

Hamilton, Earl J.: Money and Economic Recovery in Spain under the First Bourbon, 1701–1746. In: Journal of Modern History, Jg. 15, *1943*/3, S. 192–206.

Hamilton, Earl J.: War and Prices in Spain, 1651–1800. Cambridge (Massachusetts): Harvard University Press *1947*.

Hamilton, Earl J.: The Role of Monopoly in the Overseas Expansion and Colonial Trade of Europe before 1800. In: American Economic Review, Jg. 38, *1948*/2, S. 33–53.

Hamilton, Earl J.: Plans for a National Bank in Spain, 1701–1783. In: Journal of Political Economy, Jg. 57, *1949*/4, S. 315–336.

Hamilton, Earl J.: The History of Prices before 1750. In: International Congress of Historical Sciences, Stockholm 1960. Rapports, Bd. 1: Methodologie, histoire des universités, histoire des prix avant 1750. Göteborg: Almqvist & Wiksell *1960*, S. 144–164.

Hamilton, Earl J.: The Political Economy of France at the Time of John Law. In: History of Political Economy, Jg. 1, *1969*/1, S. 123–149.

Hamilton, Earl J.: The Role of War in Modern Inflation. In: Journal of Economic History, Jg. 37, *1977*/1, S. 13–19.

Hamilton, Henry: An Economic History of Scotland in the Eighteenth Century. Oxford: Clarendon Press *1963*.

Hansen, Marcus Lee: The Atlantic Migration, 1607–1860. Cambridge (Massachusetts): Harvard University Press *1945*.

Hansen, S. A.: Changes in the Wealth and the Demographic Characteristics of the Danish Aristocracy, 1470–1720. In: Third International Conference of Economic History, Munich 1965. Bd. 4: Demography and History. Hrsg. von J. E. C. Eversley. Paris, La Haye: Mouton *1972*, S. 91–122.

Harkness, D. A. E.: The Opposition to the 8th and 9th Articles of the Commercial Treaty of Utrecht. In: Scottish Historical Review, Jg. 21, *1924*/83, S. 219–226.

Haring, Clarence Henry: The Spanish Empire in America. London, New York: Oxford University Press *1947*.

Haring, Clarence Henry: Trade and Navigation Between Spain and the Indies in the

Time of the Hapsburgs. Gloucester (Massachusetts): Smith *1964*. (Erstveröffentlichung 1918.)
Harlow, Vincent T.: A History of Barbados, 1625–1685. Oxford: Clarendon Press *1926*.
Harnisch, Helmut: Die Herrschaft Boitzenburg. Untersuchungen zur Entwicklung der sozialökonomischen Struktur ländlicher Gebiete in der Mark Brandenburg vom 14. bis zum 19. Jahrhundert. Weimar: Böhlau *1968*.
Harper, Lawrence A.: The Effect of the Navigation Acts on the Thirteen Colonies. In: Richard B. Morris (Hrsg.): The Era of the American Revolution. New York: Columbia University Press *1939*, S. 3–39. (*a*)
Harper, Lawrence A.: The English Navigation Laws. New York: Columbia University Press *1939*. (*b*)
Harper, Lawrence A.: Mercantilism and the American Revolution. In: Canadian Historical Review, Jg. 23, *1942*/1, S. 1–15.
Harris, L. E.: Land Drainage and Reclamation. In: C. Singer u.a.: A History of Technology, Bd. 3: From the Renaissance to the Industrial Revolution, c1500–c1700. Oxford: Clarendon Press *1957*, S. 300–323
Harris, R. W.: England in the Eighteenth Century, 1689–1793. A Balanced Constitution and New Horizons. London: Blandford Press *1963*.
Harsin, Paul: La finance et l'état jusqu'au système de Law. In: Fernand Braudel/Ernest Labrousse (Hrsg.): Histoire économique et sociale de la France, Bd. 2: Ernest Labrousse u.a.: Des derniers temps de l'âge seigneurial aux préludes de l'âge industriel (1660–1789). Paris: Presses Universitaires de France *1970*, S. 267–299.
Harte, N. B.: The Rise of Protection and the English Linen Trade, 1690–1790. In: N. B. Harte/K. G. Ponting (Hrsg.): Textile History and Economic History. Manchester: Manchester University Press *1973*, S. 74–112.
Hartwell, Richard M.: Economic Growth in England before the Industrial Revolution. Some Methodological Issues. In: Journal of Economic History, Jg. 29, *1969*/1, S. 13–31.
Haskell, Francis: The Market for Italian Art in the 17th Century. In: Past and Present, *1959*/15, S. 48–59.
Hasquin, Hervé: Une mutation: Le »Pays de Charleroi« aux XVIIe et XVIIIe siècles. Bruxelles: Editions de l'Institut de Sociologie *1971*.
Hassinger, Herbert: Die erste Wiener orientalische Handelskompagnie, 1667–1683. In: Vierteljahrschrift für Sozial- und Wirtschaftsgeschichte, Jg. 35, *1942*/1, S. 1–53.
Hatton, Ragnhild M.: Scandinavia and the Baltic. In: New Cambridge Modern History, Bd. 7: The Old Regime, 1713–1763. Hrsg. von J. O. Lindsay. Cambridge: University Press *1957*, S. 339–364.
Hatton, Ragnhild M.: Gratifications and Foreign Policy. Anglo-French Rivalry in Sweden During the Nine Years War. In: R. Hatton/J. S. Bromley (Hrsg.): William III and Louis XIV. Essays 1680–1720, by and for Mark A. Thomson. Toronto: University of Toronto Press *1968*, S. 68–94. (*a*)
Hatton, Ragnhild M.: Charles XII of Sweden. London: Weidenfeld & Nicolson *1968*. (*b*)
Hatton, Ragnhild M.: Charles XII and the Great Northern War. In: New Cambridge

Modern History, Bd. 6: The Rise of Great Britain and Russia, 1688–1725. Hrsg. von J. S. Bromley. Cambridge: University Press *1970*, S. 648–680.

Hatton, Ragnhild M.: Charles XII. London: The Historical Association *1974*.

Haudricourt, André G./Delamarre, Mariel Jean-Brunhes: L'homme et la charrue à travers le monde. 3. Auflage. Paris: Gallimard *1955*.

Hauser, H.: Réflections sur l'histoire des banques à l'époque moderne de la fin du XVe siècle à la fin du XVIIIe siècle. In: Annales d'histoire économique et sociale, Jg. 1, *1929*/3, S. 335–351.

Havinden, M. A.: Agricultural Progress in Open-Field Oxfordshire. In: E. L. Jones (Hrsg.): Agriculture and Economic Growth in England, 1650–1815. London: Methuen *1967*, S. 66–79. (Ursprünglich erschienen in: Agricultural History Review, 1961.)

Hazard, Paul: The European Mind, 1680–1715. London: Penguin *1964*.

Heaton, Herbert: Heckscher on Mercantilism. In: Journal of Political Economy, Jg. 45, *1937*/3, S. 370–393.

Heckscher, Eli F.: Un grand chapitre de l'histoire du fer: le monopole suédois. In: Annales d'histoire économique et sociale, Jg. 4, *1932*/14, S. 127–139; *1932*/15, S. 225–241.

Heckscher, Eli F.: Mercantilism. 2 Bde. London: Allen & Unwin *1935*. (Deutsche Ausgabe: E. H.: Der Merkantilismus. Jena: G. Fischer 1932.)

Heckscher, Eli F.: Mercantilism. In: Economic History Review, Bd. 7, *1936*/1, S. 44–54.

Heckscher, Eli F.: Multilateralism, Baltic Trade, and the Mercantilists. In: Economic History Review, 2nd ser., Bd. 3, *1950*/2, S. 219–228.

Heckscher, Eli F.: An Economic History of Sweden. Cambridge (Massachusetts): Harvard University Press *1954*.

Heitz, Gerhard: Johannes Nichtweiß, Das Bauernlegen in Mecklenburg (Rezension). In: Zeitschrift für Geschichtswissenschaft, Jg. 2, *1955*/4, S. 643–649.

Heitz, Gerhard: Zur Diskussion über Gutsherrschaft und Bauernlegen in Mecklenburg. In: Zeitschrift für Geschichtswissenschaft, Jg. 5, *1957*/2, S. 278–296.

Helleiner, Karl F.: The Population of Europe from the Black Death to the Eve of the Vital Revolution. In: The Cambridge Economic History of Europe, Bd. 4: The Economy of Expanding Europe in the Sixteenth and Seventeenth Centuries. Hrsg. von E. E. Rich u. C. H. Wilson. Cambridge: University Press *1967*, S. 1–95.

Helmer, Marie: Economie et société au XVIIe siècle: Un *Cargador de Indias*. In: Jahrbuch für Geschichte von Staat, Wirtschaft und Gesellschaft Lateinamerikas, Bd. 4, *1967*, S. 399–409.

Henry, Louis: The Population of France in the Eighteenth Century. In: D. V. Glass/D. E. C. Eversley (Hrsg.): Population in History. London: Arnold *1965*, S. 434–456.

Herlihy, David: Population, Plague and Social Change in Rural Pistoia, 1201–1430. In: Economic History Review, 2nd ser., Bd. 18, *1965*/2, S. 225–244.

Hildebrand, Karl-Gustaf: Salt and Cloth in Swedish Economic History. In: Scandinavian Economic History Review, Jg. 2, *1954*/2, S. 74–102.

Hildebrand, Karl-Gustaf: Foreign Markets for Swedish Iron in the 18th Century. In: Scandinavian Economic History Review, Jg. 6, *1958*/1, S. 3–52.

Hildner, Ernest G., Jr.: The Role of the South Sea Company in the Diplomacy Leading to the War of Jenkins' Ear, 1729–1739. In: Hispanic American Historical Review, Jg. 18, *1938*/3, S. 322–341.
Hill, B. W.: The Change of Government and the »Loss of the City«, 1710–1711. In: Economic History Review, 2nd ser., Bd. 24, *1971*/3, S. 395–413.
Hill, Charles E.: The Danish Sound Dues and the Command of the Baltic. Durham (North Carolina): Duke University Press *1926*.
Hill, Christopher: The English Civil War Interpreted by Marx and Engels. In: Science and Society, Jg. 12, *1948*/1, S. 130–156.
Hill, Christopher: Land in the English Revolution. In: Science and Society, Jg. 13, *1948–49*/1, S. 22–49.
Hill, Christopher: The Century of Revolution, 1603–1714. New York: Norton *1961*. (*a*)
Hill, Christopher: Protestantism and the Rise of Capitalism. In: F. J. Fisher (Hrsg.): Essays in the Economic and Social History of Tudor and Stuart England. Cambridge: University Press *1961*, S. 15–39. (b)
Hill, Christopher: 1530–1780. Reformation to Industrial Revolution. (= The Pelican Economic History of Britain, Bd. 2.) Baltimore: Penguin *1969*.
(Deutsche Ausgabe: C. H.: Von der Reformation zur Industriellen Revolution. Sozial- und Wirtschaftsgeschichte Englands 1530–1780. Frankfurt/Main, New York: Campus 1977.)
Hill, Christopher: Conclusion. In: Ders.: Change and Continuity in Seventeenth-Century England. Cambridge (Massachusetts): Harvard University Press *1975*, S. 278–284. (*a*)
Hill, Christopher: The Many-Headed Monster. In: Change and Continuity in Seventeenth-Century England. Cambridge (Massachusetts): Harvard University Press *1975*, S. 181–204. (*b*)
(Ursprünglich erschienen in: C. H. Carter (Hrsg.): From the Renaissance to the Counter-Reformation. Essays in Honor of Garrett Mattingly, New York 1965.)
Hilton, R. H.: Capitalism. What's in a Name? In: Past and Present, *1952*/1, S. 32–43.
Hinton, R. W. K.: The Mercantile System in the Time of Thomas Mun. In: Economic History Review, 2nd ser., Bd. 7, *1955*/3, S. 277–290.
Hinton, R. W. K.: The Eastland Trade and the Common Weal in the Seventeenth Century. Cambridge: University Press *1959*.
Hintze, Otto: Die Hohenzollern und der Adel. In: Historische Zeitschrift, Bd. 112, *1914*, S. 494–524.
Hintze, Otto: Der Commissarius und seine Bedeutung in der allgemeinen Verwaltungsgeschichte. In: Ders.: Staat und Verfassung. Gesammelte Abhandlungen zur allgemeinen Verfassungsgeschichte. Hrsg. von Gerhard Oestreich. 2. Auflage. Göttingen: Vandenhoeck und Ruprecht *1962*, S. 242–274.
(Erstveröffentlichung 1910.)
Hippel, W. von: Le régime féodal en Allemagne au XVIIIe siècle et sa dissolution. In: L'abolition de la »féodalité« dans le monde occidental. Colloques internationaux du C.N.R.S., Toulouse, 12.–16. 11. 1968. Bd. 1. Paris: C.N.R.S. *1971*, S. 289–301.
Hobsbawm, Eric J.: Seventeenth-Century Revolutions (Diskussion). In: Past and Present, *1958*/13, S. 63–72.

Hobsbawm, Eric J.: The Seventeenth Century in the Development of Capitalism. In: Science and Society, Jg. 24, *1960*/2, S. 97–112.

Hobsbawm, Eric J.: The Crisis of the Seventeenth Century. In: Trevor Aston(Hrsg.): Crisis in Europe, 1560–1660. London: Routledge *1965*, S. 5–58. (Ursprünglich erschienen in: Past and Present, 1954.)

Hoffenden, Philip S.: France and England in North America, 1689–1713. In: New Cambridge Modern History, Bd. 6: The Rise of Great Britain and Russia, 1688–1725. Hrsg. von J. S. Bromley. Cambridge: University Press *1970*, S. 480–508.

Hoffmann, Alfred: Wirtschaftsgeschichte des Landes Oberösterreich. Bd. 1: Werden, Wachsen, Reifen. Von der Frühzeit bis zum Jahre 1848. Salzburg: Otto Müller *1952*.

Hoffmann, Alfred: Die Grundherrschaft als Unternehmen. In: Zeitschrift für Agrargeschichte und Agrarsoziologie, Jg. 6, *1958*/2, S. 123–131.

Holderness, B. A.: Pre-Industrial England. Economy and Society, 1500–1750. London: Dent *1976*.

Holland. Participants' Discussion. In: Frederick Krantz/Paul M. Hohenberg (Hrsg.): Failed Transitions to Modern Industrial Society. Renaissance Italy and Seventeenth-Century Holland. Montreal: Interuniversity Centre for European Studies, *1975*, S. 64–66.

Homer, Sidney: A History of Interest Rates. New Brunswick: Rutgers University Press *1963*.

Horn, David Bayne: Great Britain and Europe in the Eighteenth Century. Oxford: Clarendon Press *1967*.

Horner, John: The Linen Trade of Europe during the Spinning Wheel Period. Belfast: McCaw, Stevenson & Orr *1920*.

Horsefield, J. Keith: The Beginnings of Paper Money in England. In: Journal of European Economic History, Jg. 6, *1977*/1, S. 117–132.

Hoskins, W. G.: English Agriculture in the 17th and 18th Centuries. In: X Congresso Internazionale di Scienze Storiche, Roma, 4–11 settembre 1955. Relazioni, Bd. 4: Storia moderna. Firenze: Sansoni *1955*, S. 205–226.

Hoskins, W. G.: Harvest Fluctuations and English Economic History, 1620–1759. In: Agricultural History Review, Jg. 16, *1968*/1, S. 15–31.

Hovde, B. J.: The Scandinavian Countries, 1720–1865. Bd. 1: The Rise of the Middle Classes. Ithaca: Cornell University Press *1948*.

Howard, Michael: War in European History. London, New York: Oxford University Press *1976*.

Hroch, Miroslav: Der Dreißigjährige Krieg und die europäischen Handelsbeziehungen. In: Wissenschaftliche Zeitschrift der Ernst-Moritz-Arndt-Universität Greifswald, Jg. 12, *1963*/5–6, S. 533–543.

Hroch, Miroslav: Die Rolle des zentraleuropäischen Handels im Ausgleich der Handelsbilanz zwischen Ost-und Westeuropa, 1550–1650. In: Ingomar Bog (Hrsg.): Der Außenhandel Ostmitteleuropas, 1450–1650. Köln, Wien: Böhlau *1971*, S. 1–27.

Hubert, Eugene: Joseph II. In: A. W. Ward u.a. (Hrsg.): Cambridge Modern History, Bd. 6: The Eighteenth Century. Cambridge: University Press *1909*, S. 626–656.

Huetz de Lemps, Christian: Géographie du commerce de Bordeaux à la fin du règne de Louis XIV. Paris, La Haye: Mouton *1975*.

Hufton, Olwen H.: The Poor of Eighteenth-Century France. Oxford: Clarendon Press *1974*.

Hughes, Edward: North Country Life in the Eighteenth Century. The North-East, 1700–1750. London, New York: Oxford University Press *1952*.

Hutchison, E. P.: The Population Debate. Boston: Houghton Mifflin *1967*.

Hymer, Stephen/Resnick, Stephen: A Model of an Agrarian Economy with Non-agricultural Activities. In: American Economic Review, Jg. 59, *1969*/3, S. 493–506.

Imbert, Gaston: Des mouvements de longue durée Kondratieff. Aix-en-Provence: La Pensée Universitaire *1959*.

Imbert, Jean: Histoire économique (des origines à 1789). Paris: Presses Universitaires de France *1965*. (= Collection Thémis.)

Imhof, Arthur E.: Der Arbeitszwang für das landwirtschaftliche Dienstvolk in den nordischen Ländern im 18. Jahrhundert. In: Zeitschrift für Agrargeschichte und Agrarsoziologie, Jg. 22, *1974*/1, S. 59–74.

Innis, H. A.: Preface to M. G. Lawson, Fur – A Study in English Mercantilism, 1700–1775. Toronto: University of Toronto Press *1943*, S. VII–XX.

Insh, George Pratt: The Scottish Jacobite Movement. A Study in Economic and Social Forces. London: Moray *1952*.

Israel, J. I.: Mexico and the »General Crisis« of the Seventeenth Century. In: Past and Present, *1974*/63, S. 33–57. (*a*)

Israel, J. I.: The Portuguese in Seventeenth-Century Mexico. In: Jahrbuch für Geschichte von Staat, Wirtschaft und Gesellschaft Lateinamerikas, Bd. 11, *1974*, S. 12–32. (*b*)

Israel, J. I.: A Conflict of Empires. Spain and the Netherlands, 1618–1648. In: Past and Present, *1977*/76, S. 34–74.

Issawi, Charles: The Ottoman Empire in the European Economy, 1600–1914. Some Observations and Many Questions. In: Kemal H. Karpat (Hrsg.): The Ottoman State and Its Place in World History. Leiden: Brill *1974*, S. 107–117.

Jacquart, Jean: La production agricole dans la France du XVIIe siècle. In: XVIIe siècle, *1966*/70–71, S. 21–46.

Jacquart, Jean: La productivité agricole dans la France du Nord du XVIe et XVIIe siècles. In: Third International Conference of Economic History, Munich 1965. Bd. 2: Production et productivité agricole. Paris, La Haye: Mouton *1968*, S. 65–74.

Jacquart, Jean(/Dupâquier, J.): Les rapports sociaux dans les campagnes françaises au XVIIe siècle. Quelques exemples. In: D. Roche (Hrsg.): Ordres et classes. Colloque d'histoire sociale, Saint-Cloud, 24–25 mai 1967. Paris, La Haye: Mouton *1973*, S. 167–179.

Jacquart, Jean: French Agriculture in the Seventeenth Century. In: Peter Earle (Hrsg.): Essays in European Economic History, 1500–1800. Oxford: Clarendon Press *1974*, S. 165–184.
(Französische Originalfassung in: XVIIe siècle, 1966.)

Jacquart, Jean: Immobilisme et catastrophes. In: Emmanuel Le Roy Ladurie (Hrsg.): L'âge classique des paysans de 1340 à 1789. (= Histoire de la France rurale, Bd. 2.) Paris: Seuil *1975*, S. 185–353.

Jacquart, Jean: Les inerties terriennes. In: Pierre Deyon/Jean Jacquart: Les hésitations de la croissance, 1580–1740. (= Histoire économique et sociale du monde, hrsg. von Pierre Léon, Bd. 2.) Paris: Colin *1978*, S. 345–388. (*a*)

Jacquart, Jean: L'offensive des dominants. In: Pierre Deyon/Jean Jacquart: Les hésitations de la croissance, 1580–1740. (= Histoire économique et sociale du monde, hrsg. von Pierre Léon, Bd. 2.) Paris: Colin *1978*, S. 389–430. (*b*)

Jacquart, Jean: Des sociétés en crise. In: Pierre Deyon/Jean Jacquart: Les hésitations de la croissance, 1580–1740. (= Histoire économique et sociale du monde, hrsg. von Pierre Léon, Bd. 2.) Paris: Colin *1978*, S. 455–494. (*c*)

Jago, Charles: The Influence of Debt on the Relations between Crown and Aristocracy in Seventeenth-Century Castile. In: Economic History Review, 2nd ser., Bd. 26, *1973*/2, S. 218–236.

James, Francis Godwin: Irish Colonial Trade in the Eighteenth Century. In: William and Mary Quarterly, 3rd ser., Jg. 20, *1963*/4, S. 574–582.

James, Francis Godwin: Ireland in the Empire, 1688–1770. Cambridge (Massachusetts): Harvard University Press *1973*.

Jansen, H. P. H.: Holland's Advance. In: Acta Historiae Neerlandica, Bd. 10, *1978*, S. 1–19.

Jansen, J. C. G. M.: Agrarian Development and Exploitation in South Limburg in the Years 1650–1850. In: Acta Historiae Neerlandica, Bd. 5, *1971*, S. 243–270.

Jeannin, Pierre: Les comptes du Sund comme source pour la construction d'indices généraux de l'activité économique en Europe (XVIe–XVIIIe siècles). In: Revue historique, Jg. 88, *1964*/231, S. 55–102 u. S. 307–340.

Jeannin, Pierre: L'Europe du Nord-Ouest et du Nord aux XVIIe et XVIIIe siècles. Paris: Presses Universitaires de France *1969*. (= Nouvelle Clio. 34.)

Jeannin, Pierre: Preis-, Kosten- und Gewinnunterschiede im Handel mit Ostseegetreide (1550–1650). In: Wirtschaftliche und soziale Strukturen im säkularen Wandel, Bd. 2: Die vorindustrielle Zeit. Außeragrarische Probleme. Hrsg. von Ingomar Bog u.a. Hannover: Schaper *1974*, S. 494–518.

Jeannin, Pierre: Les marchés du Nord dans le commerce français au XVIIIe siècle. In: Pierre Léon (Hrsg.): Aires et structures du commerce français au XVIIIe siècle. Colloque National de l'Association Française des Historiens Economistes, Paris, CNRS, 4–6 oct. 1973. Lyon: Centre d'histoire économique et sociale de la région lyonnaise *1975*, S. 47–73.

Jensch, Georg: Der Handel Rigas im 17. Jahrhundert. Ein Beitrag zur livländischen Wirtschaftsgeschichte in schwedischer Zeit. Riga: Kymmel *1930*. (= Mitteilungen aus der livländischen Geschichte, Bd. 24/2.)

Jensen, Einar: Danish Agriculture. Its Economic Development. Copenhagen: Schultz *1937*.

John, A. H.: Insurance Investment and the Land on Money Market of the 18th Century. In: Economica, n.s., Jg. 20, *1953*/78, S. 137–158.

John, A. H.: War and the English Economy, 1700–1763. In: Economic History Review, 2nd ser., Bd. 7, *1955*/3, S. 329–344.

John, A. H.: Agricultural Productivity and Economic Growth in England. In: Journal of Economic History, Jg. 25, *1965*/1, S. 19–34.

John, A. H.: Aspects of English Economic Growth in the First Half of the Eighteenth Century. In: W. E. Minchinton (Hrsg.): The Growth of English Overseas Trade in the Seventeenth and Eighteenth Centuries. London: Methuen *1969*, S. 164–183. (Ursprünglich erschienen in: Economica, 1961.)

John, A. H.: English Agricultural Improvement and Grain Exports, 1660–1765. In: D. C. Coleman/A. H. John (Hrsg.): Trade, Government and Economy in Pre-Industrial England. London: Weidenfeld & Nicolson *1976*, S. 45–67.

Johnsen, Oscar Albert: Norwegische Wirtschaftsgeschichte. Jena: Gustav Fischer *1939*.

Jones, E. L.: Agriculture and Economic Growth in England, 1660–1750. In: Journal of Economic History, Jg. 25, *1965*/1, S. 1–18.

Jones, E. L.: Editor's Introduction. In: Ders. (Hrsg.): Agriculture and Economic Growth in England, 1650–1815. London: Methuen *1967*, S. 1–48.

Jones, E. L.: Afterword. In: William N. Parker/Eric L. Jones (Hrsg.): European Peasants and Their Markets. Essays in Agrarian Economic History. Princeton: Princeton University Press *1975*, S. 327–360.

Jones, E. L./Woolf, S. J.: Agrarian Change and Economic Development. The Historical Problems. London: Methuen *1969*.

Jones, George Hilton: The Main Stream of Jacobitism. Cambridge (Massachusetts): Harvard University Press *1954*.

Jones, Sir Harold Spencer: The Calendar. In: C. Singer u.a.: A History of Technology, Bd. 3: From the Renaissance to the Industrial Revolution, c1500–c1700. Oxford: Clarendon Press *1957*, S. 558–581.

Jones, J. R.: Britain and Europe in the Seventeenth Century. London: Arnold *1966*.

Jones, J. R.: English Attitudes to Europe in the Seventeenth Century. In: J. S. Bromley/E. H. Kossmann (Hrsg.): Britain and the Netherlands in Europe and Asia. London: Macmillan *1968*, S. 37–55.

Jones, J. R.: The Revolution of 1688 in England. London: Weidenfeld & Nicolson *1972*.

Jørgensen, Johan: Denmark's Relations with Lubeck and Hamburg in the Seventeenth Century. In: Scandinavian Economic History Review, Jg. 9, *1963*/2, S. 73–116.

Joslin, D. M.: London Private Bankers, 1720–1785. In: Economic History Review, 2nd ser., Bd. 7, *1954*/2, S. 167–186.

Judges, A. V.: The Idea of a Mercantile State. In: D. C. Coleman (Hrsg.): Revisions in Mercantilism. London: Methuen *1969*, S. 35–60.
(Ursprünglich erschienen in: Transactions of the Royal Historical Society, 1939.)

Jutikkala, Eino: The Great Finnish Famine in 1696–97. In: Scandinavian Economic History Review, Jg. 3, *1955*/1, S. 48–63.

Jutikkala, Eino: Large Scale Farming in Scandinavia in the Seventeenth Century. In: Scandinavian Economic History Review, Jg. 23, *1975*/2, S. 159–166.

Kaltenstadler, Wilhelm: Der österreichische Seehandel über Triest im 18. Jahrhundert. In: Vierteljahrschrift für Sozial- und Wirtschaftsgeschichte, Jg. 55, *1968*/4, S. 481–500; Jg. 56, *1969*/1, S. 1–104.

Kaltenstadler, Wilhelm: European Economic History in Recent German Historiography. In: Journal of European Economic History, Jg. 1, *1972*/1, S. 193–218.

Kamen, Henry: The Decline of Castile: The Last Crisis. In: Economic History Review, 2nd ser., Bd. 17, *1964*/1, S. 63–76.

Kamen, Henry: The Economic and Social Consequences of the Thirty Years' War. In: Past and Present, *1968*/39, S. 44–61

Kamen, Henry: The War of Succession in Spain, 1700–15. Bloomington: Indiana University Press *1969*.

Kamen, Henry: The Iron Century. Social Change in Europe, 1550–1660. New York: Praeger *1972*.

Kamen, Henry: Public Authority and Popular Crime. Banditry in Valencia, 1660–1714. In: Journal of European Economic History, Jg. 3, *1974*/3, S. 654–687.

Kamen, Henry: The Decline of Spain. A Historical Myth? In: Past and Present, *1978*/81, S. 24–50.

Kammen, Michael: Empire and Interest. The American Colonies and the Politics of Mercantilism. Philadelphia: Lippincott *1970*.

Kann, Robert A.: Aristocracy in the Eighteenth Century Habsburg Empire. In: East European Quarterly, Jg. 7, *1973*/1, S. 1–13.

Kavke, František: Die Habsburger und der böhmische Staat bis zur Mitte des 18. Jahrhunderts. In: Historica, Bd. 8, *1964*, S. 35–64.

Kearney, H. F.: The Political Background to English Mercantilism, 1695–1700. In: Economic History Review, 2nd ser., Bd. 11, *1959*/3, S. 484–496.

Kearney, H. F.: Puritanism, Capitalism and the Scientific Revolution. In: Past and Present, *1964*/28, S. 81–101.

Keith, Robert G.: Encomienda, Hacienda and Corregimiento in Spanish America. A Structural Analysis. In: Hispanic American Historical Review, Jg. 51, *1971*/3, S. 431–446.

Keith, Theodora: The Economic Causes for the Scottish Union. In: English Historical Review, Jg. 24, *1909*/93, S. 44–60.

Kellenbenz, Hermann: Sephardim an der unteren Elbe. Ihre wirtschaftliche und politische Bedeutung vom Ende des 16. bis zum Beginn des 18. Jahrhunderts. Wiesbaden: Steiner *1958*. (= Vierteljahrschrift für Sozial- und Wirtschaftsgeschichte. Beiheft 40.)

Kellenbenz, Hermann: Ländliches Gewerbe und bäuerliches Unternehmertum in Westeuropa vom Spätmittelalter bis ins 18. Jahrhundert. In: Second International Conference of Economic History, Aix-en-Provence 1962. Bd. 2: Middle Ages and Modern Times. Paris, La Haye: Mouton *1965*, S. 377–427.

Kellenbenz, Hermann: Les industries rurales en Occident de la fin du Moyen Age au XVIIIe siècle. In: Annales E.S.C., Jg. 18, *1963*/5, S. 833–882.

Kellenbenz, Hermann: The Economic Significance of the Archangel Route (from the late 16th to the late 18th century). In: Journal of European Economic History, Jg. 2, *1973*/3, S. 541–581.

Kellenbenz, Hermann: Technology in the Age of the Scientific Revolution, 1500–1700. In: C. M. Cipolla (Hrsg.): The Fontana Economic History of Europe, Bd. 2: The Sixteenth and Seventeenth Centuries. London: Collins *1974*, S. 177–272.
(Deutsche Ausgabe: H. K.: Technik und Wirtschaft im Zeitalter der Wissenschaftlichen Revolution. In: Carlo M. Cipolla/K. Borchardt (Hrsg.): Europäische Wirtschaftsgeschichte, Bd. 2: Sechzehntes und siebzehntes Jahrhundert. Stuttgart, New York: Gustav Fischer 1983, S. 113–169. [= UTB. 1268.])

Kellenbenz, Hermann: The Rise of the European Economy. London: Weidenfeld & Nicolson *1976*.
Kellenbenz, Hermann: The Organization of Industrial Production. In: Cambridge Economic History of Europe, Bd. 5: The Economic Organization of Early Modern Europe. Hrsg. von E. E. Rich u. C. H. Wilson. Cambridge: Cambridge University Press *1977*, S. 462–548. (*a*)
Kellenbenz, Hermann: Europäisches Kupfer. Ende 15. bis Mitte 17. Jahrhundert. Ergebnisse eines Kolloquiums. In: H. Kellenbenz (Hrsg.): Schwerpunkte der Kupferproduktion und des Kupferhandels in Europa, 1500–1650. Köln, Wien: Böhlau *1977*, S. 290–351. (*b*)
Kemp, Tom: Structural Factors in the Retardation of French Economic Growth. In: Kyklos, Jg. 15, *1962*/2, S. 325–350.
Kent, H. S. K.: The Anglo-Norwegian Timber Trade in the Eighteenth Century. In: Economic History Review, 2nd ser., Bd. 8, *1955*/1, S. 62–74.
Kent, H. S. K.: War and Trade in Northern Seas. Cambridge: University Press *1973*.
Kepler, J. S.: Fiscal Aspects of the English Carrying Trade during the Thirty Years' War. In: Economic History Review, 2nd ser., Bd. 25, *1972*/2, S. 261–283.
Kerridge, Eric: Agrarian Problems in the Sixteenth Century and After. London: Allen & Unwin *1969*.
Kerridge, Eric: The Farmers of Old England. London: Allen & Unwin *1973*.
Kersten, Adam: Les magnats – élite de la société nobiliaire. In: Acta Poloniae Historica, *1977*/36, S. 119–133.
Kindleberger, Charles P.: Commercial Expansion and the Industrial Revolution. In: Journal of European Economic History, Jg. 4, *1975*/3, S. 613–654.
Kindleberger, Charles P.: Maniacs, Panics, and Crashes. New York: Basic Books *1978*.
Kirchner, Walther: Emigration. Some Eighteenth Century Considerations. In: Comparative Studies in Society and History, Bd. 5, *1963*/3, S. 346–356.
Kirily, Zs.: Examen au point de vue de rendement de la production du blé des serfs. In: Zs. Kirily u.a.: Production et productivité agricoles en Hongrie à l'époque du féodalisme tardif, 1550–1850. In: Nouvelles études historiques (Budapest), Bd. 1, *1965*, S. 615–622.
Kirily, Zs./Kiss, I. N.: Production des céréales et exploitations paysannes en Hongrie aux XVIe et XVIIe siècles. In: Annales E.S.C., Jg. 23, *1968*/6, S. 1211–1236.
Kisch, Herbert: The Textile Industries in Silesia and the Rhineland. A Comparative Study in Industrialization. In: Journal of Economic History, Jg. 19, *1959*/4, S. 541–564.
Kisch, Herbert: Growth Deterrents of a Medieval Heritage. The Aachen-area Woolen Trades before 1790. In: Journal of Economic History, Jg. 24, *1964*/4, S. 517–537.
Kisch, Herbert: Prussian Mercantilism and the Rise of the Krefeld Silk Industry. Variations upon an Eighteenth-Century Theme. Philadelphia: American Philosophical Society *1968*. (= Transactions of the American Philosophical Society. 58, Pt. 7.)
Kiss, István: Die Rolle der Magnaten-Gutswirtschaft im Großhandel Ungarns im 17. Jahrhundert. In: Ingomar Bog (Hrsg.): Der Außenhandel Ostmitteleuropas 1450–1650. Köln, Wien: Böhlau *1971*, S. 450–482.

Klein, Peter W.: The Trip Family in the 17th Century. A Study of the Behavior of the Entrepreneur on the Dutch Staple Market. In: Acta Historiae Neerlandica, Bd. 1, *1966*, S. 187–211.
Klein, Peter W.: Entrepreneurial Behavior and the Economic Rise and Decline of the Netherlands in the 17th and 18th Centuries. In: Annales cisalpines d'histoire sociale, Jg. 1, *1969*/1, S. 7–19.
Klein, Peter W.: Stagnation économique et emploi du capital dans la Hollande des XVIIIe et XIXe siècles. In: Revue du Nord, Jg. 52, *1970*/204, S. 33–41.
Klíma, Arnošt: Industrial Development in Bohemia, 1648–1781. In: Past and Present, *1957*/11, S. 87–99.
Klíma, Arnošt: English Merchant Capital in Bohemia in the Eighteenth Century. In: Economic History Review, 2nd ser., Bd. 12, *1959*/1, S. 34–48.
Klíma, Arnošt: Mercantilism in the Habsburg Monarchy. With Special Reference to the Bohemian Lands. In: Historica, Bd. 11, *1965*, S. 95–119.
Klíma, Arnošt/Macůrek, J.: La question de la transition du féodalisme au capitalisme en Europe centrale (16e–18e siècles). In: International Congress of Historical Sciences, Stockholm 1960, Bd. 4: Histoire moderne. Göteborg: Almqvist & Wiksell *1960*, S. 84–105.
Knoppers, Jake: A Quantitative Study of Dutch Shipping from Russia in the Eighteenth Century. Paper presented to Canadian Historical Association, Edmonton 7. 6. 1975. (*a*)
Knoppers, Jake: Discussion. In: Frederick Krantz/Paul M. Hohenberg (Hrsg.): Failed Transitions to Modern Industrial Society. Renaissance Italy and Seventeenth-Century Holland. Montreal: Interuniversity Centre for European Studies, *1975*, S. 65. (*b*)
Knoppers, Jake: Patterns in Dutch Trade with Russia from the Nine Years' War to the End of the Republic. Paper presented at the Annual Meeting of the Canadian Association for the Advancement of Netherlandic Studies, University of New Brunswick, Fredericton, 28.–29. Mai *1977*. (*a*)
Knoppers, Jake: Ships and Shipping Towards the End of the Eighteenth Century. Trends and Developments in Europe. Paper presented at the Annual Meeting of the Canadian Historical Association, University of New Brunswick, Fredericton, 2.–6. Juni *1977*. (*b*)
Koeningsberger, H. G.: English Merchants in Naples and Sicily in the Seventeenth Century. In: English Historical Review, Jg. 62, *1947*/244, S. 304–326.
Kossmann, E. H.: Discussion of H. R. Trevor-Roper: The General Crisis of the Seventeenth Century. In: Past and Present, *1960*/18, S. 8–11.
Kossmann, E. H.: The Low Countries. In: New Cambridge Modern History, Bd. 4: The Decline of Spain and the Thirty Years War, 1609–48/59. Hrsg. von J. P. Cooper. Cambridge: University Press *1970*, S. 359–384.
Kossmann, E. H.: Some Meditations on Dutch Eighteenth-Century Decline. In: Frederick Krantz/Paul M. Hohenberg (Hrsg.): Failed Transitions to Modern Industrial Society. Renaissance Italy and Seventeenth-Century Holland. Montreal: Interuniversity Centre for European Studies, *1975*, S. 49–54. (*a*)
Kossmann, E. H.: Some Late 17th-Century Dutch Writings on Raison d'Etat. In: R. Schnur (Hrsg.): Staatsräson. Studien zur Geschichte eines politischen Begriffs. Berlin: Duncker & Humblot *1975*, S. 497–504. (*b*)

Kossmann, E. H.: The Singularity of Absolutism. In: R. Hatton (Hrsg.): Louis XIV and Absolutism. Columbus: Ohio State University Press *1976*, S. 3–17.
Kowecki, Jerzy: Les transformations de la structure sociale en Pologne au XVIII siècle. La noblesse et la bourgeoisie. In: Acta Poloniae Historica, *1972*/26, S. 5–30.
Kriedte, Peter/Medick, Hans/Schlumbohm, Jürgen: Industrialisierung vor der Industrialisierung. Göttingen: Vandenhoeck & Ruprecht *1977*.
Krüger, Horst: Zur Geschichte der Manufakturen und Manufakturarbeiter in Preußen. Berlin: Rütten & Loening *1958*. (= Schriftenreihe des Instituts für allgemeine Geschichte an der Humboldt-Universität Berlin. 3.)
Kuczynski, Jürgen: Zum Aufsatz von Johannes Nichtweiß über die zweite Leibeigenschaft. In: Zeitschrift für Geschichtswissenschaft, Jg. 2, *1954*/3, S. 467–471.
Kula, Witold: L'histoire économique de la Pologne du dix-huitième siècle. In: Acta Poloniae Historica, *1961*/4, S. 133–146.
Kula, Witold: La métrologie historique et la lutte des classes. Exemple de la Pologne au XVIIIe siècle. In: Studi in onore di Amintore Fanfani, Bd. 5: Evi moderno e contemporaneo. Milano: A.Giuffrè *1962*, S. 273–288.
Kula, Witold: Gli studi sulla formazione del capitalismo in Polonia. In: Alberto Caracciolo (Hrsg.): Problemi storici della industrializzazione e dello sviluppo. Urbino: Argalia *1965*, S. 205–228.
Kula, Witold: Theorie économique du système féodal. Paris, La Haye: Mouton *1970*.
Kulischer (Koulischer), Joseph: La grande industrie aux XVIIe et XVIIIe siècles: France, Allemagne, Russie. In: Annales d'histoire économique et sociale, Jg. 3, *1931*/9, S. 11–46.
Kulischer, Joseph: Leibeigenschaft in Rußland und die Agrarverfassung Preußens im 18. Jahrhundert. Eine vergleichende Studie. In: Jahrbücher für Nationalökonomie und Statistik, 3. Ser., Bd. 82, *1932*/1, S. 1–62.
Kuske, Bruno: Gewerbe, Handel und Verkehr. In: H. Aubin u.a. (Hrsg.): Geschichte des Rheinlandes von der ältesten Zeit bis zur Gegenwart, Bd. 2: Kulturgeschichte. Essen: Baedeker *1922*, S. 149–248.
Kuske, Bruno: Die wirtschaftliche und soziale Verflechtung zwischen Deutschland und den Niederlanden bis zum 18. Jahrhundert. In: Köln, der Rhein und das Reich. Köln, Graz: Böhlau *1956*, S. 200–256.
(Ursprünglich erschienen in: Deutsches Archiv f. Landes- und Volksforschung, 1937.)
L'abolition de la »féodalité« dans le monde occidental, Bd. 2: Discussion des rapports. Colloques internationaux du C.N.R.S., Toulouse, 12.–16. 11. 1968. Paris: C.N.R.S. *1971*
Labrousse, Elisabeth: Le refuge hollandais: Bayle et Jurieu. In: XVIIe siècle, *1967*/76–77, S. 75–93.
Labrousse, Ernest: Esquisse du mouvement des prix et des revenus en France au XVIIIe siècle. 2 Bde. Paris: Dalloz *1932*.
Labrousse, Ernest: La révolution démographique du premier tiers du XVIIIe siècle. In: Bulletin semestriel. Association pour l'histoire de la civilisation, Association Marc Bloch, Toulouse, séance du 17 mai 1953, S. 21–23.
Labrousse, Ernest: Les »bons prix« agricoles du XVIIIe siècle. In: Fernand Braudel/Ernest Labrousse (Hrsg.): Histoire économique et sociale de la France, Bd. 2: Ernest

Labrousse u.a.: Des derniers temps de l'âge seigneurial aux préludes de l'âge industriel (1660–1789). Paris: Presses Universitaires de France *1970*, S. 367–416.

La Force, J. Clayburn: Royal Textile Factories in Spain, 1700–1800. In: Journal of Economic History, Jg. 24, *1964*/3, S. 337–363.

Land, Aubrey C.: Economic Base and Social Structure. The Northern Chesapeake in the Eighteenth Century. In: Journal of Economic History, Jg. 25, *1965*/4, S. 639–654.

Land, Aubrey C.: The Tobacco Staple and the Planter's Problems. Technology, Labor and Crops. In: Agricultural History, Jg. 43, *1969*/1, S. 69–81.

Lane, Frederick C.: Oceanic Expansion. Force and Enterprise in the Creation of Oceanic Commerce. In: Journal of Economic History, Jg. 10, Ergänzungsband, *1950*, S. 19–39.

Lane, Frederick C.: Venice. A Maritime Republic. Baltimore: Johns Hopkins University Press *1973*.

Lang, James: Conquest and Commerce. Spain and England in the Americas. New York: Academic Press *1975*.

Lang, M. F.: New Spain's Mining Depression and the Supply of Quicksilver from Peru. In: American Historical Review, Jg. 48, *1968*/4, S. 632–641.

Langton, John: Coal Output in South-West Lancashire, 1590–1799. In: Economic History Review, 2nd ser., Bd. 25, *1972*/1, S. 28–54.

Larquié, Cl.: Les esclaves de Madrid à l'époque de la décadence (1650–1700). In: Revue historique, Bd. 244, *1970*/1, S. 41–74.

Larraz López, José: La época del mercantilismo en Castilla (1500–1700). 2. Auflage. Madrid: Atlas *1943*.

Laslett, Peter: John Locke, the Great Recoinage, and the Origins of the Board of Trade, 1695–1698. In: William and Mary Quarterly, Jg. 14, *1957*/3, S. 370–402.

Lavrovsky, V. M.: Expropriation of the English Peasantry in the Eighteenth Century. In: Economic History Review, 2nd ser., Bd. 9, *1957*/2, S. 271–282.

Lavrovsky, V. M.: The Great Estate in England from the 16th to the 18th Century. In: First International Conference of Economic History, Stockholm 1960. Paris, La Haye: Mouton *1960*, S. 353–365.

Lawson, Murray G.: Fur – A Study in English Mercantilism, 1700–1775. Toronto: University of Toronto Press *1943*. (= University of Toronto Studies/History and Economics Series. 9.)

Lenman, Bruce: An Economic History of Modern Scotland, 1660–1976. Hamden (Connecticut): Archon *1977*.

Léon, Pierre: La crise de l'économie française à la fin du règne de Louis XIV (1685–1715). In: Information historique, Jg. 18, *1956*/4, S. 127–137.

Léon, Pierre: Points de vue sur le monde ouvrier dans la France du XVIIIe siècle. In: Third International Conference of Economic History, Munich 1965. Bd. 1. Paris, La Haye: Mouton *1968*, S. 181–185.

Léon, Pierre: Economies et sociétés préindustrielles, Bd. 2: 1650–1780. Les origines d'une accélération de l'histoire. Paris: Colin *1970*. (*a*)

Léon, Pierre: La réponse de l'industrie. In: Fernand Braudel/Ernest Labrousse (Hrsg.): Histoire économique et sociale de la France, Bd. 2: Ernest Labrousse u.a.: Des derniers temps de l'âge seigneurial aux préludes de l'âge industriel (1660–1789). Paris: Presses Universitaires de France *1970*, S. 217–266. (*b*)

Léon, Pierre: L'élan industriel et commercial. In: Fernand Braudel/Ernest Labrousse

(Hrsg.): Histoire économique et sociale de la France, Bd. 2: Ernest Labrousse u.a.: Des derniers temps de l'âge seigneurial aux préludes de l'âge industriel (1660–1789). Paris: Presses Universitaires de France *1970*, S. 499–528. (*c*)

Léon, Pierre: Les nouvelles élites. In: Fernand Braudel/Ernest Labrousse (Hrsg.): Histoire économique et sociale de la France, Bd. 2: Ernest Labrousse u.a.: Des derniers temps de l'âge seigneurial aux préludes de l'âge industriel (1660–1789). Paris: Presses Universitaires de France *1970*, S. 601–649. (*d*)

Léon, Pierre: Morcellement et émergence du monde ouvrier. In: Fernand Braudel/Ernest Labrousse (Hrsg.): Histoire économique et sociale de la France, Bd. 2: Ernest Labrousse u.a.: Des derniers temps de l'âge seigneurial aux préludes de l'âge industriel (1660–1789). Paris: Presses Universitaires de France *1970*, S. 651–689. (*e*)

Léon, Pierre: Structures du commerce extérieur et évolution industrielle de la France à la fin du XVIII siècle. In: Conjoncture économique, structures sociales. Hommage à Ernest Labrousse. Paris, La Haye: Mouton *1974*. S. 407–432.

Léon, Pierre/Carrière, Charles: L'appel des marchés. In: Fernand Braudel/Ernest Labrousse (Hrsg.): Histoire économique et sociale de la France, Bd. 2: Ernest Labrousse u.a.: Des derniers temps de l'âge seigneurial aux préludes de l'âge industriel (1660–1789). Paris: Presses Universitaires de France *1970*, S. 161–215.

Léonard, Emile-G.: Economie et religion. Les protestants français au XVIIIe siècle. In: Annales d'histoire sociale, Jg. 2, *1940*/1, S. 5–20.

Léonard, Emile-G.: Le protestantisme français au XVIIe siècle. In: Revue historique, Bd. 200, *1948*/2, S. 153–179.

Léonard, Emile-G.: L'Armée et ses problèmes au XVIIIe siècle. Paris: Plon *1958*.

Le Roy Ladurie, Emmanuel: Climat et récoltes aux XVIIe et XVIIIe siècles. In: Annales E.S.C., Jg. 15, *1960*/3, S. 434–465.

Le Roy Ladurie, Emmanuel: Histoire du Languedoc. Paris: Presses Universitaires de France *1962*.

Le Roy Ladurie, Emmanuel: Voies nouvelles pour l'histoire rurale (XVIe–XVIIIe siècles). In: Etudes rurales, *1964*/13–14, S. 79–95.

Le Roy Ladurie, Emmanuel: Histoire du climat depuis l'an mil. Paris: Flammarion *1967*.

Le Roy Ladurie, Emmanuel: Les rendements du blé en Languedoc. In: Third International Conference of Economic History, Munich 1965. Bd. 2: Production et productivité agricole. Paris, La Haye: Mouton *1968*, S. 75–84.

Le Roy Ladurie, Emmanuel: L'amenorhée de famine (XVIIe–XXe siècles). In: Annales E.S.C., Jg. 24, *1969*/6, S. 1589–1601.

Le Roy Ladurie, Emmanuel: Les insurgés de l'impôt. In: Le Nouvel Observateur, 28. 6. 1971, S. 26–28.

Le Roy Ladurie, Emmanuel: Sur quelques types de revenus réels (XVIe–XVIIIe siècles). In: Fourth International Conference of Economic History, Bloomington 1968. Paris, La Haye: Mouton *1973*, S. 419–435.

Le Roy Ladurie, Emmanuel: A Long Agrarian Cycle. Languedoc, 1500–1700. In: Peter Earle (Hrsg.): Essays in European Economic History, 1500–1800. Oxford: Clarendon Press *1974*, S. 143–164. (*a*)
(Übersetzung aus: Les paysans du Languedoc, 1969.)

Le Roy Ladurie, Emmanuel: Pour un modèle de l'économie rurale française au XVIII siècle. In: Cahiers d'histoire, Jg. 19, *1974*/1, S. 5–27. (*b*)
Le Roy Ladurie, Emmanuel: Révoltes et contestations rurales en France de 1675 à 1788. In: Annales E.S.C., Jg. 29, *1974*, S. 6–22. (*c*)
Le Roy Ladurie, Emmanuel: De la crise ultime à la vraie croissance. In: Ders. (Hrsg.): L'âge classique des paysans de 1340 à 1789. (= Histoire de la France rurale, Bd. 2.) Paris: Seuil *1975*, S. 359–591. (*a*)
Le Roy Ladurie, Emmanuel: Un »modèle septentrional«. Les campagnes parisiennes (XVIe–XVIIe siècles). In: Annales E.S.C., Jg. 30, *1975*/6, S. 1397–1413. (*b*)
Le Roy Ladurie, Emmanuel: Un cas de méthodologie dans l'histoire rurale. Les grandes monographies des révoltes et des contestations rurales en France de 1675 à 1788. In: Metodología de la historia moderna: economía y demografía. Actas de las I Jornadas de Metodología Aplicada de las Ciencias Históricas, Univ. de Santiago de Compostela. Teil 3. Segovia: Artes Graficas Galicia *1975*, S. 33–50. (*c*)
Le Roy Ladurie, Emmanuel: Motionless History. In: Social Science History, Jg. 1, *1977*/2, S. 115–136.
(Ursprünglich auf französisch in: Annales E.S.C., 1974.)
Leskiewicz, Janina: Sur le niveau et les composantes du revenu foncier en Pologne du XVIe siècle au XVIIIe siècle. In: First International Conference of Economic History, Stockholm 1960. Contributions. Paris, La Haye: Mouton *1960*, S. 409–414.
Lesnodorski, Boguslaw: Les Partages de la Pologne. Analyse des causes et essai d'une théorie. In: Acta Poloniae Historica, *1963*/8, S. 7–30.
Leszczyński, Józef: La Silésie dans la politique européenne au XVIe–XVIIIe siècles. In: Acta Poloniae Historica, *1970*/22, S. 90–107.
Leuilliot, Paul: Influence du commerce oriental sur l'économie occidentale. In: M. Mollat (Hrsg.): Sociétés et compagnies en Orient et dans l'Océan Indien. Paris: S.E.V.P.E.N. *1970*, S. 611–627.
Lichtheim, George: Imperialism. London: Penguin *1974*.
Liebel, Helen P.: The Bourgeoisie in Southwestern Germany, 1500–1789. A Rising Class? In: International Review of Social History, Jg. 10, *1965*/2, S. 283–307. (*a*)
Liebel, Helen P.: Laissez-faire vs. Mercantilism. The Rise of Hamburg and the Hamburg Bourgeoisie vs. Frederick the Great in the Crisis of 1763. In: Vierteljahrschrift für Sozial- und Wirtschaftsgeschichte, Jg. 52, *1965*/2, S. 206–238. (*b*)
Liiv, Otto: Die wirtschaftliche Lage des estnischen Gebietes am Ausgang des 17. Jahrhunderts. In: Verhandlungen der Gelehrten Estnischen Gesellschaft, Bd. 27, *1935*, S. 1–336.
Lipson, Ephraim: The Economic History of England. Bd. 2–3: The Age of Mercantilism. 6. Auflage. London: Black *1956*.
Lira, Andrés/Muro, Luis: El siglo de la integración. In: Centro de Estudios Históricos (Hrsg.): Historia General de México, Bd. 2. México: El Colegio de México *1976*, S. 83–181.
Litchfield, R. Burr: Les investissements commerciaux des patriciens florentins au XVIIIe siècle. In: Annales E.S.C., Jg. 24, *1969*/3, S. 685–721.
Lockhart, James: Encomienda and Hacienda. The Evolution of the Great Estate in the Spanish Indies. In: Hispanic American Historical Review, Jg. 69, *1969*/3, S. 411–429.

Lom, František: Die Arbeitsproduktivität in der Geschichte der tschechoslowakischen Landwirtschaft. In: Zeitschrift für Agrargeschichte und Agrarsoziologie, Jg. 19, *1971*/1, S. 1–25.
López, Adalberto: The Economics of Yerba Mate in Seventeenth-Century South America. In: Agricultural History, Jg. 48, *1974*/4, S. 493–509.
Lord, Eleanor Louisa: Industrial Experiments in the British Colonies of North America. Baltimore: Johns Hopkins University *1898*. (= Studies in History and Political Science. 17.)
Lunde, Johs.: Handelshuset bak »Garman & Worse«. Jacob Kielland & Son. Bergen: Universitetsforlaget *1963*.
Lundkvist, Sven: The Experience of Empire. Sweden as a Great Power. In: M. Roberts (Hrsg.): Sweden's Age of Greatness, 1632–1718. New York: St. Martin's Press *1973*, S. 20–57.
Lütge, Friedrich: Strukturelle und konjunkturelle Wandlungen in der deutschen Wirtschaft vor Ausbruch des Dreißigjährigen Krieges. München: Verlag der Bayrischen Akademie der Wissenschaften *1958*. (= Bayrische Akademie der Wissenschaften/Philosophisch-Historische Klasse, Sitzungsberichte, 1958/5.)
Lütge, Friedrich: Geschichte der deutschen Agrarverfassung vom frühen Mittelalter bis zum 19. Jahrhundert. Stuttgart: Ulmer *1963*.
Lütge, Friedrich: Grundherrschaft und Gutsherrschaft. In: Handwörterbuch der Sozialwissenschaften. Bd. 4. Stuttgart, Tübingen, Göttingen: Gustav Fischer/Mohr/Vandenhoeck & Ruprecht *1965*, S. 682–688.
Lütge, Friedrich: Deutsche Sozial- und Wirtschaftsgeschichte. 3., erw. und verb. Auflage. Berlin: Springer *1966*.
Lüthy, Herbert: La Banque Protestante en France de la Révocation de l'Edit de Nantes à la Révolution, Bd. 1: Dispersion et regroupement (1685–1730). Paris: S.E.V.P.E.N. *1959*.
Lüthy, Herbert: La Banque Protestante en France de la Révocation de l'Edit de Nantes à la Révolution, Bd. 2: De la Banque aux Finances (1730–1794). Paris: S.E.V.P.E.N. *1961*.
Luzac, Elie: La richesse de la Hollande. 2 Bde. London: o.V. *1778*.
Luzzatto, Gino: Per una storia economica d'Italia. 2. Auflage. Bari: Laterza *1974*.
Lynch, John: Spain under the Habsburgs, Bd. 2: Spain and America, 1598–1700. Oxford: Blackwell *1969*.
Macartney, C. A.: The Habsburg Dominions. In: New Cambridge Modern History, Bd. 7: The Old Regime, 1713–1763. Hrsg. von J. O. Lindsay. Cambridge: University Press *1957*, S. 391–415.
Macartney, C. A.: Hungary. In: A. Goodwin (Hrsg.): The European Nobility in the Eighteenth Century. New York: Harper & Row *1967*, S. 118–135.
Macedo, Jorge Borges de: O Tratado de Methuen. In: Joël Serrão (Hrsg.): Dicionário de história de Portugal, Bd. 2. Lisboa: o.V. (*a*)
Macedo, Jorge Borges de: Problemas de Historia da Industria Portuguesa no Século XVIII. Lisboa: Assoc. Industrial Portuguesa, Estudos de Economia Aplicada *1963*. (*b*)
Macera, Pablo: Feudalismo colonial americano. El caso de las haciendas peruanas. In: Acta Historica (Acta Universitatis Szegediensis de Attila Josef Nominatae), Bd. 35, *1971*, S. 3–43.

MacLeod, Murdo J.: Spanish Central America. A Socioeconomic History, 1520–1720. Berkeley: University of California Press *1973*.

Mączak, Antoni: Export of Grain and the Problem of Distribution of National Income in the Years 1550–1650. In: Acta Poloniae Historica, 1968/18, S. 75–98.

Mączak, Antoni: The Balance of Polish Sea Trade with the West, 1565–1646. In: Scandinavian Economic History Review, Jg. 18, 1970/2, S. 107–142.

Mączak, Antoni: Agricultural and Livestock Production in Poland. Internal and Foreign Markets. In: Journal of European Economic History, Jg. 1, 1972/3, S. 671–680.

Mączak, Antoni: A. Attman, The Russian and Polish Markets in International Trade, 1500–1650 (Rezension). In: Journal of European Economic History, Jg. 3, 1974/2, S. 505–508.

Mączak, Antoni: Money and Society in Poland-Lithuania of the 16th–17th Centuries. Beitrag im Rahmen der Settima settimana di studio, Istituto Internazionale di Storia Economica »Francesco Datini« (Prato, 15. 4. 1975).

Mączak, Antoni: Money and Society in Poland and Lithuania in the 16th and 17th Centuries. In: Journal of European Economic History, Jg. 5, 1976/1, S. 69–104. (a)

Mączak, Antoni: State Revenues and National Income. Poland in the Crisis of the Seventeenth Century. Beitrag im Rahmen der Ottava settimana di studio, Istituto Internazionale di Storia Economica »Francesco Datini« (Prato, 8. 5. 1976). (b)

Mączak, Antoni/Samsonowicz, Henry K.: La zone baltique. L'un des éléments du marché européen. In: Acta Poloniae Historica, 1965/11, S. 71–99.

Mahan, A. T.: Influence of Sea Power Upon History, 1600–1783. London: Low, Marston, Searle & Rivington *1889*.

Makkai, László: Die Hauptzüge der wirtschaftlich-sozialen Entwicklung Ungarns im 15.–17. Jahrhundert. In: Studia Historica, Nr. 53, Budapest *1963*, S. 27–46.

Makkai, László: Der ungarische Viehhandel, 1550–1650. In: Ingomar Bog (Hrsg.): Der Außenhandel Ostmitteleuropas, 1450–1650. Köln, Wien: Böhlau *1971*, S. 483–506.

Makkai, László: La structure et la productivité de l'économie agraire de la Hongrie au milieu du XVIIe siècle. In: S. Herbst u.a. (Hrsg.): Spoleczenstwo Gospodarka Kultura. Studia ofiarowane Marianowi Małowistowi w czterdziestolecie pracy naukowej. Warszawa: PWN *1974*, S. 197–209.

Makkai, László: Neo-Serfdom. Its Origin and Nature in East Central Europe. In: Slavic Review, Jg. 34, *1975*/2, S. 225–238.

Małecki, Jan M.: Le rôle de Cracovie dans l'économie polonaise aux XVIe, XVIIe et XVIIIe siècles. In: Acta Poloniae Historica, *1970*/21, S. 108–122.

Małecki, Jan M.: Die Wandlungen im Krakauer und polnischen Handel zur Zeit der Türkenkriege des 16. und 17. Jahrhunderts. In: O. Pickl (Hrsg.): Die wirtschaftlichen Auswirkungen der Türkenkriege. Graz: o.V. *1971*, S. 145–151. (= Grazer Forschungen zur Wirtschafts- und Sozialgeschichte. 1.)

Małowist, Marian: The Economic and Social Development of the Baltic Countries from the 15th to the 17th Centuries. In: Economic History Review, 2nd ser., Bd. 12, 1959/2, S. 177–189.

Małowist, Marian: L'évolution industrielle en Pologne du XIVe au XVIIe siècle. In: Ders.: Croissance et regression en Europe, XIVe–XVIIe siècles. Paris: Colin *1972*, S. 191–215. (= Cahiers des Annales. 34.)

Małowist, Marian: Problems of the Growth of the National Economy of Central-Eastern Europe in the Late Middle Ages. In: Journal of European Economic History, Jg. 3, 1974/2, S. 319–357.

Małowist, Marian: Quelques remarques sur le déclin des états de l'Europe de l'est au XVIe jusqu'au XVIIIe siècle. Referat im Rahmen eines Seminars von Fernand Braudel, Paris, 4. März *1976*.

Mandrou, Robert: Le baroque européen. Mentalité pathétique et révolution sociale. In: Annales E.S.C., Jg. 15, *1960*/5, S. 898–914.

Mandrou, Robert: L'agriculture hors du développement capitaliste. Le cas des Fugger. In: Studi storici, Jg. 9, *1968*/3–4, S. 784–793.

Marino, John F.: La crisi di Venezia e la New Economic History. In: Studi storici, Jg. 19, *1978*/1, S. 79–107.

Markovitch, Tihomir J.: L'industrie française au XVIIIe siècle. L'industrie lainière à la fin du règne de Louis XIV et sous la Régence. In: Economies et sociétés. Cahiers de l'I.S.E.A., Jg. 2, *1968*/8, S. 1517–1697. (*a*)

Markovitch, Tihomir J.: L'industrie lainière française au début du XVIIIe siècle. In: Revue d'histoire économique et sociale, Bd. 46, *1968*/4, S. 550–579. (*b*)

Marques, A. H. de Oliveira: History of Portugal. 2. Auflage. New York: Columbia University Press *1976*.

Marrès, P.: Le Languedoc méditerranéen aux XVIIe et XVIIIe siècles. In: Annales de l'Institut d'Etudes Occitanes, 4e ser., *1966*/2, S. 151–156.

Martin Saint-Léon, Etienne: Histoire des corporations de métiers. Genève: Slatkine-Megariotis Reprints *1976*.
(Erstveröffentlichung: Paris 1922.)

Marx, Karl: Enthüllungen zur Geschichte der Diplomatie im 18. Jahrhundert. Hg. von Karl August Wittfogel. Frankfurt/Main: Suhrkamp *1981*. (= edition suhrkamp. 1047.)

Masefield, G. B.: Crops and Livestock. In: The Cambridge Economic History of Europe, Bd. 4: The Economy of Expanding Europe in the Sixteenth and Seventeenth Centuries. Hrsg. von E. E. Rich u. C. H. Wilson. Cambridge: University Press *1967*, S. 275–301.

Masselman, George: Dutch Colonial Policy in the Seventeenth Century. In: Journal of Economic History, Jg. 21, *1961*/4, S. 455–468.

Masselman, George: The Cradle of Colonialism. New Haven: Yale University Press *1963*.

Masson, Paul: Histoire du commerce français dans le Levant au XVIIe siècle. New York: Franklin *1967*. (*a*)
(Erstveröffentlichung: Paris 1911.)

Masson, Paul: Histoire du commerce français dans le Levant au XVIIIe siècle. New York: Franklin *1967*. (*b*)
(Erstveröffentlichung: Paris 1896.)

Mata, Eugénia/Valério, Nuno: Alguns dados e notas sobre o comércio europeu e mundial nos finais do século XVII. In: Revista de história económica e social, *1978*/2, S. 105–122.

Matejek, František: La production agricole dans les pays tchécoslovaques à partir du XVIe siècle jusqu'à la première guerre mondiale. In: Troisième Conférence Internationale d'Histoire Economique, Munich 1965. Bd. 2. Paris, La Haye: Mouton *1968*, S. 205–219.

Mathias, Peter: Agriculture and the Brewing and Distilling Industries in the Eighteenth Century. In: Economic History Review, 2nd ser., Bd. 5, *1952*/2, S. 249–257.

Mathias, Peter/O'Brien, Patrick: Taxation in Britain and France, 1715–1810. A Comparison of the Social and Economic Incidence of Taxes Collected by the Central Government. In: Journal of European Economic History, Jg. 5, *1976*/3, S. 601–650.

Mathiex, Jean: Trafic et prix de l'homme en Méditerranée aux XVIIe et XVIIIe siècles. In: Annales E.S.C., Jg. 9, *1954*/2, S. 157–164.

Mauro, Frédéric: Pour une théorie du capitalisme commercial. In: Vierteljahrschrift für Sozial- und Wirtschaftsgeschichte, Jg. 42, *1955*/2, S. 117–131.

Mauro, Frédéric: Sur la »crise« du XVIIe siècle. In: Annales E.S.C., Jg. 14, *1959*/1, S. 181–185.

Mauro, Frédéric: Le Portugal et l'Atlantique au XVIIe siècle (1570–1670). Etude économique. Paris: S.E.V.P.E.N. *1960*.

Mauro, Frédéric: Toward an »Intercontinental Model«. European Overseas Expansion between 1500 and 1800. In: Economic History Review, 2nd ser., Bd. 14, *1961*/1, S. 1–17. (*a*)

Mauro, Frédéric: L'empire portugais et le commerce franco-portugais au milieu du XVIIIe siècle. In: Actas do Congresso Internacional de História dos Descobrimentos, Bd. 5, *1961*, S. 1–16. (*b*)

Mauro, Frédéric: Marchands et marchands-banquiers portugais au XVIIe siècle. In: Revista portuguesa de história, Bd. 9, *1961*, S. 5–20. (*c*)

Mauro, Frédéric: La bourgeoisie portugaise au XVIIe siècle. In: Etudes économiques sur l'expansion portugaise (1500–1900). Paris: Gulbenkian *1970*, S. 15–35. (Ursprünglich erschienen in: Le XVIIe siècle, 1958.)

Mauro, Frédéric: Existence et persistance d'un régime féodal ou seigneurial au Brésil. In: L'abolition de la »féodalité« dans le monde occidental. Colloques internationaux du C.N.R.S., Toulouse, 12.–16. 11. 1968. Bd. 1. Paris: C.N.R.S. *1971*, S. 385–391.

Mauro, Frédéric: Conjoncture économique et structure sociale en Amérique latine depuis l'époque coloniale. In: Conjoncture économique, structures sociales. Hommage à Ernest Labrousse. Paris, La Haye: Mouton *1974*, S. 237–251.

Mauro, Frédéric: Le rôle de la monnaie dans les décollages manqués de l'économie portugaise du XVe au XVIIIe siècles. Beitrag im Rahmen der Settima settimana di studio, Istituto Internazionale di Storia Economica »Francesco Datini« (Prato, 17. 4. *1975*).

Maxwell, Kenneth: Pombal and the Nationalization of the Luso-Brazilian Economy. In: Hispanic American Historical Review, Jg. 48, *1968*/4, S. 608–631.

May, Louis-Philippe: Histoire économique de la Martinique (1635–1763). Paris: Les Presses Modernes *1930*.

McLachlan, Jean O.: Trade and Peace with Old Spain, 1667–1750. Cambridge: University Press *1940*.

McManners, J.: France. In: A. Goodwin (Hrsg.): The European Nobility in the Eighteenth Century. New York: Harper & Row *1967*, S. 22–42.

McNeill, William H.: The Shape of European History. London, New York: Oxford University Press *1974*.

Medick, Hans: The Proto-Industrial Family Economy. The Structural Function of Household and Family during the Transition from Peasant Society to Industrial Capitalism. In: Social History, *1976*/3, S. 291–315.
(Deutsche Fassung: H. M.: Die proto-industrielle Familienwirtschaft. In: Kriedte, Peter/Medick, Hans/Schlumbohm, Jürgen: Industrialisierung vor der Industrialisierung. Göttingen: Vandenhoeck & Ruprecht 1977, S. 90–154.)

Mehring, Franz: Gesammelte Schriften, Band 9: Die Lessing-Legende. Hrsg. von Hans Koch. Berlin/DDR: Dietz 1983;
(englische Ausgabe: Absolutism and Revolution in Germany, 1525–1848. London: New Park *1975*).

Meilink-Roelofsz, M. A. P.: Aspects of Dutch Colonial Development in Asia in the Seventeenth Century. In: J. S. Bromley/E. H. Kossmann (Hrsg.): Britain and the Netherlands in Europe and Asia. London: Macmillan *1968*, S. 56–82.

Mejdricka, Kveta: L'état du régime féodal à la veille de son abolition et les conditions de sa supression en Bohème. In: L'abolition de la »féodalité« dans le monde occidental. Colloques internationaux du C.N.R.S., Toulouse, 12.–16. 11. 1968. Bd. 1. Paris: C.N.R.S. *1971*, S. 393–409.

Mellafe, Rolando: La introducción de la esclavitud negra en Chile. Tráficos y nitas. Santiago: Univ. de Chile *1959*. (= Estudios de Historia Económica Americana/Trabajo y Salario en el Periodo Colonial. 2.)

Menard, Russell R.: Secular Trends in the Chesapeake Tobacco Industry. In: Working Papers from the Regional Economic History Research Center, Jg. 1, *1978*/3, S. 1–34.

Menashe, Louis: Historians Define the Baroque. Notes on a Problem of Art and Social History. In: Comparative Studies in Society and History, Bd. 7, *1965*/3, S. 333–342.

Mendels, Franklin F.: Proto-Industrialization. The First Phase of the Industrialization Process. In: Journal of Economic History, Jg. 32, *1972*/1, S. 241–261.

Mendels, Franklin F.: Agriculture and Peasant Industry in Eighteenth-Century Flanders. In: William N. Parker/Eric L. Jones (Hrsg.): European Peasants and Their Markets. Essays in Agrarian Economic History. Princeton: Princeton University Press *1975*, S. 179–204.

Merrington, John: Town and Country in the Transition to Capitalism. In: Rodney Hilton (Hrsg.): The Transition from Feudalism to Capitalism. London: New Left Books *1976*, S. 170–195.
(Ursprünglich erschienen in: New Left Review, 1975.)

Mertens, Jacques E.: La naissance et le développement de l'étalon-or, 1692–1922. Louvain: Warny *1944*. (= Université de Louvain/Collection de l'Ecole des Sciences Politiques et Sociales. 131.)

Meuvret, Jean: Les mouvements des prix de 1661 à 1715 et leurs répercussions. In: Journal de la Société de Statistique de Paris, Jg. 85, *1944*/5–6, S. 109–119.

Meuvret, Jean: Circulation monétaire et utilisation économique de la monnaie dans la France du XVIe et du XVIIe siècles. In: Etudes d'histoire moderne et contemporaine, Bd. 1, *1947*, S. 15–18.

Meuvret, Jean: La géographie des prix des céréales et les anciennes économies européennes. Prix méditerranéens, prix continentaux, prix atlantiques à la fin du XVIIe siècle. In: Revista de economia, Jg. 4, *1951*/2, . 63–69.

Meuvret, Jean: Conjoncture et crise au XVIIe siècle. L'exemple des prix milanais. In: Annales E.S.C., Jg. 8, *1953*/2, S. 215–219.

Meuvret, Jean: L'agriculture en Europe au XVIIe et XVIIIe siècles. In: X Congresso Internazionale di Scienze Storiche, Roma, 4–11 settembre 1955. Relazioni, Bd. 4: Storia moderna. Firenze: Sansoni *1955*, S. 139–168.

Meuvret, Jean: Circuits d'échange et travail rural dans la France du XVIIe siècle. In: Studi in onore di Armando Sapori. Bd. 2. Milano: Istituto Edit. Cisalpino *1957*, S. 1127–1142.

Meuvret, Jean: Domaines ou ensembles territoriaux? In: First International Conference of Economic History, Stockholm 1960. Paris, La Haye: Mouton *1960*, S. 343–352.

Meuvret, Jean: Production et productivité agricoles. In: Third International Conference of Economic History, Munich 1965. Bd. 2: Production et productivité agricole. Paris, La Haye: Mouton *1968*, S. 11–22.

Meuvret, Jean: La France au temps de Louis XIV. Des temps difficiles. In: Ders.: Etudes d'histoire économique. Paris: Colin *1971*, S. 17–37.
(Ursprünglich erschienen in: La France au temps de Louis XIV, 1965.)

Meuvret, Jean: Les oscillations des prix des céréales aux XVIIe et XVIIIe siècles en Angleterre et dans les pays du bassin parisien. In: Ders.: Etudes d'histoire économique. Paris: Colin *1971*, S. 113–124. (*b*)
(Ursprünglich erschienen in: Revue d'histoire moderne et contemporaine, 1969.)

Michalkjewicz, Stanislas: Einige Episoden der Geschichte der schlesischen Bauernkämpfer im 17. und 18. Jahrhundert. In: Eva Maleczysńka (Hrsg.): Beiträge zur Geschichte Schlesiens. Berlin: Rütten & Loening *1958*, S. 356–400.

Michell, A. R.: The European Fisheries in Early Modern History. In: Cambridge Economic History of Europe, Bd. 5: The Economic Organization of Early Modern Europe. Hrsg. von E. E. Rich u. C. H. Wilson. Cambridge: Cambridge University Press *1977*, S. 134–184.

Mika, Alois: On the Economic Status of Czech Towns in the Period of Late Feudalism. In: Economic History, Bd. 2. Published on the occasion of the VIIth International Economic History Congress, Edinburgh 1978. Prague: Institute of Czechoslovak and World History of the Czechoslovak Academy of Sciences *1978*, S. 225–256.

Mims, Stewart L.: Colbert's West India Policy. New Haven: Yale University Press *1912*.

Minchinton, Walter: Patterns and Structure of Demand 1500–1750. In: C. M. Cipolla (Hrsg.): The Fontana Economic History of Europe, Bd. 2: The Sixteenth and Seventeenth Centuries. London: Collins *1974*, S. 82–176.
(Deutsche Ausgabe: W. M.: Die Veränderungen der Nachfragestruktur von 1500–1700. In: Carlo M. Cipolla/K. Borchardt (Hrsg.): Europäische Wirtschaftsgeschichte, Bd. 2: Sechzehntes und siebzehntes Jahrhundert. Stuttgart, New York: Gustav Fischer 1983, S. 51–112. [= UTB. 1268.])

Mingay, G. E.: The Agricultural Depression, 1730–1750. In: Economic History Review, 2nd ser., Bd. 8, *1956*/3, S. 323–338.

Mingay, G. E.: The Large Estate in Eighteenth-Century England. In: First International Conference of Economic History, Stockholm 1960. Paris, La Haye: Mouton *1960*, S. 367–383.
Mingay, G. E.: The Size of Farms in the Eighteenth Century. In: Economic History Review, 2nd ser., Bd. 14, *1962*/3, S. 469–488.
Mingay, G. E.: English Landed Society in the Eighteenth Century. London: Routledge *1963*.
Mingay, G. E.: The Land Tax Assessments and the Small Landowner. In: Economic History Review, 2nd ser., Bd. 17, *1964*/2, S. 381–388.
Mingay, G. E.: Enclosure and the Small Farmer in the Age of the Industrial Revolution. London: Macmillan *1968*.
Mintz, Sidney W.: Currency Problems in Eighteenth-Century Jamaica and Gresham's Law. In: Robert A. Manners (Hrsg.): Process and Pattern in Culture. Chicago: Aldine *1964*, S. 248–265.
Mintz, Sidney W./Wolf, Eric R.: Haciendas and Plantations in Middle America and the Antilles. In: Social and Economic Studies, Jg. 6, *1957*/3, S. 380–412.
Molenda, Danuta: Investments in Ore Mining in Poland from the 13th to the 17th Centuries. In: Journal of European Economic History, Jg. 5, *1976*/1, S. 151–169.
Mollat, Michel (Hrsg.): Sociétés et compagnies de commerce en Orient et dans l'Océan Indien. Actes du Huitième Colloque International d'Histoire Maritime, Beyrouth, 5.–10. 9. 1966. Paris: S.E.V.P.E.N. *1970*.
Molnar, Erik: Les fondements économiques et sociaux de l'absolutisme. In: XIIe Congrès International des Sciences Historiques – Rapports, Bd. 4: Méthodologie et histoire contemporaine. Wien: Berger *1965*, S. 155–169.
Mols, Roger S. J.: Population in Europe 1500–1700. In: C. M. Cipolla (Hrsg.): The Fontana Economic History of Europe, Bd. 2: The Sixteenth and Seventeenth Centuries. London: Collins *1974*, S. 15–82.
(Deutsche Ausgabe: R. M.: Die Bevölkerung Europas 1500–1700. In: Carlo M. Cipolla/K. Borchardt (Hrsg.): Europäische Wirtschaftsgeschichte, Bd. 2: Sechzehntes und siebzehntes Jahrhundert. Stuttgart, New York: Gustav Fischer 1983, S. 5–49. [= UTB. 1268.])
Monter, E. William: Swiss Investment in England, 1697–1720. In: Revue internationale d'histoire de la banque, Bd. 2, *1969*, S. 285–298.
Moreno Fraginals, Manuel: El Ingenio. 3 Bde. La Habana: Ed. de Ciencias Sociales *1978*.
Morgan, W. T.: Economic Aspects of the Negotiations at Ryswick. In: Ian R. Christie (Hrsg.): Essays in Modern History. London: Macmillan *1968*, S. 172–195.
(Ursprünglich erschienen in: Transactions of the Royal Historical Society, 1931.)
Morineau, Michel: Le balance du commerce franco-néerlandais et le resserrement économique des Provinces-Unies au XVIIIe siècle. In: Economisch-Historisch Jaarboek, Bd. 30, *1965*/4, S. 170–233.
Morineau, Michel: Y a-t-il eu une révolution agricole en France au XVIIIe siècle? In: Revue historique, Bd. 239, *1968*/1, S. 299–326.
Morineau, Michel: Gazettes hollandaises et trésors américains. In: Anuario de historia económica y social, Jg. 2, *1969*/2, S. 289–361. (*a*)
Morineau, Michel: Histoire sans frontières. Prix et »révolution agricole«. In: Annales E.S.C., Jg. 24, *1969*/2, S. 403–423. (*b*)

Morineau, Michel: En Hollande au XVIIe siècle. In: Jean-Jacques Hémardinquier (Hrsg.): Pour une histoire de l'alimentation. Paris: Colin *1970*, S. 107–114. (= Cahiers des Annales. 28.) (*a*)
(Ursprünglich erschienen in: Annales E.S.C., 1963.)
Morineau, Michel: Post-scriptum. De la Hollande à la France. In: Jean-Jacques Hémardinquier (Hrsg.): Pour une histoire de l'alimentation. Paris: Colin *1970*, S. 115–125. (= Cahiers des Annales. 28.) (*b*)
Morineau, Michel: Flottes de commerce et trafics français en Méditerranée au XVIIe siècle (jusqu'en 1669). In: XVIIe siècle, *1970*/86–87, S. 135–171. (*c*)
Morineau, Michel: Bayonne et Saint-Jean-de-Lux, relais du commerce néerlandais vers l'Espagne au début du XVIIe siècle. In: Actes du Quatre-Vingt-Quatorzième Congrès National des Sociétés Savantes, Pau 1969. Bd. 2: Section d'histoire moderne et contemporaine. Paris: Bibliothèque Nationale *1971*, S. 309–330.
Morineau, Michel: Quelques remarques touchants le financement de l'économie des Provinces-Unies au XVIIe et au XVIIIe siècle. Beitrag im Rahmen der Quarta settimana di studio, Istituto Internazionale di Storia Economica »Francesco Datini« (Prato, 16. 4. *1972*).
Morineau, Michel: Quelques remarques sur l'abondance monétaire aux Provinces-Unies. In: Annales E.S.C., Jg. 29, *1974*/3, S. 767–776.
Morineau, Michel: Quelques recherches relatives à la balance du commerce extérieur français au XVIIIe siècle. Ou cette fois un égale deux. In: Pierre Léon (Hrsg.): Aires et structures du commerce français au XVIIIe siècle. Colloque National de l'Association Française des Historiens Economistes, Paris, CNRS, 4–6 oct. 1973. Lyon: Centre d'histoire économique et sociale de la région lyonnaise *1975*, S. 1–45.
Morineau, Michel: La terre. In: Pierre Deyon/Jean Jacquart: Les hésitations de la croissance, 1580–1740. (= Histoire économique et sociale du monde, hrsg. von Pierre Léon, Bd. 2.) Paris: Colin *1978*, S. 11–39. (*a*)
Morineau, Michel: Le siècle. In: Pierre Deyon/Jean Jacquart: Les hésitations de la croissance, 1580–1740. (= Histoire économique et sociale du monde, hrsg. von Pierre Léon, Bd. 2.) Paris: Colin *1978*, S. 63–106. (*b*)
Morineau, Michel: Un siècle après la conquête. Les empires ibériques. In: Pierre Deyon/Jean Jacquart: Les hésitations de la croissance, 1580–1740. (= Histoire économique et sociale du monde, hrsg. von Pierre Léon, Bd. 2.) Paris: Colin *1978*, S. 109–138. (*c*)
Morineau, Michel: Les mancenilliers de l'Europe. In: Pierre Deyon/Jean Jacquart: Les hésitations de la croissance, 1580–1740. (= Histoire économique et sociale du monde, hrsg. von Pierre Léon, Bd. 2.) Paris: Colin *1978*, S. 139–162. (*d*)
Morineau, Michel: La »substitution« aux Indes Orientales. In: Pierre Deyon/Jean Jacquart: Les hésitations de la croissance, 1580–1740. (= Histoire économique et sociale du monde, hrsg. von Pierre Léon, Bd. 2.) Paris: Colin *1978*, S. 163–176. (*e*)
Morineau, Michel: Jeune Amérique et vieille Afrique. In: Pierre Deyon/Jean Jacquart: Les hésitations de la croissance, 1580–1740. (= Histoire économique et sociale du monde, hrsg. von Pierre Léon, Bd. 2.) Paris: Colin *1978*, S. 521–546. (*f*)
Morineau, Michel: Le challenge Europe-Asie. In: Pierre Deyon/Jean Jacquart: Les hésitations de la croissance, 1580–1740. (= Histoire économique et sociale du monde, hrsg. von Pierre Léon, Bd. 2.) Paris: Colin *1978*, S. 547–579. (*g*)

Morineau, Michel: Or brésilien et gazettes hollandaises. In: Revue d'histoire moderne et contemporaine, Jg. 25, *1978*/1, S. 3–60. (*h*)
Mörner, Magnus: The Spanish American Hacienda. A Survey of Recent Research and Debate. In: Hispanic American Historical Review, Jg. 53, *1973*/2, S. 183–216.
Mousnier, Roland: L'évolution des finances publiques en France et en Angleterre pendant les guerres de la Ligue d'Augsbourg et de la Succession d'Espagne. In: Revue historique, Bd. 44, *1951*/205, S. 1–23.
Mousnier, Roland: Les XVIe et XVIIe siècles. 5., überarb. u. erw. Auflage. (= Histoire Générale des Civilisations, hrsg. von Maurice Crouzet, Bd. 4.) Paris: Presses Universitaires de France *1967*.
Mukherjee, Ramkrishna: The Rise and Fall of the East India Company. New York: Monthly Review Press *1974*.
Munck, Thomas: The Economic and Social Position of Peasant Freeholders in late Seventeenth-Century Denmark. In: Scandinavian Economic History Review, Jg. 25, *1977*/1, S. 37–61.
Munktell, Henrik: Bergsmans- och Bruksförlag intill 1748 Års Förlags-Förordning. Uppsala: Almquist & Wiksell *1934*.
Murray, R. K.: The Anglo-Scottish Union. In: Scots Law Times, 4. 11. 1961, S. 161–164.
Myška, Milan: Pre-Industrial Iron-Making in the Czech Lands. In: Past and Present, *1979*/82, S. 44–72.
Nadal, J./Giralt, E.: La population catalane de 1553 à 1717. Paris: S.E.V.P.E.N. *1960*.
Naish, G. P. B.: Ships and Shipbuilding. In: C. Singer u.a.: A History of Technology, Bd. 3: From the Renaissance to the Industrial Revolution, c1500–c1700. Oxford: Clarendon Press *1957*, S. 471–500.
Nef, John U.: War and Human Progress. An Essay on the Rise of Industrial Civilisation. New York: Norton *1968*.
Nef, John U.: Impact of War on Science and Technology. In: Fourth International Conference of Economic History, Bloomington 1968. Paris, La Haye: Mouton *1973*, S. 237–243.
Neguev, S.: Le Proche-Orient précapitaliste. In: Khamsin, Nr. 2, *1975*, S. 7–14.
Nelson, George H.: Contraband Trade under the Asiento, 1730–1739. In: American Historical Review, Jg. 51, *1945*/1, S. 55–67.
Neto, Paulo Elpídio de Menezes: Patrimonialisme rural et structure de domination au Brésil à l'époque coloniale. In: Revista de ciências sociais, Jg. 4, *1973*/1, S. 93–107.
Nettels, Curtis P.: The Menace of Colonial Manufacturing. In: New England Quarterly, Jg. 4, *1931*/2, S. 230–269. (*a*)
Nettels, Curtis P.: England and the Spanish American Trade, 1670–1775. In: Journal of Modern History, Jg. 3, *1931*/1, S. 1–32. (*b*)
Nettels, Curtis P.: England's Trade with New England and New York, 1685–1720. In: Publications of the Colonial Society of Massachusetts, Bd. 28, *1933*, S. 322–350.
Nettels, Curtis P.: British Mercantilism and the Economic Development of the Thirteen Colonies. In: Journal of Economic History, Jg. 12, *1952*/2, S. 105–114.
Nichtweiß, Johannes: Zur Frage der zweiten Leibeigenschaft und des sogenannten preußischen Weges der Entwicklung des Kapitalismus in der Landwirtschaft Ost-

deutschlands. In: Zeitschrift für Geschichtswissenschaft, Jg. 1, *1953*/5, S. 687–717.
Nichtweiß, Johannes: Antwort an Jürgen Kuczynski. In: Zeitschrift für Geschichtswissenschaft, Jg. 2, *1954*/3, S. 471–476.
Nichtweiß, Johannes: Zur strittigen Frage der sogenannten zweiten Leibeigenschaft in Mitteleuropa. Zusammenfassung eines Artikels von Benedykt Zientara. In: Zeitschrift für Geschichtswissenschaft, Jg. 4, *1956*/4, S. 750–754.
Nichtweiß, Johannes: Einige Bemerkungen zum Artikel von G. Heitz, »Zur Diskussion über Gutsherrschaft und Bauernlegen in Mecklenburg«. In: Zeitschrift für Wirtschaftsgeschichte, Jg. 5, *1957*/4, S. 804–817.
Nielsen, Axel: Dänische Wirtschaftsgeschichte. Jena: Gustav Fischer *1933*.
Nordmann, Claude J.: Monnaies et finances suédoises au XVIIe siècle. In: Revue du Nord, Jg. 46, *1964*/183, S. 469–488.
Nordmann, Claude J.: Grandeur et liberté de la Suède (1660–1792). Paris: Béatrice-Nauwelaerts *1971*.
Nordmann, Claude J.: L'armée suédoise au XVIIe siècle. In: Revue du Nord, Jg. 54, *1972*/213, S. 133–147.
North, Douglas C.: Innovation and Diffusion of Technology. A Theoretical Framework. In: Fourth International Conference of Economic History, Bloomington 1968. Paris, La Haye: Mouton *1973*, S. 223–231.
North, Douglas C./Thomas, Robert P.: The Rise of the Western World. Cambridge: University Press *1973*.
Oberem, U.: Zur Geschichte des lateinamerikanischen Landarbeiters. *Conciertos* und *huasipungueros* in Ecuador. In: Anthropos, Jg. 62, *1967*/5–6, S. 759–788.
Ochmański, Jerzy: La situation économico-sociale et la lutte de classes des paysans dans les domaines royaux (*Ekonomie*) de Kobryń dans la deuxième moitié du XVIe et dans la première moitié du XVIIe siècle. In: Roczniki dziejów społecznych i gospodarczych, Bd. 19, *1957*, S. 89–90.
O'Farrell, Patrick: Ireland's English Question. New York: Schocken *1971*.
Ogg, David: The Emergence of Great Britain as a World Power. In: New Cambridge Modern History, Bd. 6: The Rise of Great Britain and Russia, 1688–1725. Hrsg. von J. S. Bromley. Cambridge: University Press *1970*, S. 254–283.
Öhberg, Arne: Russia and the World Market in the Seventeenth Century. In: Scandinavian Economic History Review, Jg. 3, *1955*/2, S. 123–162.
Onody, Oliver: Quelques aspects historiques de l'économie de l'or brésilien. In: Revue internationale d'histoire de la banque, Bd. 4, *1971*, S. 173–316.
Ormrod, David: Dutch Commercial and Industrial Decline and British Growth in the Late Seventeenth and Early Eighteenth Centuries. In: Frederick Krantz/Paul M. Hohenberg (Hrsg.): Failed Transitions to Modern Industrial Society. Renaissance Italy and Seventeenth-Century Holland. Montreal: Interuniversity Centre for European Studies, *1975*, S. 36–43.
Ortiz, Fernando: Cuban Counterpoint. Tobacco and Sugar. New York: Knopf *1947*.
Osborn, Wayne S.: Indian Land Retention in Colonial Metztitlán. In: Hispanic American Historical Review, Jg. 53, *1973*/2, S. 217–238.
Østerud, Øyvind: Configurations of Scandinavian Absolutism. The 17th Century in Comparative Perspective. Paper given at the ISSC/MSH Symposium on »Capita-

lism and the Rise of the National State in Europe, 16th–18th Centuries«, Bellagio, 14.–16. 10. *1976.*
Østerud, Øyvind: Agrarian Structures, Urban Networks and Political Development. The Cases of Early Modern Scandinavia. Paper at IX World Congress of Sociology, Uppsala, 14.–19. 8. *1978.*
Ostrander, Gilman M.: The Colonial Molasses Trade. In: Agricultural History, Jg. 30, *1956*/2, S. 77–84.
Ostrander, Gilman M.: The Making of the Triangular Trade Myth. In: William and Mary Quarterly, Jg. 30, *1973*/4, S. 635–644.
Pach, Zsigmond Pál: Über einige Probleme der Gutswirtschaft in Ungarn in der ersten Hälfte des 17. Jahrhunderts. In: Second International Conference of Economic History, Aix-en-Provence 1962. Paris, La Haye: Mouton *1965*, S. 222–235.
Pach, Zsigmond Pál: The Shifting of International Trade Routes in the 15th–17th Centuries. In: Acta Historica Academiae Scientiarum Hungaricae, Jg. 14, *1968*, S. 287–321.
Pach, Zsigmond Pál: Diminishing Share of East-Central Europe in the Seventeenth-Century International Trade. In: Acta Historica Academiae Scientiarum Hungaricae, Jg. 16, *1970*, S. 289–306. (*a*)
Pach, Zsigmond Pál: The role of East-Central Europe in International Trade (16th and 17th Centuries). In: Etudes Historiques (Budapest), *1970*, S. 217–264. (*b*)
Pach, Zsigmond Pál: Favourable and Unfavourable Conditions for Capitalist Growth. The Shift of International Trade Routes in the 15th to 17th Centuries. In: Fourth International Conference of Economic History, Bloomington 1968. Paris, La Haye: Mouton *1973*, S. 53–68.
Palmer, R. R.: Questions de féodalité aux Etats-Unis. In: L'abolition de la »féodalité« dans le monde occidental. Colloques internationaux du C.N.R.S., Toulouse, 12.–16. 11. 1968. Bd. 1. Paris: C.N.R.S. *1971*, S. 348–356.
Pantaleão, Olga: A penetração comercial da Inglaterra na América Espanhola de 1713 a 1783. São Paulo: o.V. *1946.*
Pares, Richard: The Economic Factors in the History of the Empire. In: Economic History Review, Bd. 7, *1937*/2, S. 119–144.
Pares, Richard: Yankees and Creoles. The Trade between North America and the West Indies before the American Revolution. London: Longmans *1956.*
Pares, Richard: Merchants and Planters. Cambridge: University Press *1960.* (= Economic History Review Supplement. 4.)
Pares, Richard: War and Trade in the West Indies, 1739–63. London: Cass *1963.* (Erstveröffentlichung 1936.)
Paris, Robert: De 1600 à 1789. Le Levant. (= Histoire du commerce de Marseille, hrsg. von Gaston Rambert, Bd. 5.) Paris: Plon *1957.*
Parker, Geoffrey: The Army of Flanders and the Spanish Road, 1567–1659. Cambridge: University Press *1972.*
Parker, Geoffrey: The Emergence of Modern Finance in Europe. In: C. M. Cipolla (Hrsg.): The Fontana Economic History of Europe, Bd. 2: The Sixteenth and Seventeenth Centuries. London: Collins *1974*, S. 527–594. (*a*)
(Deutsche Ausgabe: G. P.: Die Entstehung des modernen Geld- und Finanzwesens in Europa 1500–1730. In: Carlo M. Cipolla/K. Borchardt (Hrsg.): Europäische

Wirtschaftsgeschichte, Bd. 2: Sechzehntes und siebzehntes Jahrhundert. Stuttgart, New York: Gustav Fischer 1983, S. 335–379. [= UTB. 1268.])

Parker, Geoffrey: War and Economic Change. The Economic Costs of the Dutch Revolt. Beitrag im Rahmen der Sesta settimana di studio, Istituto Internazionale di Storia Economica »Francesco Datini« (Prato, 3. 5. *1974*). (*b*)

Parker, Geoffrey: Why Did the Dutch Revolt Last Eighty Years? In: Transactions of the Royal Historical Society, 5th ser., Bd. 26, *1976*, S. 53–72. (*a*)

Parker, Geoffrey: The »Military Revolution«, 1560–1660 – A Myth? In: Journal of Modern History, Jg. 48, *1976*/2, S. 195–214. (*b*)

Parry, J. H.: The Establishment of the European Hegemony, 1415–1715. New York: Harper & Row *1961*.

Parry, J. H.: Transport and Trade Routes. In: The Cambridge Economic History of Europe, Bd. 4: The Economy of Expanding Europe in the Sixteenth and Seventeenth Centuries. Hrsg. von E. E. Rich u. C. H. Wilson. Cambridge: University Press *1967*, S. 155–219.

Patterson, R.: Spinning and Weaving. In: C. Singer u.a.: A History of Technology, Bd. 3: From the Renaissance to the Industrial Revolution, c1500–c1700. Oxford: Clarendon Press *1957*, S. 151–180.

Penson, Lilian M.: The West Indies and the Spanish American Trade, 1713–1748. In: J. Holland Rose u.a. (Hrsg.): Cambridge History of the British Empire, Bd. 1: The Old Empire from the Beginnings to 1763. Cambridge: University Press *1929*, S. 330–345.

Pentland, H. C.: Population and Labour Growth in Britain in the Eighteenth Century. In: Third International Conference of Economic History, Munich 1965. Bd. 4: Demography and History. Hrsg. von J. E. C. Eversley. Paris, La Haye: Mouton *1972*, S. 157–189.

Perjés, G.: Army Provisioning, Logistics and Strategy in the Second Half of the 17th Century. In: Acta Historica Academiae Scientiarum Hungaricae, Jg. 16, *1970*/1–2, S. 1–52.

Perrot, Jean-Claude: Genèse d'une ville moderne. Caen au XVIIIe siècle. 2 Bde.. Lille: Université de Lille *1974*.

Petersen, E. Ladewig: The Crisis of the Danish Nobility, 1580–1660. Odense: Odense Univ. Press *1967*.

Petersen, E. Ladewig: La crise de noblesse danoise entre 1580 et 1660. In: Annales E.S.C., Jg. 23, *1968*/6, S. 1237–1261.

Petersen, E. Ladewig: The Danish Cattle Trade during the Sixteenth and Seventeenth Centuries. In: Scandinavian Economic History Review, Jg. 18, *1970*/1, S. 69–85.

Peterson, Mendel: The Funnel of Gold. Boston: Little-Brown *1975*.

Petraccone, Claudia: Napoli dal 1500 al 1800. Problemi di storia demografica e sociale. Napoli: Guida *1974*.

Petrie, Sir Charles: The Jacobite Movement. 3., überarb. Auflage. London: Eyre & Spottiswoode *1958*.

Phelan, John L.: Free Versus Compulsory Labor. Mexico and the Philippines 1540–1648. In: Comparative Studies in Society and History, Bd. 1, *1959*/2, S. 189–201.

Phelan, John L.: The Hispanization of the Philippines. Spanish Aims and Filipino Responses, 1565–1700. Madison: University of Wisconsin Press *1967*.

Phelan, John L.: John Lynch, Spain under the Habsburgs, Bd. 2: Spain and America 1598–1700 (Rezension). In: Journal of Latin American Studies, Jg. 2, *1970*/2, S. 211–213.
Piel, Jean: Capitalisme agraire au Pérou. Bd. 1: Originalité de la société agraire péruvienne au XIXe siècle. Paris: Anthropos *1975*.
Pillorget, René: Les problèmes monétaires français de 1602 à 1689. In: XVIIe siècle, *1966*/70–71, S. 107–130.
Pillorget, René: Les mouvements insurrectionnels de Provence entre 1596 et 1715. Paris: Pedone *1975*.
Pinkham, Lucille: William of Orange. Prime Mover of the Revolution. In: Gerald M. Straka (Hrsg.): The Revolution of 1688: Whig Triumph or Palace Revolution? Boston: Heath *1963*, S. 77–85.
(Ursprünglich erschienen in: William III and the Respectable Revolution, 1954.)
Pirenne, Henri: Histoire de Belgique. Bd. 4 u. 5. Bruxelles: Lamertin *1920*.
Pitt, H. G.: The Pacification of Utrecht. In: New Cambridge Modern History, Bd. 6: The Rise of Great Britain and Russia, 1688–1725. Hrsg. von J. S. Bromley. Cambridge: University Press *1970*, S. 446–479.
Piuz, Anne-Marie: Politique économique à Genève et doctrine mercantiliste (vers 1690–1740). Referat, gehalten am 5. Internationalen Kongreß für Wirtschaftsgeschichte, Leningrad, 10.–14. 8. 1970. (*a*)
Piuz, Anne-Marie: Alimentation populaire et sous-alimentation au XVIIe siècle. Le cas de Genève et sa région. In: Jean-Jacques Hémardinquier (Hrsg.): Pour une histoire de l'alimentation. Paris: Colin *1970*, S. 129–145. (*b*)
(Ursprünglich erschienen in: Revue suisse d'histoire, 1968.)
Plumb, J. H.: England in the Eighteenth Century (1714–1815). (= The Pelican History of England, Bd. 7.) London: Penguin *1950*.
Plumb, J. H.: Introduction. In: C. R. Boxer: The Dutch Seaborne Empire, 1600–1800. New York: Knopf *1965*, S. XIII–XXVI.
Plumb, J. H.: The First Four Georges. Glasgow: Fontana Collins *1966*.
Plumb, J. H.: The Origins of Political Stability. England, 1675–1725. Boston: Houghton Mifflin *1967*.
Plumb, J. H.: The Growth of the Electorate in England from 1600–1715. In: Past and Present, *1969*/45, S. 90–116.
Pohl, Hans: Das Textilgewerbe in Hispanoamerika während der Kolonialzeit. In: Vierteljahrschrift für Sozial- und Wirtschaftsgeschichte, Jg. 56, *1969*/4, S. 438–477.
Poisson, Jean-Paul: Introduction à une étude quantitative des effects socio-économiques du système de Law. In: Journal de la Société de Statistique de Paris, Jg. 115, *1974*/3, S. 260–280.
Poitrineau, Abel: L'alimentation populaire en Auvergne au XVIIIe siècle. In: Jean-Jacques Hémardinquier (Hrsg.): Pour une histoire de l'alimentation. Paris: Colin *1970*, S. 146–193.
(Ursprünglich erschienen in: Annales E.S.C., 1962.)
Polišensky, J. V.: The Thirty Years' War. In: Past and Present, *1954*/6, S. 31–43.
Polišensky, J. V.: The Thirty Years' War and the Crises and Revolutions of Seventeenth-Century Europe. In: Past and Present, *1968*/39, S. 34–43.

Polišensky, J. V.: The Thirty Years' War. Berkeley: University of California Press *1971*.

Polišensky, J. V.: War and Society in Europe, 1618–1648. Cambridge: Cambridge University Press *1978*.

Poni, Carlo: All'origine del sistema di fabbrica. Tecnologia e organizzazione produttiva dei mulini da seta nell'Italia settentrionale (sec. XVII–XVIII). In: Rivista storica italiana, Jg. 88, *1976*/3, S. 444–497.

Ponsot, Pierre: En Andalousie occidentale: Les fluctuations de la production du blé sous l'Ancien Régime. In: Etudes rurales, *1969*/34, S. 97–112.

Postel-Vinay, Gilles: La rente foncière dans le capitalisme agricole. Paris: Maspéro *1974*.

Price, Derek J.: The Manufacture of Scientific Instruments from c1500–c1700. In: C. Singer u.a.: A History of Technology, Bd. 3: From the Renaissance to the Industrial Revolution, c1500–c1700. Oxford: Clarendon Press *1957*, S. 620–647.

Price, Jacob M.: The Rise of Glasgow in the Chesapeake Tobacco Trade, 1707–1775. In: William and Mary Quarterly, 3rd ser., Jg. 11, *1954*/2, S. 179–199.

Price, Jacob M.: Multilateralism and/or Bilateralism. The Settlement of British Trade Balances with »The North«, c1700. In: Economic History Review, 2nd ser., Bd. 14, *1961*/2, S. 254–274. (*a*)

Price, Jacob M.: The Tobacco Adventure to Russia. Enterprise, Politics and Diplomacy in the Quest for a Northern Market for English Colonial Tobacco, 1676–1722. In: Transactions of the American Philosophical Society, n.s., Bd. 51, *1961*/1. (*b*)

Price, Jacob M.: The Economic Growth of the Chesapeake and the European Market, 1697–1775. In: Journal of Economic History, Jg. 24, *1964*/4, S. 496–511.

Prickler, Harald: Das Volumen des westlichen ungarischen Außenhandels vom 16. Jahrhundert bis 1700. In: O. Pickl (Hrsg.): Die wirtschaftlichen Auswirkungen der Türkenkriege. Graz: o.V. *1971*, S. 131–144. (= Grazer Forschungen zur Wirtschafts- und Sozialgeschichte. 1.)

Priestley, Margaret: Anglo-French Trade and the »Unfavorable Balance« Controversy, 1600–1685. In: Economic History Review, 2nd ser., Bd.4 , *1951*/1, S. 37–52.

Procacci, Giulio: Italy. Commentary. In: Frederick Krantz/Paul M. Hohenberg (Hrsg.): Failed Transitions to Modern Industrial Society. Renaissance Italy and Seventeenth-Century Holland. Montreal: Interuniversity Centre for European Studies, *1975*, S. 27–28.

Quencez, G.: Vocabularum geographicum. Bruxelles: Presses Académiques Européennes *1968*.

Rabb, Theodore K.: Puritanism and the Rise of Experimental Science in England (Rezension). In: Cahiers d'histoire mondiale, Jg. 7, *1962*/1, S. 46–67. (*a*)

Rabb, Theodore K.: The Effects of the Thirty Years' War on the German Economy. In: Journal of Modern History, Jg. 34, *1962*/1, S. 40–51. (*b*)

Rabb, Theodore K.: Sir Edwin Sandys and the Parliament of 1604. In: American Historical Review, Jg. 69, *1964*/3, S. 646–670.

Rabb, Theodore K.: Free Trade and the Gentry in the Parliament of 1604. In: Past and Present, *1968*/40, S. 165–173.

Rabb, Theodore K.: The Struggle for Stability in Early Modern Europe. London, New York: Oxford University Press *1975*.

Rabe, Hannah: Aktienkapital und Handelsinvestitionen im Überseehandel des 17. Jahrhunderts. In: Vierteljahrschrift für Sozial- und Wirtschaftsgeschichte, Jg. 49, *1962*/3, S. 320–368.

Rachel, Hugo: Die Handels-, Zoll- und Akzisepolitik Brandenburg-Preußens bis 1713. Berlin: Parey *1911*. (= Acta Borussica. 1.)

Rambert, Gaston: De 1660 à 1789. In: Ders. (Hrsg.): Histoire du commerce de Marseille, Bd. 4: De 1599 à 1789. Paris: Plon *1954*, S. 193–683.

Rambert, Gaston: Préface. In: Robert Paris: De 1600 à 1789. Le Levant. (= Histoire du commerce de Marseille, hrsg. von Gaston Rambert, Bd. 5.) Paris: Plon *1957*, S. I–VI.

Rambert, Gaston: La France et la politique de l'Espagne au XVIIIe siècle. In: Revue d'histoire moderne et contemporaine, Jg. 6, *1959*, S. 269–288.

Rapp, Richard Tilden: The Unmaking of the Mediterranean Trade Hegemony. International Trade Rivalry and the Commercial Revolution. In: Journal of Economic History, Jg. 35, *1975*/3, S. 499–525.

Rapp, Richard Tilden: Industry and Economic Decline in Seventeenth-Century Venice. Cambridge (Massachusetts): Harvard University Press *1976*.

Raychaudhuri, Tapan: Jan Company in Coromandel, 1605–1690. A Study in the Interrelations of European Commerce and Traditional Economics. Den Haag: Nijhoff *1962*. (= Verhandelingen van het Koninglijk Instituut voor Taal-, Land- en Volkenkunde. 38.)

Reddaway, W. F.: The Scandinavian North. In: A. W. Ward u.a. (Hrsg.): Cambridge Modern History, Bd. 4: The Thirty Years' War. Cambridge: University Press *1906*. S. 560–591.

Redlich, Fritz: Entrepreneurship in the Initial Stages of Industrialization. In: Weltwirtschaftliches Archiv, Jg. 75, *1955*, S. 59–106.

Redlich, Fritz: Contributions in the Thirty Years' War. In: Economic History Review, 2nd ser., Bd. 12, *1959*/2, S. 247–254.

Reed, Clyde G.: Transactions Costs and Differential Growth in Seventeenth-Century Western Europe. In: Journal of Economic History, Jg. 33, *1973*/1, S. 177–190.

Rees, J. F.: The Phases of British Commercial Policy in the Eighteenth Century. In: Economica, Jg. 5, *1925*/14, S. 130–150.

Rees, J. F.: Mercantilism and the Colonies. In: J. Holland Rose u.a. (Hrsg.): Cambridge History of the British Empire, Bd. 1: The Old Empire from the Beginnings to 1763. Cambridge: University Press *1929*, S. 561–602.

Reinhard, Marcel R./Armengaud, Armand: Histoire générale de la population mondiale. Paris: Montchrestien *1961*.

Renier, G. J.: The Dutch Nation. A Historical Study. London: Allen & Unwin *1944*.

Revah, I. S.: Les marranes. In: In: Revue des études juives, 3e ser., Bd. 1 (118), *1959–60*, S. 29–77.

Rich, E. E.: The First Earl of Shaftsbury's Colonial Policy. In: Transactions of the Royal Historical Society, 5th ser., Bd. 7, *1957*, S. 47–70.

Rich, E. E.: Europe and North America. In: New Cambridge Modern History, Bd. 5: The Ascendancy of France, 1648–88. Hrsg. von F. L. Carsten. Cambridge: University Press *1961*, S. 330–368.

Rich, E. E.: Montreal and the Fur Trade. Montreal: McGill University Press *1966*.

Rich, E. E.: Colonial Settlement and its Labour Problems. In: The Cambridge Economic History of Europe, Bd. 4: The Economy of Expanding Europe in the Sixteenth and Seventeenth Centuries. Hrsg. von E. E. Rich u. C. H. Wilson. Cambridge: University Press *1967*, S. 308–373.

Richet, Denis: Croissance et blocages en France du XVe au XVIIIe siècle. In: Annales E.S.C., Jg. 23, *1968*/4, S. 759–787.

Richet, Denis: Economic Growth and its Setbacks in France from the Fifteenth to the Eighteenth Century. In: Marc Ferro (Hrsg.): Social Historians in Contemporary France. New York: Harper & Row *1972*, S. 180–211.
(Französische Originalfassung in Annales E.S.C., 1968.)

Richmond, Sir H.: National Policy and Naval Strength and Other Essays. London: Longmans *1928*.

Riemersma, Jelle C.: Government Influence on Company Organization in Holland and England (1550–1650). In: Journal of Economic History, Supplement X, *1950*, S. 31–39.

Riley, P. W. J.: The Union of 1707 as an Episode in English Politics. In: English Historical Review, Jg. 84, *1969*/332, S. 498–527.

Ringrose, D. R.: European Economic Growth. Comments on the North-Thomas Theory. In: Economic History Review, 2nd ser., Bd. 26, *1973*/2, S. 285–292.

Robert, Daniel: Louis XIV et les protestants. In: XVIIe siècle, *1967*/76–77, S. 39–52.

Roberts, Michael: Gustavus Adolphus. 2 Bde. London: Longmans *1953*, *1958*.

Roberts, Michael: Cromwell and the Baltic. In: English Historical Review, Jg. 76, *1961*/300, S. 402–446.

Roberts, Michael: Queen Christina and the General Crisis of the Seventeenth Century. In: Past and Present, *1962*/22, S. 36–59.

Roberts, Michael: Charles XI. In: Ders.: Essays in Swedish History. London: Weidenfeld & Nicolson *1967*, S. 226–268.
(Ursprünglich erschienen in: History, 1965.)

Roberts, Michael: Sweden and the Baltic, 1611–54. In: New Cambridge Modern History, Bd. 4: The Decline of Spain and the Thirty Years War, 1609–48/59. Hrsg. von J. P. Cooper. Cambridge: University Press *1970*, S. 385–410.

Roberts, Michael: Introduction. In: M. Roberts (Hrsg.): Sweden's Age of Greatness, 1632–1718. New York: St. Martin's Press *1973*, S. 1–19. (*a*)

Roberts, Michael: The Swedish Church. In: M. Roberts (Hrsg.): Sweden's Age of Greatness, 1632–1718. New York: St. Martin's Press *1973*, S. 132–173. (*b*)

Roebuck, P.: Absentee Landownership in the Late Seventeenth and Early Eighteenth Centuries. A Neglected Factor in English Agrarian History. In: Agricultural History Review, Jg. 21, *1973*/1, S. 1–17.

Roehl, Richard: French Industrialization. A Reconsideration. In: Explorations in Economic History, Jg. 13, *1976*/3, S. 233–281.

Roessingh, H. K.: Inland Tobacco. Expansion and Contraction of a Cash Crop in the 17th and 18th Centuries in the Netherlands. In: A.A.G. Bijdragen, *1976*/20, S. 498–503.

Romano, Ruggiero: Documenti e prime considerazioni intorno alla »Balance du commerce« della Francia dal 1716 al 1780. In: Studi in onore di Armando Sapori. Bd. 2. Milano: Istituto Edit. Cisalpino *1957*, S. 1265–1300.

Romano, Ruggiero: Une économie coloniale: le Chili au XVIIIe siècle. In: Annales E.S.C., Jg. 15, *1960*/2, S. 259–285.
Romano, Ruggiero: Tra XVI e XVII secolo, una crisi economica. 1619–1622. In: Rivista storica italiana, Jg. 74, *1962*/3, S. 480–531.
Romano, Ruggiero: L'Italia nella crisi del secolo XVII. In: Studi storici, Jg. 9, *1968*/3–4, S. 723–741.
Romano, Ruggiero: Sens et limites de l'industrie minière en Amérique espagnole du XVIe au XVIIIe siècle. In: Journal de la Société des Américanistes, Jg. 59, *1970*, S. 129–143.
Romano, Ruggiero: L'Italia nella crisi del secolo XVII. In: Ders.: Tra due crisi: L'Italia del Rinascimento. Torino: Einaudi *1971*, S. 186–206.
(Ursprünglich erschienen in: Studi storici, 1968.)
Romano, Ruggiero: Italy in the Crisis of the Seventeenth Century. In: Peter Earle (Hrsg.): Essays in European Economic History, 1500–1800. Oxford: Clarendon Press *1974*, S. 185–198.
(Ursprünglich auf italienisch erschienen in: Studi storici, 1968.)
Romero de Solís, Pedro: La población española en los siglos XVIII y XIX. Madrid: Siglo XXI de España *1973*.
Roorda, D. J.: The Ruling Classes in Holland in the Seventeenth Century. In: J. S. Bromley/E. H. Kossmann (Hrsg.): Britain and the Netherlands, Bd. 2. Groningen: Wolters *1964*, S. 109–132.
Roorda, D. J.: Party and Faction. In: Acta Historiae Neerlandica, Bd. 2, *1967*, S. 188–221.
Roos, Hans-Edvard: Origin of Swedish Capitalism. In: Economy and History, Jg. 19, *1976*/1, S. 49–65.
Rosén, Jerker: Scandinavia and the Baltic. In: New Cambridge Modern History, Bd. 5: The Ascendancy of France, 1648–88. Hrsg. von F. L. Carsten. Cambridge: University Press *1961*, S. 519–542.
Rosenberg, Hans: Bureaucracy, Aristocracy and Autocracy. The Prussian Experience, 1660–1815. Cambridge (Massachusetts): Harvard University Press *1958*.
Roseveare, Henry: The Treasury. The Evolution of a British Institution. New York: Columbia University Press *1969*.
Roseveare, Henry: Government Financial Policy and the Market in Late Seventeenth-Century England. Beitrag im Rahmen der Ottava settimana di studio, Istituto Internazionale di Storia Economica »Francesco Datini« (Prato, 8. 5. *1976*).
Rostworowski, Emmanuel: The Crisis of Sovereignty (1697–1763). In: A. Gieysztor u.a.: History of Poland. Warszawa: PWN *1968*, S. 313–337.
Rowen, Herbert H.: The Revolution that wasn't. The Coup d'Etat of 1650 in Holland. In: European Studies Review, Jg. 4, *1974*/2, S. 99–117.
Rubini, Dennis: Politics and the Battle for the Banks, 1688–1697. In: English Historical Review, Jg. 85, *1970*/337, S. 693–714.
Ruiz Martín, Felipe: La banca en España hasta 1782. In: F. Ruiz Martín u.a.: El banco de España. Una historia económica. Madrid: Banco de España *1970*, S. 1–196.
Rule, John C.: Louis XIV, Roi-Bureaucrate. In: John C. Rule (Hrsg.): Louis XIV and the Craft of Kingship. Columbus: Ohio State University Press *1969*, S. 3–101.
Rusche, G./Kirchheimer, Otto: Punishment and Social Structure. New York: Columbia University Press *1939*.

(Deutsche Ausgabe: G. R./O. K.: Sozialstruktur und Strafvollzug. Franfurt/Main, Köln: EVA 1974.)

Rusiński, Wladislaw: Hauptprobleme der Fronwirtschaft im 16. bis 18. Jahrhundert in Polen und den Nachbarländern. In: First International Conference of Economic History, Stockholm 1960. Contributions. Paris, La Haye: Mouton *1960*, S. 415–423.

Rusiński, Wladislaw: Strukturwandlungen der bäuerlichen Bevölkerung Polens im 16.–18. Jahrhundert. In: Studia Historiae Oeconomicae, Jg. 7, *1972*, S. 99–119.

Rusiński, Wladislaw: Über die Entwicklungsetappen der Fronwirtschaft in Mittel- und Osteuropa. In: Studia Historiae Oeconomicae, Jg. 9, *1974*, S. 27–45.

Rutkowski, Jan: Le régime agraire en Pologne au XVIIIe siècle. In: Revue d'histoire économique et sociale, Bd. 14, *1926*/4, S. 473–505; Jg. 15, *1927*/1, S. 66–103. (*a*)

Rutkowski, Jan: Histoire économique de la Pologne avant les partages. Paris: Champion *1927*. (*b*)

Ruwet, Joseph: Prix, production et bénéfices agricoles. Le pays de Liège au XVIIIe siècle. In: Cahiers d'histoire des prix, Bd. 2, *1957*, S. 69–108.

Saalfeld, Diedrich: Bauernwirtschaft und Gutsbetrieb in der vorindustriellen Zeit. Stuttgart: Gustav Fischer *1960*.

Sagnac, Philippe: Le crédit de l'Etat et les banquiers à la fin du XVIIe et au commencement du XVIIIe siècle. In: Revue d'histoire moderne et contemporaine, Jg. 10, *1908*/4–5, S. 257–272.

Salaman, Redcliffe N.: The History and Social Influence of the Potato. Cambridge: University Press *1949*.

Salin, Edgar: European Entrepreneurship. In: Economic History Review, 2nd ser., Bd. 12, *1952*/4, S. 366–377.

Salmon, J. H. M.: Venality of Office and Popular Sedition in Seventeenth-Century France. In: Past and Present, *1967*/37, S. 21–43.

Samuelsson, Kurt: From Great Power to Welfare State. London: Allen & Unwin *1968*.

Sandberg, Lars S.: Monetary Policy and Politics in Mid-Eighteenth Century Sweden. A Comment. In: Journal of Economic History, Jg. 30, *1970*/3, S. 653–654.

Sayous, André-E.: L'affaire de Law et les Genevois. In: Zeitschrift für schweizerische Geschichte, Jg. 17, *1937*/3, S. 310–340.

Scammell, G. V.: Shipowning in the Economy and Politics of Early Modern England. In: Historical Journal, Jg. 15, *1972*/3, S. 385–407.

Scelle, Georges: The Slave-Trade in the Spanish Colonies of America – the Assiento. In: American Journal of International Law, Jg. 4, *1910*/3, S. 612–661.

Schmoller, Gustav: The Mercantile System and its Historical Significance. New York: MacMillan *1897*. (Reprint: Kelley 1967.)

Schöffer, Ivo: Did Holland's Golden Age Coincide with a Period of Crisis? In: Acta Historiae Neerlandica, Bd. 1, *1966*, S. 82–107.

Schöffer, Ivo: A Short History of the Netherlands. 2., überarb. Auflage. Amsterdam: Allert de Lange *1973*.

Schumpeter, Joseph A.: Capitalism, Socialism, and Democracy. London: Allen & Unwin *1943*.
(Deutsche Ausgabe: J. A. S.: Kapitalismus, Sozialismus und Demokratie. Bern: Francke 1946.)

Schwartz, Stuart B.: The Mocambo. Slave Resistance in Colonial Bahia. In: Journal of Social History, Jg. 3, *1970*/4, S. 313–333.
Schwartz, Stuart B.: Free Labor in a Slave Economy. The *Lavradores de Cana* of Colonial Bahia. In: Dauril Alden (Hrsg.): Colonial Roots of Modern Brazil. Berkeley: University of California Press *1973*, S. 147–197.
Schwartz, Stuart B.: The Manumission of Slaves in Colonial Brazil – Bahia, 1684–1745. In: Hispanic American Historical Review, Jg. 57, *1974*/4, S. 603–635.
Scoville, Warren C.: The Huguenots and the Diffusion of Technology. In: Journal of Political Economy, Jg. 60, *1952*/4, S. 294–311; *1952*/5, S. 392–411.
Scoville, Warren C.: The Persecution of Huguenots and French Economic Development, 1680–1720. Berkeley: University of California Press *1960*.
Sée, Henri: Remarques sur le caractère de l'industrie rurale en France et les causes de son extension au XVIIIe siècle. In: Revue historique, Bd. 142, *1923*/1, S. 47–53.
Seeley, J. A.: The Expansion of England. Hrsg. von John Gross. Chicago: University of Chicago Press *1971*. (Ursprünglich erschienen 1883.)
Sella, Domenico: The Rise and Fall of the Venetian Woollen Industry. In: Brian Pullan (Hrsg.): Crisis and Change in the Venetian Economy in the Sixteenth and Seventeenth Centuries. London: Methuen *1968*, S. 106–126.
Sella, Domenico: Industrial Production in Seventeenth-Century Italy. A Reappraisal. In: Explorations in Entrepreneurial History, Jg. 21, *1969*/3, S. 235–253.
Sella, Domenico: European Industries, 1500–1700. In: C. M. Cipolla (Hrsg.): The Fontana Economic History of Europe, Bd. 2: The Sixteenth and Seventeenth Centuries. London: Collins *1974*, S. 354–412.
(Deutsche Ausgabe: D. S.: Die gewerbliche Produktion in Europa 1500–1700. In: Carlo M. Cipolla/K. Borchardt (Hrsg.): Europäische Wirtschaftsgeschichte, Bd. 2: Sechzehntes und siebzehntes Jahrhundert. Stuttgart, New York: Gustav Fischer 1983, S. 223–269. [= UTB. 1268.])
Sella, Domenico: The Two Faces of the Lombard Economy in the Seventeenth Century. In: Frederick Krantz/Paul M. Hohenberg (Hrsg.): Failed Transitions to Modern Industrial Society. Renaissance Italy and Seventeenth-Century Holland. Montreal: Interuniversity Centre for European Studies, *1975*, S. 11–15.
Semo, Enrique: Historia del capitalismo en México. Los orígenes (1521–1763). Mexico City: Era *1973*.
Sereni, Emilio: Storia del paesaggio agrario italiano. Bari: Laterza *1961*.
Seventeenth-Century Revolutions. A Discussion. In: Past and Present, *1958*/13, S. 63–72.
Sheridan, Richard B.: The Molasses Act and the Market Strategy of the British Sugar Planters. In: Journal of Economic History, Jg. 17, *1957*/1, S. 62–83.
Sheridan, Richard B.: The Wealth of Jamaica in the Eighteenth Century. In: Economic History Review, 2nd ser., Bd. 18, *1965*/2, S. 292–311.
Sheridan, Richard B.: The Wealth of Jamaica in the Eighteenth Century. A Rejoinder. In: Economic History Review, 2nd ser., Bd. 21, *1968*/1, S. 46–61.
Sheridan, Richard B.: The Plantation Revolution and the Industrial Revolution, 1625–1775. In: Caribbean Studies, Jg. 9, *1969*/3, S. 5–25.
Sideri, S.: Trade and Power. Informal Colonialism in Anglo-Portuguese Relations. Rotterdam: Rotterdam University Press *1970*.

Silbert, Albert: Un carrefour de l'Atlantique: Madère (1640–1820). In: Economias e Finanças, ser. 2, Bd. 22, *1954*, S. 389–443.
Simiand, François: Les fluctuations économiques à longue période et la crise mondiale. Paris: Alcan *1932*. (*a*)
Simiand, François: Recherches anciennes et nouvelles sur le mouvement général des prix du 16e au 19e siècle. Paris: Domat-Montchrestien *1932*. (*b*)
Simpson, Leslie Boyd: Mexico's Forgotten Century. In: Pacific Historical Review, Jg. 22, *1953*/2, S. 113–121.
Singh, O. P.: Surat and its Trade in the Second Half of the 17th Century. Delhi: University of Delhi *1977*.
Skazkine, S.: Sur la genèse du capitalisme dans l'agriculture de l'Europe occidentale. In: Recherches internationales à la lumière du marxisme, Nr. 37: Le féodalisme, *1963*, S. 191–202.
Slicher van Bath, B. H.: Agriculture in the Low Countries (ca. 1600–1800). In: X Congresso Internazionale di Scienze Storiche, Roma, 4–11 settembre 1955. Relazioni, Bd. 4: Storia moderna. Firenze: Sansoni *1955*, S. 169–203.
Slicher van Bath, B. H.: The Rise of Intensive Husbandry in the Low Countries. In: J. S. Bromley/E. H. Kossmann (Hrsg.): Britain and the Netherlands. London: Chatto & Windus *1960*, S. 130–153.
Slicher van Bath, B. H.: The Agrarian History of Western Europe, A.D. 500–1850. London: Arnold *1963*. (*a*)
Slicher van Bath, B. H.: Yield Ratios, 810–1820. In: A.A.G. Bijdragen, *1963*/10. (*b*)
Slicher van Bath, B. H.: Les problèmes fondamentaux de la société préindustrielle en Europe occidentale. Une orientation et un programme. In: A.A.G. Bijdragen, *1965*/12, S. 3–46. (*a*)
Slicher van Bath, B. H.: Die europäischen Agrarverhältnisse im 17. und in der ersten Hälfte des 18. Jahrhunderts. In: A.A.G. Bijdragen, *1965*/13, S. 134–148. (*b*)
Slicher van Bath, B. H.: Eighteenth-Century Agriculture on the Continent of Europe: Evolution or Revolution? In: Agricultural History, Jg. 43, *1969*/1, S. 169–179.
Slicher van Bath, B. H.: Agriculture in the Vital Revolution. In: Cambridge Economic History of Europe, Bd. 5: The Economic Organization of Early Modern Europe. Hrsg. von E. E. Rich u. C. H. Wilson. Cambridge: Cambridge University Press *1977*, S. 42–132.
Sluiter, Engel: Dutch-Spanish Rivalry in the Caribbean Area, 1594–1609. In: Hispanic American Historical Review, Jg. 28, *1948*/2, S. 165–196.
Smelser, Neil J.: Social Change in the Industrial Revolution. London: Routledge *1959*.
Smit, J. W.: The Netherlands and Europe in the Seventeenth and Eighteenth Centuries. In: J. S. Bromley/E. H. Kossmann (Hrsg.): Britain and the Netherlands in Europe and Asia. London: Macmillan *1968*, S. 13–36.
Smit, J. W.: Holland. Commentary. In: Frederick Krantz/Paul M. Hohenberg (Hrsg.): Failed Transitions to Modern Industrial Society. Renaissance Italy and Seventeenth-Century Holland. Montreal: Interuniversity Centre for European Studies, *1975*, S. 61–63.
Smith, C. T.: An Historical Geography of Western Europe Before 1800. London: Longmans *1967*.
Smout, T. C.: The Development and Enterprise of Glasgow, 1556–1707. In: Scottish Journal of Political Economy, Jg. 7, *1960*/3, S. 194–212.

Smout, T. C.: Scottish Trade on the Eve of the Union, 1660–1707. Edinburgh: Oliver & Boyd *1963*.

Smout, T. C.: Scottish Landowners and Economic Growth, 1650–1850. In: Scottish Journal of Political Economy, Jg. 11, *1964*/1, S. 218–234. (*a*)

Smout, T. C.: The Anglo-Scottish Union of 1707, Bd. 1: The Economic Background. In: Economic History Review, 2nd ser., Bd. 16, *1964*/3, S. 455–467. (*b*)

Smout, T. C./Fenton, Alexander: Scottish Agriculture Before the Improvers. An Exploration. In: Agricultural History Review, Jg. 13, *1965*/2, S. 73–93.

Sombart, Werner: Hausindustrie. In: Handwörterbuch der Staatswissenschaften, Bd. 4. 2. Auflage. Jena: Gustav Fischer *1900*, S. 1138–1169.

Soom, Arnold: Der Kampf der baltischen Städte gegen das Fremdkapital im 17. Jahrhundert. In: Vierteljahrschrift für Sozial- und Wirtschaftsgeschichte, Jg. 49, *1962*/4, S. 433–458.

Spengler, Joseph J.: Mercantilist and Physiocratic Growth Theory. In: Bert F. Hoselitz (Hrsg.): Theories of Economic Growth. New York: Free Press *1960*, S. 3–64.

Sperling, J.: The International Payments Mechanism in the Seventeenth and Eighteenth Centuries. In: Economic History Review, 2nd ser., Bd. 14, *1962*/3, S. 446–468.

Špiesz, Anton: Czechoslovakia's Place in the Agrarian Development of Middle and East Europe of Modern Times. In: Studia Historica Slovaca, Jg. 6, *1969*, S. 7–62.

Spooner, Frank C.: L'économie mondiale et les frappes monétaires en France, 1493–1680. Paris: Colin *1956*.

Spooner, Frank C.: The European Economy, 1609–50. In: New Cambridge Modern History, Bd. 4: The Decline of Spain and the Thirty Years War, 1609–48/59. Hrsg. von J. P. Cooper. Cambridge: University Press *1970*, S. 67–103.

Stark, Werner: Die Abhängigkeitsverhältnisse der gutsherrlichen Bauern Böhmens im 17. und 18. Jahrhundert. In: Jahrbücher für Nationalökonomie und Statistik, Bd. 144, *1952*/4, S. 270–292; *1952*/5, S. 348–374.

Steensgaard, Niels: The Economic and Political Crisis of the Seventeenth Century. Referat auf dem XIII. Internationalen Kongreß für Geschichtswissenschaft, Moskau, 16.–23. August *1970*.

Stefanescu, St./Mioc, D./Chirca, H.: L'évolution de la rente féodale en travail en Valachie et en Moldavie aux XIVe–XVIIIe siècles. In: Revue roumaine d'histoire, Jg. 1, *1962*/1, S. 39–60.

Stoianovich, Traian: Pour un modèle du commerce du Levant. Economie concurrentielle et économie de bazar, 1500–1800. In: Revue des études du Sud-Est Européen, Jg. 12, *1974*/2, S. 61–120.

Stols, E.: The Southern Netherlands and the Foundation of the Dutch East and West India Companies. In: Acta Historiae Neerlandica, Bd. 9, *1976*, S. 30–47.

Stone, Lawrence: Social Mobility in England, 1500–1700. In: Past and Present, *1966*/33, S. 16–55.

Stone, Lawrence: Literacy & Education in England, 1640–1900. In: Past and Present, *1969*/42, S. 69–139.

Stone, Lawrence: The Causes of the English Revolution, 1529–1642. London: Routledge *1972*.

Stork-Penning, J. G.: The Ordeal of the States. Some Remarks on Dutch Politics

During the War of the Spanish Succession. In: Acta Historiae Neerlandica, Bd. 2, *1967*, S. 107–141.
Stoye, J. W.: The Austrian Habsburgs. In: New Cambridge Modern History, Bd. 6: The Rise of Great Britain and Russia, 1688–1725. Hrsg. von J. S. Bromley. Cambridge: University Press *1970*, S. 572–607. (*a*)
Stoye, J. W.: Armies and Navies. II: Soldiers and Civilians. In: New Cambridge Modern History, Bd. 6: The Rise of Great Britain and Russia, 1688–1725. Hrsg. von J. S. Bromley. Cambridge: University Press *1970*, S. 762–790. (*b*)
Stradling, R. A.: Seventeenth Century Spain. Decline or Survival? In: European Studies Review, Jg. 9, *1979*/1, S. 157–194.
Strong, Frank: The Causes of Cromwell's West Indian Expedition. In: American Historical Review, Jg. 4, *1899*/2, S. 228–245.
Summary of the Discussion: Population Change in Relation to the Economy. In: Third International Conference of Economic History, Munich 1965. Bd. 4: Demography and History. Hrsg. von J. E. C. Eversley. Paris, La Haye: Mouton *1972*, S. 227–235.
Supple, Barry E.: Thomas Mun and the Commercial Crisis 1623. In: Bulletin of the Institute of Historical Research, Jg. 27, *1954*/75, S. 91–94.
Supple, Barry E.: Currency and Commerce in the Early Seventeenth Century. In: Economic History Review, 2nd ser., Bd. 10, *1957*/2, S. 239–255.
Supple, Barry E.: Commercial Crisis and Change in England, 1600–42. Cambridge: University Press *1959*.
Supple, Barry E.: The State and the Industrial Revolution. In: C. M. Cipolla (Hrsg.): The Fontana Economic History of Europe, Bd. 3: The Industrial Revolution. London: Collins *1973*, S. 301–357.
(Deutsche Fassung: B. S.: Der Staat und die Industrielle Revolution, 1700–1914. In: Carlo M. Cipolla/K. Borchardt (Hrsg.): Europäische Wirtschaftsgeschichte, Bd. 3: Die Industrielle Revolution. Stuttgart, New York: Gustav Fischer 1985, S. 195–231. [= UTB. 1315.])
Supple, Barry E.: The Nature of Enterprise. In: Cambridge Economic History of Europe, Bd. 5: The Economic Organization of Early Modern Europe. Hrsg. von E. E. Rich u. C. H. Wilson. Cambridge: Cambridge University Press *1977*, S. 394–461.
Sutherland, Lucy S.: The East India Company in Eighteenth-Century Politics. Oxford: Clarendon Press *1952*.
Sutherland, Lucy S.: The City of London in Eighteenth-Century Politics. In: Richard Pares/A. J. P. Taylor (Hrsg.): Essays Presented to Sir Lewis Namier. London: Macmillan *1956*, S. 49–74.
Swart, K. W.: Holland's Bourgeoisie and the Retarded Industrialization of the Netherlands. In: Frederick Krantz/Paul M. Hohenberg (Hrsg.): Failed Transitions to Modern Industrial Society. Renaissance Italy and Seventeenth-Century Holland. Montreal: Interuniversity Centre for European Studies, *1975*, S. 44–48.
Sweezy, Paul: Karl Marx and the Industrial Revolution. In: Ders.: Modern Capitalism and Other Essays. New York: Monthly Review Press *1972*, S. 127–146. (*a*)
(Ursprünglich erschienen in: Robert V. Eagly (Hrsg.): Events, Ideology and Economic Theory, 1968.)

Sweezy, Paul: Marx and the Proletariat. In: Ders.: Modern Capitalism and Other Essays. New York: Monthly Review Press *1972*, S. 147–165. (*b*)
(Ursprünglich erschienen in: Monthly Review, 1967.)

Symcox, Geoffrey: The Crisis of the French Sea Power, 1688–1697. From the Guerre d'Escadre to the Guerre de Course. Den Haag: Nijhoff *1974*.

Szczygielski, Wojciech: Le rendement de la production agricole en Pologne du XVIe au XVIIe siècle sur le fond européen. In: Ergon, Bd. 5, (Beiheft zu Kwartalnik historii kultury materialnej, Jg. 14, Nr. 4), *1966*, S. 745–803.

Szczygielski, Wojciech: Die ökonomische Aktivität des polnischen Adels im 16.–18. Jahrhundert. In: Studia Historiae Oeconomicae, Jg. 2, *1967*, S. 83–101.

Takahashi, H. K.: The Transition from Feudalism to Capitalism. A Contribution to the Sweezy-Dobb Controversy. In: Science and Society, Jg. 16, *1952*/4, S. 313–345.

Tapié, Victor-Lucien: Les officiers seigneuriaux dans la société française du XVIIe siècle. In: XVIIe siècle, *1959*/42–43, S. 118–140.

Tapié, Victor-Lucien: Quelques aspects généraux de la politique étrangère de Louis XIV. In: XVIIe siècle, *1960*/46–47, S. 1–28.

Tapié, Victor-Lucien: The Rise and Fall of the Habsburg Monarchy. New York: Praeger *1971*.

Tawney, R. H.: A History of Capitalism. Review of M. H. Dobb, Studies in the Development of Capitalism. In: Economic History Review, 2nd ser., Bd. 2, *1950*/3, S. 307–316.

Taylor, A. J. P.: The Course of German History. New York: Coward-McCann *1946*.

Taylor, George V.: Types of Capitalism in Eighteenth-Century France. In: English Historical Review, Jg. 79, *1964*/312, S. 478–497.

Taylor, Harland: Trade, Neutrality and the »English Road«, 1630–1648. In: Economic History Review, 2nd ser., Bd. 25, *1972*/2, S. 236–260.

Tazbir, Janusz: Recherches sur la conscience nationale en Pologne au XVIe siècle. In: Acta Poloniae Historica, *1966*/14, S. 5–22.

Tazbir, Janusz: The Commonwealth at the Turning Point (1586–1648). In: A. Gieysztor u.a.: History of Poland. Warszawa: PWN *1968*, S. 208–241. (*a*)

Tazbir, Janusz: The Commonwealth in the Years of Crisis (1648–1696). In: A. Gieysztor u.a.: History of Poland. Warszawa: PWN *1968*, S. 242–312. (*b*)

Temperley, Harold W. V.: The Age of Walpole and the Pelhams. In: A. W. Ward u.a. (Hrsg.): Cambridge Modern History, Bd. 6: The Eighteenth Century. Cambridge: University Press *1909*, S. 40–89. (*a*)

Temperley, Harold W. V.: The Causes of the War of Jenkins' Ear, 1739. In: Transactions of the Royal Historical Society, 3rd ser., Bd. 3, *1909*, S. 197–236. (*b*)
(Wiederabdruck in: Ian R. Christie (Hrsg.): Essays in Modern History, 1968.)

Temperley, Harold W. V.: Foreword. In: Jean O. McLachlan: Trade and Peace with Old Spain, 1667–1750. Cambridge: University Press *1940*, S. IX–XI.

Teuteberg, H. J.: The General Relationship between Diet and Industrialization. In: Elborg/R. Forster (Hrsg.): European Diet from Pre-Industrial to Modern Times. New York: Harper & Row *1975*, S. 61–109.

Thirsk, Joan: The Restoration Land Settlement. In: Journal of Modern History, Jg. 26, *1954*/4, S. 315–328.

Thirsk, Joan: Industries in the Countryside. In: F. J. Fisher (Hrsg.): Essays in the Economic and Social History of Tudor and Stuart England. Cambridge: University Press *1961*, S. 70–88.

Thirsk, Joan: Seventeenth-Century Agriculture and Social Change. In: Joan Thirsk (Hrsg.): Land, Church and People, S. 148–177. (= Agricultural History Review, Jg. 18, *1970*/Supplement.)

Thirsk, Joan: New Crops and Their Diffusion. Tobacco-Growing in Seventeenth-Century England. In: C. W. Chalklin/M. A. Havinden (Hrsg.): Rural Change and Urban Growth, 1500–1800. London: Longmans *1974*, S. 76–103.

Thirsk, Joan: The Restoration. London: Longmans *1976*.

Thomas, P. J.: Mercantilism and the East India Trade. London: Frank Cass *1963*.

Thomas, Robert Paul: The Sugar Colonies of the Old Empire. Profit or Loss for Great Britain? In: Economic History Review, 2nd ser., Bd. 31, *1968*/1, S. 30–45.

Thompson, E. P.: Time, Work-Discipline and Industrial Capitalism. In: Past and Present, *1967*/38, S. 56–97.

Thompson, E. P.: Whigs and Hunters. The Origin of the Black Act. New York: Pantheon *1975*.

Thompson, F. M. L.: The Social Distribution of Landed Property since the Sixteenth Century. In: Economic History Review, 2nd ser., Bd. 19, *1966*/3, S. 505–517.

Thomson, Mark A.: The War of the Austrian Succession. In: New Cambridge Modern History, Bd. 7: The Old Regime, 1713–1763. Hrsg. von J. O. Lindsay. Cambridge: University Press *1957*, S. 416–439.

Tilly, Charles: Reflections on the History of European State-Making. In: Ders. (Hrsg.): The Formation of National States in Western Europe. Princeton: Princeton University Press *1975*, S. 3–83.

Tomkiewicz, Władysław: Varsovie au XVIIe siècle. In: Acta Poloniae Historica, *1967*/15, S. 39–64.

Tonnesson, Kàre D.: Les pays scandinaves. In: L'abolition de la »féodalité« dans le monde occidental. Colloques internationaux du C.N.R.S., Toulouse, 12.–16. 11. 1968. Bd. 1. Paris: C.N.R.S. *1971*, S. 303–313. (Diskussion in Bd. 2, S. 719–721.)

Topolska, Maria Barbara: Peculiarities of the Economic Structure of Eastern White Russia in the Sixteenth–Eighteenth Centuries. In: Studia Historiae Oeconomicae, Bd. 6, *1971*, S. 37–49.

Topolski, Jerzy: Les tendances de l'évolution agraire de l'Europe Centrale et Orientale aux XVIe–XVIIIe siècles. In: Rivista di storia dell'agricoltura, Jg. 7, *1967*/2, S. 107–119.

Topolski, Jerzy: L'économie rurale dans les biens de l'archevêque de Gniezno depuis le 16e jusqu'au 18e siècle. In: Recherches internationales à la lumière du marxisme, *1970*/63–64, S. 86–98.

Topolski, Jerzy: La reféodalisation dans l'économie des grands domaines en Europe centrale et orientale (XVIe–XVIIIe ss.). In: Studia Historiae Oeconomicae, Bd. 6, *1971*, S. 51–63.

Topolski, Jerzy: Economic Decline in Poland from the Sixteenth to the Eighteenth Centuries. In: Peter Earle (Hrsg.): Essays in European Economic History, 1500–1800. Oxford: Clarendon Press *1974*, S. 127–142. (*a*)
(Übersetzt aus: Acta Poloniae Historica, 1962.)

Topolski, Jerzy: The Manorial Serf Economy in Central and Eastern Europe in the 16th and 17th Centuries. In: Agricultural History, Jg. 48, *1974*/3, S. 341–352. (*b*)
Topolski, Jerzy: Commerce des denrées agricoles et croissance économique de la zone baltique aux XVIe et XVIIe siècles. In: Annales E.S.C., Jg. 29, *1974*/2, S. 425–436. (*c*)
Torr, Dona: The English Revolution. I. In: Labour Monthly, Jg. 23, *1941*/2, S. 90–92.
Tremel, Ferdinand: Die österreichische Wirtschaft zwischen 1620 und 1740. In: Österreich in Geschichte und Literatur, Jg. 5, *1961*/4, S. 166–181.
Treue, Wilhelm: Das Verhältnis von Fürst, Staat und Unternehmer in der Zeit des Merkantilismus. In: Vierteljahrschrift für Sozial- und Wirtschaftsgeschichte, Jg. 44, *1957*/1, S. 26–56.
Treue, Wilhelm: Wirtschaft, Gesellschaft und Technik in Deutschland vom 16. bis zum 18. Jahrhundert. In: Bruno Gebhardt (Hrsg.): Handbuch der deutschen Geschichte, Bd. 2: Von der Reformation bis zum Ende des Absolutismus. 9. Auflage. Stuttgart: Klett *1970*, S. 437–545.
Trevelyan, George Macauley: The Revolution as a Movement for Democratic Unification. In: Gerald M. Straka (Hrsg.): The Revolution of 1688: Whig Triumph or Palace Revolution? Boston: Heath *1963*, S. 43–49.
(Ursprünglich erschienen in: The English Revolution 1688–1689, 1938.)
Trevor-Roper, Hugh R.: The General Crisis of the 17th Century. In: Past and Present, *1959*/16, S. 31–66.
Trevor-Roper, Hugh R.: Scotland and the Puritan Revolution. In: H. E. Bell/R. L. Ollard (Hrsg.): Historical Essays 1600–1750. Presented to David Ogg. London: Adam & Charles Black *1964*, S. 78–130.
Trevor-Roper, Hugh R.: The Union of Britain in the 17th Century. In: Homenaje a Jaime Vicens Vives. Barcelona: Facultad de Filosofía y Letras *1967*, Teil 2, S. 703–715.
Tucker, G. S. L.: English Pre-Industrial Population Trends. In: Economic History Review, 2nd ser., Bd. 16, *1963*/2, S. 205–218.
Unger, Richard W.: Dutch Shipbuilding Before 1800. Assen, Amsterdam: Van Gorcum *1978*.
Unger, W. S.: Trade Through the Sound in the Seventeenth and Eighteenth Centuries. In: Economic History Review, 2nd ser., Bd. 12, *1959*/2, S. 206–221.
Unwin, George: Industrial Organization in the Sixteenth and Seventeenth Centuries. Oxford: Clarendon Press *1904*.
Usher, Abbott Payson: The History of the Grain Trade in France, 1400–1710. Cambridge (Massachusetts): Harvard University Press *1913*. (= Harvard Economic Studies. 9.)
Usher, Abbott Payson: The Growth of English Shipping, 1572–1922. In: Quarterly Journal of Economics, Jg. 42, *1928*/3, S. 465–478.
Usher, Abbott Payson: Machines and Mechanisms. In: C. Singer u.a.: A History of Technology, Bd. 3: From the Renaissance to the Industrial Revolution, c1500–c1700. Oxford: Clarendon Press *1957*, S. 324–346.
Utterström, Gustav: An Outline of Some Population Changes in Sweden ca. 1660–1750 and a Discussion of Some Current Issues. In: D. V. Glass/D. E. C. Eversley (Hrsg.): Population in History. London: Arnold *1965*, S. 536–548.
Vandenbroeke, Chr.: Cultivation and Consumption of the Potato in the 17th and 18th Century. In: Acta Historiae Neerlandica, Bd. 5, *1971*, S. 15–39.

Van der Wee, H.: Introduction: The Agricultural Development of the Low Countries as Revealed by the Tithe and Rent Statistics, 1250–1800. In: H. van der Wee/E. van Cauwenberghe (Hrsg.): Productivity of Land and Agricultural Innovation in the Low Countries (1250–1800). Leuven: Leuven University Press *1978*, S. 1–23.

Van der Woude, A. M.: Discussion. In: Third International Conference of Economic History, Munich 1965. Bd. 4: Demography and History. Hrsg. von J. E. C. Eversley. Paris, La Haye: Mouton *1972*, S. 232–234.

Van der Woude, A. M.: The A.A.G. Bijdragen and the Study of Dutch Rural History. In: Journal of European Economic History, Jg. 4, *1975*/1, S. 215–241.

Van der Woude, A. M./Mentink, G. J.: La population de Rotterdam au XVIIe et au XVIIIe siècle. In: Population, Jg. 21, *1966*/6, S. 1165–1190.

Van Dijk, H./Roorda, D. J.: Social Mobility under the Regents of the Republic. In: Acta Historiae Neerlandica, Bd. 9, *1976*, S. 76–102.

Van Dillen, J. G.: Stukken betreffende den Amsterdamschen graanhandel omstreeks het jaar 1681. In: Economisch-Historisch Jaarboek, Bd. 3, *1917*, S. 70–106.

Van Dillen, J. G.: Eenige stukken aangaande den Amsterdamschen graanhandel in de tweede helfte der zeventiende eeuw. In: Economisch-Historisch Jaarboek, Bd. 9, *1923*, S. 221–230.

Van Dillen, J. G.: Amsterdam, marché mondial des métaux précieux au XVIIe et au XVIIIe siècle. In: Revue historique, Jg. 51, *1926*/152, S. 194–201.

Van Dillen, J. G.: Amsterdam's Role in Seventeenth-Century Dutch Politics and its Economic Background. In: J. S. Bromley/F. H. Kossman (Hrsg.): Britain and the Netherlands. Bd. 2. Groningen: Wolters *1964*, S. 133–147.

Van Dillen, J. G.: Economic Fluctuations and Trade in the Netherlands, 1650–1750. In: Peter Earle (Hrsg.): Essays in European Economic History, 1500–1800. Oxford: Clarendon Press *1974*, S. 199–211. (*a*)
(Übersetzt aus: Van rijkdom en regenten. Handboek tot de economische en sociale geschiedenis van nederland tijdens de republiek, 1970.)

Van Dillen, J. G.: La banque de changes et les banquiers privés à Amsterdam aux XVIIe et XVIIIe siècles. In: Third International Conference of Economic History, Munich 1965. Bd. 5. Paris, La Haye: Mouton *1974*, S. 177–185. (*b*)

Van Hoboken, W. J.: The Dutch West India Company. The Political Background of its Rise and Decline. In: J. S. Bromley/E. H. Kossmann (Hrsg.): Britain and the Netherlands. London: Chatto & Windus *1960*, S. 41–61.

Van Houtte, Jean A.: Déclin et survivance d'Anvers (1550–1700). In: Studi in onore di Amintore Fanfani, Bd. 5: Evi moderno e contemporaneo. Milano: A.Giuffrè *1962*, S. 703–726.

Van Klaveren, Jacob: General Economic History, 100–1760. München: Kieckens *1969*. (*a*)

Van Klaveren, Jacob: Fiscalism, Mercantilism and Corruption. In: D. C. Coleman (Hrsg.): Revisions in Mercantilism. London: Methuen 1969, S. 140–161. (*b*)
(Übersetzt aus: Vierteljahrschrift für Sozial- und Wirtschaftsgeschichte, 1960.)

Van Veen, Joh.: Dredge, Drain, Reclaim. Den Haag: Nijhoff *1950*.

Várkonyi, Agnes R.: Historical Personality, Crisis and Progress in 17th Century Hungary. In: Etudes historiques (Budapest), *1970*, S. 295–299.

Veenendaal, A. J.: The War of the Spanish Succession in Europe. In: New Cambridge

Modern History, Bd. 6: The Rise of Great Britain and Russia, 1688–1725. Hrsg. von J. S. Bromley. Cambridge: University Press *1970*, S. 410–445.
Ventura, Angelo: Considerazioni sull'agricoltura veneta e sulla accumulazione originaria del capitale nei secoli XVI e XVII. In: Studi storici, Jg. 9, *1968*/3–4, S. 674–722.
Verlinden, Charles: Schiavitù ed economia nel mezzogiorno agli inizi dell'età moderna. In: Annali del mezzogiorno, Jg. 3, *1963*, S. 11–38.
Verlinden, Charles: Amsterdam. In: Amintore Fanfani (Hrsg.): Città, mercanti, doctrine nell'economia europea dal IV al XVIII secolo. Milano: A.Giuffrè *1964*, S. 321–340.
Verlinden, Charles: Les conditions de l'introduction et de l'abolition du régime féodal dans les deux Amériques. In: L'abolition de la »féodalité« dans le monde occidental. Colloques internationaux du C.N.R.S., Toulouse, 12.–16. 11. 1968. Bd. 1. Paris: C.N.R.S. *1971*, S. 341–348.
Verlinden, Charles: Dal Mediterraneo all'Atlantico. In: Contributi per la storia economica. Prato: Istituto Internazionale di Storia Economica »F. Datini« *1975*, S. 27–51.
Viana, Luis Filho: O trabalho do engenho e a reação do Indio. Estabelecimento de escravatura africans. In: Congresso do Mundo Portugues, Bd. 10. Lisboa: Publicaçes Lisboa *1940*, S. 11–29.
Vicens Vives, Jaime: Approaches to the History of Spain. 2. Auflage. Berkeley: University of California Press *1970*.
Vignols, Léon: L'ancien concept monopole et la contrebande universelle. I: Le »commerce interlope« français, à la mer du sud, aux débuts du XVIIIe siècle, type de ce contrebande. Et textes inédits sur ce sujet. In: Revue d'histoire économique et sociale, Bd. 13, *1925*/3, S. 239–299.
Vigo, Giovanni: Real Wages of the Working Class in Italy. Building Workers' Wages (14th to 18th Century). In: Journal of European Economic History, Jg. 3, *1974*/2, S. 378–399.
Vilar, Pierre M.: Problems of the Formation of Capitalism. In: Past and Present, *1956*/10, S. 15–38.
Vilar, Pierre M.: Remarques sur l'histoire des prix. In: Annales E.S.C., Jg. 16, *1961*/1, S. 110–115.
Vilar, Pierre M.: Le »Manuel de la Companya Nova« de Gibraltar, 1709–1723. Paris: S.E.V.P.E.N. *1962*. (= Affaires et Gens d'Affaires. 26.) (*a*)
Vilar, Pierre M.: La Catalogne dans l'Espagne moderne. 3 Bde. Paris: S.E.V.P.E.N. *1962*. (*b*)
Vilar, Pierre M.: Or et monnaie dans l'histoire, 1450–1920. Paris: Flammarion *1974*. (Deutsche Ausgabe: P. V.: Gold und Geld in der Geschichte. Vom Ausgang des Mittelalters bis zur Gegenwart. München: Beck 1984.)
Villani, Pasquale: Feudalità, riforme, capitalismo agrario. Bari: Laterza *1968*.
Villani, Pasquale: Note sullo sviluppo economico-sociale del Regno di Napoli nel settecento. In: Rassegna economica, Jg. 36, *1972*/1, S. 29–55.
Villari, Rosario: Baronaggio e finanza a Napoli alla vigilia della rivoluzione del 1647–48. In: Studi storici, Jg. 3, *1962*/2, S. 259–306.
Villari, Rosario: Note sulla rifeudalizzazione del Regno di Napoli alla vigilia della rivoluzione di Masaniello. In: Studi storici, Jg. 4, *1963*/4, S. 637–668; Jg. 6, *1965*/2, S. 295–328.

Fortgesetzt unter dem Titel: Cogiura aristocratica e rivoluzione popolare. In: Studi storici, Jg. 8, *1967*/1, S. 37–112.
Villari, Rosario: Rivolte e coscienza rivoluzionaria nel secolo XVII. In: Studi storici, Jg. 12, *1971*/2, S. 235–264.
Viner, Jacob: Power versus Plenty as Objectives of Foreign Policy in the Seventeenth and Eighteenth Centuries. In: D. C. Coleman (Hrsg.): Revisions in Mercantilism. London: Methuen *1969*, S. 61–91.
(Ursprünglich erschienen in: World Politics, 1948.)
Visconti, Alessandro: L'Italia nell'epoca della controriforma dal 1576 al 1773. (= Storia d'Italia, Bd. 6.) Milano: Mondadori *1958*.
Vivanti, Corrado: La storia politica e sociale. Dall'avvento delle signorie all'Italia spagnola. In: R. Romano/C. Vivanti (Hrsg.): Storia d'Italia, Bd. 2/1. Torino: Einaudi *1974*, S. 277–427.
Vlachovic, Jozef: Produktion und Handel mit ungarischem Kupfer im 16. und im ersten Viertel des 17. Jahrhunderts. In: Ingomar Bog (Hrsg.): Der Außenhandel Ostmitteleuropas, 1450–1650. Köln, Wien: Böhlau *1971*, S. 600–627.
Waddell, David A. G.: Queen Anne's Government and the Slave Trade. In: Caribbean Quarterly, Jg. 6, *1960*/1, S. 7–10.
Wallerstein, Immanuel: The Modern World-System. New York: Academic Press *1974*. (Deutsche Ausgabe: I. W.: Das moderne Weltsystem. Kapitalistische Landwirtschaft und die Entstehung der europäischen Weltwirtschaft im 16. Jahrhundert. Frankfurt/Main: Syndikat 1986.)
Walton, Gary M.: Sources of Productivity Change in American Colonial Shipping, 1675–1775. In: Economic History Review, 2nd ser., Bd. 20, *1967*/1, S. 67–78.
Walton, Gary M.: A Measure of Productivity Change in Colonial Shipping. In: Economic History Review, 2nd ser., Bd. 20, *1968*/2, S. 268–282. (*a*)
Walton, Gary M.: New Evidence on Colonial Commerce. In: Journal of Economic History, Jg. 28, *1968*/3, S. 363–389. (*b*)
Walzer, Michael: Puritanism as a Revolutionary Ideology. In: History and Theory, Jg. 3, *1964*, S. 75–90.
Wangermann, Ernst: The Austrian Achievement, 1700–1800. New York: Harcourt *1973*.
Wansink, N.: Holland and Six Allies. The Republic of the Seven United Provinces. In: J. S. Bromley/E. H. Kossmann (Hrsg.): Britain and the Netherlands, Bd. 4: Metropolis, Dominion and Province. Den Haag: Nijhoff *1971*, S. 133–155.
Ward, A. W.: The War of the Spanish Succession (2). The Peace of Utrecht and the Supplementary Pacifications. In: Cambridge Modern History, Bd. 5: The Age of Louis XIV. Cambridge: University Press *1908*, S. 437–459.
Ward, J. R.: The Profitability of Sugar Planting in the British West Indies, 1650–1834. In: Economic History Review, 2nd ser., Bd. 31, *1978*/2, S. 197–209.
Warden, Alexander J.: The Linen Trade Ancient and Modern. London: Longmans *1864*. (Reprint: New York: Kelley 1968.)
Wätjen, Hermann: Zur Statistik der Holländischen Heringsfischerei im 17. und 18. Jahrhundert. In: Hansische Geschichtsblätter, Jg. 16, *1910*, S. 129–185.
Weber, Max: Wirtschaftsgeschichte. Abriß der universalen Sozial- und Wirtschaftsgeschichte. München, Leipzig: Duncker & Humblot 1923.

(Englische Ausgabe: M. W.: General Economic History. Glencoe: Free Press *1950*.)

Weinryb, Bernard D.: The Jews of Poland. Philadelphia: Jewish Publ. Society of America *1973*.

Weis, Eberhard: Ergebnisse eines Vergleichs der grundherrschaftlichen Strukturen Deutschlands und Frankreichs vom 13. bis zum Ausgang des 18. Jahrhunderts. In: Vierteljahrschrift für Sozial- und Wirtschaftsgeschichte, Jg. 57, *1970*/1, S. 1–14.

Weisser, Michael: The Decline of Toledo Revisited. The Case of Toledo. In: Journal of European Economic History, Jg. 2, *1973*/3, S. 614–640.

Westergaard, Waldemar: The Danish West Indies under Company Rule (1671–1754). New York: Macmillan *1917*.

Wiese, Heinz: Der Rinderhandel im nordwesteuropäischen Küstengebiet vom 15. bis zum Beginn des 19. Jahrhunderts. In: H. Wiese/J. Bölts: Rinderhandel und Rinderhaltung im nordwesteuropäischen Küstengebiet vom 15. bis zum 19. Jahrhundert. Stuttgart: Gustav Fischer *1966*, S. 1–129.

Wiese, Heinz: Die Fleischversorgung der nordwesteuropäischen Großstädte unter besonderer Berücksichtigung des interterritorialen Rinderhandels. In: Third International Conference of Economic History, Munich 1965. Bd. 5. Paris, La Haye: Mouton *1974*, S. 453–458.

Wiles, Richard C.: The Theory of Wages in Later English Mercantilism. In: Economic History Review, 2nd ser., Bd. 21, *1968*/1, S. 113–126.

Williamson, J. A.: The Colonies after the Restoration, 1660–1713. In: J. Holland Rose u.a. (Hrsg.): Cambridge History of the British Empire, Bd. 1: The Old Empire from the Beginnings to 1763. Cambridge: University Press *1929*, S. 239–267.

Wilson, Charles Henry: Anglo-Dutch Commerce and Finance in the Eighteenth Century. Cambridge: University Press *1941*.

Wilson, Charles Henry: Treasure and Trade Balances. The Mercantilist Problem. In: Economic History Review, 2nd ser., Bd. 2, *1949*/2, S. 152–161.

Wilson, Charles Henry: Treasure and Trade Balances. Further Evidence. In: Economic History Review, 2nd ser., Bd. 4, *1951*/2, S. 231–242.

Wilson, Charles Henry: The Economic Decline of the Netherlands. In: E. M. Carus-Wilson (Hrsg.): Essays in Economic History, Bd. 1. London: Arnold *1954*, S. 254–269.
(Ursprünglich erschienen in: Economic History Review, 1939.)

Wilson, Charles Henry: Profit and Power. A Study of England and the Dutch Wars. London: Longmans *1957*. (*a*)

Wilson, Charles Henry: The Growth of Overseas Commerce and European Manufacture. In: New Cambridge Modern History, Bd. 7: The Old Regime, 1713–1763. Hrsg. von J. O. Lindsay. Cambridge: University Press *1957*, S. 27–49. (*b*)

Wilson, Charles Henry: Cloth Production and International Competition in the Seventeenth Century. In: Economic History Review, 2nd ser., Bd. 13, *1960*/2, S. 209–221. (*a*)

Wilson, Charles Henry: Dutch Investment in Eighteenth Century England. A Note on Yardsticks. In: Economic History Review, 2nd ser., Bd. 12, *1960*/3, S. 434–439. (*b*)

Wilson, Charles Henry: England's Apprenticeship, 1603–1763. London: Longmans *1965*.

Wilson, Charles Henry: Trade, Society and the State. In: The Cambridge Economic History of Europe, Bd. 4: The Economy of Expanding Europe in the Sixteenth and Seventeenth Centuries. Hrsg. von E. E. Rich u. C. H. Wilson. Cambridge: University Press *1967*, S. 487–575.

Wilson, Charles Henry: The Dutch Republic and the Civilisation of the Seventeenth Century. London: Weidenfeld & Nicolson *1968*.
(Deutsche Ausgabe: C. W.: Die Früchte der Freiheit. Holland und die europäische Kultur des 17. Jahrhunderts. München: Kindler 1968.)

Wilson, Charles Henry: The Other Face of Mercantilism. In: D. C. Coleman (Hrsg.): Revisions in Mercantilism. London: Methuen *1969*, S. 118–139. (*a*)
(Ursprünglich erschienen in: Transactions of the Royal Historical Society, 1959.)

Wilson, Charles Henry: Taxation and the Decline of Empires. An Unfashionable Theme. In: Ders.: Economic History and the Historian. London: Weidenfeld & Nicolson *1969*, S. 114–127. (*b*)
(Ursprünglich erschienen in: Bijdragen en Mededelingen van het Historisch Genootschap, 1963.)

Wilson, Charles Henry: Queen Elizabeth and the Revolt of the Netherlands. Berkeley: University of California Press *1970*.

Wilson, Charles Henry: Transport as a Factor in the History of Economic Development. In: Journal of European Economic History, Jg. 2, *1973*/2, S. 320–337.

Wilson, Charles Henry: The Historical Study of Economic Growth and Decline in Early Modern History. In: Cambridge Economic History of Europe, Bd. 5: The Economic Organization of Early Modern Europe. Hrsg. von E. E. Rich u. C. H. Wilson. Cambridge: Cambridge University Press *1977*, S. 1–41. (*a*)

Wilson, Charles Henry: The British Isles. In: C. Wilson/G. Parker (Hrsg.): An Introduction to the Sources of European Economic History, 1500–1800. Bd. 1: Western Europe. London: Weidenfeld & Nicolson *1977*, S. 115–154. (*b*)

Wittmann, T.: Apuntes sobre los métodos de investigación de la decadencia castellana (siglos XVI–XVII). In: Nouvelles études historiques (Budapest), Bd. 1, *1965*, S. 243–250.

Wolański, Marian: Związki handlowe Śląska z Rzecząpospolitą w XVII Wieku. Wydawnictwa Wrocławskiego Towarzystwa Naukowego. Nr. 77, *1961*. (Deutsche Zusammenfassung, S. 303–339: »Die Handelsbeziehungen Schlesiens mit dem Königreich Polen im 17. Jahrhundert unter besonderer Berücksichtigung der Stadt Wrocław«.)

Wolański, Marian: Schlesiens Stellung im Osthandel vom 15. bis zum 17. Jahrhundert. In: Ingomar Bog (Hrsg.): Der Außenhandel Ostmitteleuropas, 1450–1650. Köln, Wien: Böhlau *1971*, S. 120–138.

Wolf, Siegmund A.: Das Entstehen von Wüstungen durch Bauernlegen. In: Zeitschrift für Wirtschaftsgeschichte, Jg. 5, *1957*/2, S. 319–324.

Wolfe, Martin: French Views on Wealth and Taxes from the Middle Ages to the Old Regime. In: Journal of Economic History, Jg. 26, *1966*/4, S. 466–483.

Woolf, Stuart J.: Economic Problems of the Nobility in the Early Modern Period. The Example of Piemont. In: Economic History Review, 2nd ser., Bd. 17, *1964*/2, S. 267–283.

Woolf, Stuart J.: The Aristocracy in Transition. A Continental Comparison. In: Economic History Review, 2nd ser., Bd. 23, *1970*/3, S. 520–531.

Wright, William E.: Serf, Seigneur and Sovereign. Agrarian Reform in Eighteenth Century Bohemia. Minneapolis: University of Minnesota Press *1966*.
Wrigley, E. A.: Family Limitation in Pre-Industrial England. In: Economic History Review, 2nd ser., Bd. 19, *1966*/1, S. 82–109.
Wrigley, E. A.: A Simple Model of London's Importance in Changing English Society and Economy, 1650–1750. In: Past and Present, *1967*/37, S. 44–70.
Wyczański, Andrzej: Le niveau de la récolte des céréales en Pologne du XVIe au XVIIIe siècle. In: First International Conference of Economic History, Stockholm 1960. Contributions. Paris, La Haye: Mouton *1960*, S. 585–590.
Wyczański, Andrzej: La campagne polonaise dans le cadre des transformations du marché des XVIe–XVIIe siècles. L'économie de la Starostie de Korczyn, 1500–1600. In: Studia Historiae Oeconomicae, Bd. 2, *1967*, S. 57–81.
Wyrobisz, Andrzej: Mining in Medieval and Modern Poland. In: Journal of European Economic History, Jg. 5, *1976*/3, S. 757–762.
Yates, Frances A.: Astraea. The Imperial Theme in the Sixteenth Century. London: Routledge *1975*.
Yernaux, Jean: La métallurgie liègoise et son expansion au XVIIe siècle. Liège: Thone *1939*.
Zagorin, Perez: The Social Interpretation of the French Revolution. In: Journal of Economic History, Jg. 19, *1959*/3, S. 376–401.
Závala, Silvio: The Evolving Labor System. In: John Francis Bannon (Hrsg.): Indian Labor in the Spanish Indies. Boston: Heath *1966*, S. 76–81.
(Ursprünglich erschienen in: New Viewpoints on the Spanish Colonization of America, 1943.)
Zhukov, E. M.: The Periodization of World History. In: International Congress of Historical Sciences, Stockholm 1960. Rapports, Bd. 1: Methodologie, histoire des universités, histoire des prix avant 1750. Göteborg: Almqvist & Wiksell *1960*, S. 74–88.
Zientara, Benedykt: Eisenproduktion und Eisenhandel in Polen im 16. und 17. Jahrhundert. In: Ingomar Bog (Hrsg.): Der Außenhandel Ostmitteleuropas, 1450–1650. Köln, Wien: Böhlau *1971*, S. 270–285.
Zimańy, Vera: Mouvements des prix hongrois et l'évolution européenne (XVIe–XVIIIe s.). In: In: Acta Historica Academiae Scientiarum Hungaricae, Jg. 19, *1973*, S. 305–333.
Zöllner, Erich: Geschichte Österreichs. 4. Auflage. München: Oldenbourg *1970*.
Zytkowicz, Leonid: An Investigation into Agricultural Production in Masovia in the First Half of the Seventeenth Century. In: Acta Poloniae Historica, *1968*/18, S. 99–118.
Zytkowicz, Leonid: Grain Yields in Poland, Bohemia, Hungary, and Slovakia in the 16th to 18th Centuries. In: Acta Poloniae Historica, *1971*/24, S. 51–72.
Zytkowicz, Leonid: The Peasant's Farm and the Landlord's Farm in Poland from the 16th to the Middle of the 18th Century. In: Journal of European Economic History, Jg. 1, *1972*/1, S. 135–154.
Zytkowicz, Leonid: A. Piatkowski, Agricultural Estates Belonging to the Town of Elbląg in the XVIIth and XVIIIth Centuries (Rezension). In: Journal of European Economic History, Jg. 3, *1974*/1, S. 249–251.

Index

A

B

C

D

E

F

G

H

I

J

K

L

M

N

O

P

Q

R

S

T

Z